悪事千里を行く

Ill news comes apace.

(訳／悪い知らせは、たちまちとどく。)

虻《あぶ》蜂《はち》捕《と》らず

Between two stools one falls to the ground.

(訳／二つの腰《こし》掛《か》けのあいだに腰をおろせば、地面に落ちる。)

雨《あま》垂《だ》れ石を穿《うが》つ［点《てん》滴《てき》石を穿つ］

Constant dropping wears (away) the stone.

(訳／水《すい》滴《てき》もたえず落ちていれば、石もすりへってしまうものだ。)

雨降って地固まる

After a storm comes a calm.

(訳／嵐《あらし》のあとには凪《なぎ》がやってくる。)

言うは易《やす》く行うは難し

Easier said than [illegible]

(訳／行[illegible])

急がば回れ

Make haste slowly.

(訳／ゆっくり急げ。)

旺文社

標準ことわざ慣用句辞典

新装新版

雨海博洋　監修

もくじ

装丁デザイン　服部一成

はじめに

ことわざや慣用句は、わたしたちの日常の会話や文章の中で数多く使われています。ことわざは古くから人々に言いならわされたことばで、教訓や風刺《ふうし》などの意味をふくみ、慣用句は二つ以上のことばが結びついて成り、全体として、ある決まった特別の意味をもっています。それぞれ短い文句《もんく》ですが、それらが時や所に合わせてじょうずに使われるとき、日本語の表現が生き生きとした豊かなものになります。

このようなことわざや慣用句を会得《えとく》し、吸収するのにふさわしい年代は、頭脳の働きが盛《さか》んな中学生のころであるといわれています。本辞典は、中学生の日常の生活と学習に役立つことわざ・故事、慣用句三五〇〇を収録してわかりやすく解説したものです。解説文はできるかぎりやさしくし、図版や写真なども加えて目で見てもわかるように工夫しました。用例は、みなさんの身近なことがらから短文や会話の形でかかげ、さらに「語源」や「故事」、そのほか「注意」「参考」事項などは、それぞれ欄《らん》を設けてくわしく説明してあります。引くのはもちろん、頭から読み進んでもひじょうにおもしろい内容となっています。みなさんが、存分に活用され、この一冊でことわざ・慣用句をマスターされるよう願ってやみません。

おわりに、この辞典の編集・執筆にお世話になった次の先生方にあつくお礼を申し上げます。

五十嵐一郎　石川雅之　泉　康子　伊藤栄洪　大野邦男　小笠原　一　岡山美樹
片桐大自　川嶋　優　小久保崇明　齋藤　保　日野得隆　山田裕次　（敬称略・五十音順）

一九八八年　初秋

雨海博洋

この辞典のきまりと使い方

〔一〕この辞典のおもな内容

(1) この辞典には、中学生のふだんの学習や高校入試、また、日常生活にじゅうぶんなことわざ、慣用句を中心にした語句約三五〇〇を収めてやさしく解説してあります。

(2) この辞典では、「ことわざ」「慣用句」の範囲を広義にとらえ、故事成語、格言、名句、いわゆる四字熟語などもふくんでいます。また、現在生きて使われている常用句は積極的に収め、カタカナ語をふくむ最近の慣用句「ガードが固い」「パイプを通す」……なども採録してあります。

(3) 見出し語句の用例を 短文 または 会話 の欄《らん》に示してあります。特に慣用句には、もらさず用例が出ています。

(4) 見出し語句の意味の説明のほかに、語源、注意、参考、故事、同、類、対 など特別欄《らん》で、その語句についていろいろな角度から解説を加えてあります。

(5) 本文中に囲み記事として、身体や動植物、その他のことわざ・慣用句をかかげ、また、故事を説明してあります。

(6) どのページも、やさしいことばを使い、教育漢字以外の漢字にはふりがなを付けてあります。

〔二〕見出し語句について

(1) 見出し語句は、大きい太字でかかげ、漢字には横にふりがなを付けて読みを示してあります。

(2) 特に重要なことわざ・慣用句は、赤字にしてあります。中学教科書や中学入試・高校入試によく出る語句、ならびにそれらと同類の学習上重要な約三〇〇の語句です。

(3) かなづかいは、現代かなづかいに従っています。

見出し語句

会《あ》うは別《わか》れの始《はじ》め

現代かなづかい

暑《あつ》さ寒《さむ》さも彼岸《ひがん》まで

赤刷りは特に重要な語句

(4) 意味が同じで、表現の異なる見出し語句がある場合は、よく使われるほうに解説を付けてその見出し語句を参照するように示してあります。

穴《あな》の狢《むじな》を値段《ねだん》する

⇩

捕《と》らぬ狸《たぬき》の皮算用《かわざんよう》

この見出し語句に解説がある

(5) 見出し語句の並べ方は、五十音順（あいうえお順）に従っています。

〔三〕 見出し語句の意味

(1) 見出し語句の意味の説明は、やさしいことばを使ってわかりやすくしてあります。

(2) かなづかいは、現代かなづかいに従っています。

(3) 意味が二つ以上ある見出し語句は、①②…のように分けて解説してあります。

〔四〕 用　例

(1) 見出し語句の実際の使い方を理解し、見出し語句の意味の理解をいっそう深められるよう、身近でぴったりとした用例を、短文 または 会話 の欄《らん》に示してあります。

(2) 用例文中で見出し語句に当たる部分は、——で示しました。見出し語句の終わりが、活用して形が変わる場合は、活用語尾の部分まで——が付けてあります。

〔五〕 いろいろな特別欄《らん》

見出し語句の意味の説明のほかに、必要なものについては次のような特別欄《らん》を設けて、多くの面から見出し語句を解説してあります。

(1) **語源**—— 見出し語句の起源・由来・原義を、語源 欄《らん》に説明してあります。

> **圧巻《あっかん》**
>
> 語源 むかし、中国で科挙《かきょ》(＝官吏《かんり》の登用試

(2) **注意**—— 見出し語句の意味・読み方・書き方・使い方の上で誤りやすい点を、注意 欄《らん》に説明してあります。

> **情《なさ》けは人《ひと》の為《ため》ならず**
>
> 注意 「情けをかけるのはその人のため

(3) **参考**—— 見出し語句の中にある単語の説明や見出し語句についてのいろいろな関連事項を、参考 欄《らん》に説明してあります。また、西洋から入ってきたことわざなどについては英文を示してあります。

> **図星《ずぼし》を指《さ》す**
>
> 参考 「図星」は、弓道の的《まと》の中心にある

盾《たて》の両面《りょうめん》を見《み》よ

〔参考〕西洋のことわざ。Look at both

(4) **故事**――

むかしの中国の書籍にある有名な話を中心に、これらを囲み記事として〔故事〕欄《らん》に説明してあります。

五十歩百歩《ごじっぽひゃっぽ》

〔故事〕むかし、中国の孟子《もうし》が梁《りょう》の恵王《けいおう》に

(5) **同義語句・類義語句・対義語句**――

見出し語句に対する同義・類義・対義の語句を、〔同〕・〔類〕・〔対〕の欄《らん》にかかげてあります。

(6) **原文**――

見出し語句が有名で原文が比較的《ひかくてき》やさしいものは、〔語源〕欄《らん》または〔故事〕欄に原文を示してあります。

(7) **出典**――

見出し語句の出どころとなった書物（出典）がはっきりしている場合は、出典を示してあります。

＊代表的な出典名の内容については、付録「主要出典・人名解説」（四一四ページ）参照。

〔付録〕

本文をじゅうぶんに活用できるよう次の三項目《こうもく》を付録にかかげてあります。

(1) 主要出典・人名解説（四一四ページ）
(2) 中国年代表（四二一ページ）
(3) 主要ことわざ・慣用句索引（四二三ページ）

【本文中の囲み記事】

「…」が語中にくることば〈もくじ〉　数字はページ

あ　ア

ああ言《い》えばこう言《い》う

人の言うことに対して、いちいち理屈《りくつ》をならべて反対する。つべこべ言って人の言うことをすなおに聞かない。

短文　いくら注意しても、ああ言えばこう言う、こう言えばああ言うで、いつも口答えばかりしている。まったく、あいつには困ったものだ。

類　西《にし》と言《い》えば東《ひがし》。右《みぎ》と言《い》えば左《ひだり》。

合縁奇縁《あいえんきえん》

人と人との間がら、特に男女・夫婦・友人などで気がよく合ったり、合わなかったりするのは、すべて不思議な縁によるものだということ。

短文　二人が終生連れそったのも合縁奇縁によるものだ。

同　合縁機縁《あいえんきえん》。相縁奇縁《あいえんきえん》。

類　縁《えん》は異《い》なもの。

挨拶《あいさつ》は時《とき》の氏神《うじがみ》

けんかなどをしているときに仲裁してくれる人は、氏神様のようにありがたいものだから、その人の言うことには従うほうがよいということ。

参考　ここでいう「挨拶《あいさつ》」は仲裁（＝間にはいって仲直りさせること）の意。

同　仲裁《ちゅうさい》は時《とき》の氏神《うじがみ》。時《とき》の氏神《うじがみ》。

愛想《あいそ》も小想《こそ》も尽《つ》き果《は》てる

相手の態度や行いにあきれはてて、すっかりいやになってしまう。

短文　かれのずぼらな生活態度には、ほとほと愛想も小想も尽き果てた。

参考　「小想《こそ》」は、口調を整えるためにそえたもの。

愛想《あいそ》を尽《つ》かす

相手の言うことやすることにあきれて、すっかりいやになり、見限る。

会話　「田中君はまた練習に出てこないけど、どうしたのかな。」「知らないよ。もうあいつには愛想を尽かしたよ。」

開《あ》いた口《くち》が塞《ふさ》がらない

相手の態度やことばにあきれてものが言えない。

短文　人の家へいそうろうして世話になっているというのに、好き勝手のしほうだい。おまけに待遇《たいぐう》が悪いなんて文句をつけて、あのあつかましさにはまったく開いた口がふさがらないよ。

開《あ》いた口《くち》には戸《と》は立《た》たぬ

⇩　人《ひと》の口《くち》に戸《と》は立《た》てられぬ

開《あ》いた口《くち》へ牡丹餅《ぼたもち》

なんの努力もしないのに、思いがけない幸運にめぐまれることのたとえ。

類　棚《たな》から牡丹餅《ぼたもち》。

相槌《あいづち》を打《う》つ

人の話に同感してうなずいたり、短いことばを入れて調子を合わせる。

短文　かれは私の話に相槌を打ちながら

聞いていた。
語源 刀《かたな》鍛《か》冶《じ》が二人で向かいあって、かわるがわるつちで刀を打つことからできたことば。

「あいづち」を打つ刀鍛冶

相手変《あいてか》われど主変《ぬしか》わらず
相手の人は次々に変わるけれど、こちらはいつも同じ人だということ。同じことをくり返しているようす。
会話 「今場所はまたあの力士が優勝だね。」「相手変われど主変わらずか。これじゃあ、まるでおもしろくないよ。だれかいないかね、ほかに優勝する力士は。」

相手《あいて》の無《な》い喧嘩《けんか》は出来《でき》ぬ
相手がいなくてはけんかにならない。けんかの相手になるなということいましめ。
類 一人喧嘩《ひとりげんか》はならぬ。相手無《あいてな》ければ訴《そ》訟無《しょうな》し。

会《あ》うは別《わか》れの始《はじ》め
どんなに仲のよい親子・兄弟・夫婦でもいつかは死別の時がくるように、人と人が会えば必ず別れの時がくるのがこの世の運命である。人生の無常を言ったもの。〔出典『白氏文集《はくしもんじゅう》』〕
同 会《あ》うは別《わか》れ。
類 会者定離《えしゃじょうり》。合《あ》わせ物《もの》は離《はな》れ物《もの》。

阿吽《あうん》の呼吸《こきゅう》
二人以上でいっしょに物事をするときの、おたがいの気持ちや調子。また、それがぴったりと合っていること。
短文 あの漫才《まんざい》、阿吽の呼吸がぴったり合っているから聞いていて楽しいよ。
参考 「阿《あ》」は吐《は》く息、「吽《うん》」は吸う息。

仰《あお》いで唾《つば》を吐《は》く ⇩ **天《てん》に唾《つば》す**

仰《あお》いで天《てん》に愧《は》じず
(天を仰《あお》ぎ見て、天に対して)自分の心や行動に少しもはずかしいところがないということ。
語源 《原文》仰《あお》いで天《てん》に愧《は》じず、俯《ふ》して人《ひと》に怍《は》じず。〔出典『孟子《もうし》』〕
同 俯仰天地《ふぎょうてんち》に愧《は》じず。

青柿《あおがき》が熟柿《じゅくし》弔《とむら》う
まだ色づかない青柿《あおがき》が、近くの熟した柿が落ちてつぶれたのを見て同情する。青い柿もやがて熟して落ちるのだから、同情するものも、同情されるものもほとんど差はないのだということのたとえ。
類 五十歩百歩《ごじっぽひゃっぽ》。目糞鼻糞《めくそはなくそ》を笑《わら》う。

青《あお》くなる
おそれや不安・おどろきなどのため、顔色が青白くなる。
短文 道路を歩いていたら、暴走してきた車にあやうくはねられそうになって、青くなったよ。

青筋《あおすじ》を立《た》てる
こめかみ（＝耳と目の間の、物をかむと動く部分）に血管を青くうきたたせて、かんかんになっておこる。ひどくおこることのたとえ。

短文 となりのおじいさんは、へいに落書きした子供を青筋を立てておこった。

青《あお》田《た》買《が》い

会社などが、採用試験の期日よりも前に学生と入社の契約《けいやく》を結ぶこと。

語源 まだ稲《いね》が実らないうちに、収穫高《しゅうかくだか》を予想してその田の米を買ってしまうことに似ていることから出たことば。

同 青田刈《あおたが》り。

青《あお》菜《な》に塩《しお》

青菜に塩をかけるとしおれることから、急に元気をなくしてしょんぼりしているようすのたとえ。

会話 「いつもの元気はどこにいったの。まるで青菜に塩だね。」
「ガールフレンドにふられちゃったんです。」

類 蛞蝓《なめくじ》に塩《しお》。

青《あお》は藍《あい》より出《い》でて藍《あい》より青《あお》し

先生よりも弟子《でし》がすぐれていることのたとえ。

語源 青色の染料は藍《あい》という植物から取るが、原料の藍よりも青いことからいう。《原文》 青《あお》は藍《あい》より出《い》でて藍《あい》より青《あお》し。氷《こおり》は水《みず》これを為《な》して水《みず》より寒《つめた》し。〔出典『荀子《じゅんし》』〕

同 出藍《しゅつらん》の誉《ほま》れ。

煽《あお》りを食《く》う

近くにいたり、かかわりがあったりしたために、思いがけない災難や影響《えいきょう》を受ける。

短文 円高のあおりを食って会社が倒産《とうさん》した。

赤《あか》い信女《しんにょ》

夫に死なれてひとりでいる婦人。未亡人。

語源 夫が死んだとき、その墓石に生きている妻の戒名《かいみょう》をほって赤くぬっておくことからいう。

参考 「信女《しんにょ》」は、婦人の戒名につける称号。

足《あ》掻《が》きが取《と》れない

もがいても自由に動けない。また、苦しい立場におちいり、そこからぬけだそうとしても方法や手段がなくてどうすることもできない。

短文 こんなにいそがしくては、習いごとをしようにもあがきが取れない。

赤《あか》くなる

はずかしさなどのため、顔に血がのぼる。

会話 「かれのことが好きなんでしょ。すなおに白状しなさいよ。」
「べつになんとも思ってないわ。」
「あら、じゃあ、どうしてそんなに赤くなるの。」

赤《あか》子《ご》の手《て》を捻《ひね》る

抵抗《ていこう》する力のない者をたやすく負かすことのたとえ。また、たやすく思うままにできることのたとえ。

短文 あのチームに勝つのは赤子の手をひねるよりも簡単だ。

同 赤子《あかご》の手《て》を捩《ねじ》る。

赤《あか》の他人《たにん》

まったく血のつながりのない人。なんの

関係もない人。

会話「かれとはどういう関係なの。」
「赤の他人ですよ。」

赤恥《あかはじ》を掻《か》く

人前でひどい恥をかく。

短文 駅の階段から転げ落ちて、とんだ赤恥をかいた。

明《あか》るみに出《で》る

それまでかくされていたことが、世間に知られるようになる。

短文 この事件が明るみに出ると、伝統あるわが校の名をけがすことになる。

注意 おもに、人に知られるとまずい悪い出来事などがあばかれるときに用いる。

秋風《あきかぜ》が立《た》つ

男女間の愛情がさめることのたとえ。

会話「最近あの二人がいっしょにいるところを見かけたことがないけど、どうしたんだろうね。」
「そろそろ秋風が立ち始めたようですよ。」

参考「秋」に「飽《あ》き」をかけて言ったもの。

同 秋風《あきかぜ》が吹《ふ》く。

秋高《あきたか》く馬肥《うまこ》ゆ ⇩ 天高《てんたか》く馬肥《うまこ》ゆ

空《あ》き樽《だる》は音《おと》が高《たか》い

からっぽのたるをたたくと高い音をたてるように、軽薄《けいはく》で中身のない人ほどよくしゃべるというたとえ。

類 浅瀬《あさせ》に仇波《あだなみ》。

商《あきな》いは牛《うし》の涎《よだれ》

商売というものは、牛のよだれのように細く長く気長に続けることが大切である。大もうけをしようとしてあせると失敗するという教え。

秋茄子《あきなすび》は嫁《よめ》に食《く》わすな

秋なすはおいしいからにくい嫁《よめ》には食べさせるなということで、しゅうとめが嫁いびりをすることのたとえ。

類 秋鯖《あきさば》嫁《よめ》に食《く》わすな。五月蕨《ごがつわらび》は嫁《よめ》に食《く》わすな。

参考「秋なすはからだを冷やして毒だから、大事な嫁には食べさせるな」、「秋なすは種が少なく、それを食べると子供ができないという縁起《えんぎ》をかついで嫁には食べさせるな」とする説もある。

秋《あき》の扇《おうぎ》

夏が過ぎ秋になって使われなくなった扇《おうぎ》のように、男の愛を失って捨てられた女のたとえ。

故事 漢の成帝《せいてい》の宮女であった班婕妤《はんしょうよ》が、帝の愛を失ったことを嘆《なげ》いて、「秋になってすずしい風が炎熱《えんねつ》を奪《うば》うと扇《おうぎ》は箱《はこ》の中に捨てられてしまう。まるでわが身のように。」と、自分の身を秋の扇にたとえて詩をよんだ。

〔出典『文選《もんぜん》』〕

秋《あき》の日《ひ》は釣瓶《つるべ》落《お》とし

秋の日は短くて、井戸の中へつるべが落ちるように急に日がしずみ暮《く》れることのたとえ。

〔参考〕「釣瓶《つるべ》」はつなやさおなどを結びつけて井戸の水をくみ上げるおけ。上からまっすぐにすばやく落ちる。

（つるべ）

秋《あき》の夕焼《ゆうや》け鎌《かま》を研《と》げ

秋の夕焼けは翌日晴れることが多いので、野良《のら》仕事ができるようにかまを研《と》いで準備をしておけという教え。
同 夕焼《ゆうや》けに鎌《かま》を研《と》げ。

秋葉山《あきばさん》から火事《かじ》

⇩ 火消《ひけ》しの家《いえ》にも火事《かじ》

諦《あきら》めは心《こころ》の養生《ようじょう》

失敗や不運をいつまでもくよくよしないで、きっぱりと思い切るのが精神の健康によいということ。

灰汁《あく》が抜《ぬ》ける

いやみやどぎつさがなくなり、さっぱりと洗練される。
短文 実社会に出て苦労したせいか人の気持ちもわかるようになり、あの男もだいぶあくが抜けてきた。
注意 人の性格や印象などについて使う。
類 角《かど》が取《と》れる。

悪妻《あくさい》は百年《ひゃくねん》の不作《ふさく》

夫のためにならない妻を持つと、夫は一生不幸になるばかりでなく、子孫にまで悪い影響《えいきょう》をおよぼすということ。
同 悪妻《あくさい》は六十年《ろくじゅうねん》の不作《ふさく》。悪妻《あくさい》は一生《いっしょう》の不作《ふさく》。

悪事千里《あくじせんり》を行《ゆ》く

悪いことはいくらかくしてもすぐに遠くの方まで知れわたってしまうから注意せよといういましめ。
語源 よいことは、なかなか伝わらないのに、悪いことはすぐに広まってしまうということからいう。《原文》好事門《こうじもん》を出《い》でず、悪事千里《あくじせんり》を行《ゆ》く。〔出典『北夢瑣言《ほくむさげん》』〕
同 悪事千里《あくじせんり》を走《はし》る。
類 人《ひと》の口《くち》に戸《と》は立《た》てられぬ。

悪女《あくじょ》の深情《ふかなさ》け

美人にくらべて器量《きりょう》の悪い女ほど愛情が深いということ。
注意 愛されてかえってありがた迷惑《めいわく》のようなときに用いる。
〔参考〕この場合の「悪女」は、心の悪い女ではなく、醜《みにく》い女の意。

悪銭身《あくせんみ》に付《つ》かず

不正な方法で得たお金はむだ使いしやすく、残らないものだという教え。
会話 「会社に来る途中《とちゅう》で一万円拾ったんだ。どうしようかな。」「悪銭身に付かずというじゃないか。警察に届けたほうがいいよ。」

悪《あく》に強《つよ》ければ善《ぜん》にも強《つよ》い

大悪人はいったん悔《く》い改めると、人なみはずれて善《よ》いことをするということ。
類 善《ぜん》に強《つよ》い者《もの》は悪《あく》にも強《つよ》い。

胡座《あぐら》をかく

反省したり努力したりせず、のんきに、

ずうずうしくかまえているたとえ。

短文 かれは自分の地位の上にあぐらをかいて、いつもいばっている。

揚《あ》げ足《あし》を取《と》る

相手のことばじりや言いまちがいをとらえて、やりこめたりひやかしたりすることのたとえ。

短文 注意してもいちいち揚げ足を取ってまじめに聞こうとしない。

語源 相撲《すもう》や柔道《じゅうどう》などで、相手のあげた足を取って引きたおすことからいう。

類 言葉尻《ことばじり》を捕《と》らえる。

挙《あ》げ句《く》の果《は》て

物事の最後。結局。

短文 さんざん待った挙げ句の果てに売り切れで買えなかった。

語源 連歌《れんが》や俳諧《はいかい》で最後の七・七の句を「挙句《あげく》」といったことからいう。

注意 悪い結果について使うことが多い。

上《あ》げ膳《ぜん》据《す》え膳《ぜん》

ほかの人が食事の用意やあとかたづけをしてくれるということから、自分ではなにもせず、すべて他人にやってもらって楽をしていること。

短文 かれは、家でもあまやかされているんだ。上げ膳据え膳だよ。

参考 「膳《ぜん》」は食事用の台。

開《あ》けて悔《くや》しき玉手箱《たまてばこ》

中身を見て、期待がはずれてがっかりすることのたとえ。

語源 浦島太郎《うらしまたろう》が竜宮《りゅうぐう》で乙姫《おとひめ》にもらった玉手箱を持ち帰って開けてみると、白い煙《けむり》が出ただけだったという伝説による。

顎《あご》が落《お》ちる

食物の味がひじょうによいことのたとえ。

短文 ホテルの食堂にはあごが落ちるような料理がたくさんならんでいた。

同 ほっぺたが落《お》ちる。

顎《あご》が外《はず》れる

あまりおかしくて、大笑いすることのたとえ。

短文 かれのこっけいなしぐさに、みんなはあごが外れるほど笑った。

顎《あご》が干上《ひあ》がる

収入を得られなくなって、生活に困ることのたとえ。

短文 働かないでぶらぶらと遊んでいたのではあごが干上がってしまう。

同 口《くち》が干上《ひあ》がる。

顎《あご》で使《つか》う

人を見くだしたようないばった態度で命令して仕事をさせる。

短文 上級生だからといって下級生たちをあごで使っていいわけないだろう。

顎《あご》をしゃくる

下あごを軽く前へつき出すようにして、いばった態度で命令したり、さしずしたりする。

短文 ちょっとこっちへ来いとあごをしゃくる。

顎《あご》を出《だ》す

①歩き疲《つか》れるとあごを前に出すようなか

っこうになることから、ひどく疲れる。②物事が自分の手に負えなくなる。

短文 ①このくらいの距離《きょり》を歩いただけであごを出していたのでは、とても山登りなんかできないよ。②仕事は多すぎるし、時間はないし、とうとうあごを出しちゃった。

顎《あご》を撫《な》でる

物事が自分の思うようになって満足しているようす。

短文 かれは今できあがったばかりの絵をながめながらあごをなでていた。

朝雨馬《あさあめうま》に鞍置《くらお》け

朝から降る雨はすぐにやむから、馬に鞍《くら》を置いて外出の用意をせよということ。

類 朝雨《あさあめ》に傘《かさ》いらず。卯《う》の時雨《ときあめ》に笠持《かさも》つな。

朝雨《あさあめ》に傘《かさ》いらず

朝から降る雨はすぐやむので、でかけるときにかさは必要ないということ。

類 朝雨馬《あさあめうま》に鞍置《くらお》け。卯《う》の時雨《ときあめ》に笠持《かさも》つな。

浅《あさ》い川《かわ》も深《ふか》く渡《わた》れ

浅い川でも深い川と同じように用心して渡れ。簡単そうに見えることにも油断するなといういましめ。

類 石橋《いしばし》を叩《たた》いて渡《わた》る。

朝起《あさお》き千両《せんりょう》 ⇩ 早起《はやお》きは三文《さんもん》の徳《とく》

朝起《あさお》きは三文《さんもん》の徳《とく》 ⇩ 早起《はやお》きは三文《さんもん》の徳《とく》

朝起《あさお》きは七《なな》つの徳《とく》 ⇩ 早起《はやお》きは三文《さんもん》の徳《とく》

朝顔《あさがお》の花一時《はなひととき》

朝顔の花は、朝さいて昼にはしぼむことから、物事のさかんな時期は短く、よいことは長く続かないことのたとえ。

類 槿花一日《きんかいちじつ》の栄《えい》。

朝駆《あさが》けの駄賃《だちん》

物事がたやすくできることのたとえ。また、朝のうちは仕事の能率があがるということ。

語源 朝のうちは馬も元気がよく、少しくらいの荷物は平気で運ぶことからいう。「行きがけの駄賃《だちん》」をもじったもの。

類 朝飯前《あさめしまえ》。朝飯前《あさめしまえ》のお茶《ちゃ》の子《こ》さいさい。

浅瀬《あさせ》に仇波《あだなみ》

川の流れは、深い所よりも浅い瀬のほうが波がたつことから、考えが浅い人ほど小さいことにも大さわぎするものだというたとえ。

語源 淵《ふち》（＝川の深い所）よりも瀬（＝川の浅い所）のほうが波がたつ。それと同じで、私のように深く思っている者は軽々しく口には出さないが、心の浅い者ほど軽薄《けいはく》なごきげん取りをするものなのだということをうたった和歌から出たことば。

〈原文〉底《そこ》ひなき淵《ふち》やはさわぐ山河《やまがわ》の浅《あさ》き瀬《せ》にこそあだ波《なみ》はたて 〔出典『古今和歌集《こきんわかしゅう》』〕

参考 「仇波《あだなみ》」は、風がないのにいたずらに立ちさわぐ波。

類 空《あ》き樽《だる》は音《おと》が高《たか》い。

麻《あさ》につるる蓬《よもぎ》
曲がって生える蓬《よもぎ》でも、まっすぐにのびる麻《あさ》の中に生えれば曲がらずにのびることから、善良な人と交われば、感化されて自然によい人になるというたとえ。〔出典『荀子《じゅんし》』〕
同 麻《あさ》の中《なか》の蓬《よもぎ》。麻中《まちゅう》の蓬《よもぎ》。
類 朱《しゅ》に交《まじ》われば赤《あか》くなる。善悪《ぜんあく》は友《とも》に依《よ》る。水《みず》は方円《ほうえん》の器《うつわ》に随《したが》う。

朝寝八石《あさねはちこく》の損《そん》
朝寝坊《ねぼう》は何事につけても損であるということ。
参考 「八石」は米の量。一石は約一八〇リットル。
同 朝寝昼寝《あさねひるね》は貧乏《びんぼう》の元《もと》。
類 早起《はやお》きは三文《さんもん》の徳《とく》。朝起《あさお》き千両《せんりょう》。

朝寝昼寝《あさねひるね》は貧乏《びんぼう》の元《もと》
⇩ 朝寝八石《あさねはちこく》の損《そん》

朝寝坊《あさねぼう》の宵《よい》っ張《ぱ》り
朝寝坊《ねぼう》する人は夜おそくまで起きている人が多い。また、夜おそくまで起きているから朝起きられないということ。
同 宵《よい》っ張《ぱ》りの朝寝坊《あさねぼう》。朝寝坊《あさねぼう》の夜更《よふ》かし。

麻《あさ》の中《なか》の蓬《よもぎ》 ⇩ 麻《あさ》につるる蓬《よもぎ》

朝日《あさひ》が西《にし》から出《で》る
起こるはずのないことのたとえ。
会話 「ぼくは今度の期末テストで一番になってみせるよ。」「それがほんとうなら、朝日が西から出るよ。」
類 石《いし》が流《なが》れて木《こ》の葉《は》が沈《しず》む。

朝飯前《あさめしまえ》のお茶《ちゃ》の子《こ》さいさい
朝食を食べる前でもできるほどかんたんなことのたとえ。
会話 「きょう学校で習った数学の問題で、どうしてもわからないところがあるんだけれど、教えてくれるかな。」「いいとも。そんなこと朝飯前のお茶の子さいさいだよ。」
参考 「お茶の子」は、お茶菓子《がし》。「さいさい」は、はやしことば。
同 朝飯前《あさめしまえ》のお茶漬《ちゃづけ》。お茶《ちゃ》の子《こ》さいさい。
類 朝駆《あさが》けの駄賃《だちん》。

足《あし》がある
走るのが速い。速い足をもっている。
短文 あのチームに勝つのはたいへんだ。打つだけじゃなくて足がある選手が多いからな。

足《あし》が地《ち》に付《つ》かない
①喜びや興奮などで、落ち着きをなくしてそわそわする。②考えや行動が実際とかけはなれ、うわついている。
短文 ①あしたのデートのことを考えると足が地に付かない。②かれの計画は夢《ゆめ》みたいなことばかりで、まるで足が地に付いていない。

足《あし》が付《つ》く
にげたりかくれたりしていた者のゆくえがわかる。犯罪を捜査《そうさ》するための手がかりがつく。
短文 犯人は足がつくのをおそれて、宝

石類には手をつけず、現金だけをぬすんでにげた。

足《あし》が出《で》る

支出が予算より多くなってお金がたりなくなる。損をする。

「足」が語中にくることば

揚《あ》げ足を取る ⇩ 一〇ページ
頭の天辺《てっぺん》から足の爪先《つまさき》まで ⇩ 一九ページ
一挙手一投足 ⇩ 四三ページ
浮《う》き足立つ ⇩ 五七ページ
棺桶《かんおけ》に片足を突《つ》っ込《こ》む ⇩ 一〇五ページ
首縊《くびくく》りの足を引く ⇩ 一四〇ページ
頭寒足熱 ⇩ 二〇五ページ
手取り足取り ⇩ 二五〇ページ
手の舞《ま》い足の踏《ふ》む所を知らず ⇩ 二五一ページ
手の奴《やっこ》足の乗り物 ⇩ 二五一ページ
手も足も出ない ⇩ 二五二ページ
二の足を踏《ふ》む ⇩ 二八六ページ
抜《ぬ》き足差し足 ⇩ 二八八ページ
蛇《へび》の足より人の足 ⇩ 三三九ページ

短文 臨時のおこづかいをもらったので友達にアイスクリームをおごったら足が出てしまった。

同 足《あし》を出《だ》す。

足《あし》が遠《とお》のく

訪れることが少なくなる。

短文 かれとは、一年ほど前、ちょっとしたことで気まずくなってから、足が遠のいてしまった。

足《あし》が途《と》絶《だ》える

まったく行ったり来たりしなくなる。

短文 真夜中になっても、この大通りは人の足が途絶えない。

足《あし》が速《はや》い

①食物がくさりやすい。②商品の売れ行きがよい。

短文 ①豆腐《とうふ》は足が速いからきょうのうちに食べてしまったほうがいい。②あの本は足が速くて、もうすべて売り切れてしまった。

足《あし》が棒《ぼう》になる

長い時間歩いたり立っていたりして、足がつっぱった感じになるほどひどく疲れることのたとえ。

会話 「きのうは映画を見に行ったそうだね。おもしろかったかい。」「映画はおもしろかったんだけど、混《こ》んでいて、ずっと立ち見だったから、足が棒になったよ。」

足《あし》が向《む》く

自然とそちらの方へ行く。

短文 かれのことを考えながら歩いていると、思わずかれの家の方に足が向いていることに気がついた。

朝《あした》に紅顔《こうがん》有《あ》りて夕《ゆう》べに白骨《はっこつ》と為《な》る

朝のうち元気そうだった若い人も、夕方には死んで白骨になってしまう。世の中は無常で、人の生死は予測できないことのたとえ。

語源 《原文》朝《あした》に紅顔《こうがん》有《あ》りて世路《せろ》（＝世

の中）に誇《ほこ》れども、暮《ゆうべ》に白骨《はっこつ》と為《な》りて郊原《こうげん》（＝野原）に朽《く》ちぬ。

〔出典　藤原義孝《ふじわらのよしたか》『和漢朗詠集《わかんろうえいしゅう》』〕

参考　「紅顔」は、若々しく元気にあふれた顔。「紅顔の美少年」などと使う。

朝《あした》に道《みち》を聞《き》かば夕《ゆう》べに死《し》すとも可《か》なり

朝、人間としての生き方を聞いて正しく理解し、自分のものとすることができたならば、その日の夕方に死んでも少しも悔《く》いはないということ。

語源　人間として守るべき道が、いかに大事であるかということを説いた孔子《こうし》のことば。〔出典『論語《ろんご》』〕

明日《あした》は明日《あした》の風《かぜ》が吹《ふ》く

明日は明日で、なるようにしかならないのだから、きょう心配してもしかたがないというたとえ。

会話　「こづかいを、そんなにいっぺんに使うもんじゃないよ。」「なあに、明日は明日の風が吹くさ。気にすることはないよ。」

足並《あしな》みを揃《そろ》える

多くの人が考えや気持ちを一つにして物事を行う。

短文　みんなの足並みがそろったおかげですばらしい共同研究ができた。

足《あし》に任《まか》せる

①どこへ行くという目的もなく、気のむくままに歩く。②力の続くかぎり歩く。

短文　①町をぶらぶらと足に任せて歩き回った。②紅葉の山道を足に任せて歩き続けた。

足《あし》の踏《ふ》み場《ば》も無《な》い

足を踏《ふ》み入れるすき間もないほど、物が散乱しているようす。

短文　さがしもので、へやの中は足の踏み場もないほどちらかってしまった。

味《あじ》も素《そ》っ気《け》も無《な》い

なんのあじわいもおもしろみもなく、つまらない。

短文　このあたりは倉庫や工場ばかりで、まったく味も素っ気もない所だなあ。

足下《あしもと》から鳥《とり》が立《た》つ

身近な所で、思いがけないことが突然《とつぜん》起こるたとえ。また、突然に思いついて物事を始めるたとえ。

会話　「いなかから来ていたおじさんはどうしたの。」「急用ができたとかで、けさ足下から鳥が立つように帰ってしまったんだよ。」

足下《あしもと》から火《ひ》が付《つ》く

身近な所で危険や災難が起こるたとえ。

短文　かくしていた悪事がばれて、足下から火がついた。

足下《あしもと》に火《ひ》が付《つ》く

身近な所に、危険や重大な事態がさしせまってくるたとえ。

短文　足下に火がついたように、夜になってあしたのテストの準備を始めた。

足下《あしもと》にも及《およ》ばない

相手があまりにもすぐれていて、自分と

はくらべものにならない。

短文 ぼくなんか足下にも及ばないほどきみの国語力はすごいよ。

同 足下《あしもと》にも寄《よ》りつけない。

足下《あしもと》の明《あか》るいうち

日がくれて暗くなってしまっては、歩いていく足下が危ないことから、自分の立場が悪くなったり、身に危険がせまってこないうちに、ということ。また、手おくれにならないうちに、ということのたとえ。

短文 こんなやましい仕事は、足下の明るいうちに止めにしたほうがよい。

足下《あしもと》を見《み》る

人の弱みにつけこむ。

短文 世の中には、困っている人の足下を見て安い品を高く売りつける悪徳業者がいる。

類 足下《あしもと》につけこむ。

足《あし》を洗《あら》う

よくない仕事をやめたり、悪い生活態度を改めたりする。

短文 かれはやくざから足を洗って、すっかりまじめな人間になった。

足《あし》を奪《うば》われる

事故やストライキなどで、電車やバスなどの交通機関が止まり、行き来できなくなる。

短文 大雪のために電車が止まって、通勤の足を奪われた人たちが駅にあふれている。

味《あじ》を占《し》める

一度経験してうまくいったことが忘れられず、またやってみたくなる。

短文 妹は一度クイズに当たったのに味をしめて、毎月、はがきを買って出しているよ。

足《あし》を掬《すく》う

相手のすきにつけこんで、悪い立場に追いこむ。

短文 親友だと思っていたのに足をすくわれてショックだった。

足《あし》を擂粉木《すりこぎ》にする

足が棒のようにこわばるほど歩き回る。

参考 「擂粉木《すりこぎ》」はすり鉢《ばち》で物をすりつぶすときに使う棒。

同 足《あし》を棒《ぼう》にする。

足《あし》を出《だ》す ⇩ 足《あし》が出《で》る

（すりこぎ）

足《あし》を止《と》める

ちょっと立ち止まる。

短文 道の端《はし》にきらっと光るものが落ちていたので、足を止めて見ると、それはコンタクトレンズだった。

足《あし》を取《と》られる

酒に酔《よ》ったり、足下にじゃまな物があったりして、足が思うように動かない。

会話 「どうしたんだい。そんなにどろだらけになって。」「ぬかるみに足を取られてころんでしまったんだよ。」

足《あし》を延《の》ばす
予定の所まで出かけて、さらにその先まで行く。
短文 せっかく横浜《よこはま》まで来たのだから、鎌倉《かまくら》まで足を延ばそう。

足《あし》を運《はこ》ぶ
わざわざ出かけて行く。
短文 かれにたのみごとをしようと何度も足を運んだが、結局ことわられた。

足《あし》を引《ひ》っ張《ば》る
①他人の成功や昇進《しょうしん》のじゃまをする。②集団で物事をするとき、うまくいくことをさまたげる。
短文 ①きみがクラス委員に選ばれなかったからといって、陰《かげ》でかれの足を引っ張るようなことをするなんてひきょうだよ。②ぼくがエラーをしたので、チームの足を引っ張ることになってしまった。

葦《あし》を啣《ふく》む雁《かり》
雁《かり》が遠く海を渡《わた》るとき、海上でからだを休めるときに使う葦《あし》の小枝を口にくわえて行くということから、物事をするときの用意が完全なことのたとえ。
〔出典『淮南子《えなんじ》』〕

足《あし》を棒《ぼう》にする
足が棒のようにこわばるほどあちこち歩き回る。
短文 暗くなっても弟が家に帰って来ないので、足を棒にして探し回った。
同 足《あし》を擂粉木《すりこぎ》にする。

味《あじ》をやる
気がきいたことをやる。
短文 おこづかいをためて、おばあちゃんにプレゼントを買ってあげるなんて、かれもなかなか味をやるね。

明日《あす》ありと思《おも》う心《こころ》の徒桜《あだざくら》
あしたもまた美しくさいているだろうと思っている桜も、夜中に嵐《あらし》がきて散ってしまわないともかぎらない。あしたはどうなるかわからない、人の世のはかなさを教えているたとえ。
語源 あっけなく一晩で散ってしまう桜にたとえて、世の中のはかなさをうたった歌から出たことば。《原文》明日《あす》ありと思ふ心の徒桜《あだざくら》夜半《よは》に嵐《あらし》の吹かぬものかは（＝吹かないことがあるだろうか）
〔出典『親鸞上人絵詞伝《しんらんしょうにんえことばでん》』〕
参考 「徒桜《あだざくら》」は、散りやすい桜の花のこと。はかないもののたとえ。

飛鳥川《あすかがわ》の淵瀬《ふちせ》
⇩ **昨日《きのう》の淵《ふち》は今日《きょう》の瀬《せ》**

梓《あずさ》に上《のぼ》す
版木にほって印刷する。出版する。
語源 「梓《あずさ》」は植物名で、これを印刷の版木に使ったことからいう。
同 上梓《じょうし》する。

明日《あす》の百《ひゃく》より今日《きょう》の五十《ごじゅう》
確かなことがわからないあしたを当てにするより、少なくても、いま確実に手にすることができるもののほうがよいというたとえ。
同 後百《あとひゃく》より今五十《いまごじゅう》。

類 聞《き》いた百《ひゃく》より見《み》た一《ひと》つ。後《のち》の千金《せんきん》。

東男《あずまおとこ》に京女《きょうおんな》

男は元気で粋《いき》な江戸《えど》っ子がよく、女はやさしくてきれいな京都の女がいい。似合いの男女の取り合わせのこと。

同 京女《きょうおんな》に江戸男《えどおとこ》。

類 越前男《えちぜんおとこ》に加賀女《かがおんな》。京男《きょうおとこ》に伊勢女《いせおんな》。

汗《あせ》の結晶《けっしょう》

苦労と努力によって得た成果。

会話 「優勝おめでとう。」「ありがとうございます。このトロフィーはクラス全員の汗の結晶です。」

当《あ》たって砕《くだ》けよ

成功するかしないか先のことはわからないが、とにかく思い切って決行することだという教え。

会話 「あしたのサッカーの試合、どういう作戦でいくか、話し合ったか。」「むこうは去年の優勝チームですから、当たって砕けろ、ですよ。」

注意 なにかをしようとして、よい考えや方法がうかばないときなどに使う。

徒花《あだばな》に実《み》は生《な》らぬ

見かけはよいが、内容のないやり方では、りっぱな成果をおさめることができないというたとえ。

参考 「徒花《あだばな》」は、さいても実を結ばない花のこと。

頭《あたま》が上《あ》がらない

相手にひけめを感じることがあって、対等の立場にたてない。

短文 かれには、まだ借りたお金を返していないので、頭が上がらないんだ。

頭《あたま》が痛《いた》い

心配ごとやなやみごとがあってその解決になやんでいる。

短文 夏休みの宿題がまだできていないんだ。頭が痛いよ。

頭《あたま》が切《き》れる

頭の働きがするどい。

短文 かれはとても頭が切れる男だ。

「頭」が語中にくることば

怒《いか》り心頭に発する ⇩ 三〇ページ
鰯《いわし》の頭も信心から ⇩ 五三ページ
音頭《おんど》を取る ⇩ 八三ページ
正直の頭《こうべ》に神宿る ⇩ 一九五ページ
鯛《たい》の尾《お》より鰯《いわし》の頭《かしら》 ⇩ 二二三ページ
実るほど頭を垂るる稲穂《いなほ》かな ⇩ 三五八ページ
我が頭の蝿《はえ》を追え （頭の上の蝿を追え ⇩ 一九ページ）

頭隠《あたまかく》して尻隠《しりかく》さず

悪事や欠点などの一部をかくしただけで、すべてをかくしたつもりになっているということ。

短文 今度の汚職《おしょく》事件、とんでもない所から証拠《しょうこ》のメモが出てばれたんだ。頭隠して尻隠さずとはこのことだね。

語源 鳥の雉《きじ》は、首を草むらの中にかくして尾が丸見えになっていても平気でいることから出たことば。

類 身《み》を蔵《かく》して影《かげ》を露《あらわ》す。柿《かき》を盗《ぬす》んで核《さね》を隠《かく》さず。

頭《あたま》が下《さ》がる

相手の人がらや行いがりっぱで尊敬する気持ちになる。

短文 だれもがいやがる仕事を、不平も言わずにするかれには、頭が下がるね。

頭《あたま》が低《ひく》い

えらそうな態度をしない。謙虚《けんきょ》である。

短文 あの社長は、とてもすぐれた実業家だが、だれにも頭が低くて、社員にも気軽に話しかけるよ。

類 腰《こし》が低《ひく》い。

頭《あたま》が古《ふる》い

考え方が時代おくれである。

短文 うちのお父さんは頭が古いから、近ごろの中学生の気持ちなんかわからないんだ。

頭《あたま》から水《みず》を浴《あ》びたよう

突然《とつぜん》おそろしいことに出合って、おどろき、ぞっとするようす。

短文 かれはもう助からないだろうと聞いて、頭から水を浴びたようなショックを受けた。

頭《あたま》剃《そ》るより心《こころ》を剃《そ》れ

頭をそって姿だけは坊《ぼう》さんになったとしても、心が俗人のままではなんにもならない。外見や形式よりも、精神がりっぱでなければいけないという教え。

類 衣《ころも》を染《そ》めんより心《こころ》を染《そ》めよ。

頭《あたま》に入《い》れる

よく理解して覚えこむ。

短文 先生がいま言ったことを頭に入れて、二度とミスをしないようにしなさい。

頭《あたま》に置《お》く

忘れないようにする。

会話 「先生、この数学の問題の解き方は、まだ習っていません。」「いや、この問題は、きのう教えた公式を頭に置いて解けば簡単だ。」

頭《あたま》に来《く》る

腹が立ってかっとなる。

会話 「おいっ、どうしたんだ。きょうは八つ当たりばかりして。」「頭に来たんだ。かれに貸したノートをなくされて、きょうのテストはゼロ点だ。」

類 頭《あたま》に血《ち》が上《のぼ》る。

頭《あたま》にこびりつく

心配事やある出来事などを忘れることができないでいる。

短文 去年の衝突《しょうとつ》事故が頭にこびりついていて、スピードを出しすぎる自動車を見るとこわくてならない。

頭《あたま》に血《ち》が上《のぼ》る

いかりなどで興奮して、われを忘れてしまう。

短文 ものすごいやじのために頭に血が上ってしまって、演説はめちゃめちゃだった。

類 頭《あたま》に来《く》る。

頭《あたま》に湯気《ゆげ》を立《た》てる

ひどくおこるようす。

短文 サッカーのボールで窓ガラスを割られた家のおじさんが、頭に湯気を立てておこってきた。

同 頭《あたま》から湯気《ゆげ》を立《た》てる。

頭《あたま》の上《うえ》の蠅《はえ》を追《お》え

他人のことをとやかく言ったり、世話をやくより、まず自分自身のことをきちんと始末することが大事だという教え。

会話 「もう宿題はすませたの。」「次郎の絵の宿題を手伝っていたから、まだだよ。」「自分の頭の上の蠅を追ってから人の心配をしなさい。」

同 己《おのれ》の頭《あたま》の蠅《はえ》を追《お》え。我《わ》が頭《あたま》の蠅《はえ》を追《お》え。

頭《あたま》の黒《くろ》い鼠《ねずみ》

髪《かみ》の毛の黒い人間を鼠《ねずみ》になぞらえて、家の中の物をぬすむ使用人または家族のたとえ。

短文 店のお金がときどき足りなくなるけど、うちには頭の黒い鼠がいるんじゃないかな。

頭《あたま》の天辺《てっぺん》から足《あし》の爪先《つまさき》まで

上から下まで。また、なにからなにまで。

短文 彼女《かのじょ》はいつも頭の天辺から足の爪先まで最新流行の装《よそお》いをしている。

頭《あたま》を抑《おさ》える

相手のやり方や考え方を自由にさせない。のびのびとさせない。

短文 子供の教育には、頭を抑えるだけでなく、自由なふんい気の中で創造性を養うことも大切である。

頭《あたま》を抱《かか》える

どうしてよいかわからなくなって考えこむ。考えなやむ。

短文 先生は、ぼくたちのクラスの成績があまりにも悪いので、頭を抱えこんでしまった。

頭《あたま》を切《き》り換《か》える

べつの考え方に改める。

短文 新しい入試制度になったら、ぼくたちも頭を切り換える必要があるね。

頭《あたま》を出《だ》す

能力や実力を発揮して、人よりぬきん出て認められるようになる。

短文 二学期の国語の成績はたいしたことなかったが、三学期になったら急に頭を出してきたね。どうしたんだい。

類 頭角《とうかく》を現《あらわ》す。

頭《あたま》を撥《は》ねる

他人にはらうはずのもうけの一部を自分のものにしてしまう。

短文 かれは自分はなにもせず、子分たちに働かせて、その頭をはねているそうだよ。

類 上前《うわまえ》を撥《は》ねる。ピン撥《は》ねする。

頭《あたま》を冷《ひ》やす

冷静な気持ちを取りもどす。

会話 「今度の学園祭のもよおし物のプランを募集《ぼしゅう》したのに、これしか集まらないよ。まったくいやになるよ。」「そんなにかっかしないで、コーヒーでも飲んで頭を冷やせよ。」

頭《あたま》を解《ほぐ》す
考えごとなどをしてつかれた頭を休める。
短文 試験勉強でつかれたら、たまにはテレビを見て頭をほぐすのも悪いことではない。

頭《あたま》を丸《まる》める
髪《かみ》の毛をそる。転じて、坊《ぼう》さんになる。出家をする。

頭《あたま》を擡《もた》げる
①かくれていた事がらが表面に出てくる。②勢いを持ちはじめる。
短文 ①今度の事件は一人の犯行ではなく、複数による犯行という線が頭をもたげてきた。②今の世の中は、軍国主義なんか頭をもたげてくるはずがない。

仇《あだ》も情《なさ》けも我《わ》が身《み》より出《で》る
人が自分をにくむのも愛するのも、ふだんの自分の心がけや行いしだいであるということ。
類 身《み》から出《で》た錆《さび》。因果応報《いんがおうほう》。

新《あたら》しい酒《さけ》は新《あたら》しい革袋《かわぶくろ》に盛《も》れ
新しい考えや思想を表現するには、新しい形式・方法によって行うべきである。
語源 《原文》人は新しいぶどう酒を古い皮袋に入れるようなことはしない。そんなことをすれば、皮袋は裂《さ》けて、ぶどう酒が流れ出てしまい、皮袋もだめになってしまう。新しいぶどう酒を新しい皮袋に入れれば、両方とも保たれる。
〔出典『新約聖書《しんやくせいしょ》』〕
参考 「新しい酒」はキリストの教え。

中《あた》らずと雖《いえど》も遠《とお》からず
完全に的中しているとはいえないが、たいして外れてもいないこと。
〔出典『礼記《らいき》』〕
参考 「中らず」は「当たらず」とも書く。

辺《あた》りを払《はら》う
だれもが近寄りにくいほど、堂々としていて威厳《いげん》がある。
短文 かれのお父さんは社長時代、辺りを払う勢いだったそうだ。

当《あ》たるも八卦《はっけ》当《あ》たらぬも八卦《はっけ》
占《うらな》いは一〇〇パーセント当たるとはかぎらないので、吉《きち》と出ても凶《きょう》と出ても気にかけるにはおよばないということ。
参考 「八卦《はっけ》」は、占いで、陰と陽を表す道具の組み合わせによってできる八種の形。そのことから占いのことをいう。
類 合《あ》うも不思議《ふしぎ》合《あ》わぬも不思議《ふしぎ》。当《あ》たるも不思議《ふしぎ》当《あ》たらぬも不思議《ふしぎ》。

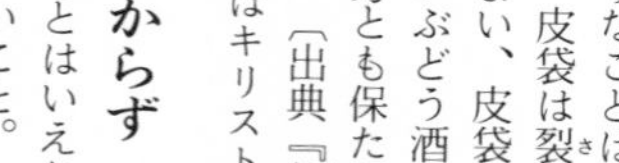

陽━と陰━ ━を三個ずつ組み合わせると，2×2×2＝8で，八種類の組み合わせができる。
（はっけ）

当《あ》たるを幸《さいわ》い
手当たりしだい。
短文 逆上して当たるを幸いに物を投げつける。

彼方《あちら》立《た》てれば此方《こちら》が立《た》たぬ
一方をよくなるようにすると、他方は悪

くなり、両方ともよくすることはできない。世の中は、物事が両立しがたいということのたとえ。

〔参考〕このあとに、「双方《そうほう》（＝両方）立てれば身が立たぬ」と続けていうこともある。

〔類〕出船《でぶね》によい風《かぜ》入り船《ふね》に悪《わる》い。

悪貨《あっか》は良貨《りょうか》を駆逐《くちく》する

同じ額面の貨幣でも、質（素材《そざい》）の悪い貨幣が世の中に出回っていると、質のよい貨幣はたくわえられたり国外に流出したりして、質の悪い貨幣だけが世の中に流通するという説。また、世の中に悪人がはびこると、善人は恵《めぐ》まれなくなることのたとえ。
〔参考〕Bad money drives out good. の訳語。一六世紀にイギリスの財政家《ざいせいか》グレシャムが唱《とな》えた法則。

圧巻《あっかん》

書物や物事の中で、いちばん目につき、すぐれている部分。

〔短文〕今度の運動会の圧巻は、なんといっても各クラスの対抗リレーだった。

〔語源〕むかし、中国で科挙《かきょ》（＝官吏《かんり》の登用試験）のとき、最もすぐれた答案（巻）を全部の答案のいちばん上に置いた。そうすると、下の答案を圧《お》することになることからできたことば。〔出典『文章弁体《ぶんしょうべんたい》』〕

呆気《あっけ》に取《と》られる

思わぬことに出くわして、おどろきあきれる。

〔短文〕かれの突然《とつぜん》の発言に、議長は呆気に取られていた。

暑《あつ》さ寒《さむ》さも彼岸《ひがん》まで

残暑も秋の彼岸《ひがん》のころになるとやわらぎ、余寒《よかん》（＝立春のあとまでつづく寒さ）も春の彼岸のころになればおとろえてくるということ。

〔参考〕「彼岸《ひがん》」は、春分の日あるいは秋分の日を中日《ちゅうにち》として、それぞれの前後三日間をふくむ七日間のこと。

〔同〕暑《あつ》さ寒《さむ》さも彼岸《ひがん》ぎり。

暑《あつ》さ忘《わす》れて陰《かげ》忘《わす》る

きびしい暑さが過ぎてしまうと、すずしかった物陰《ものかげ》のありがたさをすぐ忘れてしまうことから、苦しいときが過ぎてしまうと、そのとき受けた恩をすぐに忘れてしまうたとえ。

〔類〕喉元《のどもと》過ぎれば熱《あつ》さを忘《わす》れる。雨晴《あめは》れて笠《かさ》を忘《わす》れる。病《やまい》治《なお》りて医師《いし》忘《わす》る。

あっと言《い》わせる

びっくりさせたり、感心させたりする。
〔会話〕「どうしたの。ずいぶんはりきって勉強してるね。」「ええ、今度の試験では一番になって、みんなをあっと言わせてやろうと思いまして。」

羹《あつもの》に懲《こ》りて膾《なます》を吹《ふ》く

前に経験した失敗にこりて、必要以上の用心をするたとえ。
〔語源〕熱い吸い物で口をやけどした人が、それにこりて冷たいなますをふうふう吹きながら食べるということから出たことば。〔出典『楚辞《そじ》』〕
〔参考〕「羹《あつもの》」は、野菜や肉などを入れて作った吸い物。「膾《なます》」は、肉を細かく切って作った冷たい料理。
類 蛇《へび》に嚙《か》まれて朽《く》ち縄《なわ》に怖《お》じる。黒犬《くろいぬ》に嚙《か》まれて赤犬《あかいぬ》に怖《お》じる。

当《あ》て事《ごと》は向《む》こうから外《はず》れる

なにかを当てにすることは、とかく自分だけの考えで期待することが多いので、相手の都合でだめになり、期待外れになることが多いということ。

後足《あとあし》で砂《すな》を掛《か》ける

世話になった人の恩を忘れて、去りぎわにさらに迷惑《めいわく》をかける行いをすることのたとえ。
短文 退部したからといって、キャプテンのことを悪く言うのは、後足で砂をかけるようなものだ。
類 恩《おん》を仇《あだ》で返《かえ》す。

後先見《あとさきみ》ず

あとで起こる結果を考えずに行動するようす。無分別《むふんべつ》。
短文 いつものことながら、後先見ずにつっ走るかれには困ったものだ。

後前息子《あとさきむすこ》に中娘《なかむすめ》

子供をもつなら、初めと終わりが男の子で、まん中は女の子という、三人が理想的だということ。
対 一姫二太郎《ひちひめにたろう》。

後《あと》の雁《かり》が先《さき》になる

一列に並んで飛んでいく雁《かり》のようすから、仕事や学問のうえで、後輩《こうはい》が先輩《せんぱい》を追い越すたとえ。また、若い人が先に死んだりしてしまうことのたとえ。
参考 「雁《かり》」を「がん」ともいう。
同 先《さき》の雁《かり》が後《あと》になる。

後《あと》の祭《まつ》り

祭りがすんだあとの山車《だし》はなんの役にも立たないことから、物事には時機というものがあり、それを外せばなんの役にも立たないたとえ。手おくれ。
会話 「きみはみんなといっしょに行かなかったのか。」「ねぼうしちゃって、集合時間におくれたんです。起きたときには後の祭りでした。」
類 十日《とおか》の菊《きく》六日《むいか》の菖蒲《あやめ》。遅《おそ》かりし由良之助《ゆらのすけ》。証文《しょうもん》の出《だ》し遅《おく》れ。

後《あと》は野《の》となれ山《やま》となれ

目先のことさえよければ、あとはどうなってもかまわない。また、自分のやったことが原因で結果がどうなろうとかまわない。投げやりな気持ちをいう。
短文 キャンプ場で、食べちらかしたままの人がいる。後は野となれ山となれの気持ちでは中学生とはいえないね。
類 旅《たび》の恥《はじ》は搔《か》き捨《す》て。
対 立《た》つ鳥後《とりあと》を濁《にご》さず。

後腹《あとばら》が病《や》める

お産がすんだあとも、ときどき、お腹《なか》が痛くなることから、事が一段落したあとも、苦しいことや好ましくないことが起こるたとえ。
同 後腹病《あとばらや》む。後腹痛《あとばらいた》む。

後百《あとひゃく》より今五十《いまごじゅう》

⇩ 明日《あす》の百《ひゃく》より今日《きょう》の五十《ごじゅう》

跡《あと》を追《お》う
①追いかける。ついていく。②ある人が死んだあと、続いてすぐに死ぬ。
短文 ①にげる犯人の跡を追っていく。②祖父がなくなって一か月後、その跡を追うように父もなくなった。

跡《あと》を晦《くら》ます
ゆくえがわからないように姿をかくす。
短文 交通事故の加害者は、けが人をその場に放置したまま、跡をくらましてしまった。

跡《あと》を絶《た》つ
そのことが起こらなくなる。
短文 みんなが協力しなければ、このような事件は跡を絶たないだろう。

跡《あと》をつける
相手に気づかれないように追う。尾行《びこう》する。跡を追う。
短文 かれは犯人の跡をつけて、とうとうかくれ家を発見した。

跡《あと》を濁《にご》す
きちんと後始末をしないで立ち去る。
短文 卒業してしまえば、もう自分には関係がなくなるからといって、跡を濁すようなことはするな。
注意 「立つ鳥跡を濁さず」のように打ち消しの形で使うことが多い。

後《あと》を引《ひ》く
①物事が終わったあともその影響《えいきょう》が残る。②好きな食べ物などを口に入れてやめられなくなる。
短文 ①二人の仲は、今でもあの事件が後を引いてうまくいっていない。②ポテトチップを食べ出したら後を引いて食べ過ぎた。

穴《あな》が開《あ》く
①商売などで、損失が出る。②物事が順序どおりにいかず、空白の時間ができたり、担当者がいなくなったりする。
短文 ①ぼくは商売がへたなのかなあ。ここ三か月ほど帳簿《ちょうぼ》に穴が開いてしまったよ。②主役の突然《とつぜん》の病気で、舞台《ぶたい》に穴が開いてしまった。

穴《あな》があったら入《はい》りたい
はずかしくて身の置き場がなく、どこかにかくれてしまいたい。
短文 かれのほんとうの気持ちも知らずにあんなことを言ってしまって申しわけない。穴があったら入りたいよ。

穴《あな》の開《あ》くほど見《み》る
視線で穴が開くと思われるほど、じっと見つめる。
短文 受験生たちは合格発表の掲示板《けいじばん》を穴の開くほど見ていた。

穴《あな》の貉《むじな》を値段《ねだん》する
⇩ 捕《と》らぬ狸《たぬき》の皮算用《かわざんよう》

穴《あな》を開《あ》ける
①お金の不足を生じさせる。また、お金を使いこむ。②物事が予定どおりにいかないで、なにもない時間や場面をつくってしまう。

短文 ①かれは部費を使いこんで帳簿《ちょうぼ》に穴を開けた。②委員長が急病で休んで会議に穴を開けた。

痘痕《あばた》も靨《えくぼ》

人を好きになると、その人のみにくいあばたも、えくぼのようにかわいらしく見えたりすることから、好意を持って見ると、相手の欠点やみにくいものが、長所に見えたり美しく見えたりすることのたとえ。

同 惚《ほ》れた目《め》には痘痕《あばた》も靨《えくぼ》。

類 惚《ほ》れた欲目《よくめ》。愛《あい》してその醜《しゅう》を忘《わす》る。

危《あぶ》ない事《こと》は怪我《けが》の内《うち》

危ないことには、けががつきものだということから、けがをするおそれのあるような危ないことには、用心して近づかないほうがいいといういましめ。

危《あぶ》ない橋《はし》を渡《わた》る

くずれ落ちそうな橋をわたるということから、あえて危険な方法や手段を用いて行うたとえ。

短文 危ない橋を渡ってまで輸入しなくてもいいと思うがね。

注意 特に、法律にふれるようなことをするときに使われる。

対 石橋《いしばし》を叩《たた》いて渡《わた》る。

虻蜂《あぶはち》捕《と》らず

虻《あぶ》と蜂《はち》の両方を、いっぺんに捕《と》ろうとしてもむりなことから、あれもこれもと欲ばると、結局はなにも捕ることはできないというたとえ。

短文 コンピューターの勉強もしたい、塾《じゅく》にも通いたいでは、結局虻蜂捕らずになってしまうよ。

類 二兎《にと》を追《お》う者《もの》は一兎《いっと》をも得《え》ず。虻《あぶ》も捕《と》らず蜂《はち》に刺《さ》される。

対 一挙両得《いっきょりょうとく》。一石二鳥《いっせきにちょう》。

脂《あぶら》が乗《の》る

物事に調子が出てきて、よくはかどる。また、積極的になる。

短文 ほしかった参考書を買ってもらったので、いま英語の勉強に脂が乗ってきているところだ。

語源 魚などに脂肪《しぼう》分が増えてきて、味がよくなり、食べごろになることからいう。

脂《あぶら》に画《えが》き氷《こおり》に鏤《ちりば》む

⇩ 氷《こおり》に鏤《ちりば》め水《みず》に描《えが》く

油《あぶら》を売《う》る

むだ話などをして時間をつぶし、仕事などをなまける。

会話 「ずいぶんおそかったじゃないか。とっくに練習が始まってるぞ。いったい、どこで油を売ってたんだ。」「ごめん。ごめん。駅で友達に会って、つい話しこんじゃって。」

語源 むかし、油売りが、油のしずくが切れるまで世間話《せけんばなし》をして商売したことからいう。

油《あぶら》を絞《しぼ》る

人の失敗や過《あやま》ち・欠点などをきびしく責めてしかる。また、むずかしいことをさせて苦しめきたえる。

短文 きのう野球の練習をさぼったので

監督《かんとく》からさんざん油を絞られちゃった。

語源 大豆《だいず》やごまなどから油をとるとき、しめ木にかけてしぼりとることから。

油《あぶら》を注《そそ》ぐ ⇩ 火《ひ》に油《あぶら》を注《そそ》ぐ

油《あぶら》を流《なが》したよう

海面や湖面にまったく波が立たず、おだやかなようす。

短文 海岸に通じる坂を下っていくと、油を流したような海がひろがっていた。

甘《あま》い子《こ》に甘草《かんぞう》

あまやかして育てた子を、いっそうあまやかすことのたとえ。

参考 「甘草《かんぞう》」は、マメ科の多年草。根は甘味料《かんみりょう》や薬用になる。

対 かわいい子《こ》には旅《たび》をさせよ。

甘《あま》い汁《しる》を吸《す》う

自分はなんの苦労もしないで、他人の働きを利用して利益を得る。

短文 甘い汁を吸って生きている人たちがいない世の中にしたいものだ。

類 旨《うま》い汁《しる》を吸《す》う。

雨垂《あまだ》れ石《いし》を穿《うが》つ

水のしずくでも長い間には石に穴をあけるように、わずかな力でも根気よく努力すれば最後には成功することのたとえ。

短文 毎日の小さな努力が成功のもとだよ。雨垂れ石を穿つということだ。

同 点滴石《てんてきいし》を穿《うが》つ。

天《あま》の邪鬼《じゃく》

何事にも人の意見にわざと反対のことを言ったりしたりする、ひねくれ者のこと。つむじまがり。

参考 「天《あま》の邪鬼《じゃく》」は、仁王《におう》や四天王《してんのう》の像の足の下にふみつけられている小鬼《こおに》。

ふまれてもがんばる「あまのじゃく」

網呑舟《あみどんしゅう》の魚《うお》を漏《も》らす

法律の規定が大ざっぱなために、大罪人はかえってとりにがしてしまうたとえ。また、大悪人が法律の目をくぐって悪事を働いても罰《ばっ》することができないことのたとえ。

語源 網の目があらいために、舟を呑みこんでしまうほどの大きな魚もにがしてしまうという意味から。〔出典『史記《しき》』〕

網《あみ》無《の》うて淵《ふち》を覗《のぞ》くな

網の用意もしないで淵《ふち》（＝川の、水の流れがゆるく深い所）の魚をとろうとしてもとれないように、じゅうぶんな準備もしていないのに物事を始めても成功はしないといういましめ。また、なんの努力もしないでいて、ただ他人の成功をうらやんでいてはいけないといういましめ。

同 網持《あみも》たずの淵覗《ふちのぞ》き。

類 網《あみ》を持《も》たずに海《うみ》を覗《のぞ》くな。

網《あみ》を張《は》る

犯人や目的の物をとらえるために、手はずをととのえて待ちかまえる。

短文 警察では、犯人が立ち寄りそうな所に網を張りめぐらして捜査《そうさ》している。

雨《あめ》が降《ふ》ろうが槍《やり》が降《ふ》ろうが
たとえどんなに困難なことがあろうとも。なにがなんでも。
短文 雨が降ろうが槍が降ろうが必ず迎えに行くから待っていろ。
同 槍《やり》が降っても。

雨《あめ》に沐《かみあら》い風《かぜ》に櫛《くしけず》る
雨で髪《かみ》を洗い、風を櫛《くし》として髪をとかすということから、雨や風の中を奔走《ほんそう》し、苦労する。世の中のいろいろな苦労を味わうことのたとえ。〔出典『荘子《そうじ》』〕
同 櫛風沐雨《しっぷうもくう》。

雨《あめ》の降《ふ》る日《ひ》は天気《てんき》が悪《わる》い
あたりまえのこと、決まりきったことであるというたとえ。
類 犬《いぬ》が西向《にしむ》きゃ尾《お》は東《ひがし》。雉子《きじ》の雌鳥《めんどり》は女鳥《おんなどり》。鶏《にわとり》は裸足《はだし》。

雨《あめ》晴《は》れて笠《かさ》を忘《わす》れる
苦しいときが過ぎると、そのときに受けた恩を忘れてしまうというたとえ。
類 暑《あつ》さ忘《わす》れて陰忘《かげわす》る。喉元過《のどもとす》ぎれば熱《あつ》さを忘《わす》れる。

雨降《あめふ》って地固《じかた》まる
雨降りはいやなものだが、雨がやめば、ゆるんでいた地面がかえって固まることから、ごたごたしたもめごとなどが起こったあとは、かえって物事が落ち着き、よい結果になるたとえ。
短文 徹底的《てっていてき》に論争し合った結果、誤解もとけて両派は前よりかえって仲よくなったね。雨降って地固まるとはこのことだね。

飴《あめ》をしゃぶらせる
わざと負けたり、うまいことを言ったりして相手を喜ばせる。
短文 去年の剣道《けんどう》大会では、あめをしゃぶらせてやったのも知らないで。今年は徹底的《てっていてき》にたたきつぶしてやるぞ。
同 飴《あめ》を嘗《な》めさせる。

危《あや》うきこと累卵《るいらん》の如《ごと》し
⇩ 累卵《るいらん》の危《あや》うき

過《あやま》ちては改《あらた》むるに憚《はばか》ること勿《なか》れ
過ちをおかしたなと気がついたときには、世間体《せけんてい》や人のおもわくなどを気にして、ためらっていてはならない。すぐに改めるべきであるという教え。
語源 孔子《こうし》が、人の上に立つ者の心がまえとして説いたことば。〔出典『論語《ろんご》』〕

過《あやま》ちの功名《こうみょう》 ⇩ 怪我《けが》の功名《こうみょう》

過《あやま》ちを文《かざ》る
過ちを反省し改めようとせず、つくろってごまかそうとする。〔出典『論語《ろんご》』〕
参考 「文《かざ》る」は、とりつくろう意。

荒肝《あらぎも》を抜《ぬ》く
ひどくびっくりさせる。
参考 「荒肝《あらぎも》」は、たけだけしい心。度胸。
同 荒肝《あらぎも》を拉《ひし》ぐ。度肝《どぎも》を抜《ぬ》く。

荒肝《あらぎも》を拉《ひし》ぐ ⇩ 荒肝《あらぎも》を抜《ぬ》く

嵐《あらし》の前《まえ》の静《しず》けさ

暴風雨が来る前に、一時静まりかえる静けさの意から、なにか事件や騒動《そうどう》が起こりそうな予感がする不気味な静けさのたとえ。

短文 今年の世界一を決める一〇〇メートル走。スタート前のスタンドは嵐の前の静けさにつつまれた。

類 山雨来《さんうきた》らんと欲《ほっ》して風楼《かぜろう》に満《み》つ。

争《あらそ》い果《は》てての棒千切《ぼうちぎ》り

⇩ 喧嘩過《けんかす》ぎての棒千切《ぼうちぎ》り

新《あら》たに沐《もく》する者《もの》は必《かなら》ず冠《かんむり》を弾《はじ》く

髪《かみ》を洗ったばかりの者は、必ず冠《かんむり》のごみをはらってから頭にのせる。きれいな心をもち正しい行いをしている人ほど、自分の身をけがすおそれのある事物をきらうものだということのたとえ。

語源 《原文》新《あら》たに沐《もく》する者《もの》は必《かなら》ず冠《かんむり》を弾《はじ》き、新《あら》たに浴《よく》する者《もの》は必《かなら》ず衣《ころも》を振《ふ》るう。〔出典『史記《しき》』〕

蟻《あり》の穴《あな》から堤《つつみ》も崩《くず》れる

蟻《あり》のあけた小さな穴から大きな堤《つつみ》がくずれることもある。ちょっとした油断や不注意から、とんでもない大失敗をすることがあるというたとえ。〔出典『韓非子《かんぴし》』〕

同 千丈《せんじょう》の堤《つつみ》も螻蟻《ろうぎ》の穴《あな》を以《もっ》て潰《つい》ゆ。千里《せんり》の堤《つつみ》も蟻《あり》の穴《あな》から。蟻《あり》の一穴天下《いっけつてんか》の破《やぶ》れ。

類 小事《しょうじ》は大事《だいじ》。

蟻《あり》の甘《あま》きにつくが如《ごと》し

蟻《あり》が甘《あま》いものに寄ってくるように、利益のある所に人が寄ってくるたとえ。

蟻《あり》の歩《あゆ》み

蟻《あり》が動き回るように、休んだりなまけたりせず、少しずつでも絶えず進んでいくたとえ。

会話 「英語を覚えるこつを教えてください。」
「蟻の歩みでいいから、毎日少しの時間でも英語の本を開くくせをつけることだ。」

蟻《あり》の思《おも》いも天《てん》に昇《のぼ》る

蟻《あり》のように小さい虫の思いでも、一心になれば天に届くということから、たとえ小さく、力の弱い者であっても、一生懸《けん》命《めい》になれば望みを達することができるというたとえ。

蟻《あり》の這《は》い出《で》る隙《すき》も無《な》い

小さな蟻《あり》がはい出るわずかなすき間さえないほど、まわりが厳重に囲まれていることのたとえ。

短文 あの犯人は、蟻のはい出るすきもないきびしい警察の包囲の中を、どうやって脱出《だっしゅつ》したのだろう。

有《あ》る時払《ときばら》いの催促《さいそく》無《な》し

期限を決めず、お金の余裕《よゆう》のあるときに借金を返せばよい。それまで催促《さいそく》はしないという、借り手に都合のよい返済条件。

短文 父から建築資金の一部を借りたが、ある時払いの催促なしの条件で話をつけてきた。

類 出世払《しゅっせばら》い。

合《あ》わせ物《もの》は離《はな》れ物《もの》

めぐり会った者、縁で結ばれた者は、いつかは別れるときがくるということのたとえ。

注意 男女・夫婦の仲のことに用いる。

類 会《あ》うは別《わか》れの始《はじ》め。会者定離《えしゃじょうり》。

慌《あわ》てる乞食《こじき》は貰《もら》いが少《すく》ない

早く多くもらおうとする乞食《こじき》は、かえってもらう物が少なくなる。欲ばりすぎることは失敗のもとになり逆効果になるというたとえ。

類 慌《あわ》てる蟹《かに》は穴《あな》へ入《はい》れぬ。急《せ》いては事《こと》を仕損《しそん》じる。

合《あ》わぬ蓋《ふた》あれば合《あ》う蓋《ふた》あり

なべやかまのふたには、うまく合わないものと、ぴったり合うものとがある。人にも、たがいにふさわしくない者と、似合いのぴったりした者とがあるというたとえ。

短文 気の合う女性がいないってあまりあわてるな。合わぬふたあれば合うふたありだよ。今にすばらしいガールフレンドが見つかるよ。

鮑《あわび》の片思《かたおも》い ⇩ **磯《いそ》の鮑《あわび》の片思《かたおも》い**

泡《あわ》を食《く》う

ひどくおどろいてあわてる。

短文 列車の発車まぎわに切符《きっぷ》をなくしてしまい、泡を食った。

泡《あわ》を吹《ふ》かせる

相手の不意をついてあわてさせる。

短文 いつもいばっているかれに、いたずらをして泡を吹かせてやろう。

同 一泡吹《ひとあわふ》かせる。

鮟鱇《あんこう》の待《ま》ち食《ぐ》い

鮟鱇《あんこう》という魚は、自分から動かず、ただ大口を開けてえさの小魚が近よってくるのを待っていることから、なんの働きもしないで、いい思いをしようとすることのたとえ。

注意 要領のよい者に対するひやかしにも用いる。

暗礁《あんしょう》に乗《の》り上《あ》げる

船が海中にかくれて見えない岩に乗り上げて動けなくなることから、物事が思わぬ障害や困難に出合って先へ進まなくなることのたとえ。

岩に乗り上げた船

短文 体育館をつくる計画は、資金難のために暗礁に乗り上げてしまった。

鞍上人無《あんじょうひとな》く鞍下馬無《あんかうまな》し

馬の鞍の上の人と、鞍《くら》の下の馬とが区別できないほど、乗り手がたくみに馬を乗りこなし、人と馬が一体に見えるようす。

参考 「鞍《くら》」は、馬の背において乗りやすくするための道具。

案《あん》ずるより産《う》むが易《やす》い

物事は前もって心配するより、実際にぶつかってみると案外たやすくできるというたとえ。

短文 「きょうはピアノの発表会ね。いつもの練習どおりやってごらんなさい。案ずるより産むが易いっていうでしょ。きっと成功しますよ。」と母にはげまされた。

暗中模索《あんちゅうもさく》

暗がりの中で、手さぐりでものをさがすように、手がかりのないままに、いろいろためしてやってみること。

短文 新しい品種をつくろうとしているのですが、まだ暗中模索の段階です。

アンテナを張《は》る

ある情報を求めるための手段・方法をとる。

短文 近所や知人のみんなにアンテナを張りめぐらして、委員に立候補した人の評判をさぐった。

案《あん》の定《じょう》

思っていたとおり。予想どおり。

短文 弟に、自転車のスピードを出しすぎると危険だと注意していたのに、案の定、電柱にぶつかってけがをした。

い イ

威《い》あって猛《たけ》からず

威厳《いげん》があるが、人間的な温かみがこもっていていばった態度がない。人の理想的な態度をいったもの。

語源 孔子《こうし》の人がらについて、弟子《でし》たちが評したことば。〔出典『論語《ろんご》』〕

いい顔《かお》をしない

好意的なようすをしない。ふきげんなようすを見せる。

短文 かれにもう一つ持っているグローブを貸してくれと言ったら、いい顔をしないんだ。けちだなあ。

言《い》い掛《が》かりを付《つ》ける

なにかを要求したり、人を責めて困らせたりするために、根拠《こんきょ》のないことを言い立てる。

短文 運動部の委員が、放課後の運動場を使う問題で、ぼくたちに言い掛かりを付けるなんて、勝手すぎるよ。

いい気《き》になる

調子にのって得意になる。うぬぼれる。

短文 弟は成績が上がって父にほめられたものだから、いい気になって遊んでばかりいる。

いい気味《きみ》

にくいと思っている人が困っているのを見たときなどに感じる、胸がすくようないい気持ち。

会話 「かれの会社、経営不振《ふしん》でつぶれてしまったそうよ。」「景気のよかったころは、ずいぶんいばりちらしていたし、悪どいやり方でもうけていたんだもの。いい気味よ。」

いい子《こ》になる

人によく思われるように、ずるく立ちまわる。

短文 ずるいんだ、かれ。監督《かんとく》の見ているときだけいい子になって、一生懸命《けんめい》練習するんだから。

いい年《とし》

世の中のことをわきまえている年ごろ。

短文 いい年をして、本気になって小学生たちとけんかをしているおとなを見ると、情けなくなる。

注意 その年齢《ねんれい》にふさわしくない行動をする人に対して、非難やあざけりの気持ちをふくんで使われる。

言《い》うに言《い》われぬ

①ことばではうまく言い表すことができない。②さしつかえがあって、言いたくても言うことができない。

短文 ①富士山から見た日の出は、言うに言われぬ美しさがある。②かれは、言うに言われぬ事情があって、あしたからの修学旅行には行かれないということだ。

言《い》うは易《やす》く行《おこな》うは難《かた》し

口で言うのは簡単だが、それを実行するのはむずかしいということ。

〔出典『塩鉄論《えんてつろん》』〕

会話 「あしたから毎日早起きをして、ジョギングをしようと思うんだ。」「それはいいことだが、言うは易く行うは難しじゃないかな。」

言《い》うも愚《おろ》か

言わなくてもわかりきっていることだ。

短文 未成年者がたばこを吸ってはいけないということは、言うもおろか、みんな知っていることだ。

家貧《いえまず》しくして孝子《こうし》顕《あらわ》る

家が貧しいと、子供は家計を助けるために働くので、自然とその孝行ぶりが世に知られるようになる。人間は不運な境遇《きょうぐう》にあるときこそ、その人の真の値打ちがあらわれて認められるということ。

語源 《原文》家貧《いえまず》しくして孝子《こうし》顕《あらわ》れ、世乱《よみだ》れて忠臣《ちゅうしん》を識《し》る。〔出典『宝鑑《ほうかん》』〕

家《いえ》を出《い》ずれば七人《しちにん》の敵《てき》あり

⇨ 男《だん》子家《しいえ》を出《い》ずれば七人《しちにん》の敵《てき》あり

如何物食《いかものぐ》い

ふつうの人がいやがるような食べ物を好んだり、ふつうの人には考えられない趣味や好みを持ったりすること。また、そのような人。

短文 かれがいかもの食いとは聞いていたが、あんな気味の悪いものを集めているとは知らなかった。

参考 「いかもの」は、「いかさまもの」の略で、にせもの・あやしげなものの意。

怒《いか》り心頭《しんとう》に発《はっ》する

心の底から、はげしくおこること。

短文 あの先生があんなにおこったのを今まで見たことがないよ。怒り心頭に発したとはああいうことなんだね。

怒《いか》りは敵《てき》と思《おも》え

腹を立てたり感情的になったりすると、理性を失って冷静に正しく判断する力を失うことになる。いかりは自分をほろぼす敵と思ってつつしめというい ましめ。徳川家康《とくがわいえやす》の遺訓の一節。

類 怒《いか》りは愚《おろ》かな者《もの》の胸《むね》に宿《やど》る。

怒《いか》りを遷《うつ》さず

ある人へのいかりを、関係のない人に向けて、八つ当たりをしてはいけないといういましめ。〔出典『論語《ろんご》』〕

怒《いか》れる拳《こぶし》笑顔《えがお》に当《あ》たらず

おこってなぐろうと思ってげんこつをふり上げてみても、おだやかに笑っている相手には、なぐる気がしなくなってしまう。このことから、相手が強く出てきたときは、こちらが逆にやさしい態度で応じたほうが効果があるということ。〔出典『五灯会元《ごとうえげん》』〕

類 尾《お》を振《ふ》る犬《いぬ》は叩《たた》かれず。杖《つえ》の下《した》に回《まわ》る犬《いぬ》は打《う》てぬ。

行《い》き当《あ》たりばったり

無計画で、その場その場のなりゆきにまかせたり、適当に行動したりすること。

短文 山へ行くのはよいが、行き当たりばったりの行動がいちばん危険だ。しっかりと計画を立てなさい。

生《い》き馬《うま》の目《め》を抜《ぬ》く

人のすきにつけこんで、すばやく利益を得ることのたとえ。また、すばしこくて油断もすきもないことのたとえ。

短文 むかしは、都会には生き馬の目を抜くような人がたくさんいるから気をつけろと、よく言われたものだ。

同 生《い》き馬《うま》の目《め》を抉《くじ》る。生《い》き牛《うし》の目《め》を抜《ぬ》く。

息《いき》が切《き》れる

物事をそれ以上続けられなくなる。

短文 受験勉強も、むりな計画をたてると、途中で息が切れてしまうよ。

行《い》き掛《が》けの駄賃《だちん》

なにかをするついでに別のことをしてもうけること。また、悪事を働いたついでに、また別の悪事を働くこと。

短文 弟のやつ、お使いをたのんだら、行きがけの駄賃とばかりに、ぼくのおやつを一つ取っていってしまった。

語源 むかし、馬子《まご》が問屋《とんや》へ荷物を取りに行くとき、行きのあいている馬の背に別の荷物を積んで運び賃をかせいだことから出たことば。

息《いき》が長《なが》い

物事がおとろえることなく、長い間続いている。

短文 きみのお父さんは、あのお寺の再建工事にとりかかっているんだって。五年がかりという息が長い仕事はたいへんだね。

生《い》きた空《そら》も無《な》い

ものすごくおそろしい思いをして、生きている気がしない。

短文 断崖絶壁《だんがいぜっぺき》の高い山から下を見おろしたときは、生きた空もないほどだった。

同 生《い》きた心地《ここち》もしない。

意気天《いきてん》を衝《つ》く

意気ごみが天をつくほどさかんである。

会話 「あしたは剣道《けんどう》の決勝戦だって。」「うん、相手は意気天を衝く勢いで予選を勝ちぬいてきたチームだから、油断ができないよ。

同 意気衝天《いきしょうてん》。

生《い》きとし生《い》けるもの

この世の中に生きているものすべて。

短文 生きとし生けるものみな幸せに生きる権利を持っているのだ。

息《いき》の根《ね》を止《と》める

二度と活動ができないよう、徹底的《てっていてき》な打撃《だげき》をあたえる。

短文 麻薬《まやく》の密輸《みつゆ》事件では、警察は密輸団の息の根を止めるまで捜査《そうさ》を続けると言っている。

生《い》き恥《はじ》を曝《さら》す

生きているときに、また、生きているためにはずかしいめにあう。

短文 人間は、悪事を働いて生き恥をさらすようなことはしたくないものだ。

対 死《し》に恥《はじ》を曝《さら》す。

行《い》きはよいよい帰《かえ》りは怖《こわ》い

行きはなんとかうまくいっても、帰りはなにかよくないことが起こってひどいめにあうということ。

短文 来るときはあんなに晴れていたのに、帰りは土砂《どしゃ》降りの雨、行きはよいよい帰りは怖いとはこのことだ。

語源 わらべ唄《うた》「通りゃんせ」の一節から出たことば。

息《いき》を凝《こ》らす

呼吸をおさえて注意を集中する。

短文 きのうの決勝戦はすごかったよ。観衆はもちろん、両校の応援団《おうえんだん》も息を凝らしてなりゆきを見つめていたよ。

類 息《いき》を殺《ころ》す。

息《いき》を殺《ころ》す

呼吸をおさえてじっと静かにしている。

短文 犯人はにげきれず、息を殺して倉庫の荷物のかげにかくれていた。

同 息《いき》を詰《つ》める。

類 息《いき》を凝《こ》らす。

息《いき》をつく

ひと休みする。また、ほっとする。ひと安心する。

短文 きょうの遠足はひどかった。ちょっと休むと、「さあ、出発だ。」なんて。息をつくひまもなかったよ。

息《いき》を継《つ》ぐ

なにかをする途中でひと休みする。

短文 きのうのうちの大掃除《おおそうじ》にはまいったよ。息も継がせずにあとからあとから用を言いつけるんだもの。

息《いき》を詰《つ》める ⇩ 息《いき》を殺《ころ》す

息《いき》を抜《ぬ》く

緊張《きんちょう》をゆるめてほっとする。ひと休みする。

短文 準決勝の勝利おめでとう。次の決勝戦にそなえて息を抜かずにがんばってほしい。

息《いき》を呑《の》む

はっとおどろく。はっとして息を止める。

短文 きのう見たスリラー映画は、終わりまで息をのむ場面の連続だった。

息《いき》を弾《はず》ませる

運動をしたり、気持ちが高ぶったりして、呼吸がはげしくなる。

短文 弟はきょう、誕生日《たんじょうび》のお祝いでみんなが集まるというので、息を弾ませて学校から帰ってきた。

息《いき》を引《ひ》き取《と》る

息が絶える。死ぬ。

短文 田舎《いなか》のおじいさんは一昨日、息を引き取りました。七八歳でした。

息《いき》を吹《ふ》き返《かえ》す

おとろえていた勢いが、ふたたびさかんになるたとえ。

短文 人口が少なくなって過疎化《かそか》が心配されたこの町も、工業団地ができたため景気がよくなり、息を吹き返してきた。

戦《いくさ》を見《み》て矢《や》を矧《は》ぐ

戦いがはじまるのを見てから矢をつくる。ふだんは準備をおこたっていて、なにか事が起こってからあわてて準備をしても間にあわないということ。

類 泥棒《どろぼう》を見《み》て縄《なわ》を綯《な》う。

異口同音《いくどうおん》

多くの人が、みんな口をそろえて同じことを言うこと。

短文 今度の試合の殊勲《しゅくん》選手はかれだと、みんな異口同音にほめている。

生《い》け簀《す》の鯉《こい》

生け簀に飼《か》われている鯉《こい》のように、自由がなく、運命が決められていることのたとえ。

短文 むかし、島流しにあった罪人は、生け簀の鯉同然の生活をしていた。

参考 「生け簀《す》」は、とってきた魚を料理などのため、生きたままにげないようにしておく所。

同 生《い》け簀《す》に躍《おど》る魚《うお》。生《い》け簀《す》の魚《さかな》。

類 屠所《としょ》の羊《ひつじ》。

（いけす）

意見《いけん》と餅《もち》は搗《つ》くほど練《ね》れる

もちはつけばつくほどよく練れてうまいもちになるように、他人の意見について従えば従うほど練れた（＝円満な）人がらになるということ。

同 意見《いけん》と餅《もち》は搗《つ》くほど練《ね》れがよい。

委細構《いさいかま》わず

どんな事情があってもかまわないで。

短文 工事は、委細構わず計画どおりに行うと、今度の社長の命令だ。

参考 「委細」は、物事のくわしい事情。

異彩《いさい》を放《はな》つ

多くの中で、めだってすぐれてみえる。

短文 委員の中でも、かれは豊富な知識と、はっきりした意見を持って異彩を放っている。

参考 「異彩」は、他とくらべてきわだった色彩・おもむき。

諍《いさか》い果《は》てての乳切《ちぎ》り木《ぎ》

⇨ 喧嘩《けんか》過《す》ぎての棒千切《ぼうちぎ》り

いざ鎌倉《かまくら》

一大事が起こった場合。

短文 いざ鎌倉というときにあわてないよう、ふだんの心構えが大事だぞ。

語源 鎌倉《かまくら》に幕府《ばくふ》があったころ、大きな事件が起こると、召集《しょうしゅう》を受けた諸国の武士が鎌倉をめざして集まったことからいう。

同 すわ鎌倉《かまくら》。

潔《いさぎよ》しとしない

あることを、ひきょうなこと、はずかしいこととして承知できない。

短文 経営している会社が倒産《とうさん》したが、父は親類からの援助《えんじょ》を潔しとしないで、自力で会社をたて直した。

石《いし》が流《なが》れて木《こ》の葉《は》が沈《しず》む

重い石が流され、かるくて浮《う》くはずの木の葉が沈《しず》むということで、物事が道理に反してさかさまになることのたとえ。〔出典『陸賈新語《りくかしんご》』〕

類 朝日《あさひ》が西《にし》から出《で》る。

石《いし》に噛《かじ》り付《つ》いても

目的を達するまで、どんな苦しいこと、困難なことにもくじけないで。

短文 兄は、石にかじり付いても、あの大学に合格するんだとがんばっている。

石《いし》に漱《くちす》ぎ流《なが》れに枕《まくら》す

負けおしみが強く、自分のまちがいに、むりに理屈《りくつ》をつけて正当化しようとすることのたとえ。

参考 夏目漱石《なつめそうせき》の号は、次の故事からとったもの。また、「流石」と書いて「さすが」と読ませるあて字もこの故事がもととなった。

故事 中国の晋《しん》の孫楚《そんそ》は、「石に枕《まくら》し流れに漱《くちす》ぐ」と言おうとして「石に漱ぎ流れに枕す」と言ってしまった。その誤りを指摘《してき》された孫楚は、「石に漱ぐのは歯をみがくためで、流れに枕するのは耳を洗うためだ。」と、こじつけて言いのがれたという。〔出典『晋書《しんじょ》』〕

同 流《なが》れに枕《まくら》し石《いし》に漱《くちす》ぐ。

石《いし》に立《た》つ矢《や》

必死になって事を行えば、できないことはないというたとえ。

故事 中国の漢の武将、李広《りこう》が猟《りょう》に出かけ、草原の石を虎《とら》と見まちがえて必死になって矢を射たところ、矢はみごとに石につきささった。そこで、もう一度射てみたが、今度は失敗したという。〔出典『史記《しき》』〕

類 念力岩《ねんりきいわ》をも通《とお》す。精神一到何事《せいしんいっとうなにごと》か成《な》らざらん。

石《いし》に花咲《はなさ》く

植物でもない石が、花をさかせることがないように、現実に起こるはずがないことのたとえ。

同 岩《いわ》に花咲《はなさ》く。石《いし》の上《うえ》の花《はな》。

石《いし》に布団《ふとん》は着《き》せられぬ

親が生きているうちに孝行はするものだ

という教え。

〔参考〕「石」は、墓石のことで、親が死んでから墓石に布団《ふとん》をかけて暖かくしてやってもおそいということ。

〔類〕孝行《こうこう》のしたい時分《じぶん》に親《おや》は無《な》し。

石《いし》に枕《まくら》し流《なが》れに漱《くちすす》ぐ

ねるときはそのへんにある石をまくらにしてねて、起きれば谷川の水で口を洗うということから、俗世間《ぞくせけん》から遠ざかって人里はなれた山中で簡素で自由気ままな生活をすること。〔出典『三国志《さんごくし》』〕

石《いし》の上《うえ》にも三年《さんねん》

冷たい石でさえ、そこに三年もすわっていれば暖まるということから、どんなにつらいことがあっても、しんぼう強くがんばれば、いつかはきっと報《むく》われるということのたとえ。

〔短文〕石の上にも三年というが、あの子もこの店へきて五年、なんとか一人前の職人になれそうだ。

〔同〕茨《いばら》の中《なか》にも三年《さんねん》の辛抱《しんぼう》。火《ひ》の中《なか》にも三年《さんねん》。

石橋《いしばし》を叩《たた》いて渡《わた》る

頑丈《がんじょう》にできている石の橋でも、たたいてみてその安全を確かめてからわたるということから、ひじょうに用心深いことのたとえ。

〔短文〕祖父は石橋をたたいて渡るような性格のために三〇年間の役所生活でこれといった失敗はしなかったという話だ。

〔注意〕あまりにも用心深いことから、臆《おく》病《びょう》な人や決断のにぶい人に対する皮肉として用いることもある。

〔類〕念《ねん》には念《ねん》を入《い》れる。浅《あさ》い川《かわ》も深《ふか》く渡《わた》れ。

〔対〕危《あぶ》ない橋《はし》を渡《わた》る。

石部金吉金兜《いしべきんきちかなかぶと》

きまじめすぎて、融通《ゆうずう》のきかない人のたとえ。また、お金や女性にまったく心をまどわされない人のたとえ。

〔参考〕かたいものの代表である石と金《かね》の二つを並べて人の姓《せい》と名のようにしたことば。その人が鉄のかぶとをかぶったというのだから、かたすぎることこのうえもないということ。

医者《いしゃ》と味噌《みそ》は古《ふる》いほど良《よ》い

医者は経験をたくさん積むことが大切であり、みそも年月がたったものほど塩がなれて味もよくなるということ。

〔類〕医者《いしゃ》と坊主《ぼうず》は年寄《としよ》りが良い。

医者《いしゃ》の薬《くすり》も匙加減《さじかげん》

どんなにいい薬でも、その病気に見合った分量でなければ効果がないところから、何事もそのものに適したかげんが大切だという教え。

医者《いしゃ》の只今《ただいま》 ⇩ 紺屋《こうや》の明後日《あさって》

医者《いしゃ》の不養生《ふようじょう》

医者は、患者《かんじゃ》には健康についてあれこれと言うが、自分の健康については意外と注意しないことから、他人にはりっぱなことを言いながら、自分は実行しないことのたとえ。

〔類〕紺屋《こうや》の白袴《しろばかま》。坊主《ぼうず》の不信心《ふしんじん》。易者身《えきしゃみ》の上《うえ》知《し》らず。

衣食《いしょく》足《た》りて栄辱《えいじょく》を知《し》る

人間は、生活に困ることがなくなれば、自然と道徳心を持ち、名誉《めいよ》を重んじてはずかしい行いはつつしむようになるということ。

語源 《原文》倉廩《そうりん》（＝米倉）実《み》ちて則《すなわ》ち礼節《れいせつ》を知《し》り、衣食《いしょく》足《た》って則《すなわ》ち栄辱《えいじょく》を知《し》る。〔出典『管子《かんし》』〕

同 衣食《いしょく》足《た》りて礼節《れいせつ》を知《し》る。

類 貧《ひん》すれば鈍《どん》する。

石《いし》を抱《いだ》きて淵《ふち》に入《い》る

石を抱《だ》いて淵《ふち》（＝川などの水が深くよどんでいる所）にはいれば浮《う》き上がれないように、自分からすすんで大きな危険をおかして命を捨てたり大きな災難をまねいたりすることのたとえ。軽々しく危険なことをすることをいましめたことば。〔出典『韓詩外伝《かんしがいでん》』〕

類 石《いし》を抱《いだ》いて河《かわ》に沈《しず》む。

以心伝心《いしんでんしん》

ことばで言わなくても、おたがいに考えや気持ちが通じ合うこと。

会話 「きみは、きょうぼくが漫画《まんが》の本を持ってきたのをよく知っているね。」「以心伝心というやつさ。おたがいに、漫画には目がないからね。」

語源 仏教、特に禅宗《ぜんしゅう》で、ことばや文字で表せない奥深い真理や悟《さと》りを心から心へ伝えることを「以心伝心」といった。

鶍《いすか》の嘴《はし》

物事がくいちがって、思うようにはならないことのたとえ。

語源 「鶍《いすか》」という鳥のくちばしの先が上下くいちがっていることからいう。

参考 「鶍《いすか》」は、すずめより少し大きいアトリ科の鳥。「嘴《はし》」は、くちばしのこと。

（いすか）

何《いず》れ菖蒲《あやめ》か杜若《かきつばた》

よく似ていて区別することがむずかしいことから、どれもすぐれていて、選ぶのに困ることのたとえ。

会話 「先生、今度の展覧会《てんらんかい》の最優秀作品は決まったんですか。」「いやまだだ。いずれ菖蒲か杜若で、先生たちも選ぶのに苦労しているんだ。」

参考 杜若《かきつばた》も、菖蒲《あやめ》も、ともに初夏に紫色や白色の花をさかせるアヤメ科の多年草で区別がつかないほどよく似ている。

類 兄《けい》たり難《がた》く弟《てい》たり難《がた》し。

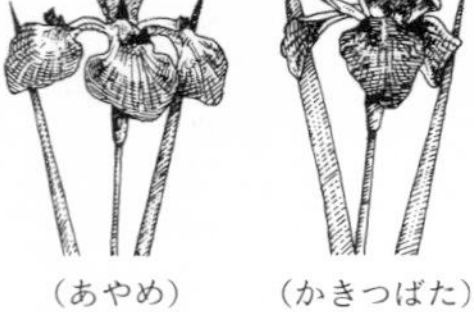

（あやめ）　（かきつばた）
よく似ているが，「かきつばた」のほうが葉の幅が広い。

居候《いそうろう》の三杯目《さんばいめ》

居候《いそうろう》は世話になっているてまえ、食事のときに、遠慮《えんりょ》しながらおかわりをするということ。

語源 むかしの川柳《せんりゅう》「居候三杯目にはそっと出し」から出たことば。

参考 「居候」は、なにもせずに、他人の家に住んで食べさせてもらっている人。

急《いそ》がば回《まわ》れ

なにか物事をするとき、多少時間や手間がかかっても、安全で確実な方法をとったほうが、結局は早いというたとえ。

会話 「おい、そんなにていねいに荷物を積んでいたら、間に合わないぞ。」「しかし、途中で荷物がくずれたらかえって手間がかかるよ。急がば回れということがあるだろう。」

類 走《はし》ればつまずく。遠道《とおみち》は近道《ちかみち》。近道《ちかみち》は遠道《とおみち》。急《せ》いては事《こと》を仕損《しそん》じる。

磯《いそ》の鮑《あわび》の片思《かたおも》い

自分が好きだと思っているだけで、相手は、なんとも思ってくれないこと。

短文 彼女《かのじょ》はぼくのことなんか気にもとめてくれない。磯の鮑の片思いだよ。

語源 鮑《あわび》という貝《かい》は、貝がらが片方だけしかないようにみえる。その片方だけと、片思いとをかけてできたことば。

同 鮑《あわび》の片思《かたおも》い。

（あわび）

痛《いた》くも痒《かゆ》くもない

なんとも感じない。被害《ひがい》や損害がまったくないことのたとえ。

短文 大量にリードしているから、一点ぐらいとられても、痛くもかゆくもないけれど、これからは引きしめていこう。

痛《いた》くもない腹《はら》を探《さぐ》られる

なにもやましいことをしていないのに、人からあれこれと疑われる。

短文 ぼくが、かれのうわばきをかくしたなんて、痛くもない腹を探られたりして、かなわないよ。

板子《いたご》一枚下《いちまいした》は地獄《じごく》

船乗りの仕事がひじょうに危険であることのたとえ。

短文 板子一枚下は地獄の仕事を何十年もしてきたうちのおじさんの度胸には、まったくおどろくよ。

参考 「板子」は、和船の下にしく板。その下は船底で、さらにその下は、落ちたら助からない深い海。

痛《いた》し痒《かゆ》し

かけば痛いし、かかなければかゆいということから、いい面も悪い面もあってどうしたらよいか困ること。

短文 新しい仕事の注文がたくさんくるのはうれしいけれど、仕事を手伝わされて勉強の時間が少なくなるから痛しかゆしというところだ。

頂《いただ》く物《もの》は夏《なつ》も小袖《こそで》

⇩ 貰《もら》う物《もの》は夏《なつ》も小袖《こそで》

頂《いただ》けない

感心できない。受け入れることはできない。

短文 今度の修学旅行についてのきみたちのプランは、費用や日程などの面から考えると頂けないな。

鼬《いたち》ごっこ

たがいに相手の手の甲《こう》をつまみながら、その手を順々に上へ重ねていく子供の遊びから、同じことばかりくり返して、どこまでいっても決着がつかないことのたとえ。

会話 「またかれらのしわざだな。」
「学校の規則がやかましくなればなるほど、かれらは次のいたずらを考えるんだな。まるでいたちごっこだよ。」

鼬《いたち》の最後《さいご》っ屁《ぺ》

鼬《いたち》は、敵におそわれ身の危険を感じたとき、悪臭《あくしゅう》を放ち、敵がひるむすきににげることから、せっぱつまったときにとる最後の非常手段のたとえ。

会話 「あのピンチヒッターは、かつての首位打者だよ。だいじょうぶかな。」
「なあに。大差はついているし、九回裏だもの。鼬の最後っぺというやつさ。」

板《いた》に付《つ》く

仕事や態度・服装などが、その人にぴったりと似合っている。

短文 さすがだね。三年生ともなると、上級生ぶりが板に付いてきたね。

語源 役者の芸が舞台とぴったり調和していることからいう。

参考 ここでいう「板」は、舞台のこと。

板挟《いたばさ》みになる

板と板の間にはさまれて身動きができないように、対立する両方の間に立って、どうしてよいかと迷いなやむ。

会話 「どうしたの。なにか困ったことでもあるの。」
「うん。弟と妹のけんかで、板挟みになって困っているんだ。」

至《いた》れり尽《つ》くせり

心遣《こころづか》いなどがひじょうにゆき届いていて、もうしぶんないこと。

短文 この間、家族で京都見物に行ったけど、旅館がきれいで至れり尽くせりのサービスぶりだった。

一衣帯水《いちいたいすい》

一本の帯のようにせまい川や海峡《かいきょう》のこと。また、そのようなせまい水をへだてて、近接していること。〔出典『南史《なんし》』〕

短文 日本と中国は、一衣帯水の間がらにあるといってもさしつかえない。

注意 「いち、いたいすい」と読む。「いちい、たいすい」と読むのは誤り。

参考 「衣帯」は帯のこと。

一《いち》か八《ばち》か

結果はどうなるかわからないが、運を天に任せて思いきってやってみること。

会話 「ここは、なんとか同点にしたいね。」
「一か八か、ホームスチールをやってみよう。」

類 伸《の》るか反《そ》るか。

一《いち》から十《じゅう》まで

なにからなにまですべて。全部。

短文 ぼくの妹は、学校へ行くとき、一から十まで母の世話になっている。

一期一会《いちごいちえ》

一生に一回かぎりのこと。また、人との出会いは一生に一度だけだと思って、まことをつくすべきだということ。

語源 茶道で、たとえ同じ客をもてなすとしても、どの茶会も一生にただ一度のことと思って、つねに心を配り、まことをつくすべきだという心得から出たことば。

一言《いちごん》も無《な》い

ひとことも言いわけのしようがない。

会話 「どうしてきのうは来なかったんだよ。ずるいよ。」「ごめん、ごめん。ぼくのほうから言い出したのに約束《やくそく》を破るなんて。一言もないよ。」

一事《いちじ》が万事《ばんじ》

一つのことを見れば、ほかのすべてのことが想像できるということ。

短文 部屋の乱雑なのを見れば、一事が万事、ぼくのだらしないことがわかると、父にしかられた。

注意 あまりよくないことに言うことが多い。

一字千金《いちじせんきん》

一字の値打ちが千金（＝きわめて多くのお金）の価値があるということから、ひじょうにりっぱな文字や文章のこと。

故事 中国の秦《しん》の呂不韋《りょふい》という人が『呂氏《りょし》春秋《しゅんじゅう》』という本をあらわしたとき、「この本の中で一字でも訂正《ていせい》できる者があったら、千金をあたえよう。」と言ったという。〔出典『史記《しき》』〕

一日三秋《いちじつさんしゅう》 ⇩ **一日千秋《いちじつせんしゅう》の思《おも》い**

一日千秋《いちじつせんしゅう》の思《おも》い

一日が千年のようにひじょうに長く思われ、とても待ち遠しいこと。

短文 転校してきてからはや一年。きみたちがハイキングの帰りにこちらへ寄ってくださるとのこと、一日千秋の思いでお待ちしています。

注意 「一日」は「いちにち」ともいう。

参考 「千秋」は千年の意。

同 一日千秋《いちじつせんしゅう》。一日三秋《いちじつさんしゅう》。

一日《いちじつ》作《な》さざれば一日《いちじつ》食《く》らわず

一日仕事をしなければ、その日一日はなにも食べない。働くことの尊さをいう。

参考 「作《な》す」は、ここでは、働くこと、仕事をすること。

故事 中国の唐《とう》の時代、百丈山《ひゃくじょうざん》の懐海《えかい》禅《ぜん》師《じ》という高僧《こうそう》が、高齢にもかかわらず率先してよく働くので、まわりの人たちが心配して少しは休ませようと農具をこっそりかくした。しかし禅師はその農具をさがしつづけて一日食事をするのを忘れてしまったという。〔出典『五灯会元《ごとうえげん》』〕

一日《いちじつ》の長《ちょう》

少し年上であるということから、他の人より経験があり、知識や技能などが少しすぐれていること。〔出典『論語《ろんご》』〕

短文 今年の一年生には優秀《ゆうしゅう》な選手がそろっているというが、きみたちはやはり上級生だ。一日の長があるよ。

一日《いちじつ》再《ふたた》び晨《あした》なり難《がた》し

一日に二度と朝は来ない。過ぎ去った時

は、元にもどってはこない。だから、時間を大切にして勉強しなさいというい　ましめ。

語源 漢詩の一節から出たことば。《原文》盛年重《せいねんかさ》ねて来《きた》らず、一日再《いちじつふたた》び晨《あした》なり難《がた》し、時《とき》に及《およ》びて当《まさ》に勉励《べんれい》すべし、歳月《さいげつ》人《ひと》を待《ま》たず。〔出典　陶淵明《とうえんめい》『雑詩《ざっし》』〕

一樹《いちじゅ》の陰《かげ》一河《いちが》の流《なが》れも他生《たしょう》の縁《えん》

知らない者どうしが同じ木の陰《かげ》で雨宿りするのも、また、同じ川の水をくんで飲み合うのも、これはすべて前世からの因縁《いんねん》であるから、大切にしなくてはならないという教え。

〔参考〕「他生《たしょう》の縁《えん》」は、生まれる前から定められている因縁の意味で、仏教の教えから出たことば。「多生《たしょう》の縁《えん》」とも書く。

類 袖振《そでふ》り合《あ》うも他生《たしょう》の縁《えん》。

一陣《いちじん》の風《かぜ》

さっとふく強い風。

短文 歩道の落ち葉が一陣の風に舞い上がった。

一難《いちなん》去《さ》ってまた一難《いちなん》

災難をなんとか切りぬけて安心したところへ、また別の災難がふりかかってくること。

短文 テストの結果が悪かったので英語の先生にしかられ、帰りぎわにまた担任の先生にしかられるなんて、一難去ってまた一難とは、このことだ。

類 虎口《ここう》を逃《のが》れて竜穴《りゅうけつ》に入《い》る。前門《ぜんもん》の虎《とら》後門《こうもん》の狼《おおかみ》。

一《いち》に看病《かんびょう》二《に》に薬《くすり》

病気をなおすには医者の薬も大事だが、なによりもまわりの人たちのゆき届いた看病がいちばん大切だということ。

類 一《いち》に養生《ようじょう》二《に》に介抱《かいほう》。薬《くすり》より養生《ようじょう》。

一日千秋《いちにちせんしゅう》 ⇩ 一日千秋《いちじつせんしゅう》の思《おも》い

一日《いちにち》の計《けい》は晨《あした》にあり 一年《いちねん》の計《けい》は元旦《がんたん》にあり

その日一日のことは朝のうちに計画をたてて行うべきであり、一年のことはその年の元日に計画をたてて実行すべきである。何事も初めが大切であるということ。

同 一年《いちねん》の計《けい》は元旦《がんたん》にあり。

一人虚《いちにんきょ》を伝《つた》うれば万人実《ばんにんじつ》を伝《つた》う ⇩ 一犬影《いっけんかげ》に吠《ほ》ゆれば百犬声《ひゃっけんこえ》に吠《ほ》ゆ

一念岩《いちねんいわ》をも通《とお》す ⇩ 念力岩《ねんりきいわ》をも通《とお》す

一念天《いちねんてん》に通《つう》ず ⇩ 念力岩《ねんりきいわ》をも通《とお》す

一年《いちねん》の計《けい》は元旦《がんたん》にあり ⇩ 一日《いちにち》の計《けい》は晨《あした》にあり一年《いちねん》の計《けい》は元旦《がんたん》にあり

一念発起《いちねんほっき》

あることを成しとげようと思い立ち、決心すること。

短文 兄はどうしても大学へ進みたいと一念発起して、受験勉強をはじめた。

〔参考〕本来は、仏道へはいろうと決心することを一念発起といった。

一姫二太郎《いちひめにたろう》

子供を持つなら、一番目は女の子、二番目は男の子を生むのが理想的だということ。

〔参考〕はじめて子供を生むなら、女の子のほうが育てやすく、また将来、母親の手助けにもなるからという。

〔対〕後前息子《あとさきむすこ》に中娘《なかむすめ》。

一富士二鷹三茄子《いちふじにたかさんなすび》

夢、特に初夢に見るものの中で縁起《えんぎ》がよいとされるものの順。一番目は富士山、二番目は鷹《たか》、三番目は茄子《なすび》（＝なす）であるということ。

〔参考〕一説に、駿河《するが》（＝今の静岡県の中央部）の国の名物を並べたものという。

一望千里《いちぼうせんり》

ひと目で千里も見わたすことができるほど遠くまで景色がひらけていること。

〔短文〕まったくすばらしい。この頂上から見た景色は一望千里、遠く太平洋の水平線まで見える。

「一」が語中にくることば

一期一会《いちごいちえ》 ⇩ 三八ページ
一難去ってまた一難 ⇩ 四〇ページ
一日の計は晨《あした》にあり一年の計は元旦《がんたん》にあり ⇩ 四〇ページ
一挙手一投足 ⇩ 四三ページ
一国一城の主《あるじ》 ⇩ 四四ページ
一朝一夕 ⇩ 四七ページ
一長一短 ⇩ 四七ページ
一得一失 ⇩ 四七ページ
老いの一徹《いってつ》 ⇩ 七一ページ
危機一髪《いっぱつ》 ⇩ 一一四ページ
九牛の一毛 ⇩ 一二一ページ
九死に一生を得る ⇩ 一二一ページ
窮余《きゅうよ》の一策 ⇩ 一二三ページ
槿花《きんか》一日の栄 ⇩ 一二七ページ
鶏群《けいぐん》の一鶴《いっかく》 ⇩ 一四四ページ
紅一点（万緑叢中《そうちゅう》紅一点 ⇩ 三一四ページ）
黄粱一炊《こうりょういっすい》の夢《ゆめ》（邯鄲《かんたん》の夢 ⇩ 一〇七ページ）
十把一《じっぱひと》からげ ⇩ 一八六ページ
十年一日 ⇩ 一九二ページ
春宵一刻直千金《しゅんしょういっこくあたいせんきん》 ⇩ 一九四ページ
千載一遇《せんざいいちぐう》 ⇩ 二一二ページ
千に一つ ⇩ 二一四ページ
千編一律 ⇩ 二一五ページ
千里の道も一歩から（千里の行も足下より始まる ⇩ 二一五ページ）
千慮《せんりょ》の一失 ⇩ 二一六ページ
大山鳴動して鼠一匹《ねずみいっぴき》 ⇩ 二三二ページ
茶腹も一時 ⇩ 二三九ページ
頂門の一針 ⇩ 二四〇ページ
土一升《いっしょう》金一升 ⇩ 二四三ページ
鶴《つる》の一声 ⇩ 二四六ページ
二兎《にと》を追う者は一兎をも得ず ⇩ 二八五ページ
馬鹿《ばか》の一つ覚え ⇩ 二九八ページ
裸《はだか》一貫 ⇩ 三〇二ページ
人は一代名《な》は末代 ⇩ 三一二ページ
百害あって一利無し ⇩ 三二六ページ
百尺竿頭《ひゃくしゃくかんとう》一歩を進む ⇩ 三二六ページ
百聞は一見に如《し》かず ⇩ 三二七ページ
貧者《ひんじゃ》の一灯《いっとう》 ⇩ 三二九ページ
娘《むすめ》一人に婿《むこ》八人 ⇩ 三六六ページ

一脈相通《いちみゃくあいつう》じる

なんとなく共通するものがある。

会話 「きみたち二人、仲がいいね。」
「うん、小学校のときからクラスはちがうけれど、気が合うというか、一脈相通じるものがあるんだろうね。」

一網打尽《いちもうだじん》

一回網《あみ》を投げ入れて、魚の群れを一匹《いっぴき》残らずとってしまうということから、悪人や犯罪者のグループを一度に全部とらえること。

〔出典『宋史《そうし》』〕

投網（とあみ）を打ったところ

短文 警察はきょうの朝、麻薬《まやく》密輸団のねじろをおそい、共犯者たちを一網打尽にしたそうだ。

一目置《いちもくお》く

相手が自分よりすぐれていると認めて敬意をはらい、一歩ゆずる。

短文 スポーツの面ではかれよりぼくのほうが上だが、英語の実力では、かれに一目置かざるをえない。

語源 囲碁《いご》で、弱いほうが先に一目（＝碁石一つ）置くことからいう。

一《いち》も二《に》も無《な》く

あれこれ文句を言ったり反対したりしないで。すぐさま。

短文 先輩《せんぱい》にサッカーのコーチをたのんだら、一も二もなく引き受けてくれたよ。

一文惜《いちもんお》しみの百《ひゃく》知《し》らず

目先のわずかなお金を惜《お》しんで、あとで大損をすることに気がつかない。目先の小さなことにばかりとらわれず、将来の大きな利益のことも考えなくてはいけないといういましめ。

短文 ぼくのおじさんの店がつぶれたのは、一文惜しみの百知らずで、あまり将来のことを考えなかったからなんだね。

意中《いちゅう》の人《ひと》

心の中でひそかに思っている人。

会話 「ぼくの妹をきみのガールフレンドにどうかな。」
「ありがとう。でもぼくには意中の人がいるんです。」

一葉落《いちようお》ちて天下《てんか》の秋《あき》を知《し》る

あおぎりの葉が、ほかの木より早く落葉するのを見て、秋の訪れを知るということから、わずかな前ぶれによって、あとに来る大事を予知することのたとえ。

〔出典『淮南子《えなんじ》』〕

同 一葉《いちよう》の秋《あき》。桐一葉《きりひとは》。

一陽来復《いちようらいふく》

冬が去って春がくること。また、悪いことが続いたあと、ようやくよい運に向かうこと。

短文 こう不景気では、よい正月が迎えられそうもない。来年は一陽来復といきたいものだ。

語源 易《えき》では、陰暦《いんれき》の十月に陰の気がきわまって十一月の冬至《とうじ》になると陽の気がふたたびめぐりくるということから出たことば。

〔出典『易経《えききょう》』〕

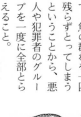

一翼《いちよく》を担《にな》う

全体でする仕事の一部分を受け持ち、一つの責任を果たす。

短文 トンネルを掘《ほ》るあの大工事では、父の会社も一翼を担ったそうです。

一蓮托生《いちれんたくしょう》

仲間の者が、何事につけても行動や運命をともにすること。

短文 あの登山パーティーは道に迷ったけれど、みんな一蓮托生と、勝手な行動をとらずにはげまし合って、救援隊《きゅうえんたい》が来るのを待っていた。

語源 生きているとき、よい行いをした人は、死後、極楽浄土《ごくらくじょうど》でみんな同じ蓮《はす》の花の上で生まれ変わることができるという仏教の教えから出たことば。

同 蓮《はす》の台《うてな》の半座《はんざ》を分《わ》かつ。

一《いち》を聞《き》いて十《じゅう》を知《し》る

一部分を聞いただけで全体を理解する。頭の働きがするどく、ひじょうにかしこいことのたとえ。〔出典『論語《ろんご》』〕

類 一《いち》を打《う》って万《ばん》を知《し》る。目《め》から鼻《はな》へ抜《ぬ》ける。

対 一《いち》を識《し》りて二《に》を知《し》らず。

一攫千金《いっかくせんきん》

苦労せずに、一どきに大金をもうけること。一つの仕事で莫大《ばくだい》な利益を得ること。

短文 世の中には、一攫千金を夢みて、株の売買に手を出す人もいる。

参考 「一攫《いっかく》」は、ひとつかみの意。

一巻《いっかん》の終《お》わり

物事などがすべて終わること。また、死ぬこと。

短文 せっかくの計画も、あいつがどじを踏《ふ》んだおかげで一巻の終わりだ。

語源 むかし、無声映画の弁士がフィルム一巻を写し終わったときに言ったことばから。

一気呵成《いっきかせい》

ひと息に文章などをつくり上げること。また、大急ぎで物事を成しとげること。

短文 展覧会の飾《かざ》り付けは、みんなで協力して一気呵成にやってしまった。

類 一瀉千里《いっしゃせんり》。

一騎当千《いっきとうせん》

一人で千人もの敵を相手に戦えるほど強く勇ましいこと。とびぬけてすぐれていること。

会話 「あしたの剣道大会、だいじょうぶか。」「だいじょうぶです。われわれには一騎当千のつわものがそろっていますよ。」

同 一人当千《いちにんとうせん》。

一挙手一投足《いっきょしゅいっとうそく》

①一つ一つの動作。ちょっとしたふるまい。②少しばかりのほねおり。

短文 ①面接試験では、きみの一挙手一投足も見られるから注意しなさい。②かれは一挙手一投足の労も惜《お》しむ人間だから、そんなことやってくれないよ。

類 ①一挙一動《いっきょいちどう》。

一挙両得《いっきょりょうとく》

一つのことをして、同時に二つの利益を

得ること。〔出典『晋書《しんじょ》』

短文 仲間《なかま》となにかスポーツをするということは、楽しいし、健康にもいいし、一挙両得というものだ。

類 一石二鳥《いっせきにちょう》。

対 虻蜂取《あぶはちと》らず。二兎《にと》を追《お》う者《もの》は一兎《いっと》をも得《え》ず。

一犬影《いっけんかげ》に吠《ほ》ゆれば百犬声《ひゃっけんこえ》に吠《ほ》ゆ

一匹《いっぴき》の犬がなにかの影《かげ》や形におびえてほえ出すと、あたりにいる多くの犬までが、つられてほえ出すということから、だれか一人がいいかげんなことを言い出すと、世間《せけん》の人たちは、それを確かめもせずにほんとうのこととして言い広めてしまうということのたとえ。〔出典『潜夫論《せんぷろん》』

同 一犬影《いっけんかげ》に吠《ほ》ゆれば万犬声《ばんけんこえ》に吠《ほ》ゆ。

類 一人虚《いちにんきょ》を伝《つた》うれば万人実《ばんにんじつ》を伝《つた》う。

一国一城《いっこくいちじょう》の主《あるじ》

一つの国、一つの城を所有している者の意から、だれからも指図《さしず》や支配を受けることなく独立している人のたとえ。

短文 兄はサラリーマンをやめて小さいけれど自分の店を持ち、やっと一国一城の主になれたと、一生懸命《けんめい》です。

一刻千金《いっこくせんきん》

わずかな時間が千金に値《あたい》するほど大きな価値があるということ。楽しい時間や大切な時間が過ぎていくのを惜《お》しむ気持ちをいう。

語源 趣《おもむき》のある春の宵《よい》が過ぎていくのを惜しむ気持ちをうたった漢詩から出たことば。《原文》春宵一刻直千金《しゅんしょういっこくあたいせんきん》、花《はな》に清香有《せいこうあ》り、月《つき》に陰有《かげあ》り。〔出典 蘇軾《そしょく》『春夜《しゅんや》』

一刻千秋《いっこくせんしゅう》

わずかな時間が、千年もの長い時間に思われる。待ち遠しいことのたとえ。

参考「一刻」は、ほんのわずかな時間。「千秋」は、千年の意。

一札入《いっさつい》れる

約束《やくそく》のしるしや、謝罪のしるしに、そのことを書いたものをさし出す。

短文 兄は、一札入れておじからお金を借り、家を新築した。

参考「一札」は、一枚の書き付け。

一視同仁《いっしどうじん》

どのような階級、どのような立場の人もすべて平等に取りあつかい、同じように愛するということ。〔出典 韓愈《かんゆ》『原人《げんじん》』

短文 上に立つ人、特に政治家を志す人は、つねに一視同仁の心がまえを忘れてはならない。

注意「一視同人」と書くのは誤り。

一糸纏《いっしまと》わず

なにも着ていない。すっぱだかである。

会話「きのうの地震《じしん》すごかったね。」「うん、ちょうど風呂《ふろ》にはいっていて一糸まとわず飛び出しちゃったよ。」

一糸乱《いっしみだ》れず

少しも乱れず、きちんと整っている。

短文 運動会の入場行進は一糸乱れず、場内から割れんばかりの拍手《はくしゅ》でした。

一瀉千里《いっしゃせんり》

①物事が勢いよくはかどること。②文章や弁舌《べんぜつ》がすらすらとよどみのないこと。

短文 ①きょうの騎馬戦《きばせん》は気持ちがよかった。一瀉千里に攻めこんで勝ったんだ。②かれの意見発表は、一瀉千里にしゃべり、だれも反対する者がいなかった。

語源 川の水が一気に勢いよく千里も流れ下るという意から。〔出典『福恵全書《ふくけいぜんしょ》』〕

参考 「瀉《しゃ》」は、流れ出る意。

類 一気呵成《いっきかせい》。

一将功成《いっしょうこうな》りて万骨枯《ばんこつか》る

一人の将軍のかがやかしい功名の陰《かげ》には、死体を戦場にさらして戦った多くの兵士の犠牲《ぎせい》がある。上に立つ者の功績だけが認められ、陰になって働いた多くの人たちの努力と犠牲が忘れられているたとえ。〔出典 曹松《そうしょう》『己亥歳《きがいのとし》』〕

同 万骨《ばんこつ》を枯《か》らす。

一笑《いっしょう》に付《ふ》す

ただ笑って相手にしない。

会話 「わたしたちの意見、きょうの会議で言ってくれた。」「言ったけどぜんぜんだめ。一笑に付されただけよ。しゃくにさわるわ。」

一矢《いっし》を報《むく》いる

敵の攻撃《こうげき》に対して、矢を一本射返すことから、やられてばかりいないで仕返しをする。反撃《はんげき》をする。

短文 さあ、ラッキーセブンだ。このへんで一矢を報いて、八・九回で逆転といこう。

一心岩《いっしんいわ》を通《とお》す ⇩ 念力岩《ねんりきいわ》をも通《とお》す

一炊《いっすい》の夢《ゆめ》 ⇩ 邯鄲《かんたん》の夢《ゆめ》

一寸先《いっすんさき》は闇《やみ》

将来のことは、ちょっと先のことさえも、だれにも予測できないということのたとえ。

短文 元気だったおじが、今朝亡《な》くなるなんて。人間の命は一寸先は闇というが、ほんとうだね。

参考 「一寸」は、約三・〇三センチメートル。そこから、短い距離や時間のたとえに用いる。

一寸《いっすん》の光陰軽《こういんかろ》んずべからず

たとえわずかな時間でも、むだに過ごしてはならないといういましめ。

語源 《原文》少年老《しょうねんお》い易《やす》く学成《がくな》り難《がた》し、一寸《いっすん》の光陰軽《こういんかろ》んずべからず。〔出典 朱熹《しゅき》『偶成《ぐうせい》』〕

参考 「光陰」は、月日・時間の意。

一寸《いっすん》の虫《むし》にも五分《ごぶ》の魂《たましい》

一寸（＝約三・〇三センチメートル）ほどの小さな虫でも、からだの半分の五分にあたる魂《たましい》を持っているということから、どんなに小さく弱い者でも、それ相応の意地や考えはあるものだというたとえ。だから、ばかにはできないということ。

短文 相撲《すもう》は、からだが小さいからといって必ず負けるとはかぎらない。一寸の虫にも五分の魂があるところをみせてやれ。

類 匹夫《ひっぷ》も志《こころざし》を奪《うば》うべからず。

一世《いっせい》を風靡《ふうび》する

世の中に広く知れわたり、大勢の人々をある方向になびかせる。

短文 あの俳優がデビューした当時の人気はものすごく、かれをまねしたスタイルは一世を風靡したものだった。

参考 「風靡《ふうび》」は、風がふいて草木がなびくように、みんなをなびき従わせること。

一石二鳥《いっせきにちょう》

一つの石を投げて、二羽《にわ》の鳥を同時に打ち落とすということから、一つの物事をすることによって、同時に二つの利益を得ることのたとえ。

会話 「おい、ずいぶんお金持っているね。」
「うん、きのう父にたのまれておじのところへお使いにいったら、父はお小遣《こづか》いをはずんでくれるし、おじからはお駄賃《だちん》をもらえたし。一石二鳥さ。」

参考 西洋のことわざ。To kill two birds with one stone. の訳語。

類 一挙両得《いっきょりょうとく》。

対 虻蜂《あぶはち》取《と》らず。二兎《にと》を追《お》う者《もの》は一兎《いっと》をも得《え》ず。

一席設《いっせきもう》ける

宴会《えんかい》や集まりをもよおす。

短文 父は、取引先の会社から一席設けるとの電話があって、さっき出かけた。

一石《いっせき》を投《とう》じる

ある事がらや考え方に、別の意見を出して新しい問題を投げかける。

短文 今度の生徒会長の提案は、会の運営について、学校全体に一石を投じたといえるだろう。

語源 静かな水面に石を投げこむと、波《は》紋《もん》が次々と周囲に広がっていくことからいう。

一線《いっせん》を画《かく》す

境界線を引いて区切りをはっきりとしておくことから、方針などについて他と区別をはっきりさせる。けじめをつける。

会話 「あの先輩《せんぱい》むちゃだよ。自分の意見に賛成《さんせい》しろなんて。」
「いくら先輩の意見でも、会全体のことだから、一線を画していい悪いは自分で判断すべきだよ。」

一銭《いっせん》を笑《わら》う者《もの》は一銭《いっせん》に泣《な》く

わずか一銭だといって笑ってばかにする者は、やがてその一銭も手に入れることができずに泣くようなことになる。お金は、たとえわずかでも大切にしなくてはいけないといういましめ。

短文 おまえは、「なんだ十円か。」とばかにするけれど、一銭を笑う者は一銭に泣くということがある。財布《さいふ》に入れておきなさい。

一足飛《いっそくと》び

一気に他のところへ飛び移るように、物事が順序どおりではなく、飛び越えて進むこと。

会話 「きみの兄さん、今度えらくなったんだって。」
「うん。会社へはいって何年もたたないけれど、仕事熱心を買われて、一足飛びに課長になったんだ。」

一旦緩急《いったんかんきゅう》あれば

ひとたび大事が起こったならば。差しせまったことが起きたならば。

短文　われわれ消防団員は、いつも一旦緩急あればの気持ちで出動準備はしております。

一知半解《いっちはんかい》

物事をじゅうぶんに理解していないで、なまかじりであること。〔出典『滄浪詩話《そうろうしわ》』〕

一朝一夕《いっちょういっせき》

ひと朝か、ひと晩という意味から、わずかな日時、短い日時のたとえ。〔出典『易経《えききょう》』〕

短文　外国語は一朝一夕には習得できない。ふだんの努力の積み重ねが大切だ。

注意　あとに打ち消しのことばをともなって使われる。

一長一短《いっちょういったん》

長所もあるし短所もある、よいところもあるし悪いところもあるということ。

短文　きみたちの意見は一長一短があって、先生も決めかねているんだ。

類　一得一失《いっとくいっしつ》。

一丁字《いっていじ》を識《し》らず

類　⇩目《め》に一丁字《いっていじ》無《な》し

一点張《いってんば》り

一つのことを守って、押し通すこと。

会話　「かれ、サッカー部をやめるわけについてなにか言っていたかい。」「ううん、みんなについていけないからの一点張りで、あとはなにも言わないんだ。」

一頭地《いっとうち》を抜《ぬ》く

頭一つ分だけ、他の人々よりぬき出ているということから、あることについて、多くの人よりいちだんとすぐれていることのたとえ。〔出典『宋史《そうし》』〕

短文　きみの今学期の成績は一頭地を抜いている。来学期もこの調子でがんばってほしい。

一刀両断《いっとうりょうだん》

刀ひとふりで、ものを真っ二つに切るということから、物事を思い切りよくすばやく決断して処理することのたとえ。〔出典『朱子語類《しゅしごるい》』〕

短文　いろいろな利害のからみあった複雑な問題なので、一刀両断に処置することはむずかしい。

類　快刀乱麻《かいとうらんま》を断《た》つ。

一得一失《いっとくいっしつ》

利益もあれば、また損失もあるということ。いいこともあれば悪いこともあるということ。

短文　きみの、人に親切な性質はいいのだが、一得一失あって、世の中に出たら悪い人にだまされないようにしたまえ。

類　一利一害《いちりいちがい》。一長一短《いっちょういったん》。

一途《いっと》を辿《たど》る

ひとすじの道を行く意から、物事がただ一つの方向に進むこと。

短文　平家《へいけ》は、あちこちのいくさで源氏《げんじ》

に敗れてからは、衰退《すいたい》の一途をたどった。

一杯食《いっぱいく》わす

人をうまくだます。まんまとだます。

〔会話〕「どうしたんだ、そんなにくたびれた顔をして。」「妹のやつ、足が痛いというから重い荷物持ってやって、家に帰ったらけろっとしているんだ。一杯食わされたよ。」

一敗地《いっぱいち》に塗《まみ》れる

負けてからだが泥《どろ》まみれになることから、二度と立ち直ることができないほどの負け方をする。徹底的《てっていてき》に打ち負かされることのたとえ。〔出典『史記《しき》』〕

〔短文〕相手はさすが去年の優勝校だよ。ぼくらの学校は一敗地にまみれて帰ってきた。

一波纔《いっぱわず》かに動《うご》いて万波《ばんぱ》随《したが》う

一つの波が小さく動いてたくさんの波になるように、一つのできごとがもとになっていろいろな方面に影響《えいきょう》をあたえる。あることがらが、ほかにおよぼす影響の大きいことのたとえ。〔出典『冷斎詩話《れいさいしわ》』〕

一斑《いっぱん》を見《み》て全豹《ぜんぴょう》を卜《ぼく》す

豹《ひょう》の毛皮の一つのまだらを見て、豹全体を推測するということから、ものの一部分を見て、そのものの全体を推《お》しはかることのたとえ。〔出典『世説新語《せせつしんご》』〕

〔短文〕二、三人が校内暴力をふるったからといって、そのクラス全体の生徒がそうだなんて、一斑を見て全豹を卜すというものだ。

〔同〕一斑《いっぱん》を見《み》て全豹《ぜんぴょう》を知《し》る。

〔類〕蛇首《じゃしゅ》を見《み》て長短《ちょうたん》を知《し》る。

一臂《いっぴ》の力《ちから》を仮《か》す

わずかな手助けをする。

〔参考〕「臂」は、ひじのことで、「一臂《いっぴ》」は、かたうでの意。「仮す」は、「貸す」の意。

一服盛《いっぷくも》る

人を殺す目的で、ひそかに毒薬のはいったものを飲ませる。

〔短文〕よくドラマや小説などで一服盛って人を殺すなんてことがあるけれど、きのう現実にあったんだってね。

鷸蚌《いつぼう》の争《あらそ》い ⇨ 漁夫《ぎょふ》の利《り》

一歩譲《いっぽゆず》る

①ちょっと引き下がって、相手の意見や考え方を少し取り入れる。②能力などが、相手より少しおとる。

〔会話〕①「あしたの日曜日にみんなで練習しないと、絶対間に合わないよ。」「きみの意見には一歩譲るとして、雨のときは、どこで練習しようか。」

②「あしたの将棋《しょうぎ》の決勝戦、勝てる自信あるかい。」「ちょっとむりだな。実力はかれに一歩譲っているもんね。」

一本取《いっぽんと》られる

相手にやりこめられる。

〔会話〕「きみはいつも、約束《やくそく》の時間を守らない人は、この部をやめてもらうなんて言っているが、きょうはきみひとりだよ、おくれてきたのは。」
「これは一本取られた。ごめん、ごめん。」

語源 柔道《じゅうどう》や剣道《けんどう》などで、一つ技を決めることを「一本」ということから出たことば。

同 一本参《いっぽんまい》る。

一本参《いっぽんまい》る ⇩ 一本取《いっぽんと》られる

いつまでもあると思《おも》うな親《おや》と金《かね》

親はいつまでもたよりになるものと思いがちだが、親は子より早く死ぬものであり、お金は使えばなくなるものであるということで、親にたよったり、お金をそまつにしたりすることへのいましめ。

いつも柳《やなぎ》の下《した》に泥鰌《どじょう》はいない ⇩ 柳《やなぎ》の下《した》にいつも泥鰌《どじょう》はいない

居《い》ても立《た》ってもいられない

じっとしてはいられない。

会話 「お母さん、少し落ち着いたら。」
「あの子がこんなに夜おそくまで帰ってこないなんて初めてよ。居ても立ってもいられないじゃない。お友達のところを回ってみるわ。」

参考 「居ても」は、ここでは「すわっても」の意。

井戸《いど》の中《なか》の蛙《かわず》大海《たいかい》を知《し》らず ⇩ 井《い》の中《なか》の蛙《かわず》大海《たいかい》を知《し》らず

糸《いと》を引《ひ》く

あやつり人形を糸であやつるように、おもてに現れないで、陰《かげ》で人を自分の思うように動かす。

会話 「変ね、あの人。わたしたちの提案に反対するなんて。」
「この間は賛成すると言っていたのに。うしろで糸を引いている人がいるのよ。」

意《い》に介《かい》する

気にかける。気にとめる。

短文 弟は、雨が降るからかさを持っていきなさいという母のことばも意に介さないで出かけていった。

注意 下に打ち消しのことばをともなうことが多い。

意《い》に満《み》たない

気に入らない。満足しない。

短文 その計画はかれの意に満たなかったようだ。

犬《いぬ》が西《にし》向《む》きゃ尾《お》は東《ひがし》

犬が西を向けば、尾は東の方を向くのはあたりまえであるように、当然すぎること、決まりきったことのたとえ。

会話 「あの私立高校へいくには、ものすごく勉強しないといけないんだって。」
「犬が西向きゃ尾は東みたいなこと言うなよ。あたりまえじゃないか。」

類 雨《あめ》の降《ふ》る日《ひ》は天気《てんき》が悪《わる》い。鶏《にわとり》は裸足《はだし》。

犬《いぬ》と猿《さる》

犬と猿《さる》は仲がよくないとされていることから、仲の悪い者どうしのたとえ。

短文 おまえたち二人は犬と猿みたいだな。寄るとさわるとけんかばかりして。

同 犬猿《けんえん》の仲《なか》。

犬《いぬ》に念仏《ねんぶつ》猫《ねこ》に経《きょう》

犬に念仏を聞かせたり猫《ねこ》にお経を聞かせたりしても、その価値がわからないことから、どんなりっぱな道理を説いて聞かせても、それをわかろうとしない人には効果がなく、むだであるというたとえ。

[同] 豚《ぶた》に念仏《ねんぶつ》猫《ねこ》に経《きょう》。

[類] 犬《いぬ》に論語《ろんご》。馬《うま》の耳《みみ》に念仏《ねんぶつ》。牛《うし》に対《たい》して琴《こと》を弾《だん》ず。牛《うし》に説法《せっぽう》馬《うま》に銭《ぜに》。

犬《いぬ》に論語《ろんご》 ⇩ 犬《いぬ》に念仏《ねんぶつ》猫《ねこ》に経《きょう》

「犬」が語中にくることば

一犬影《かげ》に吠《ほ》ゆれば百犬声に吠《ほ》ゆ ⇩ 四四ページ
尾《お》を振《ふ》る犬は叩《たた》かれず ⇩ 八三ページ
飼《か》い犬に手を噛《か》まれる ⇩ 八四ページ
杖《つえ》の下に回る犬は打てぬ ⇩ 二四二ページ
吠《ほ》える犬は噛《か》み付かぬ ⇩ 三四一ページ
煩悩《ぼんのう》の犬は追えども去らず ⇩ 三四五ページ

犬《いぬ》の遠吠《とおぼ》え

弱い犬が相手に近寄らずに遠くのほうからほえたてることから、実力のない者やおくびょうな者が陰口《かげぐち》を言ったり、からいばりをしたりすることのたとえ。

[短文] きみたち、うちのチームに勝ったことがないのに、よそへ行っては、ずいぶん強そうなことを言っているらしいね。犬の遠ぼえというやつだな。

犬《いぬ》の逃《に》げ吠《ぼ》え

おくびょうな犬がにげながらほえることから、負けてにげるとき、文句を言いながら引き下がっていくたとえ。

犬《いぬ》も歩《ある》けば棒《ぼう》に当《あ》たる

①でしゃばると、思わぬ災難にあうことが多いというたとえ。②なにかやっていれば、あるいは出歩くと、意外な幸運にめぐりあうことがあるというたとえ。

[注意] 現在は②の意味に使うことが多い。

[参考] 「いろはがるた」にはこの句が最初に出てくる。

犬《いぬ》も食《く》わない

犬でさえ食べないもののことから、だれからも相手にされない、つまらないもののたとえ。

[短文] 犬も食わない夫婦げんかを仲裁するのはばからしい。

命《いのち》あっての物種《ものだね》

何事も命があればこそできるのであって、死んでしまったらなにもできない。命がなによりも大切であるから、危険なことをするなということ。

[短文] そんな危険な仕事は、いくらお金をもらっても、ぼくはやりたくないよ。命あっての物種だからね。

[同] 命《いのち》こそ物種《ものだね》。

[類] 死《し》んで花実《はなみ》が咲《さ》くものか。

命長《いのちなが》ければ恥多《はじおお》し

長生きをすればするだけ、恥《はじ》をかく機会が多くなり、早く死ねば、こんな恥をかかないでもすむのにと思うことがしばしばあるということ。〔出典『荘子《そうじ》』〕

「命」が語中にくることば

舌の剣《つるぎ》は命を断つ ⇩ 一八五ページ
露《つゆ》の命 ⇩ 二四五ページ
美人薄命《はくめい》 ⇩ 三一七ページ
河豚《ふぐ》は食いたし命は惜《お》しし ⇩ 三三二ページ

命《いのち》の洗濯《せんたく》

ふだんの苦労から解放されてのびのびと気ままに楽しむことのたとえ。

短文 きのうの日曜はよかったなあ。父と母は弟をつれて出かけてぼく一人るす番をしたけど、小言《こごと》を言う人が一日いなくて、ひさしぶりに命の洗濯ができたというものだ。

類 命《いのち》の土用《どよう》干《ぼ》し。

命《いのち》の綱《つな》

命をつなぎとめる大切なもの。生きていくための大切なもの。

会話 「かれ、高校進学をあきらめたんだって。」

「うん、去年お母さんに亡《な》くなられ、今度は、命の綱とたのむお父さんに亡くなられて。気の毒で、なぐさめることばも見つからないよ。」

井《い》の中《なか》の蛙《かわず》大海《たいかい》を知《し》らず

小さな井戸《いど》の中にすむ蛙《かえる》は、外に大きな海があることを知らないように、広い視野を持たず、自分だけのせまい知識や考え方にとらわれて、それに満足したり得意になったりしていることのたとえ。

短文 父は、「日本人は、井の中の蛙大海を知らずというようなところがあるから、大きくなったら見聞を広めるために外国へ留学するのもいいぞ。」と言っている。

同 井戸《いど》の中《なか》の蛙《かわず》大海《たいかい》を知《し》らず。井《い》の中《なか》の蛙《かわず》。井蛙《せいあ》の見《けん》。埳井《かんせい》の蛙《あ》。

医《い》は仁術《じんじゅつ》

人をいつくしみ愛する心をもって、弱い立場にある病人を救うのが医術であるから、損得などを考えてはいけないといういましめ。

同 医《い》は仁《じん》の術《じゅつ》。

衣鉢《いはつ》を伝《つた》う

先生が弟子や後継者《こうけいしゃ》に、その道の奥深い大事な点を教え伝える。

たくはつ僧

語源 仏教の世界で、師にあたる僧《そう》がすぐれた弟子に仏法を伝えたしるしとして袈裟《けさ》と托鉢《たくはつ》（＝修行のためにお経をとなえながらお金や米をもらい歩くこと）に用いる鉢《はち》をあたえたことから出たことば。〔出典『六祖檀経《ろくそだんきょう》』〕

参考 「衣鉢」は、「えはつ」とも読む。

茨《いばら》の道《みち》

とげがある茨《いばら》の生えている道ということから、ひじょうに苦難の多い人生などのたとえ。

会話 「先生、長い間ありがとうございました。」

「いや、おめでとう。しかし、これから先、きみたちの人生には、茨の道もあるかもしれないが、そのようなときこそがんばることだ。」

意表《いひょう》を突《つ》く

相手が思いもつかないことをしたり、言ったりする。

短文 われわれは、相手チームの意表を突いてスクイズを敢行《かんこう》し、逆転に成功した。

韋編三絶《いへんさんぜつ》 ⇩ **韋編三度絶《いへんみたびた》つ**

韋編三度絶《いへんみたびた》つ

書物を何度もくり返し熟読することのたとえ。

〔参考〕「韋編《いへん》」は、古代中国の書物のこと。「韋」はなめし革のことで、竹の札《ふだ》に文字を書き、なめし革のひもでとじて書物にした。

故事 孔子《こうし》が『易経《えききょう》』という書物を何度もくり返し読んだため、本のとじひもが三度も切れたという。〔出典『史記《しき》』〕

同 韋編三絶《いへんさんぜつ》。

今《いま》は昔《むかし》

今からみると、もうむかしのことだが。

短文 きみといっしょにこの幼稚園《ようちえん》に通ったのも、今は昔という感じだね。

〔参考〕むかし話の書き出しによく使われることば。

今《いま》や遅《おそ》しと

今か今かと待ち遠しいようす。

短文 約束《やくそく》の時間におくれそうになったので息せき切って駅に行ったら、友達が今や遅しと待っていた。

今《いま》を時《とき》めく

時の流れに乗って栄えている。現在、世の中でもてはやされている。

短文 かれは今を時めく売れっ子作家になったね。新しい本を出すたびにベストセラーになるんだから。

異名《いみょう》をとる

本名《ほんみょう》以外の別の名まえをつけられる。

短文 かれは小学校時代、水泳がひじょうにうまかったので、「かっぱ」の異名をとった。

芋《いも》を洗《あら》うよう

いもをたくさんおけやたるに入れてかき回して洗うように、せまい所に大勢の人がこみ合っているたとえ。

会話 「きみ、夏休みに海水浴に行ったんだって。」「行ったことは行ったが、芋を洗うようなこみようで、満足に泳げなかったよ。」

否《いや》が応《おう》でも

相手が承知してもしなくても。なにがなんでも。

会話 「山田君がきょうの練習は休みたいと言ってますよ。」「なにを言ってるんだ。否が応でもつれてこい。」

否《いや》も応《おう》もない

承知してもしなくても関係ない。

会話 「きみ、きのう練習に来なかったじゃないか。」

「うん、午後から熱がでて、母に否も応もなく、医者につれて行かれてね。」

炒《い》り豆《まめ》に花《はな》

炒《い》った豆から芽がでて花がさくことはありえないことから、とてもありそうにもないことが起こることのたとえ。

類 枯《か》れ木《き》に花《はな》。

入《い》るを量《はか》りて出《い》ずるを為《な》す

収入の額をきちんと計算して、それに応じた支出を行うということ。〔出典『礼記《らいき》』〕

同 入《い》るを量《はか》りて出《い》ずるを制《せい》す。

入《い》れ知恵《ぢえ》は間《ま》に合《あ》わず

人から教えられた知恵《ちえ》は、いざというときの用には立たない。

色気《いろけ》より食《く》い気《け》

色欲《しきよく》より食欲のほうを重視すること。また、みえや外見にとらわれるよりは、中身や実利を優先させることのたとえ。

類 花《はな》より団子《だんご》。

色《いろ》の白《しろ》いは七難《しちなん》隠《かく》す

はだの色が白い女性は、顔かたちに多少欠点があってもめだたず、美しく見えるということ。

〔参考〕「七難」は、七つの欠点、多くの欠点の意。

同 色《いろ》の白《しろ》いは十難隠《じゅうなんかく》す。

類 米《こめ》の飯《めし》と女《おんな》は白《しろ》いほどよい。髪《かみ》の長《なが》いは七難隠《しちなんかく》す。

色《いろ》を失《うしな》う

おそろしさやおどろきで顔色が青ざめる。意外なことにどうしてよいかわからなくなる。

短文 父が交通事故にあって病院にかつぎこまれたと聞いて、母は色を失って飛び出した。

色《いろ》を付《つ》ける

物を売るときなどに、おあいそに、いくらか値を引いたり、おまけの品物をつけ加えたりする。

短文 母と買い物に行ったら、店の人が、「色を付けましょう。」と言って値を千円引いてくれた。

色《いろ》をなす

不愉快《ふゆかい》になったり、おこったりして顔色を変える。

短文 キャッチボールをしていてあの家の窓ガラスを割ったら、あそこのおじさん、色をなしてかけ寄ってきた。

曰《いわ》く言《い》い難《がた》し

ことばでは言い表しにくい、説明しにくい。〔出典『孟子《もうし》』〕

短文 そのあたりの事情は曰く言い難しですよ。察してください。

鰯網《いわしあみ》で鯨《くじら》を捕《と》る

思いがけない幸運にめぐり合ったり、収穫《しゅうかく》があったりするたとえ。

同 鰯網《いわしあみ》へ鯛《たい》がかかる。

類 雀網《すずめあみ》で孔雀《くじゃく》。兎《うさぎ》の罠《わな》に狐《きつね》がかかる。

鰯《いわし》の頭《あたま》も信心《しんじん》から

鰯《いわし》の頭のようにつまらないものでも、

それを信仰《しんこう》する人にはひじょうにありがたく思えるものだということ。

語源 節分《せつぶん》の夜に、鰯の頭をひいらぎの木の枝にさして門口《かどぐち》に置くと、悪い鬼《おに》を追いはらうことができるというならわしがあることから出たことば。

言《い》わず語《かた》らず

あらたまって言わなくても。暗黙《あんもく》のうちに。

会話「かれ、許してくれたかい。」「うん、ちょっと説明しかけたら、言わず語らずのうちに了解《りょうかい》してくれたよ。」

言《い》わずもがな

①言うまでもない。②言わないほうがいい。言わないでほしい。

短文 ①きのうの地震《じしん》では、弟は言わずもがな、ぼくも父にしがみついてしまった。②きみには困ったな。かれに言わずもがなのことをしゃべってしまって。

言《い》わぬが損《そん》

道理があるのに言わないでいると、不利になるということ。

短文 だれがみたってきみのほうが正しいんだから、言わぬが損になるよ。

対 言《い》わぬが花《はな》。

言《い》わぬが花《はな》

はっきりと言わないところに、味わいや値打ちがあるというたとえ。また、全部言ってしまうとさしさわりがあるから、言わないほうがいいということ。

会話「お母さん、あしたのクリスマスプレゼント、ぼくたちになにくれるの。」「それは、言わぬが花よ。」

対 言《い》わぬが損《そん》。

言《い》わぬ事《こと》は聞《き》こえぬ

なにも言わなければ、相手にわかってもらえない。あとで知らなかったと言われないように、大切なことはきちんと言っておくべきだということ。

対 言《い》わぬは言《い》うに優《まさ》る。

言《い》わぬは言《い》うに優《まさ》る

口に出して言うよりも口に出さずだまっているほうがよい。沈黙《ちんもく》がことば以上に価値がある場合があるということ。

類 雄弁《ゆうべん》は銀沈黙《ぎんちんもく》は金《きん》。

対 言《い》わぬ事《こと》は聞《き》こえぬ。

意《い》を決《けっ》する

思いきって決心する。

会話「きのうの寒中水泳どうだった。」「ここでしりごみしたら男じゃないと、意を決して飛びこんだよ。」

意《い》を体《たい》する

人の意見や教えなどを理解して、それにそって行動する。

短文 卒業後も先生がたの意を体して人にはじない人間になるよう努力しよう。

意《い》を尽《つ》くす

思っていることをじゅうぶんに表す。考えていることをていねいに言い表す。

会話「きのうのことを先生におわびしたかい。」「うん、意を尽くして説明しておわびしたら、先生もわかってくださった。」

意《い》を強《つよ》くする

心強く思う。自信を持つ。

短文 きみたちのきょうの練習ぶりを見て、先生も意を強くした。

異《い》を唱《とな》える

人の意見や考え方に対して、反対や不賛成の意見を出す。

短文 きょうの生徒会では、かれの提案に異を唱える者はだれもいなかった。

因果応報《いんがおうほう》

よいことをすればよい報《むく》いがあり、悪いことをすれば悪い報いがあるということ。

短文 詐欺《さぎ》同様のことをして大きくした会社だもの、詐欺にあってつぶれたって因果応報というものだよ。

語源 原因があるから結果があるという仏教の教えから出たことば。

注意 悪いことをすれば悪い報いがあるという、悪いほうの意味に使われることが多い。

類 仇《あだ》も情《なさ》けも我《わ》が身《み》より出《で》る。

因果《いんが》を含《ふく》める

物事の道理をよく説明して納得させる。やむをえない事情をよく説明してあきらめさせる。

短文 かぜをひいて熱があるというのに、どうしても遠足に行きたいと言いはる弟に、母が因果を含めてやっとあきらめさせた。

殷鑑《いんかん》遠《とお》からず

失敗の前例は遠くに求めなくても、身近なところにあるから、それをいましめとせよということ。

参考 「鑑」は鏡で、手本のこと。

故事 古代中国で、暴政を行った夏《か》の国の桀王《けつおう》をほろぼして殷《いん》を建てた紂王《ちゅうおう》も暴政を行い、周《しゅう》にほろぼされた。殷がいましめとすべき手本は、遠いむかしに求めなくても、すぐ前代の夏が悪政によってほろびたことにあった。

〔出典『詩経《しきょう》』〕

同 商鑑遠《しょうかんとお》からず。

慇懃無礼《いんぎんぶれい》

うわべはていねいで礼儀《れいぎ》正しいが、誠意がなく、内心では相手をばかにしていて無礼なこと。

短文 お客さんとの応対は、ていねいでありさえすればいいというものじゃない。慇懃無礼にならないように相手の気持ちを考えることが大切だ。

引導《いんどう》を渡《わた》す

相手に最終的な結論を言いわたす。

短文 ずっと練習をさぼっていたら、監督《かんとく》から、「今度なまけたらやめさせるぞ。」と、引導を渡されたよ。

語源 死者をほうむる前に、坊《ぼう》さんがお経などをとなえて成仏《じょうぶつ》させることを「引導を渡す」ということから。

陰徳《いんとく》あれば陽報《ようほう》あり

人に知られず陰《かげ》でよい行いをしていれば、やがては世間に知られ、必ずよい報《むく》いがあるということ。

〔出典『淮南子《えなんじ》』〕

同 陰徳陽報《いんとくようほう》。
類 陰徳《いんとく》は果報《かほう》の来《く》る門口《かどぐち》。隠《かく》れたる信《しん》あらば顕《あらわ》れたる験《しるし》。

陰《いん》に籠《こも》る

陰気《いんき》なようすである。不平や不満がおもてにあらわれず、気持ちがはればれしない。
短文 かれはメンバーからはずされてから、陰に籠ったようすをしている。

陰《いん》に陽《よう》に

あるときはひそかに、あるときはおもてだって。
短文 きょうの優勝は、陰に陽にわれわれを応援してくれた人たちのおかげです。
類 陰《かげ》になり日向《ひなた》になり。

因縁《いんねん》を付《つ》ける

つまらないことで、言いがかりをつけて困らせる。
短文 かれは、掃除《そうじ》の分担《ぶんたん》のことで因縁を付けてきた。

う ウ

有為転変《ういてんぺん》は世《よ》の習《なら》い

この世のすべてのものは、つねにはげしく移り変わっていくように定められているということ。
短文 有為転変は世の習いで、かつての経済大国も、今は見る影《かげ》もない。
参考 「有為《うい》」は、仏教のことばで、めぐり合わせによって生じたりほろびたりする、この世のすべてのもの。

上《うえ》には上《うえ》がある

世の中には、これがいちばんよいと思っても、それよりすぐれたものがいくらでもある。
短文 二教科で満点をとって得意になっていたが、四教科満点の人もいたそうだ。上には上があるものだ。
対 下《した》には下《した》がある。

上《うえ》を下《した》へ

上のものが下へ、下のものが上へいくという意味から、大混乱するようす。
短文 突然《とつぜん》の火山の大爆発《ばくはつ》で、ふもとの町は上を下への大騒《おおさわ》ぎになった。

魚心《うおごころ》あれば水心《みずごころ》

本人がそうしてあげようという気持ちを持てば、相手もそれにこたえようとする気持ちを持つものであるということ。
短文 よし、たのみをきいてやろう。けれど、こっちのたのみもなんとかしてくれよ。魚心あれば水心というじゃないか。
参考 本来は、「魚《うお》、心《こころ》あれば、水《みず》、心《こころ》あり（＝魚が水のことを思う気持ちがあれば、水も魚のことを思う気持ちがある。）」であったものが、「魚心《うおごころ》」「水心《みずごころ》」と一語になったもの。
同 水心《みずごころ》あれば魚心《うおごころ》。

魚《うお》の木《き》に登《のぼ》るが如《ごと》し

魚が木に登るような、まったく不可能なことをしようとすることのたとえ。

短文 予算の面から考えると、その計画は、まるで魚の木に登るが如しだ。さっそく中止したほうがよい。

魚《うお》の水《みず》を離《はな》れたよう
⇩ 陸《おか》に上《あ》がった河童《かっぱ》

「魚」が語中にくることば

網呑舟《あみどんしゅう》の魚《うお》を漏《も》らす ⇩ 二五ページ
木に縁《よ》りて魚《うお》を求む ⇩ 一一九ページ
雑魚《ざこ》の魚《とと》交じり ⇩ 一七二ページ
猿《さる》の水練魚《うお》の木登り ⇩ 一七四ページ
俎上《そじょう》の魚《うお》（俎板《まないた》の鯉《こい》）⇩ 三四八ページ
呑舟《どんしゅう》の魚《うお》 ⇩ 二七二ページ
逃《に》がした魚《さかな》は大きい ⇩ 二八三ページ
水清ければ魚《うお》棲《す》まず ⇩ 三五二ページ

魚《うお》の目《め》に水《みず》見《み》えず 人《ひと》の目《め》に空《そら》見《み》えず
魚の目には水が見えないし、人の目には空気が見えないように、あまり身近にあるものは、かえってそのありがたみがわからないということのたとえ。〔出典『埤雅《ひが》』〕

浮《う》かぬ顔《かお》
心配ごとなどがあって、はればれとしていない顔つき。
短文 どうしたんだい。最近、浮かぬ顔ばかりして。元気を出せよ。

浮《う》かぶ瀬《せ》が無《な》い
苦しい気持ちやめぐまれない状態からぬけ出す機会がない。
参考 「瀬」は川の浅い所で、場所・機会の意味に使われる。

浮《う》き足立《あしだ》つ
落ち着きがなくなり、そわそわする。にげ腰《ごし》になる。
短文 大事なところでエラーが出て、味方はすっかり浮き足立ってしまった。

憂《う》き身《み》を窶《やつ》す
身が細るほどの苦労もかえりみず、物事に熱中する。
短文 家族に申しわけないと思いながらも、この道一筋に憂き身をやつしている。
参考 「憂《う》き身」は、つらいことの多い身の上。「やつす」は、やせるほどに心を打ち込む意。

浮世《うきよ》の苦楽《くらく》は壁一重《かべひとえ》
⇩ 楽《らく》あれば苦《く》あり

浮《う》き世《よ》は回《まわ》り持《も》ち
世の中の幸不幸や貧富などは、だれにもめぐってくるものであるということ。

受《う》けて立《た》つ
相手の挑戦《ちょうせん》に応じる。
会話 「となり町のA校が試合を申しこんできましたが、どうしますか。」「受けて立とうじゃないか。断ったら、にげたと思われる。」

有卦《うけ》に入《い》る
よい運にめぐりあう。
短文 よい就職口が見つかったり、りっぱなマンションを手に入れたりで、あの人は有卦に入っている。
語源 陰陽道《おんようどう》のうらないで、年回りが有《う》

卦《け》にはいれば七年間吉事《きちじ》（＝よいこと）が続き、無卦《むけ》にはいれば五年間凶事《きょうじ》（＝悪いこと）が続くということから出たことば。

烏合《うごう》の衆《しゅう》

烏《からす》の群れのように、規律も統制もない人々の集まりのたとえ。〔出典『後漢書《ごかんじょ》』〕

会話 「相手方は、新しいチームを結成するそうです。」「どうせ、烏合の衆さ。おそれることはない。」

雨後《うご》傘《かさ》を送《おく》る

雨があがってから傘《かさ》を送るということで、せっかくの好意も、時機におくれてはなんにもならないことのたとえ。

雨後《うご》の筍《たけのこ》

雨が降ったあと、たけのこが続々と生えることから、物事が次々と続いて現れるようすのたとえ。

雨あがりの竹林

短文 幹線道路に沿って、ファミリーレストランが、雨後の筍のように増え続けている。

参考 「筍」は「竹の子」とも書く。

兎《うさぎ》も七日《なぬか》なぶれば嚙《か》み付《つ》く

⇩なぶれば兎《うさぎ》も食《く》い付《つ》く

「兎」が語中にくることば

- 株を守りて兎《うさぎ》を待つ ⇩一〇一ページ
- 犬兎《けんと》の争い ⇩一五〇ページ
- なぶれば兎《うさぎ》も食い付く⇩二七八ページ
- 二兎《にと》を追う者は一兎をも得ず ⇩二八五ページ
- 飛鳥《ひちょう》尽きて良弓《りょうきゅう》蔵《かく》れ狡兎《こうと》死して走《そう》狗《く》烹《に》らる ⇩三一七ページ

牛《うし》に説法《せっぽう》馬《うま》に銭《ぜに》

牛に仏の教えを説いても、馬に金銭をあたえても、そのありがたみは、牛や馬にはわからないことから、いくら意見や忠告などを言い聞かせても、まったく効きめのないことのたとえ。

同 牛《うし》に経文《きょうもん》。

類 牛《うし》に対《たい》して琴《こと》を弾《だん》ず。馬《うま》の耳《みみ》に念《ねん》仏《ぶつ》。馬《うま》の耳《みみ》に風《かぜ》。馬耳東風《ばじとうふう》。犬《いぬ》に論語《ろんご》。犬《いぬ》に念仏《ねんぶつ》猫《ねこ》に経《きょう》。

牛《うし》に引《ひ》かれて善光寺参《ぜんこうじまい》り

人に誘《さそ》われて、思いがけない所に行ったりよいことにめぐり合ったりすること。

会話 「おや、めずらしい所でお会いしましたね。」「はあ、孫がどうしても来たいというので。牛に引かれて善光寺参りですな。」

故事 むかし、善光寺《ぜんこうじ》の近くに老女が住んでいた。ある日、牛が、さらしていた布を角にひっかけて、善光寺に走りこんでいった。老女はその牛を追いかけて善光寺の境内《けいだい》にはいったが、そこが霊場《れいじょう》であることを初めて知り、それからはたびたび参詣《さんけい》して、来世の幸せをいのったという。

牛《うし》の歩《あゆ》みも千里《せんり》

たとえ牛の歩みのようにおそくても、こ

つこつ続けていれば、やがては成果があがるものであるということ。

牛《うし》の涎《よだれ》

細く長く続くことのたとえ。

短文 だらだらと牛のよだれのような字が書いてあって、とても読めやしない。

牛《うし》は牛連《うしづ》れ馬《うま》は馬連《うまづ》れ

同じ仲間のものがいっしょに行動すること。また、それぞれ似合いの相手と連れそうとうまくいくということのたとえ。

短文 なるほどおまえの友達は、みんなおまえのようにのんきな子ばかりだ。まさに、牛は牛連れ馬は馬連れだな。

類 類《るい》は友《とも》を呼《よ》ぶ。

> **「牛」が語中にくることば**
>
> 商《あきな》いは牛の涎《よだれ》 ⇩ 八ページ
>
> 馬に乗るまでは牛に乗れ ⇩ 六三ページ
>
> 暗がりから牛 ⇩ 一四一ページ
>
> 鶏口《けいこう》と為《な》るも牛後《ぎゅうご》と為《な》る勿《なか》れ ⇩ 一四四ページ
>
> 角《つの》を矯《た》めて牛を殺す ⇩ 二四四ページ
>
> 闇《やみ》から牛を引き出す （暗がりから牛 ⇩ 一四一ページ）

氏《うじ》より育《そだ》ち

人がらは、血筋や家がらより、環境《かんきょう》や教育によって大きく影響《えいきょう》されるということ。

対 氏素性《うじすじょう》は争《あらそ》われぬ。

後《うし》ろ髪《がみ》を引《ひ》かれる

未練が残り、思いを断ち切ることができない。

短文 病床《びょうしょう》の母を郷里に残し、彼女《かのじょ》は後ろ髪を引かれる思いで東京へ出た。

後《うし》ろ指《ゆび》を指《さ》される

よくないことをして、人に陰口《かげぐち》を言われる。

短文 社会に出たら、人から後ろ指を指されるようなことだけはしてはいけないよ。

参考 「後ろ指」は、背後からさす指。

後《うし》ろを見《み》せる

相手に背中を見せるということで、負けてにげ出す。

短文 敵に後ろを見せるような意気地《いくじ》なしでは困る。正々堂々と戦ってきなさい。

牛《うし》を馬《うま》に乗《の》り換《か》える

歩みのおそい牛をすてて、歩みの速い馬に乗りかえるように、都合のいいほうに切りかえることのたとえ。

短文 A社に内定していたかれは、B社から多額の契約金《けいやくきん》を提示され、さっさと牛を馬に乗り換えて、B社にはいってしまった。

嘘《うそ》から出《で》た実《まこと》

うそだと思われていたことが、偶然《ぐうぜん》ほんとうのことになってしまうこと。

短文 きょう、大地震《じしん》があるなどと冗談《じょうだん》を言っていたら、ほんとうにぐらぐらっときた。うそから出たまことで、こっちがびっくりしてしまった。

類 瓢簞《ひょうたん》から駒《こま》が出《で》る。

嘘《うそ》つきは泥棒《どろぼう》の始《はじ》まり

平気で人をだますような者は、やがて平

気で泥棒《どろぼう》をするようになる。うそをつくのはよくないといういましめ。
対 嘘《うそ》も方便《ほうべん》。

嘘《うそ》も方便《ほうべん》

うそをつくのはよくないが、めんどうなことが起きないように、ときにはうそをつかなければならない場合もあるということ。

会話「監督《かんとく》に『きのうはなぜ練習に来なかったのか。』と聞かれて、『映画を見に行ったんです。』と答えたら、おこられてしまったよ。」
「ばかだな。うそも方便ということを知らないのか。」
「だって、うそつきは泥棒《どろぼう》の始まりでしょ。」

参考「方便」は、ある目的のために使う一時的な手段。

対 嘘《うそ》つきは泥棒《どろぼう》の始《はじ》まり。

梲《うだつ》が上《あ》がらない

梲《うだつ》のようにいつも頭をおさえられている状態で、なかなか出世ができない。また、なかなか裕福《ゆうふく》になれない。

短文 この会社にはいって十年にもなるが、いっこうにうだつが上がらない。いっそのこと、転職でもするか。

参考「梲《うだつ》」は、屋根の棟《むな》木《ぎ》を支える短い柱。また、屋根の上まで張り出した壁《かべ》の一種で、裕《ゆう》福《ふく》な家だけがこの壁をあげることができたという。

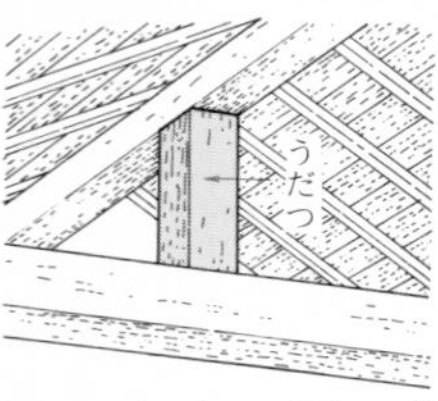

梁（はり）の上に立てて棟木（むなぎ）を支えるうだつ

歌《うた》は世《よ》につれ世《よ》は歌《うた》につれ

歌は世の中の動きとともに変わり、また世の中はその時代の歌に影響《えいきょう》されて変わっていくということ。

参考「つれ」は、連れそうこと。

打《う》たれても親《おや》の杖《つえ》

たとえ打たれても、親のつえには愛情がこもっているので、ありがたく感じるものであるということ。

中《うち》に誠《まこと》あれば外《そと》に形《あらわ》る

心の中に誠意があれば、それは自然とその人のことばや動作に現れ出てくるものであるということ。〔出典『大学《だいがく》』〕

参考 この場合の「誠」は、「まごころ」と「ほんとうのこと」の両方の意。

内《うち》の米《こめ》の飯《めし》より隣《となり》の麦飯《むぎめし》

自分のところの米の飯より、隣《となり》の家の麦飯をうらやむという意味で、とかく人は他人のものはよく見えて、うらやましがるものであるということのたとえ。

参考「麦飯」は粗末《そまつ》な飯を表す。

類 他人《たにん》の飯《めし》は白《しろ》い。よその花《はな》は赤《あか》い。

内裸《うちはだか》でも外錦《そとにしき》

生活が苦しくて家の中では粗末《そまつ》なかっこうをしていても、外へ出るときは、りっぱな衣服を着るということで、世の中をうまくわたっていくためには世間体《せけんてい》をつくろわなければならないということ。

参考「錦《にしき》」は、金銀などの色糸で模様《もよう》を織り出した絹織物。

類 世間《せけん》は張《は》り物《もの》。

内弁慶《うちべんけい》

家の中にいるときはいばりちらしていながら、外に出るとまったく意気地《いくじ》がなくなってしまう人のたとえ。

短文 あの子は内弁慶で困るよ。いばって出ていったと思ったら、すぐに泣いて帰ってきた。

参考 「弁慶《べんけい》」は、強い者、勇ましい者のたとえ。

同 内弁慶《うちべんけい》の外地蔵《そとじぞう》。陰弁慶《かげべんけい》。

内股膏薬《うちまたごうやく》

内股《うちまた》にはった膏薬《こうやく》のように、自分にしっかりした方針がなく、対立する両者のあっちについたり、こっちについたりして、態度が定まらないこと。

同 二股膏薬《ふたまたごうやく》。

類 洞《ほら》が峠《とうげ》。

現《うつつ》を抜《ぬ》かす

あることに夢中《むちゅう》になって、本心を失う。ある物事に熱中する。

短文 遊びにばかりうつつを抜かしていないで少しは勉強しなさい。

打《う》って変《か》わる

態度やようすなどが、前とくらべてがらりと変わる。

短文 かれは小学校のころとは打って変わって、今はまじめに勉強している。

打《う》って出《で》る

自分から進んで物事に関係する。乗り出す。

短文 かれは勝算ありとふんで選挙に打って出たが、おしくも敗れた。

打《う》つ手《て》が無《な》い

なすべき手段がない。よい方法がない。

短文 相手のはげしい攻撃《こうげき》をどう防いだらよいか、力の差がありすぎて、まったく打つ手がない。

腕《うで》が上《あ》がる

技術や能力が向上する。

短文 スキーの腕が上がったそうだね。いよいよ上級コースだな。

対 腕《うで》が落《お》ちる。

腕《うで》がある

技術や能力を持っている。やりとげる実力がある。

短文 あの人は、会社をやめるそうだ。外交員としていい腕があるのに、おしいことだ。

腕《うで》が立《た》つ

技術や能力がすぐれている。

短文 あの人は腕が立つけれど、すぐ自《じ》慢《まん》するのはよくない。

腕《うで》が鳴《な》る

自分の技術や能力を発揮する機会を待ちこがれて、むずむずする。

短文 いよいよ、試合はあしたにせまった。日ごろの練習の成果を見せてやろう。腕が鳴るなあ。

腕《うで》に覚《おぼ》えがある

自分の技術や能力に自信がある。

短文 うちのおじさんは、剣道《けんどう》なら腕に覚えがあると言っていばっていた。

腕《うで》に縒《よ》りをかける

技術や能力をじゅうぶんに発揮しようとしてはりきる。じゅうぶんに準備をして事に当たる。

短文 おいしい料理でしょう。腕によりをかけて作ったのよ。

参考 「縒《よ》りをかける」は、ねじって、からみ合わせることで、腕前をよりよく見せようと意気ごむようすのたとえ。

腕《うで》を買《か》う

技術や能力がじゅうぶんにあると認める。

短文 会社は、かれの腕を買って、経営の一端《いったん》を任せることにした。

腕《うで》を拱《こまぬ》く

自分はなにもしないで、そばでようすを見ている。傍観《ぼうかん》する。

短文 かれは友達が困っているのに、腕をこまぬいて見ているしかなかった。

参考 「拱く」は「こまねく」とも読む。

類 手《て》を拱《こまぬ》く。手《て》を束《つか》ねる。

腕《うで》を振《ふ》るう

持っている技術や能力をじゅうぶんに発揮する。

短文 新社長として、かれは会社再建に腕を振るった。

腕《うで》を磨《みが》く

技術や能力を向上させようと一生懸命《けんめい》努力する。

短文 彼女《かのじょ》は、ゴルファーとしていっそう腕を磨くために、再度渡米《とべい》した。

独活《うど》の大木《たいぼく》

独活《うど》の茎《くき》は大きくなるが、やわらかく、材木として役に立たないことから、形ばかり大きくて役に立たないもののたとえ。

短文 あの力士はからだは大きくても動きがおそいから、小さな力士にころころ転がされる。まったく、独活の大木だな。

同 独活《うど》の大木柱《たいぼくはしら》にならぬ。

類 大男《おおおとこ》の見《み》かけ倒《だお》し。大男総身《おおおとこそうみ》に知《ち》恵《え》が回《まわ》りかね。

若芽は食用になるが，大きく育った茎は食用にも木材にもならない。

対 山椒《さんしょう》は小粒《こつぶ》でもぴりりと辛《から》い。

鰻《うなぎ》の寝床《ねどこ》

せまくて細長い、家屋や土地のたとえ。

会話 「家を建てたんだってね。」「うん、それが土地の関係で間口がせまくて鰻の寝床なんだよ。」

鰻登《うなぎのぼ》り

気温・価格など、物事の段階が、急速に上がっていくこと。

短文 気温は鰻登りに上昇し、ついに正午までに三五度を突破《とっぱ》した。

類 天井知《てんじょうし》らず。

卯《う》の時雨《ときあめ》に笠持《かさも》つな

早朝から降る雨は、まもなくやむから、

笠《かさ》（=頭にかぶる雨具）の用意はいらないということ。

参考 「卯《う》の時」は、むかしの時刻のよび名で、今の午前六時前後。

同 卯《う》の時雨《ときあめ》に笠《かさ》を脱《ぬ》げ。

類 朝雨《あさあめ》に傘《かさ》いらず。朝雨馬《あさあめうま》に鞍《くら》置《お》け。

鵜《う》の真似《まね》をする烏《からす》水《みず》に溺《おぼ》れる

烏《からす》が鵜《う》のまねをして水にはいればおぼれることから、自分の能力を考えずに、いたずらに他人のまねをして失敗することのたとえ。

参考 「鵜《う》」は、水中にもぐって魚をとることの得意な鳥。

類 鸚鵡《おうむ》の人真似《ひとまね》。人真似《ひとまね》すれば過《あやま》ちする。

鵜呑《うの》みにする

鵜《う》が魚をかまないでのみこむように、物事をよく考えないで、そのまま取り入れる。

短文 そもそもきみが失敗したのは、あの人のあてにならない話を鵜のみにしたからだ。

鵜《う》の目《め》鷹《たか》の目《め》

獲物《えもの》を探し求めるときの鵜《う》や鷹《たか》の目つきのように、物を探し出そうとするときのするどい目つきやようすのたとえ。

短文 警察は、逃亡《とうぼう》した犯人を、鵜の目鷹の目で追っている。

鵜(う)も鷹(たか)も獲物をおそう目はするどく，真剣そのもの。

旨《うま》い汁《しる》を吸《す》う

自分は苦労しないで、他人の働きで多くの利益を得る。

短文 働く人を紹介《しょうかい》するだけで大もうけをするなんて、あの人たちは旨い汁を吸っているな。

類 甘《あま》い汁《しる》を吸《す》う。

馬《うま》が合《あ》う

気が合う。調子が合う。

短文 かれとは馬が合うので、いつも仕事がはかどる。

馬《うま》に乗《の》るまでは牛《うし》に乗《の》れ

馬に乗る前に、まずのろい牛に乗って、乗り方に慣れておけということで、高い地位につく前に、まず低い地位で力をつけておけということのたとえ。また、馬に乗るまで待っていないで、牛に乗って、少しでもよけいに進んでおけということのたとえ。どちらにしても、世の中をうまくわたるためには段階をふむのがよいということの教え。

馬《うま》には乗《の》ってみよ人《ひと》には添《そ》うてみよ ⇩ 人《ひと》には添《そ》うてみよ馬《うま》には乗《の》ってみよ

馬《うま》の骨《ほね》

どこのだれだか素性《すじょう》の知れない人をののしっていうことば。

短文 どこの馬の骨だかわからない男に、そうやすやすと大事な娘《むすめ》を嫁《よめ》にやれるか。

馬《うま》の耳《みみ》に風《かぜ》

馬の耳に春風がふきつけても、馬はなにも感じないことから、人の話を聞いても心をまったく動かさない。また、人から意見をされてもいっこうに聞き入れようとしないようすのたとえ。

同 馬《うま》の耳《みみ》に念仏《ねんぶつ》。馬耳東風《ばじとうふう》。

類 犬《いぬ》に論語《ろんご》。犬《いぬ》に念仏猫《ねんぶつねこ》に経《きょう》。牛《うし》に説《せっ》法馬《ぼうま》に銭《ぜに》。牛《うし》に経文《きょうもん》。牛《うし》に対《たい》して琴《こと》を弾《だん》ず。

「馬」が語中にくることば

鞍上《あんじょう》人無く鞍下《あんか》馬無し ⇩ 二八ページ
生き馬の目を抜《ぬ》く ⇩ 三一ページ
牛に説法馬に銭《ぜに》 ⇩ 五八ページ
牛は牛連れ馬は馬連れ ⇩ 五九ページ
牛を馬に乗り換《か》える ⇩ 五九ページ
老いたる馬は道を忘れず ⇩ 七一ページ
駆《か》け馬に鞭《むち》 ⇩ 八九ページ
牛飲馬食 ⇩ 一二一ページ
騏驎《きりん》も老いては駑馬《どば》に劣《おと》る ⇩ 一二五ページ
犬馬の労 ⇩ 一五〇ページ
天高く馬肥ゆ ⇩ 二五七ページ
南船北馬 ⇩ 二八二ページ
人間万事塞翁《さいおう》が馬 ⇩ 二八七ページ
人には添《そ》うてみよ馬には乗ってみよ ⇩ 三二九ページ
人を射んとせば先《ま》ず馬を射よ ⇩ 三三三ページ
痩《や》せ馬に重荷 ⇩ 三八九ページ
夕立は馬の背を分ける ⇩ 三九三ページ

馬《うま》の耳《みみ》に念仏《ねんぶつ》

馬に仏の教えを聞かせても、馬にはそのありがたみがわからないことから、いくら忠告や意見をしても、いっこうに効きめのないことのたとえ。

短文 いくら勉強は大切だと言って聞かせても、馬の耳に念仏だ。本人がやる気を起こすまで待つしかない。

同 馬《うま》の耳《みみ》に風《かぜ》。馬耳東風《ばじとうふう》。

類 犬《いぬ》に論語《ろんご》。牛《うし》に対《たい》して琴《こと》を弾《だん》ず。犬《いぬ》に念仏猫《ねんぶつねこ》に経《きょう》。豚《ぶた》に念仏猫《ねんぶつねこ》に経《きょう》。牛《うし》に説《せっ》法馬《ぼうま》に銭《ぜに》。

馬《うま》も買《か》わずに鞍《くら》を買《か》う

鞍《くら》は馬に合わせて買うのがふつうであるのに、馬より先に鞍を買ってしまうということで、物事の順序が逆になることのたとえ。

馬《うま》を水《みず》に引《ひ》き入《い》れることは出来《でき》るが馬《うま》に水《みず》を飲《の》ませることは出来《でき》ない

馬を水のある所に連れていくことはできるが、馬が飲みたくなければ水を飲ませることはできない。同じように、本人にその気がなければ、他人がむりにやらせようとしてもむだであるというたとえ。

参考 西洋のことわざ。A man may lead a horse to the water, but he cannot make him drink. の訳語。

海千山千《うみせんやません》

長い経験を積んで、ずるがしこくなって

いるようす。また、そのような人。

短文 相手は海千山千のしたたか者だから、ちょっとやそっとでは白状しないだろう。

語源 海に千年山に千年住んだ蛇《へび》は竜《りゅう》になるという言い伝えから。

同 海《うみ》に千年山《せんねんやま》に千年《せんねん》。海《うみ》に千年河《せんねんかわ》に千《せん》年《ねん》。

海《うみ》に千年山《せんねんやま》に千年《せんねん》 ⇩ 海千山千《うみせんやません》

生《う》みの親《おや》

ある物事や制度を最初に始めたり、つくったりした人。

短文 クーベルタンは、近代オリンピックの生みの親ともいえる。

参考 「生み」は「産み」とも書く。

生《う》みの親《おや》より育《そだ》ての親《おや》

生んでくれただけの親よりも、長い間苦労して育ててくれた親のほうがありがたく感じるものであるということ。

類 生《う》みの恩《おん》より育《そだ》ての恩《おん》。

参考 「生み」は「産み」とも書く。

産《う》みの苦《くる》しみ

母親が子を産むときに苦しむことから、物をつくり出したり、物事を新しく始めたりするときの苦労のたとえ。

短文 社長とわれわれ五人は、会社をはじめたころ、産みの苦しみをあじわった仲間です。

海《うみ》の物《もの》とも山《やま》の物《もの》ともつかない

どういう性質のものか、この先、どうなっていくものか、見当がつかないことのたとえ。

短文 この製品がどのくらい売れるのか、今のところ海の物とも山の物ともつかない状態だ。

同 海《うみ》の物《もの》とも川《かわ》の物《もの》ともつかない。海《うみ》とも山《やま》ともつかない。海《うみ》とも山《やま》とも知《し》れない。

有《う》無《む》を言《い》わせず

むりやりに。いやおうなしに。

短文 乱暴した男を、警官は有無を言わせず引き立てていった。

参考 「有無」は、承知と不承知の意。

同 有《う》無《む》を言《い》わさず。

梅《うめ》に鶯《うぐいす》

絵になるような、調和したもの、取り合わせのよいものをたとえたことば。

注意 「梅《うめ》に鶯《うぐいす》柳《やなぎ》に燕《つばめ》」と続けて言うこともある。

類 紅葉《もみじ》に鹿《しか》。牡丹《ぼたん》に唐獅子《からじし》。竹《たけ》に雀《すずめ》。

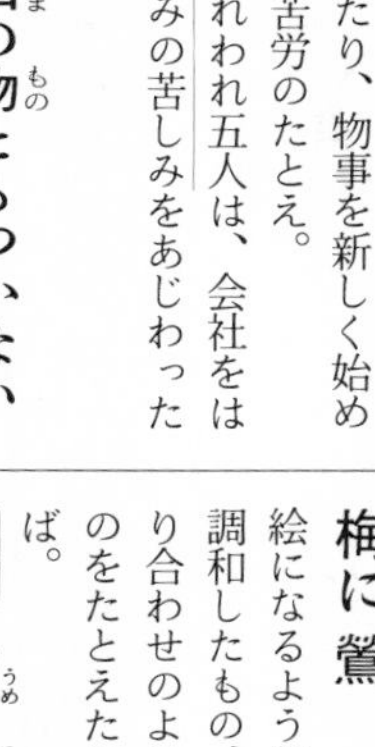

梅の枝に止まるうぐいす

烏有《うゆう》に帰《き》す

すっかりなくなってしまう。火災などでなにもかもなくなる。〔出典『史記《しき》』〕

参考 「烏有《うゆう》」は「烏《いず》くんぞ有《あ》らんや（＝どうしてそんなことがあろうか、あるはずがない）」の意。

同 烏有《うゆう》に属《ぞく》す。

裏《うら》には裏《うら》がある

簡単にはほんとうのことがつかめない複雑な事情が入り組んでいる。

短文 この事件の裏には裏がある。真相を解明するには、まだまだ時間がかかるだろう。

裏《うら》の裏《うら》を行《い》く

相手のしかけてきたはかりごとを見ぬいて、逆に相手を出しぬく。

会話 「相手は意表をついて、けたぐりでくるだろう。」「じゃあ、こちらは裏の裏を行って、ゆっくり前に出る作戦でいこう。」

怨《うら》み骨髄《こつずい》に入《い》る

うらみが骨の髄《ずい》にまでしみるほど、心の底から人をうらむ。〔出典『史記《しき》』〕

短文 みんなの前であれだけ恥《はじ》をかかされたのだから、うらみ骨髄に入るのもむりのないことだ。

同 怨《うら》み骨髄《こつずい》に徹《てっ》す。

怨《うら》みに報《むく》ゆるに徳《とく》を以《もっ》てす

うらみのある相手に対して、仕返しをしないで広くあたたかい心でこたえる。〔出典『老子《ろうし》』〕

同 怨《うら》みは恩《おん》で報《むく》いよ。徳《とく》を以《もっ》て怨《うら》みに報《むく》ゆ。恩《おん》を以《もっ》て怨《うら》みに報《ほう》ず。

裏目《うらめ》に出《で》る

予想や期待と反対の結果になる。よいと思ってしたことが、かえってよくない結果を生む。

短文 試合の前日に休養をとったのが裏目に出て、調子をくずし、完敗した。

参考 「裏目」は、さいころの表面にある目に対して、その裏側にある目。

裏《うら》をかく

相手が予想していない行動に出る。

短文 A投手を予想して、相手チームは左打者を並べてくるだろう。そこで、わがほうはB投手を出して、裏をかいてやろう。

同 裏《うら》を食《く》わす。

売《う》り言葉《ことば》に買《か》い言葉《ことば》

一方が暴言を吐《は》けば、他方も負けていないで暴言で返すこと。

短文 最初にひどいことを言ってきたのは、向こうさ。こっちだってだまっていられない。売り言葉に買い言葉というわけで、あとは大混乱さ。

同 売《う》る言葉《ことば》に買《か》う言葉《ことば》。

対 柳《やなぎ》に風《かぜ》。

瓜《うり》に爪《つめ》あり爪《つめ》に爪《つめ》無《な》し

⇩ 爪《つめ》に爪《つめ》無《な》く瓜《うり》に爪《つめ》あり

瓜《うり》の蔓《つる》に茄子《なすび》はならぬ

瓜《うり》のつるには瓜しかならないように、平《へい》凡《ぼん》な親から、すぐれた子は生まれないことのたとえ。

同 瓜《うり》の種《たね》に茄子《なすび》は生《は》えぬ。瓜《うり》の木《き》に茄子《なすび》はならぬ。

類 蛙《かえる》の子《こ》は蛙《かえる》。

対 鳶《とんび》が鷹《たか》を生《う》む。

瓜二《うりふた》つ

瓜《うり》を縦に二つに割ったように顔つきや姿がたがいによく似ていることのたとえ。

短文 お兄さんとは瓜二つだね。兄弟とはいえ、よく似たものだ。

同 瓜《うり》を二《ふた》つに割《わ》ったよう。

噂《うわさ》をすれば影《かげ》が差《さ》す

人のうわさをしていると、そこへ本人がよく姿を現すものだということ。

同 噂《うわさ》をすれば影《かげ》。噂《うわさ》を言《い》えば影《かげ》が差《さ》す。人事言《ひとごとい》えば影《かげ》が差《さ》す。

上《うわ》の空《そら》

心がほかの方に向いて、目の前のことに気持ちが集中できないでいるようす。

短文 上の空で先生の話を聞いているから、さっぱりわからないのだよ。

上前《うわまえ》を撥《は》ねる

他人の取り分の一部を自分のものにしてしまう。

短文 かれは、人の上前をはねてもうけているが、はずかしく思わないようだ。

類 頭を撥《は》ねる。ピン撥《は》ねする。

運《うん》が向《む》く

よい運になってくる。ようすがよいほうに変わってくる。

短文 昨年はさんざんの成績だったが、今年は最初から三連勝。そろそろ、運が向いてきたかな。

同 運《うん》が開《ひら》く。

運根鈍《うんこんどん》

成功するためには、幸運なこと、根気強いこと、鈍《にぶ》いくらい小事にこだわらないことの、三つが必要であるという教え。

同 運鈍根《うんどんこん》。

蘊蓄《うんちく》を傾《かたむ》ける

持っている知識や技術を、せいいっぱい発揮する。

参考 「蘊《うん》」も「蓄《ちく》」もたくわえる意で、「蘊蓄《うんちく》」は自分にたくわえた学問や技芸などの深い知識。

雲泥《うんでい》の差《さ》

空にうかぶ雲と地上の泥《どろ》との差という意から、天地の差のように大きなちがいがあること。

短文 相手チームとわがチームでは、力は雲泥の差だ。勝つことを考えないで、胸を借りるつもりで戦ってこよう。

類 月《つき》と鼈《すっぽん》。提灯《ちょうちん》に釣鐘《つりがね》。

運《うん》の尽《つ》き

運がなくなって最後の時が来たこと。運命の終わり。

短文 いくつもの犯行を重ねた犯人は、今回の現場にたった一つ指紋《しもん》を残していたのが運の尽きで、ただちに指名手配され、つかまってしまった。

運《うん》は天《てん》にあり

運は天が命ずるものなので、人間の力ではどうしようもない。やるだけのことは一生懸命《けんめい》やり、あとは天の定めに任せるほかはないということ。

短文 練習はじゅうぶんにやった。運は天にありだ。あとは、全力をつくしてぶつかるだけさ。

同 運否天賦《うんぷてんぷ》。運《うん》を天《てん》に任《まか》せる。命《めい》は天《てん》にあり。

運《うん》は寝《ね》て待《ま》て

運は天が定めるものなので、あせってもしかたがない。好運がめぐってくるのを気長にゆっくり待つのがよいということ。

短文 だれもきみのことを認めてくれないからといって、あせることはない。運は寝て待てだ。そのうち、きみの才能を発揮する機会が必ずやってくるよ。

同 果報《かほう》は寝《ね》て待《ま》て。

類 待《ま》てば海路《かいろ》の日和《ひより》あり。

運否天賦《うんぷてんぷ》

人の運・不運は天が定めるものであるということ。

参考 「運否《うんぷ》」は「幸運か否《いな》か(＝そうでない)か」、「賦《ふ》」はあたえる意。

同 運《うん》は天《てん》にあり。運《うん》を天《てん》に任《まか》せる。

運《うん》を天《てん》に任《まか》せる

運は天が定めるものであり、人の力ではどうすることもできない。物事のなりゆきや結果を天に任せるということ。

短文 ぼくとしては最善をつくしたつもりだ。運を天に任せて、結果が出るのを待とう。

同 運《うん》は天《てん》にあり。運否天賦《うんぷてんぷ》。

え エ

益者三友損者三友《えきしゃさんゆうそんしゃさんゆう》

交わってためになる友には、正直な友、誠実な友、博学な友の三種があり、交わってためにならない友には、不正直な友、不誠実な友、口先のうまい友の三種がある。〔出典『論語《ろんご》』〕

参考 「益者」はためになる友人、「損者」はためにならない友人。

易者身《えきしゃみ》の上知《うえし》らず

易者は、他人の運勢をうらない、あれこれ言うが、自分の身の上については、正しい判断ができない。人は他人にはとやかく言うが、自分のこととなるとわからないものだということ。

同 陰陽師《おんようじ》身《み》の上知《うえし》らず。

類 医者《いしゃ》の不養生《ふようじょう》。紺屋《こうや》の白袴《しろばかま》。坊主《ぼうず》の不信心《ふしんじん》。

会者定離《えしゃじょうり》

出会った者はいつか必ず別れなければならないという仏の教え。

参考 仏教で、「生者必滅《しょうじゃひつめつ》(＝生きているものは必ず死ぬ)」とともに、世の中の無常を表すことば。

類 会《あ》うは別《わか》れの始《はじ》め。合《あ》わせ物《もの》は離《はな》れ物《もの》。

悦《えつ》に入《い》る

思いどおりになって心の中で大いに満足する。

短文 難問が解けなくて、みんなが困っているのに、かれだけは、「できた、できた。」と、一人悦に入っている。

参考 「悦《えつ》」は、喜び、楽しみ。

得手《えて》に帆《ほ》を上《あ》げる

追い風に帆を上げて船を進めていくように、やってきた絶好の機会を利用して、自分の得意とすることを調子よく行っていくことのたとえ。

参考 「得手《えて》」は、得意なこと。

同 得手《えて》に帆《ほ》。得手《えて》に帆《ほ》を掛《か》ける。

類 追風《おいて》に帆《ほ》を上《あ》げる。順風満帆《じゅんぷうまんぱん》。流《なが》れに棹《さお》さす。

江戸《えど》の敵《かたき》を長崎《ながさき》で討《う》つ

思いがけない所や筋ちがいなことで仕返しをすることのたとえ。

短文 あさっての将棋《しょうぎ》大会が楽しみだ。この前、かれにはテニスでさんざんな目にあったから、今度は江戸の敵を長崎で討ってやろう。

絵《え》に描《か》いた餅《もち》

絵に描《か》いたもちは、どんなにおいしそうに見えても食べられないことから、計画だけで、実現できないことのたとえ。

短文 すばらしい計画だが、予算がなければ、結局絵に描いたもちにすぎない。

類 机上《きじょう》の空論《くうろん》。

柄《え》の無《な》い所《ところ》に柄《え》をすげる

柄《え》をつける必要がないところに、むりに柄をつけようとすることから、理屈《りくつ》のないところに、むりに理屈をつけて事を行おうとするたとえ。

参考 「すげる」は、はめこむ意。

同 柄《え》に柄《え》をすげる。

類 理屈《りくつ》と膏薬《こうやく》は何処《どこ》へでも付《つ》く。

榎《え》の実《み》が三俵《さんびょう》なっても木《き》は椋《むく》

榎《えのき》と椋《むく》の木がよく似ているので、最初にまちがって榎《えのき》を椋《むく》の木と言い、あとで榎《え》の実がたくさんなっても、あくまでも椋《むく》の木であると言い張ること。強情《ごうじょう》を張って、人のことばに従わないことのたとえ。

同 榎《え》の実《み》はならばなれ木《き》は椋《むく》の木《き》。

類 這《は》っても黒豆《くろまめ》。

蝦《えび》で鯛《たい》を釣《つ》る

値打ちの小さいものをえさにして、値打ちの大きいものを手に入れるということで、わずかな元手で大きな利益を得ることのたとえ。

会話 「おばあさんにお土産《みやげ》を持っていったら、たくさんお小遣《こづか》いをくれたよ。また行こうかな。」「そう何度も蝦で鯛を釣ろうとしたら、見破られてしまうよ。」

同 蝦鯛《えびたい》。雑魚《ざこ》で鯛《たい》釣《つ》る。

選《えら》んで粕《かす》を掴《つか》む

あまりえり好みをしていると、つまらないものをつかむ結果になる。えり好みはほどほどにしたほうがよいということ。

短文 何度もお見合いをしてもかまわないけれど、選んで粕をつかむことにならないようにね。

参考 「粕《かす》」は、酒を造るとき、汁《しる》を取ったあとに残ったもの。

同 選《よ》れば選《よ》り屑《くず》。

襟《えり》を正《ただ》す

服装の乱れを整えることから、気持ちを引きしめる。

短文 汚職《おしょく》事件は、国会議員にまで及んでいる。今、政界全体が襟を正さなければならないときに来ている。

類 姿勢《しせい》を正《ただ》す。

縁起《えんぎ》でもない

よい前兆でもないという意味で、よくないことが起きそうでいやだ。縁起《えんぎ》が悪い。

会話「これから出かけるけれど、わたしに万が一のことがあったら、あとをたのむよ。」「おいおい、縁起でもないことを言うなよ。」

縁起《えんぎ》を担《かつ》ぐ

よい前兆か悪い前兆かを気にする。縁起のいい悪いを気にかける。

短文 初戦から五連勝。つきを落としてはいけないと縁起を担いで、監督《かんとく》はまだひげをそらないでいる。

遠交近攻《えんこうきんこう》

遠い国と仲よく交わり、近い国を攻める政策。

故事 中国の戦国時代、范雎《はんしょ》が秦《しん》の王に、「遠い国と親交を結び、背後から牽制《けんせい》させて、近くの国を攻めるのがよい。」と説いた外交政策から出たことば。秦はこの政策を採用して、六国《りっこく》を征服した。〔出典『史記《しき》』〕

燕雀《えんじゃく》安《いず》くんぞ鴻鵠《こうこく》の志《こころざし》を知《し》らんや

小さい鳥には大きい鳥の志はわからないということで、小人物には大人物の心の中はわからないというたとえ。

参考「燕雀《えんじゃく》」は燕《つばめ》と雀《すずめ》で小さい鳥、「鴻鵠《こうこく》」は鴻《おおとり》と鵠《くぐい》で大きい鳥を表す。「安《いず》くんぞ」は、「どうして、なんで」の意。

故事 中国の楚《そ》王となった陳渉《ちんしょう》は若いころ、人にやとわれて畑をたがやしていた。身の不遇をなげいて「もし、富貴《ふうき》の身になってもこの苦しみはたがいに忘れまいぞ。」と言って仲間からあざけ笑われたときに、「燕や雀のような小さい鳥には、大きな鳥の気持ちがわかるはずがない。」と言ったという。〔出典『史記《しき》』〕

類 猫《ねこ》は虎《とら》の心《こころ》を知《し》らず。

遠水近火《えんすいきんか》を救《すく》わず

⇩ **遠《とお》い親戚《しんせき》より近《ちか》くの他人《たにん》**

円転滑脱《えんてんかつだつ》

自由自在に進むということで、かどを立てず、変化に応じてすらすらと事を運ぶようす。

参考「円転」は円く転がる、「滑脱《かつだつ》」はなめらかに滑《すべ》りぬける意。

縁《えん》無《な》き衆生《しゅじょう》は度《ど》し難《がた》し

慈悲《じひ》ぶかい仏であっても、仏の教えを信じようとしない人を救うのはむずかしい。それと同じように、いくら言っても聞き入れようとしない者は、どうしようもないということ。

参考「衆生《しゅじょう》」は、仏教のことばで「あらゆる人々」のこと。「度す」は、仏の教えを説き聞かせて人の心を救うこと。

縁《えん》の下《した》の力持《ちからも》ち

人に知られない所で、力をつくすこと。力や才能がありながら他人のために骨を折り、世間に認められないこと。また、そのような人。

短文 この会社の発展のかげには、縁の

下の力持ちとなって、日夜努力している系列会社があることを忘れてはならない。

同 縁《えん》の下《した》の舞《まい》。

縁《えん》は異《い》なもの

男女の縁は、どこでどう結びつくのかわからない、不思議なものであるということ。

短文 北海道のかれと沖縄《おきなわ》の彼女《かのじょ》が結ばれるとは、まったく縁は異なものだな。

同 縁《えん》は異《い》なもの味《あじ》なもの。

類 合縁奇縁《あいえんきえん》。

縁《えん》もゆかりも無《な》い

なんの関係もない。

短文 縁もゆかりもない人からこんなに親切にされるとは、ほんとうに涙《なみだ》が出そうだ。

参考 似た意味の「縁」と「ゆかり」を重ねて、強調している。

遠慮会釈《えんりょえしゃく》も無《な》い

ひかえめな態度や思いやりの気持ちもなく、相手かまわず強引に事を行うようす。

短文 かれは、ぼくの家へ来ると、かってに冷蔵庫や戸だなを開けて飲み食いして、遠慮会釈もなくふるまう。

参考 「会釈《えしゃく》」は、思いやりの意。

遠慮《えんりょ》無《な》ければ近憂《きんゆう》有《あ》り ⇩ **遠《とお》き慮《おもんぱか》り無《な》き者《もの》は必《かなら》ず近《ちか》き憂《うれ》い有《あ》り**

お　オ

老《お》いたる馬《うま》は道《みち》を忘《わす》れず

長い間いろいろな経験を積んだ人は、知識が豊富で物事の判断に迷うことなく、正しい道を心得ていることのたとえ。

語源 山道に迷ったときなどに、経験を積んだ老いた馬を放ってその後をついて行けば、道に出られるということから。

〔出典『韓非子《かんぴし》』〕

類 老馬《ろうば》の智《ち》。亀《かめ》の甲《こう》より年《とし》の劫《こう》。

追風《おいて》に帆《ほ》を上《あ》げる

うしろから風がふいてくるとき、帆《ほ》を上げれば船が順調に進んでいくように、よい条件や機会にめぐまれて物事が順調に進むようすのたとえ。

類 得手《えて》に帆《ほ》を上《あ》げる。順風満帆《じゅんぷうまんぱん》。

老《お》いては子《こ》に従《したが》え

年をとったら、意地をはらないで子供の言うことに従うほうがよいということ。

〔出典『大智度論《だいちどろん》』〕

老《お》いてはますます壮《さかん》なるべし

年をとったからといっておとろえてはだめで、意気はますますさかんでなければならないということ。

〔出典『後漢書《ごかんじょ》』〕

老《お》いの一徹《いってつ》

年をとってがんこになり、自分の思ったことをあくまでも通そうとする老人の気質。

短文 うちのおじいちゃん、危ないから

バイクに乗るのはやめなさいと言われても、まるで聞かないの。老いの一徹ね。

老《お》いの繰《く》り言《ごと》

老人が、言ってもなんにもならないことを、くどくどとくり返し言うこと。

会話 「お母さん、おじいちゃんたら、むかしはよかったって、何度も同じことを聞かせるのよ。」

「年が年だから、老いの繰り言と思って、聞いてあげなさいよ。」

応接《おうせつ》に暇《いとま》が無《な》い

人が次々におとずれたり、対応しなければならない物事が次々と起こったりして、休むひまがなく、ひじょうにいそがしいようすのたとえ。〔出典『世説新語《せせつしんご》』〕

短文 正月休みは、次から次へと来客があるので、応接にいとまがない。

類 席暖《せきあたた》まる暇《いとま》あらず。

負《お》うた子《こ》に教《おし》えられて浅瀬《あさせ》を渡《わた》る

背中《せなか》におぶった子に浅いところを教えられながら川をわたるということから、経験豊かなおとなも、時には幼い未熟な子供に教えられることがあるものだというたとえ。

同 負《お》うた子《こ》に教《おし》えられる。

類 三《み》つ子《ご》に習《なら》って浅瀬《あさせ》を渡《わた》る。

負《お》うた子《こ》より抱《だ》いた子《こ》

背中におぶった子よりも前に抱《だ》いている子の世話を先にすることから、身近なことを先にしたり、身近にいる者のほうを大事にするのが人情だということ。

同 負《お》うた子《こ》より抱《だ》く子《こ》。

横着者《おうちゃくもの》の節供働《せっくばたら》き

⇩ 怠《なま》け者《もの》の節供働《せっくばたら》き

鸚鵡返《おうむがえ》し

鳥の鸚鵡《おうむ》が、よく人のことばをまねするところから、人の言ったことをそっくりそのまま言い返すこと。また、即座《そくざ》に返事を返すこと。

短文 ぼくが「景色がいいね。」と言うとかれも「うん、景色がいいね。」と鸚鵡返しに言ったまま、遠くをながめていた。

大風《おおかぜ》が吹《ふ》けば桶屋《おけや》が喜《よろこ》ぶ

⇩ 風《かぜ》が吹《ふ》けば桶屋《おけや》が儲《もう》かる

多《おお》かれ少《すく》なかれ

多い少ないのちがいはあるにしても。数量や程度の差は多少あるにしても。

短文 多かれ少なかれ、だれにでも失敗はある。

大《おお》きなお世話《せわ》

いらぬおせっかい。よけいなお世話。

会話 「窓ガラスのじょうずなふき方を教えてあげようか。」

「大きなお世話だよ。もうとっくに終わっているよ。」

大口《おおぐち》を叩《たた》く

えらぶって大きなことを言う。大きな口をきく。

短文 そんなに大口をたたいていいの。自分の成績を考えなさい。

類 大風呂敷《おおぶろしき》を広《ひろ》げる。

大手《おおで》を振《ふ》る
あたりに遠慮《えんりょ》しないで、堂々とふるまうようす。
【短文】決勝戦で敗れたとはいえ、みんなよく戦ったし、準優勝なんだ。大手を振って帰ろう。

大鉈《おおなた》を振《ふ》るう
全体を整理・縮小するため、思いきってけずるべきものをけずることのたとえ。
【短文】今度の市長は、市の財政建て直しのため、大なたを振るって来年度の予算の削減《さくげん》を断行した。
【参考】「鉈《なた》」は、まきなどを割るときに使う刃《は》が厚い刃物。

大船《おおぶね》に乗《の》ったよう
大きな船に乗っているときのように、たのみになるものにまかせきって安心しているようす。
【会話】「こんな山道、心細いな。」「だいじょうぶ。あの先生は何回もこの山を登っているんだ。いっしょにいれば大船に乗ったようなものさ。」
【類】親船《おやぶね》に乗《の》ったよう。

大風呂敷《おおぶろしき》を広《ひろ》げる
大ぼらをふく。大げさなことを言ったり、現実にはできそうもないことを計画したりするたとえ。
【短文】われわれ学園祭実行委員会は、あまり大風呂敷を広げずに、みんなで楽しめるものを計画してみよう。
【類】大口《おおぐち》を叩《たた》く。

大見得《おおみえ》を切《き》る
ことさらに自信のほどを強調したことを言ったり態度をしめしたりする。
【短文】優勝してみせると大見得を切ってきたのに、一回戦で負けて帰るなんてはずかしい。
【参考】芝居《しばい》で、役者が感情の最も高まった場面で、とくに目だつ顔つきや演技をすることを「見得《みえ》を切る」という。

大目玉《おおめだま》を食《く》う
ひどくしかられるたとえ。
【短文】さあたいへん。お父さんの盆栽《ぼんさい》の鉢《はち》を割ってしまった。大目玉を食う前にあやまろう。
【同】大目玉《おおめだま》を食《く》らう。

大目《おおめ》に見《み》る
人の失敗や悪いところを寛大《かんだい》にあつかって深く責めない。
【短文】放課後の掃除《そうじ》のとき、窓ガラスを割ってしまったが、先生は「わざと割ったんじゃないし、今後は注意しろよ。」と言って大目に見てくださった。

陸《おか》に上《あ》がった河童《かっぱ》
水の中では自由に泳ぎ回れる河童《かっぱ》も、陸に上がればなにもできないことから、環《かん》境《きょう》や場所が変わったため能力をまったく発揮できない人のたとえ。
【短文】水泳ではクラスいちばんのかれだが、陸に上がった河童同然、野球はまるっきりだめだね。
【同】魚《うお》の水《みず》を離《はな》れたよう。
【類】木《き》から落《お》ちた猿《さる》。陸《おか》に上《あ》がった船頭《せんどう》。
【対】水《みず》を得《え》た魚《うお》のよう。

お株《かぶ》を奪《うば》う

人が得意とすることを、ほかの人がまねてじょうずにやってのけてしまう。

会話「最近、外国人で柔道《じゅうどう》の強い選手が現れてきたね。」「日本も、だんだんお株を奪われてきたという感じだね。」

傍目八目《おかめはちもく》

それをしている人よりも、はたで見ている人のほうが物事のいい悪い、損得を正しく冷静に判断できるということのたとえ。

語源 実際に碁《ご》を打っている人よりも、そばでその碁を見ている人のほうが八目も先まで読むことができるといわれることから。

参考「傍目《おかめ》」は、他の人がしていることをわきで見ていること。

屋上《おくじょう》屋《おく》を架《か》す

屋根の上に、さらに屋根をつくるように、むだなことをくり返してすることのたとえ。

同 屋下《おくか》に屋《おく》を架《か》す。

奥歯《おくば》に物《もの》が挟《はさ》まる

奥歯にものがはさまっていて、はっきりしゃべることができないように、自分のほんとうの気持ちを率直に言わず、なにかかくしているような言い方のたとえ。

短文 奥歯に物が挟まったような言い方はやめてくれよ。行かなくていいならいいと、はっきり言ってくれないか。

対 歯《は》に衣着《きぬき》せぬ。

噯気《おくび》にも出《だ》さない

自分のやったことや考えていることをかくして、ことばにも態度にも表さない。

参考「おくび」は、げっぷのこと。

臆病風《おくびょうかぜ》に吹《ふ》かれる

おくびょうな気持ちになる。おじけがつく。

短文 あしたの剣道《けんどう》大会の相手が去年の優勝者だからといって、臆病風に吹かれないで、積極的にいけよ。

後《おく》れをとる

ほかの人に先を越される。ほかの人よりおとる。

会話「うちのサッカー部が地区大会で優勝したんだってね。」「うん、でも、まだ技術的な面ではよその学校に後れをとっているというよ。」

驕《おご》る平家《へいけ》は久《ひさ》しからず

権力をたのみに、ぜいたくをし、かってなことをする者は長く栄えることなく、必ずほろびるといういましめ。

短文 野球部の諸君、今年優勝したからといっても、おごる平家は久しからずだ。来年にそなえて練習をおこたらないでほしい。

類 驕《おご》る平家《へいけ》に二代無《にだいな》し。

お先棒《さきぼう》を担《かつ》ぐ

軽々しく、または気軽に人の手先になって行動する。

短文 あんな悪いやつのお先棒を担ぐようなことはしたくない。

〔参考〕「先棒」は、むかし二人で駕籠《かご》などをかつぐときの前のほうの棒をかついだ人。

お里《さと》が知《し》れる

ちょっとしたことばづかいや態度によってその人のよくない生まれや育ち・経歴などがわかってしまう。

〔会話〕「あの人、いつもは上品ぶっているけれど、この間、バレーボールの応援《おうえん》に行ったとき、相手チームの選手を口ぎたなくののしっていたわ。」
「そう。お里が知れるわね。」

教《おし》うるは学《まな》ぶの半《なか》ば

人に学問を教えるには、まず自分自身がよく知らなければならないので、半分は自分の勉強にもなるということ。

〔出典『書経《しょきょう》』〕

〔類〕教学相長《きょうがくあいちょう》ず。

押《お》しも押《お》されもしない

すぐれた実力を持ち、だれからも認められて、文句のつけようがなく、堂々としている。

〔短文〕あの人は、小さな工場からはじめて、今では押しも押されもしない大会社の社長さんだ。

遅牛《おそうし》も淀《よど》 早牛《はやうし》も淀《よど》

⇩ 早牛《はやうし》も淀《よど》 遅牛《おそうし》も淀《よど》

遅《おそ》かりし由良之助《ゆらのすけ》

おそかった、なにかの時機に間に合わなかったというときに使われることば。

〔語源〕歌舞伎《かぶき》の『仮名手本忠臣蔵《かなでほんちゅうしんぐら》』で、塩谷判官《えんやはんがん》（浅野内匠頭《あさのたくみのかみ》）が切腹したとき、大星由良之助《おおぼしゆらのすけ》（大石内蔵助《おおいしくらのすけ》）がおくれてかけつけてきたことから出たことば。

〔類〕後《あと》の祭《まつ》り。

遅《おそ》かれ早《はや》かれ

おそい早いのちがいはあっても、いずれそのうちに。いつかは。

〔会話〕「テストの結果のこと、お父さんにだまっていてね、お母さん。」
「そんなこと、遅かれ早かれわかることじゃない。かくしていてもだめよ。」

お高《たか》く止《と》まる

人を見くだして、すました態度をとる。つんとしている。

〔会話〕「次の日曜日に彼女《かのじょ》をデートにさそおうと思っているんだ。」
「やめろよ。あんなお高く止まっている女なんか。どうせことわられるよ。」

小田原評定《おだわらひょうじょう》

長びいて、いつまでたってもまとまらない相談。

〔短文〕いつまでも小田原評定をくり返していないで結論を出そう。

〔故事〕天正十八（一五九〇）年、小田原城にたてこもった北条《ほうじょう》氏が豊臣秀吉《とよとみひでよし》にせめられたとき、城内では、もう一度戦うか、降伏《こうふく》するかで評定が長びき、なかなか結論が出なかった。

お茶《ちゃ》を濁《にご》す

いいかげんなことを言ったり、したりし

て、その場を適当にごまかすたとえ。

【短文】彼女《かのじょ》とぼくの関係を問いつめられたが、適当にお茶を濁しておいた。

【語源】茶の湯の作法をよく知らない者が適当に茶をたてて、その場をなんとかつくろってごまかすことから出たことばといわれる。

落《お》ちれば同《おな》じ谷川《たにがわ》の水《みず》

雨や雪、あられなどのちがいはあるが、地上に降ってくれば、みな同じ谷川の水になってしまうように、出発点がちがっていても行きつくところはみな同じだというたとえ。また、人間は、身分のちがいや貧富の差があっても、死ねばみな同じだというたとえ。

乙《おつ》に澄《す》ます

みょうに気どっているようす。

【短文】うちの姉さん、最近乙に澄ましてことばつきまで変わってきたよ。ボーイフレンドでもできたのかな。

【参考】「乙《おつ》」は、ふつうとちがうようす。みょうなようす。

男《おとこ》が廃《すた》る

男としての面目・名誉《めいよ》がつぶれる。

【短文】いくら相手が強そうだからって、ここで引き下がっては男がすたるよ。

【対】男《おとこ》が立《た》つ。男《おとこ》を上《あ》げる。

男《おとこ》は敷居《しきい》を跨《また》げば七人《しちにん》の敵《てき》あり

⇩ 男子《だんし》家《いえ》を出《い》ずれば七人《しちにん》の敵《てき》あり

男《おとこ》は度《ど》胸《きょう》　女《おんな》は愛嬌《あいきょう》

男にはどんな物事にもおそれない強い心と決断力が大事であり、女にはだれからも好かれるかわいらしさが大切だということ。

【参考】男と女のあり方について語呂《ごろ》を合わせて言ったことば。

男《おとこ》やもめに蛆《うじ》が湧《わ》き　女《おんな》やもめに花《はな》が咲《さ》く

妻をなくしたひとりぐらしの男は、だれも世話をする人がいないので、身の回りなどが不潔《ふけつ》になり、一方、女の人は、世話をする夫がいなくなれば自分の身の回りだけを考えてこぎれいになり、世間の男たちの関心を集めるというたとえ。

【参考】「やもめ」は、妻をなくした男、または、夫をなくした女のこと。

音《おと》に聞《き》く

評判が高い。有名である。名高い。

【短文】石川《いしかわ》五《ご》右《え》衛門《もん》こそ、音に聞く大どろぼうである。

同《おな》じ穴《あな》の狢《むじな》

別な者のように見えるが、同じたぐいの悪者なのだというたとえ。

【短文】おもてでは高潔さをよそおっているが、裏へまわれば、かれも同じ穴の狢だよ。だまされちゃいけないよ。

【参考】「狢《むじな》」は、たぬき・あなぐまの別称。

【同】一《ひと》つ穴《あな》の狢《むじな》。一《ひと》つ穴《あな》の狐《きつね》。

同《おな》じ釜《かま》の飯《めし》を食《く》う

他人であるが、同じ一つのかまでたいた飯を食べ合って、いっしょに生活をした親しい間がらであるということ。

【短文】きみのおじいさんとぼくのおじい

さんは学生時代、同じかまの飯を食った仲だったらしいね。
同 一《ひと》つ釜《かま》の飯《めし》を食《く》う。

鬼《おに》が出《で》るか蛇《じゃ》が出《で》るか

開けてみなければ、鬼《おに》が出るのか蛇《じゃ》（＝へび）が出るのかわからないように、この先、どんなおそろしいことがあるのか、まったく予測できないことのたとえ。
類 鬼《おに》が出《で》るか仏《ほとけ》が出《で》るか。

鬼《おに》に金棒《かなぼう》

強い鬼《おに》が武器として金棒を持てば、さらに強さを増すということから、強い者がいい条件を得ていっそう強くなることのたとえ。
短文 あのお相撲《すもう》さん、技《わざ》も動きもすばらしいから、もう少し体重をつければ鬼に金棒なんだがなあ。
類 虎《とら》に翼《つばさ》。

鬼《おに》の居《い》ぬ間《ま》の洗濯《せんたく》

気がねする人やこわい人がいない間に、安心してのんびりするたとえ。
会話 「きょうはお父さんとお母さんがおるすなの。」
「うん、思うぞんぶんテレビを見て、おやつは食べ放題。鬼の居ぬ間の洗濯さ。」
同 鬼《おに》の留守《るす》に洗濯《せんたく》。鬼《おに》の来《こ》ぬ間《ま》の洗濯《せんたく》。

鬼《おに》の霍乱《かくらん》

ふだん健康でじょうぶな人が、思いもかけない病気になることのたとえ。
参考 「霍乱《かくらん》」は、日射病や食あたりのこと。

鬼《おに》の首《くび》を取《と》ったよう

大きな手柄《てがら》を立てたと思って得意になっているようす。
短文 兄は、きょうの柔道《じゅうどう》の試合で、ひさしぶりに勝ったので、鬼の首を取ったように父や母に話している。
注意 他の人から見ればそれほどでもないのに、本人が得意になっている場合などに使うことが多い。

鬼《おに》の目《め》にも涙《なみだ》

鬼《おに》のように、思いやりも人情もない冷酷《れいこく》な人でも、時にはあわれみの心を起こして涙《なみだ》を流すこともあるというたとえ。

会話 「いつもこわいおじさんだと思っていたけど、交通事故で両親を亡《な》くした幼い子のうしろ姿を見て涙ぐんでいたよ。」

「へえ、鬼の目にも涙だね。」

鬼《おに》も十八番茶《じゅうはちばんちゃ》も出花《でばな》

みにくい鬼《おに》のむすめでも一八にもなれば色気も出てきれいになり、質の悪い番茶でも入れたてのときは香《かお》りがありおいしく飲めるということから、どんな不器《ぶき》量《りょう》なむすめでも年ごろになれば、それなりに女らしくなってきれいになるというたとえ。
注意 他人に対して使ってはならない。
同 番茶《ばんちゃ》も出花《でばな》。

己《おのれ》の頭《あたま》の蠅《はえ》を追《お》え

⇩ 頭《あたま》の上《うえ》の蠅《はえ》を追《お》え

己《おのれ》の欲《ほっ》する所《ところ》を人《ひと》に施《ほどこ》せ

自分が人からしてほしいと思うことを、

自分もほかの人にしてあげなさいという教え。〔出典『新約聖書《しんやくせいしょ》』〕

〔参考〕このことばはキリスト教の最高倫《りん》理《り》として、黄金律《おうごんりつ》と呼ばれている。英語では Do to others as you would be done by.

〔類〕己《おのれ》の欲《ほっ》せざる所《ところ》は人《ひと》に施《ほどこ》すこと勿《なか》れ。

己《おのれ》の欲《ほっ》せざる所《ところ》は人《ひと》に施《ほどこ》すこと勿《なか》れ

他人からされたらいやだと思うようなことは、他人も同じようにいやだと思うことだから、他人に対してしてはならないといういましめ。

〔語源〕孔子《こうし》が弟子に言ったことば。〔出典『論語《ろんご》』〕

〔類〕己《おのれ》の欲《ほっ》する所《ところ》を人《ひと》に施《ほどこ》せ。

己《おのれ》を以《もっ》て人《ひと》を量《はか》る

人間というものは、自分の考えをもとにして他人の心や考え・力量などをおしはかるものだということ。〔出典『明心宝鑑《めいしんほうかん》』〕

〔注意〕自分の心がいやしいため、他人も同じようにいやしい考えを持っていると思うときなどに使われる。

尾羽《おは》打《う》ち枯《か》らす

わがもの顔で大空を飛ぶ鷹《たか》も、尾や羽をいためると見すぼらしくなることから、勢いのさかんだった者が落ちぶれて以前のおもかげもなく、みすぼらしくなることのたとえ。

〔短文〕彼女《かのじょ》もむかしは大スターだったが、今はすっかり尾羽打ち枯らして、見る影《かげ》もない。

十八番《おはこ》

その人が最も得意とする芸。

〔会話〕「困ったな。今度のクラス会でなにかやれって、幹事に言われたけど。」「いいじゃないか。きみの十八番の先生の物真似《ものまね》をやれば。きっと大いにうけるよ。」

〔語源〕歌舞伎《かぶき》の市川家が得意とする一八の出し物を「歌舞伎十八番《じゅうはちばん》」といい、箱《はこ》に入れて大事にしまっておく物という意味から、十八番を「おはこ」というようになった。

〔参考〕「じゅうはちばん」ともいう。

お鉢《はち》が回《まわ》ってくる

大勢で食事をするとき、飯びつが回って自分のところへくるという意味から、あることをする順番が回ってくる、自分の番になることのたとえ。

〔短文〕その場にいた人のほとんどが、なにか芸を披露《ひろう》したので、そろそろぼくのところへもお鉢が回ってきそうだ。

〔参考〕「お鉢《はち》」は、炊《た》いた飯を入れておく飯びつのこと。

帯《おび》に短《みじか》し襷《たすき》に長《なが》し

帯にするには短いし、たすきにするには長すぎて、どちらにも使えないことから、なにかに使おうとしても、中途半端《はんぱ》で、役に立たないことのたとえ。

〔短文〕このドレス、ふだん着にしては活動的じゃないし、よそいきにしては、ちょっとだらしがないし、帯に短したすきに長しだわ。

〔参考〕「たすき」は、和服を着て仕事をするとき、そでがじゃまにならないようにたくしあげるひものこと。

（たすき）

お百《ひゃく》度《ど》を踏《ふ》む

たのみごとを聞き入れてもらおうと、同じ人を何度もたずねる。

短文 児童公園をつくってもらおうと、自治会の人たちが役所へお百度を踏んだが、今年はむりだと言って断られた。

語源 願いごとがかなうように、神社や寺に百回往復して祈願《きがん》することから。

尾鰭《おひれ》を付《つ》ける

もとの話に事実以外のことも付け加えて、話をおおげさにすることのたとえ。

短文 かれは話に尾ひれを付けるから、どこまでがほんとうだかわからない。

オブラートに包《つつ》む

にがくて飲みにくい粉薬などをオブラートに包んで飲みやすくすることから、相手を刺激《しげき》しないように遠回しにやわらかくぼかして言うことのたとえ。

短文 オブラートに包んだような言い方をして、うまく交渉《こうしょう》を成立させた。

同 オブラートにくるむ。

思《おぼ》し召《め》しより米《こめ》の飯《めし》

口で言うだけの好意より、米の飯のように実際に役に立つもののほうがありがたいということ。

〔参考〕「召し」と「飯」をかけて語呂《ごろ》を合わせている。

類 情《なさ》けの酒《さけ》より酒屋《さかや》の酒《さけ》。心持《こころも》ちより搗《つ》いた餅《もち》。

対 食《く》うた餅《もち》より心持《こころも》ち。

溺《おぼ》れる者《もの》は藁《わら》をも摑《つか》む

おぼれかけている者は、助かりたい一心から、なんの役に立ちそうもない一本のわらにでもすがろうとすることから、困りはてたときには、まったくたよりにならないものにもすがりつこうとすることのたとえ。

〔参考〕西洋のことわざ。A drowning man will catch at a straw. の訳語。「藁《わら》」は稲《いね》・麦などのくきをほしたもの。

同 藁《わら》にも縋《すが》る。

類 切《せつ》ない時《とき》は茨《いばら》をも摑《つか》む。

思《おも》い内《うち》にあれば色外《いろそと》に現《あらわ》る

心になにか思っていることがあれば、かくそうとしても、自然に顔色や動作に現れるものだということ。〔出典『大学《だいがく》』〕

同 心内《こころうち》にあれば色外《いろそと》に現《あらわ》る。

思《おも》い立《た》ったが吉日《きちじつ》

なにかをしようと思い立ったら、すぐその日から始めるのがよいという教え。吉日を選んでいると、チャンスをのがしたり気が変わったりして結局はできなくなるということ。

会話 「あの先生、転校されるんだって。みんなで先生の家へ行こうか。」「うん、きょうは日曜だし、思い立ったが吉日だ。行こうよ。」

〔参考〕「吉日」は、物事をするのに縁起《えんぎ》がよいとされる日。

思《おも》い半《なか》ばに過《す》ぎる

一部分を見たり聞いたりしただけで、半分以上も推測《すいそく》することができる。思いあたることが多い。想像以上である。〔出典『易経《えききょう》』〕

短文 あれほど勉強したのに不合格になったかれのことを考えると、思い半ばに過ぎるものがある。

思《おも》いを馳《は》せる

遠くはなれているものや遠い未来や過去のことを考える。

短文 きみといっしょに六年間通った小学校時代のことに思いをはせて、この手紙を書いています。

同 心《こころ》を馳《は》せる。

思《おも》いを晴《は》らす

うらみを取り除いたり、望みをとげたりして、気持ちをさっぱりさせる。

短文 いよいよ受験勉強も今月いっぱいで終わりだ。受験が終わったら、思いっきり遊んで、今までの思いを晴らそう。

思《おも》う事言《ことい》わねば腹《はら》ふくる

人に対して言いたいと思うことを言わないでいると、腹の中になにかものがたまっているようで気持ちがはればれとしないということ。

参考 『徒然草《つれづれぐさ》』に「おぼしき事（＝思っていること）言はぬは、腹ふくるるわざなれば、筆にまかせつつ……」とある。

同 物言《ものい》わねば腹《はら》ふくる。

思《おも》う念力岩《ねんりきいわ》をも通《とお》す

⇩ 念力岩《ねんりきいわ》をも通《とお》す

思《おも》えば思《おも》われる

こちらでその人のことを思っていると、その人もこちらのことを思うようになるということ。

重《おも》きを置《お》く

重大なこととして考える。重視する。

短文 少年スポーツでは、技術の修得も大事だが、楽しむということに重きを置くべきである。

重《おも》きをなす

価値のあるもの、重んじるものとして認められる。

短文 あの人は独学で植物学を勉強し、学界で重きをなしている。

重荷《おもに》を下《お》ろす

重大な責任をはたしてほっとする。

会話 「生徒会長の後任が決まってよかったね。」「うん、これでやっと重荷を下ろして、ほっとしたよ。」

親思《おやおも》う心《こころ》にまさる親心《おやごころ》

子供が親を思う心よりも、親が子供を思う心のほうが深く強いということ。

語源 幕末《ばくまつ》の志士吉田松陰《よしだしょういん》が死に際してよんだ歌から。《原文》親思ふこころにまさる親心けふの音づれ何ときくらん

親《おや》が死《し》んでも食休《じきやす》み

どんなにいそがしいときでも、食後の休みはとるべきである。食べてすぐ働くの

は健康のためにもよくないという教え。

会話 「さあ、あとかたづけを早く終わらせちゃおうか。」
「もう始めるのかい。親が死んでも食休みというじゃないか。」

親方《おやかた》日《ひ》の丸《まる》

国家（＝日の丸）が親方であるということから、経営上赤字になっても倒産する心配はないという、国家が後ろ盾《だて》となっている組織や団体の安易な態度。

短文 国鉄も民営化されたので、以前のように親方日の丸というわけにはいかなくなった。

親子《おやこ》の仲《なか》でも金銭《きんせん》は他人《たにん》

親と子の間でも、金銭のことに関しては他人のように水くさいものになるということ。また、金銭のことに関しては、たとえ親子の間がらでも、他人に対してと同様、きちんとけじめをつけなくてはいけないといういましめ。

同 金銭《きんせん》は他人《たにん》。金《かね》に親子《おやこ》は無《な》い。金銭《きんせん》は親子《おやこ》も他人《たにん》。

親《おや》に似《に》ぬ子《こ》は鬼子《おにご》

子は親に似るのがあたりまえなのだから、親に似ていない子は人間の子ではなく鬼《おに》の子であるということ。

注意 子供の言動などが親に似ないで悪い場合について言うことが多い。

類 親《おや》に似《に》ぬ子《こ》は茗荷《みょうが》の子《こ》。親《おや》に似《に》ぬ子《こ》は島流《しまなが》し。

親《おや》の意見《いけん》と茄子《なすび》の花《はな》は千《せん》に一《ひと》つも無駄《むだ》は無《な》い

茄子《なす》の花は咲《さ》けば必ず実がなり、むだがない。同じように親の意見はまったくむだがなく、子供のためになることばかりだから、よく聞くべきだという教え。

同 親《おや》の意見《いけん》と茄子《なすび》の花《はな》は千《せん》に一《ひと》つも仇《あだ》は無《な》い。

親《おや》の因果《いんが》が子《こ》に報《むく》いる

親の犯《おか》した悪事の報《むく》いが、なんの罪もない子供におよんで、子供が苦しむということ。

参考 「因果《いんが》」は、前世で悪いことをした報いが、現在の不幸な運命として現れるという仏教の考え。

類 親《おや》の罰《ばち》は子《こ》に当《あ》たる。親《おや》の善悪《ぜんあく》は子《こ》に報《むく》う。

「親」が語中にくることば

打たれても親の杖《つえ》 ⇩ 六〇ページ
生みの親 ⇩ 六五ページ
生みの親より育ての親 ⇩ 六五ページ
子供の喧嘩《けんか》に親が出る ⇩ 一六五ページ
子の心親知らず ⇩ 一六五ページ
子養わんと欲《ほっ》すれど親待たず（風樹の嘆《たん》 ⇩ 三三〇ページ）
子故《ゆえ》に迷う親心 ⇩ 一六七ページ
子を見ること親に如《し》かず ⇩ 一六八ページ
子を持って知る親の恩 ⇩ 一六九ページ
立っている者は親でも使え ⇩ 二一八ページ

親《おや》の心《こころ》子《こ》知《し》らず

子供のことを深く思う親の心もわからず、子供は自分かってにふるまうものだということ。
会話「おたくのお子さん、りっぱになって、さぞかし成績もよいでしょう。」
「いや、親の心子知らずで、遊びにばかり夢中になっていますよ。」
対 子《こ》の心《こころ》親《おや》知《し》らず。

親《おや》の脛《すね》を齧《かじ》る

まだ経済的に独立することができず、親に養ってもらうことのたとえ。
短文 ぼくの兄は去年就職しましたが、月給が安いので、まだ親のすねをかじっている状態です。

親《おや》の光《ひかり》は七光《ななひかり》

親が社会的に高い地位についていたり、有名であったりするおかげで、その子供がいろいろな面で得をすること。
会話「かれの兄さん、あんなに若いのに近いうちに重役になるんだって。」
「だって、お父さんが大会社の社長だもの。親の光は七光さ。」
同 親《おや》の七光《ななひかり》。
類 親《おや》の光《ひかり》は七《なな》とこ照《て》らす。

親《おや》の欲目《よくめ》

親はわが子がかわいいので、実際よりよく見るものだということ。

参考「親の欲目と他人のひが目」と続けて言うこともある。

類 親《おや》の目《め》は贔屓目《ひいきめ》。親《おや》に目《め》無《な》し。

親馬鹿《おやばか》

親は自分の子供をかわいいと思うあまり子供の欠点に気がつかなかったり、他人から見ればおろかと思われることをしたりするものだということ。

会話「うちの子は、すなおで頭もいいし、おまけに器量もいいし。」

「そう思っているのはお母さんだけだよ。親馬鹿だねえ。」

親《おや》は無《な》くとも子《こ》は育《そだ》つ

親はいなくても、子供はどうにか成長していくものだ。世の中も冷たいことばかりではないから、そんなに心配したものではないということ。
類 藪《やぶ》の外《そと》でも若竹育《わかたけそだ》つ。

及《およ》びもつかない

とてもかなわない。差がありすぎて比べることができない。
短文 かれの国語の力には、ぼくなんて及びもつかないよ。

折《お》り紙付《がみつ》き

人物や品物などについて、世間一般に、ある評価が定まっていること。

短文 かれの兄さんは、あの大学で折り紙付きの秀才《しゅうさい》で通っている。

参考「折り紙」は、書画・こっとうなど美術工芸品を、確かなものとして証明する鑑定書《かんていしょ》。

折《お》り紙《がみ》を付《つ》ける ⇩ 折《お》り紙付《がみつ》き

折《お》り目正《めただ》しい

態度や服装《ふくそう》、また物事のけじめなどが礼《れい》儀《ぎ》正しくきちんとしている。

会話「きみの家へ上がってもいいが、あいさつするのが苦手《にがて》なんでね。」

「心配するなよ。父がきみのこと、折り目

正しい人だといつも言っているよ。」

終《お》わり良《よ》ければ総《すべ》て良《よ》し

どんなことでも、最後の結果が大切であり、途中で多少の失敗があっても、最後がうまくいけば、すべてがよかったことになるということ。

短文 いろいろな意見の対立からもめごとも起こったけれど、すばらしい文化祭になったね。終わり良ければすべて良しだよ。

参考 西洋のことわざ。All is well that ends well. の訳語。

類 仕上《しあ》げが肝心《かんじん》。

尾《お》を引《ひ》く

物事が終わっても、その影響《えいきょう》が残る。

会話 「かれはぜんぜんバットがふりきれていないな。」

「うん、五回のエラーが、まだ尾を引いているんじゃないか。」

尾《お》を振《ふ》る犬《いぬ》は叩《たた》かれず

尾をふってしたってくる犬は人からぶたれることがないように、人の言うことにすなおに従う者はだれからも危害を加えられることはないというたとえ。

同 尾《お》を振《ふ》る犬《いぬ》は打《う》たれず。

類 怒《いか》れる拳《こぶし》笑顔《えがお》に当《あ》たらず。杖《つえ》の下《した》に回《まわ》る犬《いぬ》は打《う》てぬ。

温故知新《おんこちしん》

⇩ 故《ふる》きを温《たず》ねて新《あたら》しきを知《し》る

音頭《おんど》を取《と》る

大勢で物事をするとき、先に立って計画をしたり進めたりする。

短文 今年こそクラス対抗の野球試合を実現したいが、だれか音頭を取ってくれる人はいないかな。

参考 「音頭《おんど》」は、大勢で歌を歌うとき先に歌って調子をとること。

女三人《おんなさんにん》あれば身代《しんだい》が潰《つぶ》れる

一軒《けん》の家に娘《むすめ》が三人いると、その嫁入《よめい》りの費用で財産がなくなってしまうということ。

同 娘三人《むすめさんにん》あれば身代《しんだい》が潰《つぶ》れる。

女三人《おんなさんにん》寄《よ》れば姦《かしま》しい

女の人が三人集まると、そのおしゃべりでたいへんやかましくなるということ。

参考 「姦《かしま》しい」は、やかましいという意味で、「姦」という字が女を三つ合わせてできていることからいう。

類 女三人《おんなさんにん》寄《よ》れば囲炉裏《いろり》の灰《はい》が飛《と》ぶ。女三人寄《おんなさんにんよ》ると富士《ふじ》の山《やま》でも言《い》い崩《くず》す。

女《おんな》やもめに花《はな》が咲《さ》く ⇩ **男《おとこ》やもめに蛆《うじ》が湧《わ》き女《おんな》やもめに花《はな》が咲《さ》く**

恩《おん》に着《き》せる

恩をあたえたことを、ことさらにありがたがらせるようなことをしたり言ったりする。

会話 「きょうのそうじ当番、かわってくれないか。」

「もうこれで三回目だよ。いやだよ。」

「この前、きみが宿題をわすれたとき、ノートを写させてやったのはだれだっけ。」

「そんな少しばかりのことを、恩に着せないでほしいよ。」

恩《おん》に着《き》る

人から受けた恩をありがたく思う。

会話 「またグローブ貸してくれか。」
「月末に買うことにしたんだ。恩に着るから今度だけ貸してよ。」

乳母日傘《おんばひがさ》

小さいときから乳母《うば》をつけられたり、外出すれば日があたらないように日傘《ひがさ》をさしかけられたりして、大事に育てられることのたとえ。

短文 彼女《かのじょ》は乳母日傘で育てられたせいか、とてもおっとりしている。

参考 「乳母《おんば》」は、「乳母《うば》」のこと。

類 温室育《おんしつそだ》ち。

負《お》んぶに抱《だ》っこ

なにからなにまで人にたよること。特に、自分が出すべき費用などを、すべて人にはらわせること。

短文 きのう兄と映画を見に行ったんだけど、電車賃《ちん》から入場料まで、負んぶに抱っこで、得をしちゃった。

恩《おん》を仇《あだ》で返《かえ》す

人から受けた恩をありがたく思うどころか、逆にその人に害を加えるようなことをする。

短文 困っているのを見かねて、いろいろと世話をしてあげたのに、店のお金をぬすんでにげてしまうなんて、恩を仇で返すようなまねをして。

同 恩《おん》を仇《あだ》。

類 後足《あとあし》で砂《すな》を掛《か》ける。陰《かげ》に居《い》て枝《えだ》を折《お》る。

対 恩《おん》を以《もっ》て怨《うら》みに報《ほう》ず。

恩《おん》を売《う》る

あとになって自分の利益になるように、人に親切にしてありがたく思わせるようなことをする。

短文 かれは友達に金を貸して恩を売り、自分の言いなりにさせている。

恩《おん》を以《もっ》て怨《うら》みに報《ほう》ず

うらみのある相手に対しても、広い気持ちをもって許し、善意でこたえる。

同 怨《うら》みに報《むく》ゆるに徳《とく》を以《もっ》てす。徳《とく》を以《もっ》て怨《うら》みに報《むく》ゆ。

対 恩《おん》を仇《あだ》で返《かえ》す。

か カ

ガードが固《かた》い

守りが固くてなかなかくずれない。おとし入れようとしても、ひじょうにがんこである。

短文 弟のやつ、ガードが固くて、いくら聞いてもほんとうのことを言わない。

飼《か》い犬《いぬ》に手《て》を嚙《か》まれる

ふだん世話をしてかわいがっている部下などから裏切られたり、害を加えられたりすることのたとえ。

会話 「あの事件の犯人は、被害者《ひがいしゃ》が日ごろからなにかと目をかけていた部下だったそうよ。」
「飼い犬に手をかまれたわけね。」

会稽《かいけい》の恥《はじ》

戦いに負けて受けたみじめな恥《はじ》。また、他人から受けた忘れられない恥。

故事　中国の春秋《しゅんじゅう》時代、越王《えつおう》の勾践《こうせん》が呉《ご》王《おう》の夫差《ふさ》と会稽山《かいけいざん》で戦って敗れ、自分は臣下となり、妻は召使《めしつかい》にさし出すというみじめな条件を出して和睦《わぼく》した。その後、勾践は、その屈辱《くつじょく》を忘れず、長年の苦労に耐《た》えて復讐《ふくしゅう》をとげ、その恥をすすいだという。
〔出典『史記《しき》』〕

参考　「会稽《かいけい》の恥《はじ》を雪《すす》ぐ」は、大きなうらみを晴らすたとえに用いる。⇩臥薪嘗胆《がしんしょうたん》

骸骨《がいこつ》を乞《こ》う

主君に辞職を願い出る。

語源　むかしは、主君につかえることは主君に身をささげることであったから、老臣などが辞職するときには、主君にささげていた骸骨《がいこつ》（＝骨だけの死体）と同じようなこの身をお返しいただきたいと願い出たことから。

故事　むかし、中国で漢と楚《そ》が戦っていたとき、楚の項羽《こうう》が漢の計略によって片腕《かたうで》とたのみにしていた将軍の范増《はんぞう》の行動を疑ったため、范増がおこって「（主君にささげた）私の骨をいただきたい。」と言って辞職を願い出たという。
〔出典『史記《しき》』〕

灰燼《かいじん》に帰《き》する

火事ですっかり焼けてしまう。

短文　何十年もかけて収集した美術品が大火事であっという間に灰燼に帰してしまった。

参考　「灰燼《かいじん》」は、物が燃えたあとの灰《はい》と燃え残りのこと。

会心《かいしん》の笑《え》み

自分の思うとおりになって、満足の気持ちから思わずにっこり笑うこと。

短文　フィギュアスケートの演技を終えると、選手は会心の笑みをうかべて、観衆の拍手《はくしゅ》に両手を上げてこたえた。

参考　「会心」は、物事が思いどおりになって満足すること。

会心《かいしん》の作《さく》

自分の思ったとおりにできて、気に入っている作品。

会話　「今度の絵、ずいぶんよくかけているね。」「うん、ひさびさの会心の作だよ。」

快刀乱麻《かいとうらんま》を断《た》つ

よく切れる刀でもつれた麻糸《あさいと》を断ち切るように、めんどうな事件や複雑な問題をてきぱきと処理して、みごとに解決することのたとえ。

短文　名探偵《めいたんてい》シャーロック＝ホームズは難解な事件を快刀乱麻を断つように解決した。

類　一刀両断《いっとうりょうだん》。

隗《かい》より始《はじ》めよ

①大きな事業を始めるには、まず手近な

ことから始めよということ。②何事を行うにしても、まず言い出した人から始めよということ。

故事 中国の戦国時代、燕《えん》という国の昭王《しょうおう》が自国の発展を図るため、賢者《けんじゃ》を招く方法を郭隗《かくかい》に相談したところ、郭隗は「まず私（隗）のようなつまらない者から優遇《ゆうぐう》しなさい。そうすれば、こちらから招かなくても優秀な人材が自然と集まってくるでしょう。」と説いた。昭王がそのとおりにすると、まもなく天下の賢者が燕に集まってきたという。〔出典『戦国策《せんごくさく》』〕

偕老同穴《かいろうどうけつ》

夫婦がともに年をとり、死後は同じ墓穴《はかあな》に葬《ほうむ》られるという意味から、夫婦が年をとるまで、仲よく幸福にくらすこと。夫婦の愛情が深いことのたとえ。〔出典『詩経《しきょう》』〕

〔参考〕「偕《かい》」は、共《とも》にという意味。「穴《けつ》」は、墓穴のこと。

替《か》え着無《ぎな》しの晴《は》れ着無《ぎな》し

いつも同じ服を着て、ほかに着替《が》える衣服がないということ。

類 着《き》たきり雀《すずめ》。

顧《かえり》みて他《た》を言《い》う

問いかけられて答えにつまったとき、他のことを言ってその場をごまかして言いのがれる。

故事 中国の、斉《せい》という国の宣王《せんおう》が孟子《もうし》と話をしていて問いつめられ、返答に困ったとき、左右の人のほうをふり向いて話題をそらしてしまったという。〔出典『孟子《もうし》』〕

同 左右《さゆう》を顧《かえり》みて他《た》を言《い》う。

蛙《かえる》の子《こ》は蛙《かえる》

平凡《へいぼん》な親から生まれた子供はやはり平凡であるということのたとえ。また、子供は親に似《に》るものであるということのたとえ。

会話 「息子《むすこ》さんも学校を卒業して、お父さんと同じ技術者になったそうですね。」「やはり蛙の子は蛙なんでしょうな。」

語源 おたまじゃくしは、蛙《かえる》とは形が似ていないが、結局は親と同じ蛙になることからいう。

注意 自分や自分の身内をへりくだって言う言い方なので、他人に対しては用いない。

類 瓜《うり》の蔓《つる》に茄子《なすび》はならぬ。

対 鳶《とんび》が鷹《たか》を生《う》む。

蛙《かえる》の面《つら》に水《みず》

蛙《かえる》は水の中にすんでいるので、顔に水をかけても平気なことから、どんなひどいことをされても、また、どんなに悪く言われても、なにも感じないで平気なようすでいることのたとえ。ひじょうにずうずうしいようす。

短文 あの人にいくら抗議《こうぎ》してもむだだよ。蛙の面に水で、少しも反省しないんだから。

類 石《いし》に灸《きゅう》。牛《うし》の角《つの》を蜂《はち》が刺《さ》す。

「顔」が語中にくることば

朝《あした》に紅顔《こうがん》有《あ》りて夕《ゆう》べに白骨と為《な》る ⇩ 一三ページ
浮《う》かぬ顔 ⇩ 五七ページ
死にし子顔よかりき（死ぬる子眉目《みめ》よし ⇩ 一八八ページ）
知らぬ顔の半兵衛《はんべえ》 ⇩ 一九八ページ
何食わぬ顔 ⇩ 二七七ページ
仏の顔も三度 ⇩ 三四三ページ

顔色《かおいろ》を窺《うかが》う
顔の表情から、その人の気持ちや機嫌《きげん》のいい悪いを察する。
短文 父はいつも母の顔色をうかがいながらお酒を飲んでいるので、ちょっぴりかわいそうになります。

顔色《かおいろ》を読《よ》む ⇩ **顔色《かおいろ》を窺《うかが》う**

顔《かお》が合《あ》う
出あう。対戦する。
短文 宿命のライバルと決勝戦で顔が合った。

顔《かお》が売《う》れる
名前が広く世間に知れわたる。有名になる。
短文 生徒会の役員に立候補して、選挙運動をくり広げたので、学校じゅうに顔が売れた。

顔《かお》が利《き》く
信用や勢力があって相手の人にむりが通り、特別あつかいがしてもらえる。
会話 「この店はずいぶん高そうだね。きょうは懐《ふところ》がさみしいんだよ。」「だいじょうぶ。ここは顔が利くから、つけで飲めるよ。」

顔《かお》が揃《そろ》う
参加を予定している人が全員集まる。
短文 では、みなさんの顔がそろいましたので、これからクラス会を始めたいと思います。

顔《かお》が立《た》つ
面目や名誉《めいよ》が保たれる。
短文 そうか、仲直りしてくれるのか。これで間にはいって仲裁役を買って出たわたしの顔が立つよ。
対 顔《かお》が潰《つぶ》れる。

顔《かお》が潰《つぶ》れる
面目を失う。名誉《めいよ》が傷つけられる。
短文 世間に迷惑《めいわく》をかけることばかりしてすまないと思わないのか。今度親の顔がつぶれるようなことをしたら許さないぞ。
対 顔《かお》が立《た》つ。

顔《かお》が広《ひろ》い
交際が広く、多くの人に知られている。
短文 あの人はこの地方では顔が広いから、きみの就職も世話をしてもらえるかもしれない。

顔《かお》から火《ひ》が出《で》る
たいへんはずかしくて顔が真っ赤になる。
短文 スカートのファスナーが開いていると言われて顔から火《ひ》が出《で》る思いをした。
同 面《つら》から火が出る。

顔《かお》に係《かか》わる
体面や名誉《めいよ》に悪い影響《えいきょう》をおよぼす。
短文 欠陥《けっかん》商品を売ったとあってはわが社の顔に係わる。

顔《かお》に泥《どろ》を塗《ぬ》る
相手の面目を失わせる。恥《はじ》をかかせる。
短文 親の顔に泥を塗るようなことをして、すまないと思わないのか。
類 顔《かお》を潰《つぶ》す。顔《かお》を汚《よご》す。

顔《かお》に紅葉《もみじ》を散《ち》らす
若い女性がはずかしがって顔を赤くする。
類 頬《ほお》を染《そ》める。

顔向《かおむ》け出来《でき》ない
面目なくて、人に会うことができない。
短文 子供が悪さをしでかして、世間に顔向けできない。
類 合《あ》わせる顔《かお》が無《な》い。

顔《かお》を売《う》る
広く世間に自分が知られるように行動する。
短文 かれは選挙にそなえ、だいぶ前からいろいろな集会に出席して顔を売っていた。

顔《かお》を貸《か》す
たのまれてその場に行ったり、人に会ったりする。つきあう。
短文 ちょっとそこまで例の打ち合わせの件で顔を貸してくれませんか。

顔《かお》を曇《くも》らせる
心配事などで、悲しそうな顔つきをする。暗い表情をする。
会話 「どうしたの。そんなに顔を曇らせて。」「ええ、入院している母の容体がよくないの。」

顔《かお》を顰《しか》める
苦痛を感じたり機嫌《きげん》が悪かったりして眉《まゆ》と眉の間にしわをよせる。
短文 かれは不仲になってしまった友人の話を聞いたとたんに顔をしかめた。
類 眉《まゆ》を顰《ひそ》める。

顔《かお》を出《だ》す
会合などに出席する。
会話 「ずいぶんいそがしそうで悪いんだけれど、きょうの打ち合わせにちょっとでいいから顔を出してくれないか。」「ああ、いいよ。ほかならぬきみのたのみじゃ、断れないな。」

顔《かお》を立《た》てる
相手の体面を保ち、名誉《めいよ》を傷つけないようにする。
短文 いいかげんに仲直りをしてくれないか。間にはいったわたしの顔を立ててくれよ。
対 顔《かお》を潰《つぶ》す。

顔《かお》を繋《つな》ぐ
人を訪問したり、会合に出席したりして、関係が切れないようにする。
短文 選挙に立候補するのならば、今のうちから大勢の人と顔をつないでおいたほうがいいよ。

顔《かお》を潰《つぶ》す

その人の面目を失わせる。名誉《めいよ》を傷つける。

短文 子供のおまえが世間に迷惑《めいわく》をかけるようなことばかりしていると、親のわたしの顔をつぶすことになるのだよ。

類 顔《かお》に泥《どろ》を塗《ぬ》る。

対 顔《かお》を立《た》てる。

顔《かお》を汚《よご》す ⇩ 顔《かお》に泥《どろ》を塗《ぬ》る

蝸角《かかく》の争《あらそ》い ⇩ 蝸牛角上《かぎゅうかくじょう》の争《あらそ》い

垣堅《かきかた》くして犬入《いぬい》らず

家庭が、なんの問題もなく堅実《けんじつ》であれば、外からこれをこわすような問題は持ちこまれることはないというたとえ。

鍵《かぎ》の穴《あな》から天《てん》を覗《のぞ》く ⇩ 葦《よし》の髄《ずい》から天井《てんじょう》を覗《のぞ》く

蝸牛角上《かぎゅうかくじょう》の争《あらそ》い

きわめて小さくてつまらない争いごとのたとえ。また、せまくて小さな世界での、こせこせした争いのたとえ。

語源 かたつむりの左の角に触氏《しょくし》、右の角に蛮氏《ばんし》という小さな国があって、たがいに領土を争って戦争をし、数万の戦死者を出した。視点を大宇宙におけば、人間の戦争もかたつむりの角の争いにすぎないという寓話《ぐうわ》（＝教訓的なたとえ話）から出たことば。〔出典『荘子《そうじ》』〕

参考 「蝸牛《かぎゅう》」は、かたつむり。

同 蝸角《かかく》の争《あらそ》い。蝸牛《かぎゅう》の角争《つのあらそ》い。

類 コップの中《なか》の嵐《あらし》。

蝸牛《かぎゅう》の歩《あゆ》み

かたつむりは歩くのがのろいことから、物事の進行がなかなかはかどらないことのたとえ。

同 かたつむりの歩《あゆ》み。

隠《かく》すより現《あらわ》る

秘密をかくそうとすればするほど人の好奇心《こうきしん》を起こさせ、かえって人に知れわたってしまうということ。

同 隠《かく》すことは現《あらわ》る。

類 隠《かく》すこと千里《せんり》。隠《かく》れたるより現《あらわ》るるはなし。

学問《がくもん》に王道《おうどう》無《な》し

学問というものは、毎日努力して、少しずつ積み重ねていくことによって修得することができるのであって、簡単に身につく特別な方法などは、たとえ王様であってもないという教え。

参考 西洋のことわざ。There is no royal road to learning. の訳語。

故事 ユークリッドから幾何学《きかがく》を学んでいたエジプト王のトレミーが、「簡単に幾何学を学ぶ方法はないものか。」とたずねたのに対してユークリッドが、「幾何学に王道なし。」と答えたという。

同 学問《がくもん》に近道《ちかみち》無《な》し。

駆《か》け馬《うま》に鞭《むち》

走っている馬にむちをあててさらに速く走らせることから、勢いのついているときに、さらに力を加えていっそう勢いをつけることのたとえ。

会話「かれはまた成績が上がったね。」「うん、ずいぶんがんばっているからね。まさに駆け馬にむちで、次の試験のときには学年トップになるかもしれないよ。」

同 走《はし》り馬《うま》にも鞭《むち》。

類 流《なが》れに棹《さお》さす。

影《かげ》が薄《うす》い

①なんとなく元気がない。命が長くないような感じがする。②その人の存在が目立たず、印象がうすい。

短文 ①気のせいかもしれないが、かれが事故で亡《な》くなる一週間ほどまえに会ったとき、なんだか影が薄いなあと思った。②かれは学校ではおとなし過ぎて目立たず、影が薄い存在だった。

陰《かげ》で糸《いと》を引《ひ》く ⇩ **糸《いと》を引《ひ》く**

陰《かげ》で舌《した》を出《だ》す

人の前ではお世辞《せじ》などを言って、その人の気に入るようにふるまっておきながら、その人のいないところでは悪口を言ったり、ばかにしたりすることのたとえ。

陰《かげ》に居《い》て枝《えだ》を折《お》る

木の陰《かげ》で暑さをしのいでいた者が、その木の枝を折るということから、恩人に害をあたえるような仕打ちをすることのたとえ。

短文 あの人はきみの恩人だろう。そんな人に陰に居て枝を折るようなことをしてはいけないよ。

類 恩《おん》を仇《あだ》で返《かえ》す。

陰《かげ》になり日向《ひなた》になり

ある人のために、あるときは表立って、あるときはひそかに、いつもかばったり、助けたりするようす。

短文 先生はいつも私を陰になり日向になり助けてくださいました。

類 陰《いん》に陽《よう》に。

掛《か》け値《ね》無《な》し

実際よりおおげさに言わない。

短文 この絵はずいぶんよくかけているね。掛け値なしに言って、入選するよ。

参考「掛け値」は、実際より高くつけた値段の意。

影《かげ》の形《かたち》に随《したが》うが如《ごと》し

物がある所に必ず影《かげ》があるように、ある物や人に他の物や人が、いつもそばにいて離《はな》れないようす。

同 影《かげ》の形《かたち》に添《そ》う如《ごと》し。

類 形影相伴《けいえいあいともな》う。影身《かげみ》に添《そ》う。

陰弁慶《かげべんけい》

身内や親しい人の前ではひどくいばっているのに、他人の前では思ったことさえも言えない、いくじのないこと。また、そのような人のたとえ。

参考「弁慶《べんけい》」は、源義経《みなもとのよしつね》に仕えた豪《ごう》傑《けつ》。強い者、強がる者のたとえ。

同 内弁慶《うちべんけい》。

影《かげ》も形《かたち》も無《な》い

今まであった姿や形がまったく見えない。あとかたもない。

短文 海底地震《じしん》が起こって、沖《おき》の小島が影も形もなくなってしまった。

影《かげ》を潜《ひそ》める

今まで表立っていたものの姿や形、気配などが表面に出なくなる。

短文 警察のパトロール強化のため、暴力事件も影を潜めたようだ。

籠《かご》で水《みず》を汲《く》む

苦労してもなんの効果もないたとえ。また、何回もむだな骨折りをすることのたとえ。

類 笊《ざる》で水《みず》を汲《く》む。

駕籠《かご》に乗《の》る人担《ひとかつ》ぐ人《ひと》 そのまた草鞋《わらじ》を作《つく》る人《ひと》

人間の社会はいろいろな職業の人がおり、人の貧富の差や境遇《きょうぐう》はさまざまであることのたとえ。

籠《かご》の鳥《とり》

かごの中で飼《か》われている鳥は空へ飛びたくても飛べないように、自由をうばわれている人のたとえ。

会話「このごろ、つきあいが悪いじゃないか。たまには遊びに行こうよ。」「勉強、勉強って、親がやかましくてね。学校から帰るとなかなか外に出してもらえないんだ。まるでかごの鳥だよ。」

風上《かざかみ》にも置《お》けない

いやなにおいのものを風上に置くと、風下の人は迷惑《めいわく》を受けることから、性質が悪くて同じ仲間としてとても認められない人間だとののしって言うことば。

短文 あいつはまったくひきょうで、級友の風上にも置けないやつだよ。

嵩《かさ》に懸《か》かる

優位な立場を利用して、相手を頭からおさえつけるような態度をとる。また、勢いに乗って物事を行う。

短文 ぼくのミスはすなおに認めるけれど、そんなにかさに懸かった言い方をしなくてもいいだろう。

参考「嵩《かさ》」は、物の大きさや分量の意。

笠《かさ》に着《き》る

自分や自分のうしろだてとなる人の権力や地位をたのみにしていばる。また、自分がほどこした恩を利用して、その恩を受けた相手に勝手なふるまいをする。

短文 あの人は社長である父親の権力をかさに着て、いばっている。

風向《かざむ》きが悪《わる》い

自分に関係のある物事の形勢やなりゆきが不利である。また、相手の機嫌《きげん》がよくない。

短文 酒を飲んでおそく帰ってきた兄は母のようすを見て風向きが悪いと思ったのか、自分の部屋にはいってしまった。

火事後《かじあと》の火《ひ》の用心《ようじん》

火事になってから火の用心をしても間に合わないように、何事も時機がすぎてしまってからではおそすぎるというたとえ。また、おこたりなく準備をしておかなくてはいけないといういましめ。

対 暮《く》れぬ先《さき》の提灯《ちょうちん》。

舵《かじ》を取《と》る

物事がうまく進行するように、全体をま

とめて導く。

短文 あの人がうまく舵を取ったので、そんなにもめることもなく、会議はスムーズに進行した。

臥薪嘗胆《がしんしょうたん》

かたきを討《う》つために、長い間ひじょうな苦労を重ねること。また、ある目的を達成するため、長い間、困難にたえて苦労・苦心することのたとえ。

故事 中国の春秋《しゅんじゅう》時代に、越《えつ》と戦って負けて死んだ呉王闔閭《ごおうこうりょ》の子の夫差《ふさ》は、父の仇《あだ》である越王勾践《えつおうこうせん》を討つためにいつも薪《まき》の上に寝起《ねお》きし、そのからだの痛みで志を忘れないようにして、ついに会稽山《かいけいざん》で勾践を破った。
敗れた勾践はその後、許されて越の国に帰るが、いつも獣《けもの》の苦い胆《きも》を室内にかけておき、それをなめては会稽山での恥《はじ》を忘れないように努め、ついに夫差を破ったという。
〔出典『十八史略《じゅうはっしりゃく》』〕

参考 「臥薪《がしん》」は、薪《まき》の上に寝る。「嘗胆《しょうたん》」は、胆《きも》（肝）を嘗《な》める意。⇩ 会稽《かいけい》の恥《はじ》

佳人薄命《かじんはくめい》 ⇩ 美人薄命《びじんはくめい》

霞《かすみ》を食《く》う

仙人《せんにん》は霞《かすみ》を食べて生きているという伝説から、超人的な力によって食物を食べないで生きるたとえ。

会話 「あの人は仕事もしないで、毎日ぶらぶらしているけれども、どうやって生活しているのかしらね。」
「そうだね。霞を食っているわけでもないだろうに。」

数《かず》をこなす

多くの数量をとりさばく。処理する。また、数多くの体験をつむ。

短文 値段が安いので、数をこなさなければ利益があがらない。

苛政《かせい》は虎《とら》よりも猛《たけ》し

人民を苦しめる悪い政治は、人を食う虎《とら》よりもおそろしいということ。

故事 孔子《こうし》が泰山《たいざん》のふもとを通ったとき、墓の前で泣いている一人の婦人を見つけた。孔子が「どうしたのですか。」とたずねると、その婦人は「舅《しゅうと》と夫と子が虎に殺されたのです。」と答えた。孔子はさらに「どうしてこんなおそろしい土地を離《はな》れないのですか。」と問うと、婦人は「でも、ここにはきびしい政治がないからです。」と答えたという。
〔出典『礼記《らいき》』〕

風《かぜ》が吹《ふ》けば桶屋《おけや》が儲《もう》かる

一つのことが原因となって、思わぬところに影響《えいきょう》がおよぶことのたとえ。また、あてにならないことを期待することのたとえ。

語源 大風がふけばほこりが立ち、そのほこりが目に入って盲人《もうじん》が多くなる。盲人は三味線《しゃみせん》を弾《ひ》くことを仕事としているから三味線に使う猫《ねこ》の皮が必要になって猫が殺される。猫が減るとねずみが増える。ねずみは桶《おけ》をかじるから桶屋がもう

かって喜ぶという笑い話から出たことば。

同 大風《おおかぜ》が吹《ふ》けば桶屋《おけや》が儲《もう》かる。

稼《かせ》ぐに追《お》い付《つ》く貧乏《びんぼう》無《な》し

一生懸命《けんめい》に働いていれば、貧乏《びんぼう》に苦しむことはないということ。

同 稼《かせ》ぐに貧乏《びんぼう》追《お》い付《つ》かず。

類 稼《かせ》げば身《み》立《た》つ。鍬《くわ》を担《かた》げた乞食《こじき》は来《こ》ない。

対 稼《かせ》ぐに追《お》い抜《ぬ》く貧乏神《びんぼうがみ》。

風《かぜ》の便《たよ》り

どこからともなく伝わってきたうわさ。

短文 かれがこの町から姿を消してから長い年月がたちましたが、生まれ故郷で元気にくらしていると、風の便りで聞きました。

風《かぜ》の吹《ふ》き回《まわ》し

風はそのときどきでふく方向が変わることから、そのときのなりゆきやもののはずみで、気分などが、ある方向に向くことのたとえ。

会話 「おや、めずらしいじゃないか。きみがぼくの家に来るなんて。どうした風の吹き回しだい。」

「いや、ほかでもないんだが、ちょっとたのみたいことがあってね。」

注意 ふつう、「どういう」「どうした」などの語を上につけて、思いがけなく起こったできごとなどについて言う。

風邪《かぜ》は万病《まんびょう》の因《もと》

風邪《かぜ》はあらゆる病気のもとであるから、風邪くらいと軽く考えてはいけないというましめ。

同 風邪《かぜ》は百病《ひゃくびょう》の因《もと》。風邪《かぜ》は百病《ひゃくびょう》の長《ちょう》。

風《かぜ》を食《く》らう

自分の悪事がばれたのに気づいて、あわててすばやくにげるようす。

短文 金庫の扉《とびら》を開けようとしていた強盗《ごうとう》は、警備員の靴音《くつおと》が聞こえるやいなや窓から風を食らってにげ出した。

片足《かたあし》を突《つ》っ込《こ》む

あまりよくない物事にちょっと関係する。

短文 かれは得体の知れない新興宗教に片足を突っ込んでいるようだけど、だいじょうぶかな。

堅《かた》い木《き》は折《お》れる

かたい木は、やわらかい木よりもかえって折れやすいように、ふだんは強情な人が、むずかしい問題にぶつかったりすると、意外と弱い面をみせたり、また、ふだんじょうぶで病気などしたことのない人が急に大病にかかって倒《たお》れたりするたとえ。

類 堅《かた》い物《もの》は破《わ》れる。強《こわ》い物《もの》は折《お》れ易《やす》い。柳《やなぎ》に雪折《ゆきお》れ無《な》し。

肩入《かたい》れする ⇩ 肩《かた》を入《い》れる

肩《かた》がいい

野球などで、ボールを力強く正確に遠くまで投げる力がある。

会話 「どうですか、あの新人の外野手は。」

「うん、なかなか肩がいいじゃないか。」

対 肩《かた》が弱《よわ》い。

肩《かた》が軽《かる》くなる

責任を果たし、負担がなくなってほっとする。

短文 たのまれた仕事をやりおえて、やっと肩が軽くなった。

類 肩《かた》の荷《に》が下《お》りる。

片《かた》が付《つ》く

物事の処理が終わる。

短文 この問題はもう片がついている。

肩透《かたす》かしを食《く》う

意気ごんで向かっていったところを、相手にうまくはぐらかされてしまう。

短文 きょうこそ彼女《かのじょ》にラブレターをわたそうと決心して来たのに、欠席しているなんて、肩透かしを食った感じだよ。

参考 「肩透かし」は、相撲《すもう》で、四つに組んだ手を急にぬき、その手を相手の首にかけて引きたおすわざ。

固唾《かたず》を呑《の》む

ことのなりゆきを心配し、緊張《きんちょう》して見守る。

短文 オリンピックで金メダルの期待がかかる日本選手の試合のテレビを、日本じゅうの人々が固唾をのんで見つめた。

参考 「固唾《かたず》」は、緊張したときに思わず口の中にたまる唾《つば》。

肩《かた》で息《いき》をする

肩を上下させて苦しそうにはげしく息をする。

短文 大急ぎで走ってきて電車に飛び乗った男の人が、苦しそうに肩で息をしていた。

肩《かた》で風《かぜ》を切《き》る

肩をそびやかしていばって歩くようす。また、得意そうにふるまうようすのたとえ。

短文 試合に勝った選手たちが意気揚々《いきようよう》と、肩で風を切って歩いていた。

刀《かたな》折《お》れ矢《や》尽《つ》きる

はげしい戦いで、刀が折れ矢もなくなって、もう相手と戦う手段がなくなってしまうことから、あらゆる努力を尽《つ》くしても、物事を続ける手段を失うことのたとえ。

〔出典『後漢書《ごかんじょ》』〕

同 弓《ゆみ》折《お》れ矢《や》尽《つ》きる。

類 万策《ばんさく》尽きる。万策《ばんさく》果《は》つ。

肩《かた》に掛《か》かる

責任や任務などが託《たく》される。負担《ふたん》になる。

会話 「今度、営業部に配属になりましたのでよろしくお願いします。」「おお、きみか。会社の浮沈《ふちん》はわが営業部の肩に掛かっているんだ。しっかりたのむぞ。」

型《かた》に嵌《は》まる

新しさや工夫がなく、古くから習慣として決まっている方法や、基準となる形式のとおりにする。

短文 結婚式のスピーチはあまり型にはまったものではないほうが聞いていて楽しい。

肩《かた》の荷《に》が下《お》りる

心の負担《ふたん》になっていたことや重い責任か

ら解放されてほっとする。

短文 娘《むすめ》を嫁《よめ》にやって、やっと肩の荷が下りた感じがする。

類 肩《かた》が軽《かる》くなる。

肩肘《かたひじ》を張《は》る

緊張《きんちょう》してかた苦しい態度をとる。また、人に弱いところを見せまいとして、からいばりをする。

会話 「初めてお目にかかります。田中でございます。以後、お見知りおきを。」「さあさあ、かた苦しいあいさつなどはぬきにして。さあ、どうぞこちらに。そんなに肩肘を張っていたら疲れてしまいますよ。どうぞお楽にしてください。」

片棒《かたぼう》を担《かつ》ぐ

駕籠《かご》（＝人を乗せたむかしの乗り物）の棒の一方をかつぐということから、人のたくらみや仕事に協力することのたとえ。

短文 そんなことを手伝うと、悪事の片棒をかつぐことになるよ。

注意 悪いたくらみや仕事に積極的に加わるようなことに使う。

肩身《かたみ》が狭《せま》い

世間の人に対してはずかしい、気がひける。ひけめを感じる。

短文 ぼくの期末テストの点数がみんなに知られたら、母はきっと肩身が狭い思いをするだろう。

語《かた》るに落《お》ちる ⇩ 問《と》うに落《お》ちず語《かた》るに落《お》ちる

傍《かたわ》らに人無《ひとな》きが如《ごと》し ⇩ 傍若無人《ぼうじゃくぶじん》

肩《かた》を怒《いか》らす

肩を高く突《つ》き立てて、いばったかっこうをする。また、相手を力でおさえつけようとするようす。

短文 人相のよくない男が肩を怒らして歩いている。

肩《かた》を入《い》れる

ある人を特別にひいきにし、力を入れて援助《えんじょ》する。

会話 「今度の選挙では、かれのためにきみはずいぶんあっちこっちかけずりまわったという話じゃないか。」「ああ、当選してほっとしたよ。これで肩を入れたかいがあったな。」

同 肩入《かたい》れする。

肩《かた》を落《お》とす

がっかりして肩の力がぬける。

短文 毎年合格発表の日は、「やったぜ。」と肩をそびやかす生徒、がっくりと肩を落とす生徒の悲喜こもごもの姿が見られる。

肩《かた》を貸《か》す

援助《えんじょ》する。手助けをする。

短文 かれが困っていると聞いては、肩を貸さないわけにはいかない。

肩《かた》を叩《たた》く

相手の気持ちをときほぐしてたのみごとをする。特に、退職をすすめる。

短文 定年が近くなって、いよいよわたしも肩をたたかれるような年齢《ねんれい》になったか。

片《かた》を付《つ》ける

物事を処理して解決する。

短文 いつまでなやんでいてもきりがないから、そろそろこの問題は片をつけようよ。

同 始末《しまつ》を付《つ》ける。

肩《かた》を並《なら》べる

地位や実力が対等になる。

短文 日本経済はアメリカと肩を並べるぐらいに発展した。

肩《かた》を持《も》つ

味方をする。ひいきする。

短文 肩を持つわけではないが、あの青年は将来有望だよ。

勝《か》ちに乗《の》る

勝った勢いにまかせて、つぎつぎに優勢に事を運ぶ。勝って調子づく。

短文 野球部は、初戦で逆転勝ちしてから、勝ちに乗ってとうとう準決勝にまで進んでしまった。

火中《かちゅう》の栗《くり》を拾《ひろ》う

他人の利益のために、危険をおかしてひどいめにあうことのたとえ。

語源 猿《さる》が猫《ねこ》をおだてて、囲炉裏《いろり》の中で焼けている栗を拾わせたところ、そのため猫が大やけどをしたという寓話《ぐうわ》（＝教訓的なたとえ話）から出たことば。

〔出典『イソップ物語《ものがたり》』〕

隔靴掻痒《かっかそうよう》

靴《くつ》の上からかゆいところをかいても、そのかゆいところにとどかないように、物事の大事なところにとどかないで、じれったくもどかしいことのたとえ。

会話 「なんで、もっとはっきり言わないんだろう。いらいらするね。」「まったく、隔靴掻痒の感じだね。」

同 靴《くつ》を隔《へだ》てて痒《かゆ》きを掻《か》く。

格好《かっこう》が付《つ》く

きまりがつく。体裁《ていさい》が整う。

短文 展示会の格好がついたら、ちょっと一休みしようよ、みんな。

渇《かっ》しても盗泉《とうせん》の水《みず》を飲《の》まず

どんなに困っても、正しくないことはしないというたとえ。

会話 「きみは、道で拾った一万円をすぐ交番に届けたんだってね。えらいよ。」「そりゃあね。こづかいはほしいけど、渇しても盗泉の水を飲まずってことがあるからね。」

故事 むかし、孔子《こうし》が旅をして盗泉《とうせん》という名の泉のほとりを通りかかった。のどがかわいていたが、盗泉（＝ぬすんだ泉）という名をきらってその水を飲まなかったという。

〔出典『文選《もんぜん》』〕

類 鷹《たか》は飢《う》えても穂《ほ》を摘《つ》まず。

対 背《せ》に腹《はら》は代《か》えられない。

合従連衡《がっしょうれんこう》

力を合わせ、また、はかりごとをめぐらして敵に対抗《たいこう》しようとする外交政策。

語源 中国の戦国時代、強大な秦《しん》と他の小国の間に行われた二つの相反する外交政策から出たことば。「合従《がっしょう》」は縦（南北）に合する意、「連衡」は横（東西）に連合する意。蘇秦《そしん》がとなえた合従は、燕《えん》・趙《ちょう》・韓《かん》・魏《ぎ》・楚《そ》・斉《せい》の六つの弱い小国が南北に同盟を結んで強大な秦に対抗する政策。張儀《ちょうぎ》がとなえた連衡は、六国が西方の秦とそれぞれ個別に同盟を結ぶ政策。〔出典『史記《しき》』〕

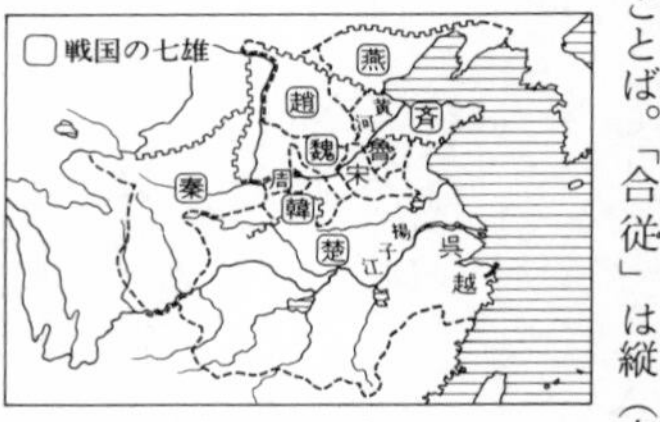

戦国時代の中国

〔参考〕現在では、政治家などの各派のいろいろな連合のしかたの意に使われる。

勝《か》って兜《かぶと》の緒《お》を締《し》めよ

戦いに勝ってほっとして気をぬいているとき、急に敵がおそいかかってくるかもしれない。物事を成しとげても安心せずに、さらに心を引きしめよといういましめ。

〔短文〕第一次試験に合格した今こそ、勝ってかぶとの緒をしめるときだ。

〔参考〕「緒《お》」は兜《かぶと》を頭にぴったり結びつけるためのひも。

（かぶと）

買《か》って出《で》る

むずかしい問題などがあったとき、自分から進んでその解決のための役割を果たそうとする。

〔短文〕だまって見ていられずに、けんかの仲裁を買って出た。

河童《かっぱ》に水練《すいれん》

泳ぎのうまい河童《かっぱ》に泳ぎ方を教えることから、そのことをよく知りつくしている人にものを教えるおろかさのたとえ。

〔類〕猿《さる》に木登《きのぼ》り。釈迦《しゃか》に説法《せっぽう》。

河童《かっぱ》の川流《かわなが》れ

泳ぎのうまい河童《かっぱ》でも、ときには水に流されることもあるということから、名人でも思わぬ失敗をすることがあるというたとえ。

〔類〕猿《さる》も木《き》から落《お》ちる。弘法《こうぼう》にも筆《ふで》の誤《あやま》り。上手《じょうず》の手《て》から水《みず》が漏《も》る。千慮《せんりょ》の一失《いっしつ》。

活《かつ》を入《い》れる

気持ちをぴしっとさせて、新しい元気をよび起こす。元気づける。活気づける。

〔短文〕あいつ、だらだらしているから活を入れてやろう。

〔参考〕「活」は、柔道《じゅうどう》などで気を失ったりしたときに息を吹《ふ》き返らせるため、その人のからだに衝撃《しょうげき》をあたえること。

〔同〕気合《きあ》いを入《い》れる。

勝《か》てば官軍《かんぐん》

勝った者は、たとえ正しくなくてもすべて正しいとされるというたとえ。

〔会話〕「勝つためといっても、そんなきたない手を使っていいのか。」「いや、勝てば官軍さ。気にすることはないよ。」

参考 「官軍」は政府の軍。明治維新《いしん》のころ、官軍が勝ち、それに反抗《はんこう》する幕府《ばくふ》方は負けて賊軍《ぞくぐん》となった。

同 勝《か》てば官軍《かんぐん》負《ま》ければ賊軍《ぞくぐん》。

我田引水《がでんいんすい》 ⇩ **我《わ》が田《た》に水《みず》を引《ひ》く**

瓜田《かでん》に履《くつ》を納《い》れず

瓜《うり》の畑で履物《はきもの》を直していると、瓜をぬすむのではないかと思われることから、人に疑いをもたれるようなことはするなといういましめ。〔出典『古楽府《こがふ》』〕

類 李下《りか》に冠《かんむり》を正《ただ》さず。

角《かど》が立《た》つ

ものの言い方や態度がおだやかでなく、人間関係がとげとげしくなる。

会話 「このバッグ、もらったんだけど気に入らないから返そうかな。」「好意でくださったんだから、そんなことをしたら角が立つわよ。」

角《かど》が取《と》れる

他人とよく調和できるようになる。人がらが円満になる。

短文 父は、病気をしてからすっかり角が取れて、人と争わなくなった。苦しい経験をすると、人の痛みもわかるようになるのだろうか。

類 丸《まる》くなる。灰汁《あく》が抜《ぬ》ける。

対 角《かど》がある。

鼎《かなえ》の軽重《けいちょう》を問《と》う

①支配者の力量を軽くみて、これをほろぼして自分が天下を奪《うば》おうとすることのたとえ。②権威《けんい》があるといわれている人の実力、能力、価値を疑うことのたとえ。

王位や権力の象徴のかなえ

参考 中国の夏《か》の禹王《うおう》は全国から銅を集めて九つの鼎《かなえ》（＝物をにる銅器）を作った。それが、夏《か》・殷《いん》・周《しゅう》と三代伝わる王室の宝となったので、ここから王位や権力の象徴《しょうちょう》とされた。したがって、この鼎の重さ・軽さ・大小は問題にすべきことではなく、これを問題にすることは王室の権威《けんい》を疑うことを意味する。

故事 周の時代、楚《そ》の荘王《そうおう》が周の国境にまで兵を進め、周をあなどって、そこにやってきた王孫満《おうそんまん》に鼎の軽重を問うたが、王孫満はそれに答えて、「周の徳はおとろえてはいるが、天命がつきているわけではない。まだ鼎の軽重を問うときではない（周にかわって天下をとることはできない）。」と言った。〔出典『春秋左氏伝《しゅんじゅうさしでん》』〕

叶《かな》わぬ時《とき》の神頼《かみだの》み ⇩ **苦《くる》しい時《とき》の神頼《かみだの》み**

蟹《かに》の横這《よこば》い

蟹《かに》は横に歩くのがあたりまえだから、蟹にはその歩き方がいちばんいい。同じように、ほかから見ると不自由に見えても、当人には自然でいちばん適していることのたとえ。また、蟹が横に歩くように、物事が横にそれてうまくまっすぐに運ばないことのたとえ。

短文 ぼくらから見ると、ずいぶんまわ

りくどいが、蟹の横ばいというやつで、あれがかれのやり方なんだ。

蟹《かに》は甲羅《こうら》に似《に》せて穴《あな》を掘《ほ》る

蟹《かに》は自分の甲羅《こうら》の大きさに合った穴をほることから、人はそれぞれ自分の能力に応じたことをしたり望みを持ったりするものだというたとえ。

会話「この高校に決めようかな。」「そうだね。蟹は甲羅に似せて穴を掘るというからね。」

類 身《み》の程《ほど》を知《し》る。

金《かね》が唸《うな》る

金銭がひじょうにたくさんある。

会話「あいつ、また新車を買ったんだよ。」「金がうなっているって自慢《じまん》してたよ。」

金《かね》が物言《ものい》う

なにか事をするときに、お金の威力《いりょく》が絶大であることのたとえ。

短文 彼女《かのじょ》の心を贈《おく》り物ぜめでとらえたなんて、金が物言ったようでいやだね。

類 地獄《じごく》の沙汰《さた》も金次第《かねしだい》。人間万事金《にんげんばんじかね》の世《よ》の中《なか》。

金《かね》で面《つら》を張《は》る

金銭の力で、むりやり言うことを聞かせたり、自分の思いどおりにしたりする。

類 小判《こばん》で面《つら》を張《は》る。札束《さつたば》で顔《かお》を叩《たた》く。

金《かね》に飽《あ》かす

金銭の力で、自分の思うまま、気に入るようにする。

短文 この庭は、あの大富豪《だいふごう》が金に飽かしてつくったという庭園だそうだよ。

類 金《かね》に糸目《いとめ》を付《つ》けない。

金《かね》に糸目《いとめ》を付《つ》けない

なにか事をするとき、金をおしげもなくいくらでも使う。

短文 金に糸目を付けずにつくったという家だけあって、さすがに豪華《ごうか》なものだ。

参考「糸目《いとめ》」は凧《たこ》のつりあいをとるための糸。この糸目をつけなければ、たこはつりあいを失って落ちてしまう。

類 金《かね》に飽《あ》かす。

金《かね》に目《め》が眩《くら》む

金銭の欲に心をうばわれ、物事を正しく判断する力を失う。

短文 かれは金に目がくらんで親友を裏切ってしまった。

金《かね》の貸《か》し借《か》り不和《ふわ》の基《もと》

⇩ 金《かね》を貸《か》せば友《とも》を失《うしな》う

金《かね》の切《き》れ目《め》が縁《えん》の切《き》れ目《め》

金のあるうちは人がちやほやしてくれるが、金がなくなると人が冷たくなって人間関係が切れ、みんな寄りつかなくなるということ。

会話「景気がいいときは、いろんな人がよく集まってにぎやかだったのに。」「金の切れ目が縁の切れ目で、親類さえ来なくなっちゃって、冷たいものだね。」

金《かね》の生《な》る木《き》

いくら使ってもなくならず、どんどん金を生み出すもののたとえ。

短文 あれも欲しい、これも欲しいとい

ったって、家に金の生る木があるわけじゃないんだよ。

金《かね》は天下《てんか》の回《まわ》り物《もの》

金銭は一人だけのものではなく、人から人へと世の中をわたっていくもので、いつかは金のない者にも回ってくるものだということ。金のない者へのはげましのことば。

同 金《かね》は天下《てん か》の回《まわ》り持《も》ち。

金持《かねも》ち喧嘩《けんか》せず

けんかしても損することがわかっているので、金持ちはゆったりと構えて人と争わない。また、有利な立場にいる者は小さいことにこだわらず、よけいなことはしないということのたとえ。

短文 監督《かんとく》が抗議《こうぎ》をあっさり引っこめたのは、金持ちけんかせずで、このまま勝ちと見ているからだよ。

金持《かねも》ちと灰吹《はいふ》きは溜《た》まるほど汚《きたな》い

たばこの灰入《はい》れも灰がたまればきたなくなるように、金持ちも金がたまるほどけちになり、金にきたなくなるということ。

会話「あの金満家が寄付を断ったよ。」「金持ちと灰吹きはたまるほど汚いっていってね、社会奉仕《ほうし》の気持ちなんかこれっぽちもない人なんだ。」

参考「灰吹き」は、たばこの吸いがらを入れる筒《つつ》。

類 金《かね》と痰壺《たんつぼ》は溜《た》まるほど汚《きたな》い。金《かね》と塵《ちり》は積《つ》もるほど汚《きたな》い。

鉦《かね》や太鼓《たいこ》で捜《さが》す

求めるものを大さわぎしてあちらこちらさがし回るたとえ。

短文 すてきなガールフレンドが欲しいって、鉦や太鼓で捜してみるか。

語源 むかし、迷子《まいご》が出ると鉦《かね》や太鼓《たいこ》を鳴らしてさがし回ったことからいう。

参考「鉦《かね》」は、小さい金属製のたたいて鳴らす楽器。

金《かね》を貸《か》せば友《とも》を失《うしな》う

金を貸すと、返す、返さないなどの問題が起こりやすく、親しい友人でも友情がこわれてしまうということ。

短文 金を貸せば友を失うというから、きみのたのみだけど金は貸せないよ。きみとの友情を大切にしたいからね。

参考 西洋のことわざ。Lend your money and lose your friend. の訳語。

類 金《かね》の貸《か》し借《か》り不和《ふわ》の基《もと》。

蚊《か》の鳴《な》くような声《こえ》

ごく小さい、聞きとれないような声。

短文 そんな蚊の鳴くような声であやまったって聞こえないよ。

蚊《か》の涙《なみだ》

ごく少量であることのたとえ。

短文 二年生になったのに、蚊の涙ぐらいしかお小遣《こづか》いが上がらないなんて、いやになっちゃうよ。

類 雀《すずめ》の涙《なみだ》。

禍福《かふく》は糾《あざな》える縄《なわ》の如《ごと》し

この世の不幸と幸福は、一本の縄《なわ》のようにねじり合って変転していくものであって、人間には計り知れないものであるか

ら、その場の幸不幸で喜んだり悲しんだりするものではないということ。〔出典『史記《しき》』〕

会話 「夏休み前に足のけがをするなんて、きみもついていないな。」「禍福は糾える縄の如し。そのおかげで、じっくり読書ができて読書感想文コンクールに入賞したよ。」

同 吉凶《きっきょう》は糾《あざな》える縄《なわ》の如《ごと》し。

類 人間万事塞翁《にんげんばんじさいおう》が馬《うま》。沈《しず》む瀬《せ》あれば浮《う》かぶ瀬《せ》あり。

冑《かぶと》を脱《ぬ》ぐ

相手に負けたことを認める。降参する。

短文 ぼくも歌はうまいつもりだが、きみのうまさにはかぶとを脱いだよ。

語源 「冑《かぶと》」は、武士の戦闘《せんとう》用のかぶり物。敗戦のときは、冑を脱いで降参することからいう。

頭《かぶり》を振《ふ》る

頭を横に振って、不承知や、否定の気持ちを表す。

短文 バイクを買ってほしいと、何度たのんでも、親はかぶりを振るだけだった。

株《かぶ》を守《まも》りて兎《うさぎ》を待《ま》つ

①古い習慣にこだわって、臨機応変の処置や態度がとれないことのたとえ。②偶《ぐう》然《ぜん》に手に入れた幸運を、また得ようとするたとえ。

参考 「株」は樹木を切ったあとの幹や根の部分。切り株。

故事 中国の宋《そう》の国で、一人の男が畑を耕していた。そこへ兎《うさぎ》が走ってきて切り株にぶつかって死んだ。男はそれからは働くことをやめて、切り株にぶつかる兎を待つようになった。しかし、兎は二度と現れず、国じゅうの笑い者となってしまった。〔出典『韓非子《かんぴし》』〕

同 守株《しゅしゅ》。

類 柳《やなぎ》の下《した》にいつも泥鰌《どじょう》はいない。

画餅《がべい》に帰《き》す

絵にかいた餅《もち》は食べられず、空腹を満たす役に立たないということから、むだに終わってしまうことのたとえ。

短文 父は勤めをやめて独立しようとしたが、資金不足でその計画は画餅に帰してしまった。

同 絵《え》に描《か》いた餅《もち》に終《お》わる。

壁《かべ》に突《つ》き当《あ》たる

大きな困難や障害があって、前に進めず、行きづまってしまう。

会話 「かれ、このごろ元気がないようだね。」「今、研究が思うように進まなくて壁に突き当たってなやんでいるらしいよ。」

壁《かべ》に耳《みみ》あり障子《しょうじ》に目《め》あり

秘密の話や行動は、どこでだれに聞かれているか、見られているかわからない。秘密の話などがもれやすいことのたとえ。

短文 この計画は人に知られるとまずいんだよ。壁に耳あり障子に目ありだ。くれぐれも外部にもれないように気をつけてくれ。

同 壁《かべ》に耳《みみ》。

果報《かほう》は寝《ね》て待《ま》て

あせらずに待てば、幸運はいつかきっとやってくるものだということ。

短文 果報は寝て待てというからって、勉強しないで寝てばかりいては成績が上がるわけがないよ。

同 運《うん》は寝《ね》て待《ま》て。

類 待《ま》てば海路《かいろ》の日和《ひより》あり。

鎌《かま》を掛《か》ける

相手のかくしていることや、こちらの知りたいことを聞き出すために、うまくさそいをかけて、はずみでほんとうのことを言わせるようにする。

短文 あいつはおっちょこちょいだから、ちょっと鎌をかければすぐしゃべるよ。

類 水《みず》を向《む》ける。

剃刀《かみそり》の刃《は》を渡《わた》る

ひじょうに危険なことをすることのたとえ。また、危機、危険が身近にあることのたとえ。

短文 母にうそがばれないかと、剃刀の刃を渡るような気持ちだった。

雷《かみなり》が落《お》ちる

目上の人からどなられ、ひどくしかられることのたとえ。

短文 あの先生の雷が落ちるのを覚悟《かくご》で授業中まんがを見るなんていい度胸だ。

神《かみ》も仏《ほとけ》も無《な》い

こんなに苦しいのに、すくってくれる慈悲《じひ》深い神も仏もいない。困難な状況から助かる道がまったく見つからないようなときにいうことば。

会話 「わからない問題ばかり出るなんて、神も仏もないよ。」「勉強がたりなかったのにそんなこと言うと、ばちが当たるわよ。」

亀《かめ》の甲《こう》より年《とし》の劫《こう》

年をとって経験を積んだ人の知恵《ちえ》は尊いということの教え。

短文 さすが亀の甲より年の劫、おばあちゃんに聞いたらすぐわかったよ。

参考 「亀の甲」には意味はなく、「年の劫」との語呂《ごろ》合わせのしゃれ。「劫」はきわめて長い時間のこと。「功」とも書く。

類 年寄《としよ》りの言《い》うことと牛《うし》の鞦《しりがい》は外《はず》れない。老《お》いたる馬《うま》は道《みち》を忘《わす》れず。

鴨《かも》が葱《ねぎ》を背負《しょ》って来《く》る

鴨《かも》なべになる鴨が、ねぎを背負ってくるように、人にだまされ、利用されやすいお人よしが、さらに利益になるものを持ってくるたとえ。

短文 あいつが大金を持ってここにやってくるとは、鴨が葱を背負って来るようなものだな。

可《か》も無《な》く不可《ふか》も無《な》し

とりたててよいところもないが、悪いところもないということ。〔出典『論語《ろんご》』〕

短文 可もなく不可もなしという感想文では、選者の目には留まらない。

痒《かゆ》い所《ところ》に手《て》が届《とど》く

細かい点にまで気がついて、世話がゆき届くことのたとえ。

短文 病人にはかゆい所に手が届くよう

なそんな看護《かんご》が必要です。

烏《からす》に反哺《はんぽ》の孝《こう》あり ⇩ **鳩《はと》に三枝《さんし》の礼《れい》あり烏《からす》に反哺《はんぽ》の孝《こう》あり**

烏《からす》の行水《ぎょうずい》

烏《からす》の水浴びがごく簡単にすまされることから、ふろで、からだをよく洗いもせず、簡単にすましてしまうことのたとえ。

短文 大掃除《そうじ》でよごれたんだから、いつもの烏の行水じゃだめですよ。

烏《からす》の雌雄《しゆう》 ⇩ **誰《たれ》か烏《からす》の雌雄《しゆう》を知《し》らんや**

烏《からす》の濡《ぬ》れ羽色《ばいろ》

水にぬれた烏《からす》の羽のように、髪の毛が真っ黒でつやつやしているようす。

体《からだ》を張《は》る

命がけでやる。全力で事に当たる。

短文 そういうむりな計画をおし通そうとするなら、われわれは体を張ってでも反対しますよ。

借《か》りてきた猫《ねこ》

いつもとちがって、改まってひどくおとなしいようすのたとえ。

短文 いつもはわんぱくなあの子が、親せきのおじさんの家にとまりに行ったときには、借りてきた猫みたいにおとなしかったそうだよ。

画竜点睛《がりょうてんせい》を欠《か》く

物事を完成させるための、最後の最も大切な部分が欠けていることのたとえ。

注意 「睛」はひとみで、「晴」と書くのは誤り。

参考 「画竜」は絵にかいた竜《りゅう》。「点睛」はひとみを入れること。

故事 むかし、中国の張僧繇《ちょうそうよう》という絵の名人が寺の壁に二匹の竜の絵をかいた。このうち、一匹の竜に睛《ひとみ》を入れると、たちまち本物の竜となって天に飛び去ってしまったという。〔出典『歴代名画記《れきだいめいがき》』〕

類 仏作《ほとけつく》って魂《たましい》入れず。

借《か》りる時《とき》の地蔵顔《じぞうがお》済《な》す時《とき》の閻魔顔《えんまがお》

人は、金や物を借りるときは地蔵さまのようににこにこして借りるが、返すときは閻魔《えんま》さまのように不機嫌《ふきげん》なこわい顔をしてしまうものだというたとえ。

参考 「済《な》す」は、返すの意。

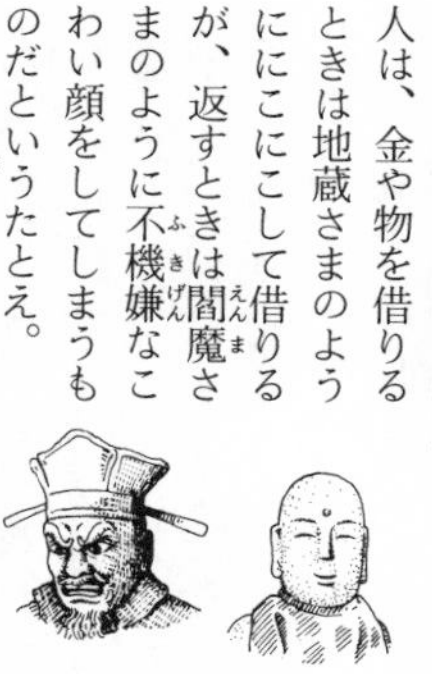

えんまのこわい顔と地蔵のやさしい顔

枯《か》れ木《き》に花《はな》

①一度おとろえたものが、ふたたび栄えることのたとえ。②起こるはずのないことが起こるたとえ。③望んでも実現できないことのたとえ。

類 炒《い》り豆《まめ》に花《はな》。

枯《か》れ木《き》も山《やま》の賑《にぎ》わい

どんなつまらないものでも、ないよりはましであるというたとえ。

短文 こんな年寄りですが、枯れ木も山

のにぎわい、ご招待にあまえてクリスマスパーティーに出さしていただきます。

注意 自分をへりくだって言う。他人に対して「枯れ木も山のにぎわいですからご出席ください」などと言うのは失礼。

彼《かれ》も人《ひと》なり予《われ》も人《ひと》なり

他人にできることが、同じ人間としての自分にできないはずはない、と自分を奮起させるためのはげましのことば。 〔出典 韓愈《かんゆ》『原毀《げんき》』〕

短文 彼も人なり予も人なりというけど、とても一〇〇メートルを九秒台では走れないよ。

彼《かれ》を知《し》り己《おのれ》を知《し》れば 百《ひゃく》戦《せん》殆《あや》うからず

敵の実力・状態をよく理解し、味方の実力・状態を正確につかんだうえで戦えば、何度戦っても敗れることはない。相手と自分の情勢を正確につかむことが勝利への道だという教え。 〔出典『孫子《そんし》』〕

会話 「入試の出題の傾向と、自分の実力とをよく考えて志望校を決めたい。」

「なるほど。彼を知り己を知れば百戦あやうからずというからな。」

夏炉冬扇《かろとうせん》

夏のいろり、冬の扇《おうぎ》のように、時期がはずれて必要のないもののたとえ。 〔出典『論衡《ろんこう》』〕

同 冬扇夏炉《とうせんかろ》。夏炬燵《なつごたつ》。

類 十日《とおか》の菊《きく》六日《むいか》の菖蒲《あやめ》。

可愛《かわい》い子《こ》には旅《たび》をさせよ

子供をほんとうに愛するなら、親の手もとにおくより世間に出して苦労させたほうがりっぱな人間になるという教え。

会話 「全寮制《ぜんりょうせい》の学校できびしく育ててもらうことにしましょうよ。」

「かわいい子には旅をさせよというからな。大賛成だ。」

対 甘《あま》い子《こ》に甘草《かんぞう》。

可愛《かわい》さ余《あま》って憎《にく》さが百倍《ひゃくばい》

かわいいと思っていた人を、なにかのことで憎《にく》いと思うようになると、その憎しみがふつうの場合より何倍も強くなるということ。

会話 「この間まであんなにめんどうをみていた後輩《こうはい》じゃないか。」

「うそばかりついて、かわいさ余って憎さが百倍、思い出すのもいやになった。」

川《かわ》に水《みず》を運《はこ》ぶ

水がたくさんある川に水を運ぶように、まったくむだなこと、無意味なことのたとえ。

皮《かわ》を切《き》らせて肉《にく》を切《き》り 肉《にく》を切《き》らせて骨《ほね》を切《き》る

強い者と戦うときは、自分も傷つくことを覚悟《かくご》し、それよりも大きな損害をあたえるようにせよという教え。

短文 近くに同業の店ができたから、損を承知の安売りをやるよ。皮を切らせて肉を切り肉を切らせて骨を切る覚悟《かくご》だ。

同 皮《かわ》を切《き》らせて肉《にく》を切《き》る。

華《か》を去《さ》り実《じつ》に就《つ》く

見かけをかざることよりも、実質のほうを大事にする。うわべよりも中身を大切に考える。

短文 あそこの店は見かけはよくないが、華を去り実に就くで、安くてうまいものを食べさせてくれるよ。

類 花《はな》より団子《だんご》。

我《が》を通《とお》す

自分の考えを強く主張し、まわりの人を従わせる。

短文 きみは部長なんだから、部全体のことを考えて我を通さず、みんなの意見のまとまった方向へ部を引っ張ってくれないか。

「皮」が語中にくることば

面《つら》の皮が厚い ⇩ 二四五ページ
面《つら》の皮を剝《は》ぐ ⇩ 二四六ページ
虎《とら》は死して皮を留《とど》め人は死して名を残す ⇩ 二七〇ページ
人間の皮を被《かぶ》る ⇩ 二八七ページ
化けの皮が剝《は》がれる ⇩ 三〇〇ページ
腹の皮が張れば目の皮が弛《たる》む ⇩ 三一一ページ
欲の皮が突《つ》っ張る ⇩ 三九七ページ

我《が》を張《は》る

自分の考えを最後まで変えずにおし通そうとする。

短文 二人で我を張ってたら、いつまでたっても結論が出やしないよ。

寡《か》をもって衆《しゅう》を制《せい》す

少数の人たちが力を合わせて、多数の人たちに対して勝ちをおさめる。

対 衆寡敵《しゅうかてき》せず。多勢《たぜい》に無勢《ぶぜい》。

棺桶《かんおけ》に片足《かたあし》を突《つ》っ込《こ》む

年をとったり病気が重かったりして、死期が近いことのたとえ。

会話 「もう、おじいちゃんは棺桶に片足を突っ込んでいるから、おまえの嫁《よめ》入り姿は見られないかもしれないよ。」「そんなこと言わないで。おじいちゃんは若いわ。長生きしてわたしのお嫁入り姿をぜひ見てもらいたいの。」

考《かんが》える葦《あし》

人間を弱い一本の葦《あし》にたとえたことば。

語源 《原文》人間《にんげん》は、自然《しぜん》の中《なか》で最《もっと》も弱《よわ》い一茎《ひとくき》の葦《あし》にすぎない。だが、それは考《かんが》える葦《あし》である。
〔出典　パスカル『パンセ』〕

勧学院《かんがくいん》の雀《すずめ》は蒙求《もうぎゅう》を囀《さえず》る

勧学院に巣を作る雀《すずめ》は、学生たちが毎日読む『蒙求《もうぎゅう》』の文章をそらんじて、その文句をさえずるということから、ふだん見たり聞いたりしていることは自然に身につくものだというたとえ。

短文 勧学院の雀は蒙求をさえずるというけれど、絵かきのお父さんの子にしては、おまえは絵がへただねえ。

参考 「勧学院」は、平安時代に藤原氏《ふじわら》が子弟の教育のために建てた学校。『蒙《もう》求《ぎゅう》』は唐《とう》の李瀚《りかん》の著《あらわ》した年少者向けの歴史教訓書で、教科書として使われた。

類 門前《もんぜん》の小僧《こぞう》習《なら》わぬ経《きょう》を読《よ》む。

緩急宜《かんきゅうよろ》しきを得《え》る

事の運びが、ぴったりとうまいぐあいに行われること。

短文 緩急よろしきを得た先輩《せんぱい》のリード

で、チームがうまくまとまり、決勝戦ではみんなよく実力を発揮した。

参考 「緩急《かんきゅう》」は、おそいこととはやいこと。また、ゆるいこときびしいこと。

感極《かんきわ》まる

感動で胸がいっぱいになる。

短文 優勝して校歌を聞いたときは、全員感極まって泣き出してしまった。

間隙《かんげき》を縫《ぬ》う

すきまをすりぬける。また、相手のすきをつく。

会話 「よくあのチームに勝てたね。」「敵の間隙を縫って破れかぶれにシュートしたのがうまく決まったんだ。」

諫言耳《かんげんみみ》に逆《さか》らう

自分の欠点などを忠告してくれることばは、聞かされるほうにとってはつらく、なかなかすなおに聞き入れられるものではないということ。

短文 あの人のことを思って言ったのに、反対におこらせちゃった。やはり諫言耳に逆らうということかなあ。

参考 「諫言《かんげん》」は、目上の人に対していさめること。また、そのことば。

同 忠言耳《ちゅうげんみみ》に逆《さか》らう。金言耳《きんげんみみ》に逆《さか》らう。

類 良薬《りょうやく》は口《くち》に苦《にが》し。

眼光紙背《がんこうしはい》に徹《てっ》す

眼《め》の光が、書物の紙の裏にまで届くという意味から、文章を読んで語句の解釈にとどまらず、深い意味や筆者の精神までするどく感じとるたとえ。

換骨奪胎《かんこつだったい》

他人の骨と取りかえ、胎（＝子の宿る所）を奪《うば》って自分のものにしてしまうという意味から、他人の文章や構想などをたくみに利用し、自分の工夫も加えてまったく別の作品を作り上げること。

注意 現在では模倣《もほう》したものとして、よくない意味に使われることが多い。

閑古鳥《かんこどり》が鳴《な》く

閑古鳥の鳴く土地のように、人気《ひとけ》がなくてさびしいようす。また、商売などがはやらないようす。

短文 駅が移ってから、この商店街は閑古鳥が鳴くようなさびれかただ。

参考 「閑古鳥《かんこどり》」は、かっこう。人里はなれた土地で鳴く鳥。

類 門前雀羅《もんぜんじゃくら》を張《は》る。

対 門前市《もんぜんいち》を成《な》す。

勘定合《かんじょうあ》って銭足《ぜにた》らず

計算ではぴったり合っているが、現金が不足していることから、理論と実際が一《いっ》致《ち》しないことのたとえ。

顔色無《がんしょくな》し

おどろきやおそれのため顔色が青くなる。すっかり圧倒《あっとう》される。〔出典　白居易《はくきょい》『長恨歌《ちょうごんか》』〕

短文 特選の作品を見て、さすがのかれも顔色なしのありさまだった。

韓信《かんしん》の股《また》くぐり

大きな目的を持っている者は、目の前の小さな苦労や恥《はじ》をじっとたえしのばなければならないというたとえ。

故事 中国の漢の国の名将韓信《かんしん》は、若いころ、町のごろつきにいいがかりをつけられて股《また》をくぐれと言われ、じっとがまんして相手の股をくぐった。天下に志があったので無用の争いを避《さ》けたのである。韓信は後年、漢の高祖《こうそ》を助けて天下統一のために大いに活躍《かつやく》をした。〔出典『史記《しき》』〕

歓心《かんしん》を買《か》う

相手の気に入られようと努める。

短文 A君はB子さんの歓心を買おうと花をプレゼントした。

埳井《かんせい》の蛙《あ》 ⇩ **井《い》の中《なか》の蛙《かわず》大海《たいかい》を知《し》らず**

間然《かんぜん》する所《ところ》無《な》し

すべてが完全で、非難するところがまったくない。〔出典『論語《ろんご》』〕

参考「間然」は、欠点を指摘《してき》して非難すること。

勧善懲悪《かんぜんちょうあく》

善《よ》いことをすすめ、悪いことをした者をこらしめること。〔出典『漢書《かんじょ》』〕

完全無欠《かんぜんむけつ》

必要な条件が全部そろっていて、少しも欠点や不足がないこと。完璧《かんぺき》。

短文 完全無欠な人間はいないので、あの人にあまり要求してもむりだよ。

肝胆相照《かんたんあいて》らす

たがいにかくしだてをせず、ほんとうの心を深く理解しあっている。〔出典『故事成語考《こじせいごこう》』〕

短文 かれとは学生時代からの友人で、肝胆相照らす仲です。

参考「肝胆《かんたん》」は、肝臓と胆のうのこと。転じて、心の奥底の意。

邯鄲《かんたん》の歩《あゆ》み

人のまねばかりしていると、本来の自分を忘れ、結局なにも身につかない人間になってしまうことのたとえ。

故事 むかし、中国の趙《ちょう》の都邯鄲《かんたん》に、一人の男が田舎《いなか》から出てきた。かれは都の人々のしゃれた歩き方をまねしようとしたが身につかず、そのうち自分の歩き方まで忘れて、とうとうはって国に帰ったという。〔出典『荘子《そうじ》』〕

邯鄲《かんたん》の夢《ゆめ》

人の世の栄華《えいが》（＝はなやかに栄えること）のはかなくむなしいことのたとえ。

故事 むかし、中国で、盧生《ろせい》という貧しい若者がいた。あるとき、趙《ちょう》の都邯鄲《かんたん》で一人の仙人《せんにん》から栄華が思いのままになるという枕《まくら》を借りて眠ったところ、自分がよい妻を得、大臣となって富み栄えるという一生の夢を見た。夢からさめてみると炊《た》きかけていたあわ飯がまだ炊きあがっていなかった。〔出典『枕中記《ちんちゅうき》』〕

同 一炊《いっすい》の夢《ゆめ》。黄粱一炊《こうりょういっすい》の夢《ゆめ》。邯鄲《かんたん》の

枕《まくら》。盧生《ろせい》の夢《ゆめ》。
類 南柯《なんか》の夢《ゆめ》。

肝胆《かんたん》を砕《くだ》く

ありったけの知恵《ちえ》をしぼって苦心する。
短文 あの学校の先生方は、一人でも落ちこぼれる生徒の出ないよう、日夜肝胆を砕いている。
参考 「肝胆《かんたん》」は、肝臓と胆のうのこと。転じて、心の意。

眼中《がんちゅう》に無《な》い

まったく気にしていない。なんとも思わない。
会話 「一回戦の相手について研究しなくてもいいのか。」「あんなチーム、眼中にないさ。それより決勝戦で当たりそうなチームはどれか、考えてみろよ。」

眼中人無《がんちゅうひとな》し

まわりの人を無視した、おごりたかぶったふるまいをするようす。
短文 あいつの眼中人なしという態度はしゃくにさわってしかたがない。
類 傍若無人《ぼうじゃくぶじん》。

嚙《か》んで含《ふく》める

よく理解できるように、わかりやすくくだいて教えたり、言い聞かせたりする。
短文 あれだけかんで含めるように教えたのに、どうしてわからないんだ。

艱難汝《かんなんなんじ》を玉《たま》にす

困難に出合ったり、苦労したりすることで人間がみがかれて成長していくものだということ。

癇《かん》に障《さわ》る

腹が立つ。おこりたくなる。
短文 おまえのだらだらした言い訳を聞いていると、よけい癇に障るよ。
参考 「癇《かん》」は、おこりっぽい性質。
類 癪《しゃく》に障《さわ》る。

簡《かん》にして要《よう》を得《え》る

短いことばで、正確に要点をとらえる。
短文 先輩《せんぱい》は短気だから、簡にして要を得た報告をしないとどなられるぞ。

感《かん》に堪《た》えない

感動をかくすことができない。
短文 九歳の子のかいた大人顔負けの絵を見て感に堪えなかった。

堪忍袋《かんにんぶくろ》の緒《お》が切《き》れる

腹が立ってもがまんしてきたが、もうこらえ切れなくなっていかりを爆発《ばくはつ》させることのたとえ。
短文 自分勝手なことばかり言うから、堪忍袋の緒が切れて、とうとう彼女《かのじょ》をどなりつけちゃった。

間髪《かんはつ》を容《い》れず

髪《かみ》の毛一本さえのすき間もないという意味から、間をおかずすぐに反応するようす。すぐさま。ただちに。
〔出典『説苑《ぜいえん》』〕
短文 間髪を容れずにジョークが返ってくるなんて、あいつはすごく頭が切れる。
注意 「かん、はつをいれず」と読み、続けて「かんぱつ」と読むのは誤り。

看板倒れ《かんばんだお》

看板にはいいことが書いてあるが、事実はそのとおりでないということから、見かけだけよくて内容のともなわないことのたとえ。

会話 「三割打者をずらりとそろえた打線なのに、ちっとも打てないな。」「看板倒れ《かんばんだお》だな。優勝はむりだろう。」

類 看板《かんばん》に偽《いつわ》りあり。見《み》かけ倒《だお》し。

看板《かんばん》に偽《いつわ》りあり

看板に書かれているものと実際の品物とがちがっていることから、評判や宣伝どおりの内容でないことのたとえ。

短文 社員の福利厚生に力を入れているとあったが、ろくな設備もなくて、まったく看板に偽りありという会社だよ。

類 看板倒《かんばんだお》れ。羊頭狗肉《ようとうくにく》。

対 看板《かんばん》に偽《いつわ》り無《な》し。

看板《かんばん》に偽《いつわ》り無《な》し

看板に書いてあることと実際とが一致《いっち》している。評判や、ふだん言っているとおりのりっぱな内容がそろっている。

短文 県下随一《ずいいち》の選手という評判だったが、さすがに短距離《たんきょり》は速い。看板に偽りなしで大いに期待できるぞ。

対 看板《かんばん》に偽《いつわ》りあり。

看板《かんばん》を下《お》ろす

①その日の営業をやめて店じまいする。②商売をやめて店をとじる。③看板に書いてあるような実質がともなわず、看板に書いたことを取り消す。

短文 ①きょうはお客の入りが悪いので早めに看板を下ろそう。②明治から続いていた菓子のしにせも不況《ふきょう》のあおりでついに看板を下ろしてしまった。③こう打てなくては、強力打線という看板を下ろさなければならないね。

完膚《かんぷ》無《な》き迄《まで》に

完全な皮膚《ひふ》が残ってないほどにの意から徹底的《てっていてき》に物事を行うようす。完全に。

短文 あのチームには決勝戦で何度も負けているので、今度こそ完膚なきまでにやっつけてやろう。

完璧《かんぺき》

少しの傷も欠点もなく、完全なこと。完全無欠。

短文 掃除《そうじ》を完璧にやれという、きつい命令をされてしまった。

注意 「璧」を「壁」と書くのは誤り。

参考 次の故事のように、「璧《へき》を取り返す」ことが「璧を完《まっと》うす（＝大事なことをやりとげる）」意となって、今の「完全無欠」の意となった。

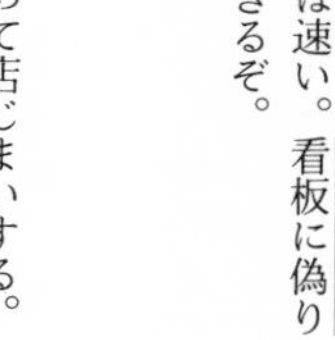

（へき）

故事 中国の戦国時代、秦《しん》の昭王《しょうおう》は、趙《ちょう》の国の「和氏《かし》の璧《へき》」という宝玉を手に入れようとして、一五の城と交換《こうかん》しようと持ちかけた。趙の使者、藺相如《りんしょうじょ》は璧を持っていったが約束の城はくれなかった。だまし取られたと知って藺相如は命がけで璧をうばい返して帰った。

〔出典『史記《しき》』〕

管鮑《かんぽう》の交《まじ》わり

利害をこえた親密な友情・つきあいのたとえ。

短文 生涯《しょうがい》にわたって管鮑の交わりが結べる友人がほしいものだ。

> **故事** 中国の春秋《しゅんじゅう》時代に、斉《せい》の管仲《かんちゅう》と鮑《ほう》叔《しゅく》はきわめて仲がよかった。共同で商売をしたとき管仲が分け前を多く取っても、管仲の貧しさを知っている鮑叔は少しも不満を言わず、いつも管仲をかばった。やがて管仲は斉の国の宰相《さいしょう》となったが、この親密な関係は生涯《しょうがい》続いたという。管仲は「我を生む者は父母、我を知る者は鮑叔なり。」と感謝のことばを残している。〔出典『史記《しき》』〕

類 水魚《すいぎょ》の交《まじ》わり。刎頸《ふんけい》の交《まじ》わり。莫逆《ばくぎゃく》の友《とも》。

冠《かんむり》を曲《ま》げる

相手の言うことやすることが気に入らず、機嫌《きげん》を悪くすることのたとえ。

短文 ぼくが二度も宿題をさぼったので、先生は冠を曲げてしまった。

歓楽極《かんらくきわ》まりて哀情《あいじょう》多《おお》し

喜びや楽しみが頂点に達してしまうと、あとはかえって悲しみの感情がわいてくるということ。

会話「すごい文化祭だったなあ。めちゃくちゃ楽しかったけど、終わってみたらなんとなくものさびしい気がするね。」「歓楽極まりて哀情多しさ。みんな、なんかしょんぼりしてるよ。」

語源《原文》歓楽極《かんらくきわ》まりて哀情多《あいじょうおお》し、少壮幾時《しょうそういくとき》ぞ老《おい》を奈何《いかん》せん（＝若い時はいくらもなく、年老いていくのをどうしたらよいだろう）。〔出典　漢武帝《かんのぶてい》『秋風辞《しゅうふうのじ》』〕

感涙《かんるい》に咽《むせ》ぶ

強く感動して涙《なみだ》を流す。

短文 三年間手塩にかけたチームが優勝して、先生も感涙にむせんでいたよ。

還暦《かんれき》

数え年六一歳のこと。

語源 むかしの暦《こよみ》のかぞえ方で、六〇年で暦が一まわりしてもとに還《かえ》ってくることからいう。十干《じっかん》と十二支《じゅうにし》とを組み合わせて、甲子《きのえね》・乙丑《きのとうし》……のように六〇組の呼び名で年の順序を表した。

> **〈年齢《ねんれい》を表すことば〉**
>
> 志学《しがく》＝一五歳
> 弱冠《じゃっかん》＝二〇歳
> 而立《じりつ》＝三〇歳
> 不惑《ふわく》＝四〇歳
> 知命《ちめい》＝五〇歳
> 耳順《じじゅん》＝六〇歳
> 従心《しょうしん》＝七〇歳
> 古稀《こき》＝七〇歳
> 喜寿《きじゅ》＝七七歳
> 米寿《べいじゅ》＝八八歳
> 卒寿《そつじゅ》＝九〇歳
> 白寿《はくじゅ》＝九九歳

棺《かん》を蓋《おお》いて事定《ことさだ》まる

人間の真価は、死後になってはじめて定まる。生きているうちはその人との利害や感情によって正しく評価されることはないということ。〔出典『晋書《しんじょ》』〕

短文 棺をおおいて事定まるという覚悟《かくご》がなけりゃ、こんな評判の悪い大事業をやれるものではない。いつかきっとわかってくれるさ。

参考「棺《かん》を蓋《おお》う」は、死んだ人を入れて、その棺のふたをする意。

願《がん》を掛《か》ける

神や仏に、願い事がかなうように祈《いの》る。

短文 大好きな彼女《かのじょ》と結婚《けっこん》できるように、お地蔵様に願をかけた。

き　キ

聞《き》いて極楽《ごくらく》見《み》て地獄《じごく》

人から聞いただけではひじょうにすばらしく思えるが、実際にそれを自分の目でたしかめてみると、話とはまるでちがっていてきわめてひどいことのたとえ。

短文 駅から徒歩五分、上・下水道完備、都市ガスありと聞いて来たのに、こんな不便な所では、まさに聞いて極楽見て地獄だよ。

類 聞《き》くと見《み》るとは大違《おおちが》い。聞《き》いて千金《せんきん》見《み》て一毛《いちもう》。

黄色《きいろ》い声《こえ》

女性や子供などのかん高い声。

短文 球場のあちこちから女子高生たちが黄色い声で必死に応援《おうえん》するのが聞こえてくる。

気炎万丈《きえんばんじょう》

周囲の人々を圧倒《あっとう》するほど、意気ごみのたいへんさかんなこと。

短文 祖国を思うかれの演説は気炎万丈、聴衆《ちょうしゅう》を圧倒《あっとう》した。

参考「気炎《きえん》」は、炎《ほのお》の燃え上がるほどさかんな意気ごみという意で、「万丈《ばんじょう》」は、程度のひじょうに高いこと。

同 万丈《ばんじょう》の気炎《きえん》。

類 気炎《きえん》を上《あ》げる。気炎《きえん》を吐《は》く。

気炎《きえん》を上《あ》げる

威勢《いせい》のいいことをさかんにしゃべる。また、意気さかんにだれかと議論する。

短文 かれは酒に酔《よ》うと気炎を上げる癖《くせ》がある。

類 気炎《きえん》を吐《は》く。気炎万丈《きえんばんじょう》。気《き》を吐《は》く。

気《き》が合《あ》う

気持ちや考えなどが、たがいに通じ合う。

短文 初対面の人なのに、妙《みょう》に気が合って一晩じゅう語り明かした。

気《き》が多《おお》い

一つのことに熱中できず、いろいろなものに関心が移る。移り気である。

短文 ラジコンからテレビゲーム、さらにパソコンへと興味が次から次へと変わっていき、今は釣りに凝《こ》っている。かれほど気が多い人もめずらしい。

奇貨《きか》居《お》くべし

めずらしい品物は、あとで価値が出るから、今買っておいて利益を得る機会を待つべきであるということ。また、好機はのがさず、うまく利用せよというたとえ。

会話「K社の株が大暴落して大損したよ。」
「しかし、K社は将来が有望だから、奇貨居くべしで、今買っておくべきだよ。」

参考「奇貨《きか》」は、めったに手に入れることができないめずらしい品物。「居《お》く」は、たくわえるの意。

故事 中国の戦国時代、秦《しん》の国の呂不韋《りょふい》がまだ商人であったころ、秦の王子の子《し》楚《そ》が、趙《ちょう》の国の人質となって不自由な生活をしていた。これを見た呂不韋は、子楚を将来利用しようと思い、「奇貨居くべし。」として子楚を助け、のちに子楚が秦の王になると呂不韋は大臣に選ばれたという。〔出典『史記《しき》』〕

類 好機逸《こうきいっ》すべからず。

気《き》が置《お》けない

遠慮《えんりょ》したり、よけいな気を使ったりする必要がない。心から親しめる。

会話「かれの誕生日《たんじょうび》に招待されたんだが、行こうか行くまいか迷っているんだ。」
「かれの家族は、みんな気が置けない人たちばかりだから気楽に行こうよ。」

注意 心を許せない、油断できないという意味で用いるのは誤り。「気が置ける」は、なんとなく緊張《きんちょう》したり、気づまりしたりするときに用いる。

対 気《き》が置《お》ける。

気《き》が重《おも》い

気分がすっきりせず、なんとなくゆううつである。

短文 課題提出の締《し》め切り日が近づいているのに、まだ一行も書けていなくて気が重い毎日を過ごしている。

同 心《こころ》が重《おも》い。

対 気《き》が軽《かる》い。

気《き》が変《か》わる

始めと気持ちや考えが変わる。

会話「途中まで行ってなぜ引き返してきたの。」
「バスに乗りおくれたので気が変わったのさ。」

気《き》が利《き》いて間《ま》が抜《ぬ》ける

細かいところまでよく注意が行き届いているが、かえって大切なところを見落としている。

同 気《き》が利《き》き過《す》ぎて間《ま》が抜《ぬ》ける。

気《き》が利《き》く

①物事をするのに、細かなところまでよく注意が行き届く。気が回る。②しゃれている。センスがいい。

短文 ①学級委員として彼女《かのじょ》ほど気が利く人はほかにはいないだろう。②このコーヒーカップ、とても気が利いていてすてきね。

気《き》が気《き》でない

ひじょうに気になることがあって、落ち着いていられない。

短文 試験に取り組んでいる子供のことを思うと気が気でない。

気《き》が差《さ》す

自分のしたことがなんとなく気になって、うしろめたい気持ちになる。

短文 老人が乗ってきても席をゆずらなかった若者は、さすがに気が差したのか、ずっと下を向いたままだった。

〔類〕気《き》が咎《とが》める。気《き》が引《ひ》ける。

機《き》が熟《じゅく》す

物事を始めるのに、ちょうどよい状況《じょうきょう》になる。

〔短文〕平家打倒《だとう》を志し、苦節二十五年、ついに機が熟して頼朝《よりとも》は挙兵した。

〔参考〕「機」は、物事の起こるきっかけ、ちょうどよいとき、おりの意。

気《き》が済《す》む

今まで気にかかっていたことが解決し、心の負担がなくなってせいせいする。また、不満に思っていたことがなくなって気分が落ち着く。満足する。

〔短文〕きみがそんなにぼくのことを疑うんだったら、先生にでもだれにでも言いつけて気が済むようにしたらいいよ。

気《き》が急《せ》く

物事を早くしようと思って心が落ち着かない。気があせる。

〔短文〕あしたまでの宿題だが、気がせくばかりで、なかなかうまくできない。

気《き》が立《た》つ

感情が高ぶって、いらいらする。興奮する。

〔短文〕つまらないエラーから逆転負けをして監督《かんとく》は今すごく気が立っている。

気《き》が散《ち》る

いろいろなことに心が引かれて、一つのことに気持ちが集中できない。注意が散漫《さんまん》になる。

〔短文〕騒音《そうおん》のために気が散って授業に集中できない。

気《き》が付《つ》く

細かなところにまで注意が行き届く。気が回る。

〔短文〕彼女《かのじょ》は、細やかな配慮《はいりょ》が行き届き、よく気が付くが、あれは家庭のしつけというより、生まれつきのものだろう。

気《き》が遠《とお》くなる

①頭がぼうっとして意識がなくなる。②時間・歳月《さいげつ》が長かったり、膨大《ぼうだい》な量であったり、内容がむずかしすぎたりして、想像を絶する感じがする。

〔短文〕①転んだときに頭を打って気が遠くなった。②人間が月に行くという気が遠くなるような計画も、科学技術の進歩によりついに実現可能になった。

気《き》が咎《とが》める

悪いことやまちがったことをして、なんとなく気になる。悪いと思う。

〔短文〕参考書を買いたいと言って、親からもらったお金で、映画を見に行ってしまうのは、どうも気がとがめる。

〔類〕気《き》が差《さ》す。気《き》が引《ひ》ける。

気《き》が長《なが》い

気持ちがのんびりしていて、せかせかしていない。

〔短文〕かれは気が長いから少しくらい待たせてもおこらないよ。

〔対〕気《き》が短《みじか》い。

気《き》が張《は》る

緊張《きんちょう》して、のんびりしていられない気持

ちである。

会話 「受験まであとわずかだから風邪《かぜ》など引かないようにね。」「気が張っているから風邪なんか引かないよ。」

気《き》が引《ひ》ける

なんとなくうしろめたい感じがして、気おくれする。遠慮《えんりょ》したい気持ちになる。

短文 一人だけおくれて来て会場にはいるのは、どうも気が引ける。

類 気《き》が差《さ》す。気《き》が咎《とが》める。

気《き》が触《ふ》れる

精神状態がおかしくなる。気が狂《くる》う。

短文 あの航空機事故で両親を失って強いショックを受けたかれは、気が触れてしまった。

気《き》が回《まわ》る

細かなところまであれこれとよく気がつく。注意が行き届く。

短文 かれはよく気が回るから、学級委員として最適な人だ。

気《き》が短《みじか》い

①すぐおこったり、いらいらしたりする。おこりっぽい。②せっかちである。

短文 ①かれは気が短くて、ちょっとしたことに、すぐに腹を立てる。②お父さんは気が短いから、その仕事は早く仕上げなければいけませんよ。

対 気《き》が長《なが》い。

気《き》が滅入《めい》る

気持ちがしずんで、ゆううつになる。

会話 「地上げ屋がはびこって、土地は上がるが給料は上がらない。いやだねえ。」「まったくだ。暗い世相《せそう》に気が滅入ってしまうよ。」

対 気《き》が晴《は》れる。

気《き》が揉《も》める

心配事があって、心が落ち着かない。もどかしくていらいらする。

短文 入試が終わってから合格発表までの間は、本人はもちろんのこと、周囲の者までなんとも気がもめるものだ。

木《き》から落《お》ちた猿《さる》

たよりにしていたものがなくなってどうしたらよいかわからず、困りはてている人、また、そのような状態のたとえ。

会話 「最近の円高傾向《けいこう》は日本の経済力の強さを見せつけているね。」「なにを言ってるんだ。輸入業者はほくほく顔だろうが、輸出産業は、木から落ちた猿同然で、悲鳴を上げているよ。」

類 水《みず》を離《はな》れた魚《うお》。陸《おか》に上《あ》がった河童《かっぱ》。

危機一髪《ききいっぱつ》

髪の毛一本ほどのところに危険がせまっているという状態。ひじょうに危ないせとぎわ。

短文 凍結《とうけつ》した道路でハンドルをとられ、危機一髪のところで谷底へ転落するのをまぬがれた。

注意 「危機一発」と書くのは誤り。

聞《き》き上手《じょうず》の話《はな》し下手《べた》

人の話を聞くことがうまい人は、自分が

話すことはへたであるということ。

短文 従来の日本人は、だまって人の話を聞くことはできても、自らの意志をうまく表現することができない、いわゆる聞き上手の話し下手の人が多かった。

対 聞《き》き上手《じょうず》は話《はな》し上手《じょうず》。話《はな》し上手《じょうず》の聞《き》き下手《べた》。

聞《き》き上手《じょうず》は話《はな》し上手《じょうず》

人の話を聞くことのうまい人は、自分が話すことも上手であるということ。

対 聞《き》き上手《じょうず》の話《はな》し下手《べた》。話《はな》し上手《じょうず》の聞《き》き下手《べた》。

聞《き》き耳《みみ》を立《た》てる

どんなに小さな声や音でも、聞きもらさないように注意を集中して、聞こうとする。一心に聞こうとする。

短文 友達の内緒《ないしょ》話に思わず聞き耳を立てた。

危急存亡《ききゅうそんぼう》の秋《とき》

危険がすぐ近くにせまっていて、生き残ることができるか、それとも滅《ほろ》びるかという重大な時期。生きるか死ぬかの分かれめ。

短文 外国の安い農産物を輸入してほしいという圧力が強まっている。日本の農家にとっては、まさに危急存亡の秋だ。

語源 中国が、魏《ぎ》・呉《ご》・蜀《しょく》の三国に分かれて対立していたころ、蜀の諸葛亮《しょかつりょう》（諸葛孔明《しょかつこうめい》）が魏を討つために軍隊を出動しようとしたときに言ったことば。

〔出典　諸葛亮《しょかつりょう》『出師表《すいしのひょう》』〕

参考 「秋《とき》」は大切な時期の意。

聞《き》くは一時《いっとき》の恥《はじ》 聞《き》かぬは一生《いっしょう》の恥《はじ》

知らないことを人に聞くのは、そのときははずかしい思いをするが、聞かなければわからないままなので一生はずかしい思いをする。わからないことはすぐ人に聞いて明らかにせよということ。

同 問《と》うは一旦《いったん》の恥《はじ》問わぬは末代《まつだい》の恥《はじ》。

聞《き》けば聞《き》き腹《ばら》

聞かなければそのまま知らずにすむことも、聞けば腹が立つということ。

会話 「ふだん、仏様みたいにおだやかな人がきょうはまた、ずいぶんおこっているね。」「聞けば聞き腹っていうだろう。こんなひどい話を聞いておこらない人はいないよ。」

類 知《し》らぬが仏《ほとけ》。見《み》ぬが極楽《ごくらく》。

機嫌《きげん》を取《と》る

人の気持ちをなぐさめたり、やわらげたりする。相手が気に入るようなことを言ったり、したりする。

短文 彼女《かのじょ》ほどわがままな人はいないよ。いつもだれかに機嫌を取ってもらわないとおもしろくないんだ。

騎虎《きこ》の勢《いきお》い

走っている虎《とら》に乗っている者は、その勢いがはげしく、また、降りれば虎に食べられてしまうので途中《とちゅう》で降りることができないということから、物事に勢いがついてしまい、途中でやめようとしても、やめられなくなってしまうことのたとえ。

〔出典『隋書《ずいしょ》』〕

樹《き》静《しず》かならんと欲《ほっ》すれども風《かぜ》止《や》まず ⇩ 風樹《ふうじゅ》の嘆《たん》

木七竹八塀十郎《きしちたけはちへいじゅうろう》

木は七月に切るのがよく、竹は八月に切るのがよい。また、土塀《どべい》は乾燥《かんそう》した十月に土を塗《ぬ》るのが長持ちさせるためにはよいという教え。ふだんの生活に知っていてもよい事がらを人名になぞらえて伝えようとしたむかしの人の知恵《ちえ》。

〔参考〕月はいずれも陰暦《いんれき》。

［類］木六竹八塀十郎《きろくたけはちへいじゅうろう》。

雉《きじ》も鳴《な》かずば撃《う》たれまい

雉《きじ》が鳴かなかったら居場所を気づかれることがなく、撃《う》たれることもなかったということから、よけいなことを言ったりしたりしなければ、災《わざわ》いを招かずにすんだだろうというたとえ。

［会話］「あれほど会社への貢献《こうけん》度の高い人がなんで地方勤務に回されたの。」「雉も鳴かずば撃たれまいっていうじゃないの。会議で重役陣《じん》を無能呼ばわりしたらしいよ。」

［同］鳴《な》かずば雉《きじ》も撃《う》たれまい。鳥《とり》も鳴《な》かねば打《う》たれまじ。

［類］口《くち》は禍《わざわい》の門《かど》。蛙《かえる》は口《くち》から呑《の》まるる。

喜寿《きじゅ》

七七歳のこと。

［語源］「喜」の草書体「㐂」が七十七に似ているところからいう。

〔参考〕⇩ 還暦《かんれき》（囲み記事）

机上《きじょう》の空論《くうろん》

机の上、または頭の中で考えただけで、実際にはなんの役にも立たない理論や意見、計画など。

［短文］「二十一世紀構想」というのは、ずいぶんりっぱに聞こえるが、机上の空論に終わらないことを祈《いの》るだけだ。

［類］絵《え》に描《か》いた餅《もち》。

疑心暗鬼《ぎしんあんき》を生《しょう》ず

心に疑いをもっていると、暗やみの中に、この世に存在しない鬼《おに》の姿を見るようになるという意味から、疑いの心があると、なんでもないことまでおそろしく思ったり、疑わしく感じたりするようになることのたとえ。〔出典『列子《れっし》』〕

［会話］「ぼくはどうもクラスのみんなにきらわれているようだ。」「それこそ疑心暗鬼を生ずだよ。きみをきらってる人なんてだれもいないよ。」

［類］恐《おそ》ろしければ藪《やぶ》が動《うご》く。盃中《はいちゅう》の蛇《だ》影《えい》。

帰心矢《きしんや》の如《ごと》し

故郷やわが家へ早く帰りたいと思う気持ちがひじょうに強いようす。

［短文］海外勤務の父からの手紙には、いつも帰心矢の如しの気持ちがありありとうかがえる。

気勢《きせい》を殺《そ》ぐ

勢いこんでなにかをしようとする意気ごみを弱める。

［会話］「第一日目の数学で波に乗り、二日目以後も快調にとばすはずじゃなかったの。」「それが家に帰って自己採点してみたら

あまりのひどさに、すっかり気勢をそがれちゃったよ。」

鬼籍《きせき》に入《い》る

死亡する。死んで鬼籍《きせき》に記入される。

〔参考〕「鬼籍」は、死者の姓名《せいめい》・戒名《かいみょう》や死亡年月日などを書きしるしてある帳《ちょう》簿《ぼ》。過去帳のこと。

機先《きせん》を制《せい》する

相手より先に行動を起こし、相手の勢いや計画をくじいて、自分のほうを有利にする。

短文 現代のような競争社会においては、何事も機先を制することが大切である。

〔参考〕「機先」は、物事の起ころうとする直前、相手の動こうとする直前。

類 先手《せんて》を打《う》つ。

来《きた》る者《もの》は拒《こば》まず ⇩ 去《さ》る者《もの》は追《お》わず来《きた》る者《もの》は拒《こば》まず

吉凶《きっきょう》は糾《あざな》える縄《なわ》の如《ごと》し ⇩ 禍福《かふく》は糾《あざな》える縄《なわ》の如《ごと》し

切《き》っても切《き》れない

いくら切ろうとしても切ることができない強いつながりや深い関係がある。

短文 あの二人は、切っても切れない深い友情で結ばれている。

狐《きつね》と狸《たぬき》の化《ば》かし合《あ》い

悪がしこい者どうしが、たがいの知恵《ちえ》をしぼり合って、だまし合いをすること。

短文 わずかな土地をめぐっての地上げ抗争《こうそう》は、まるで狐と狸の化かし合いのようだ。

〔参考〕「狐《きつね》」も「狸《たぬき》」も、伝説やむかし話の中では、悪がしこく人をだましたり、うそをついたりする動物であるとされていることからいう。

狐《きつね》につままれる

狐《きつね》に化かされたように、意外なことが起こって前後の事情がさっぱりわからず、ぼんやりする。

短文 朝、目がさめてみると、まったく見覚えのないへやに寝《ね》ていたなんて、まるで狐につままれたような話だ。

〔参考〕「つままれる」は化かされる、だまされるの意。

狐《きつね》の嫁入《よめい》り

①夜、野原で狐火《きつねび》（＝狐の口からはき出されるという俗説から出たことばで、実際は燐化《りんか》水素の燃焼などによる自然現象）が並んで見えるのを、狐の嫁《よめ》入り行列のちょうちんに見たてたもの。②日が照っているのに、ぱらぱらと雨が降ること。日照《ひで》り雨《あめ》。

木《き》で鼻《はな》を括《くく》る

人から話しかけられたり、相談を持ちかけられたりしたときの対応がきわめて冷たく、無愛想で、そっけないようす。

短文 困ったときこそおたがいさまと思ってたのんでみたが、まったく誠意がみられず、木で鼻をくくったような返事だったよ。

〔参考〕「くくる」は、ひもやなわを巻きつけて締《し》める意。

同 木《き》で鼻《はな》をこくる。

類 木《き》で鼻《はな》をかむ。

気《き》で持《も》つ

体力の限界を気力でカバーする。意識が失われることや、命の終わることを気力で長びかせている。

短文 徹夜《てつや》の仕事が続いているが、まったく気で持っているようなものだ。

軌道《きどう》に乗《の》る

物事が、前もって計画したとおりに順調にすすむようになる。

短文 砂漠《さばく》の開墾《かいこん》という難事業も、水資源の確保によってようやく軌道に乗ってきた。

気《き》に入《い》る

人物や物事が自分の好みや希望・理想にかなっていて満足する。好きになる。

短文 かれの人がらや言動は、だれにでも気に入られることまちがいなしだ。

対 気《き》に食《く》わない。

気《き》に掛《か》かる

心配事が心からはなれないでいる。気がかりである。気になる。

短文 試験の結果が気にかかって、夜もおちおちねむれない。

気《き》に掛《か》ける

①心にとめて心配する。②あることを気にして心をなやます。

短文 ①いつもわたしのことまで気にかけてくださってありがとう。②みんな勝手なことを言っているが、いちいち気にかけていたらたいへんだよ。

気《き》に食《く》わない

自分の気持ちに合わない感じがして、いやだ、きらいだと思う。気に入らない。

短文 かれはぼくのことがよほどきらいらしく、することなすことすべて気に食わないようだ。

対 気《き》に入《い》る。

気《き》に障《さわ》る

不愉快《ふゆかい》に感じる。しゃくにさわる。

短文 かれは、なにが気に障ったのか、突然《とつぜん》はげしくおこり出した。

気《き》にする

気にかけて心配する。

短文 心にやましいことのある人は、つねに人目を気にして行動している。

木《き》に竹《たけ》を接《つ》ぐ

性質のちがう木と竹をつなぎ合わせたように、物事の前後の調和がとれないようすのたとえ。つり合いのとれないたとえ。

会話 「この感想文、だれかに手つだってもらったろう。木に竹を接いだようなところがあるぞ。」「さすがに先生だ。ばれましたか。」

同 木《き》に竹《たけ》。竹《たけ》に接《つ》ぎ木《き》。

気《き》になる

心配になる。気にかかる。

短文 子供の帰りがあまりにおそいので、気になって駅まで迎えに行った。

気《き》に病《や》む

物事の結果や将来のことなどを、あれこれと心配して、深刻になやむ。

会話 「テストの結果が悪くてまいりました。」
「中間テストが悪いからといって気に病むことはないよ。期末でがんばろうよ。」

木《き》に縁《よ》りて魚《うお》を求《もと》む

木に登って魚をとろうとしてもとれるはずがないように、手段や方法がまったく見当ちがいなので、なにかを得ようとしても得ることができないことのたとえ。

故事 中国の戦国時代に、斉《せい》の宣王《せんおう》が、自分は戦争を好まないが、天下を統一するためには戦争もしかたがないと言ったのに対して、孟子《もうし》が、武力で天下を統一しようとするのは、木に登って魚を求めるようなものであると言って、武力だけで天下を統一することの不可能なことを説いたという。
〔出典『孟子《もうし》』〕

類 天《てん》を指《さ》して魚《うお》を射《い》る。水中《すいちゅう》に火《ひ》を求《もと》む。氷《こおり》を叩《たた》き火《ひ》を求《もと》む。山《やま》に蛤《はまぐり》を求《もと》む。畑《はたけ》に蛤《はまぐり》。

昨日《きのう》の淵《ふち》は今日《きょう》の瀬《せ》

世の中や人の身の上は変転がはげしく、一定していないことのたとえ。

語源 きのうまで淵《ふち》（＝水が深くよどんでいる所）であった場所が、水の流れが変わってきょうは瀬《せ》（＝川が浅く流れがはやい所）になっているということにたとえて、世の中の変わりやすいことをうたった歌から出たことば。《原文》世の中は何かつねなる（＝この世の中はいったいなにが永久不変であろうか）飛鳥川《あすかがわ》きのふの淵ぞ今日は瀬になる
〔出典『古今和歌集《こきんわかしゅう》』〕

同 飛鳥川《あすかがわ》の淵瀬《ふちせ》。

類 昨日《きのう》の花《はな》は今日《きょう》の夢《ゆめ》。昨日《きのう》の大尽《だいじん》今日《きょう》の乞食《こじき》。

昨日《きのう》は人《ひと》の身《み》今日《きょう》は我《わ》が身《み》

他人の災難は、いつ自分の身にふりかかってくるかわからない。人間の運命はわからないものであるから、他人の災難を自分へのいましめにせよという教え。

同 昨日《きのう》は人《ひと》の上《うえ》今日《きょう》は我《わ》が上《うえ》。今日《きょう》は人《ひと》の上《うえ》明日《あす》は我《わ》が身《み》の上《うえ》。

気《き》は心《こころ》

たとえそまつで、わずかなものでも、相手に対する真心の現れだということ。

短文 ほんの少しばかりですが、気は心と申します。どうぞお受け取りください。

注意 贈《おく》り物《もの》などをするときに用いる。

踵《きびす》を返《かえ》す

引き返す。あともどりする。

短文 一本道は行き止まりになっており、しかたなく踵を返した。

参考 「踵《きびす》」は、かかとのこと。

同 踵《きびす》を回《めぐ》らす。踵《きびす》を転《てん》ずる。

踵《きびす》を接《せっ》する

次から次へと人が続く。物事が次々に起こる。

短文 あの学校からは、すぐれた人材が、踵を接して巣立《すだ》っていった。

参考 「踵《きびす》」は、かかとのこと。

驥《き》尾《び》に付《ふ》す

才能のない人でも、かしこい人に従って

行動すれば、自分の力以上のことができるということ。〔出典『史記《しき》』〕

注意 人といっしょになにかをするときに、へりくだって言うことが多い。

参考 「驥《き》」は、一日に千里も走る馬。『後漢書《ごかんじょ》』に、蠅《はえ》は自分の力ではわずかの距離《きょり》しか飛べないが、足の速い馬の尾につかまれば、一日に千里も行くことができるというたとえがある。

同 驥尾《きび》に付《つ》く。

気骨《きぼね》が折《お》れる

いろいろ気を使って気づかれがする。気苦労である。

短文 小さい子をあずかるとなにかと気骨が折れる。

きまりが悪《わる》い

なんとなくはずかしい。てれくさい。

短文 この作品は、父に手伝ってもらっているので、ほめられるときまりが悪い。

気脈《きみゃく》を通《つう》じる

ほかの人にわからないようにひそかに連《れん》絡《らく》をとりあい、たがいの気持ちや考えが通じるようにする。

短文 敵のスパイと気脈を通じて味方の情報をもらす。

肝《きも》が据《す》わる

落ち着いていて、物事におどろいたり、おそれたりしない。

短文 かれは、見かけは弱々しいが、なかなか肝がすわっている。

同 腹《はら》が据《す》わる。度胸《どきょう》が据《す》わる。

肝《きも》が太《ふと》い

度胸があって少しくらいのことにこだわったりおそれたりしない。大胆《だいたん》である。

短文 みんな困った顔しているが、かれは肝が太いから平気だろう。

気《き》も漫《そぞ》ろ

ほかのことに心をうばわれて、気持ちが落ち着かず、そわそわするようす。

短文 日本シリーズが行われていると思うと、気もそぞろで、勉強に集中できない。

気持《きも》ちを汲《く》む

人の気持ちを察して考える。

短文 「自分のことばかり考えないで、彼女《かのじょ》の気持ちをくんであげなさい。」と母にさとされた。

肝《きも》にこたえる

心に深く感じる。身にしみて感じる。

短文 友の突然《とつぜん》の死は、肝にこたえた。

肝《きも》に染《し》みる

心に深く感じて忘れない。

短文 あのときの先生のことばが、肝に染みて忘れられない。

肝《きも》に銘《めい》じる

心に深くきざみつけて、つねに忘れない。

短文 先生のいましめを、肝に銘じる。

類 心《こころ》に刻《きざ》む。

肝《きも》を潰《つぶ》す

ひどくびっくりする。

会話 「今までに、いちばんびっくりし

たことはなんですか。」

「それは、山の中で熊《くま》と出あったとき。肝をつぶしたよ。」

肝《きも》を冷《ひ》やす

ひじょうにおどろき、ぞっとする。
短文 自動車がぼくのからだにふれるように、スピードを出して通り過ぎたので、肝を冷やした。

脚光《きゃっこう》を浴《あ》びる

世の中の人々から注目される。
短文 かれは新人ながら、今年の得点王になって一躍《いちやく》脚光を浴びた。
参考 「脚光」は、舞台で俳優《はいゆう》の足もとを照らす光。フットライト。

杞憂《きゆう》

心配する必要のないことを心配すること。とりこし苦労。よけいな心配。

会話 「お父さん、どうして家にある自動車で通勤しないの。」

「杞憂かもしれないが、事故を起こす心配があるからね。」

故事 むかし、中国の杞《き》の国にひじょうに心配性《しょう》の男がいた。いつも天が崩《くず》れて落ちてこないかと心配して、食事をすることも、夜ねむることもできなかったという。〔出典『列子《れっし》』〕

同 杞人《きじん》の憂《うれ》い。

牛飲馬食《ぎゅういんばしょく》

牛や馬のように、やたらにたくさん飲んだり食べたりすること。
短文 正月はなにもせず、牛飲馬食で、胃腸をすっかりこわしてしまった。

九牛《きゅうぎゅう》の一毛《いちもう》

九頭もいる牛の、すべての毛の中のたった一本ということから、たくさんの中の、ごくわずかな部分のたとえ。また、とるにたらないほどわずかなことのたとえ。〔出典『漢書《かんじょ》』〕
会話 「今の子供は礼儀《れいぎ》を知らないというが、どうかね。」
「そんなことはありませんよ。それは九牛の一毛ですよ。」
類 大海《たいかい》の一滴《いってき》。

旧交《きゅうこう》を温《あたた》める

むかしの友達にひさしぶりに会って、楽しい時を過ごす。
短文 父は、三〇年ぶりの同窓会に出席して、旧交を温めたと言っていた。

九死《きゅうし》に一生《いっしょう》を得《え》る

九分どおりは生命を失うというあぶないところを、やっと助かる。
短文 雪山ですべり落ちたが、木の枝にひっかかり、九死に一生を得た。
同 万死《ばんし》に一生《いっしょう》を得《え》る。万死を出《い》でて一《いっ》生《しょう》に遇《あ》う。九死《きゅうし》に一生《いっしょう》。九死《きゅうし》の中《うち》に一《いっ》生《しょう》を得《え》る。

休止符《きゅうしふ》を打《う》つ

一段落をつける。
短文 短歌にいちおう休止符を打ち、これからは俳句の創作に努めたい。
参考 「休止符」は、音譜《おんぷ》で音が休止しなくなる部分を表す記号。

牛耳《ぎゅうじ》を執《と》る

集団の中心になって、みんなを支配したり、指導したりする。

短文 かれはこの会社の牛耳を執る実力者である。

故事 むかし、中国の諸侯《しょこう》が集まって同盟を結ぶとき、その中心になる人が牛の耳を裂《さ》き、たがいにその血をすすり、誓《ちか》いを立てたという。〔出典『春秋左氏伝《しゅんじゅうさしでん》』〕

同 牛耳《ぎゅうじ》る。

九仞《きゅうじん》の功《こう》を一簣《いっき》に虧《か》く

長年の苦労や努力も、最後のわずかな失敗で、むだに終わってしまうことのたとえ。〔出典『書経《しょきょう》』〕

参考 「仞《じん》」は、むかしの中国の長さの単位で、一仞が約一・八メートル。「九仞」はひじょうに高いことを表す。「簣《き》」は、土などを運ぶ竹かごのこと。九仞の高さの築山《つきやま》をきずくのに、最後の一ぱいの竹かごの土が足りないため、その山は完成しないということ。

類 百日《ひゃくにち》の説法《せっぽう》屁《へ》一《ひと》つ。磯際《いそぎわ》で船破《ふねやぶ》る。

窮《きゅう》すれば通《つう》ず

人は苦しい立場に追いつめられると、かえっていい考えがうかび、助かる道が見つかるものであるということ。〔出典『易経《えききょう》』〕

短文 創作の課題が出たが、うまいアイデアがうかばず、困りきっていたところ、窮すれば通ずで、提出日まぢかになって、突然《とつぜん》着想がひらめいた。

類 必要《ひつよう》は発明《はつめい》の母《はは》。

窮鼠《きゅうそ》猫《ねこ》を噛《か》む

追いつめられた鼠《ねずみ》が、今度は反対に猫《ねこ》にかみつくということから、追いつめられて必死になると、弱い者でも強い者にむかっていくことがあるというたとえ。〔出典『塩鉄論《えんてつろん》』〕

会話 「あの力士、今場所はまだ勝ち星がなく全敗だよ。あした横綱《よこづな》とあたるんだって。絶望的だね。」「いや、窮鼠猫を噛むというから、横綱だって油断はできないよ。」

類 鼠窮《ねずみきゅう》して猫《ねこ》を噛《か》み人貧《ひとまず》しうして盗《ぬす》みす。

窮鳥《きゅうちょう》懐《ふところ》に入《い》れば猟師《りょうし》も殺《ころ》さず

追われて、にげ場がなくなった鳥が、ふところに飛びこんでくれば、猟師もその鳥を殺さないということから、人が困りはてて、助けを求めてくれば、どんな事情があっても、助けるのが人としての道だというたとえ。

同 飛《と》ぶ鳥《とり》懐《ふところ》に入《い》る時《とき》は狩人《かりゅうど》も助《たす》く。飛鳥懐《ひちょうふところ》に入《い》る時《とき》は狩人《かりゅうど》もこれを捕《と》らず。

類 杖《つえ》の下《した》に回《まわ》る犬《いぬ》は打《う》てぬ。

朽木《きゅうぼく》は雕《え》るべからず

くさった木には彫刻《ちょうこく》することができないということから、なまけもので、やる気のない者には、教えようとしてもむだであるというたとえ。

語源 孔子《こうし》が、弟子の宰予《さいよ》が昼寝《ひるね》をしているのを見て言ったことば。《原文》朽《きゅう》

木《ぼく》は雕《え》るべからず。糞土《ふんど》の牆《しょう》は杇《ぬ》るべからず（＝ぼろぼろになった土のへいは上ぬりのしようがない）。〔出典『論語《ろんご》』〕

〔参考〕「朽木《きゅうぼく》」は朽《く》ちた木。くさった木。「雕《え》る」は木や石に彫《ほ》りつける意。

類 朽木糞牆《きゅうぼくふんしょう》。朽《く》ち木《き》は柱《はしら》とならず。

窮余《きゅうよ》の一策《いっさく》

苦しまぎれに考えた一つの方法・手段。

会話「なぜそんなに景品を出すの。」「客を集めるための窮余の一策だよ。」

行間《ぎょうかん》を読《よ》む

ある人が書いた文章を読んで、文字に書かれていない筆者の真意を読みとる。

短文 真の読書とは文章の行間を読むことである。

胸襟《きょうきん》を開《ひら》く

心の中に思っていることを、かくさず打ちあけて話す。

短文 友人と一晩じゅう胸襟を開いて語り合った。

〔参考〕「胸襟《きょうきん》」は胸と襟《えり》で、胸のうち。

同 胸臆《きょうおく》を開《ひら》く。

共存共栄《きょうそんきょうえい》

たがいに助け合い、ともに栄えること。

会話「これからの日本の生き方はどうあるべきでしょうね。」「まず第一に世界の国々と共存共栄をはかるべきです。」

兄弟《きょうだい》は他人《たにん》の始《はじ》まり

兄弟は子供のうちは仲がよく、近い肉親であるのに、それぞれ成長して家庭を持つと、妻子への情愛や利害の対立などから、だんだん心がはなれていき、他人のようになってしまうものだということ。

驚天動地《きょうてんどうち》

天をおどろかし、地を動かすという意味から、世の中を大いにおどろかすこと。

短文 スパイ小説さながらの、驚天動地の大事件が起こった。

京《きょう》の着倒《きだお》れ大阪《おおさか》の食《く》い倒《だお》れ

京都の人は着るものにぜいたくをし、大阪の人は食べることにお金をかけ、そのために財産をなくしてしまう傾向があるということ。

類 阿波《あわ》の着倒《きだお》れ伊予《いよ》の食《く》い倒《だお》れ。尾張《おわり》の着倒《きだお》れ美濃《みの》の系図《けいず》倒《だお》れ。

器用貧乏《きようびんぼう》

何事にも器用な人は、一つのことに集中できず、かえって中途半端《はんぱ》になり、どの道でも成功することができないということ。また、そのような人。

〔参考〕「器用」は、物事をうまく手ぎわよくまとめること。

同 器用貧乏人宝《きようびんぼうひとだから》。

類 多芸《たげい》は無芸《むげい》。

京《きょう》へ筑紫《つくし》に坂東《ばんどう》さ

方言にはいろいろな特色があるというたとえ。

語源 方向を表す助詞を、京都地方では「へ」、九州地方では「に」、関東地方では「さ」を用いるということから。

〔参考〕「京」は京都、「筑紫《つくし》」は九州、「坂《ばん》東《どう》」は関東のこと。

教鞭《きょうべん》を執《と》る

教師になって教える。

短文 父は田舎《いなか》の中学校で教鞭を執っています。

参考 「教鞭《きょうべん》」は、教師が授業のときに、さし示したりするのに使う細い棒。

喬木《きょうぼく》は風《かぜ》に折《お》らる

高くのびた木は風の害を受けやすいように、高い地位にある人は、他人のねたみなどを受けやすいというたとえ。

参考 「喬木《きょうぼく》」は高木。杉《すぎ》・松《まつ》のように高くのびる木。

同 大木《たいぼく》は風《かぜ》に折《お》らる。高木《こうぼく》は風《かぜ》に嫉《ねた》まる。

興味津々《きょうみしんしん》

興味がつきないさま。ひじょうに興味深く感じられること。

会話 「小説の中で、なにがいちばんおもしろかった。」「それは『坊っちゃん』に決まっているよ。興味津々だよ。」

参考 「津々《しんしん》」は、たえずわき出る意。

曲学阿世《きょくがくあせい》

真理をねじまげて世間にこびへつらい、その時代に調子を合わせて人気を得ること。また、その人。〔出典『史記《しき》』〕

参考 「曲学」は、真理を曲《ま》げた学問。「阿世」は、世におもねる、世間の調子に合わせてへつらうこと。

旭日昇天《きょくじつしょうてん》の勢《いきお》い

朝日がぐんぐん昇《のぼ》るように、さかんな勢い。

短文 父は旭日昇天の勢いで昇進し、若くして社長になった。

参考 「旭日《きょくじつ》」は、朝日。

玉石混淆《ぎょくせきこんこう》

宝石とただの石とが入りまじっているように、いいものと悪いものとが入りまじっていること。

短文 美人コンクールだというのに、玉石混淆だね。

参考 「混淆《こんこう》」は、異質なものが入りまじること。

類 味噌《みそ》も糞《くそ》も一緒《いっしょ》。

虚心坦懐《きょしんたんかい》

心になんのわだかまりもなく、すなおに物事に対すること。

会話 「このいきづまった問題を解決するにはどうしたらいいだろう。」「みんな原点にもどって虚心坦懐に話し合ってみることだ。そうすれば自然に道は開けると思うよ。」

参考 「虚心《きょしん》」は、心をすなおにし、わだかまりのないようす。「坦懐《たんかい》」は、ものにこだわらないさっぱりした心。

虚勢《きょせい》を張《は》る

実力のない人が、実力があるふりをしていばる。

会話 「きみはどうしてA君をそんなにきらうの。」「かれは、いつもたいした力がないのに虚勢を張っているからさ。」

参考 「虚勢《きょせい》」は、実力がともなわない、みせかけだけの勢い。

漁夫《ぎょふ》の利《り》

人が争っているすきに、ほかの者が利益をそっくり横取りすることのたとえ。

短文 優勝候補どうしのA校とB校が対戦し、星のつぶしあいをしているうちに、C校が漁夫の利を得て優勝した。

注意 「漁父《ぎょほ》の利《り》」ともいう。

参考 「漁夫」は、漁業を仕事にしている人。漁師《りょうし》。

故事 しぎ（＝水のほとりにすむ鳥）がはまぐりを食おうとしたので、はまぐりは貝をとじて、しぎのくちばしをはさんでしまった。たがいに争っているところに漁師《りょうし》がやって来て、どちらも捕《と》らえてしまったという。〔出典『戦国策《せんごくさく》』〕

類 犬兎《けんと》の争《あらそ》い。鷸蚌《いつぼう》の争《あらそ》い。

清水《きよみず》の舞台《ぶたい》から飛《と》び下《お》りる

思いきって物事をするたとえ。

短文 父は、清水の舞台から飛び下りるようなつもりで、職を変えた。

語源 京都の清水《きよみず》寺《でら》の観音堂の舞台から思いきって飛び下りる意味から。「清水の舞台」は、切り立ったがけに張り出してつくられている。

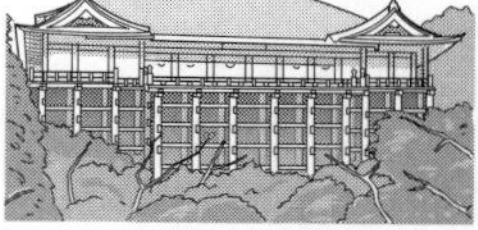

がけに張り出している清水寺の舞台

綺羅星《きらぼし》の如《ごと》し

りっぱな人や有名な人などが、大勢並んでいることのたとえ。

短文 学校の創立記念の式には、市に関係する有名な人たちが綺羅星の如く並んでいた。

参考 「綺羅星《きらぼし》」は、美しくきらめくたくさんの星。

切《き》りが無《な》い

これでいいというところがない。限度がない。

短文 あれもこれもとぜいたくを言ったらきりがないから、このへんでがまんしよう。

麒麟児《きりんじ》

麒麟《きりん》の子の意味で、才能などがひじょうにすぐれた年若い人。

短文 かれは球界の麒麟児ともてはやされている。

参考 「麒麟《きりん》」は、むかしの中国で、聖人が世に出る前ぶれとして現れるという想像上の動物。特にすぐれた人のたとえとして用いる。

（きりん）

騏驎《きりん》も老《お》いては駑馬《どば》に劣《おと》る

騏驎《きりん》のような名馬も、年をとると、足ののろい馬にも負けるということから、どんなにすぐれた人でも、年をとると、その働きや能力がおとろえ、ふつうの人にもおよばなくなるというたとえ。〔出典『戦国策《せんごくさく》』〕

参考 「騏驎《きりん》」は一日に千里も走るという名馬。「駑馬《どば》」は、のろい馬。駄馬《だば》。

類 昔千里《むかしせんり》も今一里《いまいちり》。

対 腐《くさ》っても鯛《たい》

機《き》を逸《いっ》する

よいきっかけをにがす。ある物事をするチャンスをうしなう。

会話「監督《かんとく》、あそこはバントさせるべきでしたね。」

「うん、かれはバントが下手だからね。機を逸してしまって残念だ。」

同 機《き》を失《しっ》する。

軌《き》を一《いつ》にする

行き方、考え方を同じにする。同じ立場をとる。

会話「A先生の学説とB先生の学説とでは基本的には変わらないと思うが。」

「うん、同じ研究室でいっしょに研究されてきたから、軌を一にしているのではないかな。」

参考「軌《き》」は、車のとおった車輪のあと。わだち。

気《き》を落《お》とす

物事が自分の思うようにいかず、失望する。がっかりする。

短文 一度や二度の受験に失敗したからといって、そんなに気を落とすことはないよ。

気《き》を配《くば》る

いろいろなことに細かい注意をはらって手落ちのないようにする。

短文 修学旅行中に病人やけが人が出ないように気を配る。

気《き》を使《つか》う

まわりの人々や物事に対して、細かいところまで心づかいをする。

短文 かれはあまりに大勢の人に気を使いすぎて、胃をこわしてしまった。

奇《き》を衒《てら》う

めずらしく変わったことをして、人の注意をひきつけようとする。

会話「この作品はすばらしいね。」

「そうだね。ただ、ちょっと奇をてらうところが見えるのは気になるよ。」

参考「衒《てら》う」は、みせびらかすの意。

気《き》を取《と》り直《なお》す

物事が思いどおりにいかず、がっかりしている状態から、もう一度考え直して元気を出す。

短文 受験に失敗して、しばらくはふさぎこんでいたが、ようやく最近気を取り直して元気になった。

気《き》を呑《の》まれる

相手の勢いに圧倒《あっとう》されて、気持ちがくじける。意外なようすにあっけにとられる。

会話「A高校の競争率は一五倍という高倍率なんだよ。」

「そんな倍率なんかに気をのまれていたら、戦う前から負けたようなもんだよ。」

気《き》を吐《は》く

威勢《いせい》のいいことを言ったり、せいいっぱいの元気を見せたりする。

短文 周囲の沈黙《ちんもく》とは対照的に、かれ一人だけ気を吐いていた。

類 気炎《きえん》を上《あ》げる。

気《き》を引《ひ》く

それとなく相手の気持ちを動かして、自分に注目させようとする。さそいをかけて相手の気持ちを引きつけようとする。

短文 さりげないそぶりでみんなの気を引こうとするA子さんと、大胆《だいたん》な服装、はでなアクションでみんなの気を引こうとするB子さんとは対照的だ。

気《き》を回《まわ》す

よけいなことにまで、いろいろと心を働かせる。あれこれ推測する。

短文 これはあくまでも二人だけの問題ですので、他人に変に気を回されては困ります。

義《ぎ》を見《み》て為《せ》ざるは勇無《ゆうな》きなり

人としてしなければならない、正しい道であるとわかっていながら、行わないのは、真の勇気がないからであるといういましめ。〔出典『論語《ろんご》』〕

対 触《さわ》らぬ神《かみ》に祟《たた》り無《な》し。触《さわ》らぬ蜂《はち》は刺《さ》さぬ。

木《き》を見《み》て森《もり》を見《み》ず

細かな部分に気をとられて、全体を見ることをしないたとえ。

〔参考〕西洋のことわざ。You can not see the wood for the trees. の訳語。

気《き》を持《も》たせる

それとなく思わせぶりの言動をし、相手に期待や希望をいだかせる。

短文 A子さんたら、その気もないのに、B君に気を持たせるようなことを言って、結局ふってしまったそうよ。

気《き》を揉《も》む

あれこれ心配してやきもきしたり、いらいらしたりする。

短文 弟の帰りがだいぶおそいので、家じゅうで気をもんでいた。

気《き》を許《ゆる》す

相手を信用して警戒心《けいかいしん》や緊張感《きんちょうかん》をゆるめたり、なくしたりする。

短文 不動産の取り引きでは、慎重《しんちょう》に慎重を期し、最後の書類を受け取って確認するまで決して気を許してはならない。

気《き》を良《よ》くする

物事が自分の希望したとおりに進み、うれしくなる。満足した気持ちになる。

短文 今回の企画《きかく》は大当たりで、人々の評判にすっかり気を良くした。

気《き》を悪《わる》くする

他人の発言や行動などによって、不愉快《ふゆかい》な気持ちになる。感情を害する。

短文 他人に意地悪をされて気を悪くしない人はいないだろう。

槿花一日《きんかいちじつ》の栄《えい》

権力や富を得て栄えることの、はかなくむなしいことのたとえ。〔出典 白居易《はくきょい》『放言五首《ほうげんごしゅ》』〕

語源 槿花《きんか》（＝むくげの花）は、朝さいて夕方にはしぼんでしまい、そのはなやかさは一日かぎりであることから。

同 槿花一晨《きんかいっしん》の栄《さか》え。槿花一朝《きんかいっちょう》の夢《ゆめ》。

類 朝顔《あさがお》の花一時《はなひととき》。

金《きん》科《か》玉《ぎょく》条《じょう》

金や玉のように貴重なおきて、りっぱな法律ということから、絶対に守らなければならない大切なきまり。また、自分の考えや行動をつらぬくうえで絶対のよりどころとすることがら。

短文 わが社では、「正確」「迅速《じんそく》」「誠実」を金科玉条としている。

金言耳《きんげんみみ》に逆《さか》らう

⇩ 諫言耳《かんげんみみ》に逆《さか》らう

琴瑟相和《きんしつあいわ》す

琴《こと》と大琴《おおごと》との音色《ねいろ》が、よく合うということから、夫婦の仲がひじょうによいことのたとえ。

〔出典『詩経《しきょう》』〕

参考 「琴《きん》」「瑟《しつ》」ともに弦楽器《げんがっき》で、むかしはよく合奏された。

類 鴛鴦《えんおう》の契《ちぎ》り。比《ひ》翼連理《よくれんり》。

対 琴瑟調《きんしつととの》わず。

(琴)

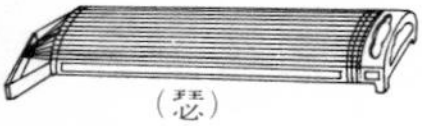
(瑟)

金城鉄壁《きんじょうてっぺき》

たいそう防備のかたい城と城壁《じょうへき》の意から、ひじょうに堅固《けんご》で、つけ入るすきのないたとえ。

類 金城湯池《きんじょうとうち》。

錦上花《きんじょうはな》を添《そ》える

美しい錦《にしき》の上に美しい花をそえるように、美しいものの上に、さらに美しいものをそえる。めでたいことやよいことが重なることのたとえ。

〔出典 王安石《おうあんせき》『即事《そくじ》』〕

短文 本日の披露宴《ひろうえん》には、新婦の小学校・中学校の担任の先生に、大学時代の恩師もおいでになり、錦上花を添えてくださっております。

同 錦上《きんじょう》に花《はな》を敷《し》く。

金銭《きんせん》は他人《たにん》

⇩ 親子《おやこ》の仲《なか》でも金銭《きんせん》は他人《たにん》

禁断《きんだん》の木《こ》の実《み》

してはならないとされている、ひじょうに魅力《みりょく》のある快楽。

故事 アダムとイブは、蛇《へび》に誘惑《ゆうわく》されて、食べることを神に禁じられていた、エデンの園の知恵《ちえ》の木の実を食べ、エデンの楽園から追放されたという。

〔出典『旧約聖書《きゅうやくせいしょ》』〕

金時《きんとき》の火事見舞《かじみま》い

顔の赤い金時《きんとき》が火事見舞いに行き、火に照らされていっそう顔が赤くなるということから、顔がひじょうに赤いことのたとえ。

会話 「あの男は、酒を飲むと顔がすごくまっ赤になるね。」「まさに金時の火事見舞いだよ。」

参考 「金時」は、坂田金時《さかたのきんとき》。源頼光《みなもとのよりみつ》の家来で、四天王《してんのう》の一人。子供のときの名は金太郎。足柄山《あしがらやま》で、熊《くま》や鹿《しか》を友達として育ったという。

勤勉《きんべん》は成功《せいこう》の母《はは》

成功するためには、一生懸命《けんめい》仕事や勉強

をすることが大切であるという教え。

〔参考〕西洋のことわざ。Diligence is the mother of success. の訳語。

〔同〕勤勉《きんべん》は幸福《こうふく》の母《はは》。

くク

苦《く》あれば楽《らく》あり ⇩ 楽《らく》あれば苦《く》あり

食《く》うか食《く》われるか

相手を食ってしまうか、相手に食われてしまうかのたたかいのように、命がけで争うことのたとえ。
会話「A選手は、マラソンのオリンピック候補にあがっている選手だってね。」「こちらだって、たくさん練習して力もついた。試合の日は、食うか食われるかがんばってみるよ。」

空谷《くうこく》の跫音《きょうおん》

人けのまったくない谷間に聞こえる足音の意味から、さびしくくらしているときに思いがけない人がおとずれることのたとえ。〔出典『荘子《そうじ》』〕
〔参考〕「跫音《きょうおん》」は、人の足音の意。

空中楼閣《くうちゅうろうかく》

空中に高い建物を築くような、根拠《こんきょ》も現実性もない物事のたとえ。

〔参考〕「楼閣《ろうかく》」は、高くてりっぱな建物。

〔類〕砂上《さじょう》の楼閣《ろうかく》。

食《く》うや食《く》わず

食事も満足にできないほど、ひじょうに貧しい。やっと生活する貧乏《びんぼう》ぐらしのたとえ。
短文 私は、学生時代家が貧しく、家からの仕送りがほとんどなかったので、食うや食わずの生活であった。

食《く》えない

①生活ができない。②悪がしこくて油断ができない。
短文 ①家賃も上がったし、子供も生まれたし、安給料ではとても食えないよ。②あいつはうわべはよさそうに見えるけど、ほんとうは食えないやつなんだよ。

釘付《くぎづ》けになる

くぎで打ち付けられたように、身動きできない状態になる。
会話「きみは、このごろどうして遊びに来なくなったんだ。」「急ぎの仕事が続いて、毎日仕事場にくぎ付けになっていたんだ。」

区切《くぎ》りを付《つ》ける

物事を、あるところでいったん終わりにする。
短文 勉強に区切りをつけて遊びに行こう。

釘《くぎ》を刺《さ》す

あとになってくいちがいやもめごとがないように、前もって念をおしておく。
会話「かれは、約束《やくそく》しても守らないことがあるんだ。」「だから、ぼくが時間どおり来るようにくぎを刺しておいたよ。」

同 釘《くぎ》を打《う》つ。

愚公山《ぐこうやま》を移《うつ》す

長い間、一つの目的に向かって努力を続ければ、どんなむずかしいことでも、必ず達成できるというたとえ。

故事　むかし、中国に愚公《ぐこう》という九〇歳近い老人がいた。家の前にある山がじゃまになるので、愚公はこの山をとりのぞこうとした。まわりの人が、それはむりだと忠告したが、愚公は「私が死んでも子々孫々この仕事を受けつげば、いつかは必ず成しとげられるだろう。」と答えた。神は、愚公の意気に感じて、この山をよそに移したという。〔出典『列子《れっし》』〕

臭《くさ》い物《もの》に蓋《ふた》

くさい物が入れてある器《うつわ》のふたをしめ、そのにおいが外にもれるのを防ぐということから、不正な行いやみにくいことを、人に知られるのをおそれて、一時しのぎの方法でかくすことのたとえ。

会話「どうしてこんなに盗難《とうなん》事件が起こるのだろう。」「こういう事件がどうして起こるのか、その原因を考えて根本の対策を立てずに、いつも臭い物にふた式のことでごまかしているからだよ。」

同 臭《くさ》い物《もの》に蓋《ふた》をする。

臭《くさ》い物《もの》身《み》知《し》らず

人は自分の持っているいやなにおいには気づかないように、自分の欠点にはなかなか気がつかないものだというたとえ。

類 息《いき》の臭《くさ》きは主《ぬし》知らず。

草木《くさき》も靡《なび》く

人はいうまでもなく、草や木もその方向に動くということから、さかんな勢いにすべての人がなびき従うというたとえ。

草木《くさき》も眠《ねむ》る丑三《うしみ》つ時《どき》

人や動物はいうまでもなく、草や木もねむったようなまったく静かな真夜中。

参考「丑三《うしみ》つ時《どき》」は、むかしの時刻の名で、今の午前二時ごろ。

腐《くさ》っても鯛《たい》

鯛《たい》はくさっても、どこかに鯛らしさがあるように、もとりっぱだった人や物は、おちぶれたりいたんだりしても、どこか値打ちがあるということのたとえ。

会話「あの人のピッチング、みごとだね。もう五〇歳になるというのに。」「だって、あの人は以前プロ野球のピッチャーだったんだってよ。腐っても鯛だね。」

対 騏驎《きりん》も老《お》いては駑馬《どば》に劣《おと》る。

草《くさ》の庵《いおり》

みすぼらしい草ぶきのそまつな家。

参考「庵《いおり》」は、ふつう、僧《そう》や世を捨てた人などが住む小さなそまつな家をいう。

草《くさ》の根《ね》を分《わ》けても探《さが》す

あらゆる方法ですみからすみまで探す。

会話「犯人はまだつかまらないのか。」「はい。しかし、みんなで草の根を分けても探し出します。」

草葉《くさば》の陰《かげ》

草の葉の下の意味から、墓の下。墓所。あの世。

短文 今は亡《な》き母が草葉の陰で私の成功をなによりも喜んでくれていると思います。

楔《くさび》を打《う》ち込《こ》む

くさびを物に打ちこむことから、強い力を加えて相手の勢力を二分する。また、自分の勢力をほかの勢力の中にむりやりにおし入れることのたとえ。

参考 「楔《くさび》」は、木や石を割ったり、重い物をおし上げたりするのに使う道具。

（くさび）

草《くさ》を打《う》って蛇《へび》を驚《おどろ》かす

ある者をこらしめることによって、関連する人へのいましめとすることのたとえ。また、なにげなくしたことが思いもかけない結果をまねくことのたとえ。

故事 むかし、中国に、せっせと賄賂《わいろ》をとっては私財をためこんでいる王魯《おうろ》という役人がいた。部下が、この王魯に、他の役人が賄賂をとっていることを訴《うった》え出て、暗に反省をもとめた。すると王魯は「なんじ、草を打つといえども、吾《われ》すでに蛇《へび》におどろく（＝おまえは他の人のよこしまなわざを見つけ出して言っただけだが、自分には、じゅうぶん強くひびいた）。」とこたえて、以後賄賂をとることをしなくなったという。〈出典『開元天宝遺事《かいげんてんぽういじ》』〉

苦汁《くじゅう》を嘗《な》める

にがい経験をする。いやな思いをする。

短文 二度目の挑戦《ちょうせん》だから今度は負けまいと一生懸命《けんめい》やったのに、またしても苦汁をなめることになってしまった。

同 苦杯《くはい》を嘗《な》める。

薬人《くすりひと》を殺《ころ》さず医師《くすし》人《ひと》を殺《ころ》す

薬で人が死んだとしても、罪はその薬を処方した医者にある。物は使いようが大切で、毒になるか薬になるかは使う人しだいであるということのたとえ。

参考 「医師《くすし》」は「薬師《くすし》」とも書く。

薬《くすり》も過《す》ぎれば毒《どく》となる

どんなにいい薬でも適量をこえるとかえって毒になるということから、どんなによいことでも度を過ごせばかえって害になるというたとえ。何事もほどほどが大切だということ。

類 過《す》ぎたるは猶及《なおおよ》ばざるが如《ごと》し。

薬《くすり》より養生《ようじょう》

病気になってから薬を飲むよりも、日ごろから健康に気をつけてきちんとした生活を心がけることが大切だという教え。

会話 「薬は使いようで毒にもなるといいますからね。薬より養生ですよ。」「予防にまさる治療《ちりょう》なしですな。」

類 一《いち》に看病《かんびょう》二《に》に薬《くすり》。

下《くだ》さる物《もの》なら夏《なつ》も小袖《こそで》

⇩ **貰《もら》う物《もの》は夏《なつ》も小袖《こそで》**

管《くだ》の穴《あな》から天《てん》を覗《のぞ》く
⇩ **葦《よし》の髄《ずい》から天井《てんじょう》を覗《のぞ》く**

管《くだ》を巻《ま》く

くだくだしい（＝くどい）つまらないことを長々としつこく言う。

短文 あの男は、また選挙事務所にはいりこんで管を巻いている。酒ぐせが悪くて困ったものだ。

注意 多くは酔《よ》ってくどくど言う、はた迷惑《めいわく》な状態にいう。

参考 「管」は糸車のつむ（＝糸をつむぎながら巻き取る鉄の細い棒）にさして糸を巻きつける小さい軸《じく》。車を回すと、ぶうんぶうんと音をたてることからいうとする説もある。

件《くだん》の如《ごと》し

前に話したり書いたりしたとおりである。人々がよく知っているとおりである。

会話 「おそくまで深夜放送を見ていたから、また遅刻《ちこく》したんじゃないのか。」「ああ、件の如しさ。」

参考 「件《くだん》」は「くだり（＝行、条など）」で、文章の一部分のこと。

口裏《くちうら》を合《あ》わせる

あとになってまわりの人に対して話すことの内容がくいちがわないように、前もってたがいにしめし合わせる。

短文 今度の事件の原因についてチームの人々にきいてみたが、口裏を合わせたような答えしか返ってこなかった。

同 口《くち》を合《あ》わせる。

口《くち》がうまい

人の気持ちをひきつけるようなもっともらしい話し方をして、相手をその気にさせてしまうのが上手である。

短文 かれは口がうまいからだまされないように気をつけよう。

口《くち》がうるさい

①まわりの人々があれこれわずらわしいほどうわさをする。②細かなことにもいちいち小言や意見を言う。

短文 ①世間の口がうるさいから、カラオケは夜の九時までということにした。②かれは根は正直でいい人なんだが、ただちょっと口がうるさい。

口《くち》が奢《おご》る

高級なものばかり食べなれてしまって、食べ物にぜいたくである。

短文 経済大国とはいっても、インスタント食品がはやって、ほんとうに口がおごっているという人はそれほどいない。

類 口《くち》が肥《こ》える。舌《した》が肥《こ》える。

口《くち》が重《おも》い

ことば数が少なく、あまりしゃべらない。

短文 かれは口が重いうえに、口を開けばずばりと核心《かくしん》をつくような言い方しかしないから誤解されやすい。

口《くち》が堅《かた》い

言ってはならないことは絶対にしゃべらない。

短文 かれは口が堅いから人々の信用が厚い。

対 口《くち》が軽《かる》い。

「口」が語中にくることば

開いた口が塞《ふさ》がらない ⇩ 五ページ

開いた口には戸は立たぬ（人の口に戸は立てられぬ ⇩ 三二〇ページ）

開いた口へ牡丹餅《ぼたもち》 ⇩ 五ページ

口は口 心は心 ⇩ 一三五ページ

鞘《さや》走りより口走り ⇩ 一七三ページ

死人に口無《な》し ⇩ 一八七ページ

民の口を防ぐは水を防ぐよりも甚《はなは》だし ⇩ 二三三ページ

手八丁口八丁（口も八丁手も八丁 ⇩ 一三六ページ）

人の口に戸は立てられぬ ⇩ 三二〇ページ

目は口程《くちほど》に物を言う ⇩ 三七八ページ

病は口より入り禍《わざわい》は口より出ず ⇩ 三九一ページ

良薬は口に苦《にが》し ⇩ 四〇五ページ

禍《わざわい》は口から ⇩ 四一一ページ

口《くち》が軽《かる》い

おしゃべりで、言ってはならないことまでぺらぺらとしゃべってしまう。

短文 かれは口が軽いからあのことは言わないほうがいいよ。

対 口《くち》が堅《かた》い。

口《くち》が肥《こ》える

おいしいものを食べなれていて、味のよしあしがよくわかる。

短文 かれは口が肥えているから、料理の手をぬくとすぐわかってしまう。

類 舌《した》が肥《こ》える。口《くち》が奢《おご》る。

口《くち》が酸《す》っぱくなる

いやになるほど同じことを何度もくり返して言う。

短文 口が酸っぱくなるほど言いきかせたのに、かれは自分のやり方をまげずに、結局失敗してしまった。

口《くち》が滑《すべ》る

言ってはいけないことをうっかりしゃべってしまう。

短文 みんなで口裏をあわせてかれをおどろかそうと思ったのに、うっかり口が滑ってしまってね、せっかくの計画が水の泡《あわ》さ。

類 舌《した》が滑《すべ》る。

口《くち》が干上《ひあ》がる

生活が苦しくて食べ物も手に入れられなくなることのたとえ。

短文 小さな店だがけっこう客もはいり、家族の口が干上がる心配はない。

同 顎《あご》が干上《ひあ》がる。

口《くち》が減《へ》らない

負けていないで、理屈《りくつ》や負けおしみをいくらでも言う。

短文 口が減らないやつだが、人を傷つけるようなことは言わないからにくめない。

口《くち》から先《さき》に生《う》まれる

口が達者でおしゃべりな人をあざけっていうことば。

会話 「彼女《かのじょ》は口から先に生まれてきたようだね。」「はい、おしゃべり九官鳥というあだ名がついていますよ。」

口《くち》から出任《でまか》せ

その場をとりつくろうために、思いつくままにとっさに作り話をすること。

会話 「よくもまあ、あんなに口から出任せばかり並べられるものだ。」「苦しまぎれというところでしょうが、かわいげがないですね。」

口《くち》から出《で》れば世間《せけん》

一度しゃべってしまえば、どんなに秘密《ひみつ》にしておきたいことでも自然に世間にひろまってしまうから、ものは自重して言ったほうがよいといういましめ。

類 人《ひと》の口《くち》に戸《と》は立《た》てられぬ。

口《くち》が悪《わる》い

人の気持ちを傷つけるようなことをずけずけと言う。

短文 かれは口が悪いけれども、人はそれほど悪くないよ。

口車《くちぐるま》に乗《の》る

相手のうまいことばにすっかりだまされる。

短文 あんなやつの口車に乗るとひどい目にあうぞ。

参考 「口車」は、あれやこれやうまく言いまわすというところから「車」にたとえたという。

口自慢《くちじまん》の仕事下手《しごとべた》

口ばかり達者で、仕事のほうはろくにできないこと。

短文 かれは口自慢の仕事下手で、口で言うほどには手が動かず、だんだん客足が遠のいてしまった。

類 口上手《くちじょうず》の商《あきな》い下手《べた》。

対 口《くち》も八丁《はっちょう》手《て》も八丁《はっちょう》。

口三味線《くちじゃみせん》に乗《の》せる

調子のよいことばで相手をおだてあげ、いい気にさせる。相手にこちらに対して気を許させることのたとえ。

短文 うまく口三味線に乗せて忘年会の幹事をおしつける。

参考 「口三味線《くちじゃみせん》」は、口で「ペペンペペン」のように三味線《しゃみせん》の音をまねて、拍子《ひょうし》をとったり伴奏《ばんそう》したりすること。

口《くち》と財布《さいふ》は締《し》めるが得《とく》

おしゃべりとむだづかいは身のためにならないといういましめ。

会話 「お年玉の額をついしゃべってしまったら、ぼくのがいちばん多いのがわかっておごらされちゃった。」「口と財布は締めるが得よ。」

口《くち》と腹《はら》が違《ちが》う

言うことと心の中で考えていることとは別であるということ。

短文 あの人は口と腹が違うから気をつけなさい。

口《くち》に合《あ》う

食べものの味が、その人の好みにあう。

短文 祖父の口に合うさっぱりした味の料理をつくる。

口《くち》にする

①口に出して言う。②食べる。飲む。口にくわえる。

短文 ①かれが亡《な》くなってからは、彼女《かのじょ》はめったにかれのことを口にしなくなった。②そのジュースは今まで口にしたことのない味がした。

口《くち》に出《だ》す

考えていることをことばにして表す。

短文 後悔《こうかい》してもはじまらないが、やはり口に出すべきことではなかった。

口《くち》に年貢《ねんぐ》は要《い》らぬ

どんなことを言おうと、その言ったことに年貢《ねんぐ》がかかるわけではないということから、言いたいほうだいを言うことのたとえ。

参考 「年貢」は税金。また、地主にはらうお金。

類 口《くち》には関所《せきしょ》が無《な》い。口《くち》に税《ぜい》はかからぬ。

口《くち》に上《のぼ》る

人々の話の種になる。うわさとなる。

短文 あれから一〇年、この事件もいつの間にか人々の口に上ることもなくなった。

口《くち》に乗《の》る

①人々のうわさになる。②相手のことばを一応信じて相手の言うとおりにする。口車に乗る。

短文 ①だいぶ宣伝したので商品名が人々の口に乗るようになった。②彼女《かのじょ》は最後の手段として、かれの口に乗ってみようと思ったのだった。

口《くち》には関所《せきしょ》が無《な》い

人の口には、その出入りをいちいち調べる関所のようなものはないから、人はなんでも言いたいことを言ってかまわないというたとえ。

類 口《くち》に税《ぜい》はかからぬ。口《くち》に年貢《ねんぐ》は要《い》らぬ。

口《くち》は口《くち》　心《こころ》は心《こころ》

人が口に出して言っていることは、心の中をそのままさらけ出しているものではないということ。

短文 口は口、心は心と思ってつきあってきたが、かれの心がますますわからなくなってきた。

嘴《くちばし》が黄色《きいろ》い

ひな鳥のくちばしが黄色いところから、まだ年が若く、未熟なようす。

短文 くちばしが黄色いくせに、なにを言うか。

嘴《くちばし》を入《い》れる

人の言うことやすることに、割ってはいってあれこれ言う。

短文 なまいきになんにでもくちばしを入れるが、的を射た意見であったためしがない。

同 嘴《くちばし》を挟《はさ》む。

口《くち》は重宝《ちょうほう》

口は便利なもので、口先でいくらでも相手をごまかしたりだましたりして、とりつくろうことができるということ。

注意 多く、相手が心にもないことを言ったり、こじつけがましい弁解をしたりしたときに、それを非難して言う。

口八丁手八丁《くちはっちょうてはっちょう》
⇩ **口**《くち》**も八丁**《はっちょう》**手**《て》**も八丁**《はっちょう》

口《くち》**は出入**《ではい》**りに戸**《と》**を立**《た》**てよ**
考えもなくしゃべらずに、ことばをよく選んで話せということ。一度しゃべってしまえば、とりかえしがつかないのでよく注意せよというたとえ。

口《くち》**は以**《もっ》**て食**《く》**うべし以**《もっ》**て言**《い》**うべからず**
口はものを食べるためのもので、よけいなことをしゃべるためのものではないということ。
会話 「ちょっと言い過ぎたかなあ。」「口はもって食うべし、もって言うべからずだよ。後悔《こうかい》しなければならないようなことは言うんじゃないよ。」

口《くち》**は禍**《わざわい》**の門**《かど》
ものを言うときにはことばに気をつけないと、思わぬ災難をまねくことがあるので、ことばをつつしめといういましめ。
同 口《くち》は禍《わざわい》の元《もと》。舌《した》は禍《わざわい》の根《ね》。禍《わざわい》は口《くち》から。
類 雉《きじ》も鳴《な》かずば撃《う》たれまい。舌《した》の剣《つるぎ》は命《いのち》を断《た》つ。病《やまい》は口《くち》より入《い》り禍《わざわい》は口《くち》より出《い》ず。口故《くちゆえ》に身《み》を果《は》たす。

唇亡《くちびるほろ》**びて歯寒**《はさむ》**し**
唇《くちびる》がなくなると歯を守るものがなくなるところから、たがいに助け合っているものの一方がなくなると他方までも危うくなるというたとえ。
語源 《原文》輔車相依《ほしゃあいよ》る（＝荷車の車台と側板は持ちつ持たれつ、両方あってそれで荷が積める）、唇亡《くちびるほろ》びて歯寒《はさむ》し。〔出典『春秋左氏伝《しゅんじゅうさしでん》』〕
同 唇歯輔車《しんしほしゃ》。

唇《くちびる》**を反**《かえ》**す**
人のことをばかにして悪く言う。にくみそしる。
同 唇《くちびる》を翻《ひるがえ》す。

唇《くちびる》**を噛**《か》**む**
くやしさやいかりをじっとこらえる。
短文 じっと唇をかんでうつむいたまま、目にはくやし涙《なみだ》をうかべていた。

唇《くちびる》**を尖**《とが》**らせる**
不満を表情に表す。不平を言う。
短文 彼女《かのじょ》は、ささいなことですぐ唇をとがらせる。
同 口《くち》を尖《とが》らせる。

口火《くちび》**を切**《き》**る**
人が集まってなにかをするとき、最初に話を始めたり、そのきっかけを作ったりする。
短文 この救援《きゅうえん》活動の口火を切ったのは地域の青年たちだった。
参考 「口火」は、火縄銃《ひなわじゅう》や爆薬《ばくやく》などに点火するのに使う火。「切る」は、火をおこすこと。

口《くち》**も八丁**《はっちょう》**手**《て》**も八丁**《はっちょう》
話しかたも仕事のしかたも、ひじょうに達者で、ぬけ目のないこと。
会話 「主婦の会の世話人をやっていたと思ったら、今度は自治会の役員だそうだ。」

「口も八丁手も八丁だからね。」

〔参考〕「八丁」は、うまい。達者の意。

同 口八丁《くちはっちょう》手八丁《てはっちょう》。手八丁《てはっちょう》口八丁《くちはっちょう》。

対 口自慢《くちじまん》の仕事下手《しごとべた》。

口故《くちゆえ》に身《み》を果《は》たす

言ってはいけないことをうっかり言ってしまったり、言い過ぎてしまったりして、わが身が成り立たなくなる。ことばには気をつけなさいといういましめ。

短文 口ゆえに身を果たすというが、かれは、結局、あのときの発言がもとで退職しちゃったよ。

〔参考〕「果たす」は、ほろぼすの意。

類 口《くち》は禍《わざわい》の門《かど》。

口《くち》より腹《はら》

人間は、口先のことばよりも、心の中で物事をどのように考えているかのほうが大切であるということ。

会話 「立会演説会の話を聞いただけでは決めかねるね。」

「口より腹だものね。」

口《くち》を合《あ》わせる

①たがいに同じように言う。相手の話に調子を合わせる。②たがいに言うことの内容がくいちがわないようにしめし合わせて同じように言う。

短文 ①適当に口を合わせていたら、実行委員の役がまわってきてしまった。②かれは頭がいいから、うまく口を合わせたつもりでも、すぐ感づかれてしまう。

同 口裏《くちうら》を合《あ》わせる。

口《くち》を入《い》れる

人が話し合っているところへ、横から割ってはいって話す。口を出す。

短文 かれはどんなことにでもすぐ口を入れたがる。

同 口《くち》を挟《はさ》む。

口《くち》を利《き》く

①ものを言う。しゃべる。②仲をとりもつ。両方の間がうまくいくようになかだちをする。

短文 ①徹夜《てつや》でがんばったので口を利けないほどつかれきっていた。②かれに口を利いてもらって、先生にも参加してもらえることになった。

口《くち》を切《き》る

①びん、箱《はこ》などのふたや封《ふう》をはじめて開ける。②最初に発言する。話の口火を切る。

短文 ①一升《いっしょう》びんの口を切る。②静まりかえったなかで、ついにかれが思い切ったように口を切った。

口《くち》を滑《すべ》らす

うっかりして言ってはならないことをしゃべってしまう。

短文 私が口を滑らせたばかりに、かれにほんとうの病名をさとられてしまった。

類 舌《した》を滑《すべ》らす。

口《くち》を添《そ》える

人のすることや言うことがうまく運ぶように、そばから助けとなることを言う。

短文 進学できるように、母も口を添えてくれたので、父もわかってくれた。

口《くち》を揃《そろ》える
多くの人が同じことを言う。

〔短文〕各国の代表は口をそろえて平和をうたいあげた。

口《くち》を出《だ》す
自分には直接関係のない話に、割りこんでいって自分の考えなどを言う。口出しをする。

〔短文〕いったん口を出したからには最後まで協力するよ。

口《くち》を衝《つ》いて出《で》る
なんの用意も考えもなく、ふっと自然にことばが出てくる。

〔短文〕あまりのだらしない負け方に、怒《いか》りのことばが思わず口をついて出た。

口《くち》を噤《つぐ》む
自分の考えはあるが、口を閉じて言わない。ものを言うことをさける。

〔短文〕事件の核心《かくしん》にふれる質問には、口をつぐんで答えない。

〔類〕口《くち》を閉《と》ざす。

口《くち》を尖《とが》らせる
不満そうな顔つきをする。

〔短文〕しかられると口をとがらせてぷいっと部屋にはいってしまった。

〔同〕唇《くちびる》を尖《とが》らせる。

口《くち》を閉《と》ざす
知っていても、それに関してはものを言わない。沈黙《ちんもく》を守る。

〔短文〕かれの行方《ゆくえ》についてはかたく口を閉ざしたままだ。

〔類〕口《くち》を噤《つぐ》む。

口《くち》を閉《と》じ目《め》を開《ひら》け
ことばをつつしんで、だまってよく観察せよということ。

〔参考〕「目」は、活眼《かつがん》（＝物事の道理を見ぬく見識）の意。

〔同〕口《くち》は閉《と》じておけ目《め》は開《あ》けておけ。

口《くち》を濁《にご》す
はっきり言ってしまうとつごうの悪いことを、あいまいに言う。うやむやに言う。

〔短文〕かれにあの事件の真相を聞いてみたが、肝心《かんじん》なところは口を濁して教えてくれない。

〔同〕言葉《ことば》を濁《にご》す。

口《くち》を拭《ぬぐ》う
ぬすみ食いをしたあと、口のまわりの食べかすをふいて食べなかったふりをすることから、悪いことをしておきながら、していなかったふりをする。また、知っているのに知らないふりをする。

〔短文〕かれはむかしやった悪事にはいっさい口をぬぐってそのときの仲間を非難している。きたないやつだ。

口《くち》を糊《のり》する
やっと食べていけるだけの貧しい生活をする。

〔短文〕店も持てず、仕入れた魚を背負って売り歩いて、母子三人の口を糊してきた。

〔参考〕「糊《のり》する」は、粥《かゆ》をすする意。

〔同〕口《くち》を糊《こ》す。

口《くち》を挟《はさ》む

人が話しているのをさえぎって、横から発言し、その話に加わる。

短文 それはかれ自身が解決しなければならないことで、きみが口を挟むべきことではないよ。

同 口《くち》を入《い》れる。

口《くち》を塞《ふさ》ぐ

人にものを言わせないようにする。特に自分の悪事や秘密《ひみつ》をばらされないようにそれを知っている人に働きかけてしゃべらせないようにする。

短文 金品をあたえて証人の口をふさぐ。

類 口《くち》を封《ふう》じる。

口《くち》を割《わ》る

かくしていた悪事についてしゃべりはじめる。白状する。

短文 犯人はがんとして口を割らない。

轡《くつわ》を並《なら》べる

くつわをはめた馬が横一線に並ぶという意から、何人かの人がいっしょに同じ行動をするたとえ。

短文 うわさの三人がくつわを並べて立候補した。

参考 「轡《くつわ》」は馬の口にはめて手綱《たづな》を結びつける金具。

くつわを並べた馬

靴《くつ》を隔《へだ》てて痒《かゆ》きを掻《か》く

⇩ 隔靴掻痒《かっかそうよう》

苦肉《くにく》の策《さく》

敵をあざむくためや苦しい事態を乗り切るために、苦しまぎれにとる、思い切ったはかりごと。

短文 あす投げる予定のエースを救援《きゅうえん》に使うという苦肉の策も、きょうの敵の打撃《だげき》の前には通用しなかった。

類 苦肉《くにく》の計《けい》。

国乱《くにみだ》れて忠臣見《ちゅうしんあらわ》る

国が乱れたときはじめて、国のためになる臣下《しんか》が現れる。また、心から国のためを思って主君に仕える臣下はだれかということが、はっきりしてくる。

〔出典『史記《しき》』〕

愚《ぐ》にも付《つ》かない

ばかばかしくて話にもならない。

短文 愚にもつかないことをくどくどと話すので、まともに聞く気になれない。

国破《くにやぶ》れて山河《さんが》在《あ》り

戦《いくさ》で、国が敗《やぶ》れ、都は破壊《はかい》されて、人の世が変わり果《は》ててしまっても、自然の山や河は変わらぬ姿を見せている。

語源 唐《とう》の都長安《ちょうあん》が、賊《ぞく》軍の手に落ちたとき、捕《と》らえられて長安城に閉じこめられた杜甫《とほ》（＝盛唐の詩人）が、国の将来をなげいてうたった詩から出たことば。

〈原文〉 国破《くにやぶ》れて山河《さんが》在《あ》り 城春《しろはる》にして草木深《そうもくふか》し。 〔出典 杜甫《とほ》『春望《しゅんぼう》』〕

参考 『奥の細道』によれば、俳人松尾芭《まつおば》蕉《しょう》は、古戦場平泉をおとずれたとき、この詩を借りて「国破れて山河あり、城春にして草青みたり」といい、「夏草や 兵《つわもの》どもが夢の跡《あと》」の名句を残した。

苦杯《くはい》を嘗《な》める

思っていたような結果にいたらず、苦しい経験をする。

短文 相手チームに、強力な新人が登場して、思わぬ苦杯をなめることになった。

参考 「苦杯」は、苦《にが》い酒を入れたさかずきで、苦い経験の意。

同 苦汁《くじゅう》を嘗《な》める。

苦《く》は楽《らく》の種《たね》

現在の苦労は、将来必ず楽になる種のようなものだということ。

短文 がんばれよ。若いうちの苦労は買ってでもしろと言うだろう。楽は苦の種苦は楽の種さ。遊んでいるとろくなことにならないよ。

類 苦あれば楽《らく》あり。

首《くび》が繋《つな》がる

勤めをやめさせられないですむ。

短文 重大な交通事故を起こし、首があぶないところだったが、会社側にも非のあることがわかったので、あやうく首がつながった。

対 首《くび》が飛《と》ぶ。

首《くび》が飛《と》ぶ

勤めをやめさせられる。

短文 あの会社は、転勤をことわっただけで首が飛ぶということだ。

類 首《くび》になる。

対 首《くび》が繋《つな》がる。

首《くび》が回《まわ》らない

あちこちからの借金が重なり、やりくりがつかなくなる。

短文 何十年来の不況《ふきょう》ということで、首が回らなくなった事業主が多い。

首縊《くびくく》りの足《あし》を引《ひ》く

首をつろうとしている人の足をひっぱるような、思いやりのないひどいことをするたとえ。

会話 「重病で入院が長びいているところへ、解雇《かいこ》通知が届いたそうだ。」「長年勤めてきた会社だろうに、首くくりの足を引くようなものだなあ。」

首《くび》になる

解雇《かいこ》される。免職《めんしょく》になる。

短文 首になるのを覚悟《かくご》で、会社の内情を世間に訴《うった》える。

類 首《くび》が飛《と》ぶ。

首《くび》を傾《かし》げる

考えてもよくわからないことがあって、首を横にかたむける。不思議に思う。

短文 おさな子が、小さな虫の動きひとつにも、首を傾げて見入っている。

同 小首《こくび》を傾《かし》げる。

類 首《くび》を捻《ひね》る。

首《くび》を切《き》る

解雇《かいこ》する。勤めをやめさせる。

短文 この不況《ふきょう》を乗りきるためには、相当数の首《くび》を切らねばならないだろう。

同 首にする。

首《くび》を突《つ》っ込《こ》む

興味や関心のあることに、自分から近づいていき、深くかかわる。

短文 かれは素人《しろうと》ながら、『万葉集《まんようしゅう》』の研究に首を突っ込んで、とうとう本を著すまでになった。

首《くび》を長《なが》くする
あることが到来《とうらい》するのを今か今かと待ちこがれる。
短文 首を長くして待っていた孫が、きょう来るというので、かれは朝から落ち着かない。
類 首《くび》を延《の》ばす。

首《くび》を捻《ひね》る
おかしい、変だ、ほんとうにそうだろうか、というような気持ちで、首を横に曲げる。
短文 名刑事《めいけいじ》といわれるかれも、首をひねって考えこんだ事件だった。
類 首《くび》を傾《かし》げる。

九分九厘《くぶくりん》
十分《じゅうぶ》に一厘《りん》だけ足りないという意味から、完全に近いところまで達していること。九九パーセント。
短文 かれは優秀《ゆうしゅう》だし、熱心だから今度の事業は九分九厘成功するだろう。

蜘蛛《くも》の子《こ》を散《ち》らす
大勢のものがいっせいににげて、散り散りになるようす。
短文 パトカーのサイレンが聞こえたとたん、暴走族は蜘蛛の子を散らすように、あっという間にだれもいなくなってしまった。

雲行《くもゆ》きが怪《あや》しい
天候のぐあいが変だ、悪くなりそうだという意味から、事の成りゆきがどうもおだやかではない。荒《あ》れそうだ。
短文 彼女《かのじょ》は、はじめのうち、それほどご機嫌《きげん》は悪くなかったのだが、だんだん雲行きが怪しくなってきたので、あわてて話題を変えた。

雲《くも》を霞《かすみ》
いちもくさんににげ出して、あっという間に姿をくらますようす。
短文 たくらみがばれるや、雲を霞と姿をくらましたまま行方《ゆくえ》がわからない。

雲《くも》を掴《つか》む
ばくぜんとしていて、まったくとらえどころがないことのたとえ。
短文 かれの話はあいかわらず大きくて、雲をつかむようなことばかり言っていたよ。

雲《くも》を衝《つ》く
天の雲をつきあげるかと思われるほど背の高いようす。
短文 雲をつく高層ビルの間をはげしい風がふきぬける。

暗《くら》がりから牛《うし》
暗い所に黒い牛がいてもよくわからないという意味から、物の区別がはっきりしないこと。また、にぶくてはきはきしないようすのたとえ。
同 暗闇《くらやみ》から牛《うし》を引《ひ》き出《だ》す。闇《やみ》から牛《うし》を引《ひ》き出《だ》す。暗《くら》がりの牛《うし》。

暗闇《くらやみ》の鉄砲《てっぽう》 ⇩ **闇夜《やみよ》に鉄砲《てっぽう》**

苦《くる》しい時《とき》の神頼《かみだの》み

苦しいことや困ったことがあると、ふだんは信仰《しんこう》していない人も、神仏に祈《いの》ってその加護を願うということ。また、日ごろつき合いのないような人にも、自分のつらいときだけたよろうとするたとえ。

短文 癪《しゃく》だが、かれにたのむしか方法はない。むこうも苦しい時の神頼みだってことはわかってくれるだろう。

同 切《せつ》ない時《とき》の神頼《かみだの》み。叶《かな》わぬ時《とき》の神頼《かみだの》み。

車《くるま》の両輪《りょうりん》

車の二つの車輪のように、両方がそろっていてはじめて成り立ち、一方が欠けては用をなさない、密接な関係のたとえ。

短文 からだの健康と心の健康は、人間にとって車の両輪だ。

類 鳥《とり》の両翼《りょうよく》。

車《くるま》は海《うみ》へ舟《ふね》は山《やま》

物事があべこべであることのたとえ。

短文 陸上部のA君が水泳大会に出て、水泳部のBさんがリレーに出る。それじゃ、まるで、車は海へ舟は山だね。

車《くるま》を拾《ひろ》う

街を流しているタクシーなどを呼びとめて乗る。

短文 おそくなるといけないから車を拾っておいでなさい。

暮《く》れぬ先《さき》の提灯《ちょうちん》

明るいうちから提灯《ちょうちん》をともすように、必要もないことに手まわしがよすぎて、かえってまがぬけ、むだなことのたとえ。

短文 何事もふだんの準備が必要だが、暮れぬ先のちょうちんでも困る。

類 小舟《こぶね》の宵拵《よいごしら》え。

対 火事《かじ》の後《あと》の火《ひ》の用心《ようじん》。

鍬《くわ》を担《かた》げた乞食《こじき》は来《こ》ない

一生懸命《けんめい》働く者が、乞食《こじき》になるようなことはない。なによりも精を出して働くことだという教え。

参考 「担《かた》げた」は、かついだの意。

類 稼《かせ》ぐに追《お》い付《つ》く貧乏《びんぼう》無《な》し。

君子《くんし》危《あや》うきに近寄《ちかよ》らず

教養があり徳の高い人は、危険とわかっているところにははじめから近寄らず、身をつつしむということ。

対 虎穴《こけつ》に入《い》らずんば虎子《こじ》を得《え》ず。

君子《くんし》の過《あやま》ちは日月《じつげつ》の蝕《しょく》の如《ごと》し

教養があり徳の高い人でも、過ちを犯すことはある。しかし、それは日食や月食のようなもので、かくすことなく人の目に明らかにし、すぐに改めて、またもとの姿にもどり、人々にあおぎ見られるということ。

語源 《原文》子貢曰《しこういわ》く、「君子《くんし》の過《あやま》つや日月《じつげつ》の蝕《しょく》の如《ごと》し。過《あやま》つや人皆《ひとみな》これを見《み》る。更《あらた》むるや人皆《ひとみな》これを仰《あお》ぐ。」

〔出典『論語《ろんご》』〕

君子《くんし》の交《まじ》わりは淡《あわ》きこと水《みず》の若《ごと》し

教養があり徳の高い人が友人と交際するようすを見ると、水のように淡泊《たんぱく》でさらっとしているが、とだえることなく長続

きするということ。友達づきあいは、あまりしつこくべたべたしてはいけないといういましめ。〔出典『荘子《そうじ》』〕

君子《くんし》は器《き》ならず

教養があり徳の高い人は、器《うつわ》のように限られた用途だけに適するのではなく、すべての面の才能と円満な人格をもっているということ。〔出典『論語《ろんご》』〕

君子《くんし》は義《ぎ》に喩《さと》り小人《しょうじん》は利《り》に喩《さと》る

教養があり徳の高い人は、物事をすべて正しい道にかなっているかどうかと考えるが、つまらぬ人間は、利益があるかどうか、どうすれば利益になるかと考えるということ。〔出典『論語《ろんご》』〕

君子《くんし》は其《そ》の言《げん》の其《そ》の行《こう》に過《す》ぎたるを恥《は》ず

教養があり徳の高い人は、自分が実行できることをきちんと心得て、それ以上のことを口に出すのを恥《は》じる。ことばをつつしみ、できもしないことを言わないようにするということ。〔出典『論語《ろんご》』〕

君子《くんし》は独《ひと》りを慎《つつし》む

教養があり徳の高い人は、たとえ人が見ていなくても、自分の行動をつつしみ、いいかげんなことをしないということ。〔出典『大学《だいがく》』〕

同 独《ひと》りを慎《つつし》む。

君子《くんし》は豹変《ひょうへん》す

教養があり徳の高い人は、過ちを犯してもすぐに改め、善にもどるのがきわめてはっきりしている。転じて、人が行動や態度などをがらりと変えることをいう。〔出典『易経《えききょう》』〕

参考 「豹変《ひょうへん》」は、豹のからだの黄色と黒がはっきりめだつように、きわだって一変すること。もともとは、よいほうへ変わることに用いたが、今はその逆に用いることが多い。

君子《くんし》は和《わ》して同《どう》ぜず 小人《しょうじん》は同《どう》じて和《わ》せず

教養があり徳の高い人は、人と争わず協調していくが、人の意見に引きずられて動いたり、正しい考えを曲げたりはしない。つまらない人間は、それと反対に、すぐに人のしり馬に乗ったり、妥協《だきょう》したりするが、ほんとうに人と協調するということを知らないということ。〔出典『論語《ろんご》』〕

葷酒山門《くんしゅさんもん》に入《い》るを許《ゆる》さず

くさいにおいのする食べ物や酒類は、修行のさまたげになるので、寺の中に持ちこんだり、そのようなものを飲み食いしたりした者は寺にはいることを許さないということ。

参考 「葷《くん》」は、にら・にんにく・ねぎ・らっきょうなど、においの強い野菜。

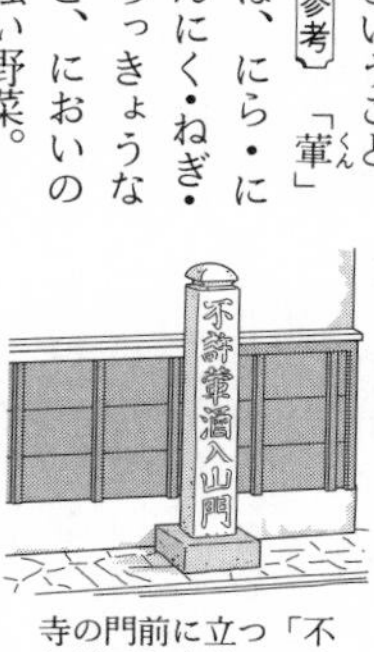

寺の門前に立つ「不許葷酒入山門」の碑

軍配《ぐんばい》を上《あ》げる

どちらが勝ちか、あるいはどちらが正しいかなどの判定を下す。

短文 あの兄弟の言い分を聞いてみる

と、わたしとしては弟さんのほうに軍配を上げたいわ。

軍門《ぐんもん》に降《くだ》る

敗北を認めて相手に降参する。

短文 はげしい攻撃《こうげき》に、ついに力尽《つ》きて相手の軍門に降った。

群《ぐん》を抜《ぬ》く

多くのものの中でぬきんでている。くらべものにならないほどすぐれている。

短文 きのうのマラソン大会できみはだんぜん群を抜いていたね。

け　ケ

形影相弔《けいえいあいとむら》う

自分と自分の影《かげ》がたがいになぐさめあうという意味から、自分に同情してくれる人や、おとずれる人がだれひとりなく、孤独《こどく》でさびしい身の上であることのたとえ。

短文 事業に失敗して故郷に帰り、形影相弔うという日々を過ごしている。

〔出典 李密《りみつ》『陳情表《ちんじょうのひょう》』〕

同 形影相弔《けいえいあいちょう》す。形影自《けいえいみずか》ら相憐《あいあわ》れむ。

敬遠《けいえん》 ⇩ **敬《けい》して遠《とお》ざける**

謦咳《けいがい》に接《せっ》する

尊敬する人に、直接お目にかかる。

参考 「謦《けい》」も「咳《がい》」も、せきばらいのこと。

芸《げい》が細《こま》かい

することが細かいところにまで気が配られ、工夫がこらしてある。

会話 「おばあちゃんの喜寿《きじゅ》のお祝い、七月七日の午後七時七分に始めるんだって。」
「芸が細かいなあ。お父さんらしいよ。」

芸《げい》が無《な》い

ありきたりでおもしろみがない。

会話 「お正月のパーティーに、なにか楽しいアイデアない。」
「そうねえ。食べておしゃべりするだけでは芸がないわね。」

鶏群《けいぐん》の一鶴《いっかく》

たくさんの鶏《にわとり》の中にいる、一羽の鶴《つる》ということから、大勢の平凡《へいぼん》な人々の中に、一人だけすぐれた人物がいて、めだっていることのたとえ。

短文 彼女《かのじょ》は、頭のよさといい、美しさといい、クラスの中でもひときわめだち、まさに鶏群の一鶴である。

類 野鶴《やかく》の鶏群《けいぐん》に在《あ》るが如《ごと》し。掃《は》き溜《だ》めに鶴《つる》。

鶏口《けいこう》と為《な》るも牛後《ぎゅうご》と為《な》る勿《なか》れ

大きい集団・組織の中で人の下についているよりも、小さい集団・組織でもいいからその中のトップになったほうがよいというたとえ。

会話 「きみの実力なら、もっと上がねらえるのに。その高校じゃ惜《お》しいよ。」
「でも鶏口となるも牛後となるなかれというじゃない。」

語源 中国の戦国時代、蘇秦《そしん》が韓《かん》の王に、

たとえ小国でも、王は王だから、強国の秦《しん》に屈服《くっぷく》せず戦うように説いたときのことば。〔出典『史記《しき》』〕

同 鶏口牛後《けいこうぎゅうご》。

類 大鳥《おおとり》の尾《お》より小鳥《ことり》の頭《かしら》。鯛《たい》の尾《お》より鰯《いわし》の頭《かしら》。

敬《けい》して遠《とお》ざける

表面上は尊敬しているような態度をとりながら、心の中ではきらって、あまり親しくしない。〔出典『論語《ろんご》』〕

参考 敬って、なれなれしく近づかないというのが本来の意味。

同 敬遠《けいえん》。

芸術《げいじゅつ》は長《なが》く人生《じんせい》は短《みじか》い

人のいのちは短いものだが、すぐれた芸術作品はいつまでも長く残る。だから一生懸命《けんめい》力をつくして、よい作品を後世に残すべきだという教え。

語源 古代ギリシャの医術の父といわれるヒポクラテスのことばで、本来は、「医術の修得には長い年月がかかるが人生は短いのだから、おこたらず勉強せよ。」と弟子《でし》にさとしたもの。

参考 英語では、Art is long, life is short.

蛍雪《けいせつ》の功《こう》

蛍《ほたる》の光で書を読み、雪明かりで勉強するというように、苦労して学問にはげむこと。また、その成果。

短文 早く父を失いながらも、四年間の蛍雪の功成って、みごと大学院を修了、博士号を得た。

参考 卒業式などに歌われる「蛍の光、窓の雪」は、このことばがもとになっている。

> 故事 中国の晋《しん》の車胤《しゃいん》は、家が貧しくて灯火にする油を買えないので、夏は蛍を集めてその光で勉強した。また、孫康《そんこう》は、同じような貧しい中で、冬は窓の雪明かりで本を読み、のち、ともにりっぱな地位についたという。〔出典『晋書《しんじょ》』〕

同 蛍《ほたる》の光《ひかり》窓《まど》の雪《ゆき》。

兄《けい》たり難《がた》く弟《てい》たり難《がた》し

二人のうち、どちらがまさり、どちらがおとっているか決めがたいほど、ともにすぐれている。

会話 「あの兄弟、二人とも勉強がよくできるねえ。」「頭のよさでは、まさに兄たり難く弟たり難しというところだね。」

> 故事 中国の漢《かん》の時代、陳元方《ちんげんぽう》と陳季方《ちんきほう》という兄弟があった。いとこどうしの元方の子（長文《ちょうぶん》）と季方の子（孝先《こうせん》）が、それぞれの父親の徳行を論じて争ったが決着がつかず、祖父の太丘《たいきゅう》にたずねたところ、祖父は、「元方は兄たり難く、季方は弟たり難し」と答えたという。〔出典『世説新語《せせつしんご》』〕

類 伯仲《はくちゅう》の間《かん》。何《いず》れ菖蒲《あやめ》か杜若《かきつばた》。

傾聴《けいちょう》に値《あたい》する

耳を傾《かたむ》けて聴《き》くだけの価値がある。熱心に聞くねうちがある。

会話「学級会で、かれはなかなかいいことを言ったね。」「うん。たしかに傾聴に値する意見だったよ。」

兄弟《けいてい》牆《かき》に鬩《せめ》げども外《そと》其《そ》の務《あなど》りを禦《ふせ》ぐ

兄弟が、ふだんは家の中でけんかしていても、ひとたび外部から侮辱《ぶじょく》されたり攻《こう》撃《げき》されたりすれば、心を一つにしてこれを防ぐということ。〔出典『詩経《しきょう》』〕

参考「牆《かき》」は垣根《かきね》、「鬩《せめ》ぐ」は、たがいに争う意。

芸《げい》は道《みち》によって賢《かしこ》し

一芸に通じた人は、その芸のことについてはほかの人よりすぐれているということから、専門家はそれぞれ専門のことはくわしく知っているということ。

会話「このセーター、自分で洗濯《せんたく》してみようかしら。」「クリーニング屋さんに出したほうがいいよ。芸は道によって賢しっていうからね。」

同 芸《げい》は道《みち》によって精《くわ》し。

類 是非《ぜひ》は道《みち》によって賢《かしこ》し。商売《しょうばい》は道《みち》によって賢《かしこ》し。餅《もち》は餅屋《もちや》。

芸《げい》は身《み》の仇《あだ》

なまじっか芸を習い覚えたばかりに、深入りしたり本業をおろそかにしたりしてかえって害になることがあるといういましめ。

会話「お父さん、ぼくファミコンならクラス一番だよ。」「そりゃいいけど、勉強そっちのけじゃ、芸は身の仇ってことになるぞ。」

類 芸《げい》は身《み》を破《やぶ》る。粋《すい》が身《み》を食《く》う。

対 芸《げい》は身《み》を助《たす》ける。

芸《げい》は身《み》を助《たす》ける

身についた芸があれば、生活に困ったとき、それでくらしを立てることができるということ。

対 芸《げい》は身《み》の仇《あだ》。芸《げい》は身《み》を破《やぶ》る。

鶏鳴狗盗《けいめいくとう》

鶏《にわとり》の鳴きまねをして人をだましたり、犬のようにこそこそと物をぬすんだりするいやしい者のたとえ。また、そんなことぐらいしかできないつまらぬ者のたとえ。

参考「狗《く》」は、犬のこと。

故事 中国の戦国時代、秦《しん》の昭王《しょうおう》に捕《と》らえられた斉《せい》の孟嘗君《もうしょうくん》が、部下の中の犬のまねのうまい者に白ぎつねの毛皮をぬすみ出させ、それを昭王に仕える美女に贈《おく》って取り入り、うまくにげ出した。また、函谷関《かんこくかん》という関所までにげて来たが、そこの門は、一番鶏《どり》が鳴くまで開けないきまりだった。そこで鶏の鳴きまねのうまい部下に鶏の声をまねさせて朝と思わせ、まんまと門を開けさせて脱出《だっしゅつ》できたという。〔出典『史記《しき》』〕

怪我《けが》の功名《こうみょう》

やりそこなったと思ったことが、かえっててがらになること。また、なにげなくしたことが、たまたまいい結果をもたらすこと。

〔会話〕「この絵は色がきれいだ。特にこの部分のぼかしぐあいはすばらしいよ。」

「ああ、それは画用紙に水をこぼしちゃったんです。けがの功名です。」

〔参考〕「怪我《けが》」は失敗、あやまちのこと。

〔同〕過《あやま》ちの功名《こうみょう》。

逆鱗《げきりん》に触《ふ》れる

目上の人、特に地位の高い人をはげしくおこらせるたとえ。〔出典『韓非子《かんぴし》』〕
〔短文〕明智光秀《あけちみつひで》は信長《のぶなが》の逆鱗に触れて、領国を召《め》し上げられた。
〔参考〕「逆鱗《げきりん》」は、竜《りゅう》ののどの下にあるとされる一枚だけさかさに生えた鱗《うろこ》のこと。これにふれると竜がおこってその人をつき殺すという。もともとは天子を竜にたとえ、天子のいかりを買うことをいった。

下種《げす》の後知恵《あとぢえ》

おろかな者は、必要なときにはいい考えがうかばず、事が終わってから考えつくから、なんの役にも立たないということ。

〔短文〕下種の後知恵かもしれないけど、このあいだの件、ちょっと考えついた案があるんだけど。

〔同〕下種《げす》の後思案《あとじあん》。

桁《けた》が違《ちが》う

物事の程度や規模、数量などが極端《きょくたん》にちがう。

〔会話〕「リニアモーターカーって、すごいスピードなんだね。」

「そりゃあ、このへんののんびり列車とは桁が違うよ。」

下駄《げた》を預《あず》ける

自分のげたを人に預けると、どこへも行けなくなることから、相手を信じて、自分に関係のあることがらの処理をいっさい任せる。

〔会話〕「同窓会の場所や日取り、どうする。」

「きみに下駄を預けるよ。」

下駄《げた》を履《は》かせる

物事を実際より高く、あるいはよく見せかける。

〔会話〕「お母さん、ぼくの今学期の成績、平均点九二点だよ。」

「ほんとう。下駄を履かせてるんじゃないでしょうね。」

けちが付《つ》く

いやなことや縁起《えんぎ》の悪いことが起こる。

〔短文〕けが人が出たり、雨に降られたり、今度の旅行には最初からけちが付いてしまったなあ。

けちを付《つ》ける

欠点を挙げてけなす。文句をつける。また、縁起《えんぎ》の悪いことを言う。

〔会話〕「そんなやり方じゃ、だめだよ。」

「人のすることにいちいちけちを付けるのはやめてくれ。」

「忠告してるだけだよ。」

月下氷人《げっかひょうじん》

結婚《けっこん》の仲人《なこうど》。媒酌人《ばいしゃくにん》。

〔参考〕「月下老人」と「氷人」を一つにしたことば。

故事 中国の唐《とう》の時代、韋固《いご》は、月光の下で、男女の縁を結ぶ老人と会い、一四年後に、その予言どおりの女性と結婚したという。また、晋《しん》の狐策《こさく》は、氷上に立って氷の下の人と話した夢を見、その夢を占《うらな》ってもらうと、あなたが結婚の仲人をする前兆だと言われた。はたして、その占いのとおり太守の息子の仲人をすることになったという。〔出典『晋書《しんじょ》』〕

血気《けっき》にはやる

興奮《こうふん》して、むこうみずに物事を行おうと意気ごむ。

短文 とかく若者は、血気にはやった行動をして失敗しがちだ。

血相《けっそう》を変《か》える

ひじょうにおどろいたり、おこったりして顔色を変える。

短文 なにが起こったのか、妹は血相を変えて家にかけこんできた。

月旦評《げったんひょう》

人物を批評すること。

参考「月旦《げったん》」は、月の初めの日。一日《ついたち》。

故事 中国の後漢《ごかん》の時代、汝南《じょなん》（＝河南省）の許劭《きょしょう》は、いとこの許靖《きょせい》と毎月一日に主題をきめて郷里の人々の人物評をして楽しんだ。その評が世間の評判となって「汝南の月旦評」と呼ばれた。〔出典『後漢書《ごかんじょ》』〕

同 月旦《げったん》。人物月旦《じんぶつげったん》。

毛《け》の生《は》えた

ある物事より、ほんの少しだけまさっている。

会話「プレハブの勉強部屋を作ってもらったんだって。すごいじゃない。」「なあに、犬小屋に毛の生えたようなものさ。」

下馬評《げばひょう》

そのことに関係のない人たちの評判・うわさ。世間の評判。

会話「今場所新入幕のあの力士、なかなかすごいね。」「将来の横綱《よこづな》という下馬評が高いよ。」

語源 むかし、主人の供をしてきた者が、下馬先《げばさき》（＝主人が馬を下り、供を待たせておく所）で、主人のもどりを待つ間にいろいろと評判をしあったことから。

煙《けむ》に巻《ま》く

大げさなことを言ったり、相手の知らないことを一方的にしゃべりまくったりして、相手をまごつかせる。

短文 むずかしい専門用語を連発してみんなを煙に巻く。

外面似菩薩内心如夜叉《げめんじぼさつないしんにょやしゃ》

外見は菩薩《ぼさつ》のようにやさしく美しく見えるが、心の中は夜叉《やしゃ》のように残忍《ざんにん》でおそろしいということ。〔出典『華厳経《けごんきょう》』〕

参考「夜叉」は、おそろしい姿をした荒々しい鬼神《きしん》。仏教を修行している者に、女性はこのようにおそろしいものだといましめたことば。

同 外面《げめん》如《にょ》菩薩《ぼさつ》内心《ないしん》如《にょ》夜叉《やしゃ》。

けりを付《つ》ける

物事の決着をつけ、しめくくる。終わりにする。

会話「さあ、ご飯ですよ。」「うん、あと一ページ読んで、けりを付けてから行くよ。」

語源 俳句や和歌が、助動詞「けり」で終わるものが多いことから。

同 切《き》りを付《つ》ける。

毛《け》を吹《ふ》いて疵《きず》を求《もと》む

毛を吹《ふ》き分けてその根もとにかくれている小さなきずをわざわざ探し出すように、他人の欠点をしいてあばきたてることのたとえ。また、人の欠点をあばこうとして、かえって自分の欠点をさらけ出すたとえ。〔出典『韓非子《かんぴし》』〕

類 垢《あか》を洗《あら》って痕《あと》を求《もと》む。

犬猿《けんえん》の仲《なか》

犬と猿《さる》は仲が悪いとされていることから、仲の悪いことのたとえ。

会話「A子とB子、このごろ口ひとつきかないのね。」「例のC君の件以来、犬猿の仲なのよ。」

同 犬《いぬ》と猿《さる》。犬猿《けんえん》もただならず。

喧嘩《けんか》過《す》ぎての空威張《からいば》り

けんかがすんでしまってから、虚勢《きょせい》を張って強がること。

同 喧嘩《けんか》過《す》ぎての向《む》こう鉢巻《はちま》き。

喧嘩《けんか》過《す》ぎての棒千切《ぼうちぎ》り

けんかが終わってから棒切れを持ち出してもなんの役にも立たないことから、時機に間に合わないまぬけさ、役に立たないことのたとえ。

参考「千切り」は、こん棒のこと。

同 争《あらそ》い果《は》ての棒千切《ぼうちぎ》り。諍《いさか》い果《は》てての乳切《ちぎ》り木《ぎ》。

類 十日《とおか》の菊《きく》六日《むいか》の菖蒲《あやめ》。

喧嘩両成敗《けんかりょうせいばい》

けんかというものは、双方《そうほう》とも言い分があるものだが、どんな理由があるにせよ、けんかをした者両方を罰《ばっ》するということ。

会話「おとといの球場での乱闘《らんとう》事件、両チームの監督《かんとく》とも罰金《ばっきん》だって。」「うん、喧嘩両成敗ってところだろ。」

喧嘩《けんか》を売《う》る

相手はそんな気もないのに、むりにけんかをふっかける。

会話「まったく乱暴で困った男だね。」「ほんとうだよ。なにかといえばすぐけんかを売るし。」

対 喧嘩《けんか》を買《か》う。

牽強付会《けんきょうふかい》

道理に合わないことを、自分に都合のいいように、むりに理屈《りくつ》をこじつけること。

健康《けんこう》は富《とみ》に優《まさ》る

どんなに金持ちでも、健康でなければ幸福な生活は送れない。健康がいちばん大切であるということ。

参考 西洋のことわざ。Health is better than wealth. の訳語。

乾坤一擲《けんこんいってき》
のるかそるか、いちかばちかの決心で、運命をかけて全力で事を行うこと。
短文 いよいよあすは決勝戦。乾坤一擲の勝負のときがやってきた。
参考 「乾」は天、「坤」は地、「擲」はなげうつということ。
同 一擲乾坤《いってきけんこん》を賭《と》す。

健全《けんぜん》**なる精神**《せいしん》**は健全**《けんぜん》**なる身体**《しんたい》**に宿**《やど》**る**
からだが健康でなければ精神も健康になれない。精神と身体とは一体であり、相互《そうご》に関連するということ。
語源 古代ローマの詩人ユウェナリスの詩の一節から出たことば。
参考 英語では、A sound mind in a sound body.

見当《けんとう》**が付**《つ》**く**
だいたいのみこみがつく。推測できる。
短文 あらっ、ケーキが一個減ってる。ははあ、だれが食べたか、だいたい見当がつくぞ。

捲土重来《けんどちょうらい》
一度争いに負けて退いた者が、ふたたび勢いをもり返してくること。また、一度失敗した者がひじょうな意気ごみで、やり直すこと。
会話 「甲子園《こうしえん》初出場だったが、一回戦で敗れて残念だったね。」「捲土重来を期して、さっそく猛練習《もうれんしゅう》を開始したそうだ。」
語源 むかし、中国で、楚《そ》の項羽《こうう》は漢《かん》の劉邦《りゅうほう》と戦って敗れ、にげる途中《とちゅう》、「この川をわたって故郷に帰り、再起を図りなさい。」という川守《かわもり》のすすめを断って、敵《てき》陣《じん》に切りこみ戦死した。もし、このとき、すすめに従って再挙していたら、勝敗はどうなっていたかわからないとうたった杜牧《とぼく》の詩から出たことば。《原文》江東《こうとう》の子弟才俊《していさいしゅん》多《おお》し（＝項羽が兵を起こした江東の地にはすぐれた若者が多い）。土《つち》を捲《ま》きて重《かさ》ねて来《きた》らば未《いま》だ知《し》るべからず。〔出典 杜牧《とぼく》『題烏江亭《うこうていにだいす》』〕
参考 「捲土《けんど》」は土煙《つちけむり》をまきあげること。「重来」は「じゅうらい」とも読む。

犬兎《けんと》**の争**《あらそ》**い**
両者が争っているうちに、第三者につけこまれ、利益をたやすく横取りされてしまうことのたとえ。
語源 犬が兎《うさぎ》を追いかけているうちに、両方ともつかれきって死んでしまった。それを農夫が見つけてどちらも自分のえものにしてしまったという寓話《ぐうわ》（＝教訓的なたとえ話）から。〔出典『戦国策《せんごくさく》』〕
類 鷸蚌《いっぽう》の争《あらそ》い。漁夫《ぎょふ》の利《り》。

犬馬《けんば》**の労**《ろう》
人のために働き、つくすこと。
短文 きみのためなら、ぼくは犬馬の労もおしまないよ。
注意 他人のためにつくす自分の労苦をへりくだって言うことば。「犬馬の労に感謝する」など、相手の労苦に対して使ってはいけない。

けんもほろろ
人のたのみなどを、冷淡《れいたん》にはねつけるよ

うす。
会話 「誕生日《たんじょうび》のお祝いにさそったんだが、けんもほろろに断られちゃった。」「ふうん、なにかふくむところがあるんじゃないの。」

こ コ

恋《こい》に上下《じょうげ》の隔《へだ》て無《な》し

男女が恋いし合う心というものは、地位や年齢《ねんれい》の上下、貧富の差などにかかわりなく、そのようなちがいを乗りこえていくものであるということ。
同 恋《こい》に上下《じょうげ》の差別《さべつ》無《な》し。

恋《こい》の遺恨《いこん》と食《た》べ物《もの》の遺恨《いこん》は恐《おそ》ろしい

恋愛《れんあい》に関係したうらみと食べ物にかかわるうらみとは、根深いものがあっていつまでも残るということ。
短文 あっ、ひどい。友達がいがないなあ。練習から帰ってきたら飯が残ってないなんて。見てろ、恋の遺恨と食べ物の遺恨は恐ろしいぞ。
同 恋《こい》の恨《うら》みと食《く》い物《もの》の恨《うら》み。

鯉《こい》の滝登《たきのぼ》り

人が立身出世の道を一気にかけのぼることのたとえ。⇩登竜門《とうりゅうもん》（語源）
同 竜門《りゅうもん》の滝登《たきのぼ》り。

恋《こい》は曲者《くせもの》

恋は人間の理性を失わせ、常識では考えられない結果をひき起こすこともあるというたとえ。
参考 「曲者《くせもの》」は悪者、油断のできない者の意。
類 恋《こい》は思案《しあん》の外《ほか》。恋《こい》は闇《やみ》。

恋《こい》は思案《しあん》の外《ほか》

恋というものは理性を失わせるから、そのきっかけや成りゆきは、常識では考えられない場合が多いということ。
会話 「ねえ、聞いた。A子がB君と交際してるんだって。」「うっそお。あんなすてきな子とA子が。でも、恋は思案の外かしらね。」
類 恋《こい》は曲者《くせもの》。恋《こい》は闇《やみ》。

紅一点《こういってん》 ⇩ 万緑叢中紅一点《ばんりょくそうちゅうこういってん》

光陰人《こういんひと》を待《ま》たず ⇩ 歳月人《さいげつひと》を待《ま》たず

光陰矢《こういんや》の如《ごと》し

矢が飛んでいくように、月日がひじょうにはやく過ぎ去ることのたとえ。また、いったん過ぎ去った歳月はふたたび帰らないから、時間を大切にすべきだという教え。
短文 戦後もう四〇年以上か。まさに光陰矢の如しだなあ。
参考 「光陰」は、時間・月日・年月のこと。
同 光陰流水《こういんりゅうすい》の如《ごと》し。
類 烏兎匆々《うとそうそう》。白駒《はっく》の隙《げき》を過《す》ぐるが如《ごと》し。

行雲流水《こううんりゅうすい》

空にただよう雲や、流れてとどまらぬ水

のように、少しのこだわりもむりもなく、自然のままに身を任せて生きていくことのたとえ。〔出典『宋史《そうし》』〕

後悔先《こうかいさき》に立《た》たず

物事が終わってしまってから、あれこれくやんでみても、もう取り返しがつかない。事を始める前によく考えるべきだということ。

会話「きのうの英語の試験、どうだった。」「いやあ、全敗さ。もっと勉強しておけばよかった。後悔先に立たずだよ。」

類 後悔《こうかい》と槍持《やりも》ちは先《さき》に立《た》たず。後悔先《こうかいさき》に立《た》たず提灯持《ちょうちんも》ち後《あと》に立《た》たず。

口角泡《こうかくあわ》を飛《と》ばす

口のはしからつばきの泡《あわ》を飛ばすということから、興奮《こうふん》してはげしく議論するようす。

短文 まあまあ、少し落ち着けよ。口角泡を飛ばして、なにをそんなに言い合ってるんだい。

参考「口角」は、口のはし。

剛毅木訥《ごうきぼくとつ》は仁《じん》に近《ちか》し

意志が強くゆるがぬ心をもち、かざり気がなくあまりしゃべらない。そういう人こそ、道徳の最高の理想である仁《じん》に近いということ。〔出典『論語《ろんご》』〕

参考「木訥《ぼくとつ》」は、かざり気がなく口べたなようす。

類 巧言令色《こうげんれいしょく》鮮《すくな》し仁《じん》。

巧言令色《こうげんれいしょく》鮮《すくな》し仁《じん》

たくみなことばで人に取り入り、顔つきをやわらげて人の機嫌《きげん》をとるような人は、道徳の理想である仁《じん》にとぼしいということ。〔出典『論語《ろんご》』〕

類 剛毅木訥《ごうきぼくとつ》は仁《じん》に近《ちか》し。

孝行《こうこう》のしたい時分《じぶん》に親《おや》は無《な》し

親の気持ちや苦労がわかる年ごろになって、孝行しようと思っても、もうそのころには、親はこの世にいないことが多い。孝行は親の生きているうちに、できるだけしておくべきだという教え。

類 子孝《こうこう》ならんと欲《ほっ》すれども親待《おやま》たず。石《いし》に布団《ふとん》は着《き》せられぬ。風樹《ふうじゅ》の嘆《たん》。

功罪相半《こうざいあいなか》ばする

功績と罪、プラス面とマイナス面が半々で、よいとも悪いとも決めかねる。

短文 高度成長期の自然開発は、功罪相半ばするものがあった。

恒産《こうさん》無《な》き者《もの》は恒心《こうしん》無《な》し

定まった財産や職業のない者は、精神面でも落ち着きがなく、しっかりした心を持つことはできないということ。〔出典『孟子《もうし》』〕

嚆矢《こうし》

物事の最初。起こり。〔出典『荘子《そうじ》』〕

短文 幕末、長崎の人、本木昌造《もときしょうぞう》がアメリカ人の技師の指導で作ったのが、わが国の活字製作の嚆矢とされる。

語源「嚆矢《こうし》」はかぶら矢のこと。飛ぶときに高い音を発するので、むかし、

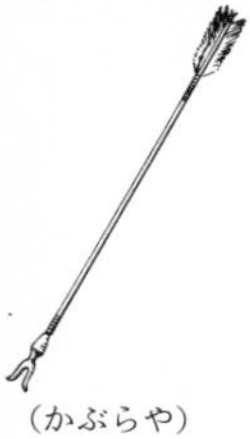
（かぶらや）

戦闘《せんとう》開始の合図としてこれを射たことから「物事の最初」の意になった。

好《こう》事《じ》魔《ま》多《おお》し

よいことには、とかくじゃまがはいりやすいということ。〔出典『琵琶記《びわき》』〕

会話「かれのお父さん、課長になったって喜んでたら、交通事故で一か月の入院だって。」
「へえ。好事魔多しってほんとうね。」

類 月《つき》に叢雲《むらくも》花《はな》に風《かぜ》。

好事門《こうじもん》を出《い》でず悪事《あくじ》千里《せんり》を行《ゆ》く

よい行いについての評判は、なかなか世間に広まらないものだが、悪事についてのうわさは、たちまち遠くにまで伝わるということ。〔出典『北夢瑣言《ほくむさげん》』〕

同 好事門《こうじもん》を出《い》でず悪事千里《あくじせんり》を走る。

後塵《こうじん》を拝《はい》す

ほかの人におくれをとったり、人につき従ったりする。

会話「おまえ、しっかり勉強しないと、人の後塵を拝することになるぞ。」
「ぼくだって、のんきそうにみえるだろうけど、毎日勉強しているよ。」

参考「後塵《こうじん》」は、車などが通り過ぎたあとの砂ぼこりのこと。

後生畏《こうせいおそ》るべし

自分よりあとに生まれた者、つまり後進の若者は、これから先どれほどすぐれた人物になるかはかり知れないので、あなどってはならないということ。〔出典『論語《ろんご》』〕

類 若木《わかぎ》の下《した》で笠《かさ》を脱《ぬ》げ。

浩然《こうぜん》の気《き》

なにものにもとらわれない、おおらかでのびのびとした気持ち。〔出典『孟子《もうし》』〕

会話「今度の連休に山へ行こう。」
「いいね、たまには浩然の気を養うことも必要だ。」

巧遅《こうち》は拙速《せっそく》に如《し》かず

上手にできても仕事が遅《おく》れるよりは、多少出来がまずくても早く仕上げるほうがよいということ。〔出典『文章軌範《ぶんしょうきはん》』〕

会話「レポート、まとまったかい。」
「早いのがとりえだもの。巧遅は拙速に如かずというだろう。おととい書き上げちゃったよ。」

荒唐無稽《こうとうむけい》

言うことや考えに根拠《こんきょ》がなく、現実ばなれしていてとりとめのないこと。

短文 将来、人類が他の天体の生物と出会うというのも、荒唐無稽な話とはいえなくなるかもしれない。

狡兎《こうと》死《し》して走狗《そうく》烹《に》らる

⇩ **飛鳥《ひちょう》尽《つ》きて良弓《りょうきゅう》蔵《かく》れ狡兎《こうと》死《し》して走狗《そうく》烹《に》らる**

功《こう》成《な》り名《な》遂《と》ぐ

りっぱな仕事をして名誉《めいよ》を得る。大きな業績をあげ、名声を世に残す。

功《こう》成《な》り名《な》遂《と》げて身《み》を退《しりぞ》くは天《てん》の道《みち》なり

業績をあげ、名声を得たら、いつまでも

その地位にとどまらず、いさぎよく身をひくのが天の道にかなっているという教え。〔出典『老子《ろうし》』〕

短文 さすがは名理事長、定年前に勇退か。功成り名遂げて身を退くは天の道なりだね。

郷《ごう》に入《い》っては郷《ごう》に従《したが》え

風俗や習慣はそれぞれの地方で異なるから、人は、その住んでいる土地の風俗・習慣に従うのがよい。また、ある集団に属したら、その集団のやり方に従うべきだという教え。

会話「前の学校では、こんなやり方しなかったけどなあ。」
「まあ、郷に入っては郷に従えさ。」

孝《こう》は百行《ひゃっこう》の本《もと》

親孝行はあらゆる善行のもとになるものであるという教え。〔出典『後漢書《ごかんじょ》』〕

類 孝《こう》は万善《まんぜん》の本《もと》。

弘法《こうぼう》にも筆《ふで》の誤《あやま》り

弘法大師ほどの書道の名人でも、ときには書き誤ることがあるということで、どんなに技芸にすぐれた人でも、たまには失敗もあるというたとえ。

短文 きみほどの者がこんな計算をまちがえるとは。弘法にも筆の誤りというところだね。

類 猿《さる》も木《き》から落《お》ちる。河童《かっぱ》の川流《かわなが》れ。上手《じょうず》の手《て》から水《みず》が漏《も》る。権者《ごんじゃ》にも失念《しつねん》。千慮《せんりょ》の一失《いっしつ》。

弘法《こうぼう》は筆《ふで》を選《えら》ばず

弘法大師は書の名人で、どんな粗末《そまつ》な筆でもみごとな字を書いたということから、名人は道具のよしあしを問題にしないということ。

同 能書筆《のうしょふで》を選《えら》ばず。名筆《めいひつ》は筆《ふで》を選《えら》ばず。

対 下手《へた》の道具調《どうぐしら》べ。

蝙蝠《こうもり》も鳥《とり》の内《うち》

蝙蝠《こうもり》も翼《つばさ》があって飛ぶから、鳥の仲間といえばいえる。つまらぬ者でも共通するところがあれば、仲間は仲間だということ。また、たいしたことのない者がすぐれた人々の中にまじっていることのたとえ。

会話「野球の試合に、なんであんな下手な者まで連れていくの。」
「いいじゃないか。蝙蝠も鳥のうち、みんなで楽しくやればいいんだ。」

紺屋《こうや》の明後日《あさって》

約束《やくそく》の期日があてにならないことのたとえ。

短文 クラス新聞の原稿《げんこう》、まだかい。もう約束の日を二日過ぎたよ。紺屋の明後日じゃ困るんだよなあ。

語源 紺屋は染物屋《そめものや》。染物屋は仕事が天気に左右されるため、約束の期日よりおくれがちになる。客が催促《さいそく》すると「あさってにはできます。」と言うが、あまりあてにならないことからいう。

参考「紺屋」は「こんや」とも読む。

同 紺屋《こうや》の明後日《あさって》七十五日《しちじゅうごにち》。

類 鍛冶屋《かじや》の明晩《みょうばん》。医者《いしゃ》の只今《ただいま》。

紺屋《こうや》の白袴《しろばかま》

その道の専門家でありながら、人のことでいそがしくて、自分自身についてはかまう暇《ひま》がないことのたとえ。

会話 「きみのお母さん、編み物の先生だから、セーターでもなんでも手作りだろ。」「それがさ、紺屋の白袴でみんな既製品《きせいひん》さ。」

類 医者《いしゃ》の不養生《ふようじょう》。髪結《かみゆ》いの乱《みだ》れ髪《がみ》。易者身《えきしゃみ》の上知《うえし》らず。坊主《ぼうず》の不信心《ふしんじん》。

黄粱一炊《こうりょういっすい》の夢《ゆめ》 ⇩ 邯鄲《かんたん》の夢《ゆめ》

業《ごう》を煮《に》やす

物事が思うとおりにならないことにいらいらして腹を立てる。

短文 あまりに話がくどすぎるので、業を煮やしたかれは、「結論はどうなんだ。」とどなって、席を立った。

同 業腹《ごうはら》。業《ごう》が煮《に》える。業《ごう》が湧《わ》く。

呉越同舟《ごえつどうしゅう》

かたきどうしや仲の悪い者どうしが、たまたま同じ場所にいること。また、仲の悪い者どうしが共通する利害から、力を合わせて助け合うことのたとえ。

故事 中国の戦国時代に、呉《ご》と越《えつ》は仲が悪かったが、両国の人がたまたま同じ舟に乗り合わせてあらしにあったとき、舟がしずまないように助け合ったという。〔出典『孫子《そんし》』〕

類 同舟相救《どうしゅうあいすく》う。

声《こえ》を限《かぎ》りに

あらんかぎりの大声を出して。声が続くかぎり。

短文 あまりのおそろしさに声を限りにさけんだが、だれもふりむいてくれなかった。

声《こえ》を立《た》てる

声を出す。声をひびかせる。

短文 ねえ、声を立てずにもう少し静かに遊んでね。となりの部屋の兄さんの勉強のじゃまになるでしょう。

声《こえ》を呑《の》む

おどろきや悲しみ、感動などのために声が出なくなる。

短文 橋の上から、ものすごい勢いでおし出してくる濁流《だくりゅう》を見たとき、思わず声をのんで立ちつくしてしまった。

声《こえ》を潜《ひそ》める

他の人には聞こえないように、小さな声で話す。

短文 となりの部屋に寝《ね》ている弟たちには気づかれないように、声を潜めて、きょうのできごとを両親に話した。

氷《こおり》に鏤《ちりば》め水《みず》に描《えが》く

氷に彫刻《ちょうこく》してもすぐにとけて形がなくなり、水にえがいてもすぐに流れてあとをとどめないということから、苦労しても効果がなく、むだなことのたとえ。

同 脂《あぶら》に画《えが》き氷《こおり》に鏤《ちりば》む。水《みず》に絵《え》を描《か》く。

古稀《こき》

七〇歳のこと。

語源 人生は短くて、七〇歳まで生きるのはむかしから稀《まれ》であるという意味の詩の一句からできたことば。《原文》人生七《じんせいしち》

十古来稀《じゅうこらいまれ》なり。〔出典　杜甫《とほ》『曲江《きょくこう》』〕
参考 ⇩ 還暦《かんれき》（囲み記事）

故郷《こきょう》に錦《にしき》を飾《かざ》る

故郷をはなれて努力をかさねていた人が成功して、晴れがましい思いで故郷に帰ることのたとえ。
会話「このたびは当選おめでとうございます。どんなお気持ちですか。」「みなさまのお力で、長い間の念願がやっと達成できました。故郷に錦を飾れてこんなうれしいことはありません。」
参考「錦《にしき》」は、金や銀などの糸を使って織った高価な絹織物。「錦を飾る」は、りっぱに着飾るという意。
同 錦《にしき》を衣《き》て郷《きょう》に還《かえ》る。

黒白《こくびゃく》を争《あらそ》う

相手と対決して、どちらが正しいか、また、どちらがよいか悪いかをはっきりさせる。
短文 こうなってはしかたがない。望むところではないが、裁判で黒白を争うことになるだろう。
同 白黒《しろくろ》をつける。

小首《こくび》を傾《かし》げる

首を少しまげて考えるようすから、不思議に思う。あやしく思う。
短文 かれの言っていることはほんとうだろうかと、小首をかしげる。
同 小首《こくび》を傾《かたむ》ける。首《くび》を傾《かし》げる。

極楽《ごくらく》の入《い》り口《ぐち》で念仏《ねんぶつ》を売《う》る

⇩ 釈迦《しゃか》に説法《せっぽう》

虎穴《こけつ》に入《い》らずんば虎子《こじ》を得《え》ず

おそろしい虎《とら》のすむほら穴にはいる危険をおかさなければ、虎の子を手に入れることはできないという意味から、大きな危険をおかさなければ、大きな利益や成果はあげられないということのたとえ。〔出典『後漢書《ごかんじょ》』〕
類 枝先《えださき》に行《ゆ》かねば熟柿《じゅくし》は食《く》えぬ。
対 君子《くんし》危《あや》うきに近寄《ちかよ》らず。

沽券《こけん》に関《かか》わる

名誉《めいよ》や体面に関係する。体面にさしつかえる。

短文 こんな侮辱《ぶじょく》を受けてだまっていたとあっては、ぼくの沽券に関わる。

参考「沽《こ》」は売るの意で、「沽券《こけん》」は、むかし、土地や家などを売りわたすときの証文。転じて、品位、体面の意。

虎口《ここう》を脱《だっ》する

ひじょうに危険な場所や状態からのがれることのたとえ。〔出典『荘子《そうじ》』〕
短文 ここまで来れば虎口を脱したとみてよい。ほんとうに危ないところだった。
同 虎口《ここう》の難《なん》。虎口《ここう》を逃《のが》れる。

虎口《ここう》を逃《のが》れて竜穴《りゅうけつ》に入《い》る

虎《とら》に食われそうな危険な状態からのがれたと思ったら、今度は竜《りゅう》のすむ穴《あな》にはいりこんでしまうということから、災難が次から次へと起こることのたとえ。
類 一難《いちなん》去《さ》ってまた一難《いちなん》。前門《ぜんもん》の虎《とら》後門《こうもん》の狼《おおかみ》。

呱々《ここ》の声《こえ》をあげる

赤んぼうが生まれる。また、物事が新しく誕生《たんじょう》する。

短文 元気よく呱々の声をあげて、今、赤んぼうが誕生した。

参考 「呱々《ここ》」は、赤んぼうの「おぎゃあ」と泣く声。

心《こころ》が洗《あら》われる

心の中の邪悪《じゃあく》な思いがすっかりなくなり、さわやかですがすがしい気持ちになる。

短文 清浄《せいじょう》な境内《けいだい》を散歩すると、心が洗われる思いがして、一日をすがすがしく過ごすことができる。

心《こころ》が躍《おど》る

喜びや期待などで気持ちが高ぶって、わくわくする。

短文 今度の実験は世界の人々が注目しているので、ぜひとも成功したい。そのことを思うと、今から心が躍る。

同 胸《むね》が躍《おど》る。

類 心《こころ》が弾《はず》む。胸《むね》が弾《はず》む。

心《こころ》が重《おも》い

いやなことや悲しいことがあって気持ちがはればれしない。ゆううつである。

短文 先日の失礼をおわびに行かなければと思うと、心が重く足もにぶる。

同 気《き》が重《おも》い。

心《こころ》が通《かよ》う

おたがいの気持ちが通じ合う。

短文 多少貧しくても、心が通った温かい家庭でありたいものだ。

心《こころ》が弾《はず》む

気持ちがうきうきする。

短文 自分の合格番号を見つけ、いよいよ新しい出発が始まるのだと思うと、心が弾んだ。

同 胸《むね》が弾《はず》む。

類 心《こころ》が躍《おど》る。胸《むね》が躍《おど》る。

心焉《こころここ》に在《あ》らざれば視《み》れども見《み》えず

気持ちがほかのことにとらわれていると、見ているようでも、その物事の真実は見きわめてはいない。精神を集中することが大切だということ。

語源 《原文》心焉《こころここ》に在《あ》らざれば、視《み》れども見《み》えず、聴《き》けども聞《き》こえず、食《く》らえども其《そ》の味《あじ》を知《し》らず。〔出典『大学《だいがく》』〕

心《こころ》に掛《か》ける

いつもそのことを考えて、気にする。念頭におく。

短文 私のことをいつも心に掛けてくださってありがたく感謝しております。

類 心《こころ》に留《と》める。

心《こころ》に刻《きざ》む

心にしっかりと入れて忘れないでおく。

短文 先生の忠告を心に刻んで、二度とこのようなあやまちを犯さないようにします。

同 胸《むね》に刻《きざ》む。

類 肝《きも》に銘《めい》じる。

心《こころ》に留《と》める

自分の考えの中に入れておいて、忘れないようにする。

短文 きみとの約束《やくそく》は、大切に心に留めて、必ず果たすつもりでいる。

類 心《こころ》に掛《か》ける。

心《こころ》にも無《な》い

心から思っていることではない。ごまかしの。本心でない。

会話「おや、きょうはまたいちだんとお美しいですね。」
「心にもないおせじはやめてください。」

心《こころ》の鬼《おに》が身《み》を責《せ》める

良心がとがめることのたとえ。

心《こころ》の雲《くも》

心配や心の迷いのたとえ。

短文 心配ごとがあって、心の雲が晴れない。

心《こころ》の欲《ほっ》する所《ところ》に従《したが》えども矩《のり》を踰《こ》えず

自分の心の望むままに行動しても、決して道徳の教えからはずれることはなくなったということ。

語源 孔子《こうし》が、晩年の心境をのべたことば。《原文》七十《しちじゅう》にして心《こころ》の欲《ほっ》する所《ところ》に従《したが》えども矩《のり》を踰《こ》えず。〔出典『論語《ろんご》』〕

心《こころ》の闇《やみ》

思い乱れて理性を失い、判断に迷うこと。

短文 この子の将来を思うと、心の闇の晴れる間もなく、ただおろおろするばかりです。

注意 親が子を思うあまり、正常な心を失って迷う意味に使うことが多い。⇩子故《こゆえ》の闇《やみ》

心《こころ》は二《ふた》つ身《み》は一《ひと》つ

これもしたい、あれもしたいと望むことが二つもあるが、からだは一つなので思うようにならないことをなげくことば。

短文 あしたは、町会の野球大会に出なくてはならないし、きみともその展覧会には行きたいし、心は二つ身は一つ、ほんとうに困った。

心《こころ》持《も》ちより搗《つ》いた餅《もち》

やさしい思いやりのある気持ちよりも、空腹を満たしてくれる餅《もち》をくれということから、心に思うことより実情にかなったものをもらうほうがありがたいということのたとえ。

参考「持ち」と「餅」が語呂《ごろ》合わせになっている。

類 思《おぼ》し召《め》しより米《こめ》の飯《めし》。花《はな》より団子《だんご》。

心《こころ》を合《あ》わせる

みんなが気持ちを一つにして協力する。

短文 クラス全員が心を合わせて、作品を完成した。

心《こころ》を入《い》れ替《か》える

今までの考え方や行いを悪いと知って、すっかり改める。改心する。

短文 かれは心を入れ替えて、立ち直り、今日の地位をきずいた。

心《こころ》を動《うご》かす

心に強く感じる。物事に感動する。

短文 先生の波乱にみちた体験にもとづく話は、聞く人々の心を動かし、涙《なみだ》を流す人さえいた。

心《こころ》を打《う》つ

人の心に強い影響《えいきょう》や感動をあたえる。

短文 かれの真剣《しんけん》な語りかけは、その場にいる多くの人たちの心を打つものがあった。

同 胸《むね》を打《う》つ。

「心」が語中にくることば

諦《あきら》めは心の養生《ようじょう》 ⇩九ページ
明日ありと思う心の仇桜《あだざくら》 ⇩一六ページ
頭剃《そ》るより心を剃れ ⇩一八ページ
怒《いか》り心頭に発する ⇩三〇ページ
以心伝心 ⇩三六ページ
一心岩を通す（念力岩をも通す ⇩二九四ページ）
魚心あれば水心 ⇩五六ページ
気は心 ⇩一一九ページ
口は口心は心 ⇩一三五ページ
言葉は心の使い ⇩一六四ページ
子の心親知らず ⇩一六五ページ
山中の賊《ぞく》を破るは易《やす》く心中の賊を破るは難《かた》し ⇩一七六ページ
仕上げが肝心《かんじん》 ⇩一七七ページ
猫《ねこ》は虎《とら》の心を知らず ⇩二九一ページ
目は心の鏡 ⇩三七八ページ

心《こころ》を奪《うば》われる

おもしろいことやすばらしいことなどに、気持ちがすっかりひきつけられて夢中《むちゅう》になる。

短文 かれは彼女《かのじょ》の美しさにすっかり心を奪われてしまった。

心《こころ》を鬼《おに》にする

かわいそうだと思いながら、相手のためを思ってわざときびしい態度をとる。

短文 「もういやだ。やめた。」と泣きついてきたとき、「意気地《いくじ》なし、もう絶交だ。」と、心を鬼にしてつっぱねたことが、かれの今日の成功のきっかけとなった。

心《こころ》を砕《くだ》く

あることについて、あれこれ考えてなやんだり、心配したりする。苦心する。

会話 「きみは難民救済《なんみんきゅうさい》のために、世界じゅうをかけまわっている。いつもご苦労なことだと感心しているよ。」「いやいや、心を砕いているのですが、なかなか思うようにいかないのが実情です。」

心《こころ》を馳《は》せる

遠くはなれている人や場所のことを思う。

短文 旅行案内のパンフレットをながめながら、まだ見ぬ国々に、心を馳せている。

参考 「馳《は》せる」は、馬や車などを走らせること。

同 思《おも》いを馳《は》せる。

心《こころ》を虚《むな》しくする

わだかまりを捨てて、すなおな気持ちになる。無心になる。

短文 世の中の人々が、つねに心を虚しくして話し合えれば、争いごとも起きなくなるだろう。

心《こころ》を許《ゆる》す

①相手を信用して親しくする。②油断する。気を許す。

短文 ①かれとは、なんでも話せる心を許し合った間柄《あいだがら》です。②ちょっと心を許したためにひどいめにあった。

心《こころ》を寄《よ》せる
心をそのほうへ向ける。思いをかける。したわしく思う。
短文 かれは以前から彼女《かのじょ》に心を寄せていたが、なかなか自分の気持ちを告白できなかった。

ここを先途《せんど》と
今がいちばん大事なときと思って一生懸《けん》命《めい》になるようす。
短文 このチャンスをのがしてはと、ここを先途と声をからして応援《おうえん》した。
参考 「先途」は、勝敗の決まる分かれめ・せとぎわの意。

腰《こし》が砕《くだ》ける
物事をやろうとする気持ちが弱くなって、途中《とちゅう》でだめになる。
短文 かれは、決して妥協《だきょう》しないと言っていたのに、大事なところで腰が砕けて、結局、かれらの言いなりになってしまった。

腰《こし》が強《つよ》い
①なかなか人に屈《くっ》しない。②ねばりけや弾力《だんりょく》が強い。
短文 ①あの村長は腰が強い人だから、この計画をやりとげるだろう。②このうどんは腰《こし》が強い。
対 腰が弱《よわ》い。

腰《こし》が抜《ぬ》ける
ひどくおどろいて立ち上がる力がなくなる。びっくりぎょうてんする。
短文 山の中で熊《くま》の姿を見かけたときは腰が抜けてしまった。

腰《こし》が低《ひく》い
他人に対してえらそうにしない。へりくだってひかえめである。
短文 あの人は、いつも腰が低い。
類 頭《あたま》が低《ひく》い。

腰《こし》が弱《よわ》い
①意気地《いくじ》がなく、すぐ人に屈《くっ》してしまう。②ねばりけや弾力《だんりょく》が弱い。
短文 ①かれの欠点は、なにをやっても腰が弱く、途中《とちゅう》で仕事を投げ出してしまうことだ。②このもちは腰が弱い。
対 腰《こし》が強《つよ》い。

乞食《こじき》を三日《みっか》すれば忘《わす》れられぬ
乞食《こじき》の生活を三日も続けると働かないでもくらせるという気楽さから、乞食をやめられなくなる。人にたよる悪い習慣がつくと、ぬけ出すことができなくなるというたとえ。
同 乞食《こじき》を三日《みっか》すればやめられぬ。

虎視眈々《こしたんたん》
相手にすきがあったらつけこもうと、機会をねらっているようす。
語源 虎《とら》が獲物《えもの》をねらってじっとようすをうかがっているさまから出たことば。《原文》虎《こ》視《し》眈々《たんたん》たり、その欲逐々《よくちくちく》たり（＝虎がおそろしい目つきでじっとねらっている。その欲望は、次から次へとあとをおって出てくる）。〔出典『易経《えききょう》』〕
参考 「眈々《たんたん》」は、見おろす・にらむの意。

五十歩百歩《ごじっぽひゃっぽ》

どちらも似たようなものであまり差のないこと。似たり寄ったり。

短文 電車で行ってもバスで行っても時間的には五十歩百歩だろう。

故事 むかし、中国の孟子《もうし》が梁《りょう》の恵王《けいおう》に「戦場で、五十歩にげた者が百歩にげた者を臆病《おくびょう》者と言って笑ったらどうでしょう。」と問うたところ、恵王が「五十歩でもにげたことには変わりはない。どちらも同じだ。」と答えたという。《原文》五十《ごじっ》歩をもって百《ひゃっ》歩を笑《わら》わばすなわち如何《いかん》(＝どうか)と。曰《いわ》く、不可《ふか》なり(＝よくない)。ただ百《ひゃっ》歩ならざるのみ(＝百歩でないだけだ)。これもまた走《はし》るなり。〔出典『孟子《もうし》』〕

類 大同小異《だいどうしょうい》。目糞《めくそ》鼻糞《はなくそ》を笑《わら》う。青柿《あおがき》が熟柿《じゅくし》弔《とむら》う。

小姑《こじゅうと》一人《ひとり》は鬼千匹《おにせんびき》に当《あ》たる

嫁《よめ》の身には、夫の兄弟姉妹はひじょうに苦労する相手で、その一人一人が鬼《おに》の千匹にも相当するほどやっかいでいやなものだというたとえ。

同 小姑《こじゅうと》一人《ひとり》は鬼千匹《おにせんびき》。小姑《こじゅうと》一人《ひとり》は鬼千匹《おにせんびき》に向《む》かう。

胡椒《こしょう》の丸呑《まるの》み

胡椒《こしょう》をかまずに飲みこんだのでは、からい味がわからない。物事を表面だけ見て判断したのでは、ほんとうの意味はわからないということのたとえ。

短文 深く考えもせずに、そう単純《たんじゅん》に判断しては、まるで胡椒の丸のみだよ。

参考 「胡椒《こしょう》」は、つる性の低木《ていぼく》。実《み》は直径五～六ミリメートルぐらいの大きさでからい。粉は香辛料《こうしんりょう》として使う。

腰《こし》を上《あ》げる

なにかをしようとする決心がついて動き出す。立ち上がる。

短文 頭を下げてお願いしたところ、「では、やってみましょう。」と、やっと重い腰を上げてくださった。

注意 「重い腰を上げる」という用い方が多い。

腰《こし》を入《い》れる

①腰を下げて重心をひくくする。②しっかりした態度で物事をする。

短文 ①この荷物は重いから、もっと腰を入れて持ちなさい。②二度も事業に失敗したのだから、今度こそ腰を入れてかかるだろう。

腰《こし》を折《お》る

①腰をまげる。腰をかがめる。②物事の中途《ちゅうと》でじゃまをしてやめさせる。

短文 ①腰を折ってていねいにおじぎしなさい。②学校でのできごとなどを話しているとき、妹は口出ししてぼくの話の腰を折ることがよくある。

腰《こし》を据《す》える

①ある場所に落ち着く。②落ち着いて一つのことをする。

短文 ①わたしは長年この土地に腰を据えている。②かれも今度は腰を据えて自分の仕事に取り組むだろう。

類 尻《しり》を据《す》える。

腰《こし》を抜《ぬ》かす

ひどくおどろいて足腰が立たなくなる。びっくりぎょうてんする。

短文 プレゼントを買いに行ったが、値段が腰を抜かすほど高いのにあきれて、そのまま帰ってきた。

五臓六腑《ごぞうろっぷ》に沁《し》み渡《わた》る

腹の底までしみとおる。また、身にしみて強く感じる。

短文 暑いさかりのコップ一杯《いっぱい》の清水《しみず》は、五臓六腑にしみ渡るようで、ほんとうにうまい。

参考 「五臓六腑《ごぞうろっぷ》」は漢方（＝むかしの東洋医学）のことば。「五臓」は、心臓《しんぞう》・肺臓《はいぞう》・肝臓《かんぞう》・腎臓《じんぞう》・脾臓《ひぞう》の五つ、「六腑」は、大《だい》腸《ちょう》・小腸《しょうちょう》・胃《い》・胆《たん》・膀胱《ぼうこう》・三焦《さんしょう》の六つの内臓のこと。

子宝《こだから》脛《すね》が細《ほそ》る

子供は宝というけれど、一人前に育てるためには親はたいへん苦労するということのたとえ。

類 子《こ》は三界《さんがい》の首枷《くびかせ》。

対 千《せん》の倉《くら》より子《こ》は宝《たから》。

御託《ごたく》を並《なら》べる

不平・不満や自分勝手なことを、えらそうにくどくどと言い立てる。

短文 まだわからないのか。いつまでも御託を並べていないで、さっさと仕事をしなさい。

参考 「御託《ごたく》」は、「御託宣《ごたくせん》」の略で、神のお告《つ》げ。転じて、もったいぶってえらそうにくどくどと言うことのたとえ。

御多分《ごたぶん》に洩《も》れず

例外ではなく。一般と同じように。

短文 産業界は今不景気だ。わが社も御多分にもれず経営は苦しい。

注意 多くは、よくないことに用いる。

凝《こ》っては思案《しあん》に能《あた》わず

物事に凝《こ》ってあまり考えすぎると、かえって、冷静な判断ができなくなる。

参考 「凝《こ》る」は、物事に熱中してそればかりに心を打ちこむこと。

同 凝《こ》っては思案《しあん》に余《あま》る。

類 過《す》ぎたるは猶《なお》及《およ》ばざるが如《ごと》し。

対 凝《こ》れば妙《みょう》あり。

骨肉相食《こつにくあいは》む

親子・兄弟などの肉親が争う。

短文 あの会社は、社長のいすをめぐって、一族が骨肉相食むという悲劇をくりかえしてきた。

木《こ》っ端《ぱ》を拾《ひろ》うて材木《ざいもく》を流《なが》す

つまらないことにかかわって、大事なものを取りにがしてしまうというたとえ。

短文 きみは、細かいことに気がつくが、肝心《かんじん》なところに見落としがある。木っ端を拾うて材木を流すことにならないように注意してほしい。

参考 「木《こ》っ端《ぱ》」は、木の切れ端《はし》。また、つまらないもの。

コップの中《なか》の嵐《あらし》

関係する者だけが大さわぎをしていて、ほかにはなんの影響《えいきょう》もあたえないうちわものたとえ。

短文 政党内の勢力争いなどは、国全体から見ればコップの中の嵐にすぎない。

類 蝸牛角上《かぎゅうかくじょう》の争《あらそ》い。

事《こと》が延《の》びれば尾鰭《おひれ》が付《つ》く

物事の処理がおくれてしまうと、やっかいな問題が起こり、事がおおげさになって、処理しにくくなるということ。

事《こと》が運《はこ》ぶ

物事が予定どおり、あるいは予想したようにいく。

会話 「きみ、今度の交渉《こうしょう》は決して楽ではないぞ。しっかりやってくれ。」「そうですね。うまく事が運ぶようにがんばります。」

事《こと》ここに至《いた》る

今になっては、どうにもならない状態になる。

短文 話し合いで解決しようとしていろいろ努力してきた。しかし、事ここに至っては法廷《ほうてい》で争うほかないだろう。

事《こと》志《こころざし》と違《たが》う

物事が考えていたとおりにならない。

短文 事志と違うことになって、責任を痛感しております。

尽《ことごと》く書《しょ》を信《しん》ずれば則《すなわ》ち書《しょ》無《な》きに如《し》かず

書物に書かれていることを、そのまますべて信じるならば、書物はないほうがましである。いくらりっぱな書物でも疑問点はあるものだから、批判《ひはん》の目をもって読めという教え。〔出典『孟子《もうし》』〕

参考 「書」は、孟子《もうし》は『書経《しょきょう》』という書物をさしていったのだが、今では広く一般の書物の意味で用いられる。

言伝《ことづて》は荷《に》にならぬ

人から伝えてくれとたのまれたことばは、荷物にならず、やっかいなことではないということ。

短文 むかしから言伝は荷にならぬといいますから、東京にもどったら、さっそく伝えましょう。

事《こと》無《な》きを得《え》る

大きな事故やめんどうなできごともなく終わる。

短文 山登りの途中《とちゅう》で足をふみはずして谷に落ち、どうなることかと心配したが、どうやら事なきを得てほっとした。

事《こと》に触《ふ》れて

ちょっとしたことがあるごとに。なにかにつけて。おりにふれて。

短文 社長からは、事に触れて注意を受けていたのだが、たいへんな失敗をしてしまった。

事《こと》の序《ついで》

なにかといっしょに。なにかのおり。

短文 事のついでといってはなんだが、ひとつ面倒《めんどう》をみてくれないか。

言葉《ことば》多《おお》きは品《しな》少《すく》なし

おしゃべりでことば数の多い人は軽々しく、品位《ひんい》がない。

会話 「今度の面接、どういうことに気

をつけたらいいかしら。」「あなたのように口数が多すぎるのも人に好感をあたえませんよ。言葉多きは品少なしといいますからね。」

類 雄弁《ゆうべん》は銀《ぎん》沈黙《ちんもく》は金《きん》。

言葉尻《ことばじり》を捕《と》らえる

人が不注意に言いそこなったところをとらえて、とがめ立てする。

短文 かれには、なにかと人の言葉尻を捕らえて問題にする悪いくせがある。

類 揚《あ》げ足《あし》を取《と》る。

言葉《ことば》に針《はり》を持《も》つ

ことばに相手をつきさすような意地の悪さが感じられるようす。

短文 あの人は、仕事はよくできるのだが、言葉に針を持っていて、聞く人にいやな感じをあたえてしまう。

類 言葉《ことば》に棘《とげ》がある。

言葉《ことば》の綾《あや》

ことばをかざってうまく表現すること。微妙《びみょう》な言いまわし。

短文 ちょっとした言葉の綾が、かえって相手に誤解をあたえることがあるので、表現には注意したい。

参考 「綾《あや》」は、もともとは物の表面にあらわれた色や形の模様《もよう》。または織物の美しい模様のこと。

言葉《ことば》は国《くに》の手形《てがた》

生まれ故郷のことばのなまりは、関所の通行手形のように、その人の生まれた土地を表すしるしとなるということ。

短文 言葉は国の手形とは、よくいったものだね。きみのことばを聞いていると、関西生まれだということがすぐわかるよ。

参考 「手形」は、むかし、関所を通るときに役人に示した出身地を証明する札《ふだ》。

同 訛《なまり》は国《くに》の手形《てがた》。

言葉《ことば》は心《こころ》の使《つか》い

ことばは、心の中にある思いを外に表す道具のようなものであるということ。また、心に思っていることは、自然にことばになって表れるということ。

事《こと》は密《みつ》なるを以《もっ》て成《な》る

物事は秘密に行えば成功する。外部にもれると失敗することが多いといういましめ。〔出典『韓非子《かんぴし》』〕

類 事《こと》の漏《も》るるは禍《わざわい》の媒《なかだち》。

言葉《ことば》を返《かえ》す

相手の言ったことに対して、反対の答えをする。口答えする。

短文 お言葉を返すようですが、それではあまりかれがかわいそうで、あなたの意見に従うわけにはいきません。

言葉《ことば》を尽《つ》くす

相手に理解させたり、説明したりするために、くわしく述べる。

短文 なんとかわかってもらおうと、言葉を尽くしてやってみたが、かれの誤解はとけなかった。

言葉《ことば》を濁《にご》す

はっきりしたことを言わないで、わざとあいまいに言う。

短文　かれは、いちばん肝心《かんじん》な結論は言葉を濁して立ち去った。

同　口《くち》を濁《にご》す。

事《こと》も無《な》げ

べつになんのこともないと平気でいるようす。なんとも思わないようす。

短文　小さなヨットで荒海《あらうみ》を越《こ》えてきたかれは、航海のようすを事もなげに迎《むか》えの人々に笑顔で話した。

子供《こども》の喧嘩《けんか》に親《おや》が出《で》る

子供仲間のけんかに親が出てきて、自分の子供に味方して口を出すと、親どうしのけんかになっておおごとになる。つまらないことに口を出したりするおとなげないようすのたとえ。

子供《こども》は風《かぜ》の子《こ》

子供は寒い風のふく日でも、元気に外で遊ぶことからいうたとえ。

短文　家の中にばかりいないで、たまには外で遊びなさい。子供は風の子というでしょう。

同　子供《こども》は風《かぜ》の子大人《おとな》は火《ひ》の子《こ》。

事《こと》を構《かま》える

わずかなことをおおげさに取り立てて、わざわざ事を起こそうとする。

短文　かれは、なにかにつけて事を構えて、相手をおこらせるようなことをするので、わたしも困っている。

事《こと》を好《この》む

事件が起こることをよろこぶ。

短文　どう考えても、かれは事を好む策《さく》略《りゃく》家である。

子《こ》に過《す》ぎたる宝《たから》無《な》し

⇩ 千《せん》の倉《くら》より子《こ》は宝《たから》

小糠三合《こぬかさんごう》持《も》ったら婿《むこ》に行《ゆ》くな

養子の身は気苦労が多いから、男はわずかでも財産があれば、婿《むこ》養子などにはならないで独立して家を持てということ。

参考　「小糠《こぬか》」は、米をつくとき表の皮の細かく砕《くだ》けてできる粉《こな》のようなもの。「小糠三合《こぬかさんごう》」は、ごくわずかな食べ物、つまらないもののたとえ。

子《こ》の心《こころ》親《おや》知《し》らず

親はいつになっても子供だと思っているが、子供は成長して、案外しっかりした考えをもっているものである。成長していく子供の気持ちは親には理解できないということ。

会話　「子の心親知らずというが、あれでは子供がかわいそうだ。」「わたしもそう思いますね。もう少し子供を信頼《しんらい》してやってもよいでしょうに。」

対　親《おや》の心《こころ》子《こ》知《し》らず。

子《こ》は鎹《かすがい》

子供に対する愛情によって夫婦の間がなごやかになり、また、仲が悪くなっても夫婦のつながりがたもたれるということ。

参考　「鎹《かすがい》」は、材木と材木をつなぐために打つまがったくぎ。

類　縁《えん》の切《き》れ目《め》は子《こ》で繫《つな》ぐ。

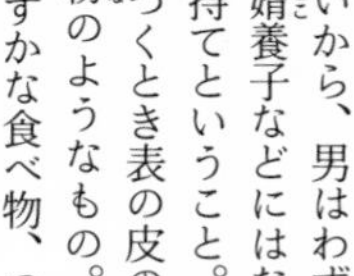

（かすがい）

「子」が語中にくることば

いい子になる ⇩ 二九ページ
老いては子に従え ⇩ 七一ページ
負うた子に教えられて浅瀬《あさせ》を渡《わた》る ⇩ 七二ページ
蛙《かえる》の子は蛙 ⇩ 八六ページ
蜘蛛《くも》の子を散らす ⇩ 一四一ページ
子供は風の子 ⇩ 一六五ページ
獅子《しし》の子落とし ⇩ 一八二ページ
死ぬる子は眉目《みめ》よし ⇩ 一八八ページ
死んだ子の年を数える ⇩ 二〇三ページ
千の倉より子は宝 ⇩ 二一四ページ
寝《ね》た子を起こす ⇩ 二九二ページ
寝《ね》る子は育つ ⇩ 二九三ページ
張り子の虎《とら》 ⇩ 三一三ページ
彼岸《ひがん》過ぎての麦の肥三十過ぎての子に意見 ⇩ 三一五ページ
三つ子の魂《たましい》百まで ⇩ 三五六ページ
律義者《りちぎもの》の子沢山《こだくさん》 ⇩ 四〇二ページ

子《こ》は三界《さんがい》の首枷《くびかせ》

親は子供を思う心に引かれて、一生自由を束縛《そくばく》されてしまうことのたとえ。

〔参考〕「三界」は、仏教のことばで、過去・現在・未来のこと。「首枷《くびかせ》」は、刑《けい》を行うときの道具で、罪人の首にはめて自由を失わせた。

〔類〕子宝脛《こだからすね》が細《ほそ》る。

〔対〕千《せん》の倉《くら》より子《こ》は宝《たから》。子《こ》に過《す》ぎたる宝《たから》無《な》し。

五風十雨《ごふうじゅうう》

五日ごとに風が吹き一〇日ごとに雨が降るということで、気候が順調なこと。農作につごうのよい気候のたとえ。また、世の中が平和なようすのたとえ。〔出典『論衡《ろんこう》』〕

小舟《こぶね》の宵拵《よいごしら》え

小さな舟を出す用意を、前の晩からはじめるのは大げさ過ぎることから、物事に対して手回しのよすぎることのたとえ。

〔短文〕たった一晩泊《ど》まりの旅行なのに、一か月も前から準備にかかるなんて小舟の宵ごしらえのようなものだ。

〔類〕暮《く》れぬ先《さき》の提灯《ちょうちん》。

御幣《ごへい》を担《かつ》ぐ

縁起《えんぎ》や迷信《めいしん》を気にかける。

〔短文〕うちのおじいさんは家相がどうの、方角がどうのと、すぐ御幣を担ぐ。

〔参考〕「御幣《ごへい》」は、細長い木に、紙や布《ぬの》を切ってはさんだもの。神社で神主《かんぬし》がおはらいをするときなどに用いる。

牛蒡《ごぼう》抜《ぬ》き

①牛蒡《ごぼう》のような長いものをぬきとるように、多くの中から一つずつぬきとること。②競走などで、何人かを一気にぬき去ること。
〔短文〕①警官はすわりこんだ人を次々にごぼう抜きにした。②四〇〇メートルリレーでアンカーになったA君は、ゴールまぎわに二、三人をごぼう抜きにして優勝した。

小股《こまた》が切《き》れ上《あ》がる

足がすっきりと長く、背《せ》たけもすらりとしていて、きりっと粋《いき》な感じのする女性のようす。

独楽《こま》の舞《ま》い倒《だお》れ

一人だけはりきってがんばったが、結局はなにもできないで、終わってしまうことのたとえ。

〔参考〕「舞い倒れ」は、勢いよく回っていたこまが、だんだん勢いがなくなってとまってしまうようすをいう。

〔類〕一人相撲《ひとりずもう》。

鱓《ごまめ》の歯軋《はぎし》り

実力のない者がいきりたって、くやしがることのたとえ。また、実力のない者がいくら力んでもむだなことのたとえ。

〔短文〕かれらの財力にはとてもかなわなかった。くやしいが結局、鱓の歯ぎしりといったところか。

〔参考〕「鱓《ごまめ》」は、干したかたくちいわしのことで、正月料理などに用いる。「歯ぎしり」は、歯をすり合わせて音をたてること。くやしさをあらわす動作。

小回《こまわ》りが利《き》く

車などが小さく回って向きをかえることから、情勢にしたがって、上手にすばやい処置《しょち》をとる。

〔短文〕かれは小回りが利くので、仕事のうえでなにかと役に立つことがある。

胡麻《ごま》を擂《す》る

自分の利益を考えて、他人におせじを言ったり、機嫌《きげん》をとったりする。

〔短文〕かれは社長に胡麻をすってばかりいて、みんなにきらわれている。

〔参考〕「すり鉢《ばち》」でごまをすると、ごまがすり鉢のすじの中について取りにくくなることから、あちこちについてこびへつらうようすにたとえたもの。

〔同〕味噌《みそ》を擂《す》る。

塵溜《ごみた》めに鶴《つる》 ⇩ **掃《は》き溜《だ》めに鶴《つる》**

小耳《こみみ》に挟《はさ》む

ふと耳にする。ちらりと聞く。

〔短文〕先生、K君が転校するということを、小耳に挟んだのですが、それはほんとうのことですか。

〔同〕耳《みみ》に挟《はさ》む。

子養《こやしな》わんと欲《ほっ》すれど親《おや》待《ま》たず ⇩ 風樹《ふうじゅ》の嘆《たん》

子故《こゆえ》に迷《まよ》う親心《おやごころ》

子を持つと、かわいいと思うあまり、自己を見失って冷静な判断ができなくなるのが親心だということ。

〔類〕子故《こゆえ》の闇《やみ》。心《こころ》の闇《やみ》。

子故《こゆえ》の闇《やみ》

わが子を愛するあまり、親が分別をなくしてしまうこと。

〔語源〕子をかわいいと思うあまり、理性を失う親心をうたった歌から出たことば。《原文》人《ひと》の親《おや》の心《こころ》は闇《やみ》にあらねども子《こ》を思《おも》ふ道《みち》に惑《まど》ひぬるかな　〔出典　藤原《ふじわらの》兼輔《かねすけ》『後撰和歌集《ごせんわかしゅう》』〕

〔類〕子故《こゆえ》に迷《まよ》う親心《おやごころ》。心《こころ》の闇《やみ》。

五里霧中《ごりむちゅう》

先行きの見通しがまったく立たず、なにをどうすればよいのか、わからなくなってしまうこと。

短文 先生が急死されて、これからどのように勉強していけばよいのか五里霧中の状態です。

注意 「五里夢中」と書くのは誤り。

故事 中国の後漢《ごかん》の人、張楷《ちょうかい》は道教の術を使って五里四方一面に霧《きり》を発生させて姿をくらましたという。〈出典『後漢書《ごかんじょ》』〉

凝《こ》れば妙《みょう》あり

どんなことでも、それに一生懸命《けんめい》取り組み夢中になれば、おもしろさがわかってくるものだということ。

対 凝《こ》っては思案《しあん》に能《あた》わず。凝《こ》っては思《し》案《あん》に余《あま》る。

転《ころ》がる石《いし》には苔《こけ》が生《は》えぬ

⇩ 転石苔《てんせきこけ》を生《しょう》ぜず

転《ころ》ばぬ先《さき》の杖《つえ》

何事も失敗することのないように、前もってよく準備しておくべきであるという教え。

短文 保険に加入するのは転ばぬ先の杖ですよ。

類 濡《ぬ》れぬ先《さき》の傘《かさ》。

転《ころ》んでもただは起《お》きぬ

転んでも、なにかそこにあるものを拾って起きるということから、どんな失敗をしても、そこから必ずなにかしらの利益をつかみとろうとするたとえ。また、欲が深く、ぬけめない人をあざけることば。

短文 かれの親切ごかしにだまされちゃだめよ。転んでもただは起きぬという人だもの。

類 こけた所《ところ》で火打《ひう》ち石《いし》。倒《たお》るる所《ところ》に土《つち》を摑《つか》む。

コロンブスの卵《たまご》

簡単そうにみえることでも、最初に思いつき実行に移すことは、決して容易なことでないというたとえ。

語源 ヨーロッパ人として、はじめてアメリカ大陸を発見したコロンブスに対して、「海を西に進めばだれだってできたことだ。」と言う人があった。それにこたえてコロンブスは「この卵をテーブルの上に立ててみなさい。」と言った。だれ一人できずにいるのを見て、コロンブスは卵の底をつぶして立ててみせ「大陸発見もこれと同じだ。」と言ったという話から出たことば。

怖《こわ》い物見《ものみ》たさ

おそろしいものは、好奇心《こうきしん》をかきたてられて、かえって見たくなるものだということ。

短文 怖い物見たさで、ホラー映画を見に行ったんだけど、あれ以来、一人でトイレに行けなくなっちゃった。

碁《ご》を打《う》つより田《た》を打《う》て

⇩ 詩《し》を作《つく》るより田《た》を作《つく》れ

子《こ》を見《み》ること親《おや》に如《し》かず

子供のよいところや悪いところは、その親がだれよりもよく知っているということ。

同 子《こ》を知《し》るものは親《おや》。

類 子《こ》を知《し》るは父《ちち》に若《し》くは莫《な》し。
対 親《おや》に目《め》無《な》し。

子《こ》を持《も》って知《し》る親《おや》の恩《おん》

親となって子供を育てることの苦労を味わうと、あらためて自分を育てた親の愛情の深さが理解できるということ。
類 子《こ》を養《やしな》いて方《まさ》に父《ちち》の慈《じ》を知《し》る。

言語道断《ごんごどうだん》

非難のことばも出ないほどのひどいこと。もってのほか。
短文 うそをかくすために、またうそをつくなんて、言語道断だぞ。
参考 もとは仏教のことばで、仏教の真理は奥深く、ことばでは言い表せないということ。

今昔《こんじゃく》の感《かん》

現在とむかしとを比較して、その変わりようの大きさをしみじみ感じる気持ち。
短文 二〇年ぶりにふるさとへ帰ってきたが、むかしのおもかげはまったくなく、今昔の感にたえない。

権者《ごんじゃ》にも失念《しつねん》

りっぱな人にもまちがいはあるというたとえ。
参考 「権者《ごんじゃ》」は、仏が衆生《しゅじょう》(＝この世のすべての生き物)を救うために人間の姿をかりてこの世に現れたもの。
類 弘法《こうぼう》にも筆《ふで》の誤《あやま》り。

コンパスが長《なが》い

人が歩いたり走ったりするときの足の開きの幅《はば》が大きい。円などをかくときに用いるコンパスを開いた間の大きさにたとえたことば。
会話 「次のトラック競技では、うちのチームはちょっとむりだな。」「うん、むこうの選手にはコンパスが長いランナーが多いからなあ。」

コンビを組《く》む

なにかをするために二人の組み合わせをつくる。
短文 あの二人は、漫才《まんざい》のコンビを組んでから一〇年以上たっている。
参考 「コンビ」は、英語のコンビネーションの略で、組み合わせの意。

権兵衛《ごんべえ》が種蒔《たねま》きゃ烏《からす》がほじくる

人が努力してやったことを、あとからすぐに別の人がぶちこわしてしまうたとえ。
参考 俗謡《ぞくよう》の一節で、このあとに「三度に一度は追わずばなるまい」と続く。
同 権兵衛《ごんべえ》が種蒔《たねま》きゃ鳶《とんび》がほじくる。

コンマ以下《いか》

計算上、小数点以下の数量などを無視しても大差ないことから、標準以下のとるにたらないつまらないもののたとえ。普《ふ》通《つう》以下。
会話 「あのグループのやつらのやることは気に入らないなあ。」「でも、コンマ以下の人間と思えば腹も立たないよ。」

紺屋《こんや》の明後日《あさって》

⇩ 紺屋《こうや》の明後日《あさって》

紺屋《こんや》の白袴《しろばかま》
⇩ **紺屋《こうや》の白袴《しろばかま》**

さ サ

塞翁《さいおう》が馬《うま》 ⇩ **人間万事《にんげんばんじ》塞翁《さいおう》が馬《うま》**

災害《さいがい》は忘《わす》れた頃《ころ》にやって来《く》る ⇩ **天災《てんさい》は忘《わす》れた頃《ころ》にやって来《く》る**

細工《さいく》は流々《りゅうりゅう》仕上《しあ》げを御覧《ごろう》じろ
同じ仕事でも、その仕上げ方にはいろいろな方法がある。細工はじゅうぶんしてあるのだから、途中《とちゅう》であれこれ文句をつけず、できあがりを見てほしいという自信を示すことば。
会話 「今度のパーティーの準備は進んでいるのかい。」「まかせてください。細工は流々仕上げを御覧じろ。きっとすばらしいものにしてみせます。」

歳月人《さいげつひと》を待《ま》たず
月日は人の都合などにかかわりなく、どんどん過ぎていくということ。
語源 歳月《さいげつ》が非情に過ぎ去っていくことをなげいた漢詩から出たことば。〈原文〉時《とき》に及《およ》んで当《まさ》に勉励《べんれい》すべし。歳月人《さいげつひと》を待《ま》たず。〔出典 陶淵明《とうえんめい》『雑詩《ざっし》』〕
同 光陰人《こういんひと》を待《ま》たず。時《とき》は人《ひと》を待《ま》たず。

最後《さいご》の切《き》り札《ふだ》
最後に出したり使ったりする有力な方法・手段。とっておきの手。
会話 「どうもかれを説得するのはむずかしそうだね。」「これはもう、かれのお母さんから言ってもらうしかないようだな。最後の切り札だ。」
類 奥《おく》の手《て》。

最後《さいご》を飾《かざ》る
物事の最後をりっぱにする。最後まで、りっぱにやりとげる。
短文 時間いっぱい、いよいよ、本年の最後を飾る大一番です。
注意 単に最後であることを強調する場合にも用いる。

採算《さいさん》が取《と》れる
収入と支出が引き合う。利益がある。
短文 こんなに人件費がかかっては採算が取れない。
同 採算《さいさん》が合《あ》う。
類 算盤《そろばん》が合《あ》う。

才子《さいし》才《さい》に倒《たお》れる
ぬきん出た才能をもった人は、自分の才能におぼれて、かえって失敗することがあるということ。
類 策士《さくし》策《さく》に溺《おぼ》れる。

才子多病《さいしたびょう》
才能のある人は、からだが弱く病気がちであるということ。

采配《さいはい》を振《ふ》る
物事を進めるとき、先頭に立って指図

し、多くの人を動かす。

短文 この仕事はかれが采配を振って行っている。

参考 「采配《さいはい》」は、木や竹の柄《え》にふさをつけたもので、むかし、大将が兵を指揮するのに用いた道具。

むかし，戦場で大将は采配を振って兵を指揮した。

同 采配《さいはい》を取《と》る。

賽《さい》は投《な》げられた

事はすでに始まっているのだから、もはや最後までやるしかない。今は考えているときではない。

語源 古代ローマ時代、シーザーはガリア（＝今のフランス）に遠征し、これを平定して名声をあげた。ポンペイウスはこれをねたみ、元老院と結んでシーザーを追放しようとした。シーザーはガリアとイタリアの国境であるルビコン川まで来たとき、「賽《さい》は投げられた。」と言って、イタリアに進撃《しんげき》したという。

参考 英語では、The die is cast. という。「賽《さい》」は、さいころの意。

財布《さいふ》の紐《ひも》を締《し》める

むだにお金を使わないように気をつける。支出をおさえる。

短文 これからひとりでくらすようになるのだから、財布のひもを締めてかかるべきだね。

同 財布《さいふ》の口《くち》を締《し》める。財布《さいふ》の尻《しり》を結《むす》べ。

対 財布《さいふ》の紐《ひも》が緩《ゆる》む。

座《ざ》が白《しら》ける

その場の雰囲気《ふんいき》が悪くなり、つまらないものになる。

短文 かれのいつものじまん話がはじまって、すっかり座が白けた。

同 座《ざ》が醒《さ》める。

魚《さかな》は殿様《とのさま》に焼《や》かせよ餅《もち》は乞食《こじき》に焼《や》かせよ

魚を焼くときは、あまりひっくり返さないほうがきれいに焼けるので、殿様《とのさま》のように落ち着いている人に焼かせるのがよい。また、餅《もち》を焼くときは何度もひっくり返してこがさないようにする必要があるので、乞食《こじき》のようにせかせかしている人に焼かせるのがよい。

同 餅《もち》は乞食《こじき》に焼《や》かせよ魚《さかな》は殿様《とのさま》に焼《や》かせよ。

先立《さきだ》つ物《もの》は金《かね》

どんなことをするにも、第一に必要となるのはお金であるということ。

短文 新しい事業を始めるといっても先立つ物は金だよ。お金がないのでは、どうしようもないな。

鷺《さぎ》と烏《からす》

鷺《さぎ》はからだ全体が真っ白で、反対に烏《からす》は真っ黒であることから、まったく対照的な二つのもののたとえ。両極端《きょくたん》なこと。正反対。

先《さき》を争《あらそ》う

ほかの人より先に行こうと争って進む。

短文 新製品の発売に、たくさんの人が先を争って殺到《さっとう》した。

鷺《さぎ》を烏《からす》

白い鷺《さぎ》を烏《からす》だと主張するように、正しいことをまちがっていると言い、また、まちがっていることを正しいとむりにおし通すこと。

類 鹿《しか》を指《さ》して馬《うま》となす。

先《さき》んずれば人《ひと》を制《せい》す

何事でも人よりも先にやれば、有利な立場に立って人をおさえることができるということ。〔出典『史記《しき》』〕

同 先手必勝《せんてひっしょう》。

対 急《せ》いては事《こと》を仕損《しそん》じる。

策士《さくし》策《さく》に溺《おぼ》れる

はかりごとのじょうずな人は、あまり策《さく》略《りゃく》をめぐらしすぎて、かえって正しい判断ができずに失敗してしまうことがあるということ。

類 才子《さいし》才《さい》に倒《たお》れる。

桜《さくら》切《き》る馬鹿《ばか》梅《うめ》切《き》らぬ馬鹿《ばか》

桜《さくら》は枝を切ると弱りやすく、梅《うめ》はよい花実を育てるには枝切りをしなくてはいけないということ。植木の手入れの方法を教えることば。

類 桜折《さくらお》る馬鹿《ばか》柿折《かきお》らぬ馬鹿《ばか》。

探《さぐ》りを入《い》れる

相手のかくしていることをそれとなく知ろうとする。

短文 むこうのチームの先発投手がだれになるのか探りを入れてみよう。

酒《さけ》に呑《の》まれる

酒を飲みすぎて、正気を失うほどになる。

酒《さけ》は飲《の》むとも飲《の》まれるな

酒を飲むことは決して悪いことではないが、飲みすぎて理性を失うようであってはならないという教え。

類 酒《さけ》は飲《の》むべし飲むべからず。

酒《さけ》は百《ひゃく》薬《やく》の長《ちょう》

酒は適量であればどんな薬よりもからだによいということ。〔出典『漢書《かんじょ》』〕

対 酒《さけ》は百《ひゃく》毒《どく》の長《ちょう》。

雑魚《ざこ》の魚《とと》交《ま》じり

能力などのおとっている者がすぐれた者たちの中にまじっていることのたとえ。

参考 「雑魚《ざこ》」は小さい魚、「魚《とと》」は大きい魚の意。

囁《ささや》き千里《せんり》

内緒《ないしょ》のはずの話が、すぐに広く伝わること。秘密がもれやすいことのたとえ。〔出典『淮南子《えなんじ》』〕

類 囁《ささや》き八丁《はっちょう》。こそこそ三里《さんり》。

座《ざ》して食《く》らえば山《やま》も空《むな》し

働かないで遊んでくらせば、山のように財産があったとしてもすぐに底をついてしまうということ。

同 座食《ざしょく》すれば山《やま》も空《むな》し。

差《さ》し出《で》る杭《くい》は打《う》たれる

⇩ 出《で》る杭《くい》は打《う》たれる

砂上《さじょう》の楼閣《ろうかく》

砂の上に立てた高い建物という意味から、

見た目はりっぱでも基礎《きそ》がしっかりしていないため、くずれやすい物事のたとえ。また、実現の不可能なことのたとえ。

〔短文〕 ヒトラーの第三帝国《ていこく》はまさに砂上の楼閣であった。

〔類〕 空中楼閣《くうちゅうろうかく》。

匙《さじ》を投《な》げる

医者が薬を調合するさじを投げ出すという意味から、医者が患者《かんじゃ》の治療《ちりょう》をあきらめて、病人を見放す。また、物事がよくなるみこみがないため、あきらめるたとえ。

〔短文〕 かれのいいかげんな生活態度をなんとかしようと、何度も注意したが、ぜんぜん改めない。もうさじを投げたよ。

沙汰《さた》の限《かぎ》り

よい悪いを問うまでもないほどはっきりと悪いこと。もってのほか。論外。

左袒《さたん》

味方すること。賛成すること。

〔参考〕 「袒《たん》」は、肩《かた》をはだぬぎにすること。

〔故事〕 中国で、漢の劉邦《りゅうほう》の死後、皇后の呂《りょ》氏一族が天下をうばおうとした。このとき大尉《たいい》の周勃《しゅうぼつ》は全軍に向かって「呂氏に味方するものは右肩をぬぎ、劉氏に味方するものは左肩をぬげ。」と言ったところ、全員左肩をぬいだという。〔出典『史記《しき》』〕

五月《さつき》の鯉《こい》の吹《ふ》き流《なが》し

心の中に悪意やたくらみをまったく持っていないことのたとえ。

〔語源〕 五月の節句にあげる鯉《こい》のぼりが腹になにもないことから出たことば。

〔類〕 江戸《えど》っ子は五月《さつき》の鯉《こい》の吹《ふ》き流《なが》し。

札《さつ》びらを切《き》る

たくさんのお金をおしげもなく使う。見せびらかすようにして大金を使う。

鯖《さば》を読《よ》む

自分の都合のいいように数をごまかしてかぞえる。

〔会話〕 「きょうの集会は一万人が参加したなんて言ってるけれど、実際には五千人にも届かなかったんじゃないかな。」「それはまたずいぶんと鯖を読んだね。」

鞘当《さやあ》て

面目や意地をかけて争うこと。特に、一人の女性をめぐって二人の男が争うこと。

〔語源〕 むかし、路上で侍《さむらい》どうしがすれちがったとき、たがいの刀の鞘《さや》と鞘とがぶつかってけんかになることから出たことば。

鞘走《さやばし》りより口走《くちばし》り

うっかりして言ってはいけないことを言ってしまうことは刀の鞘走《さやばし》りより危険であるということ。

〔参考〕 「鞘走り」は、刀の鞘がゆるくて、刀身がひとりでに鞘からぬけ出すこと。

座右《ざゆう》の銘《めい》

日常のいましめや信条とする文やことば。

〔短文〕 勉強はあきずに続けていくことが重要で、私は「継続《けいぞく》は力なり」を座右の銘としている。

皿《さら》嘗《な》めた猫《ねこ》が科《とが》を負《お》う

魚を食べた猫がにげて、そのあとに来て皿《さら》をなめた猫《ねこ》がつかまって罰《ばっ》を受ける。主犯や大物はつかまらず、手下や小物がつかまることのたとえ。

類 米食《こめく》った犬《いぬ》が叩《たた》かれず糠食《ぬかく》った犬《いぬ》が叩《たた》かれる。

笊《ざる》で水《みず》を汲《く》む

ざるで水をくんでも少しもくめないように、努力がまったく実を結ばないことのたとえ。

短文 いくら練習問題をやってみたところで、基礎力の充実《じゅうじつ》をおこたってはざるで水をくむようなものだ。

同 籠《かご》で水《みず》を汲《く》む。

猿《さる》に木《き》登《のぼ》り

木登りの上手な猿《さる》に登り方を教えるということから、教える必要のない者に教えるおろかさのたとえ。

類 河童《かっぱ》に水練《すいれん》。釈迦《しゃか》に説法《せっぽう》。

猿《さる》の尻笑《しりわら》い

猿《さる》が自分の尻《しり》も赤いことに気がつかず、ほかの猿の尻を見て笑うという意から、自分の欠点・短所をわきまえず、人の欠点・短所をばかにして笑うことのたとえ。

同 猿《さる》の面笑《つらわら》い。

類 目糞鼻糞《めくそはなくそ》を笑《わら》う。

猿《さる》の水練《すいれん》魚《うお》の木《き》登《のぼ》り

はなはだしい見当ちがいをすることのたとえ。

短文 学者のかれに肉体労働を命じるなんて、猿の水練魚の木登りですよ。

猿《さる》も木《き》から落《お》ちる

その道の専門家でも、ときには失敗することがあるというたとえ。

会話 「あんなところで音をはずすなんて、あれだけの名手にしてはめずらしいね。」「まあ、猿も木から落ちるというわけだ。」

類 弘法《こうぼう》にも筆《ふで》の誤《あやま》り。河童《かっぱ》の川流《かわなが》れ。上手《じょうず》の手《て》から水《みず》が漏《も》る。千慮《せんりょ》の一失《いっしつ》。

「猿」が語中にくることば

犬と猿《さる》 ⇩ 四九ページ
木から落ちた猿《さる》 ⇩ 一一四ページ
犬猿《けんえん》の仲 ⇩ 一四九ページ
敵も猿《さる》もの引っ掻《か》くもの ⇩ 二四九ページ

去《さ》る者《もの》は追《お》わず 来《きた》る者《もの》は拒《こば》まず

自分からはなれて行く者をむりには引きとめない。また、自分を慕《した》って来る者はこばまず受け入れるということ。自分の立場にこだわらない度量の広さのたとえ。〔出典『孟子《もうし》』〕

去《さ》る者《もの》は日々《ひび》に疎《うと》し

どんなに親しくつきあっていても、遠くはなれてしまうとしだいに縁遠《えんどお》くなってしまうということ。また、死んでしまった人は、月日がたつにつれてしだいに忘れられていくものだということ。〔出典『文選《もんぜん》』〕

会話 「中学時代の親友も、高校が別々

になって、このごろは顔をあわせることすらなくなったなあ。」「去る者は日々に疎しというでしょ。しかたがないよ。」

触《さわ》らぬ神《かみ》に祟《たた》り無《な》し

物事に初めからかかわりをもたなければ害をうけることはない。めんどうなことには関係しないほうがよいということ。

会話 「あそこで女の人が酔《よ》っぱらいにからまれてる。助けてあげようよ。」「やめておけ。触らぬ神にたたりなしさ。」

同 触《さわ》らぬ神《かみ》に罰当《ばちあ》たらぬ。

類 触《さわ》らぬ蜂《はち》は刺《さ》さぬ。

対 義《ぎ》を見《み》て為《せ》ざるは勇無《ゆうな》きなり。

座《ざ》を外《はず》す

集まりの席からはなれる。席を外す。

短文 かれは急用の電話のために座を外しています。

山雨《さんう》来《きた》らんと欲《ほっ》して風楼《かぜろう》に満《み》つ

山に雨が降り出す前には、風が高楼《こうろう》いっぱいに吹《ふ》きこんでくるということから、事件が起ころうとする前、あたりにおだやかでない気配がただよっているようすのたとえ。〔出典『三体詩《さんたいし》』〕

参考 「楼《ろう》」は、高い建物の意。

類 嵐《あらし》の前《まえ》の静《しず》けさ。

三顧《さんこ》の礼《れい》

目上の人が、ある人物に何度も足を運び礼をつくして仕事を依頼《いらい》すること。

> 故事 中国の三国時代、蜀《しょく》の劉備《りゅうび》は、のちに名宰相《さいしょう》となった諸葛孔明《しょかつこうめい》（諸葛亮《しょかつりょう》）の家を三度も訪れて、やっと軍師に迎えることができたという。
> 〔出典　諸葛亮《しょかつりょう》『出師表《すいしのひょう》』〕

三尺《さんじゃく》下《さ》がって師《し》の影《かげ》を踏《ふ》まず

弟子というものは、先生のお供をしてついて歩くときでも、三尺ぐらいはなれて歩き、先生の影さえも踏《ふ》まないようにして、つねに先生を敬い、礼儀を失わないようにしなければならないという教え。

同 三尺《さんじゃく》去《さ》って師《し》の影《かげ》を踏《ふ》まず。七尺《しちしゃく》去《さ》って師《し》の影《かげ》を踏《ふ》まず。

類 七足隔《ななあしへだ》つ師弟《してい》の礼《れい》。

参考 一尺は約三〇センチメートル。

三十《さんじゅう》にして立《た》つ ⇩ 而立《じりつ》

三十六計《さんじゅうろっけい》逃《に》げるに如《し》かず

困ったときは、あれこれ思いなやんだり策をめぐらしたりするよりも、とりあえずその場からにげて、あらためて機会をうかがうのがよいという教え。転じて、めんどうが起こったらにげ出すのが最良の手段だということ。〔出典『南斉書《なんせいしょ》』〕

参考 「三十六計」は、むかし中国の兵法で用いられた三六種類の計略。

類 逃《に》げるが勝《か》ち。

山椒《さんしょう》は小粒《こつぶ》でもぴりりと辛《から》い

山椒《さんしょう》の実は小さいが辛《から》いことから、からだは小さくても、すぐれた才能があったり機敏《きびん》であったりして、あなどれないというたとえ。

類 小《ちい》さくとも針《はり》は呑《の》まれぬ。細《ほそ》くても

針《はり》は呑《の》めぬ。
対 大男《おおおとこ》総身《そうみ》に知恵《ちえ》が回《まわ》りかね。独活《うど》の大木《たいぼく》。

山中《さんちゅう》に暦日《れきじつ》無《な》し

山の中の生活には暦《こよみ》もない。俗世間をはなれて自然を相手にのんびりくらしていると月日がたつのも忘れてしまうということ。〔出典『唐詩選《とうしせん》』〕

山中《さんちゅう》の賊《ぞく》を破《やぶ》るは易《やす》く心中《しんちゅう》の賊《ぞく》を破《やぶ》るは難《かた》し

山の中の賊《ぞく》を打ち破るのはやさしいが、心の中の邪念《じゃねん》に打ち勝つことはむずかしい。がまんしたり、誓《ちか》いを実行したりすることのむずかしさのたとえ。楽な方向へと流れていきやすい人間の心のあり方をいましめたことば。〔出典『陽明全書《ようめいぜんしょ》』〕

三度目《さんどめ》の正直《しょうじき》

たいていのことは三度目にはなんとかうまくいくものだということ。
短文 かれの実験も、三度目の正直で、今度こそ成功することだろう。
同 三度目《さんどめ》は定《じょう》の目《め》。

三人《さんにん》行《おこな》えば必《かなら》ず我《わ》が師《し》あり

三人でなにかをすれば、中に必ず自分の手本となる人がいる。いいと思ったらそれを学びとればよいし、これはよくないと思ったら自分がそうしないよう気をつければよいという教え。〔出典『論語《ろんご》』〕

三人虎《さんにんとら》を成《な》す

三人が口をそろえて「虎《とら》が出た。」と言えばみんなが信じるところから、うそやうわさも多くの人が言えば、ほんとうのこととして信じられるようになってしまうということ。〔出典『戦国策《せんごくさく》』〕
同 三人市虎《さんにんしこ》を成《な》す。市虎三伝《しこさんでん》。

三人寄《さんにんよ》れば文殊《もんじゅ》の知恵《ちえ》

特別すぐれた人でなくとも、三人も集まって相談すれば必ず名案や打開策がうかんでくるものだという教え。
参考 「文殊《もんじゅ》」は、知恵《ちえ》をつかさどる文殊菩薩《ぼさつ》のこと。

三年経《さんねんた》てば三《みっ》つになる

どんなことも時がたてばそれだけ成長し変化するものであるということ。
同 乞食《こじき》の子《こ》も三年経《さんねんた》てば三《みっ》つになる。

三年飛《さんねんと》ばず鳴《な》かず

長い期間、なにもしないですごすこと。また、将来のよい機会を待ってじっとしていること。

故事 中国の春秋《しゅんじゅう》時代、楚《そ》の荘王《そうおう》は即位《そくい》してから三年もの間、政治をおこたり、無策のままだった。伍挙《ごきょ》が「王の庭に三年間、飛びもせず鳴きもしない大きな鳥がとまっています。この鳥はなんの鳥か知っていますか。」と、たとえ話をして王をいさめたところ、王は「しかし、ひとたび飛べば天までのぼろう。また、ひとたび鳴けば人をおどろかすだろう。」と言って国政に身を入れたという。〔出典『史記《しき》』〕

同 鳴《な》かず飛《と》ばず。

「三」が語中にくることば

石の上にも三年 ⇩ 三五ページ
居候《いそうろう》の三杯目《さんばいめ》 ⇩ 三六ページ
一富士二鷹《たか》三茄子《なすび》 ⇩ 四一ページ
韋編《いへん》三度《みたび》絶つ ⇩ 五二ページ
益者三友損者三友 ⇩ 六八ページ
榎《え》の実が三俵《さんびょう》なっても木は椋《むく》 ⇩ 六九ページ
女三人あれば身代が潰《つぶ》れる ⇩ 八三ページ
女三人寄れば姦《かしま》しい ⇩ 八三ページ
乞食《こじき》を三日すれば忘《わす》れられぬ ⇩ 一六〇ページ
小糠《こぬか》三合持ったら婿《むこ》に行くな ⇩ 一六五ページ
子は三界の首枷《くびかせ》 ⇩ 一六六ページ
三年経《た》てば三つになる⇩一七六ページ
舌先三寸 ⇩ 一八四ページ
千三《せんみ》つ ⇩ 二一五ページ
二束三文《にそくさんもん》 ⇩ 二八四ページ
二度あることは三度ある ⇩ 二八五ページ
盗人《ぬすびと》にも三分の理 ⇩ 二八九ページ
白髪三千丈《はくはつさんぜんじょう》 ⇩ 二九九ページ
鳩《はと》に三枝《さんし》の礼あり烏《からす》に反哺《はんぽ》の孝あり ⇩ 三〇五ページ
早起きは三文《さんもん》の徳 ⇩ 三〇九ページ
人の痛いのは三年でも辛抱《しんぼう》する ⇩ 三一九ページ
日に三《み》たび身を省みよ⇩三二四ページ
美味も喉三寸《のどさんずん》 ⇩ 三二六ページ
法三章 ⇩ 三四〇ページ
帆影三里《ほかげさんり》 ⇩ 三四二ページ
仏の顔も三度 ⇩ 三四三ページ
目を三角にする ⇩ 三八〇ページ
孟母三遷《もうぼさんせん》 ⇩ 三八二ページ
桃栗《ももくり》三年柿《かき》八年 ⇩ 三八六ページ

三拍子揃う《さんびょうしそろ》

必要とされる三つの大事な条件がすべて整っている。

短文 かれは攻・守・走、三拍子そろった好選手だ。

語源 能楽で、おはやし方である小鼓《こつづみ》・大鼓《おおかわ》・笛《ふえ》の拍子がそろうことから出たことば。

三面六臂《さんめんろっぴ》 ⇩ **八面六臂**《はちめんろっぴ》

算《さん》を乱《みだ》す

ならんでいたものがばらばら列を乱す。

になる。

参考 「算《さん》」は、算木《さんぎ》のこと。竹や木で作られた小さな棒で、むかし、中国や日本で使われた計算用具。

同 算《さん》を散《ち》らす。

し シ

仕《し》上《あ》げが肝心《かんじん》

どんなことでも、あと少しで完成するというときには、小さなことにも注意して、慎重《しんちょう》に取り組むことが大切であるということ。また、物事は仕上がるまでの途《と》中《ちゅう》の経過よりも、最後のでき上がった結果のほうが大切であるということ。

【短文】多色刷りの版画は、最後の輪郭《りんかく》の刷りぐあいで出来ばえが決まる。仕上げが肝心、紙の位置は、ずれないように注意しなさい。

【類】終《お》わり良《よ》ければ総《すべ》て良《よ》し。

思案投《しあんな》げ首《くび》

いくら考えてみてもよい考えがうかばず、困りきって首を傾《かたむ》けているようす。

【短文】文化祭でのクラス発表の内容が決まらず、担任の先生は思案投げ首のようすだ。

【参考】「投げ首」は、首を前に投げ出すようにすること。

思案《しあん》に余《あま》る

いくら考えてもよい考えがうかばない。

【短文】夏休みの課題レポートのテーマが決まらず、思案に余って博物館へ行ったら、ちょうどよいテーマが見つかった。

【類】思案《しあん》に尽《つ》きる。

思案《しあん》に暮《く》れる

どうしたらよいのかと、いくら考えても考えがまとまらず迷う。

【短文】以前から希望していた学校を受験するかどうか、思案に暮れて先生に相談することにした。

塩辛《しおから》食《く》おうとて水《みず》を飲《の》む

塩辛を食べればのどがかわくだろうと、先に水を飲んでおくということから、手回しがよすぎてききめがないというたとえ。また、順序が逆になって間がぬけていることのたとえ。

志学《しがく》

（孔子《こうし》が学問に志した）一五歳のこと。

【語源】孔子が自分の人生をふりかえって言ったことばの一節から。《原文》吾《われ》十《じゅう》有五《ゆうご》（＝一五歳）にして学《がく》に志《こころざ》す。三十《さんじゅう》にして立《た》つ（＝自立できた）。四十《しじゅう》にして惑《まど》わず。五十《ごじゅう》にして天命《てんめい》を知《し》る（＝天が自分にあたえた使命を自覚した）。六十《ろくじゅう》にして耳《みみ》順《したが》う（＝人の言うことをすなおに聞けるようになった）。七十《しちじゅう》にして心《こころ》の欲《ほっ》する所《ところ》に従《したが》えども矩《のり》を踰《こ》えず（＝人の道をふみはずすことがなくなった）。〔出典『論語《ろんご》』〕

【参考】⇩ 還暦《かんれき》（囲み記事）

四角《しかく》な座敷《ざしき》を丸《まる》く掃《は》く

四角な座敷の四隅《よすみ》を残していいかげんに掃除《そうじ》することから、細かいところまで気を配ることをおこたり、手をぬいて、いいかげんな仕事をすることのたとえ。

自画自賛《じがじさん》

自分の描《えが》いた絵に、自分で賛《さん》（＝ほめことば）を書きそえることから、自分で自分自身のしたことをほめること。

【会話】「見てくれよ、ぼくの作品。うまくできているだろう。」
「あいかわらずだね、きみの自画自賛は。」

【参考】「賛《さん》」は、中国の山水画などで絵に書き加えられる詩や文のことで、他の人に書いてもらうのがふつうである。

【類】手前味噌《てまえみそ》。

自家撞着《じかどうちゃく》

自分の言ったことや行ったこと、あるいは文章に書いたことが、前と後とでは食

いちがって、つじつまが合わなくなること。〔出典『禅林類聚《ぜんりんるいじゅう》』〕

短文 高校へは行きたいが、勉強はしたくないなどというのは、自家撞着というものだ。

参考「自家」は自分自身、「撞着《どうちゃく》」はつきあたること。

類 自己矛盾《じこむじゅん》。矛盾《むじゅん》。

歯牙《しが》にも掛《か》けない

無視して相手にしない。また、問題として取り上げない。

短文 かれは人の忠告など歯牙にもかけない。たいした自信家だ。

自家薬籠中《じかやくろうちゅう》の物《もの》

自分の薬箱《くすりばこ》の中の薬のように、自分のものとして、いつでも思うままに利用することができる物や人。また、身につけた技術や知識などのこと。

短文 今度発表された新しい理論を自家薬籠中の物としてそれを応用すれば、すばらしい発明が次々と生まれるかもしれない。

参考「薬籠《やくろう》」は、薬を入れる容器・薬箱のこと。

同 薬籠中《やくろうちゅう》の物《もの》。

鹿《しか》を逐《お》う者《もの》は山《やま》を見《み》ず

鹿《しか》をとらえようと夢中《むちゅう》になってあとを追う者は、山の中にいながらまわりの山が目にはいらず、つい深追いをして山中で道に迷ってしまう。その意味から、一つのことに熱中していると、他のことに気を配るゆとりがなくなることのたとえ。また、目の前の利益を得ることに夢中になっていると、他のことが目に見えず、大切なものの道理をも忘れてしまうことのたとえ。〔出典『虚堂録《きょどうろく》』〕

同 鹿《しか》を逐《お》う猟師《りょうし》は山《やま》を見《み》ず。猟師《りょうし》山《やま》を見《み》ず。

類 鹿《しか》を逐《お》う者《もの》は兎《うさぎ》を顧《かえり》みず。

鹿《しか》を指《さ》して馬《うま》と為《な》す

まちがっていることや理屈《りくつ》に合わないことを、権力でおし通してしまうたとえ。また、人を軽くみて白を黒だと言い張るたとえ。

故事 中国の秦《しん》の始皇帝《しこうてい》が死んだあと、幼い二世皇帝が位《くらい》についた。大臣として権力をにぎった趙高《ちょうこう》は鹿《しか》を「これは馬です。」といって献上《けんじょう》した。二世皇帝は「これは鹿ではないか。」と言って周囲の者にも聞いたが、周囲の者は趙高の権力をおそれて鹿だと言う者がほとんどいなかったという。〔出典『史記《しき》』〕

同 鹿《しか》を馬《うま》。

類 鷺《さぎ》を烏《からす》。

敷居《しきい》が高《たか》い

めいわくをかけたり、義理を欠いたりしていて、相手の人の家には行きにくいことのたとえ。

短文 この前かれの家でふざけているうちに、かれのお姉さんの大切なものをこわしちゃってね。敷居が高くて遊びにも行けやしない。

参考「敷居《しきい》」は、戸や障子《しょうじ》・ふすまなどの下にあって、あけしめするためのみぞがほってある横木。

類 敷居《しきい》が鴨居《かもい》。

色《しき》即《そく》是《ぜ》空《くう》空《くう》即《そく》是《ぜ》色《しき》

この世のすべてのものは、因縁《いんねん》によって生じた仮のすがたであり、永久に変わらない実体などというものではない。しかしまた、この実体のないもの、つまりこの世のいっさいのものは、実は唯一《ゆいいつ》の実体のあらわれなのであるという仏教の教え。〔出典『般若心経《はんにゃしんぎょう》』〕

参考「色《しき》」は、目に見えるもの、感覚でとらえることができる物質的な存在。「空《くう》」は、実体がないこと。

四《し》苦《く》八《はっ》苦《く》

たいへんな苦しみ。また、困難を乗りこえるためにひじょうに苦しんだり苦労したりすること。

短文 この数学の問題むずかしくって、解くのに四苦八苦したよ。

参考 仏教からきたことば。「四苦《しく》」は、生苦《しょうく》・老苦《ろうく》・病苦《びょうく》・死苦《しく》。「八苦《はっく》」は、右の四苦《しく》に、愛別離苦《あいべつりく》・怨憎会苦《おんぞうえく》・求不《ぐふ》得苦《とくく》・五蘊盛苦《ごうんじょうく》を加えたもの。

自《じ》業《ごう》自《じ》得《とく》

自分のした悪いことの結果が自分の身にふりかかってくること。

短文 きみはよくうそをつくから信頼《しんらい》されないんだ。それは自業自得というものだ。

参考 仏教からきたことば。もとは、自分の行いの報《むく》いを自分の身に受けなければならないという意味。「業《ごう》」は、未来に善悪の報いをもたらす行いのこと。

類 自縄自縛《じじょうじばく》。身《み》から出《で》た錆《さび》。

地《じ》獄《ごく》で仏《ほとけ》

ひじょうにこわい思いをしたり困ったりしたときに、予想外の助けに出会って喜ぶことのたとえ。

会話「あら、どうなさったの。」「ああ、地獄で仏とはこのことだ。財布《さいふ》を落としちゃってね。たのむよ、帰りの電車賃。」

参考「地獄《じごく》」は、苦しくおそろしい所のたとえ。「仏」は、人の苦しみを救う情けぶかいもののたとえ。

同 地獄《じごく》で仏《ほとけ》に会《あ》う。地獄《じごく》の仏《ほとけ》。

類 旱《ひでり》に雨《あめ》。闇夜《やみよ》に提灯《ちょうちん》。

地《じ》獄《ごく》の釜《かま》の蓋《ふた》が開《あ》く

正月十六日と盆《ぼん》の七月十六日には、地獄《じごく》の鬼《おに》でさえも釜《かま》のふたを開けて、亡者《もうじゃ》（＝死者）の罪を責めることを休むといわれていることから、この日は、だれでも仕事を休みにすることのたとえ。

参考 むかしは「藪入《やぶい》り」といって、この日には使用人に休暇《きゅうか》をあたえて、仕事を休ませる習慣があった。

類 元日《がんじつ》と十六日《じゅうろくにち》には餓鬼《がき》の頸《くび》も許《ゆる》される。

地《じ》獄《ごく》の沙《さ》汰《た》も金《かね》次《し》第《だい》

地獄《じごく》での裁判でも金を出せば有利になるといわれるくらいだから、この世では金さえあればどうにでもなるということのたとえ。

同 地獄《じごく》の沙汰《さた》も金《かね》。地獄《じごく》の道《みち》も金次第《かねしだい》。

類 地獄極楽《じごくごくらく》の道《みち》も銭《ぜに》。銭《ぜに》ある時《とき》は鬼《おに》をも使《つか》う。人間万事金《にんげんばんじかね》の世《よ》の中《なか》。金《かね》が物言《ものい》う。

地獄耳《じごくみみ》

①一度聞いたらいつまでも忘れないこと。また、そういう人。②人の秘密などをすばやく聞きこんでくること。また、そういう人。

会話 「かれは地獄耳だよ。一年前の生徒会役員選挙でぼくの立ち会い演説をよく覚えてるもの。」
「あらそう。ところで元会長さん、元書記さんとの内緒《ないしょ》のデートはどうでした。」
「えっ、知ってたの。すごい地獄耳だ。」

指呼《しこ》の間《かん》

呼べば答えられるほど距離《きょり》が近いこと、あるいは近くに感じられること。

短文 冬の晴れた日には、学校の屋上から富士の山を指呼の間に望むことができる。

参考 「指呼《しこ》」は、指さして呼ぶこと。

類 目《め》と鼻《はな》の先《さき》。目睫《もくしょう》の間《かん》。

しこりが残《のこ》る

物事などが解決したあとに、なんとなくすっきりしない気持ちや気まずい感じが残る。

短文 なんだ。まだ仲直りしていないのか。やっぱりあの事件のしこりが残ってるんだね。

獅子吼《ししく》

力のこもった話し方で大演説をすること。真理や正しいことを堂々と説くこと。

語源 獅子《しし》（＝ライオン）がほえると、多くの獣《けもの》たちがおそれて服従することにたとえて、仏の教えが真理を明らかにして、悪魔《あくま》や邪悪《じゃあく》な教えを信じる者たちをおそれさせるという仏教の話から出たことば。

肉食《ししく》った報《むく》い

ふつうならあじわうことのないようなよい思いを、自分だけがあじわったために、そのうめ合わせとして受ける報《むく》い。また、悪いことをした報い。

参考 「肉《しし》」は獣《けもの》の肉のこと。特に猪《いのしし》と鹿《しか》の肉のこと。伊勢神宮《いせじんぐう》では猪や鹿が忌《い》まれたためとも、また、鹿が神の使いとして神聖なものと思われていたので、これを食べると神の罰《ばつ》を受けると考えられていたためともいわれる。

獅子身中《しししんちゅう》の虫《むし》

獅子《しし》（＝ライオン）の体内に寄生して、その恩恵《おんけい》を受けて生きている虫が、獅子の血を吸い肉を食って死なせてしまうという意味から、仏の教えを受けながら、仏教に害をあたえる者のたとえ。転じて、味方でありながら、内部から害をあたえたり裏切ったりする者のたとえ。

〔出典『梵網経《ぼんもうきょう》』〕

短文 敵に秘密をもらす者は獅子身中の虫だ。

同 獅子身中《しししんちゅう》の虫《むし》獅子《しし》を食《く》らう。

事実《じじつ》は小説《しょうせつ》よりも奇《き》なり

現実のこの世の中のできごとは、作り話の小説よりも不思議でおもしろいということ。

会話 「へえ、これがあの事件の真相なのか。ミステリー小説よりも複雑だ。」
「事実は小説よりも奇なりというが、ほんとうだね。」

〔参考〕イギリスの詩人バイロンのことば。Truth (*or* Fact) is stranger than fiction. の訳語。

死《し》して後《のち》已《や》む ⇩ **斃《たお》れて後《のち》已《や》む**

死屍《しし》に鞭打《むちう》つ

死んだ人の言ったことやしたことを非難したり、死後までも悪口を言ったりむごいことをするたとえ。

〔参考〕「死屍《しし》」は「しかばね」とも読む。

〔故事〕中国の春秋《しゅんじゅう》時代、楚《そ》の国の伍子胥《ごししょ》は、楚の王である平王《へいおう》に父と兄を殺された。その後、呉《ご》にのがれて、呉の国が楚を攻めたとき、すでに死んでいた平王の墓をあばき、その死体を三〇〇回も鞭《むち》で打ってうらみを晴らしたという。〔出典『史記《しき》』〕

〔同〕死者《ししゃ》に鞭打《むちう》つ。

獅子《しし》の子《こ》落《お》とし

自分の子供にわざと苦労をさせてその力量をためし、強い人間に育てることのたとえ。

〔語源〕獅子《しし》(＝ライオン)は、生まれた子を深い谷に落として、はい上がってくる子だけを育てるという言い伝えから出たことば。

〔同〕獅子《しし》の子育《こそだ》て。

死児《しじ》の齢《よわい》を数《かぞ》える ⇩ **死《し》んだ子《こ》の年《とし》を数《かぞ》える**

獅子奮迅《ししふんじん》

百獣《ひゃくじゅう》の王のライオンがたけりくるうように、はげしい勢いで物事に取り組み、力をつくすことのたとえ。〔出典『法華経《ほけきょう》』〕

〔短文〕騎馬戦《きばせん》でのきみたちの活躍《かつやく》はすごかったね。相手を五組もやっつけるなんて、獅子奮迅《ししふんじん》の働きだ。

〔同〕獅子奮迅の勢《いきお》い。

耳順《じじゅん》

六〇歳のこと。

〔語源〕孔子《こうし》のことばから。《原文》六十《ろくじゅう》にして耳順《みみしたが》う。〔出典『論語《ろんご》』〕

〔参考〕⇩ 還暦《かんれき》(囲み記事)

地震《じしん》 雷《かみなり》 火事《かじ》親父《おやじ》

この世の中でおそろしいものをおそろしい順に並《なら》べたことば。

〔会話〕「きのうは帰りがおそくなってしかられなかったかい。地震雷火事親父っていうけれど、きみのお父さんはこわいからね。」「うん、ものすごい雷《かみなり》を落とされたよ。」

沈《しず》む瀬《せ》あれば浮《う》かぶ瀬《せ》あり

生きている間にはいろいろなことがあり、いいときもあれば悪いときもある。悪いことばかりが続くものではないということ。

〔短文〕一度失敗したぐらいでくよくよするなよ。沈む瀬あれば浮かぶ瀬ありさ。

〔参考〕「瀬《せ》」は、ここでは、機会《きかい》・場合《ばあい》の意。

〔同〕沈《しず》めば浮《う》かぶ。

〔類〕禍福《かふく》は糾《あざな》える縄《なわ》の如《ごと》し。人間万事塞《にんげんばんじさい》翁《おう》が馬《うま》。

死《し》生《せい》命《めい》有《あ》り

人間の生死は天が決めるものであり、人間の力ではどうすることもできないということ。〔出典『論語《ろんご》』〕

短文　手術をしても助かるかどうかは五分五分らしい。死生命有り、運を天に任せるほかはないようだ。

姿勢《しせい》を正《ただ》す

物事に取り組む心構えや態度などを反省し、改めて正しくする。

短文　予習はもちろん復習もしないし、試験が近づいても遊びほうけて勉強をしようともしない。少しは学生として姿勢を正しなさい。

類　襟《えり》を正《ただ》す。

死《し》せる孔明《こうめい》生《い》ける仲達《ちゅうたつ》を走《はし》らす

偉大《いだい》な人物は死んだのちにも、生きていたときと同じように、生きている相手をおそれさせる。また、すぐれた人物は死んでも愚《おろ》かな人にまさることのたとえ。

故事　中国の三国時代、蜀《しょく》の宰相《さいしょう》であった諸葛孔明《しょかつこうめい》が、五丈原《ごじょうげん》で魏《ぎ》の将軍《しょうぐん》司馬《しば》仲達《ちゅうたつ》と対陣《たいじん》したときに、決戦を前にして病死した。そこで、孔明の部下の楊儀《ようぎ》は軍をまとめて退却《たいきゃく》を始めた。仲達は孔明の死を聞いて追撃《ついげき》したが、蜀の軍が反撃《はんげき》するようすを見せると、仲達は孔明がまだ生きていてわなにかけようとしていると思っておそれ、魏の軍を率いて退却したという。〔出典『資治通鑑《しじつがん》』〕

士族《しぞく》の商法《しょうほう》

不向きな人や慣れない人が商売を始めて失敗するたとえ。また、失敗するのがわかりきっていることのたとえ。

語源　明治維新《いしん》後、士族となったもと武士たちが、生きるために慣れない事業を始めたが、それまでの人を見下すような気持ちからぬけきれず、商売のこつがつかめなくて、失敗することが多かったことから出たことば。

児孫《じそん》の為《ため》に美田《びでん》を買《か》わず

子孫に財産を残すことは自立心をなくさせ、かえってあまやかす結果になるので、子孫には財産を残さないということ。〔出典　西郷隆盛《さいごうたかもり》『偶感《ぐうかん》』〕

参考　「美田」は、よく肥えたりっぱな田。

舌《した》が肥《こ》える

味のよしあしに敏感《びんかん》で、味の好みが高級である。

会話　「あなたは舌が肥えていらっしゃるから、わたしの手料理なんか、お口に合いますかどうか。」「いやいや、やっぱり手料理がいちばんですよ。」

類　口《くち》が肥《こ》える。口《くち》が奢《おご》る。

舌《した》が回《まわ》る

つっかえたりせず、すらすらとなめらかによくしゃべる。感心するほどもっともらしくものを言う。

短文　遅刻《ちこく》の言い訳《わけ》をするのに、よくも

まあべらべらと舌が回るものだ。結局寝《ね》坊《ぼう》したのが理由らしい。

舌先三寸《したさきさんずん》

ことばのうえではもっともらしいが、そのことばに心がこもっていなかったり、中身がなかったりすること。口先だけのことば。

短文 あの人の言うことは真《ま》に受けちゃだめだよ。いつだって舌先三寸で、真実味がないんだから。

同 舌三寸《したさんずん》。

親《した》しき中《なか》に垣《かき》をせよ

いくら親しいからといっても、なれなれしくして失礼なことをしたり言ったりしてはならない。親しい間柄《あいだがら》でも折り目正しく礼儀《れいぎ》は守るべきだといういましめ。

同 思《おも》う中《なか》には垣《かき》をせよ。

類 親《した》しき中《なか》にも礼儀《れいぎ》あり。

親《した》しき中《なか》にも礼儀《れいぎ》あり

親しくなりすぎると遠慮《えんりょ》がなくなり、かえって不和のもとになる。どんなに親しい関係でも、相手への最低限度の礼儀《れいぎ》を忘れてはならないといういましめ。

短文 親友だからと思って、ついかれがいちばん気にしているあだ名で呼んだら、おこってしまった。親しき中にも礼儀ありだね。

同 近《ちか》しき中《なか》に礼儀《れいぎ》あり。

類 親《した》しき中《なか》に垣《かき》をせよ。心安《こころやす》いは不和《ふわ》の基《もと》。親《した》しき中《なか》は遠《とお》くなる。

舌鼓《したつづみ》を打《う》つ

おいしい食べ物や飲み物を口にして舌を鳴らすことから、その味やおいしさを味わう。

短文 新鮮《しんせん》な魚やめずらしい山菜に舌鼓を打つ。ちょっとしたグルメ気分だね。

参考 「舌鼓《したつづみ》」を「したづつみ」ということもある。

自他共《じたとも》に許《ゆる》す

自分自身も、また、他の人もともに認める。だれもがそうだと認める。

会話 「かれすごいわね。今回の試験、一番なのに顔色ひとつ変えないもの。」「そりゃそうだよ。自他共に許す秀才《しゅうさい》だから、かれにとってはあたりまえのことなんだ。べつにさわぐことでもないからさ。」

下《した》に出《で》る

相手を立てて、へりくだった態度をとる。

短文 おや、おどろいた。いつもふんぞり返っているようなきみでも、人にものをたのむときは、下に出て頭を下げるんだね。

同 下手《したて》に出《で》る。

対 高飛車《たかびしゃ》に出《で》る。

下《した》にも置《お》かない

客などのもてなし方がひじょうに丁重《ていちょう》である。

会話 「旅行は楽しかったかい。」「うん、すばらしかったよ。特にきみに教えてもらった旅館がね。宿の主人がじきじきにあいさつをしに現れるし、サービスは満点、下にも置かないもてなしを受けたよ。」

同 下《した》へも置《お》かない。

舌《した》の先《さき》で丸《まる》め込《こ》む

たくみにことばを操《あやつ》り、もっともらしく思わせて、相手を思いどおりにしたり、だましたりする。うまく言いくるめる。

短文 うちのクラス委員、「生徒会長の方針は納得《なっとく》できない。」と言っておしかけて行ったが、もどってきたら生徒会長と同じことを言っている。舌の先で丸め込まれたらしい。

同 舌先《したさき》で丸《まる》め込《こ》む。

舌《した》の剣《つるぎ》は命《いのち》を断《た》つ

ものを言うときにはよく考えて言わないと、自分自身の立場を悪くして身をほろぼしたり、他の人を傷つけてその人の生命を失わせたりするような大事をひき起こすことがあるので、気をつけなければならないといういましめ。

類 舌《した》は禍《わざわい》の根《ね》。舌《した》は禍福《かふく》の門《かど》。口《くち》は禍《わざわい》の門《かど》。口《くち》は禍《わざわい》の元《もと》。禍《わざわい》は口《くち》から。

舌《した》の根《ね》も乾《かわ》かぬ内《うち》

言い終わるか終わらないうちに。言い終わってすぐに。

短文 「もうおしゃべりはしません。」と言った舌の根も乾かぬうちに、またおしゃべりをするとはとんでもないやつだ。

注意 前に言ったこととつじつまの合わないことを言ったり行ったりするのを非難する場合に使う。

同 舌《した》の根《ね》も引《ひ》かぬ内《うち》。舌《した》も乾《かわ》かぬ間《ま》。

舌《した》は禍《わざわい》の根《ね》 ⇩ 口《くち》は禍《わざわい》の門《かど》

舌《した》を滑《すべ》らす

ついうっかりして言ってはいけないことを言ってしまう。

短文 息子《むすこ》があまり勉強しないので、「今度のテストが満点だったら、カメラを買ってやる。」と舌を滑《すべ》らせてしまった。

類 口《くち》を滑《すべ》らす。口《くち》が滑《すべ》る。

舌《した》を出《だ》す

①相手の見ていないところで、その人をばかにする。②失敗などをしてきまりが悪いときにてれかくしにする動作。

短文 ①先生の前では模範的《もはんてき》な生徒をよそおっているが、陰では舌を出して遊びまくっている。②クイズで答えをまちがってしまい、思わず舌を出した。

舌《した》を巻《ま》く

口がきけなくなるほど、ひじょうにおどろいたり感心したりする。〔出典『漢書《かんじょ》』〕

短文 実にするどい質問をするので答えるのがたいへんだったよ。よく勉強しているし、あの熱心さには舌を巻くよ。

地団駄《じだんだ》を踏《ふ》む

くやしがって、足で地面をふみ鳴らす。また、ひじょうにくやしがるたとえ。

短文 かれは、「ぼくがエラーさえしなければ、優勝して甲子園《こうしえん》に行けたんだ。」と言って、地団駄を踏んでくやしがった。

四知《しち》 ⇩ 天知《てんし》る神知《しんし》る我知《われし》る子知《しし》る

七尺去《しちしゃくさ》って師《し》の影《かげ》を踏《ふ》まず ⇩ 三尺下《さんじゃくさ》がって師《し》の影《かげ》を踏《ふ》まず

「七」が語中にくることば

色の白いは七難隠《かく》す ⇩ 五三ページ
親の光は七光 ⇩ 八二ページ
木七竹八塀《へい》十郎 ⇩ 一一六ページ
男子家を出《い》ずれば七人の敵あり ⇩ 二三五ページ
男女七歳にして席を同じうせず ⇩ 二三五ページ
無くて七癖《ななくせ》 ⇩ 二七五ページ

七十《しちじゅう》の手習《てなら》い ⇩ 六十《ろくじゅう》の手習《てなら》い

七転八倒《しちてんばっとう》

苦痛のためにころげまわってもがき苦しむこと。〔出典『朱子語類《しゅしごるい》』〕

短文 盲腸炎《もうちょうえん》になったとき、七転八倒の苦しみを味わった。

参考 「しってんばっとう」とも読む。「転」は「顚」とも書く。

死中《しちゅう》に活《かつ》を求《もと》める

ほとんど助かる望みのない状態の中でも、努力して生きる道を探し求める。また、どうすることもできないような行きづまった状態からぬけ出すために、あえて危険な状態に飛びこむ。〔出典『後漢書《ごかんじょ》』〕

会話 「あの火事の中でよく助かったね。」「気がついたら周《まわ》りは火の海だったが、死中に活を求めて猛火《もうか》の中をくぐりぬけたんだよ。」

同 死中《しちゅう》に生《せい》を求《もと》む。

十指《じっし》に余《あま》る

一つ二つと指を折って数えると、左右の手の一〇本の指では足りないほど数多くある。

短文 あの小説家の作品でベストセラーになったものは、すでに十指に余る。

十指《じっし》の指《さ》す所《ところ》 ⇩ 十目《じゅうもく》の視《み》る所《ところ》十手《じっしゅ》の指《さ》す所《ところ》

失敗《しっぱい》は成功《せいこう》の因《もと》

失敗してもその原因を考えて反省すれば成功への足がかりになるということ。

会話 「今度の試作品もうまく動かなかったんだって。」「失敗は成功のもとだよ。失敗するたびによくなってきているのはたしかだ。」

同 失敗《しっぱい》は成功《せいこう》の母《はは》。

十把一《じっぱひと》からげ

いろいろな種類のものを区別しないで一まとめにすること。よい悪いに関係なくいっしょくたにあつかうこと。数が多くても価値がないこと。

短文 せっかく一生懸命《けんめい》書いたレポートなのに、十把一からげにして「よくない。」と言われちゃかなわないよ。

疾風迅雷《しっぷうじんらい》

行動がきわめてすばやくはげしいこと。〔出典『礼記《らいき》』〕

短文 選手一丸となった疾風迅雷の攻撃《こうげき》に、相手チームの守備は乱れ、あっという間にゴールを決めて得点をあげた。

参考 「疾風《しっぷう》」は速い風、「迅雷《じんらい》」ははげしい雷《かみなり》。

類 疾風甚雨《しっぷうじんう》。

櫛風沐雨《しっぷうもくう》 ⇩ 雨《あめ》に沐《かみあら》い風《かぜ》に櫛《くしけず》る

竹篦返《しっぺいがえ》**し**
すぐに仕返しをすること。自分が受けた仕打ちと同じ程度や方法で仕返しをすること。
参考 「竹篦《しっぺい》」は禅宗《ぜんしゅう》で、指導者が修行者をいましめるときに用いる竹でできた平たい棒のこと。「しっぺ返し」ともいう。

「しっぺい」を持った禅僧

尻尾《しっぽ》**を出**《だ》**す**
化けた狐《きつね》や狸《たぬき》がかくしていたしっぽを出して、正体を現すという意味から、かくしていた本性や正体、あるいは悪事や不正がばれることのたとえ。
短文 かれは優等生ぶっているが、カンニングをして見つかった。とんだことでしっぽを出したものだ。
類 化《ば》けの皮《かわ》を現《あらわ》す。化《ば》けの皮《かわ》が剝《は》がれる。ぼろを出《だ》す。馬脚《ばきゃく》を露《あらわ》す。

尻尾《しっぽ》**を摑**《つか》**む**
他人のかくしている本性や正体、あるいは悪事や不正の証拠《しょうこ》をつかむ。
短文 とうとう脱税犯のしっぽをつかんだぞ。これでやっと逮捕《たいほ》できる。

尻尾《しっぽ》**を振**《ふ》**る**
犬がえさをくれる人にしっぽをふることから、目上の者や強い者に気に入られようとして機嫌《きげん》をとる。
短文 うちの係長は平社員をよくしかりつけるが、課長に昼食にさそわれたりすると、しっぽを振って喜んでついていく。

尻尾《しっぽ》**を巻**《ま》**く**
負け犬などがしっぽを股《また》の間に巻きこんでにげ出すことから、相手が自分より強いと知って、たたかわずして負けを認める。降参する。
短文 たとえ相手が去年の甲子園《こうしえん》での優勝校であっても、しっぽを巻いてにげるようであってはならない。

死《し》**にし子顔**《こかお》**よかりき** ⇩ 死《し》ぬる子《こ》は眉目《みめ》よし

死《し》**に花**《ばな》**を咲**《さ》**かせる**
りっぱな死に方をしてほめたたえられるようにする。死後に名誉《めいよ》を残す。
短文 かれはがんとたたかいながら俳優《はいゆう》として最後まで舞台に立ち、みごとな死に花を咲かせた。

死《し》**に水**《みず》**を取**《と》**る**
死に際《ぎわ》の人の口を水でしめらせてやる。死に際の世話をする。死ぬまでめんどうをみる。
短文 寝《ね》たきりの母親の死に水を取ったのは、もう五年も前のことである。

死《し》**に別**《わか》**れより生**《い》**き別**《わか》**れ**
死別するよりも、生きたまま別れ別れになることのほうがつらいということ。

死人《しにん》**に口無**《くちな》**し**
死んだ人は、証人になることや、言い訳《わけ》

をすることができないということ。

短文 いくら死人に口なしだからといっても、死んだ人に責任をおしつけようなんて、とんでもないことだ。

死《し》ぬる子《こ》は眉目《みめ》よし

早く死ぬような子は器量がよいと、早死にした子供をおしむことば。

同 死《し》にし子顔《こかお》よかりき。

鎬《しのぎ》を削《けず》る

はげしく争う。

短文 かれとぼくは、学生時代一〇〇メートル競走でしのぎを削った仲です。

語源 たがいの刀の鎬《しのぎ》が削《けず》りとれるほどはげしく斬《き》り合うことから出たことば。

参考 「鎬《しのぎ》」は、刀の刃《は》と峰《みね》との中間の少し小高くなっている部分。

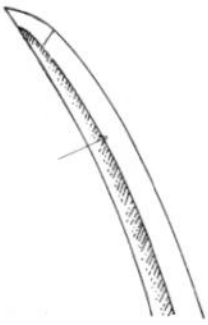
（しのぎ）

芝居《しばい》を打《う》つ

作り事を言ったり、また、やってみせたりして人をだます。

短文 みんなで芝居を打って、あの詐欺《さぎ》師《し》を反対にだましてやろうじゃないか。

士《し》は己《おのれ》を知《し》る者《もの》の為《ため》に死《し》す

りっぱな男というものは、自分の値打ちを認めてくれる人のためには、命を捨てることをおしまないということ。

短文 ぼくが四番打者になれたのも、監《かん》督《とく》が目をかけてくれたおかげだ。士は己を知る者のために死す。ぼくは最後まで監督についていく。

参考 「知己《ちき》」は、ここから出たことば。

故事 中国の戦国時代、晋《しん》の智伯《ちはく》が趙《ちょう》襄子《じょうし》にほろぼされたとき、智伯の家臣の予譲《よじょう》は、「男は自分の真価を知ってくれる人のために命をかけるものだ。必ず智伯のかたきを討って死のう。」と言って復讐《ふくしゅう》をちかったという。〔出典『史記《しき》』〕

死馬《しば》の骨《ほね》を買《か》う

わざと役に立たない人や物などを大切にして、役に立つすぐれた人や物などが自然に集まってくるようにすることのたとえ。

故事 むかし、中国で、ある国の王が、一日に千里を走る名馬を求めて、家来を使者に出したが、その家来は死んだ名馬の骨を五百金で買ってきた。王がおこると、家来は、「死んだ馬の骨にさえ五百金もはらったのですから、このうわさを聞けば必ず生きている名馬を売りに来る者がいるでしょう。」と言った。はたして、一年もしないうちに、三人も名馬を売りこみにやってきたという。〔出典『戦国策《せんごくさく》』〕

自腹《じばら》を切《き》る

自分で支払《しはら》う必要がないのに、公《おおやけ》・共同の費用を自分のお金を出して支払う。

短文 パーティーの費用が予算を少し上回ったが、たいした金額ではなかったので、幹事が自腹を切った。

類 身銭《みぜに》を切《き》る。

痺《しび》れを切《き》らす

長時間待たされてがまんできなくなる。

短文 待ち合わせの時間に一時間もおくれたので、彼女《かのじょ》はしびれを切らして先に行ってしまった。

私腹《しふく》を肥《こ》やす

地位や職務上の権限を利用して、不当な利益を得る。

会話「水戸黄門《みとこうもん》は、賄賂《わいろ》を受け取って私腹を肥やす悪徳代官なんかを、ほんとうにこらしめたのだろうか。」「ばかだなあ、あれは作り話だよ。」

同 懐《ふところ》を肥《こ》やす。

自分《じぶん》の欲《ほっ》することを人《ひと》にも施《ほどこ》せ

⇩ 己《おのれ》の欲《ほっ》する所《ところ》を人《ひと》に施《ほどこ》せ

自慢高慢馬鹿《じまんこうまんばか》の内《うち》

自慢《じまん》してえらそうな態度をとる者は愚《おろ》か者と同じ仲間であるといういましめ。

同 自慢高慢馬鹿《じまんこうまんばか》の行《ゆ》き止まり。

類 自慢《じまん》は知恵《ちえ》の行《ゆ》き止まり。

死命《しめい》を制《せい》す

相手の生死を決定するような急所をおさえ、その運命を左右する。〔出典『史記《しき》』〕

短文 核兵器《かくへいき》をなくすことができるかできないかが、人類の死命を制することになるといっても、言い過ぎではない。

参考「死命」は、死と生、死ぬか生きるかにかかわる大事なところ。

示《しめ》しがつかない

そのままにしておいては前例となって、他に悪い影響《えいきょう》をあたえる。

短文 そうじをさぼった者をそのままにしておいては示しがつかない。

同 示《しめ》しが利《き》かない。

四面楚歌《しめんそか》

まわりがすべて敵や反対者ばかりで、味方が一人もなく、まったく孤立《こりつ》していることのたとえ。

短文 今度の生徒会長は人の意見に耳をかさないものだから、協力者がいなくなって、四面楚歌の状態に陥《おちい》っている。

故事 中国で、楚《そ》の項羽《こうう》が劉邦《りゅうほう》（漢の高祖）と天下を争って敗れ、垓下《がいか》で劉邦の軍に包囲された。夜中になって四方の劉邦の陣地から項羽の故郷である楚の地方の歌が聞こえてきたので、「楚の地方の人々はすでに劉邦の軍に降伏《こうふく》したのか」とおどろき絶望したという。〔出典『史記《しき》』〕

霜《しも》を履《ふ》んで堅氷《けんぴょう》至《いた》る

霜《しも》をふんで歩く季節になると、やがて堅《かた》い氷の張る真冬がくる、ということから、物事は小さな兆《きざ》しが現れてからしだいに大きくなってくるというたとえ。また、わざわいの兆しが見えたら事前に用心せよといういましめ。〔出典『易経《えききょう》』〕

釈迦《しゃか》に説法《せっぽう》

釈迦《しゃか》に仏の道を説くように、そのことをよく知っている人に教えることのおろかさのたとえ。

短文 かれに柔道《じゅうどう》の技《わざ》を教えるなんて

釈迦に説法だよ。かれはもう何年も町の道場できたえられてきているんだ。

類 極楽《ごくらく》の入《い》り口《ぐち》で念仏《ねんぶつ》を売《う》る。孔子《こうし》に悟道《ごどう》。猿《さる》に木登《きのぼ》り。河童《かっぱ》に水練《すいれん》。

杓子定規《しゃくしじょうぎ》

一定の考え・形式・基準などをすべてにあてはめようとして、応用や融通《ゆうずう》のきかないことのたとえ。

短文 きみはなんでも杓子定規に考えすぎるよ。もっと柔軟《じゅうなん》に考えたらどうだ。

語源 むかしの杓子《しゃくし》（＝飯・汁《しる》などをすくう道具）の柄《え》は曲がっていて定規にできないのに、むりに定規として使おうとすることから出たことば。

杓子《しゃくし》は耳搔《みみか》きの代《か》わりにならず

大きいものが、小さいものの代わりに使えるとはかぎらないというたとえ。

同 杓子《しゃくし》は耳搔《みみか》きにならず。しゃもじは耳搔《みみか》きの用《よう》をなさず。

類 搗《つ》き臼《うす》で茶漬《ちゃづ》け。

対 大《だい》は小《しょう》を兼《か》ねる。

弱肉強食《じゃくにくきょうしょく》

弱いものが強いものに食われてしまうこと。また、強いものが弱いものをほろぼし、強いものだけが生き残って栄えること。〔出典　韓愈《かんゆ》『送浮屠文暢師序《ふとぶんちょうしをおくるのじょ》』〕

短文 大手スーパーができて、おじの店はつぶれてしまいました。まさに弱肉強食の世の中です。

類 優勝劣敗《ゆうしょうれっぱい》。

癪《しゃく》に障《さわ》る

あることが気に入らなくて腹が立つ。

短文 彼女《かのじょ》のあのなまいきな態度はほんとうにしゃくにさわるわ。

類 癇《かん》に障《さわ》る。

癪《しゃく》の種《たね》

腹が立つ原因となるもの。

短文 かれとは同期生だが、いつも先をこされてしまうのがしゃくの種だ。

車軸《しゃじく》を流《なが》す

車の心棒のような太い雨が降《ふ》るということから、はげしく雨が降ることのたとえ。

同 車軸《しゃじく》を降《ふ》らす。車軸《しゃじく》を下《くだ》す。

弱冠《じゃっかん》

男子の二〇歳のこと。転じて、年の若いこと。

短文 弱冠一九歳の青年が優勝するなんて、だれもが予想していなかった。

語源 むかし、中国では、二〇歳を「弱」といい、二〇歳になると元服して冠《かんむり》をかぶったことから。〔出典『礼記《らいき》』〕

注意 「若冠」と書くのは誤り。

参考 ⇩ 還暦《かんれき》（囲み記事）

シャッポを脱《ぬ》ぐ

帽子《ぼうし》をぬいでおじぎをする意味から、とてもかなわないとわかって降参する。

会話 「ぼくに挑戦《ちょうせん》しても、水泳ではかなわないことがわかったろ。」「うん、きみにはシャッポを脱ぐよ。」

蛇《じゃ》の道《みち》は蛇《へび》

蛇《へび》が通る道は人間にはわからないが同類の蛇にはすぐわかるということから、同じ仲間のすることは、ほかの者にはわからなくても、その仲間の者にはすぐわかることのたとえ。

会話 「きみたち、またよからぬことをたくらんでいるそうだね。」
「さあ、なんのこと。」
「蛇の道は蛇、ぼくには、だいたい見当がつくよ。」

類 商売《しょうばい》は道《みち》によって賢《かしこ》し。

蛇《じゃ》は寸《すん》にして人《ひと》を呑《の》む

蛇《へび》は一寸《いっすん》（＝約三・〇三センチメートル）くらいの小蛇のころから人をのむほどの強い気力があるということから、偉人《いじん》といわれるような人物は小さいときからほかの人とはちがうすぐれた素質を現すというたとえ。

同 蛇《じゃ》は寸《すん》にしてその気《き》を現《あらわ》す。蛇《じゃ》は一寸《いっすん》にしてその気《き》を得《う》る。

類 栴檀《せんだん》は双葉《ふたば》より芳《かんば》し。竜《りゅう》は一寸《いっすん》にして昇天《しょうてん》の気《き》あり。

三味線《しゃみせん》を弾《ひ》く

相手の言うことに適当に調子を合わせる。適当なうそを言ったりしたりしてごまかす。

短文 たいした傷ではないのに、さも痛そうに三味線を弾く。

しゃもじは耳掻《みみか》きの用《よう》をなさず

⇩ 杓子《しゃくし》は耳掻《みみか》きの代《か》わりにならず

衆寡敵《しゅうかてき》せず

少ない人数では、人数の多い相手を敵にしてもかなわない。

短文 いくら子供相手の綱引《つなひ》きでも、あの人数では衆寡敵せず、負けるのは当然だ。

参考 「衆《しゅう》」は多数、「寡《か》」は少数。

同 寡《か》は衆《しゅう》に敵《てき》せず。

類 多勢《たぜい》に無勢《ぶぜい》。

対 寡《か》をもって衆《しゅう》を制《せい》す。

習慣《しゅうかん》は第二《だいに》の天性《てんせい》なり

生まれてから身についた習慣は、生まれつき持っている天性のように、その人の行動に影響《えいきょう》をあたえるものだ。

参考 古代ローマの雄弁家キケロのことば。英語では、Habit (or Custom) is a second nature.

衆口《しゅうこう》金《きん》を鑠《と》かす

多くの人が言いふらすうわさや悪口などは、堅《かた》い金をもとかすほどのおそろしい力がある。世間の評判やうわさは正しいものをほろぼしてしまう力があるということ。〔出典『国語《こくご》』〕

類 積羽《せきう》舟《ふね》を沈《しず》む。

宗旨《しゅうし》の争《あらそ》い釈迦《しゃか》の恥《はじ》

仏教にはいろいろ宗派があり、それぞれ自分のほうが正しい教えを説いていると主張しているが、みんな同じ釈迦《しゃか》の教えから出ているのだから、各宗派で争うことは、釈迦に恥《はじ》をかかすことになるということ。

類 釈迦《しゃか》に宗旨《しゅうし》無《な》し。宗論《しゅうろん》どちらが負《ま》けても釈迦《しゃか》の恥《はじ》。

修身斉家治国平天下《しゅうしんせいかちこくへいてんか》

自分の行いを正しくし、自分の家庭をととのえ、国家を治め、天下を平和にする

こと。儒教《じゅきょう》のいちばん基本的な目標。〔出典『大学《だいがく》』〕

秋霜烈日《しゅうそうれつじつ》

秋の霜《しも》と夏の熱い日光という意味から、権力・意志・信念や刑罰《けいばつ》などが、ひじょうに強力できびしいことのたとえ。

短文 むかしの偉大《いだい》な武将といわれる人の多くは、秋霜烈日の信念を持って生きぬいた。

対 春風駘蕩《しゅんぷうたいとう》。

姑《しゅうとめ》の十七見《じゅうしちみ》た者《もの》が無《な》い

姑《しゅうとめ》はよく、自分の若いときのことを引き合いに出して自慢《じまん》し、嫁《よめ》に小言を言うけれど、だれも見た者がいないから、それがほんとうかどうかあてにならないということ。

十人十色《じゅうにんといろ》

人間は、それぞれみな好みや考え、性格などがちがうものだということ。

会話 「委員長になった感想は。」「うん、十人十色とはよくいったもので、みんなの意見をまとめるのに一苦労だ。」

同 十人十腹《じゅうにんとはら》。十人寄《じゅうにんよ》れば十色《といろ》。

十年一日《じゅうねんいちじつ》

十年がまるで一日のようだという意味から、長い年月の間、同じ状態が続いていて、変化や進歩がないこと。

短文 かれは朝起きて仕事に行き、夜帰って寝《ね》るという単調な生活を、十年一日のごとく続けていた。

重箱《じゅうばこ》の隅《すみ》を楊枝《ようじ》でほじくる

重箱のすみに残ったものを楊枝《ようじ》でほじくり出すということから、取るに足らないつまらないことをうるさく言うたとえ。

短文 きみ、生徒会長になったら、重箱の隅を楊枝でほじくるようなことは、言わないで、でんとかまえていろよ。

同 重箱《じゅうばこ》の隅《すみ》を楊枝《ようじ》でつつく。

対 連木《れんぎ》で重箱《じゅうばこ》を洗う。

愁眉《しゅうび》を開《ひら》く

心配ごとや悲しみのためにしかめたまゆを開くということから、心配ごとなどがなくなってほっと安心する。

同 眉《まゆ》を開《ひら》く。

十目《じゅうもく》の視《み》る所《ところ》十手《じっしゅ》の指《さ》す所《ところ》

十人の目が見、十人の手が指さすところということから、十人とも同じように認めること。多くの人の判断や意見が一致《いっち》し、まちがいないものだということのたとえ。〔出典『大学《だいがく》』〕

同 十指《じっし》の指《さ》す所《ところ》。

類 千人《せんにん》の指《さ》す所《ところ》は違《たが》わず。

柔能《じゅうよ》く剛《ごう》を制《せい》す

やわらかいものが、かたいものをうまくかわして勝ってしまうということから、

「十」が語中にくることば

- 一から十まで ⇩ 三八ページ
- 一を聞いて十を知る ⇩ 四三ページ
- 木七竹八塀《へい》十郎 ⇩ 一一六ページ
- 五風十雨《ごふうじゅうう》 ⇩ 一六六ページ
- 十人十色《といろ》 ⇩ 一九二ページ
- 六日の菖蒲《あやめ》十日の菊《きく》（十日の菊《きく》六日の菖蒲《あやめ》 ⇩ 二六三ページ）

弱い者が強い者に勝つことのたとえ。〔出典『三略《さんりゃく》』〕

類 弱《じゃく》能《よ》く強《きょう》を制《せい》す。柳《やなぎ》に雪《ゆき》折《お》れ無《な》し。茶碗《ちゃわん》を投《な》げれば綿《わた》にて受《う》けよ。

雌《し》雄《ゆう》を決《けっ》する

戦って勝ち負けや優劣《ゆうれつ》を決める。〔出典『史記《しき》』〕

短文 あしたはいよいよ雌雄を決する決勝戦だが、どちらにも勝たせたいね。

守《しゅ》株《しゅ》 ⇩ 株《かぶ》を守《まも》りて兎《うさぎ》を待《ま》つ

手中《しゅちゅう》に収《おさ》める

自分のものとする。自分の支配下におく。

会話「すごいな。二位との差があんなに開いたぞ。独走といっていいね。」「うん。ここまでくれば、優勝を手中に収めたといってもいいね。」

術中《じゅっちゅう》に陥《おちい》る

相手がしかけたはかりごとに、ひっかかる。

会話「どうして、あの相手に一本とられたかわかりません。」「いや、相手の術中に陥ったということだな。」

出藍《しゅつらん》の誉《ほま》れ ⇩ 青《あお》は藍《あい》より出《い》でて藍《あい》より青《あお》し

朱《しゅ》に交《まじ》われば赤《あか》くなる

人は、その環境《かんきょう》や交際する友達によってよくもなるし悪くもなるというたとえ。また、よい友達を選ぶことが大切だという教え。

短文 朱に交われば赤くなるというが、かれはあのグループにはいってから人が変わったね。

類 麻《あさ》につるる蓬《よもぎ》。藪《やぶ》の中《なか》の荊《うばら》。善悪《ぜんあく》は友《とも》に依《よ》る。水《みず》は方円《ほうえん》の器《うつわ》に随《したが》う。

朱筆《しゅひつ》を入《い》れる

文章を書き加えたり訂正《ていせい》したりするとき、朱色《しゅいろ》（＝赤、またはやや黄ばんだ赤色）の筆で書くことから、文章を訂正したり書き加えたりする。

同 朱筆《しゅひつ》を加《くわ》える。

首《しゅ》尾《び》よく

物事の成りゆきや結果が望みどおりになって。つごうよく。うまいぐあいに。

会話「弟さん、私立の中学校を受験したそうだけどどうだった。」「うん、首尾よく希望した中学校に合格できた。」

修《しゅ》羅《ら》の巷《ちまた》

はげしくむごたらしい争乱の場所。

短文 戦争によって、この平和な村も一《いっ》瞬《しゅん》にして修羅のちまたと化したことを忘れてはならない。

参考「修羅《しゅら》」は阿修羅《あしゅら》の略で、戦いを好む古代インドの悪神。

春秋《しゅんじゅう》に富《と》む

年が若く将来性が豊かなこと。〔出典『史記《しき》』〕

短文 春秋に富むきみたちに望むことはただ一つ、何事にも努力する、ということだ。

参考「春秋」は、歳月《さいげつ》、長い年月の意。

春秋《しゅんじゅう》の筆法《ひっぽう》

中国の歴史書『春秋《しゅんじゅう》』の文章にみられるようなきびしい批判的態度で書かれている表現。また、間接的な原因を直接的な原因のようにいう表現の方法。

〔参考〕『春秋』は孔子が編集した歴史書で、『易経《えききょう》』『書経《しょきょう》』『詩経《しきょう》』『礼記《らいき》』とともに、儒教《じゅきょう》の基本経典である五経の一つ。

春宵一刻直千金《しゅんしょういっこくあたいせんきん》

春の宵《よい》はおもむきがあり、そのひとときは千金にも値するほどすばらしいものだということ。

〔語源〕春の宵をよんだ七言絶句の起句。《原文》春宵一刻直千金《しゅんしょういっこくあたいせんきん》、花《はな》に清香《せいこう》有《あ》り、月《つき》に陰《かげ》有《あ》り。〔出典　蘇軾《そしょく》『春夜《しゅんや》』〕

春風駘蕩《しゅんぷうたいとう》

おだやかな春の風が吹き、のどかなようす。また、おだやかでおおらかな人がらや性格のたとえ。

〔対〕秋霜烈日《しゅうそうれつじつ》。

順風《じゅんぷう》に帆《ほ》を上《あ》げる　⇩　順風満帆《じゅんぷうまんぱん》

順風満帆《じゅんぷうまんぱん》

船が帆《ほ》に追い風をいっぱいに受けて快調に走ることから、物事が順調に進むようすのたとえ。

〔注意〕「満帆」を「まんぽ」と読むのは誤り。

〔類〕順風《じゅんぷう》に帆《ほ》を上《あ》げる。得手《えて》に帆《ほ》を上《あ》げる。追風《おいて》に帆《ほ》を上《あ》げる。

春眠暁《しゅんみんあかつき》を覚《おぼ》えず

春の夜は短く、暑くも寒くもないので、寝心地《ねごこち》がいいために、いつ夜が明けたのかも気がつかずについ寝すごしてしまうということ。

〔語源〕春の朝の眠りをよんだ五言絶句の起句。《原文》春眠《しゅんみん》暁《あかつき》を覚《おぼ》えず、処処《しょしょ》に啼鳥《ていちょう》を聞《き》く。〔出典　孟浩然《もうこうねん》『春暁《しゅんぎょう》』〕

〔類〕蛙《かわず》の目借《めか》り時《どき》。

舜《しゅん》も人《ひと》なり我《われ》も亦人《またひと》なり

聖王である舜《しゅん》も人間であり、自分もまた人間である。同じ人間ならば、自分も努力して心がければ、りっぱな人間になれるということ。〔出典『孟子《もうし》』〕

〔参考〕「舜《しゅん》」は古代中国の伝説上の聖天子。尭《ぎょう》帝の摂政《せっしょう》となり、その後帝位について、諸制度を定め、理想的な善政を行ったとされている。

〔類〕舜何人《しゅんなんびと》ぞや我何人《われなんびと》ぞや。賢《けん》を見《み》ては斉《ひと》しからんことを思《おも》う。

小異《しょうい》を捨《す》てて大同《だいどう》につく

細かい点で意見のちがいがあっても、とやかく言わず、根本的に一致《いっち》する大勢の意見に従う。

〔短文〕きみたちももう中学生だ。このさい小異を捨てて大同につく気持ちで賛成してほしい。

〔同〕小異《しょうい》を捨《す》てて大同《だいどう》を取《と》る。

城下《じょうか》の盟《ちかい》

城の下まで敵にせめ寄せられて、しかたなく結ぶ降伏《こうふく》のための講和条約。屈辱《くつじょく》的な降伏のこと。

〔出典『春秋左氏伝《しゅんじゅうさしでん》』〕

参考「盟」は「めい」とも読む。

常軌《じょうき》を逸《いっ》する
常識では考えられないことを言ったりしたりする。
短文 あんなかっこうで町中を歩くなんて、常軌を逸している。
参考「常軌《じょうき》」は、常識にそった言動。

正直《しょうじき》の頭《こうべ》に神宿《かみやど》る
正直な人は、必ず神が助け守ってくれるという教え。
類 正直《しょうじき》は一生《いっしょう》の宝《たから》。
対 正直者《しょうじきもの》が馬鹿《ばか》を見《み》る。

正直《しょうじき》は最善《さいぜん》の策《さく》
いろいろなはかりごとを用いるよりも、正直であることが目的を達するためのいちばんよい方法であるという教え。
参考 西洋のことわざ。Honesty is the best policy. の訳語。

正直者《しょうじきもの》が馬鹿《ばか》を見《み》る
正直な人は、要領が悪く、ずるいことができずに規則や法律などをきちんと守るので、かえって不自由をしたり損をしたりすることがあるということ。
会話「かれのお父さん、今度の選挙に立候補したそうだね。」「うん、正直者がばかを見る世の中をなくそうというのが立候補の理由なんだ。」
対 正直《しょうじき》の頭《こうべ》に神宿《かみやど》る。

小事《しょうじ》は大事《だいじ》
小さなことが積み重なって大きなことになるのだから、小さなことだといっていいかげんにしてはいけないという教え。
短文 あの大火事はたばこの火の不始末からだという。小事は大事ということがよくわかった。
類 蟻《あり》の穴《あな》から堤《つつみ》も崩《くず》れる。

盛者必衰《じょうしゃひっすい》
勢いよくさかえる者は、いつかは必ず衰《おとろ》えるということ。この世は無常であるという仏教の教え。〔出典『仁王経《にんのうきょう》』〕
参考「しょうじゃひっすい」「せいじゃひっすい」とも読む。

生者必滅会者定離《しょうじゃひつめつえしゃじょうり》
この世は無常であるから、生きているものは必ず死に、出会った者は必ず別れのときがくるものであるということ。
参考「生者」は「せいじゃ」とも読む。
類 生《せい》ある者《もの》は死《し》あり。会《あ》うは別《わか》れの始《はじ》め。

従心《しょうしん》
七〇歳のこと。
語源 孔子《こうし》のことばから。《原文》心《こころ》の欲《ほっ》する所《ところ》に従《したが》えども矩《のり》を踰《こ》えず。〔出典『論語《ろんご》』〕
参考 ⇩ 還暦《かんれき》（囲み記事）

小人閑居《しょうじんかんきょ》して不善《ふぜん》を為《な》す
徳のそなわっていない品性のいやしい人物は、ひまがあると、とかくよくないことをするものだということ。〔出典『大学《だいがく》』〕
短文 長い夏休みになるが、小人閑居して不善をなすようなことがないように注意したまえ。

参考 「小人」は心がせまく徳のない人のこと。君子に対することば。

小人罪無し璧を懐いて罪あり

小人《しょうじん》罪《つみ》無《な》し璧《たま》を懐《いだ》いて罪《つみ》あり

⇩ 璧《たま》を懐《いだ》いて罪《つみ》あり

小心翼々

小心翼々《しょうしんよくよく》

気が小さくて、ちょっとしたことにもびくびくして思いきったことができないようす。

短文 かれは気が小さく、小心翼々として大きいことができない男だ。

上手の手から水が漏る

上手《じょうず》の手《て》から水《みず》が漏《も》る

名人でも、ときには失敗することがあるというたとえ。

類 弘法《こうぼう》にも筆《ふで》の誤《あやま》り。猿《さる》も木《き》から落《お》ちる。河童《かっぱ》の川流《かわなが》れ。千慮《せんりょ》の一失《いっしつ》。

笑中に刀あり

笑《しょう》中《ちゅう》に刀《とう》あり

表面は笑っておだやかだが、内心は悪意を持っていて人に害を加える心があるというたとえ。〔出典『旧唐書《くとうじょ》』〕

類 笑《しょう》中《ちゅう》に刃《やいば》を研《と》ぐ。笑《わら》いの中《うち》に刀《かたな》を研《と》ぐ。口《くち》に蜜《みつ》あり腹《はら》に剣《けん》あり。

掌中の珠

掌《しょう》中《ちゅう》の珠《たま》

自分の持っている宝のような大切なものの意。とくに愛する子供や妻のたとえ。〔出典 傅玄《ふげん》『短歌行《たんかこう》』〕

同 手中《しゅちゅう》の珠《たま》。

少年老い易く学成り難し

少年《しょうねん》老《お》い易《やす》く学《がく》成《な》り難《がた》し

月日がたつのは早いもので、若いと思っていても、いつのまにか年をとってしまう。それとは逆《ぎゃく》に学問の道はけわしくて、なかなか進まないということ。

語源 中国の南宋《なんそう》時代の学者朱熹《しゅき》の学問をすすめた詩から。《原文》少年《しょうねん》老《お》い易《やす》く学成《がくな》り難《がた》し、一寸《いっすん》の光陰《こういん》（＝わずかな時間）軽《かろ》んずべからず、いまだ覚《さ》めず池塘《ちとう》春草《しゅんそう》の夢《ゆめ》（＝池のほとりにもえ出る若草のような青春の夢）、階前《かいぜん》の梧葉《ごよう》（＝階段の前のあおぎりの葉）すでに秋声《しゅうせい》。〔出典 朱熹《しゅき》『偶成《ぐうせい》』〕

少年よ大志を抱け

少年《しょうねん》よ大志《たいし》を抱《いだ》け

若者たちよ、大きな志《こころざし》をもって人生を歩みなさいという教え。

語源 明治時代、時の政府に招かれて、札幌《さっぽろ》農学校（＝今の北海道大学）の教頭として日本に来たアメリカの教育者クラークが、一八七七年アメリカへ帰るとき学生たちに残したことば。Boys, be ambitious! の訳語。

小の虫を殺して大の虫を助ける

小《しょう》の虫《むし》を殺《ころ》して大《だい》の虫《むし》を助《たす》ける

小さいことを犠牲《ぎせい》にして、全体の大事なことを成功させるたとえ。

同 大《だい》の虫《むし》を生《い》かして小《しょう》の虫《むし》を殺《ころ》す。

類 小《しょう》を捨《す》てて大《だい》に就《つ》く。

賞は厚くし罰は薄くすべし

賞《しょう》は厚《あつ》くし罰《ばつ》は薄《うす》くすべし

よいことをしたときはどんな小さなことでも多く賞をあたえ、悪いことをしたときは少しでも軽く罰するのがよいということ。〔出典『説苑《ぜいえん》』〕

商売は道によって賢し

商売《しょうばい》は道《みち》によって賢《かしこ》し

商人は、それぞれ自分の専門とする商売のことにくわしいということ。

類 芸《げい》は道《みち》によって賢《かしこ》し。是非《ぜひ》は道《みち》によ

って賢し。餅は餅屋。蛇の道は蛇。

焦《しょう》眉《び》の急《きゅう》

まゆげが焦《こ》げるほど目の前に火が近づいているということから、危険な状態がひじょうにさしせまっているたとえ。

[類] 眉《まゆ》に火《ひ》が付《つ》く。尻《しり》に火《ひ》が付《つ》く。

勝負《しょうぶ》は時《とき》の運《うん》

勝ち負けは、そのときの運によるもので、人の力ではどうすることもできないということ。

[注意] 多く、勝負に負けた人をなぐさめるときなどに使われる。

正面切《しょうめんき》る

顔を正面に向けることから、遠慮《えんりょ》したり遠回しに言ったりしないで、自分の意見や態度などを直接はっきりしめす。

[短文] 体育館の使用日程で、バレー部の代表が正面切って文句を言いにきた。

証文《しょうもん》の出《だ》し遅《おく》れ

証拠《しょうこ》となる文書を出しおくれたために、その文書の効力を失うことから、時機をのがしたために、なんの役にも立たないことのたとえ。

[類] 後《あと》の祭《まつ》り。十日《とおか》の菊《きく》六日《むいか》の菖蒲《あやめ》。

将《しょう》を射《い》んとせば先《ま》ず馬《うま》を射《い》よ ⇩ 人《ひと》を射《い》んとせば先《ま》ず馬《うま》を射《い》よ

小《しょう》を捨《す》てて大《だい》に就《つ》く

あまり大事でないものは捨てて、もっと大事なことに力を入れる。

[類] 小《しょう》を専《もっぱ》らとして大《だい》を失《うしな》うこと莫《なか》れ。小《しょう》の虫《むし》を殺《ころ》して大《だい》の虫《むし》を生《い》かす。

諸行無常《しょぎょうむじょう》

われわれが住むこの宇宙にあるすべてのものは絶えず移り変わり、永久に不変のものはないという、仏教の根本原理となる考えの一つ。〔出典『涅槃経《ねはんぎょう》』〕

[参考] 一般的には、移り変わりのはげしい人生のはかなさをなげく場合に多く使われる。『平家物語《へいけものがたり》』の最初にある「祇《ぎ》園精舎《おんしょうじゃ》の鐘《かね》の声《こえ》、諸行無常《しょぎょうむじょう》の響《ひびき》あり。」の句としても有名。

食指《しょくし》が動《うご》く

食欲がおこる。転じて、あるものが欲しくなったり、あることがしたくなったりすることのたとえ。

[短文] いい話なので食指が動いたが、うそがあることがわかってことわった。

[故事] 中国の春秋《しゅんじゅう》時代、鄭《てい》の子公《しこう》という人が父親に会いに出かけた。その途《と》中《ちゅう》、自分の食指（＝人さし指）がぴくぴく動くのを同行の人に見せて「こうして人さし指が動くと、必ずごちそうにありついたものだ。」と言った。そのことばどおり父親の所では料理人が大きなすっぽんを調理していたという。〔出典『春秋左氏伝《しゅんじゅうさしでん》』〕

触手《しょくしゅ》を伸《の》ばす

欲しいと思うものを手に入れようと、働きかける。

[会話] 「かれ、このごろあのチームの監《かん》督《とく》に何度かよばれているらしい。」

「あの監督、チームを補強しようと、あちこち触手を伸ばしているようだ。」

〔参考〕「触手《しょくしゅ》」は、下等動物の食物をとらえるためのひも状の器官。

食膳《しょくぜん》を賑《にぎ》わす

料理の品数がふえて楽しい食事となる。
短文 旅行から帰ってきた父の土産《みやげ》が、今夜の食膳を賑わした。

初心忘《しょしんわす》るべからず

なにかを始めようとしたときの、最初の真剣《しんけん》な気持ちをいつまでも忘れてはいけないという教え。〔出典『花鏡《かきょう》』〕
短文 今年は優勝をのがしたが、初心忘るべからずだ。来年の優勝を目ざしてまた一生懸命《けんめい》練習しよう。

白河夜船《しらかわよふね》

ぐっすり眠りこんだために、その間になにが起こったか、まったく知らないということ。
短文 きのうの夜中の地震《じしん》、あんなに大きかったのに、弟は白河夜船、なにも知らないんだって。
語源 むかし、京都へ行ってきた人が、白河（＝地名）はどうだったと聞かれたが、それを川の名だと思って、夜、船でとおったから知らないと答えたということから。
〔参考〕「白川夜舟」とも書く。「しら」は「知らず」の意を掛《か》ける。

知《し》らざるを知《し》らずと為《な》せ是《こ》れ知《し》るなり

知らないことは、知ったかぶりをしないで、すなおに知らないと言うことが、ほんとうに「知る」ということだということ。
語源 孔子《こうし》が門人に対して言ったことば。《原文》由《ゆう》よ、女《なんじ》に之《これ》を知《し》るを誨《おし》えんか（＝おまえに知るということを教えようか）、之《これ》を知《し》るを之《これ》を知《し》ると為《な》し、知《し》らざるを知《し》らずと為《な》せ、是《こ》れ知《し》るなり。〔出典『論語《ろんご》』〕

知《し》らぬ顔《かお》の半兵衛《はんべえ》

知っているのに、まったく知らないふりをすること。また、そのようなふりをする人。
短文 弟はときどきつまみ食いをして母にしかられるが、知らぬ顔の半兵衛で、すました顔をしている。
同 知《し》らん顔《かお》の半兵衛《はんべえ》。

知《し》らぬが仏《ほとけ》

何事も知っていれば、そのことでなやんだり腹が立ったりするが、なにも知らなければ心配をすることもなやむこともなく、心が広い仏さまのようにおだやかな気持ちでいられるということ。
短文 これは、うなぎじゃなくて、実はへびなんだよ。A子ちゃん、知らぬが仏で食べちゃったらしいな。
〔参考〕ほんとうのことを知らないでのんきにかまえている人をあざけって用いることが多い。
類 聞《き》かぬが仏《ほとけ》。見《み》ぬが仏《ほとけ》聞《き》かぬが花《はな》。見《み》ぬ物清《ものきよ》し。聞《き》けば聞《き》き腹《ばら》。

白羽《しらは》の矢《や》が立《た》つ

多くの人の中から、特にえらばれて指名される。

短文 リレーのアンカーは、きみに白羽の矢が立ったそうだ。がんばれよ。

語源 むかし、人身御供《ひとみごくう》（＝神にささげる生きた人間）を欲する神が、えらんだ少女のいる家の屋根に白羽の矢を立てるという言い伝えから。

白《しら》を切《き》る

知っているのに知らないふりをする。知らん顔をする。しらばくれる。

会話 「兄さん、お母さんにはないしょにしていてね。」「でも、白を切ったって、いつかはばれることだぞ。」

尻馬《しりうま》に乗《の》る

人が乗っている馬のしりに同乗することから、自分のはっきりした考え方も持たず、他人の意見や行動に無批判についていくたとえ。

短文 ぼくは、かれのように人のしり馬に乗って、反対ばかりしている人間はきらいだ。

類 付和雷同《ふわらいどう》。

尻《しり》が暖《あたた》まる

同じところにいつまでもいる。

短文 この部屋は居心地がいいね。しりが暖まると帰るのがいやになるよ。

同 尻《しり》がぬくもる。

尻《しり》が重《おも》い

物事をするのになかなかとりかかろうとしない。

会話 「かれと掃除《そうじ》当番を組むと、いつもこっちばかりがやらなきゃならないんだ。」「やっぱりそうか、かれはしりが重いからね。」

類 腰《こし》が重《おも》い。

対 尻《しり》が軽《かる》い。

尻《しり》が軽《かる》い

何事にも気軽に、または、軽々しく行動する。

短文 かれのすることは安心して見ていられないよ。しりが軽くて。もう少し落ち着いてやれないかな。

注意 現在では、よい意味にはほとんど使われない。

対 尻《しり》が重《おも》い。

尻《しり》が長《なが》い

人の家へたずねていって長い時間いるようす。

短文 きょう来たお客さんは、しりが長くて、予定していた仕事がなにもできなかった。

尻《しり》が回《まわ》って来《く》る

人がしたことのあと始末をさせられたり、苦情を持ちこまれたりする。

会話 「お父さん、どこへ行くの。」「おまえが、あの家の窓ガラスを割ったんで、お父さんのところへしりが回って来たんだ。」

同 尻《しり》が来《く》る。

尻《しり》が割《わ》れる

かくしごとや悪事がばれてしまう。

短文 弟は、すぐしりが割れるようなうそをついて、父にしかられている。

尻切《しりき》れ蜻蛉《とんぼ》

物事が途中《とちゅう》で切れてしまい、終わりまで続かないこと。中途半端《ちゅうとはんぱ》なこと。

会話「きょうのきみは、よく発言していたね。」
「うん、大事なことなんで、しり切れとんぼに終わらせたくなかったんだ。」

而立《じりつ》

三〇歳のこと。

語源 孔子《こうし》のことばから。《原文》三十《さんじゅう》にして立《た》つ。〔出典『論語《ろんご》』〕

参考 ⇩ 還暦《かんれき》（囲み記事）

尻《しり》に敷《し》く

相手をおさえつけて自分勝手にふるまう。特に、妻が夫よりいばって思うままにふるまう。

短文 かれは、いくじなしでいつも奥さんのしりに敷かれている。

尻《しり》に火《ひ》が付《つ》く

物事がさしせまってきて、落ち着いていられない状態になる。

短文 おまえは、テストが近づいたせいか、しりに火が付いたように勉強しているね。

類 焦眉《しょうび》の急《きゅう》。

尻《しり》に帆《ほ》を掛《か》ける

追い風に帆《ほ》を上げると舟が早く進むことから、さっさとにげ出すたとえ。

短文 かれは自分に都合が悪い話になったので、しりに帆を掛けて行ってしまった。

尻目《しりめ》に掛《か》ける

横目でちょっと見ること。また、人をばかにしたような目で見ること。

短文 勝った選手は、負けた相手をしり目にかけて退場した。

尻《しり》を据《す》える

じっくり落ち着く。いすわる。

短文「あいつも、このごろしりを据えておれの仕事を手伝うようになった。」と、父は兄のことをほめていた。

類 腰《こし》を据《す》える。

尻《しり》を叩《たた》く

早くするように人をせかせる。一生懸命《けんめい》にやるようにはげましたり気合いを入れたりする。

短文 あすの展覧会《てんらんかい》の準備に、先生はわれわれのしりをたたきながら先に立って一生懸命《けんめい》だった。

尻《しり》を拭《ぬぐ》う

人の失敗や不始末などのあと始末をする。しりぬぐいをする。

会話「あいつがへまをやると、いつもしりを拭うのはぼくなんだ。」
「あんたはお兄さんだもの、そのくらいのことしてやりなさい。」

尻《しり》を持《も》ち込《こ》む

あと始末をしたり責任をとったりするように関係者に求める。

短文 きみが自分一人でできるといって始めたことなんだから、あとでこちらにしりを持ち込むようなことはするなよ。

白《しろ》い眼《め》で見《み》る ⇩ 白眼視《はくがんし》

詩《し》を作《つく》るより田《た》を作《つく》れ

実生活に直接役立たない詩を作るよりも、田を耕して直接生活に必要なものを作るような実利のある仕事にはげむべきだといういましめ。

同 句《く》を作《つく》るより田《た》を作《つく》れ。

類 碁《ご》を打《う》つより田《た》を打《う》て。念仏申《ねんぶつもう》すより田《た》を作《つく》れ。座禅組《ざぜんく》むより肥《こ》やし汲め。

新規蒔《しんきま》き直《なお》し

それまでのことはなかったものとして、改めて物事を最初からやり直すこと。

会話 「いつまでも古くさいやり方にこだわっていたので、この店の売り上げもずいぶん落ちてしまった。」「これからは、お客さんのニーズにこたえて、新規まき直しをはかろう。」

心血《しんけつ》を注《そそ》ぐ

全精神を打ちこんで物事にあたる。心身のすべてを一つのことに打ちこむ。

短文 この銅像は、あの彫刻家《ちょうこくか》の心血を注いだ作品だということです。

人口《じんこう》に膾炙《かいしゃ》する

広く世間の人々の口にのぼって評判になる。また、よく知られるようになる。〔出典 林嵩《りんすう》『周朴詩集序《しゅうぼくししゅうじょ》』〕

短文 石川啄木《いしかわたくぼく》の短歌には、人口に膾炙したものが多い。

参考 「膾《かい》」は、なます（＝細くきざんだ肉）。「炙《しゃ》」は、焼いた肉のこと。どちらもだれにも好まれるごちそう。

人後《じんご》に落《お》ちない

他人にひけをとらない。他人よりおとるようなことはない。

短文 あの先生は生物学の分野では人後に落ちない研究を残している。

辛酸《しんさん》を嘗《な》める

いろいろなつらいことや苦しいことを経験する。

会話 「この本にはすばらしいことがたくさん書いてありますね。」「人生の辛酸をなめた人の言うことには、学ぶべきことがいっぱいあるよ。」

仁者《じんしゃ》は憂《うれ》えず

仁者（＝道徳的に完成された人）は、私欲がなく、天命に従うことを知っているので、なにも心配することがない。〔出典『論語《ろんご》』〕

信賞必罰《しんしょうひつばつ》

功績のあった人には賞をあたえ、悪いことをした人には必ず罰《ばつ》をあたえること。

針小棒大《しんしょうぼうだい》

針《はり》ほどの小さいものを棒のように大きく言うことから、小さいことを大げさに言うたとえ。

短文 こんなに事が大きくなったのは、かれが針小棒大にあちこち言いふらしたためだ。

同 針《はり》ほどのことを棒《ぼう》ほどに言《い》う。

寝食《しんしょく》を忘《わす》れる

寝《ね》ることも食べることも忘れるくらい、

ある物事に熱中し、一生懸命《けんめい》になる。

短文　エジソンは、寝食を忘れて多くの発明に取り組んだ。

人事《じんじ》を尽《つ》くして天命《てんめい》を待《ま》つ

人としてやるべきことはすべてやりつくし、その結果についてはあせらずにただ運命にまかせるということ。〔出典『初学知要《しょがくちよう》』〕

会話　「先生、あしたの剣道大会がんばってくださいね。」「うん、人事を尽くして天命を待つの心境だ。」

参考　「天命」は、天があたえた使命、運命の意。

薪水《しんすい》の労《ろう》

薪《たきぎ》を拾い集めたり水をくんだりして炊《すい》事《じ》をする苦労のことから、日常生活のいろいろなことに骨身をおしまず人に仕えて働くこと。〔出典　梁《りょう》昭明太子《しょうめいたいし》『陶靖節伝《とうせいせつでん》』〕

短文　かれは教えを受けた老僧《ろうそう》に薪水の労をとって恩にむくいようとした。

人生意気《じんせいいき》に感《かん》ず

人間は、自分を信頼《しんらい》してくれる相手の心意気に感激《かんげき》して仕事をしたり力を貸したりするのであって、名誉《めいよ》や金銭などの欲のためにするのではないということ。〔出典　魏徴《ぎちょう》『述懐《じゅっかい》』〕

会話　「今度、社長からきみに任されたA社との交渉《こうしょう》、むずかしくてたいへんだね。」「うん、人生意気に感ずだ。なんとしてもうまくまとめて期待にこたえたいよ。」

人生七十古来稀《じんせいしちじゅうこらいまれ》なり

⇩　古稀《こき》

人生字《じんせいじ》を識《し》るは憂患《ゆうかん》の始《はじ》め

人間は字を覚えて学問をするようになると、心配したりなやんだりすることが多くなるものであり、むしろ無学でいたほうが気楽であるということ。

語源　《原文》人生字《じんせいじ》を識《し》るは憂患《ゆうかん》の始《はじ》め、姓名《せいめい》ほぼ（＝あらまし）記《き》すれば以《もっ》て休《や》むべし（＝それでよい）。〔出典　蘇軾《そしょく》『石蒼舒酔墨堂《せきそうじょすいぼくどう》詩《し》』〕

人生朝露《じんせいちょうろ》の如《ごと》し

人間の一生というものは、日の光を受けるとたちまち消えてしまう朝露《あさつゆ》のように、はかないものであるというたとえ。〔出典『漢書《かんじょ》』〕

会話　「かれは四二歳でがんにやられたよ。」「あの若さでねえ。人生朝露の如しとはよく言ったもんだ。」

類　人生夢《じんせいゆめ》の如《ごと》し。

進退《しんたい》これ谷《きわ》まる

進むことも退くこともできず、困りきってしまう。窮地《きゅうち》に追いつめられる。〔出典『詩経《しきょう》』〕

参考　「谷」には、窮《きわ》まる、ゆきづまるの意がある。川をさかのぼっていくと谷になることから。

身体髪膚《しんたいはっぷ》之《これ》を父母《ふぼ》に受《う》く

人のからだは、髪《かみ》の毛から皮膚《ひふ》にいたるまで、すべて父母からさずかったものであるから、これを大切にし、病気をしたり傷つけたりしないようにしなければならないという教え。

語源 《原文》身体髪膚《しんたいはっぷ》、之《これ》を父母《ふぼ》に受《う》く。敢《あ》えて（＝みだりに）毀傷《きしょう》せざるは（＝いため傷つけたりしないのが）孝の始《はじ》めなり。
〔出典『孝経《こうきょう》』〕

死《し》んだ子《こ》の年《とし》を数《かぞ》える

取り返しようのない過ぎ去ったことについて、あれこれとくやむことのたとえ。

会話「あのとき、この辺の土地を買っておけば、今ごろは億万長者になれたのになあ。」「そんなこと言うなよ。それこそ死んだ子の年を数えるようなもんじゃない。」

同 死児《しじ》の齢《よわい》を数《かぞ》える。死《し》んだ子《こ》の年勘定《としかんじょう》。

類 割《わ》った茶碗《ちゃわん》を接《つ》いでみる。

心胆《しんたん》を寒《さむ》からしめる

心の底からおそれてふるえ上がらせる。ぞっとさせる。

短文 去年の暮《く》れから正月にかけて、国民の心胆を寒からしめるような凶悪《きょうあく》事件が相次いだ。

死《し》んで花実《はなみ》が咲《さ》くものか

枯《か》れた草木には花も実もならないのと同じように、人間も死んでしまったらすべてが終わりで、生きていればこそよいこともあるものだということ。

同 死《し》んで花実《はなみ》がなるものか。

類 命《いのち》あっての物種《ものだね》。

心頭《しんとう》を滅却《めっきゃく》すれば火《ひ》も亦《また》涼《すず》し

心中の雑念をはらって無念無想の境地になれば火さえも涼《すず》しく感じられるという意味から、どのような困難に出会っても、心がきたえてあればそれをしのぐことができるという教え。
〔出典　杜荀鶴《とじゅんかく》『夏日題悟空上人院《かじつごくうしょうにんのいんにだいす》詩《し》』〕

参考「心頭」は、心、念頭。「滅却《めっきゃく》」は、なくしてしまう意。むかし、織田信長《おだのぶなが》によって甲斐《かい》（＝山梨県）の恵林寺《えりんじ》が焼かれたとき、この寺の快川禅師《かいせんぜんじ》が火の中にすわって、この句をとなえながら焼死したという。

真《しん》に迫《せま》る

ひじょうによく表現されていて、本物と変わりがない。

短文 あの劇で、子供と別れる場面は真に迫っていて、みんな泣き出してしまった。

辛抱《しんぼう》する木《き》に金《かね》がなる

がまん強く働いていれば、いつかはきっとお金もたまる。何事もしんぼう強くやりぬくことが大切だという教え。

類 辛抱《しんぼう》が大事《だいじ》。辛抱《しんぼう》の棒《ぼう》が大事《だいじ》。

す　ス

水火《すいか》も辞《じ》せず

水におぼれ、火に焼かれるような苦しみや危険にあっても、いとわずに全力をつくして物事をやりぬく決意を表すたとえ。

短文 この大事業を完成させるため、水火も辞せずの心境です。

類 たとえ火《ひ》の中水《なかみず》の中《なか》。

随喜《ずいき》の涙《なみだ》

ありがたさのあまり喜びあふれて流す涙《なみだ》。うれし涙。

短文 四〇年ぶりの再会に、親子は手を取り合って随喜の涙を流した。

水魚《すいぎょ》の交《まじ》わり

水と魚が切り離《はな》せない関係にあるようにひじょうに親密な友情や交際のたとえ。

> 故事
> 中国の三国時代、蜀《しょく》の王である劉備《りゅうび》が、新参の諸葛孔明《しょかつこうめい》とあまりにも親密なため、古参の武将である関羽《かんう》や張飛《ちょうひ》たちが不満をもらした。それに対して劉備は「私にとって孔明が大切なのは魚にとって水がなくてはならないのと同じである。」と言ったという。《原文》孤《こ》（＝劉備の自称）の孔明《こうめい》有《あ》るは猶魚《なおうお》の水《みず》有《あ》るがごとし。
> 〔出典『三国志《さんごくし》』〕

同 魚《うお》と水《みず》。水魚《すいぎょ》の親《しん》。

類 管鮑《かんぽう》の交《まじ》わり。刎頸《ふんけい》の交《まじ》わり。

推敲《すいこう》

文章や詩歌《しいか》を作るとき、字句や表現をいろいろ苦心して何度も練り直すこと。

> 故事
> 中国の唐の詩人賈島《かとう》は科挙《かきょ》（＝官吏《かんり》登用試験）を受験するため都にやってきた。馬上で詩を作っているうちに、「僧は推《お》す月下の門」という句ができたが、「推す」は「敲《たた》く」に直したほうがよいか迷い、夢中《むちゅう》で考えていると思わず都の長官で有名な文章家でもある韓愈《かんゆ》の行列にぶつかってしまった。事情を話すと韓愈は「敲くのほうがよいだろう。」と言ったという。
> 〔出典『唐詩紀事《とうしきじ》』〕

酔生夢死《すいせいむし》

酒に酔《よ》い、夢の中にいるような気持ちで、一生をぶらぶらとなにひとつすぐれた仕事もしないで、むだに過ごしてしまうこと。

短文 あくせくと汗水流して生きるのも一生、酔生夢死で終わるのも一生、どちらが人間らしい生き方だろうか。

〔出典『程子語録《ていしごろく》』〕

水泡《すいほう》に帰《き》す

成果が水の泡《あわ》のように消えてしまうということから、せっかくの努力がすべてむだになってしまうたとえ。

短文 長年積み上げてきた信用が、不用意な一言ですべて水泡に帰してしまった。

同 水《みず》の泡《あわ》となる。

酸《す》いも甘《あま》いも知《し》り抜《ぬ》く

豊かな人生経験を積んで、世の中の複雑な事情や人情の機微《きび》などによく通じている。

会話 「最近、なやみごとが多くてやんなっちゃうよ。」「恋《こい》のなやみならI先生に相談するといいよ。あの先生は人生の酸いも甘いも知り抜いているから、きっといい知恵《ちえ》を貸してくれると思うよ。」

同 酸《す》いも甘《あま》いも嚙《か》み分《わ》ける。

頭《ず》が高《たか》い

人に対する態度に謙虚《けんきょ》さがなく、えらそうにいばって無礼である。

短文 かれは精力的によく仕事はするが、ちょっと頭が高いのは気になるね。

語源 おじぎをするとき、頭の下げ方が足りないという意味からきたことば。

頭寒足熱《ずかんそくねつ》

頭部を冷やし、足部をあたためること。このようにすると健康によいという教え。

好《す》きこそ物《もの》の上手《じょうず》なれ

自分の好きなことは、何事も熱心にやるので、早く上達するということ。

類 好《す》きは上手《じょうず》の元《もと》。

対 下手《へた》の横好《よこず》き。

過《す》ぎたるは猶及《なおおよ》ばざるが如《ごと》し

何事も程度をこすことは、足らないことと同じようによくないということ。物事はどちらか一方に片寄らず、ほどほどがよいという教え。

> 故事 孔子《こうし》の弟子《でし》である子貢《しこう》が、同じ弟子の子張《しちょう》（師《し》）と子夏《しか》（商）とでは、どちらがすぐれているかと孔子に質問したところ、「師は中庸《ちゅうよう》を過ぎているし、商は及ばない。」と答えた。子貢が「それでは、師のほうがすぐれているのですか。」と問い返すと、「過ぎているのは及ばないのと同じだ。」と答え、どちらも中庸を得ていないからよくないと批評したという。〔出典『論語《ろんご》』〕

類 薬《くすり》も過《す》ぎれば毒《どく》となる。分別過《ふんべつす》ぐれば愚《ぐ》に返《かえ》る。凝《こ》っては思案《しあん》に能《あた》わず。

空《す》き腹《ばら》にまずい物《ものな》無し

腹のすいたときは、どんな食べ物でもおいしく食べられるということ。

類 ひだるい時《とき》にまずい物無《ものな》し。飢《う》えては食《しょく》を選《えら》ばず。

透《す》き間風《まかぜ》は冷《つめ》たい

戸などのすき間から吹《ふ》きこんでくる風は外の風よりも冷たく感じられるように、親しい者どうしでもちょっとした心のへだたりができると、他人どうしよりもさらに冷たく感じられるというたとえ。

数奇《すき》を凝《こ》らす

材料や作り方などに、さまざまな風流な工夫をくわえる。

短文 桂離宮《かつらりきゅう》は、その建物といい、庭園といい、自然をうまく取り入れながら数奇を凝らした日本建築の傑作《けっさく》である。

参考 「数奇《すき》」は「好く（＝風流の道に心を寄せる）」の名詞形「好き（＝風流・風雅の道）」のあて字。

スクラムを組《く》む

共通の目的をなしとげるために、たがいに固く団結し、協力し合う。

短文 兄弟が長い間スクラムを組んで父の看病《かんびょう》にあたったおかげで、さすがの大病も快方に向かった。

参考 「スクラム」はラグビーで、両チームの前衛が低くがっちりと肩《かた》を組んで、中のボールを出すためにおし合うこと。また、デモ行進などの際に、大勢がたがいに肩、または腕《うで》を組み合わせて横にならぶこと。

杜撰《ずさん》

物事に手落ちや誤りが多く、いいかげんなようす。

短文 あの大事故は杜撰な工事が原因で起こったそうだ。

語源 中国の北宋《ほくそう》の詩人杜黙《ともく》が作った詩は、自由奔放《ほんぽう》で詩の規則に合わないものが多かったことから、杜黙の作品という意味で、「杜撰《ずさん》」ということばができた。〔出典『野客叢書《やかくそうしょ》』〕

〔参考〕「撰」は詩文を作る意。

筋《すじ》が通《とお》る

物事が道理にかなって、論理に一貫性《いっかんせい》がある。

短文 この計画はかれが言い出したことなのに、自分は参加しないなんて、話の筋が通らないよ。

雀海《すずめうみ》に入《い》りて蛤《はまぐり》となる

物事がよく変化することのたとえ。

〔参考〕むかしから中国で信じられていた俗信で、秋の終わりごろ、雀《すずめ》の群れが海辺に来てさわぐところから、蛤《はまぐり》になると考えられていた。〔出典『国語《こくご》』〕

雀《すずめ》の千声鶴《せんこえつる》の一声《ひとこえ》

⇩ 鶴《つる》の一声《ひとこえ》

雀《すずめ》の涙《なみだ》

きわめて少ないことのたとえ。

短文 これだけの時間と労力をかけても、雀の涙ほどの報酬《ほうしゅう》しかもらえない。

類 蚊《か》の涙《なみだ》。

雀百《すずめひゃく》まで踊《おど》り忘《わす》れず

雀《すずめ》は死ぬまで飛びはねる癖《くせ》がぬけないということから、小さいときからの習慣は、年をとっても変わらないものだというたとえ。

類 三《み》つ子《ご》の魂百《たましいひゃく》まで。

ステップを踏《ふ》む

ある物事を進めるために必要な一つ一つの段階を、決められたとおりに行う。

短文 ピアノに上達するには、基礎から一つ一つステップを踏んで確実に練習を重ねるより方法はない。

〔参考〕「ステップ」は、歩み、足どり。転じて、一つの段階。

捨《す》てる神《かみ》あれば拾《ひろ》う神《かみ》あり

世間は広いから、だれかに見捨てられ相手にされなくなっても、その反面、認めて助けてくれる人もいるものである。少しくらいのことに、あまりくよくよ心配するなということ。

同 捨《す》てる神《かみ》あれば助《たす》ける神《かみ》あり。

類 倒《たお》す神《かみ》あれば起《お》こす神《かみ》あり。

砂《すな》を噛《か》む

無味乾燥《むみかんそう》でなんのおもしろみもなく、あじけないことのたとえ。

短文 受験生として、砂をかむような毎日を送っている。

図《ず》に当《あ》たる

物事がねらいどおりになる。計画や予想

のとおりに事が運ぶ。

短文 今度売り出した新商品が図に当たって、あの会社は大もうけした。

図《ず》に乗《の》る

思いどおりに物事が運ぶので、いい気になって調子に乗り、つけあがる。

会話「中間テストは、完璧《かんぺき》にできた。このぶんなら期末テストも心配なしだ。」「あまり図に乗るとあとでろくなことがないから慎重《しんちょう》にやるのよ。」

脛《すね》に傷《きず》を持《も》つ

過去になにか悪いことをして、やましいところがある。人に知られたくないうしろ暗い過去がある。

短文 すねに傷を持つ身だから、あまり大きな顔はできない。

類 足《あし》に傷《きず》。

脛《すね》を齧《かじ》る ⇩ **親《おや》の脛《すね》を齧《かじ》る**

すべての道《みち》はローマに通《つう》ず

一つの真理はあらゆることに適用される。また、真理や目的に達する手段は、一つだけではなく、いくつもあることのたとえ。

参考 ローマ帝国の全盛時代には、世界各地からさまざまな道がローマに通じていたことから。フランスの詩人ラ＝フォンテーヌの寓話《ぐうわ》から出たことば。英語では、All roads lead to Rome.

図星《ずぼし》を指《さ》す

相手の急所を見ぬき、ぴたりと言い当てる。

短文 かれは、「ほんとうはA子ちゃんのことが好きなんでしょう。」と図星を指されて、真っ赤になってしまった。

参考「図星」は、弓道の的《まと》の中心にある黒い点で、核心《かくしん》の部分、目あての所などの意。

類 図星《ずぼし》に当《あ》たる。

すまじきものは宮仕《みやづか》え

他人に仕えるということは、なにかと気苦労が多いものだから、できることならやらないほうがよいということ。

参考「宮仕え」は、もとは、宮中や貴人宅に仕えることであったが、現代では、役所や会社などの組織に勤めること。

隅《すみ》に置《お》けない

思っていたよりもずっと才能や行動力があって、軽視したり、あなどったりできない。また、案外世間のことを知っていて、ぬけめがない。

会話「かれはぼんやりしているようだけれど、あれでちゃんと恋人《こいびと》がいるそうですよ。」「おや、案外隅に置けないですね。」

住《す》めば都《みやこ》

どんな場所でも、いったん住み慣れれば愛着がわいてきて、住み心地《ごこち》もよくなるものだということ。

寸鉄人《すんてつひと》を殺《ころ》す

短い刃物《はもの》で人を殺すということから、短いけれども、気のきいた適切なことばで、相手の急所をするどくつくことのたとえ。〔出典『鶴林玉露《かくりんぎょくろ》』〕

短文 かれほどの政治通はめったにいな

い。寸鉄人を殺すかのごとき政治家批評は実に痛快《つうかい》だ。

〔参考〕「寸鉄《すんてつ》」は、小さい刃物。小型の武器。転じて、警句の意。

〔同〕寸鉄人《すんてつひと》を刺《さ》す。

せ セ

青雲《せいうん》の志《こころざし》

立身出世して高い社会的地位を得ることを願う気持ち。〔出典 王勃《おうぼつ》『滕王閣序《とうおうかくじょ》』〕

〔短文〕一〇歳にして、青雲の志をいだいて故郷を離れてはや四〇数年、功成《こうな》り名をとげて故郷に錦《にしき》をかざった。

〔参考〕「青雲」は、雲の上の青空のことで、高い地位のたとえ。

生計《せいけい》を立《た》てる

なんらかの手段・方法で収入を得て、日々の生活を送っていく。

〔短文〕詩を作ったり、文章を書くだけで生計を立てていくのはむずかしい。

晴耕雨読《せいこううどく》

晴れた日には外に出て田畑を耕し、雨の日には家の中で読書を楽しむというように、きまった職業につかず、思いのままに心静かな生活をすること。

〔短文〕祖父は、会社を定年退職した後、田舎《いなか》で晴耕雨読の余生を送っている。

正鵠《せいこく》を失《うしな》わず

物事の要点や中心を正しくとらえる。急所をつく。〔出典『礼記《らいき》』〕

〔参考〕「正鵠《せいこく》」は、的《まと》のまん中の黒い点。

〔同〕正鵠《せいこく》を射《い》る。正鵠《せいこく》を得《え》る。

生殺与奪《せいさつよだつ》

相手を生かすのも殺すのも、与《あた》えるのも奪《うば》うのも自分の思いのままにすること。

〔短文〕戦勝国が敗戦国に対して、生殺与奪の権を握《にぎ》ったことは、歴史の証明するところだ。

〔注意〕「生殺与奪の権を握る」という形で用いられることが多い。

精神《せいしん》一到《いっとう》何事《なにごと》か成《な》らざらん

どんなにむずかしく不可能に思えることでも、全精神を集中して物事に当たればできないことはないという教え。〔出典『朱子語類《しゅしごるい》』〕

〔会話〕「こんなむずかしい方程式、解けるわけないよ。」

「やる前からむずかしいと思っていたらいつまでたっても解けないよ。精神一到何事か成らざらんの気迫《きはく》で挑戦《ちょうせん》してみなさい。」

〔類〕念力岩《ねんりきいわ》をも通《とお》す。石《いし》に立《た》つ矢《や》。

聖人《せいじん》に夢《ゆめ》無《な》し

聖人は心に迷いや雑念がなく、俗世間のつまらないことにわずらわされることもないので、心安らかで、ねむっていても夢《ゆめ》を見ることがないということ。〔出典『荘子《そうじ》』〕

清濁《せいだく》併《あわ》せ呑《の》む

大海は、清流も濁流《だくりゅう》も区別せずにむかえ入れるという意味から、心が広く、善人も悪人も分けへだてなく、来るものすべてを受け入れるたとえ。
会話「かれはずいぶんいろいろな方面に人脈があるんだね。」「清濁併せのむ度量の大きさがあるからだよ。」

急《せ》いては事《こと》を仕損《しそん》じる

物事はあまり急ぐと、かえって失敗しやすいものだから、急ぐときほど、あせらずに冷静に行えというい ましめ。
会話「今こそ、この計画を一気に実現させる絶好のチャンスだ。」「せいては事を仕損じるっていうから、念には念を入れて取り組もうじゃないか。」
同 急《せ》いては事《こと》を過《あやま》つ。
類 急《いそ》がば回《まわ》れ。近道《ちかみち》は遠道《とおみち》。慌《あわ》てる乞《こ》食《じき》は貰《もら》いが少《すく》ない。
対 先《さき》んずれば人《ひと》を制《せい》す。

青天《せいてん》の霹靂《へきれき》

青く晴れた空に突然《とつぜん》鳴り出すかみなりの意から、思いがけなく起こる突発的《とっぱつてき》なできごとや大事件のたとえ。
〔出典 陸游《りくゆう》『九月四日鶏未鳴起作詩《くがつよっかにわとりいまだなかざるにおきてつくれるし》』〕
参考「霹靂《へきれき》」は、かみなりの意。
類 寝耳《ねみみ》に水《みず》。

青天白日《せいてんはくじつ》

よく晴れわたり日がかがやいている天気という意味から、心にやましいところがまったくないこと。また、身の潔白が証明されて、罪の疑いが晴れること。
短文 二〇年にもわたる無実の罪が晴れて、青天白日の身となった。

盛年《せいねん》重《かさ》ねて来《きた》らず

若い盛《さか》りのときは二度とは来ないのだから、その時代をむだにしないように、よく勉強しなさいという教え。また、若い時は二度と来ないのだから、人生を楽しんでおくべきであるということ。
語源 年月の過ぎ去るのが速いことをうたった詩の一節。《原文》盛年《せいねん》重《かさ》ねて来《きた》らず、一日《いちじつ》再《ふたた》び晨《あした》（＝朝）になり難《がた》し。時《とき》に及《およ》びて当《まさ》に勉励《べんれい》すべし。歳月《さいげつ》人《ひと》を待《ま》たず。〔出典 陶淵明《とうえんめい》『雑詩《ざっし》』〕

生《せい》は難《かた》く死《し》は易《やす》し

苦しさに負けず、その苦しみにたえて生きぬいていくことはむずかしい。それよりも苦しさからのがれるために死ぬほうが容易であるということ。
同 死《し》は易《やす》うして生《せい》は難《かた》し。

声涙《せいるい》倶《とも》に下《くだ》る

なげきおこったり、ひじょうに感激《かんげき》したりして、涙《なみだ》を流しながら語る。
短文 かれの演説は、声涙ともに下るほどで、聴衆《ちょうしゅう》の心を強く打った。

精《せい》を出《だ》す

仕事や勉強を一生懸命《けんめい》にやる。
短文 受験まであと二か月、精を出してがんばるしかない。

是《ぜ》が非《ひ》でも

物事の善悪に関係なく、なにがなんでも。なんとしても。
短文 高校入試には是が非でも合格して両親をよろこばせてあげよう。

注意 「ぜひ」を強めた表現。あとに願望や命令の表現をともなうことが多い。

同 理《り》が非《ひ》でも。

積悪《せきあく》の家《いえ》には必《かなら》ず余殃《よおう》有《あ》り

悪い行いを積み重ねた家には、その報《むく》いで、必ず子孫にまで災いがおよぶということ。〔出典『説苑《ぜいえん》』〕

参考 「余殃《よおう》」は、祖先の悪事の報いとして、子孫にまでおよぶ災いの意。

同 積悪《せきあく》の余殃《よおう》。

類 積善《せきぜん》の家《いえ》には必《かなら》ず余慶《よけい》有《あ》り。

席暖《せきあたた》まるに暇《いとま》あらず

ひとところに落ち着いているひまがないほどいそがしい。〔出典 韓愈《かんゆ》『争臣論《そうしんろん》』〕

短文 かれはほんとうにいそがしい人で、席暖まるに暇あらずと思われるぐらい、東奔西走《とうほんせいそう》の毎日を送っている。

同 席《せき》の暖《あたた》まる暇《ひま》も無《な》い。

類 応接《おうせつ》に暇《いとま》が無《な》い。

積善《せきぜん》の家《いえ》には必《かなら》ず余慶《よけい》有《あ》り

善い行いを積み重ねた家には、必ず思いがけない幸福が子孫にまでやってくるということ。〔出典『易経《えききょう》』〕

参考 「余慶《よけい》」は、善い行いの報《むく》いとして、子孫にやってくる幸福。

同 積善《せきぜん》の余慶《よけい》。

類 積悪《せきあく》の家《いえ》には必《かなら》ず余殃《よおう》有《あ》り。

関《せき》の山《やま》

どんなにうまくできたとしても、ある程度以上はできないという限度。せいぜい。

会話 「きみの実力なら一年浪人《ろうにん》すればなんとかなるよ。」
「でも、ぼくの場合、一年で偏差値《へんさち》を五アップするのが関の山だよ。」

赤貧洗《せきひんあら》うが如《ごと》し

これ以上の貧しさはないと思われるぐらい貧しく、所有物はすべて洗い流したようになにもないこと。極貧《ごくひん》。

短文 父が事業に失敗し、子供のころは赤貧洗うがごとしの生活だった。

堰《せき》を切《き》る

増水した川の水が堰《せき》を破って勢いよく流れ出すように、おしとどめられたり、こらえたりしていたものが一度にはげしく起こるようすのたとえ。

短文 今まで悲しみをじっとこらえていた少女の目から、せきを切ったように大粒《おおつぶ》の涙《なみだ》がぽろぽろとこぼれ始めた。

参考 「堰《せき》」は、水流を調節したり、せきとめたりするための仕切り。

世間《せけん》の口《くち》に戸《と》は立《た》てられぬ

⇩ 人《ひと》の口《くち》に戸《と》は立《た》てられぬ

背筋《せすじ》が寒《さむ》くなる

おそろしさで、ぞっとする。

短文 原子力が戦争に使われることを想定すると、背筋が寒くなる。

是々非々《ぜぜひひ》

特定の価値観や立場にとらわれず、よいことはよいとして認め、悪いことははっきり悪いと指摘《してき》し、公平無私な立場で判断すること。

会話 「あの人はいつも公正な立場ではっきりものを言う人ね。」

「かれのように是々非々の立場をつらぬくには、やはりふだんの勉強が必要ね。」

語源 《原文》是《ぜ》を是《ぜ》とし非《ひ》を非《ひ》とす。之《これ》を知《ち》と謂《い》う。是《ぜ》を非《ひ》とし、非《ひ》を是《ぜ》とす、之《これ》を愚《ぐ》と謂《い》う。〔出典『荀子《じゅんし》』〕

同 是《ぜ》を是《ぜ》とし非《ひ》を非《ひ》とする。

絶好《ぜっこう》のチャンス

あることをするのに、このうえもなくよい機会。また、そのとき。

短文 今度代わった三塁手《さんるいしゅ》のダッシュはあまりよくないから、バントでせめる絶好のチャンスだ。

切磋琢磨《せっさたくま》

学問や人格の向上に努めること。また、仲間どうしがたがいにはげまし合い、また競い合って、それぞれの向上をはかること。〔出典『詩経《しきょう》』〕

短文 青春時代は、よい友達をもって、おたがいに切磋琢磨しあうことが大切だ。

参考 「切」は刻《きざ》む、「磋」は研《と》ぐ、「琢」は打つ、「磨」はみがく意。骨や角、石や玉などを、刃物で切ったりやすりでみがいたりしてきれいに細工すること。

切歯扼腕《せっしやくわん》

歯を強く食いしばり、腕を思いきりにぎりしめることから、はげしくおこったり、くやしがったりするようす。〔出典『史記《しき》』〕

短文 サッカーの試合で、PK戦で敗れたときのくやしさといったら、選手はもちろん見ているわれわれまでも切歯扼腕、無念このうえもなかった。

舌頭《ぜっとう》に転《ころ》がす

口に出す。言う。また、口ずさむ。

参考 「舌頭《ぜっとう》」は、舌の先、舌端《ぜったん》の意。

同 舌頭に転《てん》ずる。

切《せつ》ない時《とき》は茨《いばら》をも摑《つか》む

⇩ 溺《おぼ》れる者《もの》は藁《わら》をも摑《つか》む

切羽詰《せっぱつ》まる

さしせまって、もはやこれ以上どうにも切りぬける方法がなくなること。最後のどたん場に追いつめられること。

短文 切羽詰まってあわてないように前もってじゅうぶん勉強しておきなさい。

銭《ぜに》ある時《とき》は鬼《おに》をも使《つか》う

金さえあれば、たとえ相手が鬼《おに》であろうとも使うことができるということから、金の力は大きいということのたとえ。

類 地獄《じごく》の沙汰《さた》も金次第《かねしだい》。金《かね》が言《い》わせる旦那《だんな》。金《かね》があれば馬鹿《ばか》も旦那《だんな》。

背《せ》に腹《はら》は代《か》えられない

重大なことが目の前にさしせまっていれば、ほかのことなどにはかまっていられないというたとえ。

短文 今年の暮《く》れはお金がなくてどうしようもない。あのおじさんに頭を下げるのはつらいけど、背に腹は代えられないから、くやしさをぐっとこらえて借金をしよう。

同 背中《せなか》に腹《はら》は代《か》えられぬ。

対 渇《かっ》しても盗泉《とうせん》の水《みず》を飲《の》まず。

是非《ぜひ》は道《みち》によって賢《かしこ》し

物事のよしあしは、その分野の専門家に

よって判断してもらうのがもっともたしかであるということ。

類 芸《げい》は道《みち》によって賢《かしこ》し。商売《しょうばい》は道《みち》によって賢《かしこ》し。餅《もち》は餅屋《もちや》。

狭《せま》き門《もん》より入《い》れ

何事をするにも安易な方法を選ぶよりも、困難な方法を選ぶほうがりっぱな人間になれるということ。

語源 天国に至る門はせまく道は細いが、神の救いを得るためには、それ相当の努力をしなければならないという意味。英語では、Enter by the narrow gate.　〔出典『新約聖書《しんやくせいしょ》』〕

世話《せわ》を焼《や》く

人のめんどうをみる。

短文 かれは、人の世話を焼くのが好きで、みんなから好感を持たれている。

瀬《せ》を踏《ふ》んで淵《ふち》を知《し》る

浅瀬をわたってみて川の深い所を知るということから、はじめにためしてみて、物事の正確な状況《じょうきょう》を知ることのたとえ。

類 瀬《せ》を踏《ふ》む。瀬踏《せぶ》み。

背《せ》を向《む》ける

無関心でとりあわない態度をとる。また、人にそむく。

短文 クラスの熱心な話し合いに背を向け、ひとり自分の世界にとじこもり、参考書を読みふけっていた。

同 背中《せなか》を向《む》ける。

善悪《ぜんあく》は友《とも》に依《よ》る

人がよくもなり悪くもなるのは、つき合っている友人しだいであるという教え。

同 人《ひと》は善悪《ぜんあく》の友《とも》に依《よ》る。

類 朱《しゅ》に交《まじ》われば赤《あか》くなる。親《おや》擦《ず》れより友《とも》擦《ず》れ。麻《あさ》につるる蓬《よもぎ》。藪《やぶ》の中《なか》の荊《うばら》。

善悪《ぜんあく》は友《とも》を見《み》よ

よい人か悪い人かを知るには、本人よりその友人を見ればわかるという教え。

類 其《そ》の子《こ》を知《し》らざれば其《そ》の友《とも》を視《み》よ。

先見《せんけん》の明《めい》

将来のできごとについて、予言したり、見通したりする力。

短文 株価の大暴落を予言していたかれには先見の明があったといえよう。

千載一遇《せんざいいちぐう》

千年に一度しかめぐり会えないほどのまたとない機会。〔出典『三国名臣序賛《さんごくめいしんじょさん》』〕

短文 ぼくたちは一九八六年、ハレー彗星《すいせい》が出現する千載一遇の好機をとらえてその姿を観測した。

参考 「千載《せんざい》」は、千年、長い年月の意。「一遇《いちぐう》」は、一度遇《あ》う（＝会う）こと。

類 盲亀《もうき》の浮木《ふぼく》。

千差万別《せんさばんべつ》

さまざまな種類があり、それぞれに差異があること。

短文 人の顔はひとりひとりみなちがうように、その考え方も千差万別である。

前車《ぜんしゃ》の覆《くつがえ》るは後車《こうしゃ》の戒《いまし》め

前を進んでいる車がひっくり返るのは、あとから行く車のいましめになるということから、だれかが先にした失敗は、あ

とから同じことをする人のいましめになるというたとえ。〔出典『漢書《かんじょ》』〕

類 前車《ぜんしゃ》の轍《てつ》。覆車《ふくしゃ》の戒《いまし》め。後車《こうしゃ》の戒《いまし》め。

前車《ぜんしゃ》の轍《てつ》を踏《ふ》む

ひっくり返った前の車のあとを同じに行ってひっくり返ることから、前の人の失敗を同じようにくり返すたとえ。

短文 いくら尊敬している先輩《せんぱい》とはいえ、かれのやり方そのままでは前車の轍を踏むことになるよ。

参考 「轍《てつ》」は、地面にのこっている車輪のあと。

同 前轍《ぜんてつ》を踏《ふ》む。前車《ぜんしゃ》の覆轍《ふくてつ》を踏《ふ》む。

千畳敷《せんじょうじき》に寝《ね》ても一畳《いちじょう》

畳《たたみ》千枚をしくほどの大広間に寝《ね》ても、寝るのに必要な広さは、一畳《じょう》で足りるということから、必要以上の欲望は起こすものではないということのたとえ。

同 千畳敷《せんじょうじき》に寝《ね》ても畳一枚《たたみいちまい》。

「千」が語中にくることば

悪事千里を行く ⇩ 九ページ
朝起き千両（早起きは三文の徳 ⇩ 三〇九ページ）
一字千金 ⇩ 三九ページ
一日千秋の思い ⇩ 三九ページ
一望千里 ⇩ 四一ページ
一攫《いっかく》千金 ⇩ 四三ページ
一騎《いっき》当千 ⇩ 四三ページ
一刻千金 ⇩ 四四ページ
一刻千秋 ⇩ 四四ページ
一瀉《いっしゃ》千里 ⇩ 四五ページ
牛の歩みも千里 ⇩ 五八ページ
海千山千 ⇩ 六四ページ
親の意見と茄子《なすび》の花は千に一つも無駄《むだ》は無い ⇩ 八一ページ
好事門を出《い》でず悪事千里を行く ⇩ 一五三ページ
小姑《こじゅうと》一人は鬼《おに》千匹《びき》に当たる ⇩ 一六一ページ
春宵一刻直千金《しゅんしょういっこくあたいせんきん》 ⇩ 一九四ページ
面《つら》の皮千枚張り（面の皮が厚い ⇩ 二四五ページ）
鶴《つる》は千年亀《かめ》は万年 ⇩ 二四六ページ
虎《とら》は千里行って千里帰る ⇩ 二七〇ページ
後の千金 ⇩ 二九五ページ

栴檀《せんだん》は二葉《ふたば》より芳《かんば》し

香木《こうぼく》である栴檀《せんだん》は、芽ばえた二葉のころから香《かお》りがよいことから、将来、大成するような人は、幼少のときからすぐれた素質がみられるというたとえ。

短文 栴檀は二葉より芳しというが、モーツァルトは四歳で作曲をしたそうだ。

語源 〈原文〉栴檀《せんだん》は二葉《ふたば》より薫《くん》じ（＝いい香りがし）、梅花《ばいか》は蕾《つぼ》めるに香《か》ありとは、かやうの事にて知られ侍《はべ》り。〔出典『撰集抄《せんじゅうしょう》』〕

参考 「二葉」は「双葉」とも書く。

類 蛇《じゃ》は寸《すん》にして人《ひと》を呑《の》む。竜《りゅう》は一寸《いっすん》にして昇天《しょうてん》の気《き》あり。実《み》の生《な》る木《き》は花《はな》から知《し》れる。生《な》る木は花《はな》から違《ちが》う。

対 大器晩成《たいきばんせい》。

前轍《ぜんてつ》を踏《ふ》む ⇩ **前車《ぜんしゃ》の轍《てつ》を踏《ふ》む**

先手必勝《せんてひっしょう》 ⇩ **先《さき》んずれば人《ひと》を制《せい》す**

船頭《せんどう》多《おお》くして船《ふね》山《やま》へ上《のぼ》る

船頭が何人もいると、いろいろな指図が出されて、船が山に上るということにもなりかねない。指図する人が多すぎると、まとまるものもまとまらず、物事がとんでもない方向に進んでいくことのたとえ。

類 船頭《せんどう》多《おお》けりゃ沖《おき》に乗《の》り出《だ》す。

千日《せんにち》の萱《かや》を一日《いちにち》

千日もかけて刈《か》り集めた萱《かや》を、たった一日で焼いてしまうということから、長い間かけて積み重ねてきた成果や信用などを、一時に失ってしまうことのたとえ。

短文 二五年間も県政にたずさわり、県民の信頼《しんらい》も得てきたあの知事は、つまらない汚職《おしょく》事件で失脚したが、千日の萱を一日とはこのことだ。

同 千日《せんにち》に刈《か》った萱《かや》も一日《いちにち》に亡《ほろ》ぼす。

類 千日《せんにち》の功名《こうみょう》一時《いちじ》に亡《ほろ》ぶ。

千日《せんにち》の旱魃《かんばつ》に一日《いちにち》の洪水《こうずい》

一日でなにもかもおし流してしまう洪水《こうずい》は、千日間も続く日照りと同じくらいおそろしいということ。水害のおそろしさを言ったことば。

善《ぜん》に強《つよ》い者《もの》は悪《あく》にも強《つよ》い

善いことを行うことに熱心な人は、いったん悪いほうに向かえば悪いことを行うことに熱中するということ。

類 悪《あく》に強《つよ》ければ善《ぜん》にも強《つよ》い。

千《せん》に一《ひと》つ

千の中のわずか一つということで、きわめてまれであること。

短文 囲碁《いご》の勝負で、かれに勝つことなど千に一つの可能性もない。

注意 多く、あとに打ち消しの語をともなって用いる。

先入主《せんにゅうしゅ》となる

先に頭にはいったことが考えの中心となり、物事に対して正しい対応ができにくくなる。〔出典『漢書《かんじょ》』〕

短文 だんだん年をとってくると、自分の先入主となっている価値判断でものを言うことが多くなる。

善人《ぜんにん》なおもて往生《おうじょう》を遂《と》ぐ 況《いわ》んや悪人《あくにん》をや

仏の慈悲《じひ》にたよる必要もないほどの善人でさえ極楽往生《ごくらくおうじょう》できるのだから、まして、世間から見はなされた悪人は、仏の目から見ればあわれこのうえもない者だから、必ず救われるという教え。

語源 仏のほんとうの願いは、悪人を救うことにあるとした親鸞上人《しんらんしょうにん》の教えから出たことば。〔出典『歎異抄《たんにしょう》』〕

参考 「往生」は、死んでから極楽浄土に生まれること。

千《せん》の倉《くら》より子《こ》は宝《たから》

どんなに多くの財産や宝物よりも子供のほうが大切であるということ。

類 金宝《かねだから》より子宝《こだから》。子《こ》に勝《まさ》る宝《たから》無《な》し。子《こ》に過《す》ぎたる宝《たから》無《な》し。

対 子《こ》は三界《さんがい》の首枷《くびかせ》。子宝《こだから》脛《すね》が細《ほそ》る。

善《ぜん》は急《いそ》げ

よいと思ったことは、すぐに実行するの

がよいという教え。

会話「どうも最近運動不足なんで、暖かくなったらジョギングを始めようと思ってるんだよ。きみもどうだい。」「善は急げっていうじゃないか。暖かくなったらなんていわないで、きょうから始めようよ。」

参考「善は急げ悪は延《の》べよ」と続けてもいう。

千編一律《せんぺんいちりつ》

たくさんの詩がみな同じ調子で作られていることから、どれもこれもみな同じようで変化がなくおもしろみのないさま。一本調子。

短文 せっかくのピアノの発表会ではあったが、選曲の不手際から千編一律で、聴衆はみな退屈《たいくつ》していた。

先鞭《せんべん》をつける

だれよりも先に物事に着手する。

短文 ニュースのワイド番組に先鞭をつけたのはAテレビ局である。

参考「先鞭《せんべん》」は、人より先に馬に鞭《むち》を打って走らせること。

故事 中国の晋《しん》の劉琨《りゅうこん》は、若いときから才能にめぐまれ意気も盛《さか》んであったが、友人である祖逖《そてき》に手柄《てがら》を先取りされることを心配し、自らは戈《ほこ》（やりに似た武器）をまくらにして寝《ね》て逆賊《ぎゃくぞく》に備え、祖逖が自分より先に馬に鞭《むち》を打って戦場に行くことをつねにおそれていたという。〔出典『晋書《しんじょ》』〕

千万人《せんまんにん》と雖《いえど》も我《われ》往《ゆ》かん

たとえ千万人の敵がいたとしても、おそれずに進んでいこうということから、多くの困難にあおうとも、ひるむことなく自分の道を進んでいこうとする心意気のたとえ。〔出典『孟子《もうし》』〕

参考 原文では、この前に「自《みずか》ら反《かえ》りみて縮《なお》くんば（＝反省して心にやましいところがなければ）」とある。

千三《せんみ》つ

①千のことばのうち真実は三つしかないということから、うそつき、ほらふきのこと。「万八《まんぱち》」ともいう。②土地建物の売買や貸し金のあっせんなどの取引は、千件のうち三件ぐらいしか成立しないということから、これを職業とする人のこと。「千三つ屋」ともいった。

前門《ぜんもん》の虎後門《とらこうもん》の狼《おおかみ》

表門からはいってくる虎《とら》を防いだかと思うと、裏門から狼《おおかみ》が進入してくるということから、ようやく一つの災難をのがれたと思ったら、また新たな災難にあうことのたとえ。〔出典 趙雪航《ちょうせっこう》『評史《ひょうし》』〕

同 前門《ぜんもん》に虎《とら》を拒《ふせ》ぎ後門《こうもん》に狼《おおかみ》を進《すす》む。前門《ぜんもん》の虎《とら》を追《お》い後門《こうもん》の狼《おおかみ》を迎《むか》う。

類 虎口《ここう》を逃《のが》れて竜穴《りゅうけつ》に入《い》る。一難《いちなん》去《さ》ってまた一難《いちなん》。追手《おって》を防《ふせ》げば搦手《からめて》へ回《まわ》る。

先憂後楽《せんゆうこうらく》

⇩ 天下《てんか》の憂《うれ》いに先立《さきだ》ちて憂《うれ》い天下《てんか》の楽《たの》しみに後《おく》れて楽《たの》しむ

千里《せんり》の行《こう》も足下《そっか》より始《はじ》まる

千里も離《はな》れた所へ行くのも足もとの第一

歩から始まるということから、どんなに大きな計画や事業でも、地道な一つ一つの作業から始まるというたとえ。

語源 《原文》九層《きゅうそう》の台《うてな》（＝九階建ての建物）も累土《るいど》（＝積み重ねたわずかな土）より起《お》こる。千里《せんり》の行《こう》も足下《そっか》より始《はじ》まる。

〔出典『老子《ろうし》』〕

同 千里《せんり》の行《こう》も一歩《いっぽ》から始《はじ》まる。千里《せんり》の道《みち》も一歩《いっぽ》から。百里《ひゃくり》の道《みち》も一歩《いっぽ》から。

類 遠《とお》きに行《ゆ》くは必《かなら》ず近《ちか》きよりす。

千里《せんり》の野《の》に虎《とら》を放《はな》つ

⇩ 虎《とら》を野《の》に放《はな》つ

千里《せんり》の道《みち》も一歩《いっぽ》から

⇩ 千里《せんり》の行《こう》も足下《そっか》より始《はじ》まる

千里《せんり》も一里《いちり》

千里も離《はな》れた道のりもほんの一里ぐらいにしか感じられないということで、恋《こい》しい人のもとに通うときは、どんなに遠い距離《きょり》であっても短く感じられるというたとえ。

参考 むかしの一里は、今の約四キロメートル。

千慮《せんりょ》の一失《いっしつ》

どんなにかしこく、物事をわきまえている人でも、ときにはまちがいをおかすこともあるというたとえ。また、じゅうぶんに考えたつもりでも、まさかと思われるような失敗があることのたとえ。

〔出典『史記《しき》』〕

短文 かれほどの知恵者《ちえしゃ》にして、こんな初歩的なミスをおかすとは、まさに千慮の一失としかいいようがない。

参考 「慮《りょ》」は、考えをめぐらすこと。

類 猿《さる》も木《き》から落《お》ちる。弘法《こうぼう》にも筆《ふで》の誤《あやま》り。河童《かっぱ》の川流《かわなが》れ。上手《じょうず》の手《て》から水《みず》が漏《も》る。

対 千慮《せんりょ》の一得《いっとく》。愚者《ぐしゃ》も一得《いっとく》。

千慮《せんりょ》の一得《いっとく》

どんなに愚《おろ》かな者でも、多くの考えの中には、一つや二つぐらいよい考えもあるということ。

類 愚者《ぐしゃ》も一得《いっとく》。

対 千慮《せんりょ》の一失《いっしつ》。

そ ソ

滄海《そうかい》の一粟《いちぞく》

広大な海にうかんでいる一つぶの粟《あわ》という意味から、きわめて小さいもののたとえ。また、広大な宇宙の中での人間の存在は、実に小さなものであるというたとえ。

〔出典 蘇軾《そしょく》『前赤壁賦《ぜんせきへきのふ》』〕

参考 「滄海《そうかい》」は青海原《うなばら》、大海の意。

滄海変《そうかいへん》じて桑田《そうでん》となる

青々とした大海が干上《ひあ》がって桑畑《くわばたけ》になるという意味から、世の中の移り変わりがはげしいことのたとえ。

同 桑田変《そうでんへん》じて滄海《そうかい》となる。滄桑《そうそう》の変《へん》。

類 桑田碧海須臾《そうでんへきかいしゅゆ》にして改《あらた》まる。東海《とうかい》三《み》たび変《へん》じて桑田《そうでん》となる。

喪家《そうか》の狗《いぬ》

葬式《そうしき》のあった家に飼《か》われている犬は、家

の人がいそがしいために、食べ物もあたえられず、やせおとろえることから、元気がなく、やせおとろえている人のたとえ。

短文 あれが今のA君の姿だ。まるで喪家の狗のようだね。まったく気の毒なことだ。

故事 孔子《こうし》が弟子《でし》たちと諸国をめぐり、鄭《てい》の国に行ったとき、弟子とはぐれてしまい、城門のところにひとりで立っていた。その姿を見た町の人々が、「まるで喪家《そうか》の犬のようだ。」と言ったという。〔出典『孔子家語《こうしけご》』〕

創業《そうぎょう》は易《やす》く守成《しゅせい》は難《かた》し

事業を始めることよりも、でき上がった事業を受けついで守っていくことのほうがむずかしいということ。

語源 中国の唐《とう》の太宗《たいそう》が、創業と守成とではどちらがむずかしいかと家臣にたずねたとき、魏徴《ぎちょう》が「守成難《かた》し」と答えたということから。〔出典『唐書《とうじょ》』〕

象牙《ぞうげ》の塔《とう》

俗世間をのがれて、もっぱら気高《けだか》い芸術を楽しむ境地。また、学者などが現実の社会とかかわりをもたずに、研究に熱中する生活。また、それを皮肉ったことば。

短文 月へ行った宇宙飛行士の中には、その後、象牙の塔にこもってしまった人もいる。

参考 フランスの批評家サント＝ブーブが、ロマン派の詩人ビニーの態度を批評したことば。

双肩《そうけん》に担《にな》う

あることがらを自分のはたすべき任務と思って、責任を引き受ける。

短文 会社の将来の運命は、実に諸君のような若い世代が双肩に担っているのである。

参考 「双肩《そうけん》」は、左右の肩《かた》の意。

同 双肩《そうけん》にかかる。

糟糠《そうこう》の妻《つま》

まずしいときからいっしょに苦労してきた妻のこと。

参考 「糟糠《そうこう》」は、酒かすと米ぬかのことで、粗末《そまつ》な食べ物の意。

故事 中国の後漢《ごかん》の光武帝《こうぶてい》は、未亡人となった姉を、家臣の中でも人格・風采《ふうさい》ともすぐれている宋弘《そうこう》と再婚《さいこん》させようとした。帝が「人はえらくなれば友をかえ、裕福《ゆうふく》になれば妻をかえるものだとことわざにもある。」と言うと、宋弘は「私は、貧しいときの友を忘れてはいけない。貧しいときから連れそった妻は離縁《りえん》してはいけないと聞いています。」と答えたという。《原文》貧賤《ひんせん》の知《ち》は忘《わす》る可《べ》からず、糟糠《そうこう》の妻《つま》は堂《どう》より下《くだ》さず。〔出典『後漢書《ごかんじょ》』〕

相好《そうごう》を崩《くず》す

喜んで思わずにこにこする。いかにもうれしそうなようすを見せる。

短文 いつもは鬼《おに》のようにきびしい監督《かんとく》も優勝が決まったときは思わず相好を崩して、選手たちと握手《あくしゅ》した。

〔参考〕「相好《そうごう》」は、顔つき、顔かたちの意。

宋襄《そうじょう》の仁《じん》

無用《むよう》の情けやあわれみをかけること。

故事 中国の春秋《しゅんじゅう》時代、宋《そう》の襄公《じょうこう》が楚《そ》の国と戦ったとき、襄公の子である目夷《もくい》は、敵の楚の軍の陣が整わないうちにせめこもうと進言した。ところが、襄公は「君子は人が困っているときに苦しめるものではない。」と言ってせめなかった。とうとう宋は楚に敗れ、世間の人はこれを「宋襄の仁」と言って笑った。〔出典『春秋左氏伝《しゅんじゅうさしでん》』〕

総好《そうす》かんを食《く》う

みんなからきらわれ、相手にされなくなる。

短文 かれはいつもあんな調子だから、みんなから総好かんを食うのもしかたないだろう。

滄桑《そうそう》の変《へん》 ⇩ 滄海変《そうかいへん》じて桑田《そうでん》となる

双頭《そうとう》の鷲《わし》

頭が二つある鷲《わし》のことで、転じて、有力な支配者、権力者が二人いるということのたとえ。

相場《そうば》が決《き》まる

世の中の慣習や多くの人々の考えで、そうだとされている。

会話 「来週から新聞配達をして、おこづかいをためるつもりです。」「だいじょうぶかい。朝の新聞配達は、早起きでないとできないと相場が決まっているんだよ。」

糟粕《そうはく》を嘗《な》める

形式にばかりこだわって、その中にある精神を忘れている。

短文 偉大《いだい》な建学の精神はどこへやら、今では糟粕をなめるだけになってしまった。

〔参考〕「糟粕《そうはく》」は、酒をしぼり取ったかすのことで、よいところを取り去った残り物の意。

そうは問屋《とんや》が卸《おろ》さない

客の期待するような安い値段では、問屋が品物をおろしてはくれないということから、そう簡単には相手の注文どおりにはいかない。また、そううまく事は運ばないということ。

短文 たいした働きもないのに、月給をあげてくれといっても、そうは問屋が卸さないよ。

総領《そうりょう》の甚六《じんろく》

最初に生まれた子は、あまやかされ大事にされすぎるので、おっとりとしていて世間知らずが多いということ。

注意 長男について言うことが多い。

〔参考〕「甚六《じんろく》」は、長男をあざけっていう語。また、お人よし、おろか者の意。

倉廩《そうりん》実《み》ちて礼節《れいせつ》を知《し》る

生活が安定し、ゆとりができるようになって、はじめて礼儀《れいぎ》・作法《さほう》のわきまえができるようになるということ。

語源 《原文》倉廩《そうりん》実《み》つれば則《すなわ》ち礼節《れいせつ》を

知《し》り、衣食《いしょく》足《た》れば則《すなわ》ち栄辱《えいじょく》を知《し》る。〔出典『史記《しき》』〕
〔参考〕「倉廩《そうりん》」は、米倉《こめぐら》のこと。
〔類〕衣食《いしょく》足《た》りて礼節《れいせつ》を知《し》る。

底《そこ》が浅《あさ》い

内容に深みがない。

〔短文〕かれの意見を聞いたが、まだまだ底が浅い。もう少し勉強する必要がありそうだ。

底《そこ》を突《つ》く

①たくわえていたものが全部出つくしてなくなる。②株などの相場が最低になる。
〔短文〕①探検隊《たんけんたい》は持っていた食糧《しょくりょう》もついに底を突き救助を求めてきた。②政情不安で、株の相場は底を突いた。

底《そこ》を叩《はた》く

財布《さいふ》などの中身を出しつくす。

〔短文〕きのうデパートに行ったら、とてもすてきなスカートがあったので思わず財布の底をはたいて買ってしまったわ。

俎上《そじょう》に載《の》せる

議論や批判をするために問題として取りあげる。

〔短文〕次の委員会できみの行動が俎上に載せられることに決まった。たぶんきみの出席を求めることになるだろう。

〔参考〕「俎《そ》」は料理のときに使うまな板で、「俎上」はまな板《まないた》の上の意。

〔同〕俎板《まないた》に載《の》せる。

俎上《そじょう》の魚《うお》 ⇩ 俎板《まないた》の鯉《こい》

卒寿《そつじゅ》

九〇歳のこと。

〔語源〕卒の略字「卆」が九十となることからいう。

〔参考〕⇩ 還暦《かんれき》（囲み記事）

袖《そで》から手《て》を出《だ》すのも嫌《きら》い

出すことといったらそでから手を出すのもきらいというほど、ひじょうにけちだというたとえ。
〔会話〕「きみ、あの家へ寄付をお願いに行ったようだけれど、どうだった。」「いやおどろいたよ。出すこととなるとそでから手を出すのも嫌いという人だから、もちろんだめだったよ。」

袖《そで》にする

今までの親しい関係を絶《た》って、冷淡《れいたん》なあつかいをする。じゃま者あつかいにする。

〔短文〕あんな身勝手なことをやっていると、今にみんなからそでにされるだろう。

袖《そで》の下《した》

他の人に気づかれないように、きもののそでの下にかくしてそっとわたすものということから、わいろのたとえ。

〔短文〕悪徳商人が政治家にそでの下を使って、便宜《べんぎ》を図ってもらう。

袖振《そでふ》り合《あ》うも他生《たしょう》の縁《えん》

道を行くときに見知らぬ人とそでが触《ふ》れあうのも前世からの因縁《いんねん》によるものであって、ちょっとしたできごともすべて偶《ぐう》然《ぜん》のことではなく、そうなるめぐりあわせによって起こるものであるということと。

〔参考〕「他生《たしょう》」は現世からみて、前世や来世のこと。「他生の縁」は「多生《たしょう》の縁」とも書く。「多生」は何度も生まれ変わるという意。

〔同〕袖触《そでふ》れ合《あ》うも他生《たしょう》の縁《えん》。袖《そで》すり合《あ》うも他生《たしょう》の縁《えん》。

〔類〕躓《つまず》く石《いし》も縁《えん》の端《はし》。一樹《いちじゅ》の陰《かげ》一河《いちが》の流《なが》れも他生《たしょう》の縁《えん》。

備《そな》え有《あ》れば患《うれ》い無《な》し

ふだんからなにか起きたときのために準備しておけば、いつでも心配はないということ。〔出典『書経《しょきょう》』〕

〔会話〕「雨具は持ったの。」「いいよ。こんなに晴れているもの。」「山へ行くときは、雨具を持っていかなければだめよ。備えあれば患いなしというでしょ。」

〔参考〕「患い」は、「憂い」とも書く。

其《そ》の子《こ》を知《し》らざれば 其《そ》の友《とも》を視《み》よ

人はつきあっている友人とだいたい似ているものであるから、その子がどんな人間かわからないときには、その子の友人を見ればわかるということ。〔出典『荀子《じゅんし》』〕

〔類〕善悪《ぜんあく》は友《とも》を見《み》よ。

その手《て》は桑名《くわな》の焼《や》き蛤《はまぐり》

いくらうまいことを言っても、そんな計略にはひっかからないということ。

〔会話〕「きょうはぼくの誕生《たんじょう》日なんだよ。」「なにかおごれというのか。その手は桑名の焼き蛤さ。」

〔参考〕「桑名《くわな》」は、焼き蛤《はまぐり》で有名な三重県の地名の桑名。「その手は食《く》わぬ」を「桑名の焼き蛤《はまぐり》」に言い掛《か》けたしゃれ。

其《そ》の疾《はや》きこと風《かぜ》の如《ごと》く其《そ》の徐《しず》かなること林《はやし》の如《ごと》し ⇩ 風林火山《ふうりんかざん》

其《そ》の右《みぎ》に出《い》ずる者《もの》無《な》し

ひじょうにりっぱで、その人よりすぐれた者がいない。

〔短文〕かれは成績優秀《ゆうしゅう》、そのうえ人物もたしかで、その右に出ずる者なし、といわれた男だよ。

〔語源〕中国では、むかしから右を上席《じょうせき》としていたことから。〔出典『史記《しき》』〕

傍杖《そばづえ》を食《く》う

事件とはなんの関係もないのに、そばにいたために予想もしない災難にあう。とばっちりを食う。

〔短文〕歩道を歩いていたら車どうしがぶつかってガラスの破片が飛んできてけがをした。とんだ傍杖を食ったものだ。

〔参考〕「傍杖」は、「側杖」とも書く。

反《そ》りが合《あ》わない

気心が合わないため、うまくやっていけない。

〔短文〕町会の役員のあの二人は、反りが合わなくていつも言い争いをしている。

〔語源〕刀の反《そ》り（＝曲がりぐあい）が鞘《さや》と合わないという意味から出たことば。

算盤《そろばん》を弾《はじ》く

損得を計算する。

短文 どうそろばんをはじいても、今度の仕事は割に合わない。

損《そん》して得取《とくと》れ

一時は損をしても、あとになって大きな利益を得ることを考えよという教え。

会話 「こんな安い値段で売ったら、もうけなんてありませんよ。」「損して得取れというじゃないか。ああいうお客さんは、うちの製品のほんとうのよさをわかっているのだから、大切にしなければいけないよ。」

損者三友《そんしゃさんゆう》

⇩ 益者三友損者三友《えきしゃさんゆうそんしゃさんゆう》

損《そん》せぬ人《ひと》に儲《もう》け無《な》し

商売をするにはある程度の損は覚悟《かくご》しなければ、大きなもうけはできないということ。

短文 今は損をしているように見えるが、損せぬ人にもうけなしということもある。そのうちきっとお客さんがついてくるよ。

た タ

大恩《だいおん》は報《ほう》ぜず

小さな恩を受けたときには恩返しをするが、大きな恩を受けるとかえって気がつかず、恩返しをしようとしないものであるということ。

短文 人間にとって天地自然のめぐみははかりしれないが、大恩は報ぜずとか、その深いめぐみに気がつく人は少ない。

大廈《たいか》の顚《たお》れんとするや一木《いちぼく》の支《ささ》うる所《ところ》に非《あら》ず

大きな建物がたおれそうになっているときには、一本のつっかい棒では支えられないという意味から、国家のような大きなものがほろびそうになっているときには、一人の力でくいとめることはできないというたとえ。〔出典『文中子《ぶんちゅうし》』〕

参考 「大廈《たいか》」は、大きな建物の意。

対岸《たいがん》の火事《かじ》

向こう岸の火事は、こちらまで燃え移る心配がないことから、自分には被害《ひがい》がおよばないので、少しの苦痛も危機感も持たないできごとのたとえ。

短文 今度の事件は、ただ対岸の火事と思ってはいけない。私たちにも同じようなことが起こることは、じゅうぶん考えられる。

同 対岸《たいがん》の火災《かさい》。

大器晩成《たいきばんせい》

大人物はふつうの人よりずっとおくれて才能をあらわし、りっぱになるということ。

語源 鐘《かね》や鼎《かなえ》のような大きい器は、完成するのに時間がかかるという意味から出たことば。〔出典『老子《ろうし》』〕

対 栴檀《せんだん》は二葉《ふたば》より芳《かんば》し。

大義名分《たいぎめいぶん》

人として、国家や君主に対して守らなければならない正しい道やつとめ。また、なにかをしようとするとき、だれもとがめることができない筋の通った理由。

短文 みんなの意見をよく聞くと言ったてまえ、あすもう一度会議を開かないときみの大義名分も立たないだろう。

大賢《たいけん》は愚《ぐ》なるが如《ごと》し

ほんとうにかしこい人はめったに才能を表にださないために、見たところおろかな人のように見えるものだということ。

同 大智《たいち》は愚《ぐ》の如《ごと》し。

大巧《たいこう》は拙《せつ》なるが若《ごと》し

ずばぬけてすぐれているものは、かえって下手なように見えるということ。〔出典『老子《ろうし》』〕

会話 「この作品はぼくの見たところでは、決して優秀《ゆうしゅう》とは思えないけどな。ぼくにもできそうにさえ思うよ。」「大巧は拙なるがごとしとか、専門家が見れば、なかなかのできばえだそうだよ。」

太鼓判《たいこばん》を押《お》す

保証する判が、太鼓《たいこ》のように大きいということから、絶対にまちがいないと、自信をもって保証する。

短文 きみの演技は、出場選手の中ではずばぬけている。優勝まちがいなしと、先生も太鼓判を押していたぞ。

大根《だいこん》を正宗《まさむね》で切《き》る

名刀といわれる正宗《まさむね》で大根を切るように、実力のあるりっぱな人物に、くだらない仕事をさせることのたとえ。

泰山《たいざん》の安《やす》きに置《お》く

物事をゆるぎなくどっしりと安定させることのたとえ。

参考 「泰山《たいざん》」は、中国山東省にある名山で高く大きい山。

大山鳴動《たいざんめいどう》して鼠《ねずみ》一匹《いっぴき》

前ぶれのさわぎが大きくて、実際の結果は小さいことのたとえ。

短文 むかし沈没《ちんぼつ》した船に莫大《ばくだい》な財宝が積まれており、それを引き上げるというので大さわぎになったが、大山鳴動して鼠一匹、出てきたのはがらくたばかりだった。

参考 ローマの詩人ホラティウスのことば。英語では The mountains have brought forth a mouse.

大事《だいじ》の前《まえ》の小事《しょうじ》

①大きな事をやりとげようとするときには、小さな事を犠牲《ぎせい》にしてもやむをえないということ。②大きな事をやりとげようとするときには、細心の注意をし、どんな小さな事も軽んじてはいけないということ。

大事《だいじ》は小事《しょうじ》より起《お》こる

小さな事だからとそのままにしておくと、それが大事をひき起こすきっかけになるということ。

会話 「あっ、痛いっ。くぎをふんじゃったよ。」「病院に行って手当てしてもらったほうがいいよ。大事は小事より起こる、といって化膿《かのう》して手術をしなければならないこともあるから。」

同 大事《だいじ》は小事《しょうじ》より顕《あらわ》る。

大事《だいじ》を取《と》る

用心して物事を行う。

短文 つかれがとれるまで大事を取って、山登りは延期したほうがよい。

大智《たいち》は愚《ぐ》の如《ごと》し

ほんとうに知恵《ちえ》のある人は、りこうぶるところがなく、ちょっと見ただけではその偉大《いだい》さがわからなくて、おろか者のように見えるということ。〔出典 蘇軾《そしょく》『賀欧陽少師致仕啓《おうようしょうしのちしをがするのけい》』〕

類 大賢《たいけん》は愚《ぐ》なるが如《ごと》し。

大敵《たいてき》と見《み》て恐《おそ》れず小敵《しょうてき》と見《み》て侮《あなど》らず

敵がたくさんいて強そうに見えても、おそれひるむことなく、また、人数が少なく弱そうに見えても、あなどってはならない。

短文 武道の心得とは、大敵と見て恐れず、小敵と見て侮らず、ということ。どんな場合でも気をゆるめないで全力で当たることだ。

大同小異《だいどうしょうい》

細かいところにちがいがあるが、だいたいは同じでほとんど差のないこと。似《に》たり寄《よ》ったり。〔出典『荘子《そうじ》』〕

短文 兄が強い、いや弟のほうが力はあるといっても、大同小異だ。剣《けん》の腕前《うでまえ》はほとんど変わりはない。

類 五十歩百歩《ごじっぽひゃっぽ》。同工異曲《どうこういきょく》。

大道廃《だいどうすた》れて仁義《じんぎ》あり

人の行う正しい道がすたれると、そのときに仁とか義とかを説くことが出てくる。仁や義が説かれるときは、正しい道のすたれた証拠《しょうこ》である。

語源 老子のことば。《原文》大道廃《だいどうすた》れて仁義《じんぎ》あり、智慧《ちえ》出でて大偽《たいぎ》あり。〔出典『老子《ろうし》』〕

参考 「大道《だいどう》」は、人が守るべき正しい道。

同 大道廃《だいどうすた》れて仁義《じんぎ》行《おこな》わる。

鯛《たい》の尾《お》より鰯《いわし》の頭《かしら》

大きい団体で人のしりについているより、小さい団体でも人の先頭になるほうがよいということ。

類 鶏口《けいこう》と為《な》るも牛後《ぎゅうご》と為《な》る勿《なか》れ。

大《だい》の虫《むし》を生《い》かして小《しょう》の虫《むし》を殺《ころ》す ⇩ **小《しょう》の虫《むし》を殺《ころ》して大《だい》の虫《むし》を助《たす》ける**

大《だい》は小《しょう》を兼《か》ねる

大きいものは小さなものの代わりに役立てることができる。小さすぎるよりは、大きすぎるほうが使い道があるということ。

会話 「お母さん、この洋服大きすぎるよ。」「だって、大は小を兼ねるというでしょう。一年も立てば、すぐにあなたが大きくなるわよ。」

対 長持枕《ながもちまくら》にならず。杓子《しゃくし》は耳掻《みみか》きの代《か》わりにならず。搗《つ》き臼《うす》で茶漬《ちゃづ》け。

大木《たいぼく》は風《かぜ》に折《お》らる ⇩ **喬木《きょうぼく》は風《かぜ》に折《お》らる**

大欲《たいよく》は無欲《むよく》に似《に》たり

大きな望みを持つ人は、小さな利益など

問題にしないので、欲がないように見える。また、欲が深すぎると、かえって損をすることが多いので、欲がないのと同じことになる。

会話 「かれは今度の勝負には関心がないようだな。」
「いやいや、どうして、大欲は無欲に似たり、というだろう。ひそかに全国優勝のために猛《もう》練習してるんだよ。」

斃《たお》れて後《のち》已《や》む

死んではじめてやめる。死ぬまでは力をつくす。命のあるかぎり努力しつづける。〔出典『礼記《らいき》』〕

短文 人生山あり谷あり、苦もあれば楽もある。たおれて後やむ、とにかく精《せい》いっぱい生きてみよう。

同 死《し》して後已《のちや》む。

高《たか》が知《し》れる

それほどの程度・値打ちではない。たいしたことはない

短文 山登りといっても、あの程度の山では高が知れている。

箍《たが》が緩《ゆる》む

緊張《きんちょう》がゆるんだり、年をとったりして、だらしなくなる。

短文 入学試験が終わったら、急にたががゆるんでぼんやり過ごす日が多くなった。

参考 「箍《たが》」は、おけやたるのまわりに巻いてしめるための竹や金物の輪。

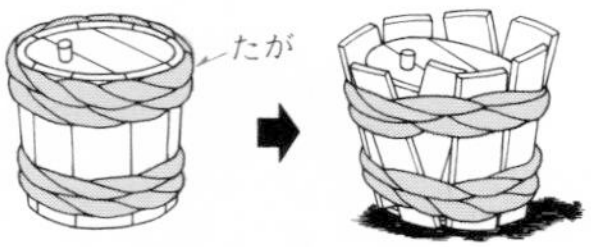

たががゆるむと水がもれだりして，用をなさなくなる。
（た　が）

高《たか》きに登《のぼ》るには卑《ひく》きよりす

高い所に登るには、まず低い所から第一歩をふみ出すものである。それと同じように物事を完成させるには、最初の一歩から順序をふんで進めていくべきである。

語源 〈原文〉君子《くんし》の道《みち》は、譬《たと》えば遠《とお》きに行《い》くに必《かなら》ず邇《ちか》きよりするが如《ごと》く、高《たか》きに登《のぼ》るに必《かなら》ず卑《ひく》きよりするが如し。〔出典『中庸《ちゅうよう》』〕

抱《だ》かされば負《お》ぶさる

親切にだいてやれば、次には背負ってくれとせがむ。恩や好意にあまえてつけあがることのたとえ。

同 抱《だ》けばおんぶ。

高嶺《たかね》の花《はな》

高い山の峰《みね》に咲《さ》いている花のように、ほしいけれどもただ遠くからながめているだけで、手に入れることのできないもののたとえ。

短文 海外旅行などは、今のわたしにとっては、まだまだ高嶺の花だ。

参考 「高嶺《たかね》」は、高い山の峰《みね》・頂。「高《たか》根《ね》」とも書く。

鷹《たか》は飢《う》えても穂《ほ》を摘《つ》まず

鷹《たか》は、たとえ飢《う》えても農民が苦労して作った穀物《こくもつ》の穂《ほ》をついばんだりはしないという意味から、節義のある人物は、たとえ困ったときでも、不正の金品を受け取るようなことはしないというたとえ。

類 渇《かつ》しても盗泉《とうせん》の水《みず》を飲《の》まず。

「鷹」が語中にくることば

一富士二鷹《たか》三茄子《なすび》 ⇩ 四一ページ
鵜《う》の目鷹《たか》の目 ⇩ 六二ページ
鳶《とんび》が鷹《たか》を生む ⇩ 二七二ページ
能ある鷹《たか》は爪《つめ》を隠《かく》す ⇩ 二九四ページ

高飛車《たかびしゃ》

相手を頭からおさえつけて、自分の考えなどをおしつける態度をとること。高圧的。

短文 かれは今度も高飛車に出たな。あれではかえって事がこじれて、解決がむずかしくなるだろう。

語源 将棋《しょうぎ》で、飛車を自分の陣《じん》の前に出す攻撃《こうげき》的な戦法を高飛車ということから出たことば。

高《たか》みの見物《けんぶつ》

物事のなりゆきをはたからおもしろがって見ていること。

短文 いつものことと思っていたが、今度の争いばかりは高みの見物と、のんきにはしていられなくて、つい止めにはいってしまった。

参考 「高み」は、下が見下ろせるような高い所。

宝《たから》の持《も》ち腐《ぐさ》れ

役に立つ物やすぐれた才能を持ちながら、それを活用せず、むだにしていることのたとえ。

短文 こんなにりっぱなパソコンを持ちながら使いこなせずにほこりをかぶっているなんて、宝の持ち腐れだ。

高《たか》を括《くく》る

この程度であろうと、予測して見くびる。たいしたことはないとあなどる。

会話 「ほんとうのところ、実力から見てぼくの勝ちと信じていたよ。」「強い者はほかにもいるんだ。高をくくっていたのが失敗だったね。」

多岐亡羊《たきぼうよう》

学問の道があまりに多方面にわたっていて、真理がつかみにくいこと。また、方針がいろいろあって、どれをとっていいか迷うこと。

故事 むかし中国の学者、楊子《ようし》のとなりの家の羊がにげた。楊子の家の召使《めしつかい》もかり出され、大勢で探したが、分かれ道が多くて見つからなかった。楊子はこのできごとのあと、深く悲しんだが、弟子《でし》たちにはその理由がわからなかった。のちに、弟子の一人心都子《しんとし》は楊子の心を察して、「分かれ道が多いために、羊をにがしてしまったのと同じように、学問の道も多方面に分かれているので、真理を見失ってしまう。」と言ったという。〔出典『列子《れっし》』〕

同 亡羊《ぼうよう》の嘆《たん》。

多芸《たげい》は無芸《むげい》

どんなことでも一通りのことはやってのける器用な人は、かえって専門といえるような特技が一つもないものであるということ。

類 器用貧乏《きようびんぼう》。何《なん》でも来《こ》いに名人無《めいじんな》し。百芸《ひゃくげい》は一芸《いちげい》の精《くわ》しきに如《し》かず。

竹《たけ》に雀《すずめ》

図柄《ずがら》として取り合わせのよいこと。

類 竹《たけ》に虎《とら》。梅《うめ》に鶯《うぐいす》。

竹《たけ》を割《わ》ったよう

竹がまっすぐ縦《たて》に割《わ》れることから、物事にこだわらない、さっぱりとした性質であることのたとえ。

短文 かれは、竹を割ったような気性で、みんなに好かれている。

他山《たざん》の石《いし》

自分と直接関係ない人の失敗や、おろかな言行も、自分を反省し向上させる助けになるということ。

短文 かれが失敗したのは、あまりにも成功をあせったためだ。われわれもこれを他山の石としたいものだね。

語源 よその山から出た質の悪い石でも、砥石《といし》として使えば自分の玉をみがくのに役立つということから出たことば。

《原文》他山《たざん》の石《いし》もって玉《たま》を攻《みが》くべし。〔出典『詩経《しきょう》』〕

類 人《ひと》の振《ふ》り見《み》て我《わ》が振《ふ》り直《なお》せ。

多士済々《たしせいせい》

すぐれた人物がたくさんいるようす。人材が多くそろってさかんなようす。

参考 「多士《たし》」は、大勢のすぐれた人材。「済々《せいせい》」は、多くそろってさかんなようす。「さいさい」とも読む。

出《だ》しに使《つか》う

自分の利益や目的のために、他の人や物を利用する。

短文 中学生を出しに使って、金もうけをするなんて、ひどい人間もいるものだ。

同 出《だ》しにする。

多勢《たぜい》に無勢《ぶぜい》

少数の者が大勢の者を相手にしては、とてもかなわないということ。

短文 支出の切りつめを提案したが、別な方法を考えよ、という意見が強く、多勢に無勢、ついに引きさがってしまった。

類 衆寡《しゅうか》敵《てき》せず。

対 寡《か》をもって衆《しゅう》を制《せい》す。

蛇足《だそく》

あっても役に立たないむだなもの。無用の長物《ちょうぶつ》。また、よけいなものをつけ足すこと。

故事 中国の楚《そ》の国で、祭りのとき、主人が召使《めしつかい》たちにさかずきについだ酒をあたえた。かれらは、数人で飲むには足りないが一人で飲むならじゅうぶんだから、地面にいちばん早く蛇《へび》の絵をかいた者が飲むことにしようと決めた。そして、その中の一人が最初にかきあげたが、「まだ、足もかける。」と言って蛇に足をかき加えた。ところが他の一人が蛇をかきあげると、足をかいている者の手からさかずきをうばって、「蛇にはもともと足などありはしない。」と言い、その酒を飲んでしまったという。〔出典『戦国策《せんごくさく》』〕

闘《たたか》う雀《すずめ》人《ひと》を恐《おそ》れず

雀《すずめ》のような小さく、弱い鳥でも、けんか

に夢中になっているときには、人が近づいてもにげようとしない。争いに夢中になっているときは、自分の身の危険もかえりみないことのたとえ。

叩《たた》けば埃《ほこり》が出《で》る

表面には現れていないが、その人の身辺や過去を細かく調べれば、秘密や弱点が見つかる。

会話「ぼくはこの事件のことはなにも知りません。」「おまえもたたけばほこりが出る身だろう。すなおに捜査《そうさ》に協力したほうが身のためだぞ。」

類 垢《あか》はこする程《ほど》出《で》る。新《あたら》しい畳《たたみ》も叩《たた》けば埃《ほこり》が出《で》る。

叩《たた》けよさらば開《ひら》かれん

一心に神に祈《いの》る者に神は必ずこたえてくれるということ。転じて、ただ待っているのではなく、どんなことでも、積極的に努力すれば、運命は自然に開かれるという教え。〔出典『新約聖書《しんやくせいしょ》』〕

参考「求《もと》めよさらば与《あた》えられん」に続くキリストのことばで、山上の垂訓《すいくん》の一節。英語では、Knock, and it shall be opened unto you.

多《た》々《た》益《ます》々《ます》弁《べん》ず

することが多ければ多いほどますます上手に処理することができる。多ければ多いほどよい。

参考「弁ず」は、処理するの意。

故事
漢の高祖《こうそ》が、自分が統率《とうそつ》できる兵力について韓信《かんしん》にたずねたところ、韓信は、「陛下《へいか》は十万人の兵の将《しょう》がせいぜいでしょう。」と答えた。高祖は「それではおまえはどうか。」と重ねてたずねると、韓信は、「私は多々益々弁ずです。」と答えたという。〔出典『漢書《かんじょ》』〕

畳《たたみ》の上《うえ》の怪我《けが》

安全なところ、思いもかけないところでするけがのたとえ。安全なはずの畳《たたみ》の上でさえけがをすることがあるから注意せよといういましめ。

畳《たたみ》の上《うえ》の水練《すいれん》

畳《たたみ》の上で水泳の練習をしても、実際に水の中では少しも泳げないということから、理論や方法は知っているが、経験がないので、実際には役に立たないことのたとえ。

類 畑水練《はたけすいれん》。炬燵兵法《こたつびょうほう》。

只《ただ》より高《たか》い物《もの》は無《な》い

ただで物をもらったりすると、なにか得をしたような気になるが、あとでお礼をしたり、相手からたのまれたときに引き受けなくてはならなくなったりするので、かえって高いものについて損をするということ。

会話「かれからこんなにいいものをもらっちゃった。ただより安い物はないからね。」「きみ、気をつけろよ。あいつなにか下心があるんじゃないか。ただより高い物はないともいうからね。」

同 物《もの》を貰《もら》うは只《ただ》より高《たか》い。

対 只《ただ》より安《やす》い物《もの》は無《な》い。

駄駄《だだ》を捏《こ》ねる

子供が、甘えて親などのいうことを聞かないで、無理なわがままをいうこと。すねる。

同 駄駄《だだ》を言う。

太刀《たち》打《う》ち出来《でき》ない

互角《ごかく》に勝負することはできない。かなわない。

短文 うちのような小さな店は、とてもスーパーには太刀打ちできない。

参考 「太刀打《たちう》ち」は、太刀をぬいて戦うことから、対等に勝負する意。

立《た》ち寄《よ》らば大樹《たいじゅ》の陰《かげ》

⇩ 寄《よ》らば大樹《たいじゅ》の陰《かげ》

達人《たつじん》は大観《たいかん》す

道理をきわめた人は、いつでも物事の全体を広く見通して、たしかな判断を下すということ。〔出典『鶡冠子《かっかんし》』〕

短文 国の政治にかかわる人は、達人は大観すというような態度で国際的見地から、情勢を正しく判断できないと困る。

立《た》つ瀬《せ》が無《な》い

自分の立場がなくなり、面目《めんぼく》が立たない。

短文 世間をさわがせるようなことをされては、はずかしくて親の立つ瀬がない。

参考 「瀬《せ》」は川の浅い所で、「立つ瀬」は立つ場所、立場の意。

類 立場《たちば》が無《な》い。

立《た》っている者《もの》は親《おや》でも使《つか》え

急ぎの用事ができた場合には、だれでもかまわず、そばに立っている人に用をたのむがよいということ。

会話 「きみ、いいところへ来たね。今、手をはなせないんだ。その書類をちょっと取ってくれないか。」「急ぎなんですか。しかたないな。立っている者は親でも使えというからな。」

注意 自分がすわっていて、人に用をたのむときなどに言いわけとして用いる。

脱兎《だっと》の如《ごと》し

にげ出すうさぎのように、ひじょうにすばやいことのたとえ。〔出典『孫子《そんし》』〕

短文 どろぼうは警報ベルが鳴るやいなや、脱兎の如くにげていった。

立《た》つ鳥跡《とりあと》を濁《にご》さず

飛び立つ水鳥があとをにごさないように、人も立ち去ったあとが見苦しくないようにあとしまつをしておくべきだといういましめ。

会話 「いよいよこの教室ともきょうでお別れだね。」「立つ鳥跡を濁さずというから、後輩《こうはい》のためにきちんとそうじをしておこうよ。」

同 飛《と》ぶ鳥跡《とりあと》を濁《にご》さず。鳥《とり》は立《た》てども跡《あと》を濁《にご》さず。

対 後《あと》は野《の》となれ山《やま》となれ。

手綱《たづな》を締《し》める

かけ出そうとする馬をおさえるため、手《た》綱《づな》を手元に引きしぼるという意味から、行き過ぎたことや勝手なことをしないように、他人の行動を監視《かんし》し、おさえることのたとえ。

短文 テストが終わったからといって、

はめをはずしすぎる。少し手綱を締めないといけないな。」

〔参考〕「手綱《たづな》」は、馬のくつわにつけて、馬をあやつる綱《つな》。

立《た》て板《いた》に水《みず》

立てかけた板に水を流すように、弁舌《べんぜつ》がすらすらとよどみなく、じょうずであることのたとえ。

会話「よくしゃべったなあ。立て板に水とはよく言ったものだ。」「話はたしかにうまいが、話の内容にものたりなさがあったね。」

類 戸板《といた》に豆《まめ》。

蓼《たで》食《く》う虫《むし》も好《す》き好《ず》き

よりによって辛《から》い蓼《たで》の葉を食べる虫もいるように、人の好みはさまざまだということのたとえ。

会話「あんなにきれいな人が、どうしてあんな風采《ふうさい》のあがらないやつとつき合ってるんだろう。」「よく言うじゃないか。蓼食う虫も好き好きとね。」

〔参考〕「蓼《たで》」は、しめった土地に生える植物。茎《くき》や葉に辛味《からみ》があり、刺身《さしみ》や料理のつまなどにする。

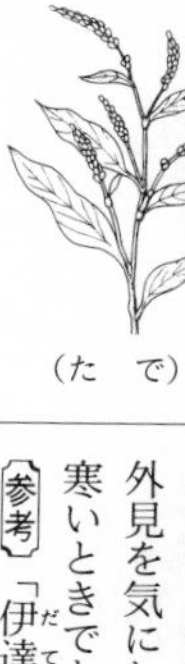

（た　で）

注意 他人の理解できないような悪趣味《あくしゅみ》などについて多く用いる。

類 蓼《たで》食《く》う虫《むし》は辛《から》きを知《し》らず。

盾《たて》に取《と》る

ある物事を、言いわけしたり自分の主張を押し通したりする手段・方法として利用する。

短文 人質《ひとじち》を盾に取って交渉《こうしょう》を有利にしようとは、まったくひきょうなやり方で許せない。

〔参考〕「盾《たて》」は、戦《せん》闘《とう》の際、敵の刀・矢・やりなどから身を守る道具。転じて、自分の立場を守ったり有利にしたりするための手段。

敵の攻撃を盾で防ぐ

伊達《だて》の薄着《うすぎ》

外見を気にして着ぶくれしないように、寒いときでもわざとうす着をすること。

〔参考〕「伊達《だて》」は、みえをはり、外見をかざること。仙台藩主《せんだいはんしゅ》伊達政宗《だてまさむね》がはでな身なりをして、人をおどろかせたことからともいう。

縦《たて》の物《もの》を横《よこ》にもしない

ただ向きを変えることさえもしないということで、ひじょうになまけ者であるようすのたとえ。

短文 ふだんは縦の物を横にもしないのに、いざというときはちゃんとやるなんて言ってもとても信じられない。

盾《たて》の両面《りょうめん》を見《み》よ

盾《たて》に表と裏の両面があるように、物事には表と裏があるから、一面ばかり見ないで、全体をよく見て、その価値を判断せよという教え。

〔参考〕西洋のことわざ。Look at both sides of the shield. の訳語。

立《た》てば芍薬《しゃくやく》座《すわ》れば牡丹《ぼたん》 歩《ある》く姿《すがた》は百合《ゆり》の花《はな》

立った姿は芍薬《しゃくやく》の花のようにすらっとして美しく、すわっている姿は牡丹《ぼたん》の花のようにあでやかで気品があり、歩いている姿は百合《ゆり》の花のように清く美しいということで、美人の立ち居《い》ふるまいを花にたとえたもの。

（しゃくやく）（ぼたん）（ゆり）

盾《たて》を突《つ》く

目上の人などにさからう。反抗《はんこう》する。

短文 権力者に盾を突いてまで、正義を主張することはふつうの人にはなかなかできないことである。

同 盾突《たてつ》く。

炭団《たどん》に目鼻《めはな》

色黒《いろぐろ》でのっぺりとしている顔立ちのたとえ。美人とはいえない人の形容。

参考 「炭団《たどん》」は、炭の粉を丸く固めてつくった燃料の一種。

対 卵《たまご》に目鼻《めはな》。

棚卸《たなおろ》し

決算や在庫整理のため、在庫と帳簿《ちょうぼ》を引き合わせること。転じて、他人の欠点などを一つ一つ数えあげて悪口を言うたとえ。

短文 かれの棚卸しもいいが、きみたちはだいじょうぶなのか。批判されるようなことはないだろうな。

棚《たな》から牡丹餅《ぼたもち》

思いがけない幸運が向こうからやってくることのたとえ。

会話 「宝くじで百万円が当たったたそうだな。」「まったく棚から牡丹餅でおどろいているんだ。」

同 棚《たな》ぼた。

類 開《あ》いた口《くち》へ牡丹餅《ぼたもち》。

対 蒔《ま》かぬ種《たね》は生《は》えぬ。

掌《たなごころ》の内《うち》

物事がてのひらの中にあるように、自分の思いどおりになること。

短文 かれは戦乱の中を勝ちぬいて、政権を掌の内に握《にぎ》った。

参考 「掌《たなごころ》」は、てのひらの意。

掌《たなごころ》を反《かえ》す

てのひらをかえすようにたやすく変化することから、物事が簡単にできることのたとえ。また、人の心や態度などが、あからさまに変わることのたとえ。

短文 かれが落ちぶれたからといって、いまさら掌を反すように見すてるわけにはいかない。

同 手《て》の裏《うら》を反《かえ》す。

棚《たな》に上《あ》げる

物を棚《たな》に上げておくということから、問題の解決・処理をしばらくほうっておいて先へのばす。また、自分に不利になることがらに触《ふ》れないでおく。

短文 人間はどうかすると自分のことは

棚に上げて、他人の言動をなにかと批判しがちなものだ。

同 棚《たな》へ置《お》く。棚上《たなあ》げにする。

他人《たにん》の疝気《せんき》を頭痛《ずつう》に病《や》む

⇩ **人《ひと》の疝気《せんき》を頭痛《ずつう》に病《や》む**

他人《たにん》の空似《そらに》

まったくの他人なのに、親子か兄弟姉妹のように顔つきなどがよく似ていること。

会話 「きみたち兄弟ですか。」「いいえ、この子はぼくのとなりの家の子です。」「他人の空似とはいえ、見まちがうほどよく似ているね。」

他人《たにん》の飯《めし》には骨《ほね》がある

他人の家に世話になってくらすことは、気を使うことが多くつらいものであるというたとえ。また、他人の親切にあまえてたより切っていると、思いがけずひどいめにあうというたとえ。

会話 「おまえ、よく今までしんぼうしたね。他人の飯には骨があるというが、住み心地はどうだった。」「いや、それほどでもなかったよ。親切にしてくれたからね。」

同 他人《たにん》の飯《めし》には刺《とげ》がある。

他人《たにん》の飯《めし》は白《しろ》い

他人のものはなにかにつけて自分のものよりよく見え、うらやましく思われるというたとえ。

会話 「となりに建った家は、外壁が白くてなかなかモダンだな。」「そうかな。きみの家だってよくできているって、近所では評判だぞ。」「やっぱり他人の飯は白いということか。」

類 内《うち》の飯《めし》より隣《となり》の麦飯《むぎめし》。隣《となり》の花《はな》は赤《あか》い。隣《となり》の飯《めし》はうまい。

他人《たにん》の飯《めし》を食《く》う

親もとを離《はな》れて、他人の家に世話になってくらす。また、他人の間でもまれて苦労をかさね、実社会の経験を積んでいくたとえ。

短文 わがままな子で初めは心配だったが、思いきって他人の飯を食う生活をさせたことで、見ちがえるほどしっかりした考えを持つようになった。

狸寝入《たぬきねい》り

ねむってもいないのにねむったふりをすること。そらね。

短文 めんどうな話になると、かれはいつでも狸寝入りをはじめて、話に加わろうとしない。

頼《たの》み難《がた》きは人心《ひとごころ》

人の心は、変わりやすく、あてにならないものだということ。

短文 おたがいに信じ合い助け合ってきた仲だったが、今度ばかりは頼み難きは人心ということを思い知らされた。

頼《たの》みの綱《つな》も切《き》れ果《は》てる

最後のたよりになるものとして望みをつないできたのに、それがだめになってしまうことのたとえ。

短文 救援物資《きゅうえんぶっし》を運んでいた、最後の一本の道路も完全に水没《すいぼつ》して、いまや頼みの綱も切れ果てた感じだ。

類 頼《たの》む木陰《こかげ》に雨《あめ》が漏《も》る。

頼《たの》む木陰《こかげ》に雨《あめ》が漏《も》る

雨をしのごうと木の下にはいったのに、そこにも雨がもってくることから、たよりにしていたあてがはずれるたとえ。

短文 学生寮《りょう》にはいれなくて下宿にした。生活費がかさんで、これではまさに頼む木陰に雨が漏るということだ。

同 頼《たの》む木《き》の下《もと》に雨漏《あめも》る。

類 頼《たの》みの綱《つな》も切《き》れ果《は》てる。

頼《たの》めば鬼《おに》も人食《ひとく》わず

こちらから下手《したて》に出てたのめば、鬼《おに》でさえも人を食わない。心をつくしてたのめば、そうつめたくつきはなされることはないものだということ。

短文 頼めば鬼も人食わずというから心をこめてあやまろう。水に流してもらえるかもしれない。

荼毘《だび》に付《ふ》す

死者を火葬《かそう》にする。

短文 遭難《そうなん》者を荼毘に付す煙《けむり》が山あいを静かにのぼっていった。

参考 「荼毘《だび》」は、梵語《ぼんご》（＝古代インドのことば、サンスクリット）で、死者を焼いて骨を納める葬法のこと。

旅《たび》の恥《はじ》は掻《か》き捨《す》て

旅先では知っている人に会うことがないから、ふだんならするはずのないようなはずかしいことも平気でやってしまうものだということ。

会話 「旅行に出かけると、つい解放的な気分になって、電車の中で大さわぎしたりする人がいるが、迷惑《めいわく》なことだ。」「旅の恥はかき捨てというような態度は改めたいものだね。」

類 後《あと》は野《の》となれ山《やま》となれ。

足袋《たび》は姉履《あねは》け雪駄《せった》は妹《いもうと》履《は》け

足袋《たび》は洗っているうちにちぢんでくるから姉用の大きめのを買い、雪駄《せった》は履《は》いているうちに鼻緒《はなお》がゆるんでくるから妹用の小さめのを買うとよいということ。ものを買うときには先々の見通しをつけて買えという教え。

参考 「雪駄《せった》」は和装用の履物《はきもの》で、ぞうりの裏に革《かわ》をうちつけたもの。

類 足袋《たび》は親《おや》の足袋《たび》を履《は》け。

旅《たび》は道連《みちづ》れ世《よ》は情《なさ》け

旅をするには同行してくれる人がいるほうが心強く楽しい。同じように、この世を生きていくにも、たがいに思いやりの心をもって助け合っていくほうが気持ちよくくらせるということ。

類 旅《たび》は情《なさ》け人《ひと》は心《こころ》。

他聞《たぶん》を憚《はばか》る

他人の耳にはいることをおそれる。

短文 このことは他聞をはばかることだから、あなたの胸にだけおさめておいて、この手紙は焼いてほしい。

卵《たまご》に目鼻《めはな》

卵に目や鼻をつけたように、色白でまるくかわいらしい顔立ちをしていることのたとえ。

対 炭団《たどん》に目鼻《めはな》。

魂《たましい》を入《い》れ替《か》える

それまでの非を反省して心を改める。心の持ちかたを変える。心を入れ替える。

短文 今まで人に迷惑《めいわく》ばかりかけてきたから、ここらで魂を入れ替えて、少しは人のお役に立つことをやりたいと思う。

玉《たま》に瑕《きず》

完全と思われるほどりっぱだが、おしいことにほんのわずかな欠点があることのたとえ。

短文 かれは人がよく明るくてよい性格だが、少しおっちょこちょいなところがあるのが玉にきずだ。

同 白璧《はくへき》の微瑕《びか》。

玉《たま》の輿《こし》に乗《の》る

恵《めぐ》まれない境遇《きょうぐう》にあった女性が、地位や財力のある人と結婚することになって幸福を約束《やくそく》されることのたとえ。

参考 「輿《こし》」は、むかしの乗り物の一種。身分の高い人が乗って、従者がかついだり手にさげたりして運んだもの。

玉《たま》の杯《さかずき》底《そこ》無《な》きが如《ごと》し

玉をくりぬいて作ったすばらしい大杯《たいはい》でも底がぬけていてはなんの役にも立たないということから、外見はりっぱでも実際の役には立たないもののたとえ。〔出典『韓非子《かんぴし》』〕

参考 「杯」は「卮」、「底」は「当」とも書く。

玉琢《たまみが》かざれば器《き》を成《な》さず

どんなりっぱな玉でも、みがかなければ宝の器物とはならないということで、どんなすばらしい素質をもっていても、努力して学問し、修養をつまなければ、りっぱな人物になれないというたとえ。

語源 《原文》玉琢《たまみが》かざれば器《き》を成《な》さず。人学《ひとまな》ばざれば道《みち》を知《し》らず。〔出典『礼記《らいき》』〕

玉磨《たまみが》かざれば光《ひかり》無《な》し

どんなに良質の玉でも、心を入れて磨かなければ光り輝《かがや》く宝玉とはならない。生まれつき素質のすぐれた人でも、努力して修養をつまなければりっぱな人物にはなれないというたとえ。

短文 きみは難関校の入試に合格した。しかし大切なのはこれからだ。玉磨かざれば光なし、これまで以上の努力を続けてりっぱな学者になってほしい。

類 瑠璃《るり》の光《ひかり》も磨《みが》きから。

璧《たま》を懐《いだ》いて罪《つみ》あり

ごくふつうの生活をしている人が、その生活に不似合いなほど高価なものを持つと、罪をおかすことになりかねない。分不相応なことはとかくわざわいをまねきやすいというたとえ。

同 小人罪無《しょうじんつみな》し璧《たま》を懐《いだ》いて罪《つみ》あり。〔出典『春秋左氏伝《しゅんじゅうさしでん》』〕

玉《たま》を転《ころ》がす

音や声が澄《す》んで美しいさまのたとえ。

注意 多くは女性の声に用いる。

民《たみ》の口《くち》を防《ふせ》ぐは水《みず》を防《ふせ》ぐよりも甚《はなは》だし

民衆の自然に出てくる声をおさえつけるのは、川の水をせきとめてその氾濫《はんらん》をおさえようとするよりもむずかしく危険である。世を治めていくには、人々が自由に議論し、じゅうぶんにその考えを述べることができるようにしなければならないというたとえ。〔出典『史記《しき》』〕

惰眠《だみん》を貪《むさぼ》る

なまけてとろとろ眠《ねむ》りくらす。また、新しいものに目覚めることなく、進歩も発展もない生活を送ることのたとえ。

短文 貴族が太平の惰眠をむさぼっている間に、地方の豪族《ごうぞく》たちは、着々と力をたくわえていった。

為《ため》にする

ある目的を遂《と》げようという気持ちがあってなにか事を行う。

短文 かれの提案はいつも為にするものだけで、全体の和を考えたものではない。

注意 多くは、自分の利益をはかって行うものに用いる。

駄目《だめ》を押《お》す

ほぼまちがいないことをさらに確かめ念をおすたとえ。

短文 かれはのんびりしているから、集合時間についてはもう一度駄目を押しておいたほうがいいよ。

語源 囲碁《いご》で、駄目《だめ》（＝どちらにも属さないむだな空点）に石を置いてふさぐことからいう。

袂《たもと》を分《わ》かつ

いっしょに行動してきた人との関係を絶って別れる。

短文 過激な行動に走るようになったかれと袂を分かって以来、一五年ぶりの再会だった。

便《たよ》りの無《な》いのは良《よ》い便《たよ》り

人はなやみごとがあると、だれかに手紙を書いてそれを訴《うった》えるものであるから、音信がないということは無事でいる証《しょう》拠《こ》である。だからしばらく連絡《れんらく》がなくとも心配することはないということ。

〔参考〕 西洋のことわざ。No news is good news. の訳語。

類 無沙汰《ぶさた》は無事《ぶじ》の便《たよ》り。

他力本願《たりきほんがん》

なにかをするのに、人の助けだけをあてにして、あなたまかせであること。

語源 自分で修行《しゅぎょう》を積んで悟《さと》りを得るのではなく、阿弥陀仏《あみだぶつ》の絶対の力を信じ、その力によって救済されるという意味の仏教語から。

足《た》るを知《し》る者《もの》は富《と》む

欲ばらないで満足することを知っている人は、たとえ貧しくとも、心の中は豊かでいられるということ。

語源 《原文》足《た》るを知《し》る者《もの》は富《と》み、強《つと》めて行《おこな》う者《もの》は 志《こころざし》 有《あ》り（＝努力して修行を積む者は強い精神の持ち主となる）。〔出典『老子《ろうし》』〕

誰《たれ》か烏《からす》の雌《し》雄《ゆう》を知《し》らんや

烏《からす》は雄《おす》も雌《めす》もまったく同じようで見分けがつかないことから、外見からは判断しにくいものをいうたとえ。人の心の善悪や物事の是非などはなかなか見分けられないものであるということ。〔出典『詩経《しきょう》』〕

注意 多くは、悪いものの見分けがつかないときに用いる。

同 烏《からす》の雌雄《しゆう》。

断機《だんき》の戒《いまし》め

物事を中途《ちゅうと》で投げ出してはなんにもならないという教え。

故事 孟子《もうし》が少年のころ、勉学の半ばで家に帰ったところ、母はその織りかけの布を刀で断ち切って、学業を中途で投げ出すのは、このようにするのと同じことであると強くいましめて、師のもとへ帰したという。〔出典『列女伝《れつじょでん》』〕

同 孟母断機《もうぼだんき》。

短気《たんき》は損気《そんき》

かっとすると、結局は自分の損になるから、短気を起こさないで慎重《しんちょう》であることが望ましいという教え。

短文 承諾《しょうだく》をもらうまでは、なにを言われても忍《にん》の一字《いちじ》、短気は損気と思ってがんばるよ。

参考 「損気《そんき》」は「短気」に語呂《ごろ》を合わせたもので、「損」に同じ。

男子家《だんしいえ》を出《い》ずれば七人《しちにん》の敵《てき》あり

男は、いったん家を出れば、多くの敵がいるから、気を許すことはできない。よく注意して行動しなければならないということ。

同 男《おとこ》は敷居《しきい》を跨《また》げば七人《しちにん》の敵《てき》あり。家《いえ》を出《い》ずれば七人《しちにん》の敵《てき》あり。

断《だん》じて行《おこな》えば鬼神《きじん》も之《これ》を避《さ》く

かたい決心をして事をやりとげようとするときには、なにものも邪魔《じゃま》することはできないということ。〔出典『史記《しき》』〕

会話 「この計画はお金もかかるし、ぼくたちにはむりだよ。中止にしようか。」「いや、やろうよ。断じて行えば鬼神もこれを避くっていうじゃないか。」

男子《だんし》の一言金鉄《いちごんきんてつ》の如《ごと》し

男がいったん口に出したことばや約束《やくそく》は、金や鉄のように固く、たしかなものであり、破ってはいけないということ。

短文 この借金は、必ず来月の三十日に返します。男子の一言金鉄の如し、信用してください。

類 武士《ぶし》に二言《にごん》は無《な》い。

男女七歳《だんじょななさい》にして席《せき》を同《おな》じうせず

男女は七歳になったら、ひとつの席にいっしょにすわらせない。〔出典『礼記《らいき》』〕

参考 もとは、幼児から男女の別をきびしく教え、みだりになれ親しませてはならないという、儒教《じゅきょう》の古い考え方。なお、「七歳」は「しちさい」ともいう。

胆大心小《たんだいしんしょう》

度胸を大きく持ち、しかも細心の注意をはらっていくのがよいということ。〔出典『旧唐書《くとうじょ》』〕

参考 「肝《きも》は大きく、心は小さく」の意。

断腸《だんちょう》

はらわたがちぎれるほどつらく悲しいこと。

短文 断腸の思いでなつかしい生家を手放《てばな》した。

故事 むかし、中国の桓温《かんおん》が三峡《さんきょう》を舟で上っているとき、部下が子猿《こざる》をとらえた。母猿は舟を追いかけて岸を百里あまり走り、舟にとびこんできたが死んでしまった。その腹の中を見ると、子猿を取られた悲しみのために腸がずたずたに断ち切れていたという。〔出典『世説新語《せせつしんご》』〕

単刀直入《たんとうちょくにゅう》

ひとりで真正面から敵陣《てきじん》に切りこむ意から、前置きを述べたり、遠回しな言い方をしたりしないで、ずばり核心《かくしん》にふれるようす。〔出典『伝灯録《でんとうろく》』〕

短文 単刀直入にうかがいますが、おっしゃったことはうそだったんですね。

短兵急《たんぺいきゅう》

刀剣《とうけん》などの短い武器をもって急に敵におそいかかる意から、だしぬけに、あつかましくせっかちな行動や表現をするようす。

短文 記者団は大臣が席につくなり、短兵急に質問をあびせかけた。

断末魔《だんまつま》

死にぎわ。また、息をひきとる間ぎわの苦しみのこと。〔出典『倶舎論《くしゃろん》』〕

短《たん》を捨《す》てて長《ちょう》を取《と》る

短所はとりのぞいて、長所だけを学びとる。悪い部分をすてて、よい部分を取る。〔出典『漢書《かんじょ》』〕

端《たん》を発《はっ》する

なにかが始まるきっかけとなる。

短文 国境問題に端を発する紛争《ふんそう》が両国間の戦争にまで発展した。

ち チ

小《ちい》さくとも針《はり》は呑《の》まれぬ

小さいからといってあなどれないもののたとえ。

同 細《ほそ》くても針《はり》は呑《の》めぬ。

類 山椒《さんしょう》は小粒《こつぶ》でもぴりりと辛《から》い。

知恵《ちえ》と力《ちから》は重荷《おもに》にならぬ

知恵《ちえ》と体力は身についていくもので、いくらあっても邪魔《じゃま》にならないから、大いにたくわえていったらよいということ。

力《ちから》に余《あま》る

自分の能力で処理できる範囲《はんい》をこえている。自分の力ではどうしようもない。もてあます。

短文 力に余った仕事を引き受けると、あとで相手に迷惑《めいわく》をかけることになるから、やめたほうがいい。

類 手《て》に余《あま》る。

力山《ちからやま》を抜《ぬ》き気《き》は世《よ》を蓋《おお》う

山を引きぬくほどの力と天下をおおいつくすほどの気力ということから、威勢がひじょうに強くさかんなようす。

語源 中国の漢《かん》の劉邦《りゅうほう》と楚《そ》の項羽《こうう》が、垓《がい》下《か》の地で戦ったとき、敗色濃《こ》い項羽がな

げいてつくった詩によることば。〔出典『史記《しき》』〕

力《ちから》を落《お》とす

期待はずれでがっかりしたり、不幸な目にあってすっかり気力を失ってしまったりする。

短文 一度や二度失恋《しつれん》したからって、そんなに力を落とすんじゃないよ。

池魚《ちぎょ》の殃《わざわい》

なんの罪もなくかかわりもないのに、思いがけない災難にまきこまれてわざわいをこうむることのたとえ。

語源 池にかくされた珠《たま》を探し出すために、池の水をさらい出して魚を死なせたことからとする説、また、城門が火事になって消火のために、池の水を使い魚を死なせたことからとする説がある。

注意 多くは、火事で類焼にあうことに用いる。

契《ちぎ》りを結《むす》ぶ

かたい約束《やくそく》をかわす。

短文 オリンピックの閉会式では、たがいに名残《なごり》をおしみ、再会の契りを結ぶ選手たちの姿が見られた。

注意 男女の間にいう場合は、夫婦の縁を結ぶことをさす。

竹馬《ちくば》の友《とも》

ともに竹馬にのって遊んだころからの友達。おさな友達。〔出典『世説新語《せせつしんご》』〕

短文 あの校長さんとは竹馬の友で、小さいころの思い出がたくさんある。

参考 「竹馬」は、「ちくば」または「たけうま」と読む。竹で作った子供の遊び道具。二本の竹に足がかりをつけて、のって歩くもの。古くは、竹ざおの先に木製の馬の頭をつけ、またがって走り回るものもあった。

（たけうま）

知者《ちしゃ》は惑《まど》わず

知恵《ちえ》も知識もある者は物事の道理に明るいので、何事にも迷うことはない。

語源 孔子《こうし》が君子の道について言ったことば。《原文》知者《ちしゃ》は惑《まど》わず、仁者《じんしゃ》（＝りっぱな徳のそなわった人）は憂《うれ》えず、勇者《ゆうしゃ》は懼《おそ》れず（＝恐れない）。〔出典『論語《ろんご》』〕

父《ちち》の恩《おん》は山《やま》よりも高《たか》く 母《はは》の恩《おん》は海《うみ》よりも深《ふか》し

両親の恩はひじょうに大きく、ありがたいものであるというたとえ。

同 父母《ふぼ》の恩《おん》は山《やま》よりも高《たか》く海《うみ》よりも深《ふか》し。

類 父《ちち》は天《てん》母《はは》は地《ち》。

血《ち》で血《ち》を洗《あら》う

悪事には悪事で対抗することのたとえ。また、肉親どうしが争うことのたとえ。〔出典『旧唐書《くとうじょ》』〕

同 血《ち》を以《もっ》て血《ち》を洗《あら》う。

血《ち》と汗《あせ》の結晶《けっしょう》

たいへんな努力と忍耐で築き上げた成果のたとえ。

短文 この家は、結婚後一五年間の血と

汗の結晶だ。

治《ち》に居《い》て乱《らん》を忘《わす》れず

平和なときでも世の中が乱れたときのことを考えてそれにそなえるということから、どんなときにも、万一の場合を考えて、そのための用意をおこたらないということ。〔出典『易経《えききょう》』〕

地《ち》に落《お》ちる

権威《けんい》や名声が急におとろえる。

短文 欠陥《けっかん》商品が問題になって会社の信用は地に落ちてしまった。

血《ち》の出《で》るような

たいへんな努力や苦労をするようす。

短文 ただの石ころにしか見えない彫《ちょう》刻《こく》かもしれないが、かれにしてみれば血の出るような苦心の末の作品なのだ。

類 血《ち》のにじむような。

地《ち》の利《り》を占《し》める

なにかをしようとするとき、場所の形勢や位置が、有利な条件をそなえているところを自分のものとする。

短文 午後になると風向きが変わり、北側の谷を進んでいたわれわれは、一転地の利を占めることとなった。

血《ち》は水《みず》よりも濃《こ》い

同じ血筋《ちすじ》につながるものは、他人よりも似かよっていて結びつきが強く、いざというときには、すぐに理解し、協力することができるものだというたとえ。

参考 西洋のことわざ。Blood is thicker than water. の訳語。

血祭《ちまつ》りに上《あ》げる

なにかをする手はじめとして、威勢《いせい》よく敵をやっつけて、味方の士気をふるい立たせることのたとえ。

参考 「血祭り」は、むかし、中国で戦いに出る前に、いけにえの血をささげて神を祭ったこと。

血眼《ちまなこ》になる

なにかをなしとげようと気持ちをたかぶらせ、夢中になる。

短文 大勢がスーパーの特売につめかけて、血眼になって買いあさっている。

参考 「血眼《ちまなこ》」は、感情が高ぶって血走った眼、のぼせてまっ赤になった眼のこと。

血道《ちみち》を上《あ》げる

頭に血がのぼるほど夢中になり、分別のない行動をする。

短文 かけマージャンに血道を上げて、ついに健康を害してしまった。

知命《ちめい》

五〇歳のこと。

語源 孔子《こうし》のことばから。《原文》五十《ごじゅう》にして天命《てんめい》を知《し》る。〔出典『論語《ろんご》』〕

参考 ⇩ 還暦《かんれき》（囲み記事）

血《ち》も涙《なみだ》も無《な》い

人に対する気持ちがつめたくて、思いやりの心が少しもない。

短文 家から追い出されたときは、血も涙もない親だと思ったが、それは自立をうながす親心からだったのだ。

類 情《なさ》け容赦《ようしゃ》も無《な》い。

茶腹《ちゃばら》も一時《いっとき》

茶を飲んでもしばらくは空腹をしのげるように、困っているときはたとえわずかのものでも一時しのぎにはなるというたとえ。

短文 茶腹も一時といいますよ。お菓子《かし》だけでも食べてから行ってください。

茶碗《ちゃわん》を投《な》げれば綿《わた》にて受《う》けよ

相手が強く出てきたときは、さからわないでやわらかく受けとめたほうがよいということ。

類 柔能《じゅうよ》く剛《ごう》を制《せい》す。

中原《ちゅうげん》に鹿《しか》を逐《お》う

多くの人が一つの目的物を得ようと競争することのたとえ。

短文 知事選挙には結局、うわさどおりの面々が中原に鹿を逐うことになった。

語源 中原に一頭の鹿《しか》を追いもとめて走りまわる猟師《りょうし》にたとえて、天下の帝位を争うさまをよんだ詩から出たことば。〔出典 魏徴《ぎちょう》『述懐《じゅっかい》』〕

注意 多く政権争いや選挙戦に用いる。

忠言耳《ちゅうげんみみ》に逆《さか》らう ⇩ **諫言耳《かんげんみみ》に逆《さか》らう**

仲裁《ちゅうさい》は時《とき》の氏神《うじがみ》 ⇩ **挨拶《あいさつ》は時《とき》の氏神《うじがみ》**

忠臣《ちゅうしん》は二君《にくん》に事《つか》えず

主君に誠実な臣下は、一人の主君にその誠意をつくし、主君をかえて別の人に仕えるというようなことはしない。〔出典『史記《しき》』〕

忠《ちゅう》ならんとすれば孝《こう》ならず 孝《こう》ならんとすれば忠《ちゅう》ならず

主君に忠誠をつくそうとすると親の意にさからう不孝となるし、親の考えに従えば主君への不忠となるという進退きわまった状態のこと。

語源 平清盛《たいらのきよもり》が後白河法皇《ごしらかわほうおう》を幽閉《ゆうへい》しようとしたとき、その子重盛《しげもり》が、その考えを改めるよう説いたときのことばから。〔出典『平家物語《へいけものがたり》』〕

昼夜《ちゅうや》を分《わ》かたず

昼夜の区別なく。絶えず。

短文 急ぎの補強工事が昼夜を分かたず行われた。

朝三暮四《ちょうさんぼし》

目先のちがいにとらわれて、全体としての結果は同じであることに気がつかないたとえ。また、うまい話のように人をあざむき、ばかにすることのたとえ。

故事 むかし、中国で狙公《そこう》という猿《さる》まわしが、飼《か》っている猿に、食料のとちの実を朝三つ暮《く》れに四つにしたいと言ったところ、猿たちが大いにおこった。それでは朝四つ暮れに三つではどうかと言うと猿たちは大いによろこんだという。〔出典『列子《れっし》』〕

長者富《ちょうじゃとみ》に飽《あ》かず

金がたまりはじめると、もっと、もう少しと欲が出てくることから、人間の欲望はきりがないということ。

長者《ちょうじゃ》に二代《にだい》無《な》し

金持ちの二代目というものは、ぜいたくな生活になれてしまって浪費《ろうひ》を重ね、おちぶれてしまうことが多いということ。

長者《ちょうじゃ》の万灯《まんとう》より貧者《ひんじゃ》の一灯《いっとう》

⇩ 貧者《ひんじゃ》の一灯《いっとう》

長蛇《ちょうだ》の列《れつ》

蛇《へび》のように長々と続く行列。

短文　おいしいアイスクリームと評判の店の前に長蛇の列ができている。

長蛇《ちょうだ》を逸《いっ》す

おしいところでたいへんな大物をとりにがすことのたとえ。

短文　予想もしなかった凡《ぼん》ミスから、かれはまたもや長蛇を逸し、銀メダルに甘《あま》んじることとなった。

語源　川中島の戦いで、上杉謙信《うえすぎけんしん》が、巳年《みどし》（＝蛇の年）生まれの武田信玄《たけだしんげん》を討《う》ちもらしたことをよんだ詩から出たことば。

《原文》遺恨《いこん》なり（＝くやしいことには）十年《じゅうねん》一剣《いっけん》を磨《みが》き、流星光底《りゅうせいこうてい》（＝流れ星のようにきらめく光の下で）長蛇《ちょうだ》を逸《いっ》す。〔出典　頼山陽《らいさんよう》『山陽詩鈔《さんようししょう》』〕

提灯《ちょうちん》に釣《つ》り鐘《がね》

提灯《ちょうちん》と釣《つ》り鐘《がね》は、形は似ていても、大きさも重さも比べものにならないところから、大きな差のあるもの、つり合わないもののたとえ。

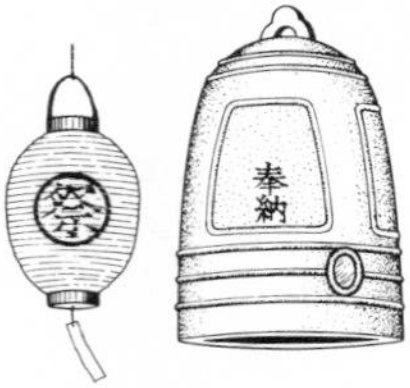

（ちょうちん）　（釣り鐘）

短文　あなたの相手はあんなにりっぱなお仕事をしている人ですもの、今のままでは提灯に釣り鐘よ。あなたも自分自身をもっとみがかなきゃね。

注意　多くは縁談《えんだん》の際や、身分について用いる。

類　瓢箪《ひょうたん》に釣《つ》り鐘《がね》。月《つき》と鼈《すっぽん》。雲泥《うんでい》の差《さ》。

提灯持《ちょうちんも》ち

夜道などで、提灯《ちょうちん》を持って先頭に立って行く人のことから、人の手先となって、その人のためにふれ歩いたり、大げさに手伝ったりすること。また、そのような人。

短文　かれは上役の提灯持ちばかりしてみんなからきらわれている。

提灯持《ちょうちんも》ち川《かわ》へはまる

提灯《ちょうちん》を持っている人は足もとが暗いので川に落ちることがあるということから、人を先導するつもりが、自分から先に失敗してしまうことのたとえ。

類　灯台下暗《とうだいもとくら》し。

頂門《ちょうもん》の一針《いっしん》

頭のてっぺんに鍼《はり》をうつ中国の鍼灸術《しんきゅうじゅつ》が病気によく効くことから、相手の急所をおさえてきびしくいましめることのたとえ。〔出典　蘇軾《そしょく》『荀卿論《じゅんけいろん》』〕

短文　思いあがった経済界に頂門の一針をくだせるのは、かれしかいない。

長幼序《ちょうようじょ》あり

年上の者と年下の者との間には、守るべき一定の順序がある。〔出典『孟子《もうし》』〕

短文 だれを先にしましょうか。そうね、長幼序ありというからお兄さんを先にしましょうよ。

同 長幼《ちょうよう》の序《じょ》。

蝶《ちょう》よ花《はな》よ

自分のむすめをひじょうにかわいがって大事に育てるようす。

会話 「あの人、うちへ帰っても箸《はし》より重いもの持ったことないんですって。」「蝶よ花よと育てられて、お嫁《よめ》にいったらなんにもできないで泣くわよ。」

朝令暮改《ちょうれいぼかい》

朝出した命令を夕方には改めるということで、法律や命令がしばしば変わって定まらないこと。〔出典『漢書《かんじょ》』〕

短文 もう少し見識をもってやってもらわないとねえ。こう朝令暮改続きじゃ部下のわれわれもついていけないよ。

同 朝改暮変《ちょうかいぼへん》。

塵《ちり》も積《つ》もれば山《やま》となる

ごく小さなものでも、積もり積もれば、山のように大きいものになるというたとえ。〔出典『大智度論《だいちどろん》』〕

短文 PTAの廃品《はいひん》回収が年間六四万円になったそうだ。塵も積もれば山となるですなあ。

類 土積《つちつ》もりて山《やま》を成《な》す。砂《いさご》長《ちょう》じて巌《いわお》となる。一滴《いってき》の水《みず》も集《あつ》めれば湖水《こすい》となる。

血湧《ちわ》き肉躍《にくおど》る

心がたかぶって全身に力がわいてくるような感じがする。

短文 夏の甲子園《こうしえん》大会は、多くの人が選手とともに血湧き肉躍る思いで迎《むか》える。

血《ち》を受《う》ける

先祖や親の身体的・性格的な特徴《とくちょう》を自分の中に持っている。

短文 温厚な父の血を受けて物静かで、しかも明るい青年だ。

類 血《ち》を引《ひ》く。

血《ち》を吐《は》く思《おも》い

血をはくほどつらい思い。ひじょうに悲しい思い。

短文 素質がある上に血を吐く思いのけいこを続けた成果がみのって横綱《よこづな》の地位を手に入れた。

地《ち》を払《はら》う

地面をほうきではいたようにきれいさっぱりとなにも残らない。すっかり勢いがおとろえてしまう。

短文 ひところあの街は地を払うおもむきがあったが、このごろはまた若者たちがもどって来つつある。

血《ち》を引《ひ》く

同じ血筋《ちすじ》・家系につながり、その先祖や親の素質を受けつぐ。

短文 あの子の画才は母方の祖父の血を引いたものだ。

類 血《ち》を受《う》ける。

血《ち》を分《わ》ける

実の親子・兄弟などのように、同じ血のつながっている関係にある。

短文 血を分けた兄とも思えないいつめたい仕打ちだった。

沈黙《ちんもく》は金《きん》 雄弁《ゆうべん》は銀《ぎん》
⇩ **雄弁《ゆうべん》は銀《ぎん》 沈黙《ちんもく》は金《きん》**

つ ツ

追従《ついしょう》も世渡《よわた》り
おべっかを使って人の気嫌《きげん》をとるのも、生きていくための一つの方便であるということ。
短文 おべんちゃらを言えというわけではないが、追従も世渡りというじゃないか。もう少し愛想よくできないかね。

痛痒《つうよう》を感《かん》じない
痛みもかゆみも感じないということで、なにかあっても、心身に影響《えいきょう》を受けたり、損害を受けたりはしないことのたとえ。痛くもかゆくもない。
短文 かれは神経がふといから、非難《ひなん》されても少しも痛痒を感じないだろう。

杖《つえ》とも柱《はしら》とも
ひじょうにたよりにすることのたとえ。
短文 戦争で杖とも柱ともたのむ一家のあるじを失った家庭は多かった。

杖《つえ》の下《した》に回《まわ》る犬《いぬ》は打《う》てぬ
杖《つえ》をふり上げて打とうとしても、その杖の下にまつわりついてくる犬は情がわいて打てないということから、自分を信じてたよってくるものにはつめたい仕打ちはできないものだというたとえ。
類 窮鳥《きゅうちょう》懐《ふところ》に入《い》れば猟師《りょうし》も殺《ころ》さず。尾《お》を振《ふ》る犬《いぬ》は叩《たた》かれず。怒《いか》れる拳《こぶし》笑顔《えがお》に当《あ》たらず。

使《つか》う者《もの》は使《つか》われる
他人を使うということは、いろいろ気苦労の多いもので、結局使われる者以上に骨が折れ、逆に使われているようなものだということ。

即《つ》かず離《はな》れず
人とのつきあいなどで、その関係が近づきすぎず、また離《はな》れすぎない、ほどよい状態であること。
短文 かれは気性《きしょう》のはげしい人だからね、即かず離れずでいるほうがいいよ。
同 不即不離《ふそくふり》。

搗《つ》き臼《うす》で茶漬《ちゃづ》け
もちをつく臼《うす》のように大きなものを、茶《ちゃ》漬《づ》けを食べる茶わんのように小さなもののかわりに用いることはできないということ。大まかすぎて細《こま》やかな用に役立たないたとえ。
類 杓子《しゃくし》は耳《みみ》掻《か》きの代《か》わりにならず。
対 大《だい》は少《しょう》を兼《か》ねる。

月《つき》と鼈《すっぽん》
月は天空にかがやき、すっぽんは池の中にしずんでいる。両方とも形は丸いが、実はまったくちがうもので、その差ははなはだしいということ。両者がひどくちがっていることのたとえ。
会話 「姉は美人で気だてもいいね。」「妹は器量も器量だが気性もあらいね。同じ姉妹でも月とすっぽんだよ。」

類 雪《ゆき》と墨《すみ》。提灯《ちょうちん》に釣《つ》り鐘《がね》。瓢簞《ひょうたん》に釣《つ》り鐘《がね》。雲泥《うんでい》の差《さ》。

月《つき》に叢雲《むらくも》花《はな》に風《かぜ》

美しい月は雲が流れてきてかくし、花には風がふいてきて散らしてしまう。よいことにはじゃまがはいって長くは続かない、思うままにならないということのたとえ。

同 花《はな》に嵐《あらし》。

類 好事魔多《こうじまおお》し。

月満《つきみ》つれば則《すなわ》ち虧《か》く

満月が過ぎるとしだいに欠けていく月のように、何事も最盛期を過ぎるとあとはだんだんおとろえていくということ。さかんなときにおごり高ぶってはならないといういましめ。〔出典『史記《しき》』〕

同 盈《み》つれば虧《か》く。

月夜《つきよ》に釜《かま》を抜《ぬ》かれる

明るい月夜に、大きな飯を炊《た》くかまをぬすまれるということで、ひどく気のゆるんでいることのたとえ。

短文 口車に乗せられて、いりもしない物を高値で買わされてしまうような月夜に釜を抜かれる主婦があとを絶たない。

同 月夜《つきよ》に釜《かま》。

月夜《つきよ》に提灯《ちょうちん》

明るい月夜に提灯《ちょうちん》はいらないことから、まったく役に立たないもの、無用なもののたとえ。

短文 夜なのに若者のまねをしてサングラスなんかかけちゃって、月夜に提灯じゃないですか。

辻褄《つじつま》を合《あ》わす

話などの前後をうまく合わせて筋道が通るようにする。うまくとりつくろう。

会話 「かれの話は信用できないね。」「うん、いつも強引《ごういん》につじつまを合わせていくようなところがあるからね。」

参考 「辻褄《つじつま》」は、合うべきはずの前後の関係や物事の道理の意。

土一升金一升《つちいっしょうかねいっしょう》

一升《いっしょう》の土を買うのに一升の金をはらわなければならないということで、土地の値段がひじょうに高いことのたとえ。

参考 「一升《いっしょう》」は約一・八リットル。

同 土一升《つちいっしょう》に金一升《かねいっしょう》。

土《つち》が付《つ》く

力士が相撲《すもう》で負ける。また、勝負や競技に負ける。

槌《つち》で庭《にわ》を掃《は》く

大事な客が急にたずねてきて、あわてながら精いっぱいもてなそうとするようす。

同 槌《つち》で庭《にわ》。

類 杓子《しゃくし》で芋《いも》を盛《も》る。

綱渡《つなわた》りより世渡《よわた》り

綱渡《つなわた》りは命がけのむずかしい芸であるが、この世の中で日々うまく生活していくことは、その綱渡りよりむずかしいということ。

角突《つのつ》き合《あ》わせる

仲が悪くてよくけんかをする。

短文 姉と妹だというのに、二人はしょ

っちゅう角突き合わせてばかりいる。

注意 同じ種類の角を持った動物の争いからきたことばであるから、身近な者どうしの争いに対して使う。

同 角突《つのつ》き合《あ》わす。

角《つの》を出《だ》す

腹を立てる。また、女性が嫉妬《しっと》する。

短文 父の帰りが急におそくなったので、母は毎晩角を出しているよ。

角《つの》を矯《た》めて牛《うし》を殺《ころ》す

牛の曲がった角を直そうとして牛を殺してしまうことから、欠点や強すぎる個性的な面を直そうとして全体をだめにしてしまうことのたとえ。

同 角《つの》を直《なお》して牛《うし》を殺《ころ》す。

類 枝《えだ》を矯《た》めて花《はな》を散《ち》らす。

粒《つぶ》が揃《そろ》う

集まった物や人の質・能力などがそろっていて、すぐれている。

短文 今年のサッカー部はレギュラーの粒がそろっているから期待できる。

潰《つぶ》しが利《き》く

本来の職業をやめても、別の職業をこなしていける能力がある。

短文 英語が得意な父は、「会社がつぶれてもおれはつぶしがきく。」といつも言っている。

参考 「潰《つぶ》し」は金属を鋳《い》つぶすこと。使えなくなった金属製品は鋳つぶして地金にし再利用できることから。

壺《つぼ》に嵌《は》まる

①相手がこちらの思ったとおりになる。②急所をおさえる。

短文 ①作戦どおり、敵はこちらの思うつぼにはまった。②もっとつぼにはまった教え方をすれば理解できるはずだ。

躓《つまず》く石《いし》も縁《えん》の端《はし》

道を歩いてつまずいた石も、自分となにかの因縁《いんねん》でつながっているものだ。どんな小さなことでも、すべて不思議な因縁のむすびつきがあるものだという教え。

類 袖《そで》振《ふ》り合《あ》うも他生《たしょう》の縁《えん》。

罪《つみ》が無《な》い

無邪気《むじゃき》である。悪気がない。

短文 赤んぼうの寝顔《ねがお》は罪がないなあ。

注意 純真なあどけなさを表すときに使う。幼児に使う場合が多い。

罪《つみ》を憎《にく》んで人《ひと》を憎《にく》まず

人が罪を犯したとき、罪そのものは悪いこととしてにくむべきだが、罪を犯した人をにくんではいけないということ。

〔出典『孔叢子《くぞうし》』〕

同 其《そ》の罪《つみ》を悪《にく》んで其《そ》の人《ひと》を悪《にく》まず。

旋毛《つむじ》を曲《ま》げる

気に入らないことがあって、人に反対して意地悪をする。ひねくれる。

短文 おじいちゃんはがんこ者だから、いったんつむじを曲げたらたいへんだ。

類 臍《へそ》を曲《ま》げる。

爪《つめ》で拾《ひろ》って箕《み》で零《こぼ》す

一つぶずつ爪《つめ》で拾い集めたものを、箕《み》を動かすときに大量にこぼしてしまうように、苦労して少しずつためたものを、一度にあっけなく使ってしまうたとえ。

〈参考〉「箕《み》」は、穀類を入れてあおり、からやごみを取りのぞく道具。竹やふじづるでちりとりのような形に編んだもの。

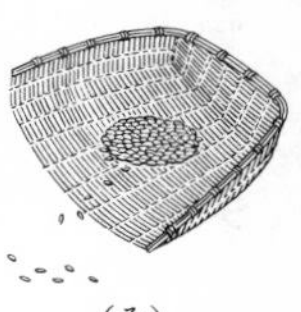

（み）

爪《つめ》に爪《つめ》無《な》く瓜《うり》に爪《つめ》あり

「爪《つめ》」と「瓜《うり》」の字形のちがいを、おぼえやすい言い方で教えたことば。

> **〈字形のちがいのおぼえ方〉**
> 牛・午＝ウシに角《つの》あり（**牛**）、ウマに角なし（**午**）。
> 綱・網＝山でツナ（**綱**）、亡《な》くしたらアミ（**網**）。
> 遍・偏＝道（辶）はアマネシ（**遍**）、人（亻）はカタヨル（**偏**）。
> 己・已・巳＝キ・コの声、オノレ・ツチノト下につき（以上「**己**」）、イ・スデニなかば（以上「**已**」）、シ・ミはみなつく（以上「**巳**」）。

〈注意〉「爪」の字には、「瓜」の字にある「ㄙ」（つめ）がない。

〈同〉瓜《うり》に爪《つめ》あり爪《つめ》に爪《つめ》無《な》し。

爪《つめ》に火《ひ》を点《とも》す

ろうそくのかわりに爪《つめ》に火をつけて明かりとするということから、ひどくけちなことのたとえ。また、ひどくきりつめて生活することのたとえ。

〈短文〉貧しかった父は、子供のころから爪に火をともすようにしてくらしてきたという。

爪《つめ》の垢《あか》ほど

爪《つめ》の先にたまったあかぐらいの意で、ごく少量を表すたとえ。

〈短文〉爪のあかほども人を苦しめたり傷つけたりしたことはない、と言い切れる人はこの世にいるだろうか。

爪《つめ》の垢《あか》を煎《せん》じて飲《の》む

すぐれている人に少しでもあやかろうとする。
〈会話〉「また、A君がテストで一番だったんだよ。」「おまえもA君の爪のあかをせんじて飲むといいよ。」

露《つゆ》の命《いのち》

露《つゆ》のようにはかない命。また、人の一生のたとえ。

露《つゆ》の間《ま》

露《つゆ》が朝日で消えてしまうほどのごく短い間。ちょっとの間。

〈短文〉あなたのことは露の間も忘れたことはありません。

面《つら》から火《ひ》が出《で》る ⇩ **顔《かお》から火《ひ》が出《で》る**

面《つら》の皮《かわ》が厚《あつ》い

恥《はじ》を感じないで、あつかましくずうずうしい。

〈短文〉借りた金を返しもしないで、また借りに来るなんて面の皮が厚いやつだ。

〈同〉面《つら》の皮千枚張《かわせんまいば》り。

面《つら》の皮千枚張《かわせんまいば》り ⇩ **面《つら》の皮《かわ》が厚《あつ》い**

面《つら》の皮《かわ》を剝《は》ぐ

かくされている真実の姿をあばき出す。

短文 きれいな顔で上品そうにふるまっているが、ほんとうはずるくて意地悪なのだ。面の皮をはいでやりたいね。

同 面皮《めんぴ》を剝《は》ぐ。

釣《つ》り合《あ》わぬは不縁《ふえん》の元《もと》

⇩ 似合《にあ》わぬは不縁《ふえん》の元《もと》

釣《つ》り落《お》とした魚《さかな》は大《おお》きい

⇩ 逃《に》がした魚《さかな》は大《おお》きい

釣《つ》り鐘《がね》に蜂《はち》

釣《つ》り鐘《がね》を蜂《はち》がさしてもなんともないように、なんの痛みも感じない、なんともないということのたとえ。

同 釣《つ》り鐘《がね》を蜂《はち》が刺《さ》す。

釣《つ》りする馬鹿《ばか》に見《み》る阿呆《あほう》

魚釣りをしている人ものんきだが、それを見ている人もまたのんきである。釣りに夢中《むちゅう》な人をあざけっていうことば。

類 踊《おど》る阿呆《あほう》に見《み》る阿呆《あほう》。

鶴《つる》の一声《ひとこえ》

大勢で議論してもまとまらないようなときに、権威《けんい》ある人のことばによって決定してしまうこと。また、そのような人の短い一言のたとえ。

短文 会社にとって重大なあの件は、社長の鶴の一声で決まってしまった。

同 雀《すずめ》の千声《せんこえ》鶴《つる》の一声《ひとこえ》。

鶴《つる》は千年亀《せんねんかめ》は万年《まんねん》

鶴《つる》は千年、亀《かめ》は万年も生きるという中国の伝説から、長寿《ちょうじゅ》でめでたいこと。

て テ

亭主《ていしゅ》の好《す》きな赤烏帽子《あかえぼし》

一家の主人の好みには、それがどんなことであっても妻や家族はしたがうというたとえ。

参考 「烏帽子《えぼし》」は、むかし公家《くげ》や武士がかぶった帽子《ぼうし》の一種。ふつうは黒色。「赤《あか》烏帽子《えぼし》」は特異なことのたとえ。

類 亭主《ていしゅ》の好《す》きな赤鰯《あかいわし》。

亭主《ていしゅ》を尻《しり》に敷《し》く

妻が夫よりもいばっていて、自分の思うとおりにふるまうことのたとえ。

会話 「あたしはよく人から気が強いって言われるのよ。」「そうでしょう。あなたが結婚《けっこん》したら、きっと亭主をしりに敷くでしょうね。」

泥中《でいちゅう》の蓮《はす》

泥《どろ》の中で蓮《はす》が清らかな花をさかせるように、周囲の悪い環境《かんきょう》にそまらずに正しく生きること、また、そのような人のたとえ。

〔出典『維摩経《ゆいまきょう》』〕

短文 このさわがしいクラスで、いつも真剣《しんけん》に勉強に取り組んで成績抜《ばっ》群《ぐん》のAさんは、まさに泥中の蓮だ。

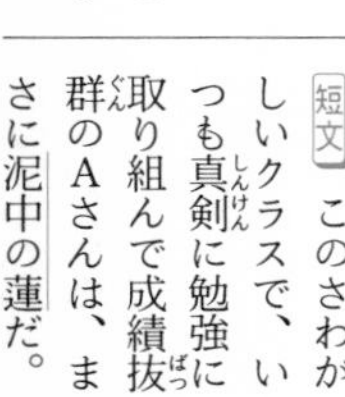

泥の中にさくはすの花

手《て》が上《あ》がる

習いごとや勝負ごとなどの力が向上する。うまくなる。腕《うで》が上がる。

短文 母の入院が長びいて、姉の料理の手が上がった。

手《て》が空《あ》く

仕事などが終わったり、一段落したりして、ひまができる。

短文 家事の手が空くと、母はいつもぼくの勉強を見てくれる。

類 手《て》が透《す》く。

対 手《て》が塞《ふさ》がる。

手《て》が掛《か》かる

細かい手間がかかる。また、いろいろと世話がやける。

短文 母は、小さい弟に手がかかるので当分の間は、趣味《しゅみ》の旅行にも行けない状態です。

手《て》が切《き》れる

今までの関係がなくなる。縁《えん》が切れる。

「手」が語中にくることば

赤子の手を捻《ひね》る ⇩ 七ページ
一挙手一投足 ⇩ 四三ページ
打つ手が無い ⇩ 六一ページ
飼《か》い犬に手を噛《か》まれる ⇩ 八四ページ
痒《かゆ》い所に手が届く ⇩ 一〇二ページ
口も八丁手も八丁 ⇩ 一三六ページ
上手の手から水が漏《も》る ⇩ 一九六ページ
その手は桑名《くわな》の焼《や》き蛤《はまぐり》 ⇩ 二二〇ページ
手を翻《ひるがえ》せば雲となり手を覆《くつがえ》せば雨となる ⇩ 二五四ページ
濡《ぬ》れ手で粟《あわ》 ⇩ 二八九ページ
猫《ねこ》の手も借りたい ⇩ 二九一ページ
喉《のど》から手が出る ⇩ 二九五ページ
火の手が上がる ⇩ 三三五ページ
胸に手を当てる ⇩ 三六八ページ

短文 あの不良仲間と手が切れてほんとうによかった。

手《て》が込《こ》む

①つくり方が複雑でうまい。②物事が入り組んでいる。

短文 ①この機械は手の込んだ仕掛《しか》けがたくさんついている。②近ごろは推理小説まがいの手の込んだ犯罪がふえている。

手《て》が透《す》く

仕事などが終わったり、一段落したりしてひまができる。

短文 勉強の手がすいたら、ちょっとお買い物に行ってね。

類 手《て》が空《あ》く。

対 手《て》が塞《ふさ》がる。

手《て》が足《た》りない

働く人が不足している。人手が足りない。

短文 手が足りないので出前はできないという飲食店が多くなった。

手《て》が付《つ》けられない

度が過ぎていて、うまくとりはからう方法がない。どうしようもない。

短文 あいつの乱暴には、先生も手が付

けられないとなげいていたよ。

手《て》が出《で》ない

①むずかしくて自分の能力ではどうにもならない。②なにかをしようとする気が起きない。

短文 ①この数学の問題、むずかしくて手が出ないよ。②勉強がいそがしくて、テニスまで手が出ないわ。

手《て》が届《とど》く

①注意が細かいところまでゆきわたる。②自分の力でできる範囲《はんい》内である。③もうすぐそのようになる。

短文 ①すみずみまで手が届いたかれの仕事ぶりに感心した。②あの洋服、高くてとても手が届かない。③うちの祖父はもう八〇に手が届く。

手《て》が無《な》い

①物事を解決したり成功させたりするためのうまい手段や方法がない。打つ手がない。②働く人がいない。また、働く人が足りない。

短文 ①いろいろやってみたが、これ以上はさがす手がないよ。ミケのことはあきらめよう。②うちでは手がないので、その仕事は引き受けられません。

手《て》が長《なが》い

ぬすみぐせがあることのたとえ。手くせが悪い。

短文 あいつは手が長いといううわさだから、気をつけてつきあうことにしよう。

手《て》が離《はな》せない

やりかけていることがあって、ほかのことができない。

短文 今、揚《あ》げ物をしていて手が離せないから、あなた電話に出てちょうだい。

手《て》が離《はな》れる

①子供が大きくなって世話をやく必要がなくなる。②あることが終わって、それをしなくてもよくなる。

短文 ①母は、子供の手が離れたからといって、パートに出ることになった。②宿題から手が離れたのでゆっくり遊ぶことにしよう。

手《て》が早《はや》い

①すぐに暴力をふるう。②物事をすることが早い。仕事が早い。

短文 ①おまえは手が早いからみんなこわがっているよ。②かれは手が早いからしめ切りにはまちがいなく間に合うよ。

手《て》が塞《ふさ》がる

やりかけていることがあって、ほかのことができない。

会話 「お買い物に行ってよ。」「勉強中で手がふさがってます。残念でした。」

対 手《て》が空《あ》く。手《て》が透《す》く。

手《て》が回《まわ》らない

ほかのことをやるゆとりがない。

短文 入試の勉強に追われていて、読書にまで手が回らなかった。

手《て》が回《まわ》る

犯人をつかまえるため、警察などの手配

がゆきとどく。
短文 犯人は、手が回ったのを知って自首したらしい。

敵《てき》は本能寺《ほんのうじ》にあり

表面の目的とは別に、ほんとうの目的が別のところにあるということ。

故事 むかし、明智光秀《あけちみつひで》は主君織田信長《おだのぶなが》から、中国地方の毛利《もうり》をせめている羽柴秀吉《はしばひでよし》の援軍《えんぐん》を命じられて中国地方に向けて出陣《しゅつじん》したとき、主君にそむいて途中《とちゅう》で軍を返し、「敵は本能寺にあり。」と京都の本能寺にいた信長を急襲《きゅうしゅう》してほろぼした。〔出典『日本外史《にほんがいし》』〕

敵《てき》も猿《さる》もの引《ひ》っ掻《か》くもの

敵または相手もさすがに実力があるとみとめるときに言うことば。
会話「優勝戦らしく、なかなか先取点がうばえないな。」「敵も猿もの引っかくものだ。よく守っているよ。」

参考「さるもの」は、「さある者」(=さすがなもの)ということ。同音で「猿《さる》」をあてはめ、猿の得意技《わざ》の「ひっかく」を加えた語呂《ごろ》合わせ。

手《て》ぐすねを引《ひ》く

じゅうぶんに用意して待ちかまえる。
短文 いつでもきみの挑戦《ちょうせん》を受けるつもりで、こちらも手ぐすねを引いて待っている。簡単には勝たせないぞ。

手癖《てくせ》が悪《わる》い

ぬすみぐせがある。盗癖《とうへき》がある。
短文 よく物がなくなるのはだれか手癖が悪いやつがいるからだ。

手心《てごころ》を加《くわ》える

そのときの事情によってゆるやかにとりはからう。手加減する。
短文 出席数が不足したが、母の看病《かんびょう》ということで手心が加えられ合格した。

挺子《てこ》でも動《うご》かない

てこを使っても動かないということから、どんなことがあってもその場を動かない。また、決心を変えないたとえ。
短文 ぼくの話を聞いてくれるまで、ここからてこでも動かないぞ。
参考「挺子《てこ》」は、小さい力で重い物を動かすときに使う棒。重い物の下にさしこんでおし上げる。

（て　こ）

手塩《てしお》に掛《か》ける

自分でめんどうをみて大切に育てる。
会話「お父さん、わたしがお嫁《よめ》にいくときは泣きますか。」「手塩に掛けた娘《むすめ》だもの、泣かない自信はないな。」

出《で》たとこ勝負《しょうぶ》

計画や見通しを持たず、その場その場のなりゆきや結果にしたがって物事を決めること。
短文 いくら学力があっても入試は出たとこ勝負というわけにはいかない。早くから準備しておかないと失敗するぞ。

手玉《てだま》に取《と》る

お手玉を自由にあやつることから、自分の思うままに相手をあやつる。

短文 あれだけ実力がちがうと、まともな剣道《けんどう》の試合にはならず、簡単に手玉に取られてしまった。

徹頭徹尾《てっとうてつび》

最初から最後まで。あくまで。どこまでも。〔出典『朱子語類《しゅしごるい》』〕

短文 わたしたちの意見をまったく無視した議案には徹頭徹尾反対しますよ。

鉄《てつ》は熱《あつ》いうちに打《う》て

鉄は熱いうちに打って鍛《きた》えることから、人間も若いうちに教育しておくことが大切である。年を取ってからでは効果があがらない。何事も時機が大切であるという教え。

〔参考〕 西洋のことわざ。Strike while the iron is hot. の訳語。

類 好機逸《こうきいっ》すべからず。

鉄砲玉《てっぽうだま》の使《つか》い

発射されたらもどってこない鉄砲《てっぽう》の弾《たま》のように、行ったままもどってこない使い。

短文 あの子ったら豆腐《とうふ》一丁買いに行かせたのに、鉄砲玉の使いでほんとに役に立たなくてこまるわ。

手取《てと》り足取《あしと》り

細かいところまで、相手によく理解させるようにていねいに教えるようす。

短文 ぼくはコーチに手取り足取り教えてもらったおかげでテニスが上達した。

手鍋《てなべ》を提《さ》げても

好きな男と結婚《けっこん》できるならどんな貧乏《びんぼう》ぐらしもいとわないということ。

〔参考〕「手鍋《てなべ》」は、つるのあるなべ。

手《て》に汗《あせ》を握《にぎ》る

はらはらしたり心がたかぶったりするようす。

短文 あの映画のラストのところは、手に汗を握るシーンの連続だった。

手《て》に余《あま》る

自分の力ではうまく処理できない。もてあます。

短文 弟の乱暴は、わたしの手に余る。

類 力《ちから》に余《あま》る。手《て》に負《お》えない。

手《て》に入《い》れる

自分のものにする。所有する。

短文 兄は、ほしがっていたカメラをやっと手に入れて満足のようすだった。

手《て》に負《お》えない

自分の力では問題を解決することができない。処理できない。

短文 兄のぐうたらをどうにかしろって言ったって、ぼくの手に負えないよ。

類 手《て》に余《あま》る。

手《て》にする

①手で持つ。手に取る。②自分のものにする。手に入れる。

短文 ①先生は手にした棒で黒板をさして説明した。②念願の金メダルを手にした選手は涙を流して喜んだ。

手《て》に付《つ》かない

気になることがあって、そのことに集中できない。

短文 母は姉の入試が心配で家事が手に付かないようだ。

手《て》に取《と》るように

すぐ近くにあるように、はっきり見えたり聞こえたりするようす。

短文 そんなおせじを言ったって、おまえがほんとうはお小遣《こづか》いをほしがっているくらい、お母さんには手に取るようにわかっているのよ。

手《て》に乗《の》る

相手のはかりごとにひっかかる。だまされる。

短文 セールスマンの手に乗って、高い学習教材を買わされてしまった。

手《て》の内《うち》

心の中に持っている考えや計画。

短文 やればできる、なんておだてる母の手の内はよくわかるが、しかたがない、これからは勉強にうちこむよ。

手《て》の裏《うら》を返《かえ》す

急にそれまでとまったく反対の態度をとる。手のひらを返す。

短文 困っているときはあんなに助けてやったのに、うまくいきだしたら手の裏を返すように知らんぷりだ。

同 掌《たなごころ》を返《かえ》す。

手《て》の舞《ま》い足《あし》の踏《ふ》む所《ところ》を知《し》らず

あまりにうれしくて、とび上がるような、からだが宙《ちゅう》にういているようなようす。有頂天《うちょうてん》になって我を忘れているようす。

〔出典『礼記《らいき》』〕

短文 むりだといわれた志望校に一発で合格したかれは、手の舞い足の踏む所を知らずというようすだった。

類 欣喜雀躍《きんきじゃくやく》。

手《て》の奴《やっこ》足《あし》の乗《の》り物《もの》

召使《めしつかい》のかわりに自分の手を使い、乗り物のかわりに自分の足で歩くということから、なんでも自分の力でやり、他人にたよらないことのたとえ。

参考 「奴《やっこ》」は、むかし武士に使われた男。

手《て》八丁《はっちょう》口《くち》八丁《はっちょう》

⇩ 口《くち》も八丁《はっちょう》手《て》も八丁《はっちょう》

出端《でばな》を挫《くじ》く

なにかを始めようとしたときにじゃまをして、意気ごみをなくさせる。

短文 相手の出端をくじけば、勝利のチャンスがある。先取点が絶対だぞ。

参考 「出端」は「出鼻」とも書く。

手前《てまえ》味噌《みそ》

自分で作ったもの、または自分でしたことをほめること。自慢《じまん》すること。

短文 手前みそみたいではずかしいが、われながらこの絵はよくかけたと思うよ。

参考 「手前味噌《みそ》」は自分の手製のみそのこと。自分で作ったみそをうまいと自慢することからのたとえ。

類 自画自賛《じがじさん》。

デマを飛《と》ばす

根拠《こんきょ》のないいいかげんなうそいつわりを言いふらす。

短文 だれだい、ぼくがあの子が好きだなんてデマを飛ばすのは。やめてくれないか。彼女《かのじょ》が迷惑《めいわく》するよ。

手《て》も足《あし》も出《で》ない

自分の力では、どうにもできない。

短文 今度のテストはむずかしすぎて、まったく手も足も出なかったよ。

寺《てら》の隣《となり》に鬼《おに》が住《す》む

慈悲《じひ》深い仏のいる寺のそばにも冷酷《れいこく》な鬼《おに》がいるように、世の中にはやさしい人のそばに意地悪でいやな人がいることがあるというたとえ。

出《で》る杭《くい》は打《う》たれる

能力が人よりすぐれた者は、他人からにくまれるものだというたとえ。また、出しゃばった行動をする者は、人に文句を言われたり反対されたりするものだというたとえ。

短文 出るくいは打たれるで、おれに才能がありすぎるからみんなからにくまれてしまうのかなあ、あははは。

同 差《さ》し出《で》る杭《くい》は打《う》たれる。出《で》る釘《くぎ》は打《う》たれる。

出《で》る幕《まく》が無《な》い

そこに出たり、自分の力をあらわしたりする場面がない。

短文 けんかの仲裁《ちゅうさい》を買って出たのに、もう仲直りしたっていうんだから、ぼくの出る幕がなくなってしまった。

語源 芝居《しばい》で、一幕めも二幕めにもその役者の出演する場面がないことから。

手《て》を上《あ》げる

①なぐろうとして手をふり上げる。②自分の力では、これ以上どうすることもできない。降参する。③上達する。うまくなる。

短文 ①お兄さんに手を上げてはいけませんよ。②弟に勉強を教えていたが、まるっきりやる気がないので手を上げてしまったよ。③かれはこのごろ習字の手を上げてきた。

手《て》を入《い》れる

だいたいできあがったものを、よりよくするために修正したり補足したりする。

短文 きのう書いた宿題の作文をもう一度読み返して手を入れてから出した。

類 手《て》を加《くわ》える。

手《て》を打《う》つ

①物事がうまくいくように必要なことをする。②話し合いに決着をつける。まとめる。

短文 ①叔父《おじ》は、姉の就職のためにすでに手を打っておいたと言った。②この値段でおたがいに手を打とうではありませんか。

手《て》を変《か》え品《しな》を変《か》え

さまざまに方法を変えてやってみる。

短文 かれを説得しようと手を変え品を変えてみんなでやってみたが、かれがあんまりがんこなのでうまくいかなかった。

手《て》を変《か》える
やり方を変える。
短文 しかるだけではだめ。手を変えてたまにはおだててみるのもやる気を出させる方法です。

手《て》を掛《か》ける
①こまごまとした世話や作業をする。②手出しをする。ぬすみをする。
短文 ①この船の模型には、ものすごく手をかけたんだから、よく見てよ。②人のものに手をかけるなんてとんでもないやつだ。

手《て》を貸《か》す
人の手だすけをする。手伝う。
短文 きょうの掃除《そうじ》当番は欠席が三人もいるので、ぼくも手を貸そうと思う。
対 手《て》を借《か》りる。

手《て》を切《き》る
今までの関係を断つ。縁《えん》を切る。
短文 悪い先輩《せんぱい》と手を切れと先生からいつも言われている。

手《て》を下《くだ》す
自分が直接にそのことをする。
短文 あの親分は自分では手を下さず、手下に悪いことをさせてもうけている。

手《て》を加《くわ》える
作品や作業をもっとよくするために補ったり改めたりする。
短文 母にちょっと手を加えてもらったら、うそのようにおいしい味になった。
類 手《て》を入《い》れる。

手《て》を拱《こまぬ》く
うまい方法や手段がなくて、なにもできないまま見ている。
短文 たしかにむずかしいけれども、手をこまぬいているだけじゃなにも始まらないぞ。
参考 「拱《こまぬ》く」は、腕《うで》組みをすることで、手を出さないという意味。「こまねく」とも読む。
類 腕《うで》を拱《こまぬ》く。手《て》を束《つか》ねる。

手《て》を染《そ》める
ある物事をやりはじめる。また、そのことに関係する。
短文 祖父は若いころからいろいろな事業に手を染めてほとんど成功した。
類 手《て》を着《つ》ける。手《て》を出《だ》す。

手《て》を出《だ》す
①ある物事に関係する。やりはじめる。②けんかをする。暴力をふるう。
短文 ①なんでもおまえはすぐ手を出すけど、あきっぽくて長続きしたためしがないんだから。②世話になった人に手を出すなんて人間のくずだ。
類 ①手《て》を染《そ》める。①手《て》を着《つ》ける。

手《て》を束《つか》ねる
どうしてよいか、うまい方法や手段がなく、手を出せない。
短文 あんまりむずかしい問題なので、ただ手をつかねるしかなかった。
類 手《て》を拱《こまぬ》く。腕《うで》を拱《こまぬ》く。

手《て》を尽《つ》くす

できるかぎりの方法や手段をとる。

短文 手を尽くしてさがしてみたが、犬の行方《ゆくえ》はわからなかった。

手《て》を着《つ》ける

ある物事をやりはじめる。着手する。

短文 手を着けたことは最後までやりとげなさい。根気が大切ですよ。

参考 「手《て》を付ける」とも書く。

類 手《て》を染《そ》める。手《て》を出《だ》す。

手《て》を握《にぎ》る

共通の目的のために協力する。

短文 利害が対立する面もあるが、このさいかれらと手を握ったほうが得だ。

手《て》を抜《ぬ》く

やらなければいけない手間や作業をはぶいていいかげんにする。

短文 かれは味にうるさいので、少しでも料理の手を抜くとすぐにわかってしまう。

手《て》を引《ひ》く

今までやっていたことからしりぞき、やめてしまう。

短文 もうすっかりいやになったから、この計画からぼくは手を引くよ。

手を翻《ひるがえ》せば雲《くも》となり 手《て》を覆《くつがえ》せば雨《あめ》となる

手のひらをかえしただけで変わってしまうことから、人情の変わりやすさ、友情のもろさのたとえ。

語源 唐《とう》の詩人、杜甫《とほ》が、厚い友情で結ばれていた管仲《かんちゅう》と鮑叔《ほうしゅく》の友情にくらべて、人間関係がもろくなっていることをなげいた詩の一節のことば。

〔出典 杜甫《とほ》『貧交行《ひんこうこう》』〕

手《て》を広《ひろ》げる

今やっていることのほかに、新しいことを並行《へいこう》してやる。

短文 ピアノとバレエを習っているのにフランス語も習おうなんて、そんなに手を広げてもだいじょうぶかなあ。

手《て》を回《まわ》す

①物事がうまくいくように、関係者の同意や協力をとりつける。②いろいろとしらべる。さぐる。

短文 ①父が早めに関係者に手を回したおかげで就職口がきまった。②警察が脱《だっ》走《そう》犯の立ち寄りそうな先にすでに手を回していた。

手《て》を結《むす》ぶ

共通の目的のために協力する関係を作る。

短文 超《ちょう》大国が手を結んで、世界平和のためにつくしてもらいたい。

手《て》を焼《や》く

何度もめんどうをかけるので、あつかい方や処置にこまる。

短文 先生は、手を焼いた生徒ほど覚えているものだ。

手《て》を緩《ゆる》める

きびしくしていたことを、少しゆるやかにする。

短文 犯人のからだのぐあいがよくないので、刑事《けいじ》は追及《ついきゅう》の手を緩めた。

手《て》を煩《わずら》わす

ほかの人にめんどうをかける。

短文 うちの祖父がたおれて、ご近所の手を煩わすことになってしまった。

天衣無縫《てんいむほう》

（天人の着物には縫《ぬ》い目のような作られたあとがないということから）①人の性格や言動にかざり気や見せかけのものがなく、あけっぴろげでしかも純粋なようす。天真爛漫《てんしんらんまん》。②詩歌・文章などでわざとらしさがなく、自然で美しく、しかも完成されているようす。

〔出典『霊怪録《れいかいろく》』〕

天下《てんか》の憂《うれ》いに先立《さきだ》ちて憂《うれ》い 天下《てんか》の楽《たの》しみに後《おく》れて楽《たの》しむ

政治家・指導者は、天下国家の問題を国民より先に心配し解決して、国民が喜ぶのを見てから楽しむべきだという教え。

語源 中国の范仲淹《はんちゅうえん》の文章の一節で政治家の心得を述べたもの。

〔出典『岳陽楼記《がくようろうのき》』〕

同 先憂後楽《せんゆうこうらく》。

伝家《でんか》の宝刀《ほうとう》

強い力があるため、いざというときのほかはめったに使わないものや手段。

短文 あの力士には、今まで何度か強敵をたおした内掛《うちが》けという伝家の宝刀がある。そのわざがきょうの決戦に出るかどうか。

参考 「伝家」は代々家に伝わっていること。「宝刀」は家宝の名刀。

天下晴《てんかは》れて

だれにも遠慮《えんりょ》する必要がなく。堂々と大手をふって。

短文 やっと親の了解《りょうかい》を得て、兄は天下晴れて彼女《かのじょ》と結婚することになった。

天下分《てんかわ》け目《め》

天下を、自分が取るか、敵に取られるかの分かれ目。最高の地位をかけた争いの勝ち負けの決まるとき。

短文 大学王座と社会人王座の両チームが、実力日本一をかけた天下分け目の試合がはじまった。

同 天下分《てんかわ》け目《め》の関《せき》が原《はら》。

天下《てんか》を取《と》る

天下の最高の権力者となる。政権をにぎる。また、その道での第一人者としての地位を得る。

短文 徳川家康《とくがわいえやす》が天下を取って武家政治の基礎《きそ》をかためた。

天機泄《てんきも》らすべからず

重大な秘密は、絶対に人にもらしてはいけないといういましめ。また、重大な秘密だから話せないということ。

会話 「クラス替《が》えの結果を教えろって言ったって、天機泄らすべからずさ。」「そんな大げさなことじゃないでしょ。」

参考 「天機」は天の神の機密（＝秘密）。転じて、重大な秘密の意。

天狗《てんぐ》になる

うぬぼれる。いい気になって自慢《じまん》する。

短文 高校にはいったら成績は中ほど、中学時代は一番ということで、天狗になっていたことを思い知らされた。

参考 「天狗《てんぐ》」は神通力を備えた鼻が高い妖怪《ようかい》で、悟《さと》りもしないのに悟ったと思って、思い上がっている僧《そう》などがなると言われたことから、じゅうぶんな力もないのにうぬぼれている人をさしていう。

（てんぐ）

天災《てんさい》は忘《わす》れた頃《ころ》にやって来《く》る

台風や洪水《こうずい》、地震《じしん》などの自然の災害は、その被害《ひがい》のおそろしさを忘れたころふたたび起こる。油断せずふだんから用心して備えておかなければならないといういましめ。

同 災害《さいがい》は忘《わす》れた頃《ころ》にやって来《く》る。

天井《てんじょう》から目薬《めぐすり》

回りくどい手段を用いて少しも効果が上がらないことのたとえ。

短文 いつも遅刻《ちこく》する生徒に「重役出勤だね。」などと言っても天井から目薬だよ。びしっとしかりつけなくっちゃ効果はないよ。

同 二階《にかい》から目薬《めぐすり》。

天井知《てんじょうし》らず

物価や相場などが上がり続けてどこまで上がるかわからないこと。

短文 最近の土地ブームで、土地の値段は天井知らず、この辺では一坪《つぼ》五〇〇万円なんてまだ安いほうだ。

類 鰻登《うなぎのぼ》り。

天上天下唯我独尊《てんじょうてんげゆいがどくそん》

この世界で自分より尊いものはないということ。人間の尊厳《そんげん》を説いたもの。

語源 釈迦《しゃか》が生まれたとき、一方の手で天を指し、もう一方の手で地面を指し、ぐるりと七歩歩み、四方を見回して言ったということば。〔出典『長阿含経《ちょうあごんきょう》』〕

天知《てんし》る神知《しんし》る我知《われし》る子知《しし》る

不正や悪事は、いつかは必ず世間の人に知られるといういましめ。

故事 中国の後漢《ごかん》の時代、楊震《ようしん》のところに王密《おうみつ》という人物が、夜中にこっそり賄《わい》賂《ろ》を持ってきて、だれも知らないから受け取るよう勧《すす》めた。楊震は「天と神が知っているし、私とあなたも知っている。どうして知らないと言うのか。」と言って、秘密に不正を行っても必ず世間に知れるといましめたという。〔出典『後漢書《ごかんじょ》』〕

同 天知《てんし》る地知《ちし》る我知《われし》る人知《ひとし》る。四知《しち》。

天真爛漫《てんしんらんまん》

生まれつきの純粋《じゅんすい》な心のままに、明るくむじゃきなようす。

短文 天真爛漫なあの子がいると、暗いこの部屋が明るくなったみたいね。

転石苔《てんせきこけ》を生《しょう》ぜず

①活発に活動している人は時代おくれにならないというたとえ。②転職や転居をくり返すような人は、地位や財産などを築くことができないというたとえ。

〔参考〕西洋のことわざ。A rolling stone gathers no moss. の訳語。
同 転《ころ》がる石《いし》には苔《こけ》が生《は》えぬ。

天高《てんたか》く馬肥《うまこ》ゆ

秋になると、空もすんで高く晴れわたり、気候もよく馬の飼料《しりょう》も豊かになるので、馬も元気にたくましく肥えてくる。よい天気の日が多く、さわやかでしのぎやすい秋の気候を表すことば。
短文 天高く馬肥ゆる秋、行楽にスポーツに、そして読書に最適の季節だ。
同 秋高《あきたか》く馬肥《うまこ》ゆ。天高肥馬《てんこうひば》。秋高肥馬《しゅうこうひば》。
類 天高《てんたか》くして気清《きよ》し。

天地《てんち》は万物《ばんぶつ》の逆旅《げきりょ》

天地はあらゆるものが宿っては旅立っていく宿屋のようなものである。天地は永遠に変わらずに存在するが、それに比べて、人間をふくめたすべてのものははかなく移ろいやすいことを述べたことば。
語源 人生の短さ、この世のはかなさをよんだ漢詩の一節から出たことば。《原文》それ天地《てんち》は万物《ばんぶつ》の逆旅《げきりょ》にして、光陰《こういん》は百代《はくたい》の過客《かかく》なり（＝歳月は永遠に歩き続ける旅人のようなものである）。
〔出典 李白《りはく》『春夜宴桃李園序《しゅんやとうりえんにえんするのじょ》』〕
参考 「逆旅《げきりょ》」は旅館、宿屋の意。松尾芭蕉《まつおばしょう》の『奥の細道《おくのほそみち》』の冒頭にある有名な一節、「月日は百代の過客にして、行き交《か》ふ年もまた旅人なり」は、この李白の詩によったもの。

天地《てんち》を動《うご》かし鬼神《きじん》を感《かん》ぜしむ

詩は不動の天地をも動かし、人の心を持たない鬼《おに》をも感動させるということで、詩歌の力のひじょうに大きいことを述べたことば。
〔出典『詩経《しきょう》』〕
参考 このことばは、『古今和歌集《こきんわかしゅう》』の序文《じょぶん》に引用され、「力をもいれずして天地《あめつち》を動かし、目に見えぬ鬼神《おにがみ》をもあはれと思はせ」とある。

点滴石《てんてきいし》を穿《うが》つ ⇩ 雨垂《あまだ》れ石《いし》を穿《うが》つ

天道様《てんとうさま》と米《こめ》の飯《めし》は何処《どこ》へでも付《つ》いて回《まわ》る

太陽の照らない所がないように、人はどこへ行ってもなんとか食べていけるものだ。あまりくよくよするなということ。
同 米《こめ》の飯《めし》と天道様《てんとうさま》は何処《どこ》へ行《い》っても付《つ》いて回《まわ》る。

天《てん》に在《あ》らば比翼《ひよく》の鳥《とり》 地《ち》に在《あ》らば連理《れんり》の枝《えだ》

夫婦が深く愛し合い、たがいにはなれがたく結びついていることのたとえ。
語源 中国の唐《とう》の玄宗《げんそう》皇帝と楊貴妃《ようきひ》のロマンスをよんだ漢詩の一節から出たことば。《原文》天《てん》に在《あ》りては願《ねが》わくは比翼《ひよく》の鳥《とり》とならん。地《ち》に在《あ》りては願《ねが》わくは連理《れんり》の枝《えだ》とならん。
〔出典 白居易《はくきょい》『長恨歌《ちょうごんか》』〕
参考 「比翼の鳥」は目と翼《つばさ》が一つずつしかないので、雌雄《しゆう》一体になって飛ぶという伝説上の鳥。「連理の枝」は、二本の木でありながら枝が一つにくっついて合体している木。
同 比翼連理《ひよくれんり》。連理《れんり》の契《ちぎ》り。

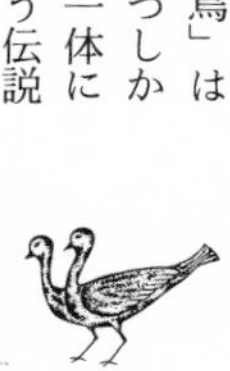
（比翼の鳥）

（連理の枝）

天《てん》に唾《つばき》す

天に向かって唾《つば》をはくと、その唾が落ちてきて自分の顔にかかるように、他人に害を加えようとして、かえって自分がひどい目にあうというたとえ。
同 天《てん》に向《む》かって唾《つば》を吐《は》く。仰《あお》いで唾《つば》を吐《は》く。
類 寝《ね》て吐《は》く唾《つば》は身《み》にかかる。

天《てん》に二日《にじつ》無《な》し

天に太陽は一つしかないように、一つの国に君主や最高指導者は一人であって、二人いてはならないというたとえ。〔出典『礼記《らいき》』〕
参考 「二日」は二つの太陽の意。
同 天《てん》に二《ふた》つの日《ひ》無《な》し。
類 民《たみ》に二王無《におうな》し。地《ち》に二王無《におうな》し。

天《てん》に向《む》かって唾《つば》を吐《は》く

⇩ 天《てん》に唾《つばき》す

天王山《てんのうざん》

勝敗を決する大事な分かれめ。
短文 優勝するためには次の試合が天王山になる。チーム全員めいめいの力を出しつくして是が非でも勝利をもぎとるようがんばろう。
語源 豊臣秀吉《とよとみひでよし》が天王山（＝京都と大阪の間にある山）を占領《せんりょう》したことによって明智《あけち》光秀《みつひで》との戦いに勝利をおさめたことからいう。

天《てん》の時《とき》は地《ち》の利《り》に如《し》かず

戦いでは、天のあたえた絶好の機会も、地理的条件がすぐれていることにはかなわない。
語源 《原文》天《てん》の時《とき》は地《ち》の利《り》に如《し》かず、地《ち》の利《り》は人《ひと》の和《わ》に如《し》かず。〔出典『孟子《もうし》』〕

天《てん》の配剤《はいざい》

天は、善にはよい報《むく》いをあたえ、悪には罰《ばつ》を下すというように、それぞれの行いにふさわしい報いをあたえるということ。
短文 かれは一生懸命《けんめい》努力したから第一希望の高校へ、ぼくは遊んでいたから第三希望の高校へ。天の配剤はみごとだね。
参考 「配剤《はいざい》」は、薬の調合のこと。

天馬《てんば》空《くう》を行《ゆ》く

天に住む馬が自由に空をかけ回るように、考えや活躍《かつやく》ぶりがなにものにもとらわれず、自由で思いのままであるようす。
短文 かれのアイデアは常識にとらわれていないから生まれるのだ。いつもながら天馬空を行くという感じだね。

天罰覿面《てんばつてきめん》

悪事を働けば、その報《むく》いとして天の罰《ばつ》がすぐに現れるということ。
会話 「どうしたの、足をひきずって。けがでもしたの。」「うん、かれのまんがの本をとってにげたら道路工事のあなに落ちちゃってね。天罰てき面だよ。」
参考 「覿面《てきめん》」は、結果などがすぐに現れること。
類 天罰《てんばつ》は当《あ》たり次第《しだい》。

天《てん》は二物《にぶつ》を与《あた》えず

天の神様は、一人の人間に長所や美点ば

かりをあたえたりはしないという意味から、人間はだれでも長所もあれば短所もあり、美点もあれば欠点もあるということ。

会話「勉強ならクラスで一番のかれだが、スポーツはまるっきりだめだね。」「天は二物を与えずとはよくいったものだね。」

天《てん》は人《ひと》の上《うえ》に人《ひと》を造《つく》らず 人《ひと》の下《した》に人《ひと》を造《つく》らず

人間はもともと平等であり、身分の上下、財産の有無、家柄《いえがら》や職業などによって差別されることがあってはならないという教え。

語源 福沢諭吉《ふくざわゆきち》のことば。〔出典『学問《がくもん》のすすめ』〕

天《てん》は自《みずか》ら助《たす》くる者《もの》を助《たす》く

天は、他人の力にたよらず、自分自身の力で困難を乗りこえようと努力する者に力を貸し、幸福をあたえるということ。

短文 きみの人生を生きるのはきみ以外にない。だから、大きな困難に出会って、周りの人たちがいくら力を貸してくれても、きみがその困難を乗り越えようとしなければ、きみは自分の人生を生きることができない。天は自ら助くる者を助くというのは、ほんとうのことだよ。

参考 西洋のことわざ。Heaven helps those who help themselves. の訳語。

天秤《てんびん》に掛《か》ける

二つのうちどちらがすぐれているか、また、どちらを選べば得かを比較する。

会話「あなた、A君ともB君ともお付き合いしてるんだって。それで二人のうちどっちに決めるの。」「へんなこと言わないで。べつにてんびんに掛けているわけじゃないのよ。二人とも大切なお友達よ。」

参考「天秤《てんびん》」は、棒の真ん中を支点として、両端に皿《さら》をつけて、一方に物を乗せ他方に分銅を乗せて、重さをはかる道具。

同 秤《はかり》に掛《か》ける。

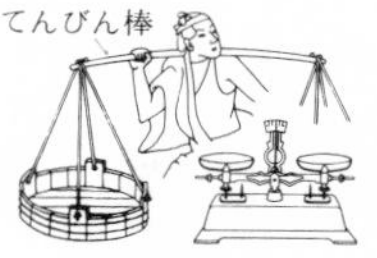

（てんびん）

天網恢々《てんもうかいかい》疎《そ》にして漏《も》らさず

万物にめぐらされている天の網《あみ》はあまりに大きく、その目はあらいようであっても、決して悪人を網の外にもらすことはない。悪事を働けば必ず天罰《てんばつ》が下るというたとえ。〔出典『魏書《ぎしょ》』〕

参考「天網《てんもう》」は、天が悪人をとらえるために張る網。「恢々《かいかい》」は、網の目のあらいこと。

同 天網恢々《てんもうかいかい》疎《そ》にして失《うしな》わず。

類 天網恢々《てんもうかいかい》逃《のが》るべからず。天網逃《てんもうのが》れ難《がた》し。

と ト

頭角《とうかく》を現《あらわ》す

多数の人の中で、学問や才能、腕前《うでまえ》などが、他の人々より一段とすぐれてめだつようになる。

〔出典 韓愈《かんゆ》『柳子厚墓誌銘《りゅうしこうぼしめい》』〕

短文 かれは入学当時にはぱっとしなかったが、三年になってからめきめきと成績がのびて、頭角を現し始めた。
類 頭《あたま》を出《だ》す。

灯火《とうか》親《した》しむべし

秋はすずしく夜も長いので、灯火のもとで読書をするのがよいという教え。
〔出典 韓愈《かんゆ》『符読書城南《ふしょをじょうなんによむ》』〕

薹《とう》が立《た》つ

人が、あることをするのに適した年齢《ねんれい》を過ぎる。さかりを過ぎる。
短文 おや、このお見合い写真の女性、若作りだけどちょっと薹が立っているようだね。年はいくつだろう。
語源 「薹《とう》」は、ふきなどの花をつけるじく。それがのびすぎて食べごろが過ぎてしまうことからいう。

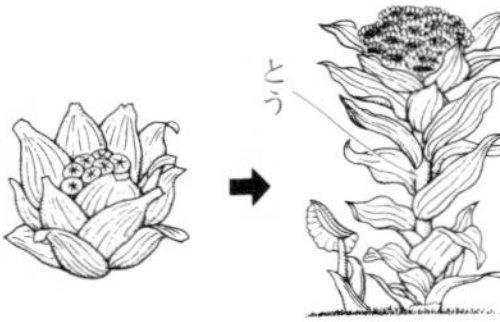

薹が立つと食べごろではなくなる。

堂《どう》が歪《ゆが》んで経《きょう》が読《よ》めぬ

自分の怠慢《たいまん》や失敗を他のもののせいにして言い訳をするたとえ。また、口だけ達者で実行のともなわないたとえ。
同 寺《てら》が曲《ま》がって経《きょう》が読《よ》めぬ。
類 地《ち》が傾《かたむ》いて舞《まい》が舞《ま》われぬ。

等閑《とうかん》に付《ふ》す

物事をいいかげんにしてほうっておく。なおざりにする。おろそかにする。
会話 「先日たのんだ仕事、いつになったらやってくれるんだい。」「いや、申しわけない。決して等閑に付しているつもりはないのだが、いそがしくてね。」

道義地《どうぎち》に墜《お》つ

人として守らなければならない道徳がすっかりすたれる。正義が世の中に行われなくなる。
短文 政治家が収賄《しゅうわい》事件を起こすなんて道義地に墜つとはこのことだ。
対 日月《じつげつ》は地《ち》に墜《お》ちず。

峠《とうげ》を越《こ》す

物事の最もさかんな時期が過ぎておとろえはじめる。また、最も重大な時期を乗りこえる。
短文 台風は通過して、風雨も峠を越したようだ。

桃源郷《とうげんきょう》

理想郷。世俗をはなれた別天地。
語源 陶淵明《とうえんめい》が作品の中でえがいた平和な理想郷を、のちに「桃源《とうげん》」と呼ぶようになったことから出たことば。中国の晋《しん》の時代、ある漁師が小舟で小川を上って行くと桃《もも》の林に迷いこんだ。さらに水源まで行ってみると、小さな洞穴《どうけつ》があり、その中にはいると、秦《しん》の乱を避《さ》けた人々の子孫が世の中の移り変わりもまったく知らず、平和にくらしていたという。
〔出典 陶淵明《とうえんめい》『桃花源記《とうかげんき》』〕
同 桃源《とうげん》。武陵桃源《ぶりょうとうげん》。

同工異曲《どうこういきょく》

音楽の演奏、あるいは、詩作や文章作成

の技巧や方法が同じでも、作品としての趣《おもむき》や味わいがちがうこと。転じて、少しはちがって見えても中身は同じこと。〔出典　韓愈《かんゆ》『進学解《しんがくのかい》』〕

短文　最近のクイズ番組はどれもこれも似たような内容で同工異曲だ。

類　大同小異《だいどうしょうい》。

同日《どうじつ》の論《ろん》にあらず

ちがいがひじょうに大きすぎて比較にならないということ。

語源　むかし、中国で、手柄《てがら》の有無や大小を論じて手柄にふさわしい賞を決めるとき、身分や手柄の内容の差によって日をあらためて行っていたことから。〔出典『史記《しき》』〕

同　同日《どうじつ》の談《だん》にあらず。

同床異夢《どうしょういむ》

同じ寝床《ねどこ》でいっしょに寝ていても異なる夢を見るように、いっしょに生活をしたり同じ仕事をしたりしていても、それぞれの考えや目的が異なっていて、心が一《いっ》致《ち》しないことのたとえ。

冬扇夏炉《とうせんかろ》 ⇩ **夏炉冬扇《かろとうせん》**

灯台《とうだい》下《もと》暗《くら》し

灯台はまわりを照らすが、台の真下は光が当たらず暗いように、身近なことにはかえって注意が行き届かず、案外わからないものだというたとえ。

短文　かくれんぼするときは、鬼《おに》の遠くにかくれるよりも近くにうまくかくれるほうがかえって見つからないよ。灯台下暗しだよ。

灯台の真下は暗い。

参考「灯台」は、油を入れた皿《さら》を乗せて、それに灯心を入れて明かりをともすむかしの照明器具。「灯明《とうみょう》台《だい》」ともいう。

類　提灯持《ちょうちんも》ち川《かわ》へはまる。

堂《どう》に入《い》る

学問や技術、腕前《うでまえ》などが申しぶんのないくらいに上達する。また、すっかり慣れて身に付いている。

会話「かれは、先生がたのもの真似《まね》、実にうまいね。」

「うん、一人一人の特徴をよくつかんでいて、堂に入っているよ。」

問《と》うに落《お》ちず語《かた》るに落《お》ちる

人からたずねられると用心をしてほんとうのことを言わないが、自分から話すときはうっかりほんとうのことを言ってしまうということ。

会話「きみは彼女《かのじょ》が好きなんだろ。」

「えっ、まさか、そんなことないよ。」

「そうかい。でも彼女は明るくてはつらつとしていて、だれからも好かれている。」

「そうだね。笑顔がかわいくて、チャーミングで、ぼくなんかにはとても。」

「ほらみろ、やっぱり好きなんだ。問うに落ちず語るに落ちるだ。」

同　語《かた》るに落《お》ちる。

**問《と》うは一旦《いったん》の恥《はじ》
問《と》わぬは末代《まつだい》の恥《はじ》**

知らないことを聞くのは無知をさらすこ

とになるのではずかしい思いをするが、それはその場限りの恥《はじ》であり、聞かないでいて無知のままでいることは、末代までの恥となるということ。知らないことはすなおに人に聞くほうがよいという教え。

[同] 聞《き》くは一時《いっとき》の恥《はじ》聞《き》かぬは一生《いっしょう》の恥《はじ》。

同病相憐《どうびょうあいあわれ》む

同じ病気をわずらっている者どうし、あるいは同じようなめぐまれない境遇《きょうぐう》にある者どうしは、たがいにその苦しみがよくわかるので、心が通じて同情し合うということ。〔出典『呉越春秋《ごえつしゅんじゅう》』〕

[短文] 成績がぱっとしない者どうしがなぐさめ合っても、それじゃ同病相憐むだ。それより励《はげ》まし合ってもっと勉強しなさい。

豆腐《とうふ》に鎹《かすがい》

やわらかい豆腐《とうふ》に鎹《かすがい》を打ちこむように、手ごたえや効き目がないことのたとえ。

[短文] きみに注意するのはこれで二〇回目だぞ。いくら言っても効き目がないな。豆腐に鎹とはこのことだ。

[参考]「鎹《かすがい》」は、木材をつなぎとめるコの字型のくぎ。

[類] 糠《ぬか》に釘《くぎ》。暖簾《のれん》に腕押《うでお》し。

東奔西走《とうほんせいそう》

目的を達成させるために、あちらこちらかけずり回ること。

[短文] 会社が倒産《とうさん》しそうなので、社長以下社員全員が資金集めに東奔西走している。

[参考]「奔」は、走り回ること。

道理《どうり》百遍《ひゃっぺん》義理《ぎり》一遍《いっぺん》

人の心を動かすには、ものの道理を何度もくり返し説くよりも、一度、まごころを持って相手につくし、心にうったえるほうが効きめがあるという教え。

桃李《とうり》もの言《い》わざれども下《した》自《おのずか》ら蹊《けい》を成《な》す

桃《もも》や李《すもも》は美しい花やおいしい実があるので、自分から招かなくても人が競ってやって来て、木の下には自然と小道ができるという意味から、りっぱな人格者のまわりには、その人を慕《した》って自然に人が集まってくるというたとえ。〔出典『史記《しき》』〕

[参考]「蹊《けい》」は、小道。

登竜門《とうりゅうもん》

通りぬけるのはむずかしいが、突破《とっぱ》すれば立身出世が約束《やくそく》されている関門のたとえ。

[短文] ショパンコンクールはピアニストの登竜門です。

[語源] 中国の黄河の上流に「竜門《りゅうもん》」と呼ばれる急流があり、ここを登った鯉《こい》は竜《りゅう》になるという伝説から出たことば。〔出典『後漢書《ごかんじょ》』〕

蟷螂《とうろう》の斧《おの》

弱い者が自分の力をわきまえず、無謀《むぼう》にも、強い者に立ち向かうことのたとえ。

[語源] かまきりが自分の力を考えず、大きな馬車の車輪に前足をふりかざして立ち向かったという話から生まれたことば。〔出典『韓詩外伝《かんしがいでん》』〕

〔参考〕「蟷螂」は、かまきり。「斧」は、この場合、かまきりの鎌《かま》の形をした前足のこと。

〔類〕泥鰌《どじょう》の地団駄《じだんだ》。

遠《とお》い親戚《しんせき》より近《ちか》くの他人《たにん》

遠くに住んでいる親類よりも、日ごろつき合いのある近くに住む他人のほうが、いざというときにはたよりになるということ。

〔短文〕おとなりの奥さんが入院なさったの。それで息子《むすこ》さんを、二、三日うちで預かることにしたのよ。遠い親戚より近くの他人というじゃない。おたがいに助け合わなくちゃね。

〔類〕遠水近火《えんすいきんか》を救《すく》わず。

十日《とおか》の菊《きく》六日《むいか》の菖蒲《あやめ》

菊《きく》は九月九日の重陽《ちょうよう》の節句に、菖蒲《あやめ》は五月五日の端午《たんご》の節句に必要とされるが、それが一日おくれに手にはいったのでは意味がないことから、必要とするときに間に合わなくて、役に立たないことのたとえ。

〔同〕六日《むいか》の菖蒲十日《あやめとおか》の菊《きく》。

〔類〕盆過《ぼんす》ぎての鯖商《さばあきな》い。夏炉冬扇《かろとうせん》。後《あと》の祭《まつ》り。証文《しょうもん》の出《だ》し遅《おく》れ。喧嘩過《けんかす》ぎての棒《ぼう》千切《ちぎ》り。

遠《とお》き慮《おもんぱか》り無《な》き者《もの》は必《かなら》ず近《ちか》き憂《うれ》い有《あ》り

遠い将来のことまでよく考えておかないと、近いうちに必ず急な心配事が起きるというういましめ。〔出典『論語《ろんご》』〕

〔同〕遠慮無《えんりょな》ければ近憂有《きんゆうあ》り。

遠《とお》きに行《ゆ》くは必《かなら》ず近《ちか》きよりす

物事を成しとげるには身近なことから始めて、順序を追って着実に進めなければならないという教え。〔出典『中庸《ちゅうよう》』〕

〔類〕千里《せんり》の行《こう》も足下《そっか》より始《はじ》まる。高《たか》きに登《のぼ》るには卑《ひく》きよりす。

遠《とお》くて近《ちか》きは男女《だんじょ》の仲《なか》

男と女とは一見遠い間柄《あいだがら》のようであっても、意外と結ばれやすいということ。

〔会話〕「あの二人、いつもけんかばかりしていたけど、結婚《けっこん》するんですって。」「まあ、遠くて近きは男女の仲ね。」

遠《とお》くの親戚《しんせき》より近《ちか》くの他人《たにん》

⇩ 遠《とお》い親戚《しんせき》より近《ちか》くの他人《たにん》

十《とお》で神童《しんどう》十五《じゅうご》で才子《さいし》二十過《はたちす》ぎれば只《ただ》の人《ひと》

幼いころにひじょうにすぐれた才能があるように見えた子供も、成長するにつれて意外に平凡《へいぼん》な人になってしまう例が多いということ。

〔参考〕「神童」は、人なみはずれた才能を持った子供のこと。「才子」は、才能や知恵《ちえ》がある人のこと。

度《ど》が過《す》ぎる

適当な程度をこす。度を過ごす。

〔短文〕スポーツでからだをきたえるのはよいが、度が過ぎるとかえって害がある。

時《とき》の氏神《うじがみ》

⇩ 挨拶《あいさつ》は時《とき》の氏神《うじがみ》

時《とき》は得難《えがた》くして失《うしな》い易《やす》し

よい機会というものはめったにやって来

ないものであり、たとえ来たとしても、失ってしまうことが多いから心せよというましめ。〔出典『史記《しき》』〕

短文　今の会社でくすぶっているよりも、たとえ小さな会社でも、力を十二分に発揮できる所のほうがよい。時は得難くして失い易し、今が転職のチャンスだ。

同　時《とき》は値《あ》い難《がた》くして失《うしな》い易《やす》し。

時《とき》は金《かね》なり

時間は金銭と同じように貴重なものであり、むだにしてはいけないということ。

短文　時は金なりというだろう。なにもしないでぶらぶらしていてはだめだよ。

参考　西洋のことわざ。Time is money. の訳語。

時《とき》は人《ひと》を待《ま》たず

⇩ 歳月《さいげつ》人《ひと》を待《ま》たず

度肝《どぎも》を抜《ぬ》く

ひじょうにおどろかせる。びっくりさせる。

短文　今度来た外人選手は、来日早々三打席連続ホームランを放って、プロ野球ファンの度肝を抜いた。

同　荒肝《あらぎも》を抜《ぬ》く。

度胸《どきょう》を据《す》える

どのようなことにもおそれないという決意を固める。覚悟《かくご》を決める。

短文　相手がどんなに強いチームだってかまわない。負けてもともと、度胸を据えて戦おう。

類　度胸《どきょう》を定《さだ》める。

時《とき》を稼《かせ》ぐ

物事を有利に進めるための準備などに必要な時間を得るために、別のことで時間を引きのばす。

短文　きょうの講演をしてくださる先生の到着《とうちゃく》が少しおくれるそうだから、司会者のほうで先生の経歴や業績をくわしく紹介《しょうかい》して、時を稼いでほしいとのことだ。

同　時間《じかん》を稼《かせ》ぐ。

毒食《どくく》わば皿《さら》まで

一度悪事を犯した以上は、徹底的《てっていてき》に悪事を働くということのたとえ。

会話　「きみは全問カンニングをしたんだね。なぜなんだい。」
「一つ二つ盗《ぬす》み見をしたら、毒食わば皿までという気になって、ついつい。」

徳孤《とくこ》ならず必《かなら》ず隣《となり》有《あ》り

徳のあるりっぱな人格者は孤立《こりつ》することなく、必ずその徳を慕《した》って集まってくる人がいるということ。〔出典『論語《ろんご》』〕

読書百遍《どくしょひゃっぺん》義《ぎ》自《おのずか》ら見《あらわ》る

書物というものはどんなむずかしいものでも、一〇〇回もくり返して読めば、理解しにくいところも、自然にその意味が理解できるということ。〔出典『魏志《ぎし》』〕

同　読書百遍意《どくしょひゃっぺんい》自《おのずか》ら通《つう》ず。

毒《どく》にも薬《くすり》にもならない

害にもならなければ益にもならない、あってもなくてもどちらでもよいようなつまらない人や物事のたとえ。

会話　「お茶やお花を習うことなんて、知ってても知らなくても、実生活とは関係のないことが多く、毒にも薬にもならないもののような気がするわ。」

「いや、そうじゃない。心がけしだいではすばらしい薬になるよ。」

類 沈香《じんこう》も焚《た》かず屁《へ》もひらず。

毒薬変《どくやくへん》じて薬《くすり》となる

毒薬が使い方によっては効きめのある薬になるように、害になるものが一転して益のあるものになることのたとえ。
同 毒薬変《どくやくへん》じて甘露《かんろ》となる。

とぐろを巻《ま》く

何人かの者が、一か所に集まって、特になにかをしているというようすでもなく、長い時間を過ごす。
短文 もうすぐ五時になる。きみたちいつまでも教室でとぐろを巻いていないで、早く帰宅しなさい。
参考 「とぐろ」は、蛇《へび》がからだをぐるぐると巻いているようすのこと。

毒《どく》を食《く》らわば皿《さら》まで

⇩ 毒食《どくく》わば皿《さら》まで

得《と》を取《と》るより名《な》を取《と》れ

お金などの利益を得ることよりも、名誉《めいよ》を得ることを選べという教え。

会話 「宝くじの賞金を全額福祉施設《ふくししせつ》に寄付した人が、『世間のお役に立てるのは名誉です。』と言ったそうだね。」

「得を取るより名を取れとはいうものの、なかなかできることじゃないよ。」

徳《とく》を以《もっ》て怨《うら》みに報《むく》ゆ

人に対してうらみに思うことがあっても、その人をにくんで仕返しなどをせずに、思いやりや恩恵《おんけい》をもって報《むく》いるということ。　〔出典『論語《ろんご》』〕
短文 けんか別れした相手であっても、徳を以て怨みに報ゆという気持ちで接すれば、仲直りができる。
同 怨《うら》みに報《むく》ゆるに徳《とく》を以《もっ》てす。恩《おん》を以《もっ》て怨《うら》みに報《ほう》ず。

毒《どく》を以《もっ》て毒《どく》を制《せい》す

悪をおさえるのに他の悪を利用することのたとえ。

床《とこ》に就《つ》く

①寝床《ねどこ》にはいる。寝る。②病気にかかって寝つく。
短文 ①もう夜中の一二時だ。そろそろ床につこう。②おじいさんは病気で長い間床についています。

床《とこ》の間《ま》の置物《おきもの》

地位が高くて、えらそうに見えるが、ほとんどなんの力もない人のたとえ。
短文 社長は床の間の置物だよ。実権はすべて副社長がにぎっているからね。

どこ吹《ふ》く風《かぜ》

人の言うことやすることなど、自分にはなんの関係もなく、関心もないというようす。
短文 親の心配や忠告もどこ吹く風、勉強もしないでアルバイトやら遊びやら、わが息子《むすこ》はこれでも受験生なのかね。

所《ところ》変《か》われば品《しな》変《か》わる

地方地方によって、風俗・習慣・言語な

どが異なるということ。

短文 同じうどんでも、東京と大阪ではつゆの味つけなどずいぶんちがう。これも所変われば品変わるの一つだろう。

類 所《ところ》変《か》われば木《こ》の葉《は》も変《か》わる。難波《なにわ》の葦《あし》は伊勢《いせ》の浜荻《はまおぎ》。

対 どこの烏《からす》も黒《くろ》さは変《か》わらぬ。

歳寒《としさむ》くして松柏《しょうはく》の凋《しぼ》むに後《おく》るるを知《し》る

寒い冬になると、他の草木はしおれて枯《か》れてしまうが、常緑樹は緑を保っているように、何事もないときにはわからなくても、困難に直面すると、その人のほんとうの価値がわかるということのたとえ。〔出典『論語《ろんご》』〕

参考 「松柏《しょうはく》」は、松《まつ》や柏《かしわ》などの常緑樹。

同 歳寒《さいかん》の松柏《しょうはく》。

年《とし》には勝《か》てない

年を取ると人はだれでも気力や体力がおとろえて、若いときのようにはからだが動かなくなるものだということ。

短文 体育祭で生徒といっしょにトラック一周を走ったが、どんどん引き離《はな》されてしまった。やはり年には勝てないよ。

泥鰌《どじょう》の地団駄《じだんだ》

弱い者が自分の力を考えずに、力の強いものに立ち向かうことのたとえ。

類 蟷螂《とうろう》の斧《おの》。竜《りゅう》の鬚《ひげ》を蟻《あり》が狙《ねら》う。小男《こおとこ》の腕立《うでた》て。

屠所《としょ》の羊《ひつじ》

屠所《としょ》に引かれていく羊のように、刻々と死が間近に迫ってきている者のたとえ。また、不幸な目に会って意欲や気力をなくした者のたとえ。〔出典『摩訶摩耶経《まかまやきょう》』〕

参考 「屠所」は、肉や皮をとるために牛や豚《ぶた》などを解体・処理する所。

類 生《い》け簀《す》の鯉《こい》。

年寄《としよ》りの言《い》うことと牛《うし》の鞦《しりがい》は外《はず》れない

経験を多く積んだ老人の考えや意見には誤りがないということ。

参考 「鞦《しりがい》」は、牛や馬の尻《しり》に掛けて車や鞍《くら》を固定させるひも。

年寄《としよ》りの冷《ひ》や水《みず》

老人が年齢《ねんれい》にふさわしくない危険なことやむちゃなことをするのを、ひやかしたりいましめたりすることば。

会話 「おや、おとなりのおじいちゃま、いつもお元気そうでなによりですね。今度テニスをお始めになったのですか。」「いや、おはずかしい。年寄りの冷や水ですよ。」

類 老《お》いの木登《きのぼ》り。

年寄《としよ》りの物忘《ものわす》れ若《わか》い者《もの》の無分別《むふんべつ》

老人は記憶《きおく》力がおとろえて物忘れをよくするし、若い人は経験不足で考えが足りないということ。

どじを踏《ふ》む

不注意がもとで間のぬけた失敗をする。

短文 答えは合っているのに、解答欄《らん》をまちがえてしまうなんて、とんだどじを踏んでしまった。

塗炭《とたん》の苦《くる》しみ

泥《どろ》にまみれ炭火で焼かれるような、ひどい苦しみ。〔出典『書経《しょきょう》』〕

短文 父の経営していた会社が倒産《とうさん》し、一家は借金を返すのに塗炭の苦しみを味わった。

類 水火《すいか》の苦《くる》しみ。

毒気《どっき》を抜《ぬ》かれる

ひじょうにおどろいてあっけにとられる。度肝《どぎも》をぬかれる。

短文 かれがいきなり烈火《れっか》のごとくおこり出したので、ぼくは毒気を抜かれてしまった。

取《と》って付《つ》けたよう

ことばや、しぐさ・態度などが、いかにもわざとらしく不自然なようす。

短文 課長が地方へ転勤させられるらしいとのうわさ話をしているところへ課長が部屋にもどって来たので、部下たちは取って付けたように仕事の打ち合わせを始めた。

とどのつまり

いろいろのことをしてみたり、考えに考えた結果。結局。あげくのはて。

会話 「きのうはおそくまで文化祭のことについて話し合っていたようだが、結論は出たのかい。」
「いろいろな意見があって話がまとまらず、とどのつまりは案を練り直すことになりました。」

語源 魚のぼらが稚魚《ちぎょ》から成長するにつれて名が変わり、成魚として最後に呼ばれる名が「とど」であることからできたことば。

注意 多く思わしくない結果になる場合に用いる。

止《と》めを刺《さ》す

①確実に殺すために、刀などで刺《さ》して息の根を止める。②二度と立ち直ることができないように、決定的な打撃《だげき》をあたえる。③あとあと問題が生じないように、念をおしておく。④あることについて、それが最もすぐれている。

短文 ②チャンピオンの右のストレートパンチで挑戦者《ちょうせん》に止めを刺した。③けんか両成敗ということで、二人の生徒に注意をあたえてから仲直りをさせ、先生は「もう二度とするな。」と止めを刺した。④景色のすばらしい所は数々あるけれど、やはり天の橋立に止めを刺すね。

隣《となり》の疝気《せんき》を頭痛《ずつう》に病《や》む

⇩ 人《ひと》の疝気《せんき》を頭痛《ずつう》に病《や》む

隣《となり》の花《はな》は赤《あか》い

他人の物はなんでもよく見えてうらやましいというたとえ。また、他人の物をめずらしがって欲しがるたとえ。

会話 「きみの参考書のほうがよさそうだな。ぼくも買おうかな。」
「隣の花は赤いというけれど、参考書をいくら集めたってしかたがないよ。一冊でも最後まで読み通したことがあるのかい。」

同 人《ひと》の花《はな》は赤《あか》い。

類 隣《となり》の飯《めし》はうまい。他人《たにん》の飯《めし》は白《しろ》い。隣《となり》の牡丹餅《ぼたもち》は大《おお》きく見《み》える。

怒髪冠《どはつかん》を衝《つ》く

いかりに逆立った髪《かみ》の毛が、かぶっていた冠《かんむり》をつき上げるという意味から、はげしくおこったり、いきどおったりしたようすをいうことば。〔出典『史記《しき》』〕

〔参考〕「怒髪《どはつ》」は、いかりのために逆立った髪の毛のこと。

〔同〕怒髪天《どはってん》を衝《つ》く。

駑馬《どば》に鞭打《むちう》つ

能力のない者にむりに能力以上のことを求めることのたとえ。また、自分が努力してはげむようすをへりくだっていうことば。

〔参考〕「駑馬《どば》」は、足ののろい馬の意。

鳶《とび》が鷹《たか》を生《う》む ⇩ 鳶《とんび》が鷹《たか》を生《う》む

鳶《とび》に油揚《あぶらあ》げを攫《さら》われる

⇩ 鳶《とんび》に油揚《あぶらあ》げを攫《さら》われる

土俵《どひょう》に上《あ》がる

物事の決まりをつけるために、話し合いや対決の場に臨《のぞ》む。

〔短文〕みんなの利害が対立する複雑な問題だが、まず、話し合いの土俵に上がらなければ、なにも解決しない。

〔参考〕「土俵《どひょう》」は相撲《すもう》で力士が勝負する場所。

飛《と》ぶ鳥跡《とりあと》を濁《にご》さず

⇩ 立《た》つ鳥跡《とりあと》を濁《にご》さず

飛《と》ぶ鳥懐《とりふところ》に入《い》る時《とき》は狩人《かりゅうど》も助《たす》く

⇩ 窮鳥《きゅうちょう》懐《ふところ》に入《い》れば猟師《りょうし》も殺《ころ》さず

飛《と》ぶ鳥《とり》も落《お》とす勢《いきお》い

空を飛んでいる鳥も地面に落とすほど、勢力がひじょうに強いようす。

〔短文〕数々の諸大名をほろぼして、天下統一の足がかりを築き、飛ぶ鳥も落とす勢いの織田信長《おだのぶなが》も、明智光秀《あけちみつひで》の謀反《むほん》により、京都の本能寺であっけない最期をとげた。

途方《とほう》に暮《く》れる

どうしたらよいのかわからなくて困りきってしまう。

〔短文〕この成績ではどの学校を受験しても不合格だろうと言われて、かれとその両親は途方に暮れてしまった。

〔参考〕「途方《とほう》」は、進むべき方向・手段・方法の意。

途方《とほう》も無《な》い

物事の道理や筋道に合わない。また、程度が常識からひどくかけはなれている。なみ外れている。とんでもない。

〔短文〕地球をまくらにして月をかかえて眠《ねむ》るなんて、途方もない夢を見たものだ。

〔類〕途方途轍《とほうとてつ》も無い。途轍《とてつ》も無《な》い。

富《とみ》は一生《いっしょう》の宝《たから》 智《ち》は万代《ばんだい》の宝《たから》

財産はその人一代限りの宝にすぎないが、知恵《ちえ》というものは、その人の一生の間だけでなく、後世の人の役にも立つので、尊い永遠の宝であるということ。

朋有《ともあ》り遠方《えんぽう》より来《きた》る

自分と同じく学問を志す友人が遠くからはるばるたずねて来た。自分に理解者があるということは、心楽しいことであるということ。

語源 学ぶことの楽しさについて述べた孔子《こうし》のことばの一部から。《原文》学《まな》びて時《とき》に之《これ》を習《なら》う、亦《また》説《よろこ》ばしからずや。朋《とも》有《あ》り、遠方《えんぽう》より来《きた》る、亦《また》楽《たの》しからずや。〔出典『論語《ろんご》』〕

倶《とも》に天《てん》を戴《いただ》かず

相手に対するにくしみがひじょうに強く、この世では両者がともに生きていることができないほど敵対する間柄《あいだがら》であるということ。〔出典『礼記《らいき》』〕

短文 あの二人は同じ会社の部長なのに仕事では口論ばかりで、仕事以外はいっさい口をきかない。まさにともに天をいただかずといった調子だ。

同 不倶戴天《ふぐたいてん》。倶不戴天《ぐふたいてん》。

虎《とら》に翼《つばさ》

強い虎《とら》に翼《つばさ》をあたえると天下無敵になるように、ただでさえ勢力のある者に、さらに勢力が加わることのたとえ。〔出典『韓非子《かんぴし》』〕

類 鬼《おに》に金棒《かなぼう》。竜《りゅう》に翼《つばさ》。

捕《と》らぬ狸《たぬき》の皮算用《かわざんよう》

まだ捕《と》らえないうちから、狸《たぬき》の皮を売ったらいくらもうかるかを計算するように、自分のものになるかならないかわからないものを当てにして、あれこれ計画を立てることのたとえ。

会話 「おじいちゃんから三千円、おばさんから二千円、それからと……。」「なんだお年玉の計算をしてるのか。それは捕らぬ狸の皮算用だ。実際いくらもらえるかわからないのだから。」

類 穴《あな》の狢《むじな》を値段《ねだん》する。儲《もう》けぬ前《まえ》の胸算《むなざん》用《よう》。飛《と》ぶ鳥《とり》の献立《こんだて》。

虎《とら》の威《い》を藉《か》る狐《きつね》

力のない者が実力者の威勢《いせい》を借りていばることのたとえ。

短文 あの課長、実力もないのに専務に取り入っていばってばかりいるね。まるで虎の威をかる狐だね。

語源 虎《とら》が狐《きつね》を捕《と》らえて食べようとしたとき、狐は、「自分は天帝から百獣《ひゃくじゅう》の長となるよう命じられているので食べてはいけない。もし信用できないなら、自分のあとについて来なさい。百獣は私を見てにげ出すから。」と言った。そこで虎が狐のあとについて行くと、獣《けもの》たちはみなにげ出した。虎は、獣たちが実は自分をおそれてにげたとは知らず、狐をおそれたと思ったという寓話《ぐうわ》（＝教訓的なたとえ話）から出たことば。〔出典『戦国策《せんごくさく》』〕

同 狐虎《きつねとら》の威《い》を藉《か》る。

「虎」が語中にくることば

- 苛政《かせい》は虎《とら》よりも猛《たけ》し ⇩ 九二ページ
- 虎穴《こけつ》に入らずんば虎子《こじ》を得ず ⇩ 一五六ページ
- 三人虎《とら》を成す ⇩ 一七六ページ
- 前門の虎《とら》後門の狼《おおかみ》 ⇩ 二二五ページ
- 張り子の虎《とら》 ⇩ 三二三ページ
- 竜《りゅう》の鬚《ひげ》を撫《な》で虎《とら》の尾《お》を踏《ふ》む（虎の尾を踏む ⇩ 二六九ページ）

虎《とら》の尾《お》を踏《ふ》む

ひじょうに危険なことをすることのたとえ。〔出典『易経《えききょう》』〕

短文 うちの会社の社長はワンマンだから、営業方針を批判するのは虎の尾を踏むようなものだ。首を覚悟《かくご》でなければできないよ。

同 竜《りゅう》の鬚《ひげ》を撫《な》で虎《とら》の尾《お》を踏《ふ》む。

類 虎《とら》の口《くち》へ手《て》を入《い》れる。虎《とら》の鬚《ひげ》を拈《ひね》る。薄氷《はくひょう》を履《ふ》む。

虎《とら》の子《こ》

虎《とら》の子を大切に育てるということから、ひじょうに大切にして手ばなさないお金や品物のたとえ。

会話 「おや、かっこいいジャケットを着ているね。高かったろう。」「ああ、バイトでためた虎の子をはたいて買ったんだ。」

虎《とら》は死《し》して皮《かわ》を留《とど》め人《ひと》は死《し》して名《な》を残《のこ》す

虎《とら》は死んで美しい皮を残すように、すぐれた人は功績や名誉《めいよ》が死後に語り伝えられて名声を残す。名誉を大切にせよという教え。

同 虎《とら》は死《し》して皮《かわ》を残《のこ》し人《ひと》は死《し》して名《な》を留《とど》む。豹《ひょう》は死《し》して皮《かわ》を留《とど》め人《ひと》は死《し》して名《な》を残《のこ》す。

類 人《ひと》は一代《いちだい》名《な》は末代《まつだい》。

虎《とら》は千里《せんり》行《い》って千里《せんり》帰《かえ》る

虎《とら》は一日に千里を行くが、残した子を思ってその千里の道をもどって来る。親が子を思う心の強さをたとえたことば。

類 虎《とら》は一日《いちにち》に千里《せんり》行《い》く。

虎《とら》を描《えが》いて狗《いぬ》に類《るい》す

物事を学んで学びそこなうことのたとえ。また、素質のない人がすぐれた人のまねをして失敗し、かえって軽薄《けいはく》になるというたとえ。〔出典『後漢書《ごかんじょ》』〕

類 虎《とら》を描《えが》いて猫《ねこ》に類《るい》す。竜《りゅう》を描《えが》いて狗《いぬ》に類《るい》す。

虎《とら》を野《の》に放《はな》つ

人に害をあたえるおそれのある危険な人物などの束縛《そくばく》を解いて自由にさせるたとえ。また、わざわいのもとになるような危険なものを野放しにするたとえ。

短文 あんな凶悪犯《きょうあくはん》を釈放《しゃくほう》するなんて、虎を野に放つようなものだ。

同 千里《せんり》の野《の》に虎《とら》を放《はな》つ。虎《とら》を千里《せんり》の野《の》に放《はな》つ。

取《と》り付《つ》く島《しま》も無《な》い

たよりにしてすがりつこうとしても、まったくかえりみてもくれずどうしようもない。また、ひじょうに無愛想で話しかけるきっかけもない。

短文 大事な相談があって話をしようとしても、お父さんたら仕事仕事で取り付く島もない。冷たいったらありゃしない。

取《と》り留《と》めが無《な》い

しまりがない。つかみどころがない。まとまりがない。

短文 あの人の話は取り留めがなく、要点がさっぱりわからない。

鳥《とり》無《な》き里《さと》の蝙蝠《こうもり》

すぐれた者がいない所では、つまらない者が威勢《いせい》をふるっていることのたとえ。

会話 「やあきみ、今度の会社じゃ、ばりばり仕事をしてるんだってね。」

「いやあ、鳥なき里の蝙蝠だよ。なにしろ会社が小さいものだから。」

同 鳥《とり》無《な》き島《しま》の蝙蝠《こうもり》。

類 鷹《たか》の無《な》い国《くに》では雀《すずめ》が鷹《たか》をする。

鳥《とり》の将《まさ》に死《し》なんとする 其《そ》の鳴《な》くや哀《かな》し

鳥の死にぎわの声は、悲しげで人の胸にせまるものがあるように、人が死を目の前にして言うことばには真実がこもっていること。

語源 孔子《こうし》の弟子《でし》である曾子《そうし》が命にかかわる病気になったときのことば。（原文）鳥《とり》の将《まさ》に死《し》なんとする、其《そ》の鳴《な》くや哀《かな》し、人《ひと》の将《まさ》に死《し》なんとする、其《そ》の言《い》うや善《よ》し。〔出典『論語《ろんご》』〕

鳥《とり》の両翼車《りょうよくくるま》の両輪《りょうりん》

鳥のつばさや車の輪のように、両方そろって初めて役に立つもののたとえ。

短文 からだの健康と心の健康は、鳥の両翼車の両輪で、どちらが欠けても人間は幸福になれない。

参考 単に「車の両輪」ともいう。

「鳥」が語中にくることば

足下《あしもと》から鳥が立つ ⇩ 一四ページ
一石二鳥 ⇩ 四六ページ
籠《かご》の鳥 ⇩ 九一ページ
蝙蝠《こうもり》も鳥の内 ⇩ 一五四ページ
立つ鳥跡《あと》を濁《にご》さず ⇩ 二二八ページ
天に在《あ》らば比翼《ひよく》の鳥地に在らば連理《れんり》の枝 ⇩ 二五七ページ
飛ぶ鳥懐《ふところ》に入る時は狩人《かりゅうど》も助く（窮鳥《きゅうちょう》懐に入れば猟師《りょうし》も殺さず ⇩ 一二二ページ）
飛ぶ鳥も落とす勢い ⇩ 二六八ページ
猟《りょう》は鳥が教える ⇩ 四〇五ページ

鳥《とり》は木《き》を択《えら》べども木《き》は鳥《とり》を択《えら》ばず

鳥はどの木にとまるかを選べるが、木にはどの鳥をとまらせるかを選ぶ自由はない。人は住む土地を選ぶことができるが、土地は住む人を選べない。それと同じように、臣には主君を選ぶ自由があるが、主君には臣を選ぶ自由はないというたとえ。〔出典『春秋左氏伝《しゅんじゅうさしでん》』〕

語源 孔子《こうし》が孔文子《こうぶんし》のもとを去るときに言ったことば。当時は君臣の関係が固定しておらず、仕える先を変えることが自由に行われていた。

鳥《とり》も通《かよ》わぬ

鳥も飛んで行けないほど遠い。陸から遠くはなれた絶海の孤島《ことう》の形容。

短文 むかしは鳥も通わぬといわれた八丈島《はちじょうじま》も、今は飛行機で一飛びだ。

取《と》りも直《なお》さず

それがただちに。すなわち。

会話 「今度のマラソン、はげしい争いになりそうだね。」「これで好成績をあげることは、取りも直さず五輪出場の切符《きっぷ》を手に入れることになるからね。」

取《と》るに足《た》りない

とりたてて問題にするほどの値打ちがない。たいしたものではない。

短文 そんな取るに足りないうわさを、気にする必要はない。

取《と》るものも取《と》り敢《あ》えず

なにはともあれ大急ぎで。すぐに。

短文 友達が急病と聞いて、取るものも取りあえず、見舞《みま》いにかけつけた。

泥棒《どろぼう》に追《お》い銭《せん》 ⇩ **盗人《ぬすびと》に追《お》い銭《せん》**

泥棒《どろぼう》にも三分《さんぶ》の道理《どうり》 ⇩ **盗人《ぬすびと》にも三分《さんぶ》の理《り》**

泥棒《どろぼう》を見《み》て縄《なわ》を綯《な》う

ふだんは用意をおこたっていて、事が起こってから、または直前になってからあわてて用意をすることのたとえ。

会話 「お母さん、あした漢字のテストがあるから、朝五時に起こして。」「あんたの勉強ったら、泥棒を見て縄をなうようなものね。」

同 盗人《ぬすびと》を捕《と》らえて縄《なわ》を綯《な》う。泥縄《どろなわ》。

類 戦《いくさ》を見《み》て矢《や》を矧《は》ぐ。

泥《どろ》を塗《ぬ》る

人の恥《はじ》になるようなことをする。面目を失わせる。名を汚《けが》す。

会話 「X高校、野球部員の不祥《ふしょう》事件で甲子園《こうしえん》出場を辞退だって。」「名門の伝統に泥を塗ったね。」

同 顔《かお》に泥《どろ》を塗《ぬ》る。

類 顔《かお》を潰《つぶ》す。

泥《どろ》を吐《は》く

きびしく問いつめられて、かくしていた悪事や秘密などを白状する。

短文 これだけ証拠《しょうこ》があがってるんだ。いいかげんに泥を吐いたらどうだ。

団栗《どんぐり》の背競《せいくら》べ

どんぐりは形も大きさもほぼ同じで変わりばえがしないことから、どれもみな平《へい》凡《ぼん》で、ぬきんでてすぐれたものがないことのたとえ。

会話 「今年の新人の中では、だれがいちばん優秀《ゆうしゅう》かね。」「みんな団栗の背競べですよ。」

呑舟《どんしゅう》の魚《うお》

舟《ふね》をのみこむほどの大きな魚の意から、善悪ともに大人物のたとえ。大物《おおもの》。〔出典『荘子《そうじ》』〕

飛《と》んで火《ひ》に入《い》る夏《なつ》の虫《むし》

夏の虫が火の明るさにひかれて寄ってきて、火に飛びこんで死ぬことから、自分からすすんで危険や災難にかかわりあって身をほろぼすことのたとえ。

短文 どんなに登山が好きでもこんな悪天候に出発するなんて、飛んで火に入る夏の虫だ。天候の回復を待ちなさい。

鳶《とんび》が鷹《たか》を生《う》む

平凡《へいぼん》な親から優秀《ゆうしゅう》な子供が生まれることのたとえ。

短文 博士は平凡な家庭に育ったが、幼いときからすぐれた才能を発揮し、人々は「鳶が鷹を生んだ。」とうわさしたものだった。

参考 「鳶《とんび》」は「とび」とも読む。

類 鳶《とんび》が孔雀《くじゃく》を生《う》む。百舌《もず》が鷹《たか》生《う》んだ。烏《からす》の白糞《しろふん》。

対 瓜《うり》の蔓《つる》に茄子《なすび》はならぬ。蛙《かえる》の子《こ》は蛙《かえる》。

鳶《とんび》に油《あぶら》揚《あ》げを攫《さら》われる

自分が手に入れようとしていたものを、不意に横あいからうばわれることのたとえ。思いがけない損失でぼうぜんとすることをいう。

会話 「転校してきたA君が今度の県大会の選手に選ばれて、ぼくは補欠にまわされちゃった。」「鳶に油揚げをさらわれたってところか。がっかりするな、来年がある。」

な ナ

名《な》有《あ》って実《じつ》無《な》し

名声や評判ばかり高くて、内容がともなわないこと。

短文 わが校の弓道部は、ここ数年入部者がなく、名あって実なしの状態になっている。

同 有名無実《ゆうめいむじつ》。

内助《ないじょ》の功《こう》

夫が外でじゅうぶんの働きができるよう妻が家庭にいて、夫を助け、協力すること。また、その功績。また、表面に出ないかげの功績。

短文 わがサッカー部の優勝は、マネージャーの内助の功があってこそのものである。

無《な》い袖《そで》は振《ふ》れぬ

いくらなにかをしてやろうと思っても、その力がないのでどうにもならないというたとえ。

会話 「お母さん、おこづかい、ちょっと足りないのよ。来月分を二千円前借りさせて。」「今、うちもピンチなのよ。給料日前でしょ。ないそでは振れぬっていうわけよ。」

泣《な》いて暮《く》らすも一生《いっしょう》笑《わら》って暮《く》らすも一生《いっしょう》

悲しんでくらすのも、愉快《ゆかい》にくらすのも、一生に変わりはないのだから、明るく楽しい気持ちでくらしたほうがよいということ。

短文 きみは、何事も悪いほうへ悪いほうへと考えたがる。泣いて暮らすも一生、笑って暮らすも一生だよ。もう少し楽天的になりたまえ。

同 笑《わら》って暮《く》らすも一生《いっしょう》泣《な》いて暮《く》らすも一生《いっしょう》。

泣《な》いて馬《ば》謖《しょく》を斬《き》る

全体の規律を保つためには、たとえ愛する者でも私情を捨ててきびしく処罰《しょばつ》することのたとえ。

短文 エースの投手を規律違反《いはん》で解雇《かいこ》した球団は、まさに泣いて馬謖を斬る心境であったろう。

故事 中国の三国時代、蜀《しょく》の名軍師諸葛孔明《しょかつこうめい》は、日ごろかわいがっていた部下の馬謖《ばしょく》が、命令にそむいて敗戦を招いたため、その責任をとらせて、泣きながら死刑に処したという。

〔出典『三国志《さんごくし》』〕

泣《な》いても笑《わら》っても

どのようにしたって。なにをどうしてみても。

短文 泣いても笑っても入試まであと一週間だ。

内憂外患《ないゆうがいかん》

国内に起こる心配ごとと、対外的なわずらわしい問題。内部にも対外的にも問題が生じてなやみが多いこと。

〔出典『春秋左氏伝《しゅんじゅうさしでん》』〕

短文 当時、国内では極度の不況《ふきょう》、しかも諸外国からの圧迫《あっぱく》ははげしく、内憂外患こもごも至《いた》る（＝次々に起こる）という状況《じょうきょう》にあった。

名《な》が上《あ》がる

有名になる。名声や評判を得る。

短文 かれは代打満塁《まんるい》ホームランを飛ばしてから、一躍《いちやく》、名が上がった。

長《なが》い目《め》で見《み》る

人物や物事を今の状態にとらわれず、気長に将来のことまで考えに入れて見守る。

会話「監督《かんとく》、今度はいった新人は即戦《そく》力になりそうですか。」

「いやいや、あの選手は、長い目で見てやる必要があります。」

長《なが》い物《もの》には巻《ま》かれろ

権力や勢力のある者には、反抗《はんこう》しないで従っていたほうが得であるという、世わたりの教え。

会話「権力をかさに着て、あんな横暴なやり方は許せないよ。」

「まあまあ、そんなに興奮《こうふん》しないで。長い物には巻かれろというじゃないか。」

類 太《ふと》い物《もの》には呑《の》まれろ。

名《な》が売《う》れる

世間に知れわたる。有名になる。

短文 あのタレントは、近ごろにわかに名が売れてきた。

長口上《ながこうじょう》は欠伸《あくび》の種《たね》

長々と話すと聞き手をあきさせるから、話は簡潔《かんけつ》にせよというういましめ。

会話「いい先輩《せんぱい》なんだけど、話が長いのよね。あれが玉にきず。」

「長口上はあくびの種ね。」

類 下手《へた》の長談義《ながだんぎ》。

鳴《な》かず飛《と》ばず

⇩ **三年《さんねん》飛《と》ばず鳴《な》かず**

流《なが》れに棹《さお》さす

流れに乗った舟《ふね》にさおをさして、さらに舟の進み方を速くするという意味から、調子が上がったところへさらに力を加えて、物事がますます順調に進むことのたとえ。

短文 八ゲームも差をつけて首位をいくチームに、現役の大リーガーが加入するそうだが、これこそ流れに棹さす勢いだ。

〔参考〕「棹《さお》」は水の底をついて、船を進めるための細長い棒。

類 得手《えて》に帆《ほ》を上《あ》げる。駆《か》け馬《うま》に鞭《むち》。走《はし》り馬《うま》に鞭《むち》。

流《なが》れに枕《まくら》し石《いし》に漱《くちすす》ぐ

⇩ **石《いし》に漱《くちすす》ぎ流《なが》れに枕《まくら》す**

泣《な》き面《つら》に蜂《はち》

つらくて泣いている顔を蜂《はち》がさすことから、悪いことの上にさらに悪いことが起こることのたとえ。

短文 急な大雨で、これは困ったと自転車を走らせていたら、こいつがパンク。まったく泣き面に蜂だったよ。

同 泣《な》きっ面《つら》を蜂《はち》が刺《さ》す。

類 弱《よわ》り目《め》に祟《たた》り目。踏《ふ》んだり蹴《け》ったり。こけた上《うえ》に踏《ふ》まれる。痛《いた》む上《うえ》に塩《しお》を塗《ぬ》る。

無《な》きにしも非《あら》ず

決して、ないわけではない。ないとはいえない。

会話「新大関《おおぜき》、十日目まで全勝だね。」「このぶんだと、初優勝も無きにしもあらずだよ。」

泣《な》き寝《ね》入《い》り

ひどいめにあわされてもどうすることもできなくて、不満に思いながらそのままあきらめてしまうこと。

短文 被害者《ひがいしゃ》が泣き寝入りしていたのでは、暴力犯罪《はんざい》はなくならない。

泣《な》きの涙《なみだ》

涙《なみだ》が止まらないくらい、たいへん悲しむこと。

短文 引っこし先の団地では犬が飼《か》えないため、弟は、泣きの涙で愛犬と別れた。

泣《な》く子《こ》と地頭《じとう》には勝《か》てぬ

泣いてだだをこねる子供は聞きわけがなく、権力をにぎる地頭は横暴で、どちらも道理を説明して争っても勝ちめはないということ。道理のわからない者に、道理を説いて争ってもむだであるというたとえ。

参考「地頭」は、鎌倉《かまくら》時代に荘園《しょうえん》や武家の領地を管理していた役人で、大きな権力をもち、農民を苦しめる者が多かった。

類 童《わらべ》と公方人《くぼうにん》には勝《か》たれぬ。泣《な》く子《こ》には千人《せんにん》の武者《むしゃ》も叶《かな》わず。

泣《な》く子《こ》は育《そだ》つ

大声で泣く赤ちゃんは、健康でじょうぶに育つということ。

類 寝《ね》る子《こ》は育《そだ》つ。

泣《な》く子《こ》も黙《だま》る

泣いている子供もびっくりして泣きやんでしまうほどのおそろしいものの形容。

短文 その国には、かつて、その名を聞けば泣く子も黙るといわれた秘密警察組織があった。

無《な》くて七癖《ななくせ》

人間というものは、癖《くせ》がないようでも七つくらいの癖はあるものだ。多かれ少なかれ人には癖があるということ。

同 無《な》くて七癖《ななくせ》有《あ》って四十八癖《しじゅうはちくせ》。

鳴《な》く猫《ねこ》は鼠《ねずみ》を捕《と》らぬ

よく鳴く猫《ねこ》は鼠《ねずみ》を捕らないということから、よくしゃべる人ほど実行力はないということのたとえ。

会話「あの子、なんにでも口出しして、えらそうに意見を言うけど、自分じゃなんにもしないじゃないの。」「むかしから言うでしょう、鳴く猫は鼠を捕らぬって。」

類 吠《ほ》える犬《いぬ》は噛《か》み付《つ》かぬ。

仲人七嘘《なこうどななうそ》

縁談《えんだん》をまとめようとする仲人《なこうど》は、相手の欠点をかくし長所を誇張《こちょう》するので、結果として話にうそが多くなる。仲人の話は、あてにならないということ。

類 仲人《なこうど》の嘘八百《うそはっぴゃく》。仲人口《なこうどぐち》は当《あ》てにならぬ。仲人口《なこうどぐち》は半分《はんぶん》に聞《き》け。

仲人《なこうど》の嘘八百《うそはっぴゃく》 ⇩ 仲人七嘘《なこうどななうそ》

情《なさ》けが仇《あだ》

好意や思いやりでしてやったことが、かえって悪い結果をひき起こすこと。

短文 軽い過《あやま》ちだからと見のがしてやったら、情けが仇となって、悪事をくり返し、ついに警察につかまった。

類 恩《おん》が仇《あだ》。慈悲《じひ》が仇《あだ》になる。

情《なさ》けに刃《は》向《む》かう刃《やいば》無《な》し

真の愛情や慈悲《じひ》の心をもって人に接すれば、どんな乱暴者でも従わないわけにはいかなくなる。まごころは武器や腕力《わんりょく》よりも強いという教え。

類 仁者《じんしゃ》に敵《てき》無《な》し。

情《なさ》けは人《ひと》の為《ため》ならず

人に情けをかければ、それがめぐりめぐって自分にもよい報《むく》いとなって返ってくるものだ。人に情け深く親切にせよという教え。

短文 一〇年前に就職を世話した青年が、今ではりっぱな事業家となって、なにかと仕事を回してくれる。情けは人のためならずだね。

注意 「情けをかけるのはその人のためにならない」と解釈するのは誤り。

情《なさ》けも過《す》ぎれば仇《あだ》となる

人に情けをかけるのはよいが、それも程度をこすと、かえって悪い結果をもたらすといういましめ。

情《なさ》け容赦《ようしゃ》も無《な》い

ひとかけらの同情心もなく、少しも手かげんせずに。

短文 代官は、凶作《きょうさく》に苦しむ農民たちから、情け容赦もなく年貢《ねんぐ》を取りたてた。

類 血《ち》も涙《なみだ》も無《な》い。

梨《なし》の礫《つぶて》

連絡してもなんの返事もないこと。また、行ったきりなんの音さたもないこと。

短文 同窓会の案内を出したのに、なしのつぶてで、返事が来ない人が三人いる。

参考 「梨《なし》」は「無《な》し」のかけことば。「礫《つぶて》」は投げつける小石。

為《な》せば成《な》る

人間は、やろうと思って一生懸命《けんめい》やれば、どんなことでもできるのだという教え。

会話 「先生、この数学の問題、むずかしすぎてぼくにはできません。」「きみの実力ならできるはずだ。がんばってやってみろ。」

参考 「なせばなるなさねばならぬ何事もならぬは人のなさぬなりけり」という歌がある。これは、江戸時代、米沢《よねざわ》（＝山形県の南部）藩主《はんしゅ》の上杉鷹山《ようざん》が家臣に示した歌といわれる。

夏炬燵《なつごたつ》 ⇩ **夏炉冬扇《かろとうせん》**

七重《ななえ》の膝《ひざ》を八重《やえ》に折《お》る
ていねいな上にもさらにていねいにして、たのみごとやおわびをするようす。
短文 七重のひざを八重に折ってお願いしたが、借金の保証人にはなれないとことわられた。

七転《ななころ》び八起《やお》き
七回転んでも八回起き上がる。何度失敗してもくじけず、がんばること。また、人生のうきしずみのはげしいたとえ。
短文 一度や二度入試に失敗したからって、落ちこみなさんな。人生は七転び八起きだよ。
同 七転八起《しちてんはっき》。

七度探《ななたびさが》して人《ひと》を疑《うたが》え ⇩ **七度尋《ななたびたず》ねて人《ひと》を疑《うたが》え**

七度尋《ななたびたず》ねて人《ひと》を疑《うたが》え
さがし物が見つからないときは、まず、自分で何度も調べさがしてみるべきである。軽々しく人を疑ったりしてはいけないというしめ。
会話 「あらっ、ケーキが一個減ってる。あんたが食べたんでしょう。」「いやだなあ、お母さん。七度尋ねて人を疑えというでしょ。きのうお客さんに出したんじゃないの。」
同 七度探《ななたびさが》して人《ひと》を疑《うたが》え。
対 人《ひと》を見《み》たら泥棒《どろぼう》と思《おも》え。

何《なに》かと言《い》えば
なにか話が出るたびに。ことあるごとに。
短文 彼女《かのじょ》ときたら、何かと言えば「わたしの家では。」とじまん話を始めるのよ。あれじゃ、みんなにきらわれてもしかたがないわね。
類 何《なに》かに付《つ》け。

何《なに》が何《なん》でも
なにがどうであろうとも。どのようにしてでも。
短文 今年こそは、何が何でも県大会で優勝してもらいたいな。去年はおしいところで二位だったからね。

何《なに》かに付《つ》け
なにかがあるたびに。いろいろなことに関して。
短文 祖母は、孫をことのほかかわいがり、何《なに》かにつけめんどうをみてやった。
類 何《なに》かと言《い》えば。

何《なに》から何《なに》まで
なにもかも。すべてのことについて。
短文 このたびは一泊させていただいたうえにおみやげまでいただき、何から何までお世話になりました。

何食《なにく》わぬ顔《かお》
事実をかくして、自分はまったくなにも知らないようなふりをすること。
短文 自分がいたずらの張本人なのに、何食わぬ顔して先生に告げ口するなんて、ひどいじゃないか。

名《な》にし負《お》う
かねて聞いていることとちがわない。そ

の名前にふさわしい。名高い。有名な。

会話「あれが名にし負う剣岳《つるぎだけ》か。」

「なるほど、剣のようにするどくとがった山だな。」

何《なに》はともあれ

ほかのことはさておいても。まずは。とりあえず。
短文 言い分はあるだろうが、ミスはミス。何はともあれあやまることだ。

難波《なにわ》の葦《あし》は伊勢《いせ》の浜荻《はまおぎ》

難波《なにわ》（＝大阪府）で「葦《あし》」とよぶ植物を、伊《い》勢《せ》（＝三重県）では「浜荻《はまおぎ》」という。土地によって物のよび名が変わり、風俗・習慣も変わってくるということのたとえ。
類 所《ところ》変《か》われば品《しな》変《か》わる。

何《なに》をか言《い》わんや

ひどすぎて、いったいなにを言おうか。あきれて、なにも言う気がしない。
短文 授業中にいびきをかいて寝《ね》ているとは、また何《なに》をか言《い》わんやだ。
同 何《なに》をか言わん。

名《な》は体《たい》を表《あらわ》す

人や物の名前は、そのものの性質を示すものであるということ。

会話「大山巌《いわお》という人は、どっしりと構えて、心の大きい人物だったそうだね。」

「名は体を表すというからね。」

なぶれば兎《うさぎ》も食《く》い付《つ》く

おとなしいものでも、しつこく手出しをすれば最後にはおこることのたとえ。がまんにも限度があるということ。
短文 からかうのもいいかげんにしろよ。なぶれば兎も食いつくぞ。
同 兎《うさぎ》も七日《なのか》なぶれば嚙《か》み付《つ》く。
類 仏《ほとけ》の顔《かお》も三度《さんど》。地蔵《じぞう》の顔《かお》も三度《さんど》。

ナポリを見《み》てから死《し》ね

あの美しいナポリを見ずに死んではもったいない。一生に一度は見ておくべきであるということ。
参考 ナポリはイタリア南西部の都市。英語では、See Naples and then die.
類 日光《にっこう》を見《み》ずして結構《けっこう》と言《い》うな。

生木《なまき》を裂《さ》く

愛し合っている男女を、むりに引きはなすことのたとえ。
短文 生木を裂くようにして別れさせられた二人だったが、その後も一日として相手を忘れることはなかった。

怠《なま》け者《もの》の節供《せっく》働《ばたら》き

ふだんなまけている者が、人が休んでいるときに働くということ。休みのときにわざといそがしそうに働く人を非難《ひなん》することば。

会話「いやあねえ、いつもさぼってるくせに、休みの日に出てきて仕事するなんて。」

「怠け者の節供働きって、このことよ。」

参考「節供《せっく》」は、むかしは季節の変わりめを祝う日で、休日とされた。一月七日、三月三日、五月五日、七月七日、九月九日の五節供。

類 横着者《おうちゃくもの》の節供働《せっくばたら》き。無精者《ぶしょうもの》の一時《いっとき》働《ばたら》き。野良《のら》の節供働《せっくばたら》き。極道《ごくどう》の節供働《せっくばたら》き。

き。

生兵法《なまびょうほう》は大怪我《おおけが》の元《もと》

中途《ちゅうと》はんぱに武術をおぼえた者は、それをたよりにして人とけんかするので、かえって大けがをする。未熟な知識や技術で軽率に物事を行うと大失敗をするというたとえ。

会話 「お母さん、カメラが故障したって。ぼくが直してあげようか。」「およしなさいよ。生兵法は大けがの元。こわされたら元も子もないわ。」

同 生兵法《なまびょうほう》は大疵《おおきず》の元《もと》。

類 生兵法《なまびょうほう》は知《し》らぬに劣《おと》る。生物知《なまものし》り地獄《じごく》へ落《お》ちる。生悟《なまざと》り堀《ほり》に落《お》ちる。

訛《なまり》は国《くに》の手形《てがた》 ⇩ **言葉《ことば》は国《くに》の手形《てがた》**

波風《なみかぜ》が立《た》つ

平和で静かであった家庭や組織などに、もめごとやさわぎが起こるたとえ。

短文 一致《いっち》団結をほこっていたチームもキャプテンの卒業後、にわかに波風が立ち始めた。

涙《なみだ》に暮《く》れる

大きな悲しみのため、泣きくらす。

短文 わが子を亡《な》くした母は、涙に暮れる日々を送った。

涙《なみだ》を呑《の》む

涙が出そうになるのをこらえる。ひじょうにつらいことや残念なことをがまんする。

短文 決勝戦まで勝ち進んだが、一点の差で涙をのんだ。

波《なみ》に乗《の》る

そのときの世の中の動きや物事の傾向にうまく合う。調子がよくなって勢いづく。

会話 「あの新人投手、六連勝だよ。」「波に乗ってきたね。」

蛞蝓《なめくじ》に塩《しお》

なめくじに塩をかけるとしぼんでしまうように、すっかりしょげてしまうたとえ。また、苦手を前にしてちぢこまってしまうことのたとえ。

類 蛭《ひる》に塩《しお》。青菜《あおな》に塩《しお》。

名《な》も無《な》い

名前も知られていない。有名でない。

短文 ひさびさにふるさとへ帰ると、野原の名もない草花にまでなつかしさがわいてくる。

習《なら》い性《せい》となる

同じことをくり返していると、その習慣が身について、いつしかその人のもって生まれた性質のようになる。

〔出典『書経《しょきょう》』〕

短文 三〇年間も編集・校正の仕事をしていた祖父は、習い性となって、今でも人の手紙や文章の誤字がすぐ目につくという。

習《なら》うより慣《な》れろ

物事は、人からいちいち学ぶよりも、実際に自分でやったほうが自然に覚えこむものだから、理屈《りくつ》や知識よりも体験によって身につけよという教え。

会話 「兄さん、運転うまくなったね。」

「まあ、習うより慣れろさ。もう、一年になるからね。」

類 経験《けいけん》は学問《がくもん》に勝《まさ》る。

奈落《ならく》の底《そこ》

地獄《じごく》の底という意味から、物事のどん底。永久にうかび上がれないようなひどい状態のたとえ。

短文 入学試験に落ちたとわかったときは、奈落の底へつき落とされたような気持ちだった。

ならぬ堪忍《かんにん》するが堪忍《かんにん》

がまんできないというぎりぎりのところを、さらにじっとがまんすることがほんとうのがまん強さであるという教え。

会話 「いくらなんでもここまでされたんじゃ、許しておけない。ぶんなぐってやる。どいてくれ。」

「待て、待ってくれ。ならぬ堪忍するが堪忍、ここががまんのしどころだぞ。」

習《なら》わぬ経《きょう》は読《よ》めぬ

経験したこともないことは、急にやれと言われてもできないというたとえ。

対 門前《もんぜん》の小僧習《こぞうなら》わぬ経《きょう》を読《よ》む。

鳴《な》りを静《しず》める

声や物音をたてないで静かにしている。活動しないでおとなしくしている。

短文 二年前の大噴火《ふんか》のあと、山は今のところ鳴りを静めている。

同 鳴《な》りを潜《ひそ》める。

鳴《な》りを潜《ひそ》める ⇩ **鳴《な》りを静《しず》める**

成《な》れの果《は》て

落ちぶれた姿や状態。悪いほうへ変化していった最後の状態。

短文 この弱々しい老人が、かつての花形選手の成れの果てだと、だれが信じられよう。

名《な》を上《あ》げる

名声を世に表す。有名になる。

短文 かれは日夜精進《しょうじん》し、画家として名を上げた。

類 名《な》を成《な》す。

名《な》を売《う》る

世間に広く名前を知れわたるようにする。有名になる。

短文 かれは政界へ進出しようという野心を持っているので、いろいろな方面に名を売っておこうと懸命《けんめい》だ。

名《な》を汚《けが》す

ある名称の持つ権威《けんい》や信望、尊厳《そんげん》さなどに反することをする。名誉《めいよ》を傷つける。

短文 横綱《よこづな》の名を汚さぬよう、いっそう精進《しょうじん》いたします。

名《な》を捨《す》てて実《じつ》を取《と》る

名声や体面にこだわらず、実際の利益、実質を自分のものにするということ。

類 名《な》を取《と》るより得《とく》を取《と》れ。論《ろん》に負《ま》けて実《じつ》に勝《か》つ。花《はな》より団子《だんご》。

名《な》を竹帛《ちくはく》に垂《た》る

りっぱな業績をあげて、名前が長く歴史に残る。〔出典『後漢書《ごかんじょ》』〕

参考 「竹帛《ちくはく》」は、竹のふだと絹のきれ。

古代中国で、紙の発明以前に竹のふだや絹に文字を書いたことから、書物、特に歴史書の意。

[同] 功名《こうみょう》を竹帛《ちくはく》に垂《た》る。竹帛《ちくはく》の功《こう》。

名《な》を取《と》るより得《とく》を取《と》れ

名誉《めいよ》よりも実利を取るほうが賢明《けんめい》であるということ。

[同] 名《な》よりも得取《とくと》れ。

[類] 名《な》を捨《す》てて実《じつ》を取《と》る。論《ろん》に負《ま》けて実《じつ》に勝《か》つ。花《はな》より団子《だんご》。

名《な》を成《な》す

功績を認められて有名になる。成功して名声を得る。

[短文] 蕪村《ぶそん》は、俳人としてのみならず、画家としても名を成した人だ。

[類] 名《な》を上《あ》げる。

名《な》を残《のこ》す

名を後世にとどめる。死んだのちの時代までその名が知られる。

[短文] 武田信玄《たけだしんげん》は、戦国時代の英傑《えいけつ》として、歴史にその名を残している。

南柯《なんか》の夢《ゆめ》

ひとときのはかない夢。また、はかないことのたとえ。

[故事] 中国の唐《とう》の時代、淳于棼《じゅんうふん》は酒に酔《よ》って、庭の槐《えんじゅ》の木の下で眠ってしまった。夢の中で、淳于棼は槐安国《かいあんこく》に行き、南柯《なんか》郡の長官になって栄華をきわめ、二〇年が過ぎた。そして目が覚めると、槐の木の下に二つの穴があり、一方の穴には蟻《あり》の王がすみ、もう一方の穴は南にのびた枝に通じていた。それが、夢の中の南柯郡への通路だったという。〔出典『南柯大守伝《なんかたいしゅでん》』〕

[参考] 「南柯《なんか》」は、南にのびた枝の意。

[類] 一炊《いっすい》の夢《ゆめ》。邯鄲《かんたん》の夢《ゆめ》。

難癖《なんくせ》を付《つ》ける

どうでもいいような欠点をみつけて非難する。あらさがしをする。

[短文] あの男、人がなにか提案すると、必ず難癖をつける。困ったものだ。

汝《なんじ》の敵《てき》を愛《あい》せよ

自分に好意を持つ者だけでなく、自分をにくみ、迫害《はくがい》する者をも愛しなさい。神の愛はすべての人にそそがれるからである。〔出典『新約聖書《しんやくせいしょ》』〕

[参考] 英語では、Love your enemies.

汝《なんじ》自《みずか》らを知《し》れ

人は自分の無知なことを自覚し、その自覚に立って真の知識を得、それにもとづいて行動せよという教え。

[語源] 古代ギリシャのデルフォイのアポロン神殿の扉《とびら》にかかげてあったことば。元来は「自分の身のほどをわきまえよ。」という意味だったが、ソクラテス以降「自分の無知を自覚せよ。」という意味に解釈されるようになった。

[同] 汝自身《なんじじしん》を知《し》れ。

難色《なんしょく》を示《しめ》す

賛成できないようすをみせる。それはむずかしいとことわる態度をみせる。

[短文] 夏休みに友達とグループで旅行し

たいと言ったが、母は難色を示した。

南船北馬《なんせんほくば》
中国の南部は川や湖が多いので船に乗り、北部は山や平原なので馬に乗って旅をするということから、各地をいそがしく次々に旅行してまわること。

に ニ

似合《にあ》わぬは不縁《ふえん》の元《もと》
性格や家庭状況などにちがいがありすぎる者が結婚《けっこん》すると、うまくいかずに結局は別れることが多いということ。
[同] 釣《つ》り合《あ》わぬは不縁《ふえん》の元《もと》。

煮《に》え切《き》らない
態度や考えがぐずぐずしていてあいまいだ。どっちつかずではっきりしない。
[短文] どうも煮え切らない返事ばかりしているが、おまえはほんとうに大学へ進みたいのか。

煮《に》え湯《ゆ》を飲《の》まされる
信頼して気を許していた者に裏切られて、ひどいめにあうたとえ。
[短文] 信用して打ち明けた友達がみんなに言いふらしたと知って、煮え湯を飲まされた思いだった。

仁王立《におうだ》ち
仁王《におう》像のようにいかめしく、しっかりと足をふまえてびくともしない姿で立つこと。また、その姿。
[短文] ここから先は一歩も通さぬとばかり、門番は仁王立ちになって、群衆を制した。
[参考] 「仁王」は「二王」とも書き、仏法を守る二神のこと。勇猛《ゆうもう》でいかりの表情をした一対の金剛《こんごう》力士像として表され、寺院の山門などの両側に置かれる。

（におう）

二階《にかい》から目薬《めぐすり》
二階から下にいる人に目薬をさそうとしても、思うように届かない。まわり遠くて物事が思うようにいかず、じれったいことのたとえ。
[同] 天井《てんじょう》から目薬《めぐすり》。
[類] 遠火《とおび》で手《て》をあぶる。

荷《に》が重《おも》い
仕事の内容や責任が、その人の能力をこえるほどである。
[短文] 野球部のキャプテンなんて、まだかれには荷が重いよ。
[類] 荷《に》が勝《か》つ。

荷《に》が勝《か》つ
仕事の責任や負担が、その人の能力以上である。
[会話] 「劇の主役、一生懸命《けんめい》やっていたが、いまひとつだったね。」
「演劇部にはいったばかりのあの子には荷《に》が勝ってた感じ。」
[類] 荷《に》が重《おも》い。

逃《に》がした魚《さかな》は大《おお》きい

つり上げてもう少しのところでにがしてしまった魚は、実際より大きく見える。手に入れかけてだめになったものは、おしい気持ちが働いて、実際以上によく見えることのたとえ。

[同] 逃《に》げた魚《さかな》は大《おお》きい。釣《つ》り落《お》とした魚《さかな》は大《おお》きい。

二月《にがつ》は逃《に》げて走《はし》る

二月という月はにげるように速く過ぎるということ。二月は、日数も少ないが、正月のややゆったりした気分から一転して気ぜわしく感じられるから。

[参考]「にがつ」の「に」と「にげる」の「に」で音を合わせてある。同じ手法で音をそろえて、「一月いぬる（＝行ってしまう）、三月去る。」という。

[同] 二月《にがつ》逃《に》げ月《つき》。

「二」が語中にくることば

一姫《ひめ》二太郎 ⇩ 四一ページ
一も二も無《な》く ⇩ 四二ページ
一石二鳥 ⇩ 四六ページ
瓜《うり》二つ ⇩ 六六ページ
習慣は第二の天性なり ⇩ 一九一ページ
長者に二代無《な》し ⇩ 二四〇ページ
人を呪《のろ》わば穴二つ ⇩ 三二三ページ
武士に二言は無《な》い ⇩ 三三二ページ

苦虫《にがむし》を噛《か》み潰《つぶ》したよう

かむと苦さが口じゅうに広がると思われる虫をかみつぶしたようなということで、ひじょうに不愉快《ふゆかい》な表情のたとえ。

[短文] なにがあったのか、父は苦虫をかみつぶしたような顔で帰ってきた。

憎《にく》まれっ子世《よ》に憚《はばか》る

人からにくまれるような者にかぎって、世間ではばをきかし、うまく世の中をわたって出世したり金もうけしたりする。

逃《に》げるが勝《か》ち

戦ったり争ったりしないでにげたほうが、大きく見ればかえって勝利や利益を得ることになるという教え。

[会話]「見知らぬ男どもに、けんかをふっかけられてね。」「で、どうした。」「逃げるが勝ちだよ。相手になってけがでもしたら、ばかばかしい。」

[類] 負《ま》けるが勝《か》ち。三十六計《さんじゅうろっけい》逃《に》げるに如《し》かず。

逃《に》げを打《う》つ

にげるしたくをする。自分につごうの悪いことは、なにかと理由をつけてことわったり前もって避《さ》けたりする。

[会話]「きみ、三年生送別会の幹事たのむよ。いいだろ。」「いや、ここんとこ、かぜぎみなんで。」「また逃げを打つ。」

錦《にしき》の御旗《みはた》

ほかの人に対して、自分の立場や主張を権威《けんい》づけるためのもの。

[短文] 規則を錦の御旗にしてきびしくとりしまるのもいいが、規則そのものを見直す必要もあるだろう。

[語源]「錦《にしき》の御旗《みはた》」は、日と月を金銀で

刺繍《ししゅう》したりえがいたりした赤地の錦の旗。むかし、朝敵を攻《せ》めるとき、官軍（＝天皇方の軍）のしるしとして用いられた。

錦《にしき》を衣《き》て郷《きょう》に還《かえ》る

⇩故郷《こきょう》に錦《にしき》を飾《かざ》る

錦《にしき》を衣《き》て夜《よる》行《ゆ》くが如《ごと》し

貴重で高価な錦《にしき》の着物を着ていても、暗い夜道を歩いたのでは、だれにも見られず、なんの意味もないということで、立身出世し成功者となっても、生まれ故郷に帰ってその栄誉《えいよ》を知られなければそれなりの価値がないというたとえ。

故事 むかし中国で、楚《そ》の項羽《こうう》が、秦《しん》をほろぼしてその都の地、関中《かんちゅう》にはいった。部下はここここそ天下を治める所として適当だと勧《すす》めたが、項羽は楚に帰りたくなって「富貴《ふうき》にして故郷に帰らざるは、錦を衣て夜行くが如し。」と言って、それをことわったという。〔出典『漢書《かんじょ》』〕

西《にし》も東《ひがし》も分《わ》からない

①その土地の方角や事情を全然知らず、どうすべきかまよう。②物事の判断がつかない。分別《ふんべつ》がない。

短文 ①この土地へ転校してきたときは、西も東も分からなくてほんとうに困ったよ。②西も東も分からない子供にそんなこと聞いてもむだだよ。

二束三文《にそくさんもん》

値段がきわめて安いこと。

短文 転勤のため、古い家具類を二束三文で売りはらった。

二足《にそく》の草鞋《わらじ》を履《は》く

種類のちがう二つの職業・仕事を一人でかねるたとえ。

会話 「ぼくの学校の国語の先生は、お寺の住職もしているんだよ。」「二足のわらじを履いているというわけだね。」

参考 「草鞋《わらじ》」は、わらを編んでつくったはきもの。

似《に》た者夫婦《ものふうふ》

性格や趣味《しゅみ》などがよく似ている夫婦のこと。また、夫婦がいっしょに生活していると、自然に似てくるということ。

日常茶飯事《にちじょうさはんじ》

毎日お茶を飲み、ご飯を食べるのと同じような、それがあたりまえになっている、ありふれたこと。

短文 近ごろ大都会の道路の渋滞《じゅうたい》は、日常茶飯事になっている。

注意 「ちゃはんじ」と読むのは誤り。

日光《にっこう》を見《み》ずして結構《けっこう》と言《い》うな

日光東照宮《とうしょうぐう》のあの美しい建築を見ないうちは、「結構だ」というほめことばを使うな。日光こそが「結構」ということばに値するものだということ。

参考 日光東照宮は徳川家康《とくがわいえやす》を祭ってあり、幕府《ばくふ》が当時の最高技術をつくして人工の美をきわめて建造したもの。「日光」と「結構」で語呂《ごろ》を合わせてある。

類 ナポリを見《み》てから死《し》ね。

日進月歩《にっしんげっぽ》

日ごと月ごとに進歩すること。休みなく速いテンポで進歩していくこと。

会話 「去年パソコンを買ったのに、もう安くて性能のいい新型が出て、まいったよ。」「そう。技術は日進月歩だからね。」

似《に》て非《ひ》なる者《もの》

ほんものと似てはいるが、ほんものとはちがうもの。外見は似ていても本質はちがうもの。〔出典『孟子《もうし》』〕

会話 「先生、近ごろ人気の現代語新傾向の短歌、どう思われますか。」「ああ、あれか。あんなもの短歌ではない。似て非なる者じゃよ。」「そうかな。ぼくら共感できるんですがねえ。世代の相違《そうい》かな、やっぱり。」

似《に》ても似《に》つかない

まるっきり似ていない。

短文 おたまじゃくしは蛙《かえる》の子だが、親とは似ても似つかない。

煮《に》ても焼《や》いても食《く》えない

どんな手を使ってもこちらの思いどおりにならない。また、強情すぎたりずるがしこかったりして手に負えず、もてあますことのたとえ。

短文 あの子、顔はきれいだけど、そりゃあ意地っぱりで、おまけに世間ずれしてるの。煮ても焼いても食えない子よ。

類 一癖《ひとくせ》も二癖《ふたくせ》もある。一筋縄《ひとすじなわ》ではいかぬ。

二度《にど》あることは三度《さんど》ある

同じようなことが二度起これば、続いてまた起こる。物事はくり返されることが多いということ。

会話 「きょうは、二度も物につまずいてころんでしまったよ。」「二度あることは三度あるというから、気をつけたほうがいいよ。」

類 一度《いちど》あることは二度《にど》ある。

二度《にど》教《おし》えて一度《いちど》叱《しか》れ

人の過ちや失敗を、頭ごなしにしかるのではなく、くり返しくり返し教えてやることのほうが大切だという教え。子供の教育についての心構えを説いた教え。

二度《にど》聞《き》いて一度《いちど》物言《ものい》え

人と話をするときは、人の話はよく聞くようにし、自分の口数は少なめにせよという教え。

二兎《にと》を追《お》う者《もの》は一兎《いっと》をも得《え》ず

二羽《にわ》の兎《うさぎ》を同時につかまえようとして追っても、結局は一羽もつかまえられないということから、同時に二つの物事をしようと欲ばっても、結局はどちらも成功しないといういましめ。

短文 サッカーだ剣道だと両方やるのはいいが、二兎を追う者は一兎をも得ずということがある。どちらか一方を一生懸《けん》命《めい》やることだね。

参考 西洋のことわざ。英語では If you run after two hares, you will catch neither.

類 虻蜂《あぶはち》捕《と》らず。

対 一挙両得《いっきょりょうとく》。一石二鳥《いっせきにちょう》。

二人口《ににんぐち》は過《す》ごせるが一人口《ひとりぐち》は過《す》ごせぬ ⇩ 一人口《ひとりぐち》は食《く》えぬが二人《ふたり》口《ぐち》は食《く》える

二《に》の足《あし》を踏《ふ》む

歩き出そうと一歩目は足が出たが、二歩目（＝二の足）は決心がつかなくて前へ出ず足ぶみをするということから、物事をしようとしても決心がつかない。しりごみをする。

短文 その展覧会にはぼくも行ってみたいが、あの混雑《こんざつ》ぶりではちょっと二の足を踏むね。

二《に》の句《く》が継《つ》げない

あきれたりおどろいたりして、言うべき次のことばが出てこない。

短文 かれったら、自分で窓ガラス割ったのに、ぼくに、先生のところへあやまりに行けだなんて、あきれて二の句が継げなかった。

語源 三段に分かれている雅楽《ががく》の朗詠《ろうえい》のとき、二段目の句（＝二の句）が高音なので息が切れることがあり、二の句を続けて歌うのは容易でないことから。

二《に》の舞《まい》を演《えん》じる

前の人のやった失敗と同じような失敗を自分がしてしまう。

会話 「どうしたの、そのけがは。」「弟が自転車をへいにぶつけて大けがをしたというのに、きのうはぼくが坂道でハンドルとられてころんでしまった。弟の二の舞を演じたというわけさ。」

語源 「二の舞《まい》」は、舞楽《ぶがく》の曲名。「安摩《あま》」という曲の次に舞う舞で、男女二人がこっけいなしぐさで「安摩」の舞をまねして失敗するという舞のこと。

二番煎《にばんせん》じ

一度煎《せん》じたお茶や薬などを、もう一度煎じたもののことから、前のもののくり返しで、新鮮味《しんせんみ》や効きめなどがないことのたとえ。

短文 今年の学園祭での、B組の出し物は、去年われわれのクラスでやったものの二番煎じだった。

鮸膠《にべ》も無《な》い

「にべ」という海魚から作るにかわは、ねばりけが強いが、そのねばりけがないということから、愛想がない、とりつきようがない。

短文 仕事の人手がたりないので、応援をたのんだが、こっちもいそがしいと言って、にべもなくことわられたよ。

二枚舌《にまいじた》を使《つか》う

その場に応じて、自分につごうがいいように一つのことを二とおりに言ったり、うそをついたりする。

短文 かれは選挙前の公約とぜんぜんちがうことを言っている。あんな二枚舌を使うやつに投票するんじゃなかったな。

同 二枚舌《にまいじた》。二枚《にまい》の舌《した》を使《つか》う。

鶏《にわとり》は裸足《はだし》

わかりきったこと、決まりきったことのたとえ。

類 雨《あめ》が降《ふ》る日《ひ》は天気《てんき》が悪《わる》い。犬《いぬ》が西《にし》向《む》きゃ尾《お》は東《ひがし》。

鶏《にわとり》を割《さ》くに焉《いずく》んぞ牛刀《ぎゅうとう》を用《もち》いん

鶏《にわとり》を料理するのに、牛を切る大きな包丁《ほうちょう》は必要ないということで、小さなことを処置するのに大仕掛けの手段や大人物を用いる必要はないというたとえ。

語源 孔子《こうし》が、弟子《でし》の子游《しゆう》が治めている武城《ぶじょう》という町に行ったとき、町の人々が弦楽器に合わせて歌をうたっているのを聞いて、笑って言ったことば。孔子は、この小さな町を治めるのに、大国を治める「礼楽《れいがく》」を用いるのは大げさだと思って言ったのだといわれる。〔出典『論語《ろんご》』〕

任重《にんおも》くして道遠《みちとお》し

任（＝背中に負った荷物）は重く、道のりは長い。重大な任務を負ってそれを成しとげようとすることは容易でなく、長い年月がかかるということ。責任の重大なことをいうことば。〔出典『論語《ろんご》』〕

人間到《にんげんいた》る処《ところ》青山《せいざん》有《あ》り

人間はどこで死んでも、この世の中のどこかに骨をうずめるくらいの場所はある。故郷ばかりが骨をうずめるところではない。大きな志を成しとげようとする者は、故郷を出てどこでも大いに活躍《かつやく》すべきであるということ。

語源 幕末《ばくまつ》に活躍した僧月性《げっしょう》の作といわれる詩（異説もある）の一節から。〔原文〕男児《だんじ》志《こころざし》を立《た》てて郷関《きょうかん》（＝郷里）を出《い》ず。学若《がくも》し成《な》る無《な》くんば死《し》すとも還《かえ》らず。骨《ほね》を埋《うず》むるに豈惟《あにただ》に墳墓《ふんぼ》の地《ち》のみならんや（＝骨をうずめる所はただ故郷だけだろうか）。人間到《にんげんいた》る処《ところ》青山《せいざん》有《あ》り。

参考 「青山」は、骨をうめる土地の意。「人間」は、「じんかん」とも読む。

人間《にんげん》の皮《かわ》を被《かぶ》る

姿や形は人間のかっこうをしているが、心はけもののようだ。人情がなく、恩義や恥《はじ》を知らない人の形容。

会話 「誘拐《ゆうかい》事件の犯人は、どんなやつだろう。」
「人間の皮をかぶったけもののようなやつに決まっているよ。」

類 人面獣心《じんめんじゅうしん》。

人間万事金《にんげんばんじかね》の世《よ》の中《なか》

人が住むこの世の中は、お金ですべてが解決するということ。お金は大切で、人間はすべてお金のために働いているようなものだということ。

短文 借金を苦にして一家心中《しんじゅう》をした新聞記事などを読むと、人間万事金の世の中なんだなあと、つくづく思う。

類 金《かね》が物《もの》を言《い》う。地獄《じごく》の沙汰《さた》も金次第《かねしだい》。

人間万事塞翁《にんげんばんじさいおう》が馬《うま》

人生というものはたえず変化し、将来のことはだれも予測することはできない。今不幸だからといって悲しむことはない。また、今幸せだからといってもいつ不幸がおとずれるかもわからないから、喜んでばかりいられないということ。

短文 第一志望の学校に入学できなかったからといって、そんなに気を落とすものじゃないよ。人間万事塞翁が馬、あとになってみなければ、なにがよかったかなんてわからないものだ。

故事 むかし、中国北境の塞《とりで》の近くに住む老人（塞翁《さいおう》）の馬がにげた。近所の人が気の毒に思うと老人は「いや悲しむことはない。このことが幸せになるかもしれない。」と言った。数か月すると、そのにげた馬が別のりっぱな馬をつれて帰ってきた。近所の人々が喜ぶと、その老人は「いや、このことが禍《わざわい》になるかもしれない。」と言った。老人の家にはよい馬がふえたが、乗馬の好きな老人の息子《むすこ》が馬から落ちて足の骨を折ってしまった。近所の人たちは同情して老人をなぐさめたが、老人は「このことが幸いになるかもしれない。」と言った。それから一年後、敵の大軍が攻めてきたとき、多くの若者たちは戦死したが、その息子は足が悪いために召集《しょうしゅう》されず戦死しなくてすんだという。

〔出典『淮南子《えなんじ》』〕

同 塞翁《さいおう》が馬《うま》。

類 禍福《かふく》は糾《あざな》える縄《なわ》の如《ごと》し。沈《しず》む瀬《せ》あれば浮《う》かぶ瀬《せ》あり。

ぬ ヌ

糠《ぬか》に釘《くぎ》

ぬかにくぎを打つ意から、なんの手ごたえも、効きめもないことのたとえ。

短文 うちの弟は、朝起きたらきちんと顔を洗えと何度言っても、ぬかにくぎで、ちっとも実行していない。

類 豆腐《とうふ》に鎹《かすがい》。暖簾《のれん》に腕押《うでお》し。

糠味噌《ぬかみそ》が腐《くさ》る

声が悪く調子はずれの歌を歌う人をからかっていうたとえ。

会話 「どうしてきみは音楽の時間がきらいなんだ。」「だって、ぼくが歌うと、みんながぬかみそが腐るって、笑うんだもの。」

抜《ぬ》き足差《あしさ》し足《あし》

足を抜くように静かにあげ、差すように足を前へ出して、音をたてないようにそっと歩くこと。また、そのようす。

同 抜《ぬ》き足差《あしさ》し足忍《あししの》び足《あし》。

抜《ぬ》き差《さ》しならない

抜くことも差すことも自由にできない意で、追いつめられて、どうにも身動きがとれない。のっぴきならない。

会話 「この問題は、今度の生徒会で投票によって決めようと思うんだが。」「でも、結果によっては、きみが抜き差しならない立場に追いこまれるよ。」

抜《ぬ》け駆《が》けの功名《こうみょう》

仲間などを出しぬいて自分一人で立てた手柄《てがら》。また、他人を出しぬいて人より先に利益になるようなことをすること。

参考 「抜《ぬ》け駆《が》け」は、むかし戦場で、こっそりとだれよりも先に敵陣《てきじん》に攻め入ること。

抜《ぬ》け目《め》が無《な》い

自分の利益になるようなことには、要領がよくて手おちがない。

会話「夏休みの講習会に、かれ、受け付け開始と同時に申しこんだんですって。翌日、定員になっちゃったらしいわ。」
「かれは、そういうことには抜け目がない人間なのよ。」

盗人《ぬすびと》猛々《たけだけ》しい

盗《ぬす》みや悪いことをしていながら、とがめられても逆に居直ったり食ってかかったりする人をののしっていうことば。

短文 きのう学校にはいったどろぼうは、学校のことでずいぶん文句を言っていたというが、盗人たけだけしいとは、ああいうやつをいうんだね。

参考「盗人」は、「ぬすっと」ともいう。

盗人《ぬすびと》に追《お》い銭《せん》

どろぼうに物をとられたのに、さらにお金をくれてやることから、損をしたうえにさらに損をすることのたとえ。
短文 脱税《だつぜい》していた会社がつぶれたといって、法律で救済してやるなんて、盗人に追い銭ということだ。
同 泥棒《どろぼう》に追《お》い銭《せん》。
類 盗人に追い打つ。

盗人《ぬすびと》に鍵《かぎ》を預《あず》ける

どろぼうにかぎを預けて災《わざわ》いをまねくことから、悪い人とは知らずに手助けをして、損害をさらに大きくするたとえ。
同 盗人《ぬすびと》に鍵《かぎ》。
類 盗人《ぬすびと》に倉《くら》の番《ばん》。猫《ねこ》に鰹節《かつおぶし》。

盗人《ぬすびと》にも三分《さんぶ》の理《り》

どろぼうにも、どろぼうをしたそれなりの理由があるということから、どんなことでも理屈《りくつ》をつけようと思えばつけられるものだというたとえ。
短文 どろぼうをつかまえたら、となりの寝《ね》たきり老人に少しお金をあげようと思ったなんて言ってたけど、盗人にも三分の理ということかね。
同 泥棒《どろぼう》にも三分《さんぶ》の理《り》。
類 理屈《りくつ》と膏薬《こうやく》は何処《どこ》へでも付《つ》く。

濡《ぬ》れ衣《ぎぬ》を着《き》る

身におぼえのない罪を負わされる。無実の罪を負わされるたとえ。

会話「みんなが帰ったあと、教室へ忘れ物をとりに行っただけなのに、ぼくがぬすんだなんて。」

「運が悪いときってそういうものだよ。とんだぬれ衣を着せられたね。」

参考「濡《ぬ》れ衣《ぎぬ》」は、無実の罪の意。

濡《ぬ》れ手《て》で粟《あわ》

ぬれた手で粟《あわ》をつかむと、粟《あわ》つぶがいっぱい手についてくることから、たいした苦労もしないのに、簡単に多くの利益を得ることのたとえ。
短文 土地の値上がりブームに乗って、人の土地を口先一つで売って金もうけするなんて、まったくぬれ手で粟だよ。
同 濡《ぬ》れ手《て》で粟《あわ》の摑《つか》み取《ど》り。

濡《ぬ》れぬ先《さき》の傘《かさ》

雨にぬれる前にかさを用意しておくことから、物事に失敗しないように前もって用心をしたり準備をしたりしておくことのたとえ。
同 降《ふ》らぬ先《さき》の傘《かさ》。
類 転《ころ》ばぬ先《さき》の杖《つえ》。

ね ネ

寝返《ねがえ》りを打《う》つ

①寝たままからだの向きをかえる。②味方を裏切って敵につく。

短文 ①眠れずにベッドの上で何度も寝返りを打った。②ずいぶんかれのめんどうをみてやったが、ライバルの会社にはいってしまった。寝返りを打たれたよ。

願《ねが》ったり叶《かな》ったり

物事が、こちらの希望とぴったり合ってすべて申し分がないようす。

短文 A社からさそいがあったんだけれど、給料もいいし、休暇も多くて、願ったりかなったりの条件だよ。

類 願《ねが》ってもない。

願《ねが》ってもない

願っても実現しそうもないことが、運よく実現するのを喜ぶときにいうことば。

短文 急用ですぐに帰らなければならない。きみが後かたづけをやってくれるなんて、願ってもないことだ。

類 願《ねが》ったり叶《かな》ったり。

根《ね》が生《は》える

根が生えて動かないように、その場所から少しも動かないたとえ。

会話 「うちのお父さん、ずっとあそこにすわったまま、むこうのチームを応援しているよ。」「お尻《しり》に根が生えたみたいだね。」

値《ね》が張《は》る

値段がふつうよりずっと高い。

短文 きみの靴《くつ》のほうが値が張っているだけあって、じょうぶにできているよ。

寝首《ねくび》を掻《か》く

眠っている人の首を斬《き》るということから、相手が油断しているすきに、ひきょうな手段で人をおとし入れるたとえ。

短文 織田信長《おだのぶなが》は、文字どおり明智光秀《あけちみつひで》に寝首をかかれたといえるね。

猫《ねこ》が肥《こ》えれば鰹節《かつおぶし》が痩《や》せる

猫《ねこ》が鰹節《かつおぶし》を食べて太れば、食べられた鰹節はだんだんやせ細っていくことから、一方でいいことがあれば、他方で悪いことがあるというたとえ。

類 甲《こう》の薬《くすり》は乙《おつ》の毒《どく》。入《い》り船《ふね》に良《よ》い風《かぜ》は出船《でふね》に悪《わる》い。

猫《ねこ》に鰹節《かつおぶし》

猫《ねこ》は鰹節《かつおぶし》が大好物であることから、人のほしがるものをその人のそばに置けば油断ができないということのたとえ。また、ついそれをとってしまうような過《あやま》ちが起こりやすいたとえ。

短文 ねえ、あの人の前にあんなにケーキをたくさん置いておくと、わたしたちの分がなくなるわよ。猫に鰹節だわ。

同 猫《ねこ》に鰹節《かつおぶし》の番《ばん》。

類 猫《ねこ》に魚《さかな》の番《ばん》。盗人《ぬすびと》に鍵《かぎ》を預《あず》ける。

猫《ねこ》に小判《こばん》

猫《ねこ》に小判をあたえても、なにも感じない

ことから、どんなに価値のあるものをあたえても、そのものの値打ちがわからない人にはむだであり、なんの役にも立たないことのたとえ。

短文 弟は、誕生日《たんじょうび》のお祝いに高価な時計を買ってもらったけど、もったいないよ。猫に小判とはこのことだ。

参考 「小判」は、むかしの金貨。

類 豚《ぶた》に真珠《しんじゅ》。

猫《ねこ》の手《て》も借《か》りたい

なんの役にも立たない猫《ねこ》の手でも借りたいほど、ひじょうにいそがしくて、一人でも多く人手がほしいようすのたとえ。

会話 「先生、あしたの運動会の準備、間に合いますか。」

「うん、猫の手も借りたいほどいそがしいんだが、だれかいるかな、手のあいている者は。」

類 犬《いぬ》の手《て》も人《ひと》の手《て》にしたい。

> **「猫」が語中にくることば**
> 借りてきた猫《ねこ》 ⇩ 一〇三ページ
> 窮鼠猫《きゅうそねこ》を噛《か》む ⇩ 一二二ページ
> 皿嘗《さらな》めた猫《ねこ》が科《とが》を負う ⇩ 一七四ページ
> 鳴く猫《ねこ》は鼠《ねずみ》を捕《と》らぬ ⇩ 二七五ページ
> 豚《ぶた》に念仏猫《ねこ》に経《きょう》 ⇩ 三三三ページ

猫《ねこ》の額《ひたい》

猫《ねこ》の額がせまいことから、土地や庭などがひじょうにせまいことのたとえ。

短文 東京じゃ、猫の額ほどの土地が数億円もするなんて、まったくどうかしてるよ。

猫《ねこ》の前《まえ》の鼠《ねずみ》

猫《ねこ》の目の前でねらわれている鼠《ねずみ》のように、おそろしくて身動きができないようすのたとえ。

短文 かれは、ぼくたちの前ではいついばっているけれど、先輩《せんぱい》や監督《かんとく》の前に出ると、猫の前の鼠のようになってしまう。

類 蛇《へび》に見込《みこ》まれた蛙《かえる》。鷹《たか》の前《まえ》の雀《すずめ》。

猫《ねこ》の目《め》のよう

猫《ねこ》の目が周囲の明るさによって形が変わることから、物事がそのときの事情や状況《じょうきょう》によってめまぐるしく変わることのたとえ。

短文 あの部長になってから、うちの部の方針が猫の目のように変わるようになった。

> **「鼠」が語中にくることば**
> 頭の黒い鼠《ねずみ》 ⇩ 一九ページ
> 窮鼠猫《きゅうそねこ》を噛《か》む ⇩ 一二二ページ
> 鳴く猫《ねこ》は鼠《ねずみ》を捕《と》らぬ ⇩ 二七五ページ
> 猫《ねこ》の前の鼠《ねずみ》 ⇩ 二九一ページ
> 袋《ふくろ》の鼠《ねずみ》 ⇩ 三三二ページ

猫《ねこ》は虎《とら》の心《こころ》を知《し》らず

心のせまい人間には大人物の心を理解することはできないというたとえ。

類 燕雀《えんじゃく》安《いずく》んぞ鴻鵠《こうこく》の志《こころざし》を知《し》らんや。

猫糞《ねこばば》を決《き》め込《こ》む

猫《ねこ》が糞《ふん》をしたあと砂などをかけてかくすことから、悪いことをしても、それをかくして知らん顔をする。

短文 あの人ずるいのよ。道路に落ちて

いたお金を拾っても交番に届けずに、猫糞を決め込んじゃったのよ。

同 猫糞《ねこばば》を決《き》める。猫糞《ねこばば》。猫糞《ねこばば》する。

猫《ねこ》も杓子《しゃくし》も

なにもかもすべて。だれもかれもみんな。

短文 最近の旅行ブームはすごいね。とくに冬休みや夏休みになると猫も杓子も海外へ出かけていく。

類 老《お》いも若《わか》きも。

猫《ねこ》を被《かぶ》る

ほんとうの性質をかくして、おとなしそうにしている。

会話「あの人、先生にずいぶん信用されているのよ。」「ずるいのよ。先生の前へいくと、猫をかぶっているんですもの。」

寝覚《ねざ》めが悪《わる》い

①目がさめても、はっきりとさめにくく機嫌《きげん》が悪い。②以前に行った悪いことを思い出して気になる。あと味が悪く、良心がとがめる。

短文 ①姉は寝覚めが悪く、母に起こされても、いつまでも文句を言っている。②仲のよかった友達とけんかをして以来、寝覚めが悪くてしかたがない。

螺子《ねじ》を巻《ま》く

ぜんまいじかけのおもちゃなどは、ぜんまいがゆるむと動きがにぶくなり、ねじを巻くとちゃんと動くことから、たるんだ気持ちや態度をひきしめるように注意したりはげましたりすることのたとえ。

短文 今年の新人は練習に気合いがはいっていないから少しねじを巻こう。

類 気合《きあ》いを入《い》れる。発破《はっぱ》を掛《か》ける。

寝《ね》た子《こ》を起《お》こす

やっと寝《ね》た赤んぼうを起こして泣かれるように、なんとかおさまった問題をわざわざとりあげて、ふたたびめんどうなことにしてしまうたとえ。

短文 叔父《おじ》さんは、酒をやめた父の前で、酒をのんだときのおもしろい話ばかりして、寝た子を起こすようなものだ。

同 寝《ね》る子《こ》を起《お》こす。

類 平地《へいち》に波瀾《はらん》を起《お》こす。藪《やぶ》をつついて蛇《へび》を出《だ》す。

熱《ねつ》に浮《う》かされる

ほかのことは忘れてしまうくらい、あることに夢中になる。

短文 兄は、熱に浮かされているように、コンピューターゲームに熱中している。

熱《ねつ》を上《あ》げる

ある人や物事に夢中になる。のぼせあがる。

会話「あの子、このごろ変よ。」「そうなの。いま人気のアイドル歌手に熱を上げて、勉強どころじゃないのよ。」

寝《ね》ても覚《さ》めても

どんなときでも。いつも。

短文 弟は寝ても覚めても、漫画《まんが》の本を手ばなしたことがない。

寝《ね》て餅《もち》食《く》うても目《め》に粉《こ》が入《はい》る

横着をして物事をすれば、決していい結果にはならないというたとえ。楽をしようとしても少しはいやなことがあるものだという教え。

同 寝《ね》ていて餅《もち》食《く》えば目《め》に粉《こ》が入《はい》る。

根《ね》に持《も》つ

あることをいつまでもうらんで忘れない。

短文 投票の結果、きみの意見が入れられなかったのを根に持つなんて、男らしくないぞ。

根《ね》掘《ほ》り葉《は》掘《ほ》り

いろいろなことを、細かく、また、しつこく聞いたり調べたりするようす。

短文 あの先輩《せんぱい》失礼だよ。ぼくのうちの親兄弟のことなんかを、根掘り葉掘り聞くんだよ。

寝《ね》耳《みみ》に水《みず》

寝ているときに耳の中に水を入れられるように、あまりにもだしぬけのできごとに、ひじょうにおどろくことのたとえ。

会話 「きみ、ぼくたちの先生が辞《や》めるって話、知っているかい。」

「そんな話は寝耳に水だよ。」

類 藪《やぶ》から棒《ぼう》。青天《せいてん》の霹靂《へきれき》。

根《ね》も葉《は》も無《な》い

なんの根拠《こんきょ》もない。

短文 世の中には、根も葉もないうわさ話を得意になって言いふらす人がいるが、困ったものだ。

寝《ね》る子《こ》は育《そだ》つ

よくねむる子供は、健康ですくすくと成長するということ。

類 泣《な》く子《こ》は育《そだ》つ。

音《ね》を上《あ》げる

がまんできずにいくじのないことを言う。

会話 「きょうは寒いから、このへんで練習は終わりにしようよ。」

「きみがまっ先に音を上げるなんて、下級生に対してみっともないよ。」

類 弱音《よわね》を吐《は》く。

年季《ねんき》を入《い》れる

長い間、一つの仕事に打ちこんできて熟練する。年季がはいっている。

短文 あの大工さんの仕事は、年季を入れただけあって、りっぱだという評判だ。

年貢《ねんぐ》の納《おさ》め時《どき》

今まで納めないでいた年貢《ねんぐ》を、ついに納めなくてはならないときがきたという意味から、長い間悪いことをしてきた者がつかまって処罰《しょばつ》を受けるとき。

短文 あの強盗《ごうとう》はずいぶんあちこちで悪いことをしていたけれど、とうとう年貢の納め時がきたようだ。

念頭《ねんとう》に置《お》く

忘れないで、いつも心がけておく。

短文 地震《じしん》のときは、いつも火の始末をすることを念頭に置くことだ。

念《ねん》には念《ねん》を入《い》れる

よく注意したうえに、さらにいっそう注意する。

会話 「その答えはだめですか。」

「だめだね。一〇字以内で書けというのに一二字で書いてある。問題文は念には念を入れて読まないといけないよ。」

同　念《ねん》の上《うえ》にも念《ねん》。
類　石橋《いしばし》を叩《たた》いて渡《わた》る。

念力岩《ねんりきいわ》をも通《とお》す

まったく不可能と思われることでも、一心をこめてやればできないことはないというたとえ。⇩**石《いし》に立《た》つ矢《や》**（故事）
同　一念岩《いちねんいわ》をも通《とお》す。一心岩《いっしんいわ》を通《とお》す。思《おも》う念力岩《ねんりきいわ》をも通《とお》す。
類　石《いし》に立《た》つ矢《や》。一念天《いちねんてん》に通《つう》ず。精神一《せいしんいっ》到何事《とうなにごと》か成《な》らざらん。

念《ねん》を入《い》れる

物事を行うとき、じゅうぶんに注意する。手落ちがないかどうかたしかめる。
短文　答案用紙を提出する前に、もう一度念を入れて見直すこと。

念《ねん》を押《お》す

まちがいがないかどうか、相手にもう一度たしかめる。手落ちがないよう、じゅうぶんにたしかめる。
会話　「弟にたのんだけれど、ちゃんと先生のところへ届けてくれるかな。」「行く前に、念を押しておいたほうがいいわよ。」

の　ノ

能《のう》ある鷹《たか》は爪《つめ》を隠《かく》す

すぐれた力や才能をもっている人は、ふだんは、そのことを見せびらかしたり、じまんしたりしないというたとえ。
会話　「かれ、ふだんおとなしくて野球の話もしないけれど、きのうの試合でかれのバッティングはすばらしかったね。」「能ある鷹は爪を隠すというからね。」
類　鼠捕《ねずみと》る猫《ねこ》は爪隠《つめかく》す。能《のう》ある猫《ねこ》は爪隠《つめかく》す。

能事終《のうじお》われり

しなければならないことは、すべてやり終わった。やるだけのことはやった。〔出典『易経《えききょう》』〕
参考　「終われり」は「畢れり」とも書く。

嚢中《のうちゅう》の錐《きり》

袋《ふくろ》の中に入れたきりのとがった先が外につき出るように、才能のあるすぐれた人物は、大勢の人の中にいてもすぐに才能を発揮して目立つというたとえ。〔出典『史記《しき》』〕

とがったきりの先は袋の外につき出る。

軒《のき》を貸《か》して母屋《おもや》を取《と》られる

⇩**庇《ひさし》を貸《か》して母屋《おもや》を取《と》られる**

残《のこ》り物《もの》には福《ふく》がある

人がわれ先にと争って取り合ったあとの残り物に意外にいい物がある。遠慮《えんりょ》深い人には思いがけない幸運がおとずれるものだということ。
短文　弟は、商店会の福引きの最後の日に行って、みごと一等賞をあててきた。残り物には福があるっていうのはこのことだ。
同　余《あま》り物《もの》に福《ふく》がある。余《あま》り茶《ちゃ》に福《ふく》がある。

熨斗《のし》を付《つ》ける

喜んでなにかを人にあげるという気持ちを表すときに使うことば。

短文 子猫《こねこ》をあげた礼だなんて、うちはのしを付けてももらってほしいと思っていたのよ。

参考 「熨斗《のし》」は、四角な紙を、上が広く下がせまい六角形に折ったもの。おくり物につける。

（のし）

後《のち》の千金《せんきん》

いくら大金であっても、必要とするときに間に合わなければなんの役にも立たないというたとえ。

退《の》っ引《ぴ》きならない

よけることも退くこともできない。どうにも動きがとれない。また、どうしてもしなければならない。

短文 いっしょに行かなくてはいけないのはわかっているけど、あす、のっぴきならない用があってどうしても行けないんだ。悪いなあ。

喉《のど》が鳴《な》る

ごちそうを見たり聞いたりして、食べたくなってたまらないようす。

短文 おなかがすいていたとき、好物のうなどんを目の前にしてのどが鳴ってしかたがなかった。

喉《のど》から手《て》が出《で》る

ひじょうにほしく思うようすのたとえ。

短文 きみが買ったというあのコンピューターゲーム、ぼくものどから手が出るほどほしかったんだ。

喉元《のどもと》過《す》ぎれば熱《あつ》さを忘《わす》れる

熱いものをのみこんでしまえば、そのときの熱さを忘れてしまうことから、苦しいこともそのことが過ぎてしまえばすぐに忘れてしまうというたとえ。また、苦しいときや困ったときに人からうけた恩も、自分が楽になると忘れてしまうことのたとえ。

短文 兄は、バイクでスピードを出しすぎてけがをしたというのに、けがが治ったらまた乗り回している。のど元過ぎれば熱さを忘れるというが、また事故を起こさなければいいのだが。

類 病治《やまいなお》りて医師《いし》忘《わす》る。暑《あつ》さ忘《わす》れて陰忘《かげわす》る。雨晴《あめは》れて笠《かさ》を忘《わす》れる。

のべつ幕無《まくな》し

物事が途中《とちゅう》で止まることなく、ずっと続くようすのたとえ。

短文 姉は、日曜日に家にいるときは、のべつ幕なしになにか食べているからふとるんだ。

語源 芝居《しばい》で、幕を降ろさずに次の場面を続けることから。

野辺《のべ》の送《おく》り

死んだ人のからだを火葬場《かそうば》や埋葬場《まいそうじょう》まで見送ること。葬式の見送り。野辺送り。

上《のぼ》り坂《ざか》あれば下《くだ》り坂《ざか》あり

人間の一生の間には、さかんなときもあり、またおとろえるときもある。人生には栄枯盛衰《えいこせいすい》はつきものだというたとえ。

鑿《のみ》と言《い》えば槌《つち》

よく気《き》が利くことのたとえ。

語源 「のみ」は、木材や石材に穴をほったり、みぞをつけたりするための工具。それを使うときには、柄《え》の頭を木づちか金《かな》づちでたたきながら使う。のみを持ってこいと言えば、それに必要な木づちや金づちを言われなくても持ってくるということから。

乗《の》り掛《か》かった舟《ふね》

乗った船が港をはなれたら、途中《とちゅう》で降りることができないことから、いったんはじめた以上、途中でやめるわけにはいかないことのたとえ。

会話 「きみ、帰りがおそくなるからもういいよ。もうぼく一人でできるから。」「なに、乗りかかった舟だ。最後までいっしょにやってしまおう。」

伸《の》るか反《そ》るか

成功するか失敗するか、結果はまったくわからないが、運を天にまかせて、思い切って物事を行うようす。

短文 監督《かんとく》が、伸るか反るかのスクイズをやらせたおかげで九回の裏に一点取って勝った。

類 一《いち》か八《ばち》か。

暖簾《のれん》に腕押《うでお》し

のれんを押しているように、こちらが積極的に出ても、相手がなんの反応も示さず、手ごたえがないことのたとえ。

短文 新入生のてまえ、もっと積極的に部の行事に出るように言ったけど、のれんに腕押しよ、あの人は。

参考 「暖簾《のれん》」は、屋号などをそめぬいて、店先などにたらす布。

同 暖簾《のれん》と相撲《すもう》。

類 糠《ぬか》に釘《くぎ》。豆腐《とうふ》に鎹《かすがい》。

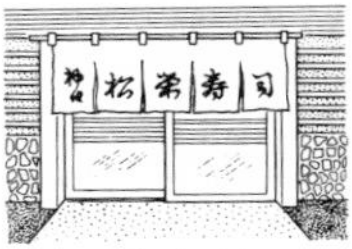

（のれん）

暖簾《のれん》を分《わ》ける

商店などで、長い間よく働いてきた店員に、同じ屋号を使って別の新しい店を持たせる。暖簾《のれん》分けする。

は　ハ

肺肝《はいかん》を砕《くだ》く

ありったけの心をかたむけて考える。ひじょうに苦心して考えることのたとえ。

〔出典　杜甫《とほ》『垂老別《すいろうべつ》』〕

参考 「肺肝《はいかん》」は、肺臓と肝臓のことで、心の奥底の意。

同 肺肝《はいかん》を尽《つ》くす。

敗軍《はいぐん》の将《しょう》は兵《へい》を語《かた》らず

戦いに敗れた将軍には、兵法を語る資格がないということから、ある物事に失敗した者は、そのことについて意見を言ったり、弁解したりする資格はないということ。

語源 《原文》敗軍《はいぐん》の将《しょう》は、以《もっ》て勇《ゆう》を言《い》うべからず。〔出典『史記《しき》』〕

同 敗軍《はいぐん》の将《しょう》は兵《へい》を談《だん》ぜず。

類 敗軍《はいぐん》の将《しょう》は謀《はか》らず。

背水《はいすい》の陣《じん》

川などを背にした決死の陣《じん》立てのことから、もはや一歩もあとにはしりぞくことができないという絶体絶命の覚悟《かくご》で事にあたること。

〔短文〕ぼくはA高校一校しか受験しません。背水の陣です。

〔故事〕中国の漢《かん》の韓信《かんしん》が趙《ちょう》と戦ったとき、兵士たちをわざわざ有利な山の砦《とりで》から川を背後にひかえた不利な所に陣取らせた。兵士たちは、もう一歩もしりぞくことができないため、決死の覚悟で敵と戦い、大勝したという。〔出典『史記《しき》』〕

〔類〕糧《かて》を捨《す》て舟沈《ふねしず》む。

肺腑《はいふ》を抉《えぐ》る

悲しさや苦しさなどをひじょうに強く心に感じさせる。

〔参考〕「肺腑《はいふ》」は、肺臓のことで、心の奥底の意。

肺腑《はいふ》を突《つ》く

深く感動させる。深い感銘《かんめい》をあたえる。

〔短文〕A先生の戦争の体験に関する講演は聴衆の肺腑を突くものであった。

パイプを通《とお》す

両者の間の連絡をよくしたり、おたがいの意志の通じ合いをよくしたりする。

〔短文〕社長と社員の間にいつもパイプを通しておかないと、会社の運営はうまくいかないものだ。

這《は》えば立《た》て立《た》てば歩《あゆ》めの親心《おやごころ》

わが子がはえるようになると早く立てるようにならないものかと思い、立てるようになると早く歩くことができるようにならないものかと思う。子供のすこやかな成長を願う親心を表すことば。

〔参考〕このあとに「わが身につもる老いを忘れて」と下の句が続く。

歯《は》が浮《う》く

真実みのないことや、きざな言動に対していやな思いをもつ。

〔短文〕わたしが美人だなんて、そんな歯が浮くようなこと言わないでよ。

場数《ばかず》を踏《ふ》む

多くの経験を重ねる。

〔短文〕優勝がかかったこういう大きな試合では、やはり場数を踏んだ者が有利だ。

歯《は》が立《た》たない

かたくてかむことができないということから、相手が強すぎたり、問題がむずかしかったりして、とてもかなわない。

〔短文〕高校へ行っている兄も解けなかった数学の問題だもの、ぼくなんかにはとても歯が立たないよ。

馬鹿《ばか》と鋏《はさみ》は使《つか》いよう

切れないはさみも使い方によって切れるようになる。おろかな人間でも使い方さえよければなにかの役に立つということ。

〔会話〕「あの人はお調子者だから、おだてればなんでもやってくれるわよ。」

「馬鹿とはさみは使いようね。」

類 阿呆《あほう》と剃刀《かみそり》は使《つか》いようで切《き》れる。

馬鹿《ばか》な子《こ》ほど可愛《かわい》い

親というものは、どの子もかわいいのは同じだが、特におろかな子ほどふびんでかわいいものだということ。

馬鹿《ばか》の一《ひと》つ覚《おぼ》え

一つ覚えたことを、どんなときでも得意になって言ったりしたりする人をあざけっていうことば。

測《はか》り難《がた》きは人心《ひとごころ》

この世の中で、いちばんわからないものは人の心であるということ。また、人の心はあてにならないものだということ。

類 わからぬものは夏《なつ》の日和《ひより》と人心《ひとごころ》。

謀《はかりごと》は密《みつ》なるを貴《とうと》ぶ

計略は秘密にしておかなければ、なんの効果もないということ。

同 謀《はかりごと》は密《みつ》なるを良《よ》しとす。

類 謀《はかりごと》泄《も》るるは事功《ことこう》無《な》し。

秤《はかり》に掛《か》ける

両方をくらべて、どちらが得かを考え、損得を計算する。

短文 彼女《かのじょ》は二つの話をはかりに掛け、どちらにするか決めかねている。

同 天秤《てんびん》に掛《か》ける。

馬鹿《ばか》を見《み》る

つまらない結果に終わる。結局はつまらない経験をして損をする。

短文 やれ脱税《だつぜい》だ、やれ横領だなんていうニュースを聞くと、世の中で馬鹿を見るのは、結局は正直者だろうかと思う。

掃《は》き溜《だ》めに鶴《つる》

掃きだめに鶴《つる》がいるように、その場にふさわしくない、ひじょうに美しいものやすぐれたものがあるというたとえ。

短文 今度うちの部にはいってきた女の子はきれいだね。あれこそ、ほんとうに掃きだめに鶴というんだろうね。

同 塵溜《ごみた》めに鶴《つる》。

類 鶏群《けいぐん》の一鶴《いっかく》。

馬脚《ばきゃく》を露《あらわ》す

かくしていた本性や悪事などがばれる。

短文 A議員が汚職《おしょく》でつかまったそうだね。公明正大を信条とするなんて言っていたが、馬脚をあらわしたわけだ。

語源 芝居《しばい》で、馬の脚《あし》をする役者がうっかり正体を見せてしまうことから出たことば。〔出典『元曲《げんきょく》』〕

類 尻尾《しっぽ》を出《だ》す。化《ば》けの皮《かわ》が剝《は》がれる。

破鏡《はきょう》再《ふたた》び照《て》らさず

割れてしまった鏡は物を映すことはできないということから、いったん破れた男女の縁《えん》は元にはもどらないというたとえ。

故事 むかし中国で、徐徳言《じょとくげん》という男が、妻と別れるとき、縁があったらまた会おうと約束《やくそく》して、そのときのしるしにと、鏡を二つに割り半分ずつを持っていた。のちに、市《いち》で半鏡をみつけて妻の居所を知ったが、すでに他人の妻となっていたという。〔出典『伝灯録《でんとうろく》』〕

類 覆水盆《ふくすいぼん》に返《かえ》らず。

白衣《はくい》の天使《てんし》

看護婦《かんごふ》の白衣姿を、天使のように気高く美しい姿にたとえていうことば。

箔《はく》が付《つ》く

値打ちが高まる。貫禄《かんろく》がつく。

短文 彼女《かのじょ》はピアノの勉強のため、ドイツに留学していたそうだが、いちだんとはくが付いたね。

参考 「箔《はく》」は、金や銀を紙のようにうすくのばし、物の表面にはりつけてかざる。

白眼視《はくがんし》

人や物事を冷たい目で見ること。また、冷たくあつかうこと。

> 故事
> 中国の晋《しん》の時代、竹林の七賢人《しちけんじん》の一人であった阮籍《げんせき》は、自分の気に入った客が来ると青眼《せいがん》（黒眼）で迎え、気に入らないいやな客が来ると、白い眼で迎えたという。
> 〔出典『晋書《しんじょ》』〕

同 白《しろ》い眼《め》で見《み》る。

莫逆《ばくぎゃく》の友《とも》

よく心が通じ合い、きわめて親密な間がらの友人。〔出典『荘子《そうじ》』〕

参考 「莫逆《ばくぎゃく》」は、逆《さか》らうこと莫《な》しの意。

類 断金《だんきん》の交《まじ》わり。管鮑《かんぽう》の交《まじ》わり。刎頸《ふんけい》の交《まじ》わり。

白紙《はくし》に戻《もど》す

なにもなかった、もとの状態にもどす。

会話 「議長、投票の結果、反対は半数以上となりました。」
「では、この計画は白紙に戻し、改めて実行委員会で相談してもらいます。」

拍車《はくしゃ》をかける

物事の進行をいちだんと早める。また、いっそう早くさせる。

短文 地上げ屋の土地ころがしが、土地の値上がりに拍車をかけた。

参考 「拍車《はくしゃ》」は、乗馬靴《じょうばぐつ》のかかとに取りつけた歯車のような形をした金具。それで馬の腹に刺激《しげき》をあたえると馬がいっそう速く走る。

同 拍車《はくしゃ》を加《くわ》える。

白寿《はくじゅ》

九九歳のこと。

語源 白が、百の上の一をのぞいた字であることからいう。

参考 ⇩ 還暦《かんれき》（囲み記事）

伯仲《はくちゅう》の間《かん》

どちらが勝つか、どちらがすぐれているか、実力が同じくらいで、優劣《ゆうれつ》がつけにくいこと。〔出典 魏文帝《ぎのぶんてい》『典論《てんろん》』〕

短文 運動会の最後をかざるクラス対抗のリレー競走だが、今年はどのクラスも実力伯仲の間といえるね。

参考 「伯」は長男、「仲」は次男のこと。

類 兄《けい》たり難《がた》く弟《てい》たり難《がた》し。

白髪三千丈《はくはつさんぜんじょう》

長い間の心配ごとのために髪《かみ》の毛がすっかり白くなり、長くのびてしまったことを誇張《こちょう》したことば。また、大げさな表現のたとえ。

語源 中国の唐《とう》代の詩人李白《りはく》が、晩年にわが身をうれえて作った漢詩の一節から出たことば。《原文》白髪三千丈《はくはつさんぜんじょう》、愁《うれ》いによりてかくの似《ごと》く長《なが》し。〔出典 李白《りはく》『秋浦歌《しゅうほのうた》』〕

参考 「三千丈」は、ひじょうに長いことの形容。丈は長さの単位で、一丈は約三・〇三メートル。

白眉《はくび》

多くのものの中で、最もすぐれている人や物。

短文 ミロのビーナスはヘレニズム期におけるギリシャ彫刻《ちょうこく》の白眉である。

故事 中国の三国時代、蜀《しょく》の馬氏《ばし》に五人の子供があり、みなすぐれた才能を持っていた。なかでも、眉《まゆ》に白い毛のある長兄の馬良《ばりょう》が最もすぐれていたという。〔出典『三国志《さんごくし》』〕

薄氷《はくひょう》を履《ふ》む

いまにも割れそうな薄《うす》く張った氷の上を歩くように、ひじょうに危険な状況《じょうきょう》にのぞむことのたとえ。〔出典『詩経《しきょう》』〕

短文 毎回フォアボール、薄氷を履む思いのピッチングに見かねた監督《かんとく》はピッチャー交代をつげた。

類 虎《とら》の尾《お》を踏《ふ》む。

白璧《はくへき》の微瑕《びか》 ⇩ 玉《たま》に瑕《きず》

化《ば》けの皮《かわ》が剝《は》がれる

かくしていた正体や素性《すじょう》・真相が現れる。ほんとうのことがばれる。

会話 「あの人、いつもゴルフについて講釈をしているけれど、実際にやっているところを見た人がいないのよ。」
「今度のゴルフ大会で、化けの皮がはがれるんじゃない。」

同 化《ば》けの皮《かわ》を現《あらわ》す。

類 馬脚《ばきゃく》を露《あらわ》す。尻尾《しっぽ》を出《だ》す。

箱入《はこい》り娘《むすめ》

外へあまり出さないようにして、大切に育てられた娘《むすめ》。

会話 「あのお嫁《よめ》さん、店に出てよく働くわね。」
「そうね。良家のお嬢《じょう》さんで、箱入り娘だったというのにね。」

馬耳東風《ばじとうふう》 ⇩ 馬《うま》の耳《みみ》に念仏《ねんぶつ》

箸《はし》にも棒《ぼう》にも掛《か》からない

取りあつかいようもないほどひどい。どうしようもない。なんのとりえもない。

会話 「この原稿《げんこう》はどうかね。」
「よくありませんね。誤字が多いというだけでなく、なにを言っているのかよくわからないところがあるんです。はしにも棒にも掛からないものですね。」

類 縄《なわ》にも杓子《しゃくし》にも掛《か》からない。

箸《はし》の上《あ》げ下《お》ろしにも小言《こごと》を言《い》う

食事をするときのはしの上げ下げのような、日常のささいなことにも、いちいちうるさく注意する。

短文 うちのおばあちゃんときたら、はしの上げ下ろしにも小言を言うんだから息がつまっちゃうわよ。

恥《はじ》の上塗《うわぬ》り

一度恥《はじ》をかいたうえに、また恥をかくこと。

会話 「自分のまちがいを人のせいにするのはよくないね。」「うん。それは、恥の上塗りというもんだ。」

始《はじ》め有《あ》るものは終《お》わり有《あ》り

物事には、始めがあれば必ず終わりがあり、いつまでも永久に続くものはない。

語源 《原文》生有《せいあ》るものは必《かなら》ず死有《しあ》り。始《はじ》め有《あ》るものは必《かなら》ず終《お》わり有《あ》るは、自然《しぜん》の道《みち》なり。〔出典『法言《ほうげん》』〕

同 始《はじ》め有《あ》れば終《お》わり有《あ》り。

始《はじ》めが大事《だいじ》

物事は、最初が大切であるということ。何事も初めにとった方法や態度などは、その終わりまで影響《えいきょう》するので、物事を始めるにあたっては、最初によく考えてから行えという教え。

類 始《はじ》め半分《はんぶん》。始《はじ》めよければ終《お》わりよし。

始《はじ》めは処女《しょじょ》の如《ごと》く終《お》わりは脱兎《だっと》の如《ごと》し

戦いの初めは少女のようにもの静かにふるまい、敵が油断したところ、にげる兎《うさぎ》のようにすばやく行動して、いっきに攻撃《こうげき》をしかけるという意味から、初めは弱々しく見せかけ、のちには見ちがえるような強い力を示すたとえ。〔出典『孫子《そんし》』〕

参考 「脱兎《だっと》」は、にげる兎の意。

類 脱兎《だっと》の勢《いきお》い。

始《はじ》めよければ終《お》わりよし

すべり出しが順調なら、終わりまでうまくいくものである。

参考 西洋のことわざ。英語では、A good beginning makes a good ending.

類 始《はじ》めが大事《だいじ》。

恥《はじ》も外聞《がいぶん》も無《な》い

はずかしいと思う気持ちもなく、まわりのうわさなどもいっこうに気にしない。ある目的のためには、なりふりかまわず行動するようす。

会話 「あの男は金もうけのためなら、恥も外聞もなく、なんだってやるよ。」「金持ちがいちばんえらい世の中だからね。情けないことだ。」

参考 「外聞」は、世間の評判。うわさ。ていさい。

箸《はし》より重《おも》い物《もの》を持《も》たない

はしより重い物を持ったことがないほど、力仕事をしたことがないということから、大事に育てられることのたとえ。

短文 彼女《かのじょ》は裕福《ゆうふく》な家庭に育ったので、はしより重い物を持たない生活をしていたが、お父さんが事業に失敗してからは勤めに出て、苦労しているそうだ。

恥《はじ》を掻《か》く

人の前ではずかしい思いをする。面目を失う。

短文 わたしは宿題を忘れて先生にしかられ、級友の前で恥をかいた。

恥《はじ》を曝《さら》す
恥《はじ》としてかくしているものをうちあける。大勢の前で恥をかく。
短文 恥をさらすようですが、わたしの父はわたしが子供のころ、働くのがきらいで、朝から酒ばかり飲んでいました。

恥《はじ》を知《し》る
人間として名誉《めいよ》や体面を重んじる。恥《は》ずべきことを知る。
短文 人間だれしも恥を知る心を持ちたいものだ。

橋《はし》を渡《わた》す
両方の間にはいってなかだちをする。間をとりもつ。
会話 「A校と合同のピクニックをするんだってね。」「うん。先生が橋を渡してくれたんだ。」
同 橋渡《はしわた》しをする。

バスに乗《の》り遅《おく》れる
好機をのがすことのたとえ。また、時の流れに乗りそこなう。他の者におくれをとることのたとえ。
短文 世の中の人々が、みんな自分だけはバスに乗り遅れまいと必死になっている姿は、少しさびしい気がするね。

肌《はだえ》に粟《あわ》を生《しょう》ず
おそろしさや気味の悪さなどで、皮膚《ひふ》に粟粒《あわつぶ》のようなものができる。鳥肌《とりはだ》が立つ。
短文 三原山の大噴火《ふんか》、あの流れ出る溶岩を見て、わたしは肌に粟を生じました。
同 肌《はだ》に粟《あわ》が出来《でき》る。
類 身《み》の毛《け》がよだつ。

裸一貫《はだかいっかん》
自分のからだのほか、お金も地位もなに一つないということ。
短文 少年時代裸一貫で上京し、巨万《きょまん》の富を築いた人もいる。
類 腕一本《うでいっぽん》。

裸《はだか》で物《もの》を落《お》とした例《ためし》無《な》し
はじめから、なにも持っていない者は損することがない。お金など持っていないほうが気楽でよいということ。

畑違《はたけちが》い
その人の専門の分野ではないこと。
会話 「法律の知識はおありですか。」「わたしは国文学が専門で、法律のことは畑違いですから、よくわかりません。」
参考 「畑」は、専門分野の意。

畑《はたけ》に蛤《はまぐり》
畑をほっても蛤《はまぐり》は出てこないことから、見当ちがいのことを求めるたとえ。
同 山《やま》に蛤《はまぐり》を求《もと》む。
類 木《き》に縁《よ》りて魚《うお》を求《もと》む。

果《は》たせるかな
思ったとおり。やはり。案の定《じょう》。
短文 犯人は必ず現場にもどってくるはずだと思って見張っていると、果たせるかな、その夜に現れた。
参考 「かな」は、文語の感動を表す助詞。

肌《はだ》身《み》離《はな》さず
いつも大切に身につけて持っている。

短文 わたしは、父のくれたお守りを肌身離さず持っている。

働《はたら》かざる者食《ものく》うべからず

他人の労働だけをあてにして自分で働くことをしない人間は、ものを食べる資格がないということ。

語源 キリスト教の伝道者パウロのことば。〔出典『新約聖書《しんやくせいしょ》』〕

参考 英語では、If any would not work, neither should he eat.

旗《はた》を揚《あ》げる

むかし、戦争のとき、自分の紋章《もんしょう》をつけた旗をあげて、所在や人物を明らかにしたことから、戦争を起こす。転じて、新しく物事を始めるたとえ。

短文 メンバーもだいぶ集まったので、ゴルフ同好会の旗を揚げることにした。

同 旗揚《はたあ》げする。

肌《はだ》を脱《ぬ》ぐ

あることに力を貸し助ける。助力する。世話をする。

会話 「先輩《せんぱい》、A君は会社が倒産して困っているそうですよ。」「そうか、それではかれのため、肌を脱いで仕事の世話をしよう。」

同 一肌脱《ひとはだぬ》ぐ。

旗《はた》を巻《ま》く

かかげていた旗をおろし、巻いて納めることから、降参する。また、みこみがないので物事を中途《ちゅうと》でやめるたとえ。

破竹《はちく》の勢《いきお》い

竹は一節に割れめを入れると、一気に、最後まで割れてしまうことから、止めることができないほどさかんな勢い。〔出典『晋書《しんじょ》』〕

短文 わがサッカーチームは連勝につぐ連勝、まさに破竹の勢いで勝ち進んでいる。

八十《はちじゅう》の手習《てなら》い ⇩ 六十《ろくじゅう》の手習《てなら》い

蜂《はち》の巣《す》をつついたよう

蜂《はち》の巣をつつくと、蜂がたくさん飛び出してくることから、大さわぎになって収拾がつかないようす。

短文 幼稚園《ようちえん》にサンタクロースがやってきて、お菓子《かし》やおもちゃを配り始めたので、園児たちは蜂の巣をつついたようなさわぎになった。

「八」が語中にくることば

当たるも八卦《はっけ》当たらぬも八卦 ⇩ 二〇ページ
一か八《ばち》か ⇩ 三八ページ
木七竹八塀《へい》十郎 ⇩ 一一六ページ
口も八丁手も八丁 ⇩ 一三六ページ
四苦八苦 ⇩ 一八〇ページ
七転八倒《しちてんばっとう》 ⇩ 一八六ページ
仲人《なこうど》の嘘《うそ》八百（仲人七嘘 ⇩ 二七六ページ）
七重《ななえ》の膝《ひざ》を八重《やえ》に折る ⇩ 二七七ページ
七転び八起き ⇩ 二七七ページ
眉《まゆ》に八の字を寄せる ⇩ 三四九ページ
娘一人に婿《むこ》八人 ⇩ 三六六ページ
胸突《つ》き八丁 ⇩ 三六六ページ
桃栗《ももくり》三年柿《かき》八年 ⇩ 三八六ページ

八面六臂《はちめんろっぴ》
八つの顔と六つのうでを持った仏像の姿から、一人で多くの方面にめざましい力を発揮すること。

会話「私は、本職のほか、二つの大学の講師、それにラジオやテレビの文学講座の担当講師、さらに月数回の講演会と多忙《たぼう》なんですよ。」「タフですね。まさに、八面六臂のご活躍《かつやく》でいらっしゃいますね。」

参考「面」は顔。「臂」はひじ。うで。

同 三面六臂《さんめんろっぴ》。

白駒《はっく》の隙《げき》を過《す》ぐるが如《ごと》し
毛色の白い馬がせまいすき間の向こうを通り過ぎるのが、ちらりと見えるぐらいに、時の過ぎ行くのは速いということのたとえ。〔出典『荘子《そうじ》』〕
同 駟《し》の隙《げき》を過《す》ぐるが如《ごと》し。隙《ひま》ゆく駒《こま》。
類 光陰矢《こういんや》の如《ごと》し。烏兎匆々《うとそうそう》。

這《は》っても黒豆《くろまめ》
黒い物を見て黒豆だと主張した人が、やがてそれが動き出しても、虫であるとは認めず、黒豆だと言い張り続けたという話から、理屈《りくつ》に合わなくても、自分の考えをまげずに強情を張るたとえ。
類 榎《え》の実《み》が三俵《さんびょう》なっても木《き》は椋《むく》。椋《むく》はなっても木《き》は榎《えのき》。

ぱっとしない
美しさやよさなどが特に目立たない。
短文 彼女《かのじょ》はいつも高価な服を着ているが、いまひとつぱっとしない。

発破《はっぱ》を掛《か》ける
強くはげましたり、気合いをかけたりする。

短文 このごろ少し成績が落ちたので、担任の先生から発破をかけられた。

参考「発破《はっぱ》」は、鉱山や土木工事などで、火薬をしかけて岩石を爆破《ばくは》すること。また、その火薬。

類 螺子《ねじ》を巻《ま》く。

八方美人《はっぽうびじん》
どこからみても欠点のない美人ということから、だれからもよく思われようとして、みんなにあいそよくふるまう人。

短文 彼女《かのじょ》、みんなに調子のいいことばかり言ってるけど、八方美人だから信用できないわよ。

注意 多く非難・軽蔑《けいべつ》の意味をこめて使われる。

参考「八方」は、あらゆる方角の意。

八方塞《はっぽうふさ》がり
どの方面もうまくいかず、どうしようもないこと。
短文 わたしの仕事は八方ふさがりで、このところまったく進んでいない。
語源 占《うらな》いで、自分のまわりの八つの方角ともすべて不吉で、行動ができないということから出たことば。

破天荒《はてんこう》
今まで人のやれなかったことを成しとげること。
短文 いつもオリンピックには、破天荒な大記録が出ないものかと期待されるものだ。

参考 「天荒」は、未開の荒れ地の意。

> 故事 中国の唐《とう》の時代、荊州《けいしゅう》の地は、官吏《かんり》登用《とうよう》試験に合格するものがいなかったので、「天荒」と呼ばれていた。しかし、ついに合格者が出た。そこで人々は「破天荒」と言ったという。〔出典『北夢瑣言《ほくむさげん》』〕

類 未曾有《みぞう》。前代未聞《ぜんだいみもん》。

鳩《はと》が豆鉄砲《まめでっぽう》を食《く》ったよう

思いがけないことにおどろいてきょとんとしているようす。

短文 かれは、自分の作品が第一席に選ばれたと聞いて、鳩が豆鉄砲を食ったような顔をしていた。

参考 「豆鉄砲《まめでっぽう》」は、豆を弾《たま》にしたおもちゃの鉄砲。

同 鳩《はと》に豆鉄砲《まめでっぽう》。

鳩《はと》に三枝《さんし》の礼《れい》あり　烏《からす》に反哺《はんぽ》の孝《こう》あり

子鳩《こばと》は親鳩より三本下の枝に止まり、烏《からす》は、成長してからは年をとった親鳥の口にえさをふくませて親に恩返しをするという意味から、礼儀《れいぎ》をつくし、親孝行をしなくてはならないことを説いたたとえ。

参考 「反哺《はんぽ》」は、えさを口移しに食べさせる意。

同 烏《からす》に反哺《はんぽ》の孝《こう》あり。反哺《はんぽ》の孝《こう》。

バトンを渡《わた》す

仕事や役目などを次の人にひきつぐ。

短文 野球のA監督《かんとく》は全国制覇《せいは》をし、以前からの夢《ゆめ》をはたしたので、Bコーチにバトンを渡した。

参考 「バトン」は、リレー競走で走者が次の走者に手わたしする短い棒。

鼻息《はないき》が荒《あら》い

ひじょうに自信を持っていて、意気ごみがはげしい。

会話 「試合の相手は全国制覇《せいは》を成しとげたチームだが、わがチームは必ず勝ってみせます。」「それはまた、ずいぶん鼻息が荒いですね。」

鼻息《はないき》を窺《うかが》う

人の機嫌《きげん》をうかがう。おそるおそる相手の考えをさぐる。

短文 かれはいつも上役の鼻息をうかがっている。

鼻《はな》が利《き》く

鼻がよくて、においがよくかぎ分けられる。また、かくしごとなどを調べるのにかんがするどい。

短文 犬は、鼻が利く動物である。

鼻《はな》が高《たか》い

得意である。誇《ほこ》らしい。じまんできる。

短文 A君は卓球《たっきゅう》で日本一になったのだから、かれのお父さんもさぞ鼻が高いことだろう。

話《はなし》がつく

相談がまとまる。解決がつく。

短文 旅行を山にするか海にするかもめたが、話し合った結果、山に行くことで話がついた。

話上手《はなしじょうず》の聞《き》き下手《べた》
話の上手な人はとかく自分ばかり話をして、相手の話を聞こうともしないということ。
対 話上手《はなしじょうず》は聞《き》き上手《じょうず》。聞《き》き上手《じょうず》の話《はな》し下手《べた》。

話上手《はなしじょうず》の仕事下手《しごとべた》
言うことばかりがひじょうにうまくて、実際の仕事はろくにしない人のこと。

話上手《はなしじょうず》は聞《き》き上手《じょうず》
話の上手な人は、自分だけでしゃべらず、相手の話を聞くのも上手なものだということ。
対 話上手《はなしじょうず》の聞《き》き下手《べた》。

話《はなし》にならない
話すほどの価値がない。あきれてものが言えない。
短文 わたしが注文したものとまるでちがうじゃないか。こんな粗悪《そあく》なものじゃ話にならない。作り直してくれ。

話《はなし》に花《はな》が咲《さ》く
次から次へ、いろいろな話が出て話がはずむ。
短文 ひさしぶりに友人と会い、話に花が咲いて、時のたつのも忘れた。

鼻《はな》っ柱《ぱしら》をへし折《お》る
相手の負けん気や高慢《こうまん》さなどをくじく。
会話 「いつも自信たっぷりのかれだけど、最近やけにおとなしいわね。」「このあいだのテニス大会で、六対〇でストレート負けして、完全に鼻っ柱をへし折られたようだよ。」
同 鼻柱《はなばしら》を折《お》る。鼻柱《はなばしら》を挫《くじ》く。

鼻《はな》であしらう
話しかけられてもちゃんとした返事をしないで、いいかげんにあつかう。すげない態度をとる。
短文 かれにたのんでみたけれど、ぼくの言うことなんか鼻であしらわれてしまったよ。
同 鼻《はな》の先《さき》であしらう。

「鼻」が語中にくることば
木で鼻を括《くく》る ⇩ 一一七ページ
炭団《たどん》に目鼻 ⇩ 二三〇ページ
卵に目鼻 ⇩ 二三一ページ
花の下より鼻の下 ⇩ 三〇七ページ
目から鼻へ抜《ぬ》ける ⇩ 三七三ページ
目と鼻の先 ⇩ 三七五ページ

花《はな》と散《ち》る
花がおしげもなく散るように、いさぎよく死ぬ。若くして死ぬ。
短文 戦争で花と散ったみたまに花束《はなたば》をささげる。

花《はな》に嵐《あらし》 ⇩ **月《つき》に叢雲《むらくも》花《はな》に風《かぜ》**

鼻《はな》に掛《か》ける
じまんする。得意げなようすでいばる。
短文 彼女《かのじょ》はいつも自分が美人であることを鼻に掛けている。

鼻《はな》に付《つ》く
あきて、いやになる。

短文 このごろ彼女《かのじょ》のじまん話が鼻につくようになった。

鼻《はな》の下《した》が長《なが》い

男性が女性にあまい。

短文 あまり鼻の下が長いと、男性ばかりか女性にもきらわれるものだ。

花《はな》の下《した》より鼻《はな》の下《した》

花の下でその美しい花を見て楽しむより、鼻の下の口に食べさせることのほうが大切である。風流よりくらしをたてることが大事であるということ。

類 花《はな》より団子《だんご》。

鼻持《はなも》ちならない

相手のことばや行いがいやらしくてがまんできない。

短文 かれのきざな態度はまったく鼻持ちならない。

鼻《はな》も引《ひ》っ掛《か》けない

まったく相手にしない。無視する。

短文 彼女《かのじょ》はスポーツマン好みで、結婚《けっこん》の相手は、スポーツマン以外は鼻もひっかけない。

花《はな》も実《み》もある

枝に美しい花が咲《さ》き、実もつくように、外観も美しく内容も充実《じゅうじつ》している。また、道理も人情もわきまえているたとえ。

短文 あの裁判官の判決は、実に花も実もあるものであった。

類 色《いろ》も香《か》もある。

対 身《み》も蓋《ふた》も無《な》い。

花《はな》より団子《だんご》

花を見て楽しむよりも、腹がいっぱいになるだんごを食ったほうがよいということ。風流なものより実際の利益を重んじるたとえ。

会話 「次の日曜日、県民ホールでコンサートがあるんですが、いっしょに聴《き》きに行きませんか。」

「わたしはコンサートより、なにかおいしい物でも食べに行きたいわ。」

「花より団子ですね。それもたまにはいいでしょう。」

類 花《はな》の下《した》より鼻《はな》の下《した》。一中節《いっちゅうぶし》より鰹《かつお》節《ぶし》。色気《いろけ》より食《く》い気《け》。華《か》を去《さ》りて実《じつ》に就《つ》く。心持《こころも》ちより搗《つ》いた餅《もち》。名《な》を取《と》るより得《とく》を取《と》れ。名《な》を捨《す》てて実《じつ》を取《と》る。理詰《りづ》め

「花」が語中にくることば

石に花咲《さ》く ⇩ 三四ページ
言わぬが花 ⇩ 五四ページ
男やもめに蛆《うじ》が湧《わ》き女やもめに花が咲《さ》く ⇩ 七六ページ
親の意見と茄子《なすび》の花は千に一つも無駄《むだ》は無い ⇩ 八一ページ
枯《か》れ木に花 ⇩ 一〇三ページ
錦上《きんじょう》花を添《そ》える ⇩ 一二八ページ
死に花を咲《さ》かせる ⇩ 一八七ページ
高嶺《たかね》の花 ⇩ 二一四ページ
立てば芍薬《しゃくやく》座れば牡丹《ぼたん》歩く姿は百合《ゆり》の花 ⇩ 二三〇ページ
隣《となり》の花は赤い ⇩ 二六七ページ
話に花が咲《さ》く ⇩ 三〇六ページ
待つうちが花 ⇩ 三四八ページ
両手に花 ⇩ 四〇四ページ

より重詰《じゅうづ》め。

鼻《はな》を明《あ》かす

人を出しぬいて、あっと言わせる。

会話 「きみはなぜそんなに一生懸命《けんめい》英会話に通っているのだ。」

「しっかり学んで、英語じまんのA君の鼻を明かしてやりたいからさ。」

鼻《はな》を蠢《うごめ》かす

得意げなようすをする。じまんする。

短文 かれは今回の試験で一番になったので、鼻をうごめかしているよ。

同 鼻《はな》をおごめかす。

鼻《はな》を折《お》る

得意になっていばっている者が、じまんできないようにやりこめる。

短文 今度こそ、あの高慢《こうまん》ちきなやつの鼻を折ってやるぞ。

鼻《はな》を高《たか》くする

じまんする。得意になる。

短文 おまえは美人だし、勉強もよくできる。だからといって鼻を高くしてはいけないよ。

鼻《はな》を突《つ》き合《あ》わす

たいそう近くに寄り合う。

短文 こんなせまい家に大勢が鼻を突き合わせているなんて、たえられないよ。

鼻《はな》を突《つ》く

強いにおいが鼻にしみる。強くにおう。

短文 理科室にはいると、アンモニアのにおいが鼻を突いた。

鼻《はな》を鳴《な》らす

鼻にかかった声を出して、あまえたり物をねだったりする。

会話 「ねえ、春の洋服買ってくれるかしら。今持ってるのは流行おくれになっちゃったのよ。」

「そんなふうに鼻を鳴らしてもだめだ。自分のおこづかいで買いなさい。」

花《はな》を持《も》たせる

名誉《めいよ》やてがらを相手にゆずる。相手をたてる。

会話 「きみ、どうして一〇〇メートル競走でかれなんかに負けたんだ。」

「かれのお母さんが応援《おうえん》に来ていたから、かれに花を持たせたってわけさ。」

歯《は》に衣《きぬ》着《き》せぬ

遠回しな言い方をせず、率直にはっきりと思ったことを言う。遠慮《えんりょ》せず、ずけずけ言う。

会話 「きみの展覧会の絵、ずいぶん評判がよかったそうじゃないか。」

「でも、A先生の歯に衣着せぬ批評はきびしかったよ。」

対 奥歯《おくば》に物《もの》が挟《はさ》まる。奥歯《おくば》に衣《きぬ》を着《き》せる。

羽《はね》が生《は》えて飛《と》ぶよう

商品などがひじょうによく売れているようす。

会話 「相撲《すもう》の人気はすごいね。」

「そうそう。前売券など羽が生えて飛ぶように売れるんだってね。」

同 羽《はね》が生《は》えたよう。

羽《はね》を伸《の》ばす
圧迫感《あっぱくかん》からのがれて自由になり、のびのびと思うぞんぶんふるまう。
短文 きびしい父が出張したので、わたしは思うぞんぶん羽を伸ばしている。

歯《は》の抜《ぬ》けたよう
ところどころ人や物がぬけていてまばらなようす。
短文 かぜがはやっていて、出席した児童は少なく、歯の抜けたような教室であった。

歯《は》の根《ね》が合《あ》わない
寒さやおそろしさのために、ひどくふるえて、歯ががちがちいう。
短文 冬の冷たい雨に下着までぬれてしまい、歯の根が合わないほど寒かった。

幅《はば》を利《き》かせる
思いのままに勢力をふるう。
短文 この町もやくざが幅を利かせるようになって、だんだん住みにくくなった。

羽振《はぶ》りがよい
世の中で認められて威勢《いせい》がいい。金や権力があり、世間を大きな顔をしてわたる。
短文 人は、羽振りがよい人になびき従うという傾向がある。
同 羽振《はぶ》りが利《き》く。

歯亡《はほろ》びて舌存《したそん》す
かたい歯がぬけおちてしまっても、やわらかい舌は残っているように、強いものはかえって早くほろび、弱そうなものがいつまでも生き残るというたとえ。

故事 むかし、中国の老子が病気の友人を見舞《みま》ったとき、友人の歯はすっかりぬけてなくなっていた。それを見て、老子は、舌があるのはやわらかいからで、歯が落ちたのはかたいからだと言ったという。〔出典『説苑《ぜいえん》』〕

羽目《はめ》を外《はず》す
調子にのって、度をこす。
短文 入試が終わったので、友達と羽目を外してさわいだ。

波紋《はもん》を投《な》げる
水面に石などを投げ入れると輪のような波のもようが広がっていくように、ある発言や行いが、次々と関連することがらに影響《えいきょう》をおよぼす。
短文 かれの発言は、政界に大きな波紋を投げた。
同 波紋《はもん》を投《とう》ずる。

早牛《はやうし》も淀《よど》 遅牛《おそうし》も淀《よど》
歩みの早い牛も遅《おそ》い牛も、多少の差はあっても、行き着く所は同じ淀《よど》ということから、物事というものはあわててもしかたがないということ。
参考 「淀」は、京都市にある淀川《よどがわ》の河港。むかしから京都の外港として栄えた。
同 遅牛《おそうし》も早牛《はやうし》も淀《よど》。遅牛《おそうし》も淀早牛《よどはやうし》も淀《よど》。早舟《はやふね》も淀遅舟《よどおそふね》も淀《よど》。

早起《はやお》きは三文《さんもん》の徳《とく》
人より朝早く起きて働くのは、なにかし

ら得になるものだというたとえ。

〔参考〕「三文」は、わずかなことのたとえ。「徳」は、「得」と同じ。

〔同〕朝起《あさお》きは三文《さんもん》の徳《とく》。朝起《あさお》き千両《せんりょう》。朝《あさ》起《お》きは七《なな》つの徳《とく》。

〔類〕朝寝《あさね》八石《はちこく》の損《そん》。

早《はや》かろう悪《わる》かろう

仕事など、やることは早いが、できあがりが悪い。

〔会話〕「先生、掃除《そうじ》終わりました。」「ちゃんとやっただろうな。早かろう悪かろうじゃだめだぞ。」

早寝《はやね》早起《はやお》き病《やまい》知《し》らず

夜ふかしをしないで早く寝《ね》、朝早く起きる習慣をつければ、健康で病気にかかることはないということ。

早舟《はやふね》も淀《よど》 遅舟《おそふね》も淀《よど》

⇩ 早牛《はやうし》も淀《よど》 遅牛《おそうし》も淀《よど》

はやり物《もの》は廃《すた》り物《もの》

一時的に流行した物は、すぐに消えていくものである。流行は長続きしないものであるということ。

〔会話〕「お母さん、今年はミニスカートが流行するんですって。」「はやり物は廃り物、あまり高い物は買わないほうがよさそうね。」

腹《はら》が黒《くろ》い

心の中に悪い考えを持っている。

〔会話〕「このごろかれとどうして遊ばないの。」「人をかげでおとしめる腹が黒いやつだとわかったからさ。」

〔同〕腹黒《はらぐろ》い。

腹《はら》が据《す》わる

落ち着いていて、どんなことにもおどろかない。物事に動じない。

〔短文〕かれは、腹が据わっていて、実にたのもしい男だ。

〔同〕肝《きも》が据《す》わる。度胸《どきょう》が据《す》わる。

腹《はら》が立《た》つ

しゃくにさわる。おこる。立腹《りっぷく》する。

〔短文〕彼女《かのじょ》の無神経さにはほんとうに腹が立つ。

腹《はら》が太《ふと》い

気持ちが大きく、物事に動じない。

〔短文〕今度の担任の先生は、細かなことをうるさく言わない腹が太い方だ。

腹《はら》が減《へ》っては戦《いくさ》が出来《でき》ぬ

おなかがすいていては力がはいらないので、よい仕事ができないということ。なにをするにも、まず腹ごしらえをしてからにしたほうがよいというたとえ。

〔会話〕「ほら、早く仕事をかたづけてしまえよ。」「いや、昼飯を食べてからにするよ。腹が減っては戦ができぬというからな。」

腹鼓《はらつづみ》を打《う》つ

じゅうぶんに食べて満足する。満腹になったおなかを鼓《つづみ》にみたてていうことば。

〔会話〕「きょうの料理はいかがでしたか。」「とてもおいしかったです。ひさしぶりに腹鼓を打ちました。」
参考 「腹鼓」は「はらづつみ」とも読む。

腹《はら》に一物《いちもつ》
心の中になにか悪いたくらみをもっていること。
短文 かれは腹に一物ありそうな人だから、注意してつきあいなさい。
同 胸《むね》に一物《いちもつ》。

腹《はら》に収《おさ》める
聞いたことを口に出して言わないで、心の中にとどめておく。また、がまんする。
会話 「先日の話、どうなった。」
「急に状況《じょうきょう》が変わったんだ。あの話はないことにして、きみの腹に収めておいてくれ。」
同 胸《むね》に収《おさ》める。

腹《はら》に据《す》えかねる
いかりをおさえることができない。
短文 温厚なかれだが、あのような失礼きわまることをされて、さすがに腹に据えかねたらしい。

薔薇《ばら》に刺《とげ》あり
美しい花がさく薔薇《ばら》の茎《くき》にはとげがあるように、外見がよいものは、見えないところに悪い面を持っているから用心せよといういましめ。
短文 あの女性はとてもきれいでやさしそうだけど注意しなさいよ。薔薇にとげありっていうからね。
同 刺《とげ》の無《な》い薔薇《ばら》は無《な》い。

腹《はら》の皮《かわ》が張《は》れば目《め》の皮《かわ》が弛《たる》む
おなかがいっぱいになるとねむくなってくる。腹の皮が張った分だけ目の皮がたるんでねむくなるとこじつけたことば。

腹《はら》の皮《かわ》が捩《よじ》れる
おかしくてたまらず、大笑いする。
短文 きのうの漫才《まんざい》は最高におかしかったね。腹の皮がよじれるほど笑ったよ。
類 腹《はら》を抱《かか》える。

腹《はら》の虫《むし》が治《おさ》まらない
腹が立って、どうにもがまんできない。
短文 どなりつけてやらなければ、ぼくの腹の虫が治まらない。
同 腹《はら》の虫《むし》が承知《しょうち》しない。

腹八分目《はらはちぶんめ》に医者《いしゃ》要《い》らず
おなかがいっぱいになるまで食べないでひかえめにしておけば、おなかに負担《ふたん》がかからず、健康で医者にかかる必要がないという教え。
同 腹八分《はらはちぶ》に病《やまい》無《な》し。
類 腹《はら》も身《み》の内《うち》。
対 好物《こうぶつ》に祟《たた》り無《な》し。

腹《はら》も身《み》の内《うち》
おなかも自分のからだの一部分であるから、食欲にまかせてむちゃな食べ過ぎ、飲み過ぎをしてはいけないという教え。
会話 「お母さん、ごはんおかわり。」
「あら、あなたこれで五はい目よ。腹も身の内、おなかをこわすわよ。」
類 腹八分目《はらはちぶんめ》に医者《いしゃ》要《い》らず。

腸《はらわた》が腐《くさ》る
心がひねくれてだめになる。正しい心を

なくす。

短文 あいつはもうだめだな。はらわたが腐ってしまったようだ。若いころは正義感が強いやつだったんだがな。

腸《はらわた》が千切《ちぎ》れる

悲しいできごとがあって、悲しみにたえられない。

短文 最愛の子を亡《な》くして、はらわたがちぎれる思いがする。

同 腸《はらわた》を断《た》つ。

腸《はらわた》が煮《に》えくり返《かえ》る

腹が立ってとてもがまんができないようすのたとえ。

短文 大勢の人の前でひどい恥《はじ》をかかされて、はらわたが煮えくり返る思いだったよ。

同 腸《はらわた》が煮《に》え返《かえ》る。

腹《はら》を合《あ》わせる

共謀《きょうぼう》する。ぐるになる。

短文 かれは悪い仲間と腹を合わせて、詐欺《さぎ》をはたらこうとしている。

腹《はら》を痛《いた》める

①子を産む。②自分で費用を出す。

短文 ①この子は腹を痛めた自分の娘《むすめ》よりかわいい。②かれは貧しい子供たちのために、腹を痛めて児童図書館を建てた。

腹《はら》を抱《かか》える

おかしくてたまらず、大笑いする。

短文 かれの失敗談があまりにもおかしくて、腹を抱えて笑った。

類 腹《はら》の皮《かわ》が捩《よじ》れる。抱腹絶倒《ほうふくぜっとう》する。

腹《はら》を決《き》める

決心する。覚悟《かくご》する。

短文 相手は去年の優勝チームだ。負けてもともと、腹を決めて試合にのぞむさ。

類 腹《はら》を括《くく》る。腹《はら》を据《す》える。

腹《はら》を括《くく》る

どのようなことになっても動揺《どうよう》しないよう覚悟《かくご》を決める。

短文 入試は終わった。最善をつくしたが自信がない。腹をくくって結果を待つことにしよう。

類 腹《はら》を決《き》める。腹《はら》を据《す》える。

腹《はら》を肥《こ》やす

自分の利益をはかる。私腹を肥やす。

短文 あの代議士はりっぱな人で、自分の腹を肥やすような人ではない。

腹《はら》を探《さぐ》る

それとなく相手のほんとうの考えや気持ちを知ろうとする。

会話 「交渉《こうしょう》の進みぐあいはどうなの。」「今のところ、おたがいの腹を探り合っている状態です。」

腹《はら》を据《す》える

覚悟《かくご》を決める。

短文 ぼくは将来科学者になろうと腹を据えて勉強している。

類 腹《はら》を括《くく》る。腹《はら》を決《き》める。

腹《はら》を見透《みす》かす

相手の本心を見ぬく。

短文 ぼくはどうもかれに腹を見透かさ

れているように思えてならない。

腹《はら》を割《わ》る

ほんとうの心をかくさずうちあける。

短文 この際、たがいに腹を割って、男の話し合いをしようではないか。

「腹」が語中にくることば

痛くもない腹を探《さぐ》られる ⇩ 三七ページ
思う事言わねば腹ふくる ⇩ 八〇ページ
聞けば聞き腹 ⇩ 一一五ページ
口と腹が違《ちが》う ⇩ 一三四ページ
口より腹 ⇩ 一三七ページ
背に腹は代えられない ⇩ 二一一ページ
連木《れんぎ》で腹を切る ⇩ 四〇七ページ

波瀾万丈《はらんばんじょう》

事件や人の生涯《しょうがい》の変化がはげしいこと。

短文 歴史上の偉大《いだい》な人物は、ほとんど波瀾万丈の生涯を送っている。

参考 「瀾」は、大波。「万丈」は、ひじょうに高いこと。

張《は》り子《こ》の虎《とら》

見かけは強そうであるが、実際は弱い人のたとえ。

短文 ぼくのおやじは見かけは堂々としてこわそうだが、張り子の虎でね、家の中ではおふくろに頭が上がらないんだ。

参考 「張り子」は、型の上に紙をかさねて張り、紙がかわいてから中の型をぬき取って作ったもの。

（はりこのとら）

針《はり》の穴《あな》から天《てん》を覗《のぞ》く

⇩ 葦《よし》の髄《ずい》から天井《てんじょう》を覗《のぞ》く

針《はり》の筵《むしろ》

針がつき出ていて、痛くてすわっていられないむしろのように、少しも気がやすまるひまのない、つらい立場や境遇《きょうぐう》のたとえ。

短文 車で人を傷つけてしまって、その人の家へあやまりに行ったときは針のむしろにすわるような心境だった。

針《はり》ほどのことを棒《ぼう》ほどに言《い》う

⇩ 針小棒大《しんしょうぼうだい》

腫《は》れ物《もの》に触《さわ》るよう

相手の機嫌《きげん》をそこねないように気づかって接するようすのたとえ。

短文 腫れ物に触るように子供に接しては、ちゃんとしたしつけはできない。

歯《は》を食《く》いしばる

くやしさやいかりなどをじっとがまんしたり、困難や苦痛などを必死にこらえたりするようす。

短文 きのうのマラソン大会では、歯を食いしばって最後まで走りぬいた。

判官贔屓《はんがんびいき》

⇩ 判官贔屓《ほうがんびいき》

反《はん》旗《き》を翻《ひるがえ》す

さからった行動をとる。むほんを起こす。

会話 「きょうはいやに元気がないじゃないか。」
「ああ、今まで忠実な部下だった男に反

旗を翻されてしまってね。困ったよ。」

万骨《ばんこつ》を枯《か》らす
⇩ **一将功成《いっしょうこうな》りて万骨枯《ばんこつか》る**

万事休《ばんじきゅう》す
すべてが悪い状態になって、もはやどうすることもできない。〔出典『宋史《そうし》』〕
短文 今の時間にこんなに降っては万事休す。きょうのナイターは中止だよ。
類 万策尽《ばんさくつ》きる。

万死《ばんし》に一生《いっしょう》を得《え》る
⇩ **九死《きゅうし》に一生《いっしょう》を得《え》る**

万丈《ばんじょう》の気炎《きえん》
さかんな意気ごみ。
短文 Q高校の選手たちは万丈の気炎を上げて甲子園《こうしえん》に乗りこんだ。
参考「万丈《ばんじょう》」は、程度の高いこと。
同 気炎万丈《きえんばんじょう》。

半畳《はんじょう》を入《い》れる
人のことばや行いをからかったりやじったりする。
短文 おまえのためを思って忠告をしているのに半畳を入れるんじゃない。
語源「半畳《はんじょう》」は、むかし、芝居《しばい》小屋で見物人がしいた小さい畳《たたみ》やござ。見物人が役者に不満を持ったとき、しいていた半畳を舞台《ぶたい》に投げ入れたことからいう。
同 半畳《はんじょう》を打《う》つ。
類 茶々《ちゃちゃ》を入《い》れる。

番茶《ばんちゃ》も出花《でばな》
⇩ **鬼《おに》も十八番茶《じゅうはちばんちゃ》も出花《でばな》**

判《はん》で押《お》したよう
①いつも同じことをくり返すだけで、少しの変化もないようす。②きまりきっているようす。
短文 ①父は会社に勤めて三十五年もの間、判で押したような生活を続けてきた。②かれはいつも判で押したような返事しかしない。

万物《ばんぶつ》の霊長《れいちょう》
宇宙にあるすべてのものの中で最もすぐれたものということから、人間のこと。

反哺《はんぽ》の孝《こう》 ⇩ **鳩《はと》に三枝《さんし》の礼《れい》あり烏《からす》に反哺《はんぽ》の孝《こう》あり**

万緑叢中紅一点《ばんりょくそうちゅうこういってん》
見わたすかぎり生いしげった緑の草木の中に、ただ一つだけ赤い花がひときわ美しく目立っているという意味から、①多くのものの中に、ただ一つだけ特にすぐれて目立つものがあるたとえ。②大勢の男性の中に女性がただ一人いることのたとえ。〔出典 王安石《おうあんせき》『詠石榴詩《ざくろをうたうし》』〕
同 万緑叢中《ばんりょくそうちゅう》一点の紅《こう》。紅一点《こういってん》。

ひ ヒ

贔屓《ひいき》の引《ひ》き倒《たお》し
ひいきをするあまり、かえってその人に迷惑《めいわく》をかけること。
短文 子供たちはサインがほしくてあの

有名選手を追いまわしているが、あれではひいきの引き倒し、ありがた迷惑《めいわく》だ。

日《ひ》が当《あ》たらない

社会的・経済的にめぐまれない。しあわせでない。

短文 いつの世でも日が当たらない人々へのあたたかい配慮《はいりょ》が必要なことは当然である。

引《ひ》かれ者《もの》の小唄《こうた》

刑場《けいじょう》まで引かれていく罪人が強がって小唄《こうた》をうたうということから、なにかでうまくいかなかった人が、負けおしみで強がりを言うことのたとえ。

彼岸過《ひがんす》ぎての麦《むぎ》の肥《こえ》 三十過《さんじゅうす》ぎての子《こ》に意見《いけん》

彼岸が過ぎて麦に肥料をやっても効きめがなく、また、三十を過ぎた子に言い聞かせても手おくれであるように、時機を失ってはなんにもならないことのたとえ。

同 彼岸過《ひがんす》ぎての麦《むぎ》の肥三十《こえさんじゅう》過《す》ぎての男《おとこ》に意見《いけん》。

悲喜交々《ひきこもごも》

悲しみと喜びが入り交じっているようす。また、悲しみと喜びがかわるがわるやってくるようす。

短文 合格発表のとき、受験生の悲喜交々の姿が印象的だった。

同 悲喜交々到《ひきこもごもいた》る。

低《ひく》き所《ところ》に水《みず》溜《た》まる

水が低い土地に流れてたまるように、利益のある所には自然に人々が寄ってくることのたとえ。

日《ひ》暮《く》れて道遠《みちとお》し

日が暮れたのに目的地まではまだ遠いということから、年老いたのに、仕事がまだたくさん残っていることのたとえ。また、決められた時期がせまっているのに、まだ物事がはかどっていないことのたとえ。

〔出典『史記《しき》』〕

会話 「卒業制作の作品は、はかどっているかね。」
「いえ、まだまだです。日暮れて道遠しという感じです。」

火消《ひけ》しの家《いえ》にも火事《かじ》

火事を消す役目の火消しの家から火事を出すということから、他人を教えさとす立場の人が、他人に教えさとしたことと同じ過《あやま》ちをおかしてしまうたとえ。

類 秋葉山《あきばさん》から火事《かじ》。

髭《ひげ》の塵《ちり》を払《はら》う

目上の人の機嫌《きげん》をとったり、お世辞《せじ》を言ったりして、気にいられるようにふるまうことのたとえ。

故事 中国の宋《そう》の時代、宰相《さいしょう》（＝総理大臣）の寇準《こうじゅん》と高官たちが会食したとき、寇準のひげに吸《す》い物の汁がついた。参政（＝副宰相）の丁謂《ていい》はそれを見るとすぐ席を立って、寇準のひげを拭《ふ》いてやった。すると寇準は笑って、「参政は国を治めることが仕事である。上役のひげをふくにはおよぶまい。」とたしなめた。

〔出典『十八史略《じゅうはっしりゃく》』〕

卑下《ひげ》も自慢《じまん》の内《うち》
なんでも下手《したて》に出てへりくだることは、かえっていやみで、自慢《じまん》の一種であるということ。

引《ひ》けを取《と》らない
負けない。おとらない。
短文 ぼくは、テニスではきみに負けても、卓球《たっきゅう》では引けを取らないぞ。

膝《ひざ》が笑《わら》う
急な山道を下りるときなどに、ひざが、がくがくする感じになる。

庇《ひさし》を貸《か》して母屋《おもや》を取《と》られる
家の一部を貸しただけなのに、いつの間にか家全部を取られてしまう。親切にしてやった恩《おん》を仇《あだ》で返されるたとえ。
同 軒《のき》を貸《か》して母屋《おもや》を取《と》られる。

膝《ひざ》を打《う》つ
急に思いついたときや感心したときに、てのひらでひざをたたく。
短文 かれは、いい考えがうかんだらしく、ぽんとひざを打って立ち上がった。
同 膝《ひざ》を叩《たた》く。

膝《ひざ》を折《お》る ⇩ 膝《ひざ》を屈《くっ》する

膝《ひざ》を崩《くず》す
きちんとしたすわり方をやめて、あぐらや横ずわりなどの楽なすわり方をする。
短文 どうぞ、ひざを崩してお楽になさってください。
対 膝《ひざ》を正《ただ》す。

膝《ひざ》を屈《くっ》する
負けをみとめて、相手の言うことにしたがう。
短文 ぼくはあんなやつにひざを屈するくらいなら会社をやめてしまいたいよ。
同 膝《ひざ》を折《お》る。

膝《ひざ》を進《すす》める
すわったまま相手に近づく。にじり出る。また、物事を積極的にしようとする気持ちになるようす。
短文 わたしの計画を聞いて、かれはひざを進めてきた。
類 膝《ひざ》を乗《の》り出《だ》す。

膝《ひざ》を叩《たた》く ⇩ 膝《ひざ》を打《う》つ

膝《ひざ》を正《ただ》す
きちんとすわりなおす。きちんとした態度をとる。
短文 おしょうさんのお話があるからひざを正して聞くように。
対 膝《ひざ》を崩《くず》す。

膝《ひざ》を乗《の》り出《だ》す
話に興味を感じたりして、すわったまま前に進み出る。
短文 教育問題を強く訴《うった》える先生の話を、お母さんたちはひざを乗り出して聞いていた。
類 膝《ひざ》を進《すす》める。

膝《ひざ》を交《まじ》える
たがいに近づいて打ちとけて話し合う。
短文 関係者どうしがひざを交え、誠意

をつくして話し合ったおかげで、その問題は解決した。

美人薄命《びじんはくめい》

美人は、からだが弱くて早死にすることが多く、また、美しいことからいろいろな運命にもてあそばれやすいということ。

同 佳人薄命《かじんはくめい》。

顰《ひそみ》に倣《なら》う

物事のいい悪いを考えないで、他人のまねをするたとえ。また、他人にならって自分も同じようなことをするときにへりくだっていうことば。

故事 むかし、中国の越《えつ》の国の美人西施《せいし》が胸を病《や》んで眉《まゆ》をしかめていると、その顔がさらに美しく見えたので、となり近所のみにくい女の人たちが、自分もああすれば美人になれると思い、まねをして眉をしかめたところ、反対に周囲から気味悪がられたという。〔出典『荘子《そうじ》』〕

参考 「顰《ひそみ》」は、眉間《みけん》にしわをよせて顔をしかめること。

同 西施《せいし》の顰《ひそみ》に倣《なら》う。

額《ひたい》を集《あつ》める

寄り集まって、一生懸命《けんめい》相談する。

会話 「文化祭にうちのクラスはなにをするんだい。」「委員たちが額を集めて話し合っているんだが、まだ決まらないんだ。」

左団扇《ひだりうちわ》で暮《く》らす

左手でうちわを持ってのんびりあおぐことから、生活になんの苦労もなく、仕事もせずにのんきに暮《く》らすこと。

短文 うちのおじいさんは定年で会社をやめたけれど、まだ左うちわで暮らすわけにはいかないといって、別の会社で働いている。

悲嘆《ひたん》に暮《く》れる

心がいたんで悲しみ嘆《なげ》く。

短文 かれは夏休みに母親を亡《な》くし、悲嘆に暮れる毎日だった。

飛鳥《ひちょう》尽《つ》きて良弓《りょうきゅう》蔵《かく》れ 狡兎《こうと》死《し》して走狗《そうく》烹《に》らる

鳥がいなくなれば、それまで必要だったよい弓も用がなくなって蔵にしまわれてしまい、兎《うさぎ》が死んでしまえば、それまで活躍《かつやく》した猟犬《りょうけん》もいらなくなって煮《に》て食われてしまう。必要なときは大いに用いられ、いらなくなると簡単に捨てられてしまうというたとえ。〔出典『史記《しき》』〕

参考 もとは、敵国がほろびた後は、戦功をあげた者も、用がなくなって殺されてしまうという意味。「飛鳥《ひちょう》尽《つ》きて良《りょう》弓蔵《きゅうかく》る」と「狡兎《こうと》死《し》して走狗《そうく》烹《に》らる」と、別々に分けてもいう。

筆舌《ひつぜつ》に尽《つ》くし難《がた》い

書き表すことも、言い表すこともできない。なんと表現していいかわからないほど程度がはなはだしい。

短文 祖父は、食糧《しょくりょう》がなくて苦しんだ戦争中の生活は、筆舌に尽くし難いと言っている。

参考 「筆舌」は、書くことと話すこと。

匹夫《ひっぷ》の勇《ゆう》

深い考えもなく、ただ向こう見ずに血気にはやる勇気。〔出典『史記《しき》』〕

〔参考〕「匹夫《ひっぷ》」は、身分の低い男。また、ものの道理のわからない男の意。

匹夫《ひっぷ》も志《こころざし》を奪《うば》うべからず

⇩ **一寸《いっすん》の虫《むし》にも五分《ごぶ》の魂《たましい》**

必要《ひつよう》は発明《はつめい》の母《はは》

不自由や不便を感じたとき、必要にせまられて新しい方法や手段が考えられ、発明が生まれてくるということ。

〔参考〕西洋のことわざ。Necessity is the mother of invention. の訳語。

類 窮《きゅう》すれば通《つう》ず。

旱《ひでり》に雨《あめ》

日照り続きで地面がからからにかわいて困っているときに降る雨のように、望みがかなえられたり、困っているときに助けられたりして喜ぶときのたとえ。

短文 お金がなくて困っているところへ、きのう家に来た叔父《おじ》さんが小遣《こづか》いをくれた。ひでりに雨とはこのことだ。

同 旱天《かんてん》に慈雨《じう》。

類 地獄《じごく》で仏《ほとけ》。闇夜《やみよ》に提灯《ちょうちん》。

一味違《ひとあじちが》う

みかけは同じようだが、中身はほかのものよりすぐれているということ。

短文 さすがは先輩《せんぱい》ね。あの人のテニスのサーブ、わたしたちとは一味違うするどさがあるわね。

一泡吹《ひとあわふ》かせる

相手をおどろきあわてさせる。あっといわせる。

会話「かれは、剣道の初段がとれたもんで、最近ちょっといばっているね。」「そうだね。あしたの練習のとき、一泡吹かせてやるか。」

同 泡《あわ》を吹《ふ》かせる。

一息入《ひといきい》れる

ちょっと休む。ひと休みする。

会話「おいどうした。がんばれ、あと一周だ。」「いやあ、まいった。一息入れさせてくれ。こんな苦しいマラソンはじめてだ。」

一皮剝《ひとかわむ》く

ていさいよくかざっているうわべを取りのぞく。

短文 かれはうわべは人がらがよさそうだが、一皮むけば、自分勝手でうそつきだ。

一癖《ひとくせ》も二癖《ふたくせ》もある

どこかふつうの人とちがった性質や特徴《とくちょう》を持っていて、用心しなくてはならないと感じさせる。

短文 今度の課長は一癖も二癖もありそうで、いやな感じだねえ。

類 一筋縄《ひとすじなわ》ではいかぬ。煮《に》ても焼《や》いても食《く》えない。

一口《ひとくち》に言《い》う

まとめて簡単《かんたん》に言う。ひと言《こと》で言う。

短文 きょうの先生の話を一口に言うと、人間は誠実《せいじつ》さが大切だということだ。

人《ひと》こそ人《ひと》の鏡《かがみ》

鏡で自分の顔や姿をなおすように、他人の言動のいい悪いをよく判断して自分を正しくする手本にするということ。

語源 中国のむかしの本に「君子《くんし》は水を鏡とせずして、人を鏡とす」とあることばから。〔出典『墨子《ぼくし》』〕

人事言《ひとごとい》えば影《かげ》がさす ⇩ 噂《うわさ》をすれば影《かげ》が差《さ》す

一筋縄《ひとすじなわ》ではいかない

ふつうの手段や方法では、思うようにあつかうことはできないたとえ。

短文 あの監督《かんとく》は一筋縄ではいかない人だから、承知してもらうには、もう一人いっしょに行ったほうがいいよ。

類 一癖《ひとくせ》も二癖《ふたくせ》もある。煮《に》ても焼《や》いても食《く》えない。

一《ひと》つ穴《あな》の狐《きつね》 ⇩ 同《おな》じ穴《あな》の狢《むじな》

一《ひと》つ穴《あな》の狢《むじな》 ⇩ 同《おな》じ穴《あな》の狢《むじな》

一《ひと》つ釜《かま》の飯《めし》を食《く》う ⇩ 同《おな》じ釜《かま》の飯《めし》を食《く》う

人《ひと》と屏風《びょうぶ》は直《すぐ》には立《た》たぬ

屏風は少し曲げなければ立たないのと同じように、人間も正しいからといって自分の意志を通すことばかり考えても、世の中は生きていけない。自分の主張を曲げて人と同調することもときには必要だということ。

参考 「直《す》ぐに」は、まっすぐにの意。

人《ひと》に高下《こうげ》なし心《こころ》に高下《こうげ》あり

人間の価値は、身分や地位によって決まるのではなく、その人の心や人格によって決まるものだということ。

人《ひと》には添《そ》うてみよ 馬《うま》には乗《の》ってみよ

人の表面だけをみてその人がいい人だ悪い人だと判断してはいけない。馬も、乗ってみないでその馬の性質のいい悪いを決めつけてはいけない。人間も馬も、その性格は親しくつき合ってみないとわからないものだということ。

同 馬《うま》には乗《の》ってみよ人《ひと》には添《そ》うてみよ。

人《ひと》の痛《いた》いのは三年《さんねん》でも辛抱《しんぼう》する

人が痛がっているのは自分ではないからいつまでも平気でいられる。人がどんなに困っていても自分と無関係なら、まったく平気でいられるというたとえ。

人《ひと》の一生《いっしょう》は重荷《おもに》を負《お》うて遠《とお》き道《みち》を行《ゆ》くが如《ごと》し

人間の一生は重い荷物《にもつ》を背負って遠い道を歩いていくようなものだ。人生とは苦しく遠く、また、長いものだから、いつも忍耐《にんたい》と努力を重ねながら進まなければならないという教え。

語源 『論語《ろんご》』の中の「任（＝任務・責任）重くして道遠し」の一節をかりて徳川家康《とくがわいえやす》がのこした教訓といわれる。

人《ひと》の一寸《いっすん》我《わ》が一尺《いっしゃく》

他人の欠点は、小さくても目につきやすいが、自分の欠点は、どんなに大きくても気づかずにいるものだというたとえ。

〔参考〕「一寸」は、約三・〇三センチメートル。「一尺」は、その一〇倍の長さ。

人《ひと》の噂《うわさ》も七十五日《しちじゅうごにち》

世間の人たちがあれこれと言ううわさ話も一時的なもので、やがては世間の人たちも忘れ、自然に消えていくものだということ。

〔参考〕「七十五日」には、特に意味はなく、ある程度の日数、ということ。

人《ひと》の口《くち》に戸《と》は立《た》てられぬ

戸をしめるように人の口をしめることはできないの意味から、世間のうわさはふせぐことができないというたとえ。

〔会話〕「近いうちに結婚《けっこん》することになったそうね。」「なんですって。人の口に戸は立てられぬというけれど、いったいだれがそんなことを言ったの。」

〔同〕世間《せけん》の口《くち》に戸《と》は立《た》てられぬ。開《あ》いた口《くち》には戸《と》は立《た》たぬ。

〔類〕悪事千里《あくじせんり》を走《はし》る。口《くち》から出《で》れば世間《せけん》。

人《ひと》の牛蒡《ごぼう》で法事《ほうじ》する

他人の物を使って自分のつとめを果たす。また、他人がすることにうまく便乗《びんじょう》して自分の用事をすますことのたとえ。

〔類〕人《ひと》の褌《ふんどし》で相撲《すもう》を取《と》る。

人《ひと》の疝気《せんき》を頭痛《ずつう》に病《や》む

他人の病気を気にして頭痛になるということから、自分には関係もない他人のことに無用の心配をすることのたとえ。

〔会話〕「かれ、最近元気ないわね。受験も近いのに心配だわ。」「よしなさいよ、人の疝気を頭痛に病むようなことは。自分のことで精いっぱいでしょ。」

〔参考〕「疝気《せんき》」は、漢方（＝むかしの東洋医学）で下腹部や腰《こし》の痛む病気。

〔同〕他人《たにん》の疝気《せんき》を頭痛《ずつう》に病《や》む。隣《となり》の疝気《せんき》を頭痛《ずつう》に病《や》む。

人《ひと》の宝《たから》を数《かぞ》える

人の財産や利益を数えるということから、自分にはなんの得にもならないことをするたとえ。

〔類〕隣《となり》の家《いえ》の宝《たから》を数《かぞ》える。

人《ひと》の太刀《たち》で功名《こうみょう》

他人のものを使って自分のことに役立てたり、利益を得たりすること。

〔短文〕せっかくのグループ研究をかれが一人で発表するとは、まさに人の太刀で功名ということだ。

〔類〕人《ひと》の褌《ふんどし》で相撲《すもう》を取《と》る。

人《ひと》の情《なさ》けは世《よ》にある時《とき》

人が好意を示して寄ってくるのは、こちらが世間で活躍《かつやく》をしているときだけで、ひとたび落ちめになると、みんな見捨てて冷たくなるものだということ。

人《ひと》の花《はな》は赤《あか》い ⇩ 隣《となり》の花《はな》は赤《あか》い

人《ひと》の振《ふ》り見《み》て我《わ》が振《ふ》り直《なお》せ

他人の姿や行動をみて、それによって自分の姿や行動の改めるべき点は改めよという教え。

〔会話〕「お母さん、きょうぼくの前の子

は先生の話を聞かないで、となりの子とおしゃべりばかりしていたよ。
「あなたはそんなことしないでね。人の振り見て我が振り直せといいますよ。」

〔参考〕「振《ふ》り」は、姿や態度、行いの意。

〔類〕他山《たざん》の石《いし》。

人《ひと》の褌《ふんどし》で相撲《すもう》を取《と》る

自分のまわしは使わないで、他人のを借りて相撲《すもう》を取るということから、他人の物を使って自分の目的を果たそうとするたとえ。

〔会話〕「三人からノートを借りたからこれで期末テスト対策は万全だよ。」
「人のふんどしで相撲を取るようなことをしていたら、どこかでぼろが出るよ。」

〔類〕人《ひと》の牛蒡《ごぼう》で法事《ほうじ》する。

人《ひと》の将《まさ》に死《し》なんとする 其《そ》の言《げん》や善《よ》し

どんな人間でも、死ぬときに言うことばは、自分の本心に立ち返り、真実がこもっているものであるということ。

〔出典『論語《ろんご》』〕

人《ひと》は一代《いちだい》名《な》は末代《まつだい》

人間は死ねばその身は一代で終わるが、その名はよいことでも悪いことでも長くあとまで残るから、りっぱな生き方を心がけよという教え。

〔短文〕世界の偉大《いだい》な科学者の伝記を読んでいると、まさに人は一代名は末代の感をますます強くする。

〔類〕虎《とら》は死《し》して皮《かわ》を留《とど》め人《ひと》は死《し》して名《な》を残《のこ》す。

人《ひと》は善悪《ぜんあく》の友《とも》に依《よ》る

⇩ 善悪《ぜんあく》は友《とも》に依《よ》る

一旗揚《ひとはたあ》げる

強い意気ごみでなにか事業などを起こすことのたとえ。

〔短文〕戦後まもないころは、一旗揚げようとして上京した人が多かった。

一肌脱《ひとはだぬ》ぐ

他人のために力を貸し援助する。意気ごんで相手を助けようとする。

〔短文〕後輩《こうはい》の結婚《けっこん》のためにこの際一肌脱いでやろう。

〔同〕肌《はだ》を脱《ぬ》ぐ。

一花咲《ひとはなさ》かせる

しばらく目立たなかった人が、一時的にはなやかな活躍《かつやく》をすることのたとえ。

〔短文〕長く野球を続けてきて、体力は限界に近づいた。だが、このへんで一花咲かせて引退したい。

人《ひと》はパンのみにて 生《い》くるにあらず

人間は物質的な満足だけで生きているのではなく、精神的な満足を得てこそ生きていかれるものであるというキリストの教え。

〔出典『新約聖書《しんやくせいしょ》』〕

〔参考〕このことばのあとに「神の口より出《い》ずる（＝出る）ことばによりて生く」が続く。英語では、Man shall not live by bread alone.

人《ひと》は人《ひと》俺《おれ》は俺《おれ》

他人のことには影響《えいきょう》されず、自分の信念

にもとづいて一貫《いっかん》した行動をとること。
会話 「かれたちも塾《じゅく》に行き始めたんだって。きみはどうする。」
「人は人おれはおれ、わが道を行くさ。」
同 人《ひと》は人我《ひとわれ》は我《われ》。

人《ひと》は見《み》かけによらぬもの

人間はうわべだけでは、その人の能力や性格などまでわからないものであるということ。
短文 かれは、ふだんはとてもおとなしいが、人は見かけによらぬもので、いったんラグビーボールをにぎったら闘志《とうし》のかたまりになる。
同 人《ひと》はうわべによらぬもの。

人木石《ひとぼくせき》に非《あら》ず

人間は木や石とは異なり、だれでも喜怒《きど》哀楽《あいらく》さまざまな感情をもって生きているものであるということ。
〔出典 司馬遷《しばせん》『報任安書《じんあんにほうずるのしょ》』〕
会話 「いつも黙《だま》りこくっているかれには喜怒哀楽ってものがあるのかね。」
「人木石にあらずっていうじゃない。あれでなかなか感情のこまやかな面があるんだよ。」

瞳《ひとみ》を凝《こ》らす

まばたきもしないで、ある一点をじっと見つめる。
短文 高い木の枝に作られたとんびの巣《す》に私たちはひとみを凝らした。

人目《ひとめ》に付《つ》く

まわりのものとかけはなれて人の注意を引く。目立つ。
短文 あまり人目に付くような服装《ふくそう》はつつしみましょう。
類 人目《ひとめ》に立《た》つ。人目《ひとめ》を引《ひ》く。

人目《ひとめ》を忍《しの》ぶ

人に見つからないように気をつける。
短文 悪いことをして人目を忍んで生きていくような生活はしたくない。
類 人目《ひとめ》を憚《はばか》る。人目《ひとめ》を避《さ》ける。

人目《ひとめ》を憚《はばか》る

人に見られないように気を使う。人目をおそれる。
短文 結局は人のためになることだから人目をはばかる必要はない。
類 人目《ひとめ》を忍《しの》ぶ。人目《ひとめ》を避《さ》ける。

人目《ひとめ》を引《ひ》く

容姿・服装《ふくそう》などが目立っていて、人の注意をひきつける。
短文 卒業式場では、彼女《かのじょ》のはでな服装が人目を引いていた。
類 人目《ひとめ》に付《つ》く。人目《ひとめ》に立《た》つ。

一役買《ひとやくか》う

自分から進んで一つの役割を引き受ける。協力する。
短文 父は、倒産した会社を立て直すのに一役買うと言ってがんばっている。

一人口《ひとりぐち》は食《く》えぬが二人口《ふたりぐち》は食《く》える

独身で生活していると、むだが多く不経済だが、夫婦で生活すると節約するようになるのでかえってお金がかからないということ。

〔会話〕「まったくこの物価高では、独身生活も楽ではないね。」

「そろそろ身を固めなさいよ。一人口は食えぬが二人口は食えるっていうじゃない。結婚《けっこん》すりゃなんとかなるもんだよ。」

〔同〕二人口《ににんぐち》は過《す》ごせるが一人口《ひとりぐち》は過《す》ごせぬ。

一人娘《ひとりむすめ》と春《はる》の日《ひ》は くれそうでくれぬ

一人娘は親がおしんでなかなか嫁《よめ》には出さないということ。

〔参考〕春の日は長く、暮《く》れそうでなかなか暮れないことから「呉《く》れる」と「暮れる」を掛《か》けたことば。

人《ひと》を射《い》んとせば先《ま》ず馬《うま》を射《い》よ

馬に乗っている人を射ようとするなら、まずその人が乗っている馬を射て自由に動けなくすることだということから、目的を果たすためには、方法をよく考えて取りかかるのが成功の早道であるというたとえ。〔出典 杜甫《とほ》『前出塞《ぜんしゅっさい》』〕
〔会話〕「彼女《かのじょ》との結婚《けっこん》話、なかなかうまくいかなくてね。」
「人を射んとせばまず馬を射よっていうじゃないか。まず両親に好かれることのほうが先だよ。」
〔同〕将《しょう》を射《い》んとせば先《ま》ず馬《うま》を射《い》よ。

人《ひと》を怨《うら》むより身《み》を怨《うら》め

相手にいじわるなどをされて、その人をうらむ前に、自分自身に至らないところや落ち度がなかったかを反省してみよというういましめ。〔出典『淮南子《えなんじ》』〕

人《ひと》を食《く》う

人をのみこんでしまうということから、人を人とも思わないような、ずうずうしい言動をすることのたとえ。

〔短文〕先輩《せんぱい》に対してそんな人を食ったようなことを言って失礼だぞ。

人《ひと》を呪《のろ》わば穴二《あなふた》つ

人をのろい殺そうとすると、その報《むく》いで自分も殺されて墓の穴が二つになるということから、人に害を加えようとすると、やがてはそれが自分に返ってくるというましめ。

〔短文〕いくらかれのことが気に入らないからといって、そんないやがらせをするものじゃないよ。人をのろわば穴二つというじゃないか。

人《ひと》を見《み》たら泥棒《どろぼう》と思《おも》え

他人をむやみに信用してはならない。まず疑って用心せよという教え。

〔会話〕「初対面のときのきみの態度のなんと疑い深かったことか。」

「だって、人を見たら泥棒と思えでしょう。だれでも最初はそういうものよ。」

〔類〕人《ひと》を見《み》たら鬼《おに》と思《おも》え。火《ひ》を見《み》たら火《か》事《じ》と思《おも》え。

〔対〕渡《わた》る世間《せけん》に鬼《おに》は無《な》い。七度《ななたび》尋《たず》ねて人《ひと》を疑《うたが》え。

人《ひと》を見《み》て法《ほう》を説《と》け

人の過《あやま》ちを正したり、言動を改めさせたりするときは、相手の性格や生活環境《かんきょう》などをよく考えて、その人に最もふさわしい方法で対応せよという教え。

〔語源〕釈迦《しゃか》が仏法を説き広めるのに、そ

れぞれの人の性格や教養のちがいに応じて話を変えたということから。

火《ひ》に油《あぶら》を注《そそ》ぐ

火に油を注げば火の勢いはますます強くなるように、勢いのさかんなものに、さらに勢いをつけさせるたとえ。

会話 「きょうの野球は、完全にワンサイドゲームだったね。」「先発投手が思わぬ不調で相手の打線が爆発《ばくはつ》、そこに二番手が火に油を注いだ感じで打者一巡《いちじゅん》の猛攻《もうこう》を浴びたからね。」

同 油《あぶら》を注《そそ》ぐ。

微《び》に入《い》り細《さい》を穿《うが》つ

ひじょうに細かいところまで気を配る。

短文 微に入り細をうがった調査によって村の歴史がはっきりした。

参考 「穿《うが》つ」は、穴をあけるの意から、見過ごしがちな物事の真相や人情を的確にとらえる意味としても用いられる。

髀《ひ》肉《にく》の嘆《たん》

実力を発揮《はっき》する機会がなく、人にみとめてもらえないことを嘆《なげ》くたとえ。

故事 中国の三国時代、蜀《しょく》の国を建てた劉備《りゅうび》が、長い間戦いがないために馬に乗って戦場をかけめぐることがなかったため、髀肉《ひにく》（＝ももの肉）がついてしまったのを見て、てがらも立てられずにむなしく月日を過ごしていくことを嘆いたという。〔出典『三国志《さんごくし》』〕

日《ひ》に三《み》たび身《み》を省《かえり》みよ

自分の発言や行動を一日に何度も反省して、つねに正しい道を歩むように努力せよという教え。

語源 『論語《ろんご》』にある曾子《そうし》のことばから出た句。〔原文〕吾《われ》日《ひ》に三《み》たび吾《わ》が身を省《かえり》みる。人《ひと》の為《ため》に謀《はか》りて（＝相談にのって）忠《ちゅう》ならざるか、朋友《ほうゆう》（＝友人）と交《まじ》わりて信《しん》ならざるか、習《なら》わざるを伝《つた》えしか。〔出典『論語《ろんご》』〕

非《ひ》の打《う》ち所《どころ》が無《な》い

非難したり、けなしたりするような欠点がまったく見つからず完全である。

短文 かれの答案は完璧《かんぺき》で、非の打ち所がない。

火《ひ》の消《き》えたよう

今までさかんであったものが急に活気を失ってさびしくなるようす。

短文 鉄鋼業の不振《ふしん》で、この町はかつてのにぎやかさはどこへやら、火の消えたような状態だ。

火《ひ》の車《くるま》

経済状態がひじょうに苦しく、やりくりがたいへんなことのたとえ。

短文 結婚《けっこん》当初は出費が多く、毎月火の車の状態が続いた。

火《ひ》の付《つ》いたよう

①赤んぼうなどが急に大声ではげしく泣きさけぶようす。②物事の成りゆきなどがあわただしいようす。

短文 ①今まで静かに遊んでいた子が、突然《とつぜん》火の付いたように泣き出した。②大事件発生の知らせにわれわれは火の付いたようにあわてだした。

火《ひ》の手《て》が上《あ》がる

ある力や動きにさからう行動が起こる。

短文 地元の商工業者などから大手スーパー進出反対の火の手が上がった。

火《ひ》の無《な》い所《ところ》に煙《けむり》は立《た》たぬ

火の気のない所には煙は出ないということから、なんの根拠《こんきょ》もなければ、うわさは立たない。うわさが立つのは、なにかしらその原因となる事実があるものだというたとえ。

会話「いよいよこの会社も危ないっていううわさはほんとうなの。」「火のない所に煙は立たぬっていうからなあ、案外近いうちに倒産するんじゃないの。」

参考 西洋のことわざ。There is no smoke without fire. の訳語。

日《ひ》の目《め》を見《み》る

①うずもれていた物事がようやく世間の人に知られるようになる。②ふしあわせであった人が、しあわせになる。

短文 ①こつこつと書きためてきた作品が、やっと本になって日の目を見ることができた。②もう長い間、この苦しい生活が続いているが、いつになったら日の目を見ることができるのか。

火花《ひばな》を散《ち》らす

刀を打ち合わせてはげしく切り合うことから、たがいにはげしく争う。

短文 減税問題をめぐって、与野党がその論戦に火花を散らした。

日々《ひび》新《あら》たなり

日に日に新しくなっているということから、毎日少しずつ進歩していくようす。〔出典『大学《だいがく》』〕

会話「先生、毎日お元気ですね。」「日々新たなりの心境でがんばってるからね。」

罅《ひび》が入《はい》る

①今まで親しかった人との関係がうまくいかなくなる。②その人の心身や経歴などに傷がつく。

短文 ①あんなに仲のよかった夫婦だったが、つまらぬことでひびが入ってついに離婚《りこん》した。②そんなことをすると、きみの履歴《りれき》にひびが入るよ。

日々是好日《ひびこれこうじつ》

毎日がすばらしく楽しい日であること。

短文 これからの人生は日々是好日の心境で生きたいものだ。

参考「にちにちこれこうにち」とも読む。

火蓋《ひぶた》を切《き》る

戦いや競技などを開始する。

短文 国会では、抜本的《ばっぽんてき》な税制改革をめぐっての論戦の火ぶたが切られた。

参考「火蓋《ひぶた》」は、火縄銃《ひなわじゅう》で火薬を入れるところの口をおおうふた。火縄銃を打つとき、火蓋を開いて点火したことから出たことば。

暇《ひま》に飽《あ》かす

暇があることをよいことにして、物事に

多くの時間をかける。

短文 うちのおじいさんは暇に飽かせて庭の手入れをしている。

暇《ひま》を潰《つぶ》す

あいている時間になにかほかのことをして過ごす。

短文 約束《やくそく》の五時までテレビでも見て暇をつぶそうか。

暇《ひま》を取《と》る

①やとわれている人がやめたり、妻のほうから離縁《りえん》したりする。②時間が長くかかる。ひまどる。

短文 ①長い間お世話になりましたが、お暇を取らせていただきます。②早くしたくしなさい。そんなに暇を取ったら学校にまにあいませんよ。

暇《ひま》を盗《ぬす》む

ほんのわずかな時間でもむだにしないで利用する。

短文 ついに第一志望校に合格、暇を盗んでこつこつと勉強してきたおかげだ。

美味《びみ》も喉三寸《のどさんずん》

どんなにおいしい食べ物でも、うまいと感じるのは舌からのどを通るときだけであることから、喜びや楽しみは一時的ではかないものだということ。

ひもじい時《とき》にまずい物《もの》無《な》し

ほんとうに腹のすいているときには、なにを食べてもおいしく感じられる。

会話 「よくこんなまずいもの食べられるね。」「きのうからなんにも食べてないんだよ。ひもじい時にまずい物なしさ。」

百害《ひゃくがい》あって一利《いちり》無《な》し

すべてよくないことばかりで、よいことは一つもない。

短文 たばこは、健康のためには百害あって一利なしといわれている。

参考 「百害」は、多くの弊害《へいがい》の意。

百尺竿頭《ひゃくしゃくかんとう》一歩《いっぽ》を進《すす》む

百尺もある竿《さお》の先端に達したのに、さらに一歩を進めるということから、完全だと思われるうえに、さらに工夫を加えて力をつくすことのたとえ。

〔出典『伝灯録《でんとうろく》』〕

参考 「百尺」は約三〇メートル。「百尺」は「ひゃくせき」とも読む。

百年河清《ひゃくねんかせい》を俟《ま》つ

黄土でつねににごっている黄河の水が澄《す》むのを、いくら待ってもむだであることから、実現の見こみがないものをいつまでも待つことのたとえ。

〔出典『春秋左氏伝《しゅんじゅうさしでん》』〕

短文 汚職《おしょく》事件がまったくなくなることを期待するのは、百年河清をまつようなものだ。

同 河清《かせい》を俟《ま》つ。

百八十度《ひゃくはちじゅうど》の転換《てんかん》

正反対の方向に転ずるということから、従来の方針や方法などを根本的に変えること。

短文 従来の輸出振興《しんこう》策から、内需拡大策へ百八十度の転換をはかる。

「百」が語中にくることば

悪妻は百年の不作 ⇩ 九ページ
明日の百より今日の五十 ⇩ 一六ページ
一文惜《いちもんお》しみの百知らず ⇩ 四二ページ
一犬影に吠《ほ》ゆれば百犬声に吠ゆ ⇩ 四四ページ
お百度を踏《ふ》む ⇩ 七九ページ
孝は百行の本《もと》 ⇩ 一五四ページ
五十歩百歩 ⇩ 一六一ページ
百発百中 ⇩ 三二七ページ
三つ子の魂《たましい》 百まで ⇩ 三五六ページ

百聞《ひゃくぶん》は一見《いっけん》に如《し》かず

人から何度も聞くよりは、自分の目で一度実際に見るほうがたしかであるということ。〔出典『漢書《かんじょ》』〕

会話「お父さん、太郎の生活ぶりを本人から何度も聞くのですが、わたし学寮《がくりょう》に行って実際に見てきます。」「そうだね。百聞は一見にしかず、よく見てくるといいね。」

参考「如《し》かず」は、かなうものはないの意。

同 聞《き》いた百《ひゃく》より見《み》た一《ひと》つ。

百《ひゃく》も承知《しょうち》

じゅうぶんすぎるくらいに知っていること。

短文 なぜこんなことをするのかね。きみならやっていけないことは百も承知のはずだろう。

百薬《ひゃくやく》の長《ちょう》

どんな薬よりもすぐれているということで、酒をほめたたえていうことば。

短文 酒は百薬の長とはいえ、飲みすぎるとからだによくない。

百里《ひゃくり》の道《みち》も一歩《いっぽ》から

⇩ 千里《せんり》の行《こう》も足下《そっか》より始《はじ》まる

百里《ひゃくり》を行《ゆ》く者《もの》は九十里《きゅうじゅうり》を半《なか》ばとす

百里先まで行く者は、九十里まで来てようやく半分まで来たと考えるほうがよいということから、何事もあと少しとなると油断をして失敗することが多いので、最後まで気をぬいてはいけないという教え。

会話「きょうの勝利で六八勝、リーグ優勝は目前ですね。」「いやいや、百里を行く者は九十里を半ばとすというからね。これからの五、六勝がいちばん重大だよ。」

語源《原文》詩に曰《いわ》く、「百里《ひゃくり》を行《ゆ》く者《もの》は、九十《きゅうじゅう》に半《なか》ばす」と。此《こ》れ末路《まつろ》の難《かた》きを言《い》うなり。〔出典『戦国策《せんごくさく》』〕

百鬼夜行《ひゃっきやこう》

①いろいろな化け物が、夜中に列をつくって歩き回ること。②多くの人がみにくい行いをすること。

参考「夜行」は「やぎょう」とも読む。

百発百中《ひゃっぱつひゃくちゅう》

発射した矢や弾丸などがすべて命中するということから、計画や予想などがすべてねらいどおりになることのたとえ。

短文 かれの予想は百発百中とまではいかないが、よく当たるので評判だ。

冷《ひ》や飯《めし》を食《く》う

さめてまずくなった飯を食べさせられるということから、自分の力量に合った仕事や地位をあたえられず、つめたくあつかわれることのたとえ。

短文 あんまり上司《じょうし》の悪口ばかり言っていると冷や飯を食うことになるよ。

氷山《ひょうざん》の一角《いっかく》

海面上の氷山は、全体の七分の一程度であることから、表面に現れたものはごく一部だけで、大部分はかくされたままであることのたとえ。

短文 テレビ局に番組の感想を寄せる視聴者は氷山の一角だと思う。

氷炭相容《ひょうたんあいい》れず

氷と炭は性質が正反対で合わないことから、二つのものがまったくちがっていて合うことがないたとえ。

会話 「あの二人どうしてあんなに仲が悪いんだろう。」「細かくて気むずかしいA君と、大ざっぱでだらしないB君とは、しょせん氷炭相容れず、合いっこないよ。」

類 水《みず》と油《あぶら》。

瓢簞《ひょうたん》から駒《こま》が出《で》る

ひょうたんから出るはずもない駒《こま》(=馬)が出るということから、あり得ないことが起こる。冗談《じょうだん》で言ったことが真実になることのたとえ。

会話 「ふざけて自信のない数学で一〇〇点取ると言ってたら、まぐれもまぐれ、ほんとうに一〇〇点取っちゃった。」「ひょうたんから駒が出たわけね。」

同 瓢簞《ひょうたん》から駒《こま》。

類 嘘《うそ》から出《で》た実《まこと》。

瓢簞《ひょうたん》で鯰《なまず》を押《お》さえる

表面が丸くてつるつるのひょうたんでは、ぬるぬるした鯰《なまず》をつかまえることができないことから、捕《と》らえどころがなく、要領を得ないたとえ。

(ひょうたん)

(なまず)

短文 かれの発言は、いつもぬらりくらりとして、まるでひょうたんで鯰を押さえるようで要領を得ない。

同 瓢簞鯰《ひょうたんなまず》。

瓢簞《ひょうたん》に釣《つ》り鐘《がね》

ひょうたんと釣り鐘は、大きさや重量がひじょうに異なることから、差がありすぎて比べものにならないことのたとえ。

類 月《つき》と鼈《すっぽん》。提灯《ちょうちん》に釣《つ》り鐘《がね》。

豹《ひょう》は死《し》して皮《かわ》を留《とど》め人《ひと》は死《し》して名《な》を残《のこ》す ⇩ 虎《とら》は死《し》して皮《かわ》を留《とど》め人《ひと》は死《し》して名《な》を残《のこ》す

比翼連理《ひよくれんり》 ⇩ 天《てん》に在《あ》らば比翼《ひよく》の鳥《とり》 地《ち》に在《あ》らば連理《れんり》の枝《えだ》

ピリオドを打《う》つ

それまで進行していたことを終わりにする。物事の決着をつける。

短文 今までつまらないことでおたがいに争いを続けてきたが、このへんでピリオドを打つことにしよう。

参考「ピリオド」は、欧文《おうぶん》やローマ字文で、文の終わりにつける符号「・」のこと。終止符ともいう。

火《ひ》を見《み》たら火事《かじ》と思《おも》え

火を見たら火事になるかもしれないと思って警戒《けいかい》せよということから、物事は、何事につけても用心するにこしたことはないというたとえ。

類 人《ひと》を見《み》たら泥棒《どろぼう》と思《おも》え。

火《ひ》を見《み》るよりも明《あき》らか

疑う余地がまったくないことのたとえ。

短文 そんなに遊んでいては、入学試験に落ちるのは火を見るよりも明らかだ。

ピンからキリまで

はじめから終わりまで。また、最もよいものから最も悪いものまで。

短文 宝石は、見た目にはほとんど同じにしか見えないが、ピンからキリまであるので買うときは気をつけよう。

参考「ピン」も「キリ」もポルトガル語から出たことば。「ピン」は、一または最上のものの意。「キリ」は、一〇または最後のもの、最低のものの意。

貧者《ひんじゃ》の一灯《いっとう》

わずかであっても、貧しい人の真心のこもった寄進は、金持ちの大量の寄進よりも尊いものであるということ。自分の寄付をへりくだっていうこともある。

会話「きみ、アフリカの飢餓《きが》難民救済の運動に寄付したんだってね。」「いやあ、ほんの貧者の一灯ではずかしいよ。」

故事
むかし、インドの舎衛国《しゃえいこく》で釈迦《しゃか》が阿《あ》闍世王《じゃせおう》に招かれて説法をしたときに、王はたくさんの灯籠《とうろう》に灯《ひ》をともした。それを見た一人の貧しい老婆《ろうば》が自分も灯をともそうと思い、とぼしい中から油を買って灯火を立てたところ、王のともした灯は明け方に消えたが、老婆の一灯はその後も光りかがやいていたという。
〔出典『阿闍世王授決経《あじゃせおうじゅけつきょう》』〕

同 長者《ちょうじゃ》の万灯《まんとう》より貧者《ひんじゃ》の一灯《いっとう》。

顰蹙《ひんしゅく》を買《か》う

人を不愉快《ふゆかい》にさせるような言動をして、いやがられたり、軽べつされたりする。

短文 かれは、いつも突拍子《とっぴょうし》もないことを言って、クラスのみんなのひんしゅくを買っている。

参考「顰蹙《ひんしゅく》」は、まゆをひそめること。

貧《ひん》すれば鈍《どん》する

人は貧乏《びんぼう》になると、頭の働きが鈍《にぶ》くなり、性格までもいやしくなる。

類 衣食《いしょく》足《た》りて栄辱《えいじょく》を知る。

貧乏籤《びんぼうくじ》を引《ひ》く

貧乏くじは、いちばん損なくじであることから、集団の中でいちばん損な役回りに当たるたとえ。

短文 テスト前だというのに週番で居残りとは、よりによってたいへんな貧乏くじを引いたもんだ。

貧乏暇《びんぼうひま》無《な》し

貧乏をすると、食べるための生活に追わ

れて、娯楽《ごらく》や趣味などに当てるゆとりの時間がなくなるということ。

会話「きょうもまたこんなに朝早くからご出勤ですか。」「ええ、貧乏暇なしです。先月から一日も休んでいません。」

ふ　フ

不意《ふい》を食《く》らう

だしぬけになにかをされる。思いがけないことに出あう。

短文 夜の暗い道で、石につまずき不意を食らってどぶに落ちてしまった。

風雲急《ふううんきゅう》を告《つ》げる

大事件が今にも起きそうな情勢である。

短文 時は革命前夜、首都はにわかに風雲急を告げてきた。

参考「風雲」は、あらしのくるまえの雲と風の動き。

風樹《ふうじゅ》の嘆《たん》

親に孝行したいと思ったときには、すでに親が死んでしまっているので、親孝行ができないという嘆《なげ》き。

会話「お母さん、肩《かた》をたたきましょうか。」「ありがとう。風樹の嘆にならないように今のうちにということね。」

語源《原文》樹《き》静《しず》かならんと欲《ほっ》すれども風《かぜ》止《や》まず、子養《こやしな》わんと欲《ほっ》すれども親《おや》待《ま》たず。〔出典『韓詩外伝《かんしがいでん》』〕

同 風木《ふうぼく》の嘆《たん》。風木《ふうぼく》の悲《かな》しみ。

類 孝行《こうこう》のしたい時分《じぶん》に親《おや》は無《な》し。

風前《ふうぜん》の灯火《ともしび》

風のふきあたる所にある火が消えやすいように、物事に危険がせまっているたとえ。また、生命が今にもたえようとすることのたとえ。

短文 楚《そ》の項王《こうおう》は漢軍にかこまれてもはやにげ道がなく、王の運命は風前の灯火となった。

類 朝日《あさひ》の前《まえ》の霜《しも》。

風馬牛《ふうばぎゅう》

①牛馬の雄《おす》・雌《めす》が、たがいに遠くまで相手を求めて走るが、その牛馬さえも、会うことができないほどはなれていることから、愛し合っている者どうしが遠くはなれていて会えないことのたとえ。②自分とはまったく関係がないこと。また、そうした態度をとることのたとえ。〔出典『春秋左氏伝《しゅんじゅうさしでん》』〕

注意 今は②の意味で使うことが多い。

参考「風」は発情期の動物の雌雄《しゆう》が呼び合う意。

夫婦喧嘩《ふうふげんか》は犬《いぬ》も食《く》わぬ

夫婦げんかは、すぐ仲よくなるから、他人は口出しをしないほうがよい。

会話「お隣《となり》のおじさんとおばさんがけんかしているよ。」「だいじょうぶだよ。夫婦げんかは犬も食わぬというから。」

夫婦《ふうふ》は合《あ》わせ物離《ものはな》れ物《もの》

夫婦は結婚するまでは他人だったから、

別れることがあっても、おかしくないということ。

類 夫婦《ふうふ》は他人《たにん》の集《あつ》まり。

風林火山《ふうりんかざん》

戦いに出撃《しゅつげき》するときは、風のように速く、敵のようすをうかがうときには林のように静かに待ち、攻《せ》めこむときには炎《ほのお》のようにはげしく、敵の攻撃《こうげき》には山のようにどっしりとかまえて動かない、という戦いにのぞむときの心構え。

語源 次の文章の四文字から取ったことば。《原文》その疾《と》き（＝速い）こと風《かぜ》の如《ごと》く、その徐《しず》かなること林《はやし》の如《ごと》し。侵掠《しんりゃく》すること火《ひ》の如《ごと》く、動《うご》かざること山《やま》の如《ごと》し。〔出典『孫子《そんし》』〕

参考 甲斐《かい》（＝山梨県）の武田信玄《たけだしんげん》がこのことばを好んで、軍旗（のぼり）に書いて戦いにのぞむときに持たせた。

笛吹《ふえふ》けど踊《おど》らず

人になにかさせようと、さそいをかけてみるが、相手がいっこうに応じてこないことのたとえ。〔出典『新約聖書《しんやくせいしょ》』〕

短文 先生が声を大きくして熱心にすすめても、子供たちは笛吹けど踊らずといったようすだ。

参考 英語では、We piped to you, and you did not dance.

不覚《ふかく》を取《と》る

油断して失敗する。

短文 楽に勝てると思っていたのに、不覚を取ってしまった。

不帰《ふき》の客《きゃく》

あの世へ行って二度とこの世に帰ってこない人。死者。

短文 先生が九〇歳で不帰の客となってから五年たつ。

俯仰天地《ふぎょうてんち》に愧《は》じず

自分には少しもやましいところがなく、なにもはじることはない。〔出典『孟子《もうし》』〕

会話 「きみは他人の答えを写しましたね。」「いいえ、私は俯仰天地にはじずと断言できます。」

参考 「俯仰《ふぎょう》」は、うつむくことと上を見ること。転じて、日常の動作。

同 仰《あお》いで天《てん》に愧《は》じず。

覆水盆《ふくすいぼん》に返《かえ》らず

一度こぼれた水は元にもどらないということから、①いったん別れた夫婦は元にもどれないというたとえ。②一度言ってしまったこと、またはしてしまったことは、元どおりにならないというたとえ。

故事 周《しゅう》の呂尚《りょしょう》（のちの太公望《たいこうぼう》）が、まだ無名《むめい》のころ、読書ばかりしてほかのことをしなかったので、妻は出て行ってしまった。その後、呂尚は出世して文王《ぶんおう》の下で大臣となると、もとの妻がもどりたいと言ってきた。太公望は盆《ぼん》からわざと水をこぼして、「こぼした水を盆にもどせたら妻にしよう。」と言ったという。〔出典『拾遺記《しゅういき》』〕

類 破鏡《はきょう》再《ふたた》び照《て》らさず。

不倶戴天《ふぐたいてん》 ⇩ 倶《とも》に天《てん》を戴《いただ》かず

河豚《ふぐ》は食《く》いたし命《いのち》は惜《お》しし

おいしいというふぐ料理は食べたいが、毒にあたって死ぬのはいやだということから、楽しみや大きな利益はほしいが、あとにくる危険を考えると、実行できずに迷うことのたとえ。

類 蜜《みつ》は甘《あま》いが蜂《はち》が刺《さ》す。

袋《ふくろ》の鼠《ねずみ》

にげ出すことのできないたとえ。

会話 「みんなにげよう。」「よし。こっちがいいよ。」「いや、しまった。行き止まりだ。袋の鼠になってしまった。」

不言実行《ふげんじっこう》

文句や理屈《りくつ》をあれこれ言わずに、だまって実行すること。

短文 理屈ばかり言っていないで、まず不言実行だ。

武士《ぶし》に二言《にごん》は無《な》い

約束《やくそく》を重んじる武士たる者は、一度口に出したことは必ず守るということ。

会話 「きみが今言ったことばにいつわりはありませんね。」「もちろん、約束は必ず守ります。武士に二言はないですから。」

類 武士《ぶし》の一言金鉄《いちごんきんてつ》の如《ごと》し。

武士《ぶし》は相身互《あいみたが》い

武士は武士どうし同じ境遇《きょうぐう》なので、たがいに同情し助け合わなくてはいけないということ。

会話 「きみ助けてくれないか。宿題が多すぎて困ってるんだよ。」「いやだよ。自分でやれよ。」「そんなこと言わないで、武士は相身互いというじゃないか。」

武士《ぶし》は食《く》わねど高楊枝《たかようじ》

武士たる者は、貧しくて食事がとれないときでも、食べたようなふりをして揚枝《ようじ》を使うということから、たとえ貧しくても物ほしそうにせず、気位を高く持っているべきだというたとえ。

短文 腹ぺことはいえ、そんなにがつがつするのはみっともない。武士は食わねど高楊枝というではないか。

参考 「高楊枝《たかようじ》」は、食後にさも満腹したように楊枝を使うこと。

無精者《ぶしょうもの》の一時《いっとき》働《ばたら》き

ふだんなまけている者が、急に思い立って働くが、長続きしないことを、からかっていうことば。

短文 手伝ってくれるのはうれしいけれど、無精者の一時働きじゃだめよ。これから毎日手伝いなさい。

類 無精者《ぶしょうもの》の節季《せっき》働《ばたら》き。怠《なま》け者《もの》の節供《せっく》働《ばたら》き。

符節《ふせつ》を合《あ》わせる

別々にあったものが、ぴったりと一致《いっち》する。〔出典『孟子《もうし》』〕

短文 かれら二人の記憶《きおく》は符節を合わせたようにぴったりと一致した。

参考 「符節《ふせつ》」は、割符《わりふ》のこと。木の札《ふだ》の中央に文字や印を書いて、二つに割ったもの。別々に持ち、あとで合わせてみて証拠《しょうこ》とした。

豚《ぶた》に真珠《しんじゅ》
値打ちのわからない者に、どんな貴重な物をあたえてもむだであることのたとえ。〔出典『新約聖書《しんやくせいしょ》』〕
短文 幼児に本物の時計を持たせても、それは豚に真珠だ。
類 猫《ねこ》に小判《こばん》。
参考 英語では、To cast pearls before swine.

豚《ぶた》に念仏《ねんぶつ》猫《ねこ》に経《きょう》
相手のことを思って、いくらすばらしい教えを聞かせても、理解できない者には、むだであるというたとえ。
同 犬《いぬ》に念仏《ねんぶつ》猫《ねこ》に経《きょう》。
類 馬《うま》の耳《みみ》に念仏《ねんぶつ》。犬《いぬ》に論語《ろんご》。

二股膏薬《ふたまたごうやく》 ⇩ **内股膏薬《うちまたごうやく》**

二目《ふため》と見《み》られぬ
あまりにも残酷《ざんこく》で、まともに見ることができない。また、ひじょうにみにくくて、二度と見たくない。
短文 映画で見たドラキュラの顔は、二目と見られぬ醜悪《しゅうあく》なものだった。

蓋《ふた》を開《あ》ける
物事を始める。また、物事の実際や結果を見る。
会話 「今度のテストには、いったいどんな問題が出るかな。」「それはふたを開けてみなければわからないよ。」

豚《ぶた》を盗《ぬす》んで骨《ほね》を施《ほどこ》す
大きな悪事を働いて、そのつぐないにわずかばかりの善行をするたとえ。
短文 あくどくもうけた金で名画を買って美術館に寄付しても、豚を盗んで骨を施すというものだ。

物議《ぶつぎ》を醸《かも》す
世間の人々の議論や批判をひき起こす。
短文 大臣の国会での失言が物議をかもし、連日新聞をにぎわしている。
参考 「物議」は、世間の人々のさわがしい議論。

筆《ふで》が立《た》つ
文章を書くことがうまい。
短文 今度の学級新聞は、筆が立つA君にたのむことにしよう。

筆《ふで》を入《い》れる
いったん書いた文章などを手直しする。添削《てんさく》する。
短文 宿題の作文を読み返し、もう一度筆を入れた。

筆《ふで》を擱《お》く
文章を書き終える。
短文 読書感想文を何度も書き直した末、やっと筆をおいた。

筆《ふで》を折《お》る
書くことをやめる。文筆活動をやめる。
短文 第二次大戦中、戦争に反対する人の中には、自分の意見を発表できず、筆を折らざるをえない人がたくさんいたそうだ。
同 ペンを折《お》る。筆《ふで》を絶《た》つ。

筆《ふで》を加《くわ》える
書き加えたり、文章を訂正《ていせい》したりする。
短文 清書した作文に書き落としが見つかり、筆を加えてから提出した。

筆《ふで》を絶《た》つ ⇩ **筆《ふで》を折《お》る**

筆《ふで》を執《と》る
文章や書・画などを書く。執筆《しっぴつ》する。
短文 私は一五歳で筆を執り、はや五〇年たった。

太《ふと》いパイプ
ある人や機構に対する強力なつながり。
短文 あの会社の社長は、大物政治家と太いパイプを持っているので、事業の拡張はやりやすいのではないか。

懐《ふところ》が暖《あたた》かい
所持金が多い。
短文 きょうはボーナスをもらったので懐が暖かい。
対 懐《ふところ》が寂《さび》しい。懐《ふところ》が寒《さむ》い。

懐《ふところ》が寂《さび》しい
所持金が少ない。
短文 最近懐が寂しくて本も買えない。
同 懐《ふところ》が寒《さむ》い。
対 懐《ふところ》が暖《あたた》かい。

懐《ふところ》が寒《さむ》い ⇩ **懐《ふところ》が寂《さび》しい**

懐《ふところ》を痛《いた》める
自分のお金を使う。
短文 そんなむだなことに懐を痛めるのはごめんだ。
類 身銭《みぜに》を切《き》る。

懐《ふところ》を肥《こ》やす
不正なことをして、利益を自分のものにする。
短文 汚職《おしょく》をして、懐を肥やす役人は国民の敵だ。
同 懐《ふところ》を暖《あたた》める。私腹《しふく》を肥《こ》やす。

懐《ふところ》を叩《はた》く
手元にあるお金を全部使ってしまう。
短文 懐をはたいて、前からほしいと思っていたカメラを買った。

腑《ふ》に落《お》ちない
納得《なっとく》できない。わからない。
短文 その話は、何度聞いても腑に落ちない。

舟《ふね》に刻《きざ》みて剣《けん》を求《もと》む
時勢の移り変わりに気づかず、むかしのままのしきたりを守っている、融通《ゆうずう》のきかないおろかさのたとえ。

故事 中国の楚《そ》の国で、舟に乗っていた男が水中に剣《けん》を落とした。舟が動いていることに考えがおよばず、舟べりに剣の落ちた位置のしるしをきざみつけ、そのしるしの下をさがしたが、剣は見つからなかったという。
〔出典『呂氏春秋《りょししゅんじゅう》』〕

舟《ふね》は船頭《せんどう》に任《まか》せよ
何事もその道の専門家に任せるのがよい

ということのたとえ。
類 船《ふね》に乗《の》れば船頭任《せんどうまか》せ。餅《もち》は餅屋《もちや》。

舟《ふね》は帆《ほ》でもつ帆《ほ》は舟《ふね》でもつ
帆《ほ》かけ舟《ぶね》は帆がなくては走らず、帆は舟がなければ用がない。世の中は、たがいにもちつもたれつで、助け合って成りたっているということ。

舟《ふね》を漕《こ》ぐ
いねむりをするさまが、舟をこぐようにからだが前後にゆれ動くことから、いねむりをすることのたとえ。
短文 あまり長い話にあきて舟を漕いでいる参会者が多かった。

父母《ふぼ》の恩《おん》は山《やま》よりも高《たか》く海《うみ》よりも深《ふか》し ⇩ **父《ちち》の恩《おん》は山《やま》よりも高《たか》く母《はは》の恩《おん》は海《うみ》よりも深《ふか》し**

不問《ふもん》に付《ふ》す
本来なら問題にすべきことを、問題として取り上げないでそのままにする。
短文 今回の事件は、本人も深く反省しているので、不問に付すことにする。

冬来《ふゆきた》りなば春遠《はるとお》からじ
きびしい冬がやってきたならば、暖かい春はもうすぐ近くまできている。今、つらい状態にあっても、それをじっとがまんすれば、次にはきっと希望が開けるものだというたとえ。
参考 イギリスの詩人シェリーの『西風に寄せる歌』の一節。If winter comes, can spring be far behind? の訳語。

降《ふ》らぬ先《さき》の傘《かさ》 ⇩ **濡《ぬ》れぬ先《さき》の傘《かさ》**

降《ふ》り懸《か》かる火《ひ》の粉《こ》は払《はら》わねばならない
身に危険がせまったときには、まずそれを防がなければならないというたとえ。

篩《ふるい》に掛《か》ける
一定の基準に合わせて、多くのものの中からよいものだけを選び出す。
短文 宇宙飛行士は、大勢の候補者の中から、何回も篩にかけられて、選ばれた人である。
参考 「篩《ふるい》」は、丸や四角の枠《わく》の底に網《あみ》を張った道具。粉などを入れてふり動かし、細かいものとあらいものをふるい分ける。

（ふるい）

故《ふる》きを温《たず》ねて新《あたら》しきを知《し》る
むかしのことを研究して、それをもとにして新しい道理や知識を見いだすということ。
語源 《原文》故《ふる》きを温《たず》ねて新《あたら》しきを知《し》れば、以《も》って師《し》と為《な》るべし。〈出典『論語《ろんご》』〉
参考 「温ねて」を「温《あたた》めて」と読むこともある。
同 温故知新《おんこちしん》。

ブレーキを掛《か》ける
①車輪の回転や、物の動きをおそくしたりとめたりする。②程度をこえていることを、少なくしたりやめたりするように働きかける。
短文 ①はちは、木にとまる瞬間《しゅんかん》に羽を

ねじってブレーキをかける。②父の仕事のしすぎにブレーキをかけなければ、からだをだめにしてしまうと母は言っていた。

風呂敷《ふろしき》を広《ひろ》げる
大げさなことを言う。ほらをふく。
短文 また、おじいちゃんが、風呂敷を広げているよ。

不惑《ふわく》
四〇歳のこと。
語源 孔子《こうし》のことばから。《原文》四十《しじゅう》にして惑《まど》わず。〔出典『論語《ろんご》』〕
参考 ⇩ 還暦《かんれき》（囲み記事）

付和雷同《ふわらいどう》
自分自身の考えがなく、ほかの人の意見や行動にすぐ同調すること。
短文 今年の新入部員は、主体性がなく、付和雷同する者が多い。
参考 「付和」は、他人の意見にわけもなく賛成すること。「雷同」は、雷《かみなり》が鳴り響《ひび》くと、それに応じて響くこと。

類 尻馬《しりうま》に乗《の》る。

踏《ふ》ん切《ぎ》りがつく
まよいを捨てて、きっぱりと決心する。
短文 進路は先生とも相談して、専門学校へ進学することに踏ん切りがついた。

刎頸《ふんけい》の交《まじ》わり
その人のためなら、首を切られてもくいがないほどの、親しい交際のたとえ。
短文 父は中学校以来、刎頸の交わりを結んできた友人を失ったと言って、がっくりしている。
参考 「刎頸《ふんけい》」は、首をはねること。

故事
中国の春秋《しゅんじゅう》時代、趙《ちょう》の将軍廉頗《れんぱ》は、藺相如《りんしょうじょ》が自分より上位の大臣になったのでひじょうにうらんだが、それを知った相如は廉頗と争うことは国のためにならないとして争いをさけた。これを伝え聞いた廉頗は、自分の非をさとり、相如にわびて、刎頸《ふんけい》の交わりを結んだという。〔出典『史記《しき》』〕

類 管鮑《かんぽう》の交《まじ》わり。水魚《すいぎょ》の交《まじ》わり。断金《だんきん》の交《まじ》わり。莫逆《ばくぎゃく》の友《とも》。

粉骨砕身《ふんこつさいしん》
骨を粉にし、身を砕《くだ》くほど、力をつくして努力することのたとえ。
短文 生徒会長に選ばれたからには、粉骨砕身がんばります。
類 身《み》を砕《くだ》く。身《み》を粉《こ》にする。

分相応《ぶんそうおう》に風《かぜ》が吹《ふ》く
人には社会的な地位や、家庭環境《かんきょう》などに応じて、それぞれのくらし方がある。

踏《ふ》んだり蹴《け》ったり
つづけざまに不運なことや災難にあってさんざんな目にあうようす。
短文 火事で焼け出されたばかりなのに、今度は家族の一人が交通事故にあうなんて、それこそ踏んだり蹴ったりだ。
類 泣《な》き面《つら》に蜂《はち》。弱《よわ》り目《め》に祟《たた》り目《め》。

褌《ふんどし》を締《し》めてかかる
気を引き締《し》めて物事に当たる。

短文 この仕事は困難が予想されるから、よほどしっかりとふんどしを締めてかからないと失敗するよ。

文《ぶん》は人《ひと》なり

文章はそれを書いた人の人がらを表すものであるということ。

参考 フランスの博物学者ビュフォンのことば。英語では、The style is the man himself.

文《ぶん》は武《ぶ》に勝《まさ》る ⇩ **ペンは剣《けん》よりも強《つよ》し**

踏《ふ》ん張《ば》りが利《き》く

最後までがんばり通す力がある。

短文 わが校の駅伝《えきでん》の選手は、ここぞというときの踏ん張りがきくから、きっと入賞するよ。

分別過《ふんべつす》ぐれば愚《ぐ》に返《かえ》る

あまり深く考えすぎると、かえってつまらない考えになってしまうものであるということ。

類 過《す》ぎたるは猶及《なおおよ》ばざるが如《ごと》し。

対 分別《ふんべつ》の上《うえ》の分別《ふんべつ》。

分別《ふんべつ》の上《うえ》の分別《ふんべつ》

じゅうぶんに考えたうえにも、さらによく考えるということ。

対 分別過《ふんべつす》ぐれば愚《ぐ》に返《かえ》る。

墳墓《ふんぼ》の地《ち》

①祖先からの墓のある土地。故郷。②一生をそこでくらし、骨をうめようと決めている土地。

短文 ①父は定年になったら、墳墓の地に帰ってくらしたいと言っている。②外国に行っているおじから、異国《いこく》の地を墳墓の地にするつもりだと手紙がきた。

へ

平気《へいき》の平左《へいざ》

まったく気にしないこと。

短文 ぼくは台風が来ようが、地震《じしん》があろうが、平気の平左だよ。

参考 平気の平左衛門《へいざえもん》の略。「平」を語呂《ごろ》合わせして人名のようにいったもの。

平行線《へいこうせん》を辿《たど》る

たがいに自分の意見を主張して、妥協《だきょう》点《てん》が見いだせず、話し合いがつかないことのたとえ。

短文 もう三時間も平行線をたどったまま、議論がつづいている。

米寿《べいじゅ》

八八歳のこと。

語源 米の字を分けると八十八となることからいう。

参考 ⇩ 還暦《かんれき》（囲み記事）

臍《へそ》で茶《ちゃ》を沸《わ》かす

おかしくて笑いがとまらない。ばからしくてお話にならない。

短文 きみたちの野球部が甲子園《こうしえん》に出場するなんて、それがほんとうならへそで茶を沸かすよ。

臍《へそ》を曲《ま》げる

機嫌《きげん》を悪くして、意地になる。

短文 かれは意地っぱりだから、へそを曲げられると、話がこじれてまとまらないから困るよ。

類 旋毛《つむじ》を曲《ま》げる。

下手《へた》があるので上手《じょうず》が知《し》れる

下手な人がいるから、上手な人が目立つということ。

同 下手《へた》があるので上手《じょうず》がわかる。

下手《へた》な鉄砲《てっぽう》も数撃《かずう》ちゃ当《あ》たる

何事も数をこなすうちには、まぐれ当たりすることもあるというたとえ。

会話 「きみは一〇校も受験するそうだね。ちょっと多すぎるんじゃないの。」「下手な鉄砲も数撃ちゃ当たるといいますからね。」

類 下手《へた》な鍛冶屋《かじや》も一度《いちど》は名剣《めいけん》。

下手《へた》の考《かんが》え休《やす》むに似《に》たり

知恵《ちえ》の足りない人の考えは、時間をむだにするだけで、休んでいるのと同じだということ。

参考 多く、碁《ご》や将棋《しょうぎ》などで、下手な人が考えこんでいるのをからかって言う。

同 下手《へた》の考《かんが》え休《やす》むに如《し》かず。

下手《へた》の道具調《どうぐしら》べ

下手な人にかぎって、道具選びがうるさいということ。

同 下手《へた》の道具立《どうぐだ》て。

対 弘法《こうぼう》は筆《ふで》を選《えら》ばず。

下手《へた》の長糸《ながいと》上手《じょうず》の小糸《こいと》

裁縫《さいほう》の下手な人ほど長い糸を針に通してむだに使い、上手な人は短い糸で手ぎわよくぬいあげてしまうということ。

同 下手《へた》の長糸《ながいと》上手《じょうず》の一寸《いっすん》。

類 下手《へた》の長針《ながばり》。

下手《へた》の長談義《ながだんぎ》

話の下手な人ほど話がだらだらと長く、迷惑《めいわく》であるということ。

短文 来賓《らいひん》の祝辞《しゅくじ》は、下手の長談義が多く、いつもあきあきする。

類 長口上《ながこうじょう》は欠伸《あくび》の種《たね》。

下手《へた》の横好《よこず》き

下手なのに、そのことが好きで熱心だということ。

会話 「いつも熱心ですね。」「いやあ、少しも上達しなくて。下手の横好きですよ。」

同 下手《へた》の悪好《わるず》き。下手《へた》の物好《ものず》き。

対 好《す》きこそ物《もの》の上手《じょうず》なれ。

蛇《へび》に嚙《か》まれて朽《く》ち縄《なわ》に怖《お》じる

蛇《へび》にかまれてからは、くさった縄《なわ》を見ただけでおそれるようになることから、一度ひどい目にあうと、それにこりて、必要以上に用心深くなるたとえ。

類 羹《あつもの》に懲《こ》りて膾《なます》を吹《ふ》く。

蛇《へび》に見込《みこ》まれた蛙《かえる》

おそろしさのため、身がすくんで動くこともできないことのたとえ。

短文 かれは社長の前に出ると、蛇に見込まれた蛙のようになってしまう。

同 蛇《へび》に遇《お》うた蛙《かえる》。

類 猫《ねこ》の前《まえ》の鼠《ねずみ》。

蛇《へび》の足《あし》より人《ひと》の足《あし》

蛇《へび》に足があるとかないとかいうような、むだなことを言っているよりは、まず自分自身の足もとを考えよという教え。

同 蛇《へび》の足《あし》より人《ひと》の足見《あしみ》よ。

蛇《へび》の生殺《なまごろ》しは人《ひと》を嚙《か》む

物事に決着をつけず、中途半端《ちゅうとはんぱ》にしておくと、あとでうらみや害を受けることがあるといういましめ。

弁慶《べんけい》の立《た》ち往生《おうじょう》

進むことも退くこともできず、どうしようもないことのたとえ。

語源 鎌倉《かまくら》時代、衣川《ころもがわ》の戦いで、義経《よしつね》をかばった弁慶《べんけい》が、橋の真ん中で、大なぎなたをふりまわし、立ったまま死んだという伝説から出たことば。

弁慶《べんけい》の泣《な》き所《どころ》

弁慶《べんけい》ほどの豪傑《ごうけつ》でさえ痛がって泣く急所という意味で、向こうずねのこと。また、その人の最大の弱点。

短文 かれはほかの科目はみなよくできるのに、数学が弁慶の泣き所だ。

変哲《へんてつ》も無《な》い

特にとりたててかわったところもない。

短文 どんなものかと期待していたが、なんの変哲もなく、ありふれたもので、退屈《たいくつ》した。

ペンは剣《けん》よりも強《つよ》し

すぐれた文学や思想は武力より人にうったえる力があり、人を動かすことができるということ。

参考 イギリスの劇作家リットンの戯曲《ぎきょく》の中にあることば。The pen is mightier than the sword. の訳語。

同 文《ぶん》は武《ぶ》に勝《まさ》る。

ぺんぺん草《ぐさ》が生《は》える

家やその跡地《あとち》などが手入れされず、荒れはてているようすのたとえ。

短文 ここは以前はりっぱなお屋敷《やしき》だったが、今では住む人もなく、ぺんぺん草が生えている。

片鱗《へんりん》を示《しめ》す

すぐれた才能や学識のごく一部をちらっとのぞかせる。

短文 博士の講演は、気どらない話しぶりの中に、科学者としての片鱗を示すものがあった。

参考 「片鱗《へんりん》」は、一片のうろこの意。

ペンを折《お》る

文筆活動をやめる。

短文 戦時中は、言論の自由を制限されて、ペンを折った人もいた。

同 筆《ふで》を折《お》る。筆《ふで》を絶《た》つ。

ほ　ホ

砲火《ほうか》を交《まじ》える

戦いをはじめる。戦争をする。

短文 国境でにらみあっていた両軍は、

ついに砲火を交えるに至った。

判官贔屓《ほうがんびいき》

不運な者や弱い者に同情し、味方すること。

会話「どうしてあんな弱い球団のファンになったの。」
「そこが判官びいきというやつでね。弱いから応援《おうえん》したくなるのさ。」

語源「判官《ほうがん》」は源義経《みなもとのよしつね》のこと。義経は平家追討にめざましい戦功をたてたにもかかわらず、兄頼朝《よりとも》のにくしみを受け、奥州平泉《ひらいずみ》ににげ落ちて薄幸《はっこう》な生涯《しょうがい》を閉じ、人々から同情されたことから出たことば。

参考「判官」は「はんがん」とも読む。

暴虎《ぼうこ》馮河《ひょうが》の勇《ゆう》

虎《とら》を素手で打ち、大河を徒歩でわたるような向こう見ずな勇気。血気にはやった、無鉄砲《むてっぽう》な行動のたとえ。〔出典『論語《ろんご》』〕

参考「暴虎《ぼうこ》」は虎を素手で打つこと。「馮河《ひょうが》」は大河を歩いてわたること。

法三章《ほうさんしょう》

法律を三か条だけにするということで、簡単な法律のこと。

会話「ぼくらの会の会則はなるべく簡単にしよう。」
「法三章とはいかないまでもね。」

故事 中国の漢の高祖《こうそ》が秦《しん》をほろぼしたとき、秦のわずらわしい法律を改め、「人を殺した者は死罪、人を傷つけた者、物をぬすんだ者は処罰《しょばつ》する。」という三か条のみの法律を定め、人民に約束《やくそく》したという。〔出典『史記《しき》』〕

傍若無人《ぼうじゃくぶじん》

そばに人がまったくいないかのように、勝手ほうだいな言動をすること。〔出典『史記《しき》』〕

短文 電車の中で傍若無人にふざけ合う若者たちに、人々はまゆをひそめた。

同 傍《かたわら》に人《ひと》無きが如《ごと》し。

類 眼中人無《がんちゅうひとな》し。

望蜀《ぼうしょく》 ⇩ 隴《ろう》を得《え》て蜀《しょく》を望《のぞ》む

坊主《ぼうず》憎《にく》けりゃ袈裟《けさ》まで憎《にく》い

坊《ぼう》さんをにくいと思っていると、その坊さんが着る袈裟《けさ》までにくくなるということから、ある人をにくむあまり、その人にかかわるものすべてがにくらしくなるというたとえ。

会話「あの子大っきらい。あの子が通った道を歩くのもいやよ。」
「まあたいへん。坊主憎けりゃ袈裟まで憎いの口ね。」

坊主《ぼうず》の不信心《ふしんじん》

人に信心を勧める僧侶《そうりょ》が、自分は信心しないということから、人にはりっぱなことを言いながら、自分は実行しないことのたとえ。

類 医者《いしゃ》の不養生《ふようじょう》。紺屋《こうや》の白袴《しろばかま》。易者《えきしゃ》身《み》の上知《うえし》らず。

棒立《ぼうだ》ちになる

おどろいたときなどに、棒のようにまっ

すぐに立ちすくんでしまうようす。

短文 目の前で車がパンクし、その大きな音に一瞬《いっしゅん》棒立ちになった。

忙中閑《ぼうちゅうかん》あり

いそがしい仕事の切れめなどに、ほっとひと息つく時間のあること。

会話 「お父さん、きょうはめずらしく休みをとって、庭いじり。」「忙中閑ありさ。たまにはこういう日もなくちゃね。」

棒《ぼう》に振《ふ》る

それまでの努力や苦心をむだにしてしまう。

短文 陸上競技大会直前になって足を骨折して、一年間の努力を棒に振ってしまった。

忘年《ぼうねん》の交《まじ》わり

年齢《ねんれい》の差に関係なく、親しく交わること。年齢のちがった友人関係。〔出典『梁書《りょうしょ》』〕

同 忘年《ぼうねん》の友《とも》。

捧腹絶倒《ほうふくぜっとう》

腹をかかえて倒《たお》れそうになるほど笑いころげること。〔出典『史記《しき》』〕

短文 この本、読んでごらんよ。捧腹絶倒のおもしろさだよ。

参考 「捧腹」は「抱腹」とも書く。

這《ほ》う這《ほ》うの体《てい》

這《は》うようにしてあわてふためくようすから、さんざんな目にあってやっとにげ出すようす。

短文 はちみつを取ろうと巣《す》に近づいたら、はちの大群におそわれ、ほうほうの体でにげ出した。

棒《ぼう》ほど願《ねが》って針《はり》ほど叶《かな》う

どんなに大きな望みをもっていても、かなえられるのはほんのわずかであるというたとえ。

類 富士《ふじ》の山《やま》ほど願《ねご》うて蟻塚《ありづか》ほど叶《かな》う。

法網《ほうもう》を潜《くぐ》る

法律の不備な点をうまくついて、法にふれないように悪事をする。

短文 いつの世にも、法網をくぐって大もうけをしようというやからがあとを絶たない。

亡羊《ぼうよう》の嘆《たん》

学問の道があまりに多方面に分かれているので、真理を得ることがむずかしいということのたとえ。転じて、方針がいろいろ考えられて、どれをとるか迷うことのたとえ。⇩ **多岐亡羊《たきぼうよう》**（故事）

同 多岐亡羊《たきぼうよう》。

吠《ほ》える犬《いぬ》は噛《か》み付《つ》かぬ

文句の多い者にかぎって実力がないというたとえ。

類 鳴《な》く猫《ねこ》は鼠《ねずみ》を捕《と》らぬ。

頰《ほお》が落《お》ちる

食べ物がたいへんおいしいようすのたとえ。

短文 ひさしぶりの母の手料理は、ほおが落ちるほどうまかった。

同 ほっぺたが落《お》ちる。

頬《ほお》を膨《ふく》らます

不満・不承知の気持ちを顔に表す。

短文 ねだった人形を買ってもらえず、女の子はほおを膨らませた。

帆影三里《ほかげさんり》

船が遠ざかっていくとき、その帆《ほ》が三里（＝約一二キロ）沖《おき》までは見えるものだということ。

墨守《ぼくしゅ》

自説やむかしからの習慣などを、かたく守りとおすこと。

短文 大島紬《つむぎ》は、むかしながらの伝統を墨守して染《そ》められている。

故事 中国の春秋《しゅんじゅう》時代、楚《そ》が宋《そう》を九回も攻撃《こうげき》したが、宋の墨子《ぼくし》がよく城を守り切り、ついに楚軍を退けたという。〔出典『墨子《ぼくし》』〕

木石《ぼくせき》に非《あら》ず ⇩ 人木石《ひとぼくせき》に非《あら》ず

墓穴《ぼけつ》を掘《ほ》る

自分で自分の身を破滅《はめつ》させるような行いをしてしまう。

短文 犯人の擬装《ぎそう》工作が、かえって墓穴を掘る結果となった。

矛先《ほこさき》を向《む》ける

攻撃《こうげき》や非難などの目標を、ある人に向ける。

短文 いじめられている友人をかばって口出ししたら、相手はぼくに矛先を向けてきた。

星《ほし》を挙《あ》げる

犯人をつかまえる。

短文 警察は、この事件の星を挙げるのに必死だ。

星《ほし》を戴《いただ》く

朝早くから夜おそくまで働く。

短文 むかしの農民は、朝夕星を戴いて、一日じゅう田畑の仕事にはげんだものだ。

細《ほそ》くても針《はり》は呑《の》めぬ

小さくてもあなどれない物事のたとえ。

同 小《ちい》さくとも針《はり》は呑《の》まれぬ。

類 山椒《さんしょう》は小粒《こつぶ》でもぴりりと辛《から》い。

臍《ほぞ》を固《かた》める

固く決意する。

会話 「お父さん、思い切ってQ高校を受けることにしました。」「そうか。ついにほぞを固めたか。」

参考 「臍《ほぞ》」は、へその意。

臍《ほぞ》を嚙《か》む

取り返しのつかぬことに、はげしく後悔《こうかい》する。〔出典『春秋左氏伝《しゅんじゅうさしでん》』〕

会話 「休みといっても、スキーに映画に音楽会、けっこういそがしいな。」「今のうちにしっかり勉強しておかないと、あとでほぞをかむよ。」

菩提《ぼだい》を弔《とむら》う

死後のしあわせをいのる。死者の冥福《めいふく》をいのる。

短文 供養塔《くようとう》を立てて、犠牲者《ぎせいしゃ》の菩提を弔う。

参考 「菩提《ぼだい》」は仏教語で、さとりの境地、また、冥福《めいふく》（＝来世の幸福）の意。

蛍《ほたる》の光窓《ひかりまど》の雪《ゆき》 ⇩ **蛍雪《けいせつ》の功《こう》**

ほっぺたが落《お》ちる ⇩ **頬《ほお》が落《お》ちる**

仏作《ほとけつく》って魂《たましい》入《い》れず

仏像を作ってもかんじんの仏の魂《たましい》がはいっていなくてはなんの価値もないように、物事の最も重要な点がぬけていることのたとえ。

会話 「A先生が、今度の展覧会には出品をとりやめるとおっしゃってますが。」「それはたいへんだ。A先生の作品がはいらなくては、仏作って魂入れずになってしまうよ。なんとかたのんでみよう。」

類 画竜点睛《がりょうてんせい》を欠《か》く。

仏《ほとけ》の顔《かお》も三度《さんど》

慈悲《じひ》深い仏でも、三度も顔をなでられれば腹を立てるということから、どんなに温和な人でもたびたびひどい目にあえばついにはおこるということのたとえ。

会話 「あのおとなしいP君が、とうとうおこって、なぐりかかったんだって。」「仏の顔も三度さ。あれだけからかわれたんじゃあ、むりないよ。」

同 仏《ほとけ》の顔《かお》も日《ひ》に三度《さんど》。地蔵《じぞう》の顔《かお》も三《さん》度《ど》。

類 なぶれば兎《うさぎ》も食《く》い付《つ》く。兎《うさぎ》も七日《なぬか》なぶれば噛《か》み付《つ》く。

骨折《ほねお》り損《ぞん》のくたびれ儲《もう》け

苦労しただけで成果は少しも得られず、つかれだけが残るということ。

会話 「新しくシンボルマークを募集《ぼしゅう》するというから、一日がかりでデザインして持っていったんだ。そうしたら、この計画はとりやめになりましただって。」「それは骨折り損のくたびれもうけだったね。」

類 労多《ろうおお》くして功無《こうな》し。

骨《ほね》が折《お》れる

時間や手間がかかる。労力が要《い》る。

「骨」が語中にくることば

朝《あした》に紅顔《こうがん》有《あ》りて夕べに白骨と為《な》る ⇩ 一三ページ
馬の骨 ⇩ 六三ページ
皮を切らせて肉を切り肉を切らせて骨を切る ⇩ 一〇四ページ
死馬の骨を買う ⇩ 一八八ページ
他人の飯には骨がある ⇩ 二三一ページ
豚《ぶた》を盗《ぬす》んで骨を施《ほどこ》す ⇩ 二三三ページ
粉骨砕身《ふんこつさいしん》 ⇩ 三三六ページ

短文 機織《はたお》りは骨が折れる仕事だ。

骨《ほね》と皮《かわ》

ひどくやせているようす。

短文 お腹《なか》をこわして三日間絶食したら、もう骨と皮だよ。

骨《ほね》に刻《きざ》む

深く感じて忘れない。〔出典『後漢書《ごかんじょ》』〕

会話 「合格まちがいなしと思っていたのに、残念だったなあ。」「ぼくの考えがあまかったんだ。このつらさを骨に刻んで、来年までがんばるよ。」

骨《ほね》に沁《し》みる ⇩ 骨身《ほねみ》に沁《し》みる

骨抜《ほねぬ》きにする

物事の最も大切な部分を取り除き、内容のないものにする。

短文 この項目《こうもく》をけずられては、新法案は骨抜きにされたも同然だ。

骨《ほね》の髄《ずい》まで

からだのしんまで。完全に。徹底的《てっていてき》に。

会話 「あの師匠《ししょう》の辞世の句がまたおもしろいんだ。」
「骨の髄まで芸人だったね、かれは。」

骨《ほね》までしゃぶる

自分の利益のため、徹底的《てっていてき》に人を利用する。

会話 「このごろ、A君は、例のグループの子分みたいになってるようだよ。」
「あんな連中とつきあってると、今に骨までしゃぶられてしまうぞ。」

骨身《ほねみ》に応《こた》える

寒さや苦しみ・悲しみなどを心身に強く感じる。

短文 七〇歳《さい》を過ぎての畑仕事は、骨身にこたえる。

類 骨身《ほねみ》に沁《し》みる。

骨身《ほねみ》に沁《し》みる

骨までしみとおるほど身にこたえる。また、心に深く感じる。

短文 かれのやさしさが骨身にしみて、ありがたかった。

同 骨《ほね》に沁《し》みる。

類 骨身《ほねみ》に応《こた》える。

骨身《ほねみ》を惜《お》しまない

努力や労苦をいやがらず、一生懸命《けんめい》働くようす。

短文 骨身を惜しまない働きぶりが、かれの出世の糸口となった。

骨身《ほねみ》を削《けず》る

からだがやせ細るほど、一生懸命《けんめい》努力する。

会話 「かれは事業に失敗したそうだね。」
「ほんとうかい。骨身を削ってためた金を、みなつぎこんだと言っていたのに。」

同 身《み》を削《けず》る。

骨《ほね》を埋《うず》める

死んで骨を埋《うず》める。転じて、あることに一生をささげることのたとえ。

短文 父は、今の会社に骨を埋める覚悟《かくご》らしい。

骨《ほね》を折《お》る

ある物事をするのに苦労する。

短文 二人を仲直りさせるのにずいぶん骨を折った。

洞《ほら》が峠《とうげ》

いつでも有利なほうにつけるように、どちらつかずで形勢をうかがっていること。

短文 クラスの中が二派に分かれたが、洞が峠を決めこむ者も多かった。

故事 織田《おだ》信長《のぶなが》を殺した明智光秀《あけちみつひで》は、豊臣《とよとみ》秀吉《ひでよし》と京都の山崎《やまさき》で対戦した。このとき、大和《やまと》（＝奈良県）郡山《こおりやま》の城主筒井《つつい》順《じゅん》慶《けい》は京都と大阪の境にある洞が峠に陣《じん》取り、戦いのようすを見ていて、秀吉軍有利となったところでこれに合流したという。

類 内股膏薬《うちまたごうやく》。

法螺《ほら》を吹《ふ》く

とうていできそうもない大きなことを言う。でたらめを言う。

会話「P子のお母さん、一〇〇万円の指輪を買ったんだって。」「あの子のことだもの。また法螺を吹いてるのよ。」

参考「法螺《ほら》」は、法螺貝《ほらがい》のことで、吹くと大きな音が出る。

類 喇叭《らっぱ》を吹《ふ》く。

惚《ほ》れた目《め》には痘痕《あばた》も靨《えくぼ》

⇩ 痘痕《あばた》も靨《えくぼ》

惚《ほ》れた欲目《よくめ》

好きになると、相手のことが実際以上によく見えるということ。

類 痘痕《あばた》も靨《えくぼ》。

惚《ほ》れて通《かよ》えば千里《せんり》も一里《いちり》

好きな人のところに通うのは、どんなに遠い所でも遠く感じないということ。

本腰《ほんごし》を入《い》れる

本気になって物事に取り組む。

会話「いよいよ来年は入試だね。」「そろそろ勉強に本腰を入れなくちゃ。」

盆《ぼん》と正月《しょうがつ》が一緒《いっしょ》に来《き》たよう

うれしいことが重なって、ひじょうにいそがしいことのたとえ。

短文 この春は、姉の結婚《けっこん》、兄の留学、親戚《しんせき》の上京と重なって、盆と正月が一緒に来たようなあわただしさだった。

煩悩《ぼんのう》の犬《いぬ》は追《お》えども去《さ》らず

人間の欲望や迷いというものは、追っても追ってもつきまとう犬のように、人間からはなれないものだということ。

参考「煩悩《ぼんのう》」は仏教語で、心身をなやますいっさいの欲望や迷いのこと。

本末転倒《ほんまつてんとう》

物事の大事なことと、つまらないことが反対になること。

短文 漢字の組み立てをしっかり覚えさせないで、はねるとか、はねないとかばかりやかましく言うのは本末転倒だ。

ま マ

枚挙《まいきょ》に遑《いとま》が無《な》い

ひじょうに多く、いちいち数えきれない。

短文 家庭の不和が子供を非行に走らせた例は、枚挙にいとまがない。

間《ま》がいい

運がいい。タイミングがいい。ちょうど

つごうがいい。

［短文］あら、いらっしゃい。あなた間がいいわね。今ちょうどケーキを切ろうとしていたところなの。

［対］間《ま》が悪《わる》い。

魔《ま》が差《さ》す

心の中にふと悪魔《あくま》がはいりこんだように、思いもよらない悪い考えが起こる。

［短文］あんなまじめな人が会社の金を使いこんだとは、魔が差したとしか考えられない。

間《ま》が抜《ぬ》ける

物事の大事なところが欠けている。また、ぼんやりしていて、たよりなく思われる。

［短文］会の案内状に開会の時刻が書いてないとは間が抜けている。

蒔《ま》かぬ種《たね》は生《は》えぬ

原因がないのに結果があるはずはないというたとえ。なにもしなければよい結果は得られないということ。

［会話］「お父さん、よく宝くじ買うけど、いっこうに当たらないじゃないの。」「蒔かぬ種は生えぬ。買わないでいて当たるわけはないだろう。そのうちに当ててみせるよ。」

［対］棚《たな》から牡丹餅《ぼたもち》。

間《ま》が持《も》てない

空《あ》いた時間をもてあます。間が空きすぎてどうしようもない。

［短文］こんなに長い時間待たされては、間が持てない。

曲《ま》がらねば世《よ》が渡《わた》られぬ

いつもまともな理屈《りくつ》やまじめな態度でばかり人に接していたのではけむたがられる。世の中というものは、ときには自分の主張を曲げて、人に調子を合わせないとうまくいかないということ。

［同］曲《ま》がらねば世《よ》に立《た》たぬ。

間《ま》が悪《わる》い

①なんとなく気がひけてばつが悪い。きまりが悪い。②運が悪い。タイミングが悪い。

［短文］①つまみ食いをみつかって、間が悪い思いをした。②友達の悪口を言っていたら、間が悪いことに、そこへ本人が通りかかった。

［対］間《ま》がいい。

紛《まぎ》れも無《な》い

まちがいない。たしかではっきりしている。

［短文］海外に工場をもつ日本の企業が増えていることは、紛れもない事実だ。

幕《まく》が開《あ》く

物事や催《もよお》し物などが始まる。

［短文］今年も、恒例《こうれい》のさくら祭りの幕が開いた。

［対］幕《まく》が下《お》りる。幕《まく》が閉《と》じる。

幕《まく》が下《お》りる

物事や催《もよお》し物などが終わる。

［短文］もめにもめた委員長交代劇も、A氏の辞退でようやく幕が下りた。

［類］幕《まく》が閉《と》じる。

［対］幕《まく》が開《あ》く。

枕《まくら》を敧《そばだ》てる

寝《ね》たまま枕《まくら》から頭をあげて、なにかの音を聞こうとする。〔出典　白居易《はくきょい》『白氏文集《はくしもんじゅう》』〕

短文 風の音にまじって、何かぶきみな物音がするので、思わずまくらをそばだてた。

枕《まくら》を高《たか》くして寝《ね》る

なんの心配事もなく、安心してゆっくりねむる。〔出典『史記《しき》』〕

会話「おりをにげ出した虎《とら》がけさつかまったって。ニュースで言ってたわ。」「じゃあ安心ね。今夜からまくらを高くして寝られるわね。」

同 枕《まくら》を高《たか》くして眠《ねむ》る。枕《まくら》を高《たか》くする。

枕《まくら》を高《たか》くする ⇩ 枕《まくら》を高《たか》くして寝《ね》る

幕《まく》を切《き》って落《お》とす

盛大《せいだい》に物事を始める。

短文 あす、スポーツの祭典オリンピックの幕を切って落とす。

負《ま》けるが勝《か》ち

ときには相手に勝たせて、しいて争わないほうが、大きい目でみればかえってよい結果になるということ。

短文 腹が立つだろうけど、ここはいったん引き下がったほうがいい。負けるが勝ちだよ。

類 逃《に》げるが勝《か》ち。

誠《まこと》は天《てん》の道《みち》なり之《これ》を誠《まこと》にするは人《ひと》の道《みち》なり

誠実は天地自然の道理であり、この道理に従い、自分自身を誠実にしようとするのが人の道であるということ。〔出典『中庸《ちゅうよう》』〕

馬子《まご》にも衣装《いしょう》

どんな人でも身なりを整えればりっぱになり、見ばえがするというたとえ。

短文 へえっ、お姉ちゃんすごいなあ。成人式の晴れ着姿、すてきじゃないの。いつもとは別人みたい。馬子にも衣装だねえ。

参考「馬子《まご》」は、むかし、馬に客や荷物を乗せて運ぶことを職業にした人。

同 馬子《まご》にも衣装髪形《いしょうかみかたち》。

対 公卿《くげ》にも襤褸《つづれ》。

まさかの時《とき》の友《とも》こそ真《しん》の友《とも》

困ったときにたよりになる友達こそほんとうの友達である。

参考 西洋のことわざ。A friend in need is a friend indeed. の訳語。

間尺《ましゃく》に合《あ》わない

わりが合わない。損になる。

短文 この仕事は手間ばかりかかって、ほとんどもうけがない。まったく間尺に合わないよ。

参考「間尺」は、むかしの長さの寸法の「間《けん》」と「尺《しゃく》」。転じて、物事の計算・割合の意。

瞬《また》く間《ま》

一度まばたきをするくらいのごく短い時間。あっという間。

短文 輪転機から、その日の新聞が、ま

たたく間に刷り出される。

股《また》に掛《か》ける

広い地域をあちらこちらへと動き回って活動する。

短文 かれは世界をまたにかけて、商売をしているそうだよ。

待《ま》たぬ月日《つきひ》は経《た》ち易《やす》い

なにかの目的があって待ち望んでいると、なかなか月日がたたないように感じるが、そうでないとすぐに時がたってしまうということ。

短文 定年で会社をやめてから、もう一年たったか。待たぬ月日は経ちやすいとは、まったくだな。

待《ま》つうちが花《はな》

何事も期待したり、あてにしたりして待っているうちが楽しいのであって、実際に現実になってみると、それほどでもないということ。

会話 「開校四十周年記念祭、たいしたこともなかったわね。期待はずれよ。」「待つうちが花なのよ。」

同 待《ま》つ間《ま》が花《はな》。待《ま》つのが祭《まつ》り。

真《ま》っ赤《か》な嘘《うそ》

まったくのうそ。

短文 かれの言っていることは、なにもかも真っ赤なうそだ。

末期《まつご》の水《みず》

人が死ぬときに、その口にふくませる水。死に水。

末席《まっせき》を汚《けが》す

自分がその場に同席したり、仲間に加わったりすることを、へりくだっていうことば。

短文 このたび、私もPTAの役員の末席を汚すことになりました。

待《ま》つのが祭《まつ》り ⇩ 待《ま》つうちが花《はな》

待《ま》てば海路《かいろ》の日和《ひより》あり

今は物事がうまくいかなくても、気長に待っていれば、やがてよい機会がおとずれて、つごうがよくなるという教え。

短文 飛車成りで一手あいたね。ようし、待てば海路の日和ありだったな。一気に詰《つ》ませて、この将棋《しょうぎ》いただきだ。

参考 「海路の日和《ひより》」は、船旅によいおだやかな天気の意。

同 待《ま》てば甘露《かんろ》の日和《ひより》あり。

類 果報《かほう》は寝《ね》て待《ま》て。運《うん》は寝《ね》て待《ま》て。

的《まと》を射《い》る

物事の要点を正確にとらえる。

短文 わたしの研究発表に対するあなたの批評は、的を射《い》ていたわ。

類 正鵠《せいこく》を射《い》る。

俎板《まないた》に載《の》せる ⇩ 俎上《そじょう》に載《の》せる

俎板《まないた》の鯉《こい》

相手のなすがままに任せるよりしかたのない状態のたとえ。

短文 入試も終わった。こうなったらもうまな板の鯉、静かに結果の発表を待つだけだ。

同 俎上《そじょう》の魚《うお》。

眦《まなじり》を決《けっ》する
目を大きく見開いて、いかりや決心を顔に表す。
短文 絶対に優勝するぞと、まなじりを決してスタートラインに立った。
参考 「眦《まなじり》」は目じり。「決する」は裂《さ》くの意。

学《まな》びて思《おも》わざれば則《すなわ》ち罔《くら》し
学説を学び取るだけで、自分で深く考えないと、物事の真の道理を明らかにすることはできないということ。
語源 学問と思索《しさく》についての孔子《こうし》のことば。《原文》学《まな》びて思《おも》わざれば則《すなわ》ち罔《くら》し。思《おも》いて学《まな》ばざれば則《すなわ》ち殆《あや》うし（＝独断におちいって危険である）。〔出典『論語《ろんご》』〕

学《まな》ぶに暇《いとま》あらずと謂《い》う者《もの》は暇《いとま》ありと雖《いえど》も亦《また》学《まな》ぶ能《あた》わず
勉強はしたいがそのひまがないという人間は、たとえひまがあっても勉強することはできない。ひまがないというのは、にげ口上で、やる気さえあれば、勉強する時間はあるものだということ。〔出典『淮南子《えなんじ》』〕

真《ま》に受《う》ける
ほんとうのことと思って信じる。本気にする。
短文 エープリルフールとは知らず、友達の言うことを真に受けて、ひどいめにあった。

眉《まゆ》が曇《くも》る
なやみ事や心配事があって、暗い表情になる。
短文 郷里の祖父が病気と聞いて母のまゆが曇り、電話をかけに立ち上がった。
同 眉《まゆ》を曇《くも》らせる。
対 眉《まゆ》を開《ひら》く。

眉唾物《まゆつばもの》
だまされないように用心しなければならないもの。信用できないもの。
短文 本物のピカソの絵が五万円で買えるわけないだろう。まゆつば物だよ。
同 眉唾《まゆつば》。

眉《まゆ》に唾《つば》を付《つ》ける
あまり信用できないので、だまされないように用心する。
短文 あの人の話は、まゆにつばを付けて聞かないといけないよ。ずいぶんオーバーに言うからね。
語源 狐《きつね》や狸《たぬき》にだまされないようにするためには、まゆにつばをつければよいという俗説から出たことば。
同 眉《まゆ》に唾《つば》を塗《ぬ》る。

眉《まゆ》に八《はち》の字《じ》を寄《よ》せる
不快なことや心配事などのため、まゆを八の字形にして顔をしかめる。
短文 「まあ、きたない格好。」と、母はまゆに八の字を寄せた。
同 眉《まゆ》を寄《よ》せる。眉《まゆ》を顰《ひそ》める。
対 眉を開《ひら》く。

眉《まゆ》に火《ひ》が付《つ》く ⇩ **焦眉《しょうび》の急《きゅう》**

眉《まゆ》を顰《ひそ》める
いやなことを見聞きしたり、心配事など

があったりして、まゆのあたりにしわをよせる。

短文 あまりに品の悪いCMに、みんなまゆをひそめた。

同 眉《まゆ》に八《はち》の字《じ》を寄《よ》せる。

類 顔《かお》を顰《しか》める。

眉《まゆ》を開《ひら》く

心配事やなやみがなくなり、ほっとした表情になる。

短文 妹の交通事故の知らせにびっくりしたが、けがもたいしたことはないと聞いて眉を開いた。

同 愁眉《しゅうび》を開く。

対 眉《まゆ》を寄《よ》せる。眉《まゆ》に八《はち》の字《じ》を寄《よ》せる。眉《まゆ》を曇《くも》らせる。

眉《まゆ》を寄《よ》せる ⇩ 眉《まゆ》に八《はち》の字《じ》を寄《よ》せる

丸《まる》い卵《たまご》も切《き》りようで四角《しかく》

卵は丸いものであるが、切りようによっては四角にもなる。それと同じように、物事もやり方、言い方しだいでは角《かど》が立って、人間関係がうまくいかなくなるから注意せよという教え。

短文 丸い卵も切りようで四角というだろう。きみみたいにずけずけ人を批判したんじゃ、にくまれるだけだよ。少しは相手の気持ちを考えろよ。

類 物《もの》も言《い》いようで角《かど》が立《た》つ。

真綿《まわた》で首《くび》を締《し》める

じわじわと意地悪く相手を責めたてることのたとえ。

短文 真綿で首をしめるような陰険《いんけん》ないじめ方をするとは、ひきょうなやつだ。

参考 真綿はやわらかくて強い。

真綿《まわた》に針《はり》を包《つつ》む

表面はやさしく見えるが底意地の悪いたとえ。

会話「どうも、あの人のことばはていねいだが、とげがあるね。」
「うん、真綿に針を包んだような言い方をする人だね。」

満更《まんざら》でもない

ほぼ満足している。内心かなり気に入っている。

短文 弟は、ほめられて満更でもない顔をしている。

「万」が語中にくることば

一事が万事《ばんじ》 ⇩ 三九ページ
一将功成りて万骨枯《ばんこつか》る ⇩ 四五ページ
気炎万丈《きえんばんじょう》 ⇩ 一一一ページ
千差万別《ばんべつ》 ⇩ 一二二ページ
長者の万灯《まんとう》より貧者の一灯（貧者の一灯 ⇩ 三二九ページ）
鶴《つる》は千年亀《かめ》は万年《まんねん》 ⇩ 二四六ページ
天地は万物《ばんぶつ》の逆旅《げきりょ》 ⇩ 二五七ページ

満面朱《まんめんしゅ》を注《そそ》ぐ

はげしくおこって顔じゅう真っ赤にする。

短文「人をばかにするな。」と、父は満面朱を注いでどなりつけた。

満《まん》を持《じ》す

用意をすべて整えたうえで、チャンスを待っている。〔出典『史記《しき》』〕

短文 号砲《ごうほう》一発、満を持していたマラソン選手たちは、いっせいにスタートを切った。

参考 「満」は、弓をじゅうぶんに引きしぼっている状態。

み ミ

ミイラ取《と》りがミイラになる

人を連れもどす目的で出かけた者が、自分もそこに行ったまま帰ってこなくなったり、また、相手を説得しようとして逆に相手の考えに引き入れられたりしてしまうようなことのたとえ。

短文 お兄ちゃんを連れて帰るために行かせたのに、ミイラ取りがミイラになって、おまえもいっしょに野球してたなんて、ほんとうに役に立たないね。

類 人捕《ひとと》る亀《かめ》が人《ひと》に捕《と》られる。木菟引《ずくひ》きが木菟《ずく》に引かれる。

見得《みえ》を切《き》る

人前で、いかにも自信ありげなことを言ったり、大げさな態度を示したりする。

短文 かれは「だいじょうぶ。すべてわたしに任せなさい。」と見得を切った。

参考 「見得」は、歌舞伎《かぶき》の最高潮に達した場面で、役者が一時動きを止めて大げさなポーズをとること。

見得を切る役者

見栄《みえ》を張《は》る

自分をよく見せようとして、ことさらに体裁《ていさい》をかざる。

短文 見栄を張って、みんなにおごってしまったから財布《さいふ》はからっぽだ。

身《み》が入《はい》る

一心に、その物事に打ちこむ。

短文 テレビを見ながらの勉強だなんて、勉強に身が入ってないぞ。

身《み》から出《で》た錆《さび》

自分がした過《あやま》ちが原因で、自分にふりかかった災難のたとえ。

短文 試験ができなかったなんて、身から出た錆よ。あんなに遊んでたんだもの。

類 自業自得《じごうじとく》。仇《あだ》も情《なさ》けも我《わ》が身《み》より出《で》る。

右《みぎ》から左《ひだり》へ

自分が受け取った金品などを、すぐにほかの人にわたしてしまうこと。

短文 せっかくのアルバイトの給料も、借金があったので右から左へすぐに消えてしまった。

右《みぎ》と言《い》えば左《ひだり》

人が「右」と言えば「左」と言うように、人の言うことに、わざと反対すること。

類 ああ言《い》えばこう言《い》う。白《しろ》と言《い》えば黒《くろ》。

右《みぎ》の耳《みみ》から左《ひだり》の耳《みみ》

右の耳から聞いたことが、すぐそのまま左の耳から出ていってしまうように、人の話をうわの空で聞いていて、頭の中にとどめていないことのたとえ。

短文 右の耳から左の耳っていうけど、おまえはいつもうわのそらでわたしの言

うことを聞いているから、同じまちがいをしょっちゅうするのよ。

〔類〕籠耳《かごみみ》。笊耳《ざるみみ》。

神輿《みこし》を上《あ》げる

長くすわりこんでいた者が、立ち上がる。また、やっと物事に本気で取りかかることのたとえ。

〔会話〕「ようし、今から勉強するぞ。」

「神輿を上げる気になったのはうれしいけど、いつまで続くかしら。」

〔参考〕「輿《こし》」を「腰《こし》」に掛《か》けたことば。

〔対〕神輿《みこし》を据《す》える。

神輿《みこし》を担《かつ》ぐ

他人をおだてあげて、なにかの役につかせる。もちあげる。

〔会話〕「会長のなり手がなくて困っているの。」

「かれならお調子者だから、みんなで神輿を担げば引き受けてくれるわよ。」

神輿《みこし》を据《す》える

どっかりとその場に落ち着いて、また、すわりこんで、動かない。

〔会話〕「お客さんまだいるの。」

「あの人は神輿を据えたら、まず深夜までは覚悟《かくご》しなきゃ。」

〔参考〕「輿《こし》」と「腰《こし》」を掛《か》けたことば。

〔対〕神輿《みこし》を上《あ》げる。

見《み》ざる聞《き》かざる言《い》わざる

人の欠点や過《あやま》ち、また、自分にとって損をすることなどは、見たり、聞いたり、話したりしないということ。

〔参考〕「ざる」を「猿《さる》」に掛《か》けて、目・耳・口をふさいだ三匹の猿の像を三猿《さんえん》という。

（さんえん）

水入《みずい》らず

家族や、気心の知れあった者だけで、よその者を加えないことのたとえ。

〔短文〕きのうは、単身赴任《ふにん》の父がひさしぶりに帰ってきて、家族水入らずの楽しい夕べを過ごした。

水掛《みずか》け論《ろん》

たがいに、自分の立場やつごうのいいことを言い張って、問題点がかみ合わず、おさまりがつかない議論。

〔短文〕言った、言わないなんて、もうそんな水掛け論はやめろ。そんなことではいつまでたっても解決しないぞ。

自《みずか》ら卑《ひく》うすれば尚《たっと》し

自分からへりくだって、いばらない人は、かえって人から自然に尊敬されるものだということ。

〔出典『史記《しき》』〕

水清《みずきよ》ければ魚《うお》棲《す》まず

あまりにも清く澄《す》んだ水には、かくれる場所がないので魚がすみつかないように、人間も人格や考え方があまりに潔白《けっぱく》できちんとしすぎていると、だれも寄りつかず親しまれないということのたとえ。
〔出典『孔子家語《こうしけご》』〕
〔短文〕おまえの考え方はあまりにも杓子定規《しゃくしじょうぎ》で正直すぎるから、友達が寄りつかないんだよ。そういうのを水清ければ魚すまずというんだよ。

同 清水《せいすい》に魚《うお》棲《す》まず。

類 水至《みずいた》りて清《きよ》ければ即《すなわ》ち魚《うお》無《な》し。水清《みずきよ》くして大魚《たいぎょ》無《な》し。人至《ひといた》りて賢《かしこ》ければ友《とも》無《な》し。

対 水清《みずきよ》ければ月宿《つきやど》る。

身《み》過《す》ぎ世《よ》過《す》ぎ

生活するための手段のこと。

短文 身過ぎ世過ぎとはいうけれど、毎朝六時に出勤するのはつらいよ。

水際立《みずぎわだ》つ

ほかのものにくらべて、あざやかでひときわ目立つ。

短文 塀《へい》ぎわでジャンプ一番、ホームラン性の当たりをつかんだ水際立ったプレーが印象的だ。

水茎《みずぐき》の跡《あと》

書かれた文字のあと。筆跡《ひっせき》。

短文 心ばかりのプレゼントを贈ると、かれのお母様から、水茎の跡も美しいお礼状をいただいた。

水心《みずごころ》あれば魚心《うおごころ》

⇩ **魚心《うおごころ》あれば水心《みずごころ》**

水《みず》と油《あぶら》

水と油は決してまじりあわないように、気性が合わずしっくりしないことのたとえ。

会話 「あの二人はいつも口論してばかりいるね。」「そうなんだよ。兄弟なのにまるで水と油だからね。」

類 氷炭相容《ひょうたんあいい》れず。氷炭器《ひょうたんうつわ》を同《おな》じくせず。

水《みず》に絵《え》を描《か》く

⇩ **氷《こおり》に鏤《ちりば》め水《みず》に描《えが》く**

水《みず》にする

努力してやったことなどが、むだになってしまう。

短文 せっかくの親切を水にしては申しわけない。おことばにあまえさせていただくことにしよう。

類 無《む》にする。

水《みず》に流《なが》す

おたがいの間での、過去の争いごとや気まずいこだわりをすべてなかったことにして和解する。

会話 「きのう、よく話し合って今までおたがいに誤解していたことがわかりました。」「そうか。今までのことは水に流して、もう一度仲のいい二人になってくれ。」

水《みず》の泡《あわ》となる

努力や苦労がすべてむだになり、なにも得るところのない結果となる。

短文 入試前に大けがをして受験できず、あんなに勉強したことが水の泡となってしまった。

同 水泡《すいほう》に帰《き》す。

対 実《み》を結《むす》ぶ。

水《みず》の滴《したた》るよう

みずみずしく、若い美男・美女の形容。

短文 おばあちゃんはね、若いときは水

のしたたるようないい女で、若い衆にさわがれたもんだよ。わかるだろう。

水《みず》の低《ひく》きに就《つ》くが如《ごと》し

水が低いほうに流れるように、世の中のいろいろなことも自然の勢いによって動いていく。人間の力では止めることはできないものだというたとえ。〔出典『孟子《もうし》』〕

同 水《みず》は低《ひく》きに流《なが》る。

水《みず》は天《てん》から貰《もら》い水《みず》

必要な水は、天から降る雨でまかなう。水道や井戸、川などもない所で自然のままの生活をいう。

水《みず》は方円《ほうえん》の器《うつわ》に随《したが》う

水は器の形によってどのような形にもなるように、人は友人や環境によってよくも悪くもなるというたとえ。〔出典『韓非子《かんぴし》』〕

参考 「方」は四角形の意。

類 朱《しゅ》に交《まじ》われば赤《あか》くなる。麻《あさ》につるる蓬《よもぎ》。

水《みず》も漏《も》らさぬ

警戒《けいかい》や防備などが、少しの手ぬかりもなく厳重《げんじゅう》なようす。

短文 犯人逮捕《たいほ》のため、水も漏らさぬ万全の捜査網《そうさもう》をしいています。

水《みず》をあける

競泳やボートレースなどで差をつける。転じて、競争相手に大きく差をつける。

短文 生徒会長には、きみが二位以下に大きく水をあけて当選したよ。

水《みず》を打《う》ったよう

大勢集まっている人たちが、しんと静まりかえるようす。

短文 生徒指導部でいちばんこわがられている先生が壇上《だんじょう》に立ったので、生徒たちは水を打ったように静まりかえった。

水《みず》を得《え》た魚《うお》のよう

水の中にいる魚は自由に生き生きと泳ぎ回るように、人が自分の得意とする分野を得て、その中で生き生きと活躍《かつやく》するようす。

短文 きみのサッカーはすばらしいね。いつものきみとちがって、まるで水を得た魚のようだね。

対 陸《おか》に上《あ》がった河童《かっぱ》。

水《みず》を治《おさ》める者《もの》は国《くに》を治《おさ》める

治水事業に成功した者こそ、その国の真の指導者としてふさわしい者であるということ。治水事業のむずかしさをいうことば。

参考 むかし、川の洪水《こうずい》による被害《ひがい》が多かったころ、政治家の第一の仕事として治水事業の必要をいったもの。

水《みず》を差《さ》す

物事がうまく運んでいたり、話がはずんでいるときに、わきからよけいなことを言ったりしたりしてじゃまをする。また、仲のいい間柄《あいだがら》を気まずくさせる。

会話 「今の若い者は勉強もろくにせずに、口ばかり達者で困る。」「水を差すようで悪いけれど、ご自分の若いときはどうだったんですか。」

水《みず》を向《む》ける
相手の関心を、あることに向けようと、それとなくさそいをかける。また、相手がこちらの知りたいことを話してくれるよう、うまくきっかけを作る。
短文 あの人は口が固くて、いくら水を向けてもまったく乗ってこない。
類 鎌《かま》を掛《か》ける。

身銭《みぜに》を切《き》る
ほかの人のために、自分の金を使う。
短文 父は身銭を切ってまで、会社のお得意さんを接待するそうだ。
類 自腹《じばら》を切《き》る。懐《ふところ》を痛《いた》める。

店《みせ》を畳《たた》む
商売をやめる。商売していた店を閉じる。
短文 家業を継《つ》ぐ者がいないので、店を畳んでしまおうと思っている。
対 店《みせ》を張《は》る。

店《みせ》を張《は》る
店を出して商売をする。一軒《けん》の店の主人として商売をする。
短文 えらいもんだねえ、とうとう駅前に店を張るようになったそうだよ。
対 店《みせ》を畳《たた》む。

味噌《みそ》の味噌臭《みそくさ》きは食《く》われず
やたらにその道の専門家ぶったり、鼻にかけたりするような人は、ほんとうにその専門の道に達した人ではない。また、そのような人は謙虚《けんきょ》さがなく敬遠されるものだというたとえ。
同 味噌《みそ》の味噌臭《みそくさ》きは上味噌《じょうみそ》に非《あら》ず。

味噌《みそ》も糞《くそ》も一緒《いっしょ》
いいものも悪いものも、また、性質のちがうものも区別せずなにもかも同じようにひとまとめにあつかうことのたとえ。
短文 弟がいいかげんだからって、ぼくも同じにしないでよ。みそもくそも一緒にした言い方にはがまんできないね。
類 玉石混淆《ぎょくせきこんこう》。

味噌《みそ》を擂《す》る
おせじを言う。へつらう。
短文 上司にみそをすって出世しようなんて、けちなやつだ。
同 胡麻《ごま》を擂《す》る。

味噌《みそ》を付《つ》ける
失敗してはじをかく。面目《めんぼく》を失う。
短文 あんなに練習したのに、本番のときに音譜《おんぷ》を忘れてしどろもどろ、すっかりみそを付けてしまった。

道草《みちくさ》を食《く》う
馬が道ばたの草を食べるのに立ち止まってしまうことから、目的地へ行く途中で、ほかのことに時間を費やす。また、本来の目的以外のことをして、時間をむだにする。
会話 「買い物から帰るとき、偶然《ぐうぜん》古い知り合いに出会って、喫茶店《きっさてん》でおしゃべりしちゃったのよ。」「そんな道草を食っていたのか。みんな腹ぺこで待っていたんだよ。」

道《みち》に遺《お》ちたるを拾《ひろ》わず
世の中が平和で、人々の生活が豊かであ

ることのたとえ。理想的な政治の行われている社会のこと。〔出典『韓非子《かんぴし》』〕

道《みち》を付《つ》ける

物事を進めていくための、糸口を作る。また、そのための必要な条件を整える。

短文 わたしの研究の成果は、多くの先《せん》輩《ぱい》が道をつけてくれたおかげです。

三日天下《みっかてんか》

最高の地位や権力を、ごく短い間しか保てないことのたとえ。

短文 リーグ戦で思いがけず首位に立ったが、やはりつきだけではむりで、三日天下に終わってしまった。

故事 明智光秀《あけちみつひで》は、本能寺で織田信長《おだのぶなが》を討《う》ち、天下を取ったが、わずかな間に、豊臣秀吉《とよとみひでよし》に敗れて命を落とした。

同 三日大名《みっかだいみょう》。

三日坊主《みっかぼうず》

出家して坊《ぼう》さんになったものの、僧《そう》の修《しゅ》行《ぎょう》がきびしくて三日間でやめてしまうということから、物事にあきやすくて、やり出したことが長続きしないたとえ。また、そのような人。

会話 「きょうから早起きして、早朝勉強をすることに決めたんだ。じゃましないでくれよな。」「ふふふふ。どうせ三日坊主でしょ。」

三日見《みっかみ》ぬ間《ま》の桜《さくら》

桜《さくら》の花はさく期間がひじょうに短く、三日見ないうちにすっかりようすが変わってしまうように、世の中の変化がはげしいことのたとえ。

三《み》つ子《ご》の魂《たましい》百《ひゃく》まで

幼いころの性質は、一生変わらないということ。

会話 「かれほどきちょうめんな人もめずらしいですね。」「三つ子の魂百までといいますが、子供のころからそうなんですよ。」

同 三《み》つ子《ご》の魂八十《たましいはちじゅう》まで。三《み》つ子《ご》の知《ち》恵《え》百《ひゃく》まで。

類 雀《すずめ》百《ひゃく》まで踊《おど》り忘《わす》れず。

盈《み》つれば虧《か》く

⇩ 月満《つきみ》つれば則《すなわ》ち虧《か》く

緑《みどり》の黒髪《くろかみ》

女性の、黒く豊かで、しかもつやのある美しい髪《かみ》の毛のたとえ。

短文 彼女《かのじょ》は大変な苦労をしたために、あんなに美しかった緑の黒髪は、今ではすっかりつやがなくなってしまった。

身《み》に余《あま》る

自分の価値や能力以上である。自分にはじゅうぶんすぎる待遇《たいぐう》である。

短文 このようなすばらしい賞をいただき、身に余る光栄です。

身《み》に覚《おぼ》えが無《な》い

自分で、過去にそのようなことをした記《き》憶《おく》がない。

短文 いちごをぬすみ食いしたのはおまえかと、身に覚えがない疑いをかけられて迷惑《めいわく》した。

「身」が語中にくることば

悪銭身に付かず ⇩ 九ページ
仇《あだ》も情けも我《わ》が身より出る ⇩ 二〇ページ
憂《う》き身を窶《やつ》す ⇩ 五七ページ
昨日は人の身今日は我《わ》が身 ⇩ 一一九ページ
臭《くさ》い物身知らず ⇩ 一三〇ページ
口故に身を果たす ⇩ 一三七ページ
芸は身の仇《あだ》 ⇩ 一四六ページ
芸は身を助ける ⇩ 一四六ページ
健全なる精神は健全なる身体に宿る ⇩ 一五〇ページ
心の鬼《おに》が身を責める ⇩ 一五八ページ
獅子《しし》身中の虫 ⇩ 一八一ページ
腹も身の内 ⇩ 三一一ページ
人を怨《うら》むより身を怨め ⇩ 三二三ページ
日に三たび身を省《かえり》みよ ⇩ 三二四ページ
粉骨砕身《ふんこつさいしん》 ⇩ 三三六ページ
両方立てれば身が立たぬ ⇩ 四〇五ページ
我《わ》が身を抓《つね》って人の痛さを知れ ⇩ 四一〇ページ

身《み》に沁《し》みる

心に深く感じる。骨身にしみる。

短文 入試を受けてみて、これまでの勉強不足が身にしみてわかった。

身《み》に付《つ》く

知識や技術などが自分のものになる。

短文 ほんとうに身に付いた力がなければ、あの学校には受からないよ。

身《み》に付《つ》ける

①着る。からだにつける。②知識や技術などを自分のものにする。

短文 ①彼女《かのじょ》はいつもはでなアクセサリーを身に着けている。②若いときに身に付けた英語のおかげで、父は海外の仕事の責任者になった。

注意 ①は、「身に着ける」と書くことが多い。

身《み》につまされる

人のつらさや悲しさなどが、自分のことのように思いやられる。

短文 かれの話を聞いていると、ひとごととは思えず、身につまされた。

身《み》になる

相手の立場に立って考える。

短文 たまにはお母さんの身になってよ。食事の支度、掃除《そうじ》、洗濯《せんたく》、買い物、まったく一日じゅういそがしくて、ゆっくりすわるひまもないんだから。

見《み》ぬ物清《ものきよ》し

きたないものも、見なければきたなく感じないように、事実を知ってしまえば気になるが、知らなければなにも気にならないということ。

類 知《し》らぬが仏《ほとけ》。

身《み》の毛《け》がよだつ

あまりのおそろしさにぞっとして、からだの毛が逆立つ。

短文 刑事《けいじ》さんは身の毛がよだつような犯罪現場を、何度も見たことだろう。

類 肌《はだえ》に粟《あわ》を生《しょう》ず。鳥肌《とりはだ》が立《た》つ。

身《み》の振《ふ》り方《かた》

自分のこれから先の生き方。職業や生活などの方針。

短文 うちに下宿していた予備校生は、三浪《ろう》したが、今年も受験に失敗して、身の振り方を考えるといって帰郷した。

身《み》の程《ほど》を知《し》る

自分の能力、立場などをじゅうぶんにわきまえる。

短文 なまけ者の兄がA大学を受けるなんて、身の程を知らないのだからあきれたもんだ。

類 蟹《かに》は甲羅《こうら》に似《に》せて穴《あな》を掘《ほ》る。

実《みの》るほど頭《あたま》を垂《た》るる稲穂《いなほ》かな

稲穂《いなほ》は、実《み》がみのるにつれて重くなり、頭がたれるように、人間も、学問や人格がそなわってくればくるほど、謙虚《けんきょ》になるものだというたとえ。

会話「有名な学者だっていうのに、あの先生、少しもえらぶらない方ね。」「実るほど頭を垂るる稲穂かなっていうけど、まさにあの先生がそうね。」

類 菩薩《ぼさつ》は実《み》が入《い》ればうつむく。

見果《みは》てぬ夢《ゆめ》

胸のうちに思いえがいていて、まだ実現できない夢・理想・ロマン。

短文 人間とは、見果てぬ夢を永久に追い続ける動物だといっていい。それが人類の進歩、文明の進歩を生んだのだ。

身《み》二《ふた》つになる

子を産む。出産する。

耳《みみ》が痛《いた》い

自分の短所や欠点を指摘《してき》されて、聞くのがつらい。

会話「きみは人はいいが、どうもけじめがつかなくていけない。約束《やくそく》を守ることができないなんて最低だぞ。」「まったく耳が痛い思いです。じゅうぶん反省します。」

「耳」が語中にくることば

馬の耳に風 ⇩ 六四ページ
馬の耳に念仏 ⇩ 六四ページ
壁《かべ》に耳あり障子《しょうじ》に目あり ⇩ 一〇一ページ
諫言《かんげん》耳に逆らう ⇩ 一〇六ページ
聞き耳を立てる ⇩ 一一五ページ
地獄耳《じごくみみ》 ⇩ 一八一ページ
右の耳から左の耳 ⇩ 三五一ページ
目から入って耳から抜《ぬ》ける ⇩ 三七三ページ

耳《みみ》が遠《とお》い

年を取ったり、耳の病気になったりして、耳がよく聞こえない。

短文 うちのおばあさんは、このごろずいぶん耳が遠くなったわよ。すぐそばで大声で話さないと聞こえないの。

耳《みみ》が早《はや》い

うわさなどを、いち早く聞きつける。耳ざとい。

短文 あいつは耳が早いから、今度の担

任の先生がだれなのか、きっと知ってるんじゃないか。

耳《みみ》に入《い》れる

話して知らせる。

短文 お母さん、お願いだから、この話はお父さんの耳に入れないでおいてちょうだい。

耳《みみ》に逆《さか》らう

他人からの忠告などを、聞いて不愉快《ふゆかい》に思う。

短文 きみのためを思って、あえて耳に逆らうことを申しあげましょう。

耳《みみ》にする

それとなく、うわさなどで聞く。聞くともなく、耳に入る。

短文 ぼくが耳にした話では、かれは転校するらしいよ。

類 耳《みみ》に入《はい》る。耳《みみ》に挟《はさ》む。

耳《みみ》に胼胝《たこ》が出来《でき》る

何度も同じことを聞かされて、うんざりする。

会話「勉強しろ、勉強しろって、もう耳にたこができてるよ。」
「でも、母さんが言わなきゃ、まるでやらないじゃないの。」

参考「胼胝《たこ》」はいつもこすれたりして、手や足など、その部分の皮がかたくなったもの。

耳《みみ》に付《つ》く

①聞いた物音や声などが、いつまでも忘れられない。②物音や声がうるさく感じられる。

短文 ①あの事故で亡《な》くなった人のうめき声が耳についてはなれない。②となりの部屋の話し声が耳について、ぜんぜんねむれなかった。

耳《みみ》に入《はい》る

人の話などが自然に聞こえてくる。

短文 かれに関する例のよくないうわさは、もう先生の耳に入っているということだ。

類 耳《みみ》にする。耳《みみ》に挟《はさ》む。

耳《みみ》に挟《はさ》む

ちらっと聞く。聞くともなしに聞く。

短文 先生が転勤するという話を耳に挟んだが、ほんとうだろうか。

同 小耳《こみみ》に挟《はさ》む。

類 耳《みみ》にする。耳《みみ》に入《はい》る。

耳《みみ》は大《だい》なるべく口《くち》は小《しょう》なるべし

人から聞くときは広い範囲《はんい》にわたって多くを聞くようにし、人に話すときはできるかぎりひかえめにせよという教え。

耳寄《みみよ》りな話《はなし》

聞く値打ちがある話。うまい話。もうけ話。

短文 父は、知り合いから耳よりな話を聞いたといって、株に手を出したが、もうかるどころか大損をしてしまった。

耳《みみ》を疑《うたが》う

思ってもいないことを聞いて、信じられない。聞きまちがいではないかと思う。

短文 あんな元気な先生が、実はがんをわずらっていたなんて、その話を聞いたときは耳を疑ったよ。

耳《みみ》を掩《おお》うて鐘《かね》を盗《ぬす》む

良心をおしころして、自分のおかした罪を考えまいとすることのたとえ。また、罪をうまくかくしたと思っていても、すっかり知れわたってしまうことのたとえ。

故事 中国の戦国時代、混乱にまぎれて鐘《かね》をぬすみ出した人が、鐘が大きすぎて運べず、つちで小さく割ろうとしたら大きな音がした。人が聞きつけてうばいにきたら大変だと、その人は自分の耳をふさいだという。〔出典『呂氏春秋《りょししゅんじゅう》』〕

同 耳《みみ》を掩《おお》うて鈴《すず》を盗《ぬす》む。

類 目《め》を掩《おお》うて雀《すずめ》を捕《と》らう。

耳《みみ》を貸《か》す

人の話を聞く。聞こうとする。

短文 あの子ときたら、わたしの言うことには耳を貸そうともしないんですよ。

耳《みみ》を傾《かたむ》ける

熱心に聞く。じっと聞き入る。

短文 一方的に規則をおしつけるだけでなく、もっとわたしたちの声に耳を傾けてほしい。

耳《みみ》を擽《くすぐ》る

相手を喜ばせたり、いい気分にさせたりするようなことを言う。

短文 あまいことばで耳をくすぐって、彼女《かのじょ》を誘惑《ゆうわく》する。

耳《みみ》を澄《す》ます

注意を集中してよく聞こうとする。

短文 ほら、耳を澄ましてごらん。どこかで虫が鳴いているよ。

耳《みみ》を欹《そばだ》てる

物音や声などをよく聞こうとする。

短文 かれらがひそひそ話をしているので、また悪いことをたくらんでいるのではないかと、思わず耳をそばだててしまった。

参考 「欹《そばだ》てる」は、一方の端《はし》を高くすることで、「耳を欹てる」は、よく聞こうとして耳を立てる意。

耳《みみ》を揃《そろ》える

お金や物をきちんと全部そろえる。

短文 きみに貸した金、約束《やくそく》の期間はとっくに過ぎてるよ。今月末までに耳をそろえて返してもらいたい。

参考 「耳」は、紙や布など、平たいもののふち。

耳《みみ》を劈《つんざ》く

耳が突《つ》き破れるのではないかと思うほど音がひじょうに大きい。

短文 ロックコンサートの会場にはいると耳をつんざく大音響《おんきょう》だった。

参考 「つんざく」は、突《つ》き裂《さ》く、突き破る意。

類 耳《みみ》を聾《ろう》する。

耳《みみ》を塞《ふさ》ぐ

聞こえないようにする。また、聞きたく

ないことは聞かないようにする。
短文 一部の人々の少数意見だからといって、耳をふさぐわけにはいかない。

身《み》も蓋《ふた》も無《な》い

言うことやすることがあまりにも露骨《ろこつ》でおもむきがない。また、直接すぎる言い方で話の続けようがない。
会話 「お兄ちゃんが試験に落ちたのは高望みしすぎたせいよ。」「そう言ったら身もふたもないじゃない。」
参考 「身」は、(入れ物の「ふた」に対して)物を入れる部分の意。
対 花《はな》も実《み》もある。

身《み》も世《よ》も無《な》い

嘆《なげ》きや悲しみ、なやみが深くて、自分のことも人のことも、どうしていいかわからないほどである。
短文 突然《とつぜん》の事故で愛児を失った人の、身も世もない悲しみように、なぐさめのことばも見つからなかった。
参考 「世」は、人と人とのかかわりあい、世間づきあい、また、世間体《せけんてい》の意。

冥《みょう》加《が》に余《あま》る

知らず知らずのうちに神仏の加護をじゅうぶんに受けて、しあわせすぎる。
短文 財産をひとつ残らずだましとられたわたしに働く場所をあたえてくれたうえに、妻子ともども住みこんでよろしいとは、冥加に余ることばだった。
参考 「冥加《みょうが》」は、知らないうちに受けている神や仏の助けや恵《めぐ》み。
類 冥加《みょうが》に尽《つ》きる。冥利《みょうり》に尽《つ》きる。

冥《みょう》加《が》に尽《つ》きる

知らず知らずのうちに神や仏の加護をじゅうぶんに受けて、最高に幸福である。
短文 長い間生き別れていた娘《むすめ》にめぐりあえたうえに、娘が健康で、しかも大切に育ててもらっていることがわかり、冥加《みょうが》に尽きる思いだった。
類 冥加《みょうが》に余《あま》る。冥利《みょうり》に尽《つ》きる。

見《み》よう見真似《みまね》

人のやることをいつも見ているうちに、自然にそれと同じようにやれるようになること。
会話 「まあ、お上手ですこと。」「いいえ、見よう見真似で覚えたことですから、基本がしっかりできていないんですよ。」

冥《みょう》利《り》に尽《つ》きる

自分の身分や立場で受ける恩恵《おんけい》が、これ以上ないと思われるくらいで、ありがたい。
短文 自分の書いた記事がもとで、街から暴力が一掃《いっそう》されることになり、しみじみ新聞記者冥利に尽きると思った。
参考 「冥利《みょうり》」は、知らず知らずのうちに受ける神や仏の恩恵。
類 冥加《みょうが》に余《あま》る。冥加《みょうが》に尽《つ》きる。

見《み》る影《かげ》も無《な》い

以前の面影《おもかげ》を一つも残さないほど、みすぼらしくなってしまったようす。見るにたえないほどあわれなようす。
短文 かつて製糸業でさかえたこの町も、今や見る影もないほどさびれてしまった。

見《み》るに忍《しの》びない
見ていられないほど、気の毒である。かわいそうで見ているのがつらいほどである。
短文 両親とも交通事故でなくなり、残された幼い姉妹が日々、元気を失っていくのは見るに忍びない。

見《み》るに堪《た》えない
気の毒だったり、ひどい状態だったりして、じっと見ることができない。
短文 あの人の晩年は酒におぼれて、見るに堪えない生活ぶりだった。

見《み》るに見《み》兼《か》ねて
そのままなにもしないで見過ごすわけにはいかなくて。
短文 博物館で、陳列品《ちんれつひん》に次々と手をふれていく二人連れに、見るに見かねて注意した。

見《み》る物《もの》乞《こ》食《じき》
意地《いじ》きたなくて、目にはいるものはなんでもほしくなること。また、そのような人のたとえ。
短文 若いころは、なかなかの節約家だったけど、年をとったら見る物乞食でね。ああはなりたくないよ。

身《み》を誤《あやま》る
身の処《しょ》し方をまちがえる。人として正しくない生き方をする。
短文 世の中には自分の思いどおりにならないこともたくさんあるのだから、短気を起こして、身を誤るようなことをしてはいけないよ。

身《み》を入《い》れる
真剣《しんけん》に物事に取り組む。
短文 サークル活動に身を入れすぎて、勉強がおろそかになるのではなんにもならない。

身《み》を蔵《かく》して影《かげ》を露《あらわ》す
からだはかくしたつもりでも影が見えているということから、欠点というものはかくしたつもりでも全部はかくしきれるものではないというたとえ。

類 頭隠《あたまかく》して尻隠《しりかく》さず。

〔出典『碧巌録《へきがんろく》』〕

身《み》を固《かた》める
①しっかりと身支度《みじたく》をする。②結婚《けっこん》して暮《く》らしをきちんとする。
短文 ①むかしの武士は、よろいかぶとに身を固めて出陣《しゅつじん》した。②兄は、そろそろ身を固めなくちゃと、ときどき言うようになった。

身《み》を切《き》られるよう
寒さやつらさなどがはなはだしいようす。
短文 身を切られるような思いで、おまえを遠い大学へやるんだから、ほんとうにがんばってね。

身《み》を砕《くだ》く
一生懸命《けんめい》、自分の力のかぎりをつくして、あることのために努力する。
短文 両国の友好関係の回復のためには、身を砕く覚悟《かくご》です。
類 身《み》を粉《こ》にする。粉骨砕身《ふんこつさいしん》。

身《み》を削《けず》る

からだがやせ細るほど、たいへんな苦労や心配をする。

短文 なれない土地でなれない農業を続けていくのは、身を削られる思いでした。

同 骨身《ほねみ》を削《けず》る。

身《み》を焦《こ》がす

はげしく一途《いちず》に思いつめる。また、恋《こ》いこがれる。

短文 彼女《かのじょ》は食事ものどを通らないほど恋《こい》に身を焦がしている。

身《み》を粉《こ》にする

苦労をいとわず、一生懸命《けんめい》に働く。

短文 身を粉にして働いたおかげで、やっと商売が軌道《きどう》にのってきた。

類 粉骨砕身《ふんこつさいしん》。身《み》を砕《くだ》く。

身《み》を捨《す》ててこそ浮《う》かぶ瀬《せ》もあれ

水におぼれかかったときは、からだを投げ出すような気持ちで力をぬくと、自然にからだが浮《う》いて、浅瀬に立つことができるということから、なにか困難なことがあるときは、命を投げ出すくらいの覚《かく》悟《ご》でやれば、おのずから解決の道が開け、成功するものであるということ。

身《み》を立《た》てる

①きまった職業について生計を立てる。②立身出世をする。

短文 ①小さいときに習い覚えた折り紙の世界で身を立てるようになるとは思ってもみなかった。②身を立て、名を上げるために一生懸命《けんめい》勉強する。

身《み》を引《ひ》く

当事者の立場からはなれる。ひきさがる。

短文 この勝負に勝ちめはなさそうだ。こちらから身を引くことにしよう。

実《み》を見《み》て木《き》を知《し》れ

みのった実《み》を見てから木の質を判断せよということから、結果も見ないうちに独断であれこれ判定はしないほうがいいということのたとえ。

会話 「これだけ優秀《ゆうしゅう》な人材を集めた会社ですから、きっといいものができますよ。」「いや、実を見て木を知れって言いますよ。まずは成功を祈《いの》るにとどめておきましょう。」

実《み》を結《むす》ぶ

努力したことが、よい結果となる。

短文 かれが司法《しほう》試験に合格したのは、寝《ね》る間も惜《お》しんで勉強したこの三年間の努力が実を結んだのだ。

対 水《みず》の泡《あわ》となる。

身《み》を持《も》ち崩《くず》す

生活がみだれて、品行が悪くなる。だらしない生活になる。

短文 あの人は酒におぼれて、今はすっかり身を持ち崩している。

身《み》を以《もっ》て

自分自身の行動によって。

短文 先生は、自分にきびしくという教えを身をもって示されました。

身《み》を寄《よ》せる

他人の家に同居して、その世話になる。

短文 母の弟は、商売に失敗して、いちばん上の伯父《おじ》のところに身を寄せているそうだ。

む ム

六日《むいか》の菖蒲《あやめ》十日《とおか》の菊《きく》

⇩ 十日《とおか》の菊《きく》六日《むいか》の菖蒲《あやめ》

向《む》かう所《ところ》敵《てき》無《な》し

ひじょうに強く勢いがあって、目ざしていく所に強い敵や対抗《たいこう》する相手がいない。強くて負けを知らないようす。

短文 A校チームは初出場ながら向かう所敵なしで、とうとう準決勝まで進んだ。

昔《むかし》取《と》った杵柄《きねづか》

若いころにきたえた自信のある技能や腕前のたとえ。

短文 むかし取った杵柄でママさんバレーのアタッカーをつとめ、若いチームを負かした。

「杵柄」は杵の柄(え)の部分

無芸大食《むげいたいしょく》

人なみ以上に食べるということのほかには、なんの才能もないこと。また、そのような人。

向《む》こう三軒《さんげん》両《りょう》隣《どなり》

自分の家の左右二軒《けん》の家と、向かいの三軒の家のこと。日常つきあい、助け合う関係にある近所のたとえ。

短文 遠くの親類より近くの他人というが、この向こう三軒両隣、ほんとうにいい人ばかりでありがたい。

向《む》こうに回《まわ》す

対抗《たいこう》する相手とする。敵にする。

短文 かれはなかなかの切れ者で理論家だから、向こうに回すとこわいよ。

向《む》こうを張《は》る

相手の行動を受けて立って、負けずに対《たい》抗《こう》する。張り合う。

短文 敵の応援団《おうえんだん》のブラスバンドの向こうを張って、ぼくたちは太鼓《たいこ》で気勢をあげた。

虫《むし》がいい

自分に都合のいいことばかり考えて勝手である。あつかましい。

短文 試験が終わるまでノートを貸していてくれなんて、虫がいいよ。

参考 むかし、人の体内には、心身に影《えい》響《きょう》をあたえる「虫」がいると考えられていて、人の行動はその虫のしわざとみて表現したもの。

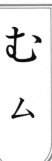

虫《むし》が知《し》らせる

はっきりしないが、なにかが起こりそうな感じがする。予感がする。

短文 なんとなく出発を一日のばしたおかげで、母が倒れたときに居合わせることができたが、虫が知らせたのだろう。

注意 事が起こってから思い当たるという形で表現することが多い。

虫《むし》が好《す》かない

これといって理由はないのだが、なんとなく好きになれない。

短文 われわれは同じグループなんだから虫が好かないからといって、仲間はずれにするのはよくない。

「虫」が語中にくることば

一寸の虫にも五分の魂《たましい》 ⇩四五ページ
獅子《しし》身中の虫 ⇩一八一ページ
小の虫を殺して大の虫を助ける ⇩一九六ページ
蓼《たで》食う虫も好き好き ⇩二三九ページ
飛んで火に入る夏の虫 ⇩二七二ページ
腹の虫が治まらない ⇩三一一ページ

虫《むし》が付《つ》く

農作物や書画・衣類などに害虫がつくように、未婚《みこん》の女性に好ましくない男友達ができる。

短文 あの子に悪い虫がつかないうちに、結婚《けっこん》について親子でじゅうぶんに話し合っておかなければね。

虫酸《むしず》が走《はし》る

いやでたまらない気持ちになる。

短文 かれの声を聞いただけで虫酸が走るようになってしまった。

参考 「虫酸《むしず》」は、胃から逆流してくるすっぱい液で、そのときのむかむかする不快感をもいう。

虫《むし》の息《いき》

小さな虫がつくような息のことで、今にも死にそうな弱々しい呼吸。息が絶えそうなようす。

短文 兵士は、虫の息の下から、わたしに、母親への伝言と遺品をたくした。

虫《むし》の居《い》所《どころ》が悪《わる》い

いつもとちがって機嫌《きげん》が悪く、すぐおこり出す。

短文 あの日の父は虫の居所が悪かったのか、ひどいおこり方だった。

虫《むし》の知《し》らせ

なんとなく予感がすること。

会話 「お母さん、なんとなく胸さわぎがするの。」
「それはたぶん虫の知らせよ。きょうはやっぱりやめときなさいって。」

虫《むし》も殺《ころ》さない

虫さえも殺せないほど、やさしくておとなしいようす。

短文 あの人には注意しなさいよ。虫も殺さない顔をして、平気で人をおとしいれるようなことをするんだから。

矛盾《むじゅん》

物事のつじつまが合わないこと。先に言ったことと、あとで言ったこととの内容にくいちがいが生じて、きちんとした説明ができないこと。

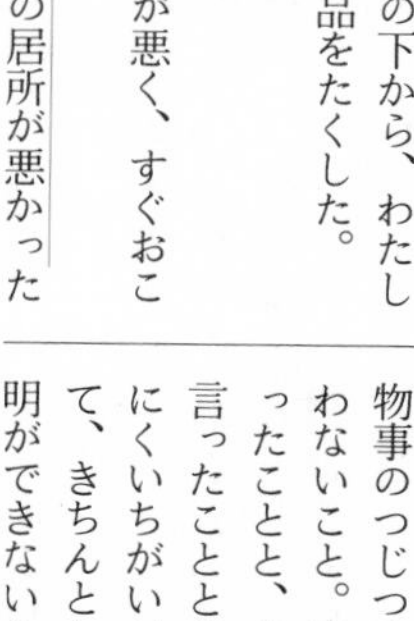

（たて）　（ほこ）

故事 むかし、中国の楚《そ》の国に、矛《ほこ》と盾《たて》を売る者がいて、その口上《こうじょう》に「自分の矛はひじょうにするどくて、どんなにかたい盾をも突《つ》き破ることができるし、また盾はひじょうにかたくて、どんな矛をもってしても突き通すことはできない。」と言うので、ある人が「では、その矛でその盾を突いたらどうなるか。」と聞くと、返答につまったという。
《原文》楚人《そひと》に盾《たて》と矛《ほこ》をひさぐ(=売る)者《もの》あり。これをほめていわく、「わが盾《たて》の堅《かた》きこと、よく陥《とお》すものなきなり。」と。また、その矛《ほこ》をほめていわく、「わが矛《ほこ》の利《と》き(=するどい)こと、物《もの》において陥《とお》さざるなきなり。」と。ある人《ひと》いわく、「子《し》の(=あなたの)矛《ほこ》をもって子《し》の盾《たて》を陥《とお》さば何如《いかん》。」と。その人《ひと》、応《こた》うる能《あた》わざるなり。〔出典『韓非子《かんぴし》』〕

類 自家撞着《じかどうちゃく》。

無常《むじょう》の風《かぜ》は時《とき》を選《えら》ばず

花を散らす風は、花のさきはじめであろうと盛《さか》りであろうとかまわずにふくことから、人はいつ死ぬかわからないことのたとえ。この世の無常をいったことば。

参考「無常」は、この世のすべてのものはひとときも同じ状態にないという意味の仏教語で、特に、いつ死ぬかわからない命のはかなさをいうことが多い。

無尽蔵《むじんぞう》

かぎりなくあること。豊富にあること。〔出典 蘇軾《そしょく》『前赤壁賦《ぜんせきへきのふ》』〕

短文 この地球上に無尽蔵の資源などというものは、そうあるものではない。

参考「尽《つ》くること無《な》き蔵《くら》」と訓読する。

娘三人《むすめさんにん》あれば身代《しんだい》が潰《つぶ》れる

⇩ 女三人《おんなさんにん》あれば身代《しんだい》が潰《つぶ》れる

娘一人《むすめひとり》に婿八人《むこはちにん》

一人の娘《むすめ》に対して婿《むこ》になりたい人がたくさんいるということで、ひとつしかないものに対して、それを希望する人が大勢いることのたとえ。

短文 東京支店勤務を希望する人が多くて、娘一人に婿八人というところだ。

参考「婿八人」は「婿三人」「婿十人」ともいう。

同 一人娘《ひとりむすめ》に婿八人《むこはちにん》。女一人《おんなひとり》に婿八人《むこはちにん》。

鞭《むち》と飴《あめ》を使《つか》い分《わ》ける

人を指導したり、支配したりするときに、きびしい面とあまい面との両方を使い分けることのたとえ。ときにはおこり、ときにはおだてるということ。

短文 うちの監督《かんとく》は大声でどなりつける反面、やさしいところもあって、むちとあめを使い分けているね。

同 飴《あめ》と鞭《むち》。

胸突《むなつ》き八丁《はっちょう》

富士登山道のうち、頂上まで八丁の、けわしく急な坂道のことで、いちばん苦しいとき、いちばん気を入れてがんばらねばならない大事なときのたとえ。

短文 完成まであと一息なのだが、徹夜《てつや》もきょうで三日、胸突き八丁というところだ。

参考「八丁」は約八七〇メートル。

無《む》にする
せっかくのものをむだにしてしまう。
短文 これまでの努力を無にすることのないよう、さらに精進《しょうじん》を重《かさ》ねる。
類 水《みず》にする。

胸《むね》が痛《いた》む
悲しくなったり、心配になったりする。心が痛む。
短文 戦乱で家を焼かれ、家族を失った孤児《こじ》の姿は、思い出しただけで胸が痛む。

胸《むね》が一杯《いっぱい》になる
喜びや悲しみなど、いろいろな感動に心が強くつき動かされて、息がつけないほどに感じられる。感きわまる。
短文 古いアルバムを見てなつかしさで胸が一杯になる。

胸《むね》が裂《さ》ける
悲しみやにくしみ、くやしさなどの感情が胸にうずまいてたえられないほどである。
短文 あんなに信用し、かわいがっていた部下が、社の機密をもらしていたと知ったときは、胸が裂ける思いだった。
同 胸《むね》が張《は》り裂《さ》ける。

胸《むね》が騒《さわ》ぐ
なんとなく悪いことが起こるような感じにおそわれ、心が動揺《どうよう》する。心配や不安で胸がどきどきする。胸騒《むなさわ》ぎがする。
短文 もしや、墜落《ついらく》した飛行機に息子《むすこ》が乗っていたのではないかと胸が騒ぐ。

胸《むね》がすく
胸につかえていたものがなくなってさっぱりする。気分がすっきりする。
短文 小さい力士が、倍もあるような力士を投げたおしたときは、胸のすく思いだった。
同 胸《むね》の痞《つか》えが下《お》りる。

胸《むね》が潰《つぶ》れる
突然《とつぜん》悲しいことにぶつかっておどろく。一瞬《いっしゅん》なにも考えられなくなるほどの不幸に出あって心が痛む。
短文 息子《むすこ》夫婦が交通事故にあったと聞いたときは胸がつぶれる思いだった。

胸《むね》が詰《つ》まる
悲しみや喜びなど、深い感動でたまらなくなる。
短文 オリンピックで、日の丸の掲揚《けいよう》を見上げながら涙《なみだ》する選手の姿を見ると、こちらも思わず胸が詰まる。

胸《むね》が鳴《な》る
うれしさや希望で晴れやかな気持ちになり、気力が満ちている。
短文 もうすぐ帰省《きせい》の日が来るが、母が例の好物をつくって待っていてくれると思うと胸が鳴る。

胸《むね》が塞《ふさ》がる
心配なことや悲しいことがあって、食物がのどを通らなくなるほど暗い思いにとらわれる。
短文 志望校にはいれなかったからとはいえ、あれから一か月も部屋にとじこもったままの息子《むすこ》を見ていると、こちらまで胸がふさがる思いだ。

胸《むね》が焼《や》ける

食べすぎたり、食べ合わせが悪かったりして、胃が張ったり胃液が逆流したりするような不快感がある。

〔短文〕やきいもは皮のまま食べると胸が焼けないというが、ほんとうだろうか。

胸三寸《むねさんずん》に納《おさ》める

言いたいことや、知っていることを、自分の心の中におさめてやたらに口外しない。顔色など表面に出さない。

〔短文〕かれは口が軽くて、何事も胸三寸に納めておくということができない。

〔参考〕「胸三寸」は、「三寸の胸」で胸の中のこと。

〔同〕胸《むね》に納《おさ》める。

胸《むね》に一物《いちもつ》

心の中に不平や不満など、すっきりしない感じを持っていること。また、自分の利益のために、ひそかにたくらみを持っていること。

〔短文〕部長に対して胸に一物ある者が集まって、一つのグループができた。

〔同〕腹《はら》に一物《いちもつ》。

胸《むね》に浮《う》かぶ

心に思いえがく。ふっと心の中に映像となって見えてくる。急に考えつく。

〔短文〕夜中にふっと胸に浮かんだ俳句を忘れないように、まくらもとのノートにメモしておく。

胸《むね》に描《えが》く

期待をもって想像する。

〔短文〕東京での新しい生活を胸に描きながら、持っていく本を選んだ。

胸《むね》に聞《き》く

自分の気持ちにはずかしいところがないかどうかたしかめる。自問自答する。

〔短文〕いつも、これでいいのだろうかと自分の胸に聞きながら行動する。

胸《むね》に刻《きざ》む

しっかりとおぼえこんでおく。その印象を心の中に植えつけておく。

〔短文〕生まれ故郷の山々は、今もはっきり胸に刻まれている。

〔同〕心《こころ》に刻《きざ》む。

胸《むね》に釘《くぎ》

胸にくぎを打たれるようだということで、自分の弱点をつかれたり、いやなことを言われたりして、きりきりと心が痛むことのたとえ。

〔短文〕悪いのはわかってはいてもすなおにあやまれないわたしに、父はやさしく、かえって胸に釘の思いだった。

〔同〕胸《むね》に釘打《くぎう》つ。

胸《むね》に迫《せま》る

深い感動や悲しみなどが胸いっぱいに広がって、息苦しいほどになる。

〔短文〕二〇年ぶりの帰国で、飛行機の窓から富士の姿を目にしたときには、万感の思いが胸に迫った。

胸《むね》に手《て》を当《あ》てる

心を静めて落ち着いてじっくりものを考

えるときのしぐさで、よく思案することのたとえ。

短文 心にはじるところがないか、胸に手を当てて考えてみろと言われても、そのようなことをしたおぼえはない。

胸《むね》の痞《つか》えが下《お》りる

心の中にひっかかっていた心配事やなやみが、ふっと解けて晴れる。すっきりした気分になる。

短文 かれの遺品をあずかっていたが、ようやく遺族にめぐりあい、手わたすことができて、胸のつかえが下りた。

同 胸《むね》がすく。

胸《むね》を痛《いた》める

心の底から心配する。

短文 傷ついた鳩《はと》を拾ってきたが、いっこうに元気にならないようすに、妹は小さな胸を痛めている。

同 心《こころ》を痛《いた》める。

胸《むね》を打《う》つ

深い感動をあたえる。強く心を動かす。

短文 祖国に対するかれの熱烈《ねつれつ》な思いが聴衆《ちょうしゅう》の胸を打った。

同 心《こころ》を打《う》つ。

胸《むね》を躍《おど》らせる

喜びや希望《きぼう》で心をわくわくさせる。

短文 半年にわたる地味で苦しい練習日程をすべて終えて、いまや胸を躍らせながら甲子園《こうしえん》に乗りこんだ。

類 胸《むね》をときめかす。胸《むね》を弾《はず》ませる。胸《むね》を膨《ふく》らませる。

胸《むね》を借《か》りる

自分より力が上の人に相手になってもらい、積極的にぶつかっていって、自分の力をためしたり、のばしたりする。

短文 相手は昨年度の優勝チームだから胸を借りるつもりでがんばろうと思う。

語源 相撲《すもう》で、上位の力士にけいこの相手になってもらうことをいうことから。

胸《むね》を焦《こ》がす

胸がじりじり焼けこげるように思いをかける。恋《こ》いこがれる。

短文 このごろの若い人は、思いを胸にためておくということをあまりしないから、一人胸を焦がす思いというのは、理解できないかもしれない。

胸《むね》を反《そ》らす

胸を大きくひろげて得意になるようす。

短文 あの横綱《よこづな》は実直な人らしくて、優勝パレードのときも、あまり胸を反らすようすもなかった。

胸《むね》を突《つ》かれる

突然《とつぜん》のできごとや、苦しさ・悲しさなどで急に心がいっぱいになる。はっとおどろく。

短文 ドラマの中の少年の姿に、戦災で失った幼い息子《むすこ》の姿が重なり、急に悲しみに胸を突かれた。

胸《むね》を突《つ》く

①悲しさや苦しさなどで胸がいっぱいになる。②前の路面が胸にとどきそうということで、坂道のこうばいが急であるようす。

短文 ①事故で死んだ妹のことを思うと深い悲しみが胸を突いてくる。②胸を突く山道が眼前に立ちふさがり、山頂は見えなかった。

胸《むね》をときめかす

喜びや期待で胸をどきどきさせる。胸が高鳴る。

短文 彼女《かのじょ》はペンフレンドの足長おじさんに会えることになって、小鳩《こばと》のように胸をときめかせている。

類 胸《むね》を躍《おど》らせる。胸《むね》を弾《はず》ませる。胸《むね》を膨《ふく》らませる。

胸《むね》を撫《な》で下《お》ろす

胸に手を当てて、上から下へなでながらおろすしぐさで、気がかりだったことが解決し安心する。

短文 全員無事との第一報に、集まった人たちはほっと胸をなで下ろした。

胸《むね》を弾《はず》ませる

うれしさや期待で心がわくわくする。

短文 春四月、日本では何千何万という新入生や新入社員たちが、胸を弾ませながら、それぞれの目標に向かって第一歩をふみ出す。

類 胸《むね》を躍《おど》らせる。胸《むね》をときめかす。胸《むね》を膨《ふく》らませる。

胸《むね》を張《は》る

胸を大きくひろげ、姿勢を正すことで、自信に満ちているようす。

短文 あなたは実力があるのだから、そんなにいじけないで、もっと胸を張ってみんなとつき合いなさい。

胸《むね》を膨《ふく》らませる

喜びや希望で、心がいっぱいになり、はちきれそうになる。

短文 兄は、留学先も決まり、今はその国の地図を開いては胸を膨らませて、準備に余念がない。

類 胸《むね》を躍《おど》らせる。胸《むね》をときめかす。胸《むね》を弾《はず》ませる。

無念無想《むねんむそう》

心になにも考えないこと。

短文 「心の迷いをとり去るには、無念無想になることだ。」と老僧《ろうそう》は言った。

無用《むよう》の長物《ちょうぶつ》

あってもなんの役にも立たず、かえってじゃまになるもの。

短文 子供のためにむりしてピアノを買ったが、あまり使わず無用の長物となってしまった。

参考 「長物」は長すぎて、用をなさないもの。

無用《むよう》の用《よう》

一見なんの役にも立たないように見えるものでも、気づかないところで大事な役割をはたしているものである。どんなものでもそれぞれ使いみちがあって、役に立たないものはないということ。

〔出典『荘子《そうじ》』〕

無理《むり》が通《とお》れば道理《どうり》引《ひ》っ込《こ》む

道理にはずれたことが世の中に通用するようになると道理に合ったことは行われなくなるということ。

類 道理《どうり》そこのけ無理《むり》が通《とお》る。無理《むり》も通《とお》れば道理《どうり》になる。

無理《むり》も無《な》い
あたりまえである。当然のことで理屈《りくつ》に合っている。
短文「いやごもっとも。おっしゃることは無理もない。」などと調子のいいことを言っておきながら、要求の半分も認めてくれていない。

め メ

迷宮《めいきゅう》入《い》り
出口がわからないようにつくった宮殿《きゅうでん》にはいりこんでしまうという意味から、事件などが入りくんで解決がつかなくなること。
短文 世間をさわがせた大事件も、残念ながらとうとう迷宮入りとなってしまったなあ。

明鏡《めいきょう》止水《しすい》
一点のくもりもない鏡《かがみ》と静かなすみきった水の意から、心の中にやましいところがなく、静かにすみきっていることのたとえ。
〔出典『荘子《そうじ》』〕
会話「政界を引退される今の心境はいかがですか。」「いろいろなことがあったが、今は明鏡止水の心境だよ。」

名人《めいじん》は人《ひと》を謗《そし》らず
何事にもうでまえのすぐれた人物は、人のことを悪く言っておとしめることはしないということ。

命《めい》は天《てん》にあり
①人にそなわっている運命は天の定めによるものであるから、これを変えようとしても変えられないということ。②人の寿命《じゅみょう》は天の定めによるものであるから、手をほどこしてながらえることはできないということ。
〔出典『史記《しき》』〕
短文 ①人間ここぞというときに、自分をためしてみることだ。命は天にありというから。②じゅうぶんな手当てを受けた。これ以上は命は天にありの心境に安んずることだ。
同 運《うん》は天《てん》にあり。

名筆《めいひつ》は筆《ふで》を選《えら》ばず ⇨ **弘法《こうぼう》は筆《ふで》を選《えら》ばず**

名物《めいぶつ》に旨《うま》い物《もの》無《な》し
各地で名物といわれるものには、評判になっているわりにうまい物は少ない。また、有名なものには、期待はずれのものが多いということ。
短文 名物にうまい物なしといわれるが、この菓子は伝統の技法がいかされていて、ほんとうにうまい。

明眸皓歯《めいぼうこうし》
ぱっちりとしたきれいな目、まっ白な歯という意味で、美人のたとえ。
〔出典 杜甫《とほ》『哀江頭《あいこうとう》』〕
参考「眸」はひとみで、目の黒い部分、「皓」は白い意。

明々白々《めいめいはくはく》

明白を強めた言い方。たいへんはっきりしていて、少しの疑いもないこと。

短文 こんなにたくさんの証拠《しょうこ》があるのだから、かれの行為《こうい》であることは明々白々だ。

目《め》が合《あ》う

相手の目と自分の目とが合う。視線が合う。

短文 電車の中で向かい側にすわっていた人と目が合ってしまい、思わず下を向いた。

目《め》が利《き》く

①物や人を正しく見分ける力がすぐれている。②視力がよく、遠くのほうまで見える。

短文 ①この絵は一度目が利く人に調べてもらったほうがいい。②かれはよほど目が利くと見えて、遠くの獲物《えもの》も見落とさない。

類 ①目《め》が高《たか》い。

目《め》が眩《くら》む

①目がくらくらする。目がまわる。②あることに心をうばわれて、いい悪いの見分けができなくなる。

短文 ①強烈《きょうれつ》なヘッドライトに照らされて、一瞬《いっしゅん》目がくらんだ。②かれは、少しばかりのお金に目がくらんで、罪を重ねるようになった。

目《め》が肥《こ》える

すぐれたものを数多く見て、本物かどうか、あるいはいいものかどうかを見分けることができるようになる。

短文 合宿して生活をともにしているうちに、だんだん選手たちを見る目が肥えてきた。

目《め》が覚《さ》める

眠《ねむ》りからさめて、ものがはっきり見えるように、心の中で迷っていたことが解けて、正しい心にもどる。

短文 先生に教えさとされて目が覚めました。自分が悪かったのです。

目頭《めがしら》が熱《あつ》くなる

感動して涙《なみだ》が出そうになる。

短文 飛行機事故で子供をなくした母親のあわれな姿を見て、思わず目頭が熱くなった。

目《め》が高《たか》い

人や物のよしあしを見分ける能力がすぐれている。

会話 「この器《うつわ》はすばらしいですね。」「これのよさがおわかりになるとは、さすがにお目が高いですね。」

類 目《め》が利《き》く。

芽《め》が出《で》る

運が向いてくる。成功の糸口が開ける。

短文 長い下積みの生活だったが、かれにもやっと芽が出るときがやってきた。

目《め》が届《とど》く

注意が細かいところまでいきわたる。

短文 あのチームが強いのは、監督《かんとく》がきびしい人で、選手全員に目が届いているからだ。

目《め》が無《な》い

①物事や人物を正しく判断したり評価したりする力がない。②なにかがたいへん好きで、なにもわからなくなるほどである。好きでたまらない。

短文 ①あんな男を推薦《すいせん》するとは、人を見る目がないといわれてもしかたがあるまい。②きみは、果物《くだもの》には目がないほうだが、そんなに食べていいのかい。

眼鏡《めがね》が狂《くる》う

人物や物事のいい悪いの判断をまちがえる。見そこなう。

会話 「今度の人事異動であの評判の悪い係長が課長になったんだって。」「へえ、よほど部長の眼鏡が狂っているとしか言いようがないね。」

眼鏡《めがね》に適《かな》う

上に立つ人からみとめられ、気に入られる。

短文 かれは、社長の眼鏡にかなって、支店長としてアメリカに派遣《はけん》されることになった。

参考 この場合の「眼鏡《めがね》」は、ものを見分ける力のこと。

目《め》が早《はや》い

ものを見つけたり判断したりする力がすばやい。

短文 かれは目が早く、ほり出し物を見つけるのがうまい。

目《め》が回《まわ》る

①目まいがして物を見ていることができない。②ひじょうにいそがしいことのたとえ。

短文 ①切り立ったがけの上から下を見るとこわくて目が回る。②開店した日は、大勢のお客で目が回るほどのいそがしさでした。

目《め》から鱗《うろこ》が落《お》ちる

目が見えなかった人が、あるとき突然《とつぜん》目からうろこのような物が落ちて目が見えるようになったということから、あることがきっかけとなって、なやみなどが解け、急に物事の事態がよく見えるようになるたとえ。〔出典『新約聖書《しんやくせいしょ》』〕

短文 苦悩《くのう》の中におぼれてしまったのでは、ほんとうにその苦悩を苦しむことはできないということばを聞いて、わたしは目から鱗が落ちる思いでした。

目《め》から入《はい》って耳《みみ》から抜《ぬ》ける

目で見たことがらが知識として残らずに終わってしまうことのたとえ。

短文 授業中あんな調子では、目から入って耳から抜けるというように、なにも頭に残らないだろう。

目《め》から鼻《はな》へ抜《ぬ》ける

たいへんかしこくて、物事のわかりがはやい。また、ぬけ目がなく、すばしこい。

短文 かれはなにをやらせても要領がよくて、目から鼻へ抜けるやつだ。

類 一《いち》を聞《き》いて十《じゅう》を知《し》る。

目《め》から火《ひ》が出《で》る

頭や顔をなにかに強く打ちつけたときに

受ける感じをあらわすたとえ。

短文 階段から落ちて、目から火が出たと思うと気を失っていた。

目《め》くじらを立《た》てる

わずかなことをとりたててうるさくとがめる。

短文 それぐらいのことで目くじらを立てるなんて、どうかしているぞ。もう少し気持ちを広く持てよ。

目糞鼻糞《めくそはなくそ》を笑《わら》う

目やにが鼻くそのことをきたないといって、ばかにして笑うという意味から、自分の欠点には気づかずに、他人の欠点を取りあげてあざ笑うことのたとえ。

類 猿《さる》の尻笑《しりわら》い。五十歩百歩《ごじっぽひゃっぽ》。青柿《あおがき》が熟《じゅく》柿《し》弔《とむら》う。

目先《めさき》が利《き》く

先の見通しがよくきく。

短文 景気の動向をつかみたいのだが、だれか目先が利く男はいないかなあ。

類 目端《めはし》が利《き》く。

目先《めさき》を変《か》える

人を引きつけあきさせないために、いろいろとくふうして外見に変化をつける。

短文 店先のもようがいつも同じじゃ客がふえないぞ。たまには思いきって目先を変えなくてはね。

目尻《めじり》を下《さ》げる

女性に見とれたり、子供をかわいらしいと思って見たりするときの顔の形容。

短文 よほどかわいいのか、目じりを下げて孫を見ている。

目白押《めじろお》し

めじろが木の枝に何羽もならんで、からだをくっつけてとまることから、大勢の人が一か所でこみあっているようすのたとえ。

短文 開店前なのに、早くも客が目白押しにならんでいる。

「めじろ」は枝にとまるときに仲間とおし合う習性がある。

同 目白《めじろ》の押《お》し合《あ》い。

メスを入《い》れる

医者がメスを使ってからだの悪い部分を切開することから、わざわいのもとを取りのぞくために思いきった手段をとることのたとえ。

短文 適性を欠いた人事にメスを入れて会社のたてなおしをはかる。

目玉《めだま》が飛《と》び出《で》る

①ねだんが高くてびっくりする。②強くしかられる。

短文 ①輸入品の毛皮とかで、目玉が飛び出るほどのねだんだった。②ころんで盆栽《ぼんさい》の枝を折ったら、目玉が飛び出るほどしかられた。

同 目《め》が飛《と》び出《で》る。目《め》の玉《たま》が飛《と》び出《で》る。

鍍金《めっき》が剝《は》げる

表面にかぶせてあっためっきがはがれて地金《じがね》が現れるということから、見せかけのかざりがとれて、中身や本性が現れることのたとえ。

短文 今まで運よく勝ち進んでいたAチームも、とうとうめっきがはげて連敗を重ねている。

目《め》で目《め》は見《み》えぬ

自分の目で自分の目は見えないことから、他人のようす、または、欠点はよくわかるが、自分のこととなるとよくわからないということのたとえ。

短文 かれは、人の欠点は遠慮《えんりょ》なく指摘《してき》して批判するが、目で目は見えぬということか、自分の欠点にはまったく気づかないらしい。

目処《めど》が付《つ》く

先の見通しがだいたいはっきりする。

短文 校舎を建て増しする問題も、やっと解決のめどがついてきた。

目《め》と鼻《はな》の先《さき》

少ししかはなれていないこと。たいへん近いことのたとえ。

短文 駅までは目と鼻の先なので、にわか雨でも困りません。

「目」が語中にくることば

生き馬の目を抜《ぬ》く ⇩ 三一ページ
一目置く ⇩ 四二ページ
魚の目に水見えず人の目に空見えず ⇩ 五七ページ
鵜《う》の目鷹《たか》の目 ⇩ 六三ページ
壁《かべ》に耳あり障子《しょうじ》に目あり ⇩ 一〇一ページ
口を閉じ目を開け ⇩ 一三八ページ
死ぬる子は眉目《みめ》よし ⇩ 一八八ページ
炭団《たどん》に目鼻 ⇩ 二三〇ページ
卵に目鼻 ⇩ 二三二ページ
長い目で見る ⇩ 二七四ページ
猫《ねこ》の目のよう ⇩ 二九一ページ
寝《ね》て餅食《もちく》うても目に粉が入る ⇩ 二九二ページ
腹の皮が張れば目の皮が弛《たる》む ⇩ 三一一ページ
日の目を見る ⇩ 三二五ページ
惚《ほ》れた目には痘痕《あばた》も靨《えくぼ》（痘痕も靨 ⇩ 二四ページ）
目で目は見えぬ ⇩ 三七五ページ
目には目を歯には歯を ⇩ 三七六ページ
欲に目が眩《くら》む ⇩ 三九七ページ
夜の目も寝《ね》ずに ⇩ 三九八ページ
夜目遠目笠《かさ》の内 ⇩ 三九九ページ

同 目《め》と鼻《はな》の間《あいだ》。
類 指呼《しこ》の間《かん》。

目《め》に余《あま》る

だまって見過ごすことができないほどひどい。

短文 このごろのかれの行動は、まったく人が変わったようで目に余るものがある。

目《め》に一丁字《いっていじ》無《な》し

無学で文字がまったく読めないことのたとえ。

参考 「一丁字《いっていじ》」は、一個の文字。

同 一丁字《いっていじ》を識《し》らず。

目《め》に入《い》れても痛《いた》くない

たいへんかわいがっているようす。かわ

いくてたまらないようすのたとえ。

短文 お孫さん、たいへんなかわいがりようですね。目に入れても痛くないでしょう。

同 目《め》の中《なか》に入《い》れても痛《いた》くない。

目《め》に浮《う》かぶ

ある光景や姿などが、実際に見るように思い浮《う》かぶ。

短文 母の命日になると、いつも生前の母の元気な姿が目に浮かんで悲しみがこみ上げてくる。

目《め》に角《かど》を立《た》てる

おこって目じりをつり上げてするどい目つきをする。

短文 たかが小さい子供のしたいたずらだ。そんなに目に角を立てるほどのこともないだろう。

類 目《め》を三角《さんかく》にする。

目《め》に染《し》みる

情景があざやかで印象深く感じられる。

短文 真っ赤な紅葉に映《は》える五重の塔《とう》の姿が目に染みた。

目《め》に立《た》つ

ほかのものとはっきりと区別されて見える。人の注意をひく。目立つ。

短文 この服装では、年齢《ねんれい》からみて人の目に立ちすぎるだろう。

目《め》に付《つ》く

ほかのものとはちがって、目立って見える。

短文 正月の街ではきれいに着かざった女性の晴れ着姿が目に付いた。

目《め》に飛《と》び込《こ》む

突然《とつぜん》、目にうつってくる。

短文 道を歩いていると思いがけない事故の光景が目に飛び込んできた。

目《め》に留《と》まる

①見える。目にはいる。②見て心をひかれる。気に入る。

短文 ①向こう側を歩いているかれの姿が目に留まった。②「鶴《つる》の舞《まい》」をえがいた絵画は、人々の目に留まって強い感動をあたえた。

目《め》に入《はい》る

なにかが目にうつってくる。目にとまる。

短文 広告はただ大きければ目に入るというものではない。デザインが問題だ。

目《め》には目《め》を歯《は》には歯《は》を

目をつぶされたら相手の目をつぶし、歯を折られたら相手の歯を折るという意味から、相手の仕打ちに対しては、相手がやったと同じ方法で仕返しをすることのたとえ。

〔出典『ハムラビ法典《ほうてん》』『旧約聖書《きゅうやくせいしょ》』〕

短文 目には目を歯には歯をと、いつまでもいがみ合っていたらきりがない。適当なところで仲裁《ちゅうさい》者にまかせたほうがよい。

目《め》に触《ふ》れる

ふと見える。目にはいる。

短文 貴重な品だから人の目に触れないところにしまっておきなさい。

目《め》に見《み》えて
なにかの変化がはっきりとしてくるようす。
短文 努力の成果は目に見えて現れ、とうとう地区大会で優勝した。

目《め》にも留《と》まらぬ
はっきりと見定められないほど、ひじょうにすばやい。
短文 銀行員は目にも留まらぬ早わざで、札束《さつたば》を数えている。

目《め》に物見《ものみ》せる
相手をひどい目にあわせる。思い知らせてやる。
短文 このままではとてもがまんできない。今度は目に物見せてやる。

目《め》の色《いろ》を変《か》える
ひどく興奮したり物事に夢中《むちゅう》になったりして目つきが変わる。
短文 事件だと聞いて、かれは目の色を変えて飛び出していった。

目《め》の上《うえ》の瘤《こぶ》
目の上にあっていつも気になるこぶということから、自分より地位や実力が上でなにかにつけてじゃまになるもののたとえ。
短文 いつも目の上のこぶのような存在だった先輩《せんぱい》が卒業して、ほっとしている。
同 目《め》の上《うえ》のたん瘤《こぶ》。

目《め》の敵《かたき》
なにかにつけて敵《かたき》のようににくく思う。また、その相手。
短文 かれはあのこと以来、ぼくを目の敵にしていやがらせをする。

目《め》の黒《くろ》いうち
生きている間。生きていて元気な間。
短文 わたしの目の黒いうちは、おまえたちの勝手は許さないぞ。
同 目《め》の玉《たま》の黒《くろ》いうち。

目《め》の正月《しょうがつ》
正月は、一年のうちで気持ちもゆったりとして楽しい月であるということから、好きなもの、美しいものなどを見て楽しい思いをすること。
短文 そんなにいそがしく動きまわらないで、たまには目の正月をさせてもらいなさいよ。
類 目《め》の保養《ほよう》。

目《め》の付《つ》け所《どころ》
物事を注目して見るところ。ねらいどころ。
短文 社長ともなれば、さすがに目のつけ所がちがってくる。

目《め》の毒《どく》
見るとほしくなったり、よくない影響《えいきょう》を受けたりするもののこと。
短文 こう品物が豊富にならんでいては、かえって目の毒だから帰りましょう。

目《め》の前《まえ》が暗《くら》くなる
たいへんがっかりして、希望が持てない気持ちになる。
短文 突然《とつぜん》の父危篤《きとく》の知らせに、目の前

が暗くなって声も出なかった。

同 目《め》の前《まえ》が真《ま》っ暗《くら》になる。

目《め》の寄《よ》る所《ところ》に玉《たま》

目が動くと目の玉も同じように動くということから、同じ仲間が集まることのたとえ。

同 目《め》の寄《よ》る所《ところ》へ玉《たま》が寄《よ》る。

目《め》は口程《くちほど》に物《もの》を言《い》う

感情をこめた目の動きは、口で言うのと同じくらいに相手に気持ちを伝えることができるというたとえ。

短文 二人は同時に席を立って外へ出た。目は口程に物を言うとか、目と目でしめし合わせたのだろう。

類 目《め》は心《こころ》の鏡《かがみ》。目《め》は心《こころ》の窓《まど》。

目《め》は心《こころ》の鏡《かがみ》

目は人の心を映し出す鏡のようであるという意味で、目を見れば、その人の心の善悪がわかるということ。〔出典『孟子《もうし》』〕

短文 あの人の目はいつも澄《す》んでいる。目は心の鏡とかいうから、きっと心の清らかな人なのだろう。

類 目《め》は心《こころ》の窓《まど》。目《め》は口程《くちほど》に物《もの》を言《い》う。

目端《めはし》が利《き》く

相手の動きや、その場の状況《じょうきょう》に応じてすばやく行動し、物事をこなしていく才能を持っている。機転がきく。

短文 あれほど目端が利く男とは思わなかった。いくつもの難問が解決してよかったよ。

類 目先《めさき》が利《き》く。

目鼻《めはな》が付《つ》く

物事のだいたいの見通しやきまりがつく。おおよその見こみがつく。

短文 長い間気になっていた仕事の目鼻が付いて、やっと安心した。

目鼻《めはな》を付《つ》ける

物事のだいたいの見通しやきまりをつける。

短文 今月いっぱいで商品買い入れの目鼻を付けて、開店準備に取りかかるつもりだ。

目引《めひ》き袖引《そでひ》き

目で合図をして知らせたり、着物のそでをそっと引いたりして、人には気づかれないように、おたがいが気持ちを伝え合うようす。

短文 宴会《えんかい》がもり上がったところで、目引き袖引きして、一人二人と席をはずして外へ出た。

目星《めぼし》を付《つ》ける

だいたいの見こみを立てる。見当をつける。ねらいをつける。

短文 犯人の目星を付けて、決め手になる証拠《しょうこ》がために取りかかる。

目《め》も当《あ》てられない

あまりにひどい状態で、見ていることができない。

短文 自動車どうしが正面衝突《しょうとつ》した現場は目も当てられないありさまだった。

目《め》も呉《く》れない

関心がなく見ようともしない。

短文 かれは、わたしのかいた絵には目もくれないで話に夢中《むちゅう》になっていた。

目病《めや》み女《おんな》に風邪《かぜ》引《ひ》き男《おとこ》

女の人が目をわずらっている姿は色っぽく見え、男の人が風邪《かぜ》をひいている姿は、粋《いき》に見えて、ともに魅力《みりょく》的だという、むかしの人の感じ方。

目《め》を疑《うたが》う

思いもよらないことに出あって、あまりの意外さにびっくりする。

短文 一〇年ぶりに帰った故郷の変わりように、一瞬《いっしゅん》目を疑う思いだった。

目《め》を奪《うば》う

みごとさ、めずらしさなどで、すっかり見とれさせる。

短文 あまりにすばらしい情景に目を奪われ、カメラのシャッターを切るのも忘れていた。

目《め》を掩《おお》うて雀《すずめ》を捕《と》らう

雀《すずめ》をつかまえようとするのに、雀がにげてしまうのをおそれて、自分の目をかくしてつかまえようとするように、おろかな策略で事にあたろうとすることのたとえ。〔出典『後漢書《ごかんじょ》』〕

類 耳《みみ》を掩《おお》うて鐘《かね》を盗《ぬす》む。

目《め》を落《お》とす

目を下の方に向ける。視線を下げる。

短文 かれは、失敗を重ねて申しわけなく思っているせいか、目を落としてかしこまっていた。

同 目を伏《ふ》せる。

目《め》を掛《か》ける

ある人を見こんで、引き立てたり、世話をしたりする。

会話 「かれもずいぶんりっぱな仕事をするようになりましたね。」「入社当時から目を掛けたかいがあったよ。」

目《め》を掠《かす》める

相手に知られないように、すきを見てごまかす。

短文 見張りの男の目をかすめて、うまく脱出《だっしゅつ》することができた。

目《め》を配《くば》る

注意しながらほうぼうをよく見る。

短文 先生は生徒のひとりひとりに目を配って落ちこぼれる者がいないようにしている。

目《め》を晦《くら》ます

人の見ている目をごまかして、わからないようにする。

短文 服装を変えて見張りの目をくらまして、やっとぬけ出した。

目《め》を凝《こ》らす

注意してよく見る。じっと見つめる。

短文 ぼくたちは、はるか遠くの岩の上にいる雷鳥《らいちょう》の姿に目を凝らした。

目《め》を皿《さら》にする

ものをよく見ようとしたりおどろいたりして、目を皿のように大きく見開く。

短文 なくした覚えはないので、きっと

どこかにあると目を皿にして部屋じゅうをさがした。

同 目《め》を皿《さら》のようにする。

目《め》を三角《さんかく》にする

おこってこわい目つきをする。

短文 よほどしゃくにさわったのだろう。おだやかなかれが目を三角にしておこった。

類 目《め》に角《かど》を立《た》てる。

目《め》を白黒《しろくろ》させる

①苦しんではげしく目玉を動かすようす。②考えられないできごとにひどくおどろいてまごつくようす。

短文 ①あめ玉がのどにつかえて目を白黒させる。②手品師のみごとなわざに、ただ目を白黒させて見ていた。

目《め》を楽《たの》しませる

いろいろなものをながめて、楽しい気持ちになる。

短文 たまには景色のいい所へ行って、目を楽しませてきたらどうだい。

目《め》を付《つ》ける

気をつけて見る。または、ねらいをつけて注意する。

短文 あの盆栽《ぼんさい》は枝ぶりがおもしろいと目を付けていたが、帰りにはもう売れていた。

注意 「目を着ける」とも書く。

目《め》を瞑《つぶ》る

まぶたを合わせて目をとじることから、見ないふりをして見のがす。がまんする。

短文 ミスをしたが今度だけはと目をつぶったのが、かえって悪い結果になった。

目《め》を通《とお》す

ひととおり見る。ざっと読む。

短文 手紙をもらったら必ず目を通してすぐに返事を書くことにしています。

目《め》を留《と》める

あるところに心をひかれて見つめる。

短文 いつまでも目を留めて立っていないで、ほしいなら思いきって買ったらいい。

目《め》を盗《ぬす》む

人に見られないようにこっそりとやる。

短文 厳重な警戒《けいかい》の目を盗んで、犯行が行われた。

目《め》を離《はな》す

見つめていたものから目をそらす。一時、注意をおこたる。

短文 ちょっと目を離したすきに、わきにおいた自転車がなくなった。

目《め》を光《ひか》らす

あやしいとにらんで、よく気をつけて見る。監視《かんし》を厳重にする。

短文 税関では危険物の密輸に対して係官がつねに目を光らせている。

目《め》を引《ひ》く

注意をひきつける。人目を引く。

短文 あまり人の目を引きそうな服装はつつしんだほうがよい。

目《め》を伏《ふ》せる

目を下の方に向ける。視線を下げる。

短文 自分がやった行為《こうい》のはずかしさに、ただ目を伏せて相手の抗議《こうぎ》を聞くばかりだった。

同 目《め》を落《お》とす。

目《め》を細《ほそ》める

うれしかったり見るものがかわいらしかったりして、目を細くしてほほえむ。

短文 おばあさんは目を細めて、孫のしぐさを楽しそうに見ている。

同 目《め》を細《ほそ》くする。

目《め》を丸《まる》くする

びっくりして目を大きく見開く。おどろきあきれる。

短文 あまりにみごとな作品なので、目を丸くして立ちつくしていた。

目《め》を回《まわ》す

①たいへんいそがしくあわてふためく。
②気を失う。気絶《きぜつ》する。

短文 ①急に引っ越《こ》しが決まり、目を回すようないそがしさとなった。②ころんで血を見たとたん目を回してしまった。

目《め》を見張《みは》る

すぐれたものを見て感心したり、おどろいたりする。

短文 展望台から見る景色のすばらしさに、思わず目を見張った。

目《め》を剝《む》く

いかりやおどろきで目を大きく見開く。

短文 建物に落書きをしたら、目をむいておこられた。

目《め》を養《やしな》う

物事の内容や価値などを見分ける力をたくわえる。

短文 すぐれた作品をたくさん見ることで、絵を見る目を養うようにしたい。

目《め》を遣《や》る

その方に視線を向ける。目を向ける。

短文 鳥の鳴く林の方に目をやったが、その姿は見えなかった。

面従腹背《めんじゅうふくはい》

表面ではすなおに服従しているようなふりをして、心の中では反抗《はんこう》していること。

参考 「面」は顔つき、「背」はそむく意。

面倒《めんどう》を見《み》る

人や物事に対して、いろいろと世話をする。

短文 あの子えらいのよ。お母さんがいないから、妹や弟の面倒を見ながら、毎朝学校に来ているのよ。

面《めん》と向《む》かう

相手と直接顔を合わせて向かい合う。

短文 かれに一言、文句を言ってやろうと思ったが、面と向かうと、なかなか言えないものだよ。

面皮《めんぴ》を剝《は》ぐ

恥《はじ》知らずのあつかましい人間の悪事をあばいて正体を暴露《ばくろ》する。

〔出典『西京雑記《せいけいざっき》』〕

短文 あの人、りっぱな紳士《しんし》のように見えるけど、裏ではあくどい商売をしているのよ。今に面皮をはいでやるわ。

同 面《つら》の皮《かわ》を剝《は》ぐ。

面壁九年《めんぺきくねん》

長い年月をかけて、忍耐《にんたい》強く一つのことを行うことのたとえ。

故事 中国の南北朝時代、インドから中国へとわたった達磨大師《だるまだいし》は嵩山《すうざん》の少林寺《しょうりんじ》で、九年間壁《かべ》に向かって座禅《ざぜん》を組み、ついに悟《さと》りを開いたという。〔出典『伝灯録《でんとうろく》』〕

同 九年面壁《くねんめんぺき》。

面目次第《めんぼくしだい》も無《な》い

はずかしくて合わせる顔がない。ひじょうに申しわけない。

会話 「きみ、きょうだよ、お金を返してくれる約束《やくそく》の日は。」「面目次第もない。両親がきのうからるすで、お小遣《こづか》いをもらえないんだ。」

参考 「面目」は「めんもく」とも読む。

面目《めんぼく》を施《ほどこ》す

あることをして名誉《めいよ》を得る。評判を高める。体面《たいめん》を保《たも》つ。

短文 ぼくは学校の成績がいつも妹より悪いのだが、作文コンクールで三位に入賞し、なんとか兄としての面目を施した。

も　モ

盲亀《もうき》の浮木《ふぼく》

そういう機会にめぐり会うことが、ひじょうにむずかしいことのたとえ。出会うことがめったにないことのたとえ。

語源 大海にすんでいて、百年に一度だけ水面にうかび出てくる目の見えない亀《かめ》が、海に流れただよう浮木にとりつこうとしても、それはひじょうにむずかしいという仏教の寓話《ぐうわ》（＝教訓的なたとえ話）から。〔出典『法華経《ほけきょう》』〕

類 千載一遇《せんざいいちぐう》

孟母三遷《もうぼさんせん》

子供の教育やしつけには、生活環境《かんきょう》が大切だという教え。

故事 中国の春秋《しゅんじゅう》時代、孟子《もうし》がまだ幼かったころ、その家は墓地の近くにあったので、孟子が葬式《そうしき》のまねばかりして遊ぶので、孟子の母は市場の近くに引っ越《こ》した。すると今度は商人のかけひきのまねをして遊ぶので、困った孟子の母は、学校のそばに引っ越した。その結果、孟子は礼儀作法を学ぶことをおぼえたので、そこに落ち着いたという。〔出典『列女伝《れつじょでん》』〕

同 孟母三遷《もうぼさんせん》の教《おし》え。

孟母断機《もうぼだんき》　⇩　断機《だんき》の戒《いまし》め

蒙《もう》を啓《ひら》く

知識がなく道理にくらい人を教え導く。啓蒙《けいもう》する。

燃《も》え杭《ぐい》には火《ひ》がつき易《やす》い
⇩ **焼《や》け木杭《ぼっくい》には火《ひ》がつき易《やす》い**

藻屑《もくず》となる
海で死ぬことのたとえ。
短文 太平洋戦争では、敵も味方も多くの人が海の藻屑となったという。
参考 「藻屑《もくず》」は、海中の藻《も》などのくず。また、そのようにはかないもののたとえ。
同 藻屑《もくず》と消《き》える。

持《も》ちつ持《も》たれつ
たがいに助けたり助けられたりするようす。たがいに助け合っていくようす。
会話 「ぼくが盲腸《もうちょう》で入院したとき、きみがぼくの分も授業のノートをとっておいてくれたので、たいへん助かったよ。」「なあに、友達だもの、みんな持ちつ持たれつでいこうよ。」

餅《もち》は乞食《こじき》に焼《や》かせよ魚《さかな》は殿様《とのさま》に焼《や》かせよ ⇩ **魚《さかな》は殿様《とのさま》に焼《や》かせよ餅《もち》は乞食《こじき》に焼《や》かせよ**

餅《もち》は餅屋《もちや》
世の中のいろいろなことは、その道の専門家にまかせるのがいちばん確実だというたとえ。
会話 「この服のしみ、自分ではとれなかったけれど、クリーニング屋さんにたのんだらすっかりきれいになったわ。」「やっぱりもちはもち屋ね。」
類 商売《しょうばい》は道《みち》によって賢《かしこ》し。芸《げい》は道《みち》によって賢《かしこ》し。是非《ぜひ》は道《みち》によって賢《かしこ》し。舟《ふね》は船頭《せんどう》に任《まか》せよ。

勿怪《もっけ》の幸《さいわ》い
思いがけない幸運。
短文 きみが呼びに来てくれたのをもっけの幸いとばかり、母にたのまれた仕事を弟にまかせて出てきちゃった。

沐猴《もっこう》にして冠《かん》す
猿《さる》が冠《かんむり》をつけているように、着かざって外見はりっぱでも、内面がいやしく、おろかな人物のたとえ。
参考 「沐猴《もっこう》」は、猿の意。

故事 むかし、中国の楚《そ》の武将、項羽《こうう》が秦《しん》をほろぼしたとき、秦の都があった関中《かんちゅう》の地を都にするように進言する者がいたが、項羽は、楚の国に帰って、故郷の人々に立身出世した自分の姿を誇《ほこ》ろうと思って、この進言を退けた。この話を聞いたある人が、「楚の人は猿が冠をつけたようなものだという人がいるが、まったくそのとおりだ。」と言って、あざけったという。
〔出典『史記《しき》』〕

類 猿《さる》に烏帽子《えぼし》。

勿体《もったい》を付《つ》ける
わざと重々《おもおも》しく見せたり、威厳《いげん》をつけたりする。もったいぶる。
会話 「この茶わんはね、わたしが特別に作らせたもので、世界にたった一つしかないんだよ。もしきみが見たいなら、見せてあげてもいいが。」「そんなにもったいをつけないで、早く見せてくださいよ。」

持《も》って生《う》まれた

生まれたときから持っている。生まれたときからそなわっている。

会話 「きみの弟さん、ちょっとおこりっぽいね。」「うん、持って生まれた性質というのは、なかなか直せないもんだね。」

以《もっ》ての外《ほか》

思いがけないこと。意外なこと。また、とんでもないこと。けしからぬこと。

短文 高校生が、あんな大きなバイクを乗り回すなんて、もっての外だ。

以《もっ》て瞑《めい》すべし

それによって安心して死ねるだろう。また、それで満足すべきである。

短文 われわれの今の実力で三位にはいれば、もって瞑すべしだ。

元《もと》の鞘《さや》に収《おさ》まる

けんかをして別れ別れになった者どうしが、もとの関係にもどる。

語源 ぬいた刀を鞘《さや》に収めることから。

注意 多く、けんか別れをした恋人どうしや夫婦が元の関係にもどることに用いる。

元《もと》の木阿弥《もくあみ》

一度よい状態になったものが、またもとの悪い状態にもどってしまい、それまでの苦労がなにも報《むく》われないこと。

短文 うちのおじいさんは、毎朝ラジオ体操を続けていたが、冬は寒いといって休んでいたら元の木阿弥で、また肩《かた》や腰《こし》の調子がよくないと言っている。

語源 日本の戦国時代の武将、筒井順昭《つついじゅんしょう》が死ぬとき、子の順慶《じゅんけい》がまだ幼少のため、その死をかくすため順昭と声がよく似ている盲人《もうじん》の木阿弥《もくあみ》を身代わりに立てた。しかし順慶が大きくなったので、その身代わりは元の木阿弥になったという。このほかにも、諸説がある。

求《もと》めよさらば与《あた》えられん

一心に神に祈《いの》れば、神はその人に正しい信仰《しんこう》の心をあたえてくださる。転じて、何事も一生懸命《けんめい》に願い求め、努力すれば、必ずいい結果が得られるということ。

〔出典『新約聖書《しんやくせいしょ》』〕

参考 キリストの山上の垂訓《すいくん》の一節で、「叩《たた》けよさらば開かれん」と続く。英語では、Ask, and it shall be given to you.

元《もと》も子《こ》も失《うしな》う

なにもかもすべてを失ってしまう。

短文 おじは、悪い人にだまされて元も子も失ってしまった。

参考 「元」は元金《がんきん》、「子」は利子。

物《もの》言《い》えば唇《くちびる》寒《さむ》し秋《あき》の風《かぜ》

うっかりよけいなことを言ったために、自分にわざわいがふりかかること。

参考 松尾芭蕉《まつおばしょう》の俳句。句の本来の意味は、人の短所や自分の長所をしゃべったあとは、さみしくむなしい気持ちになるということ。

物《もの》が分《わ》かる

世の中の人情や、ものの道理をよくわき

まえている。

会話 「夏休みに海でキャンプをしようと思うんだけど、あなたもこない。」「きっと両親に反対されるからだめよ。あなたのご両親は物がわかる人でうらやましいわ。」

物《もの》ともせず

なんとも思わないで。問題にもしないで。

短文 昨夜は警防団の人たちは、あの嵐《あらし》を物ともせずに堤防《ていぼう》の補強作業をしていたそうだ。

物《もの》にする

自分の持ち物にする。また、自分の思いどおりのものに仕上げる。

短文 今年はなんとか、この作品を書き上げて物にしたい。

物《もの》になる

技術や学問などが身について、すぐれたうでまえになり、役に立つようになる。

短文 今の段階では、将来プロとして物になるかどうか、まだわからない。

物《もの》には時節《じせつ》

物事を行うには、それに適した時機というものがあり、その時機をはずすと、なかなかうまくいかないものだということ。

短文 物には時節というものがあるのだから、そうあせってもだめだよ。気長に時機を待ちなさい。

物《もの》の数《かず》ではない

数えたてるほどのものではない。問題にするほどの値打ちがあるものではない。

会話 「きみ、あすの試合はだいじょうぶかい。しっかり練習しておけよ。」「なあに、あの学校の選手なら、物の数ではないよ。」

物《もの》の本《ほん》

その方面のことが書いてある本。

短文 物の本によると、発明王エジソンがとった特許は、一二〇〇とも、一三〇〇ともいわれている。

物《もの》の役《やく》 ⇩ 物《もの》の用《よう》

物《もの》の用《よう》

なにかのときの使いみち。なにかのときに役に立つこと。

短文 今度のキャンプには、弟もなにか物の用に立つだろうから連れて行こう。

同 物《もの》の役《やく》。

物《もの》は言《い》い残《のこ》せ菜《さい》は食《く》い残《のこ》せ

ものを言うときは全部言ってしまうのはよくない。おかずは少し食べ残すぐらいがよいということから、ことばと食事はひかえめにするのがよいという教え。

参考 「菜《さい》」は、おかずの意。

物《もの》は考《かんが》えよう

何事も考え方しだいで、いいようにも悪いようにもとれるということ。

短文 一人ぐらしはさみしいでしょうが物は考えよう、自由な時間がたっぷりあるのですから、生活を楽しんでください。

物《もの》は相談《そうだん》

どうしようもないむずかしいことでも、

ひとりで考えなやむより、人に相談してみると案外いい方法がみつかるものだということ。また、人になにかをたのむときの、呼びかけのことば。

短文　物は相談だけれど、きみのコンピューターゲーム、あいていたら、二、三日貸してくれないかな。

物《もの》は試《ため》し

できるかどうか、考えてばかりいないで、一度実際にやってみることだということ。

会話「先生、ぼくにはむりですよ。一〇〇メートル走でかれに勝つのは。」「やってみなければわからないよ。物は試しだ。一度挑戦《ちょうせん》してみたらどうだ。」

物《もの》も言《い》いようで角《かど》が立《た》つ

何事も言い方によって、相手をおこらせたり感情を傷つけたりすることがあるということ。

短文　きみ、かれに忠告するのはいいけれど、物も言いようで角が立つというから、言い方に気をつけろよ。

類　丸《まる》い卵《たまご》も切《き》りようで四角《しかく》。

物《もの》を言《い》う

力や効果を発揮する。役に立つ。

短文　ぼくたちのふだんのきびしいトレーニングが物を言って、昨年の優勝チームに勝つことができた。

物《もの》を言《い》わせる

そのものの力をじゅうぶんに活用する。力を発揮させる。

短文　かれは金に物を言わせてぜいたくのかぎりをつくしている。

桃栗三年柿八年《ももくりさんねんかきはちねん》

芽が出てから実《み》を結ぶまで、桃《もも》と栗《くり》は三年、柿《かき》は八年かかるということ。

貰《もら》う物《もの》は夏《なつ》も小袖《こそで》

もらう物なら、季節はずれのものでもなんでもいいということから、ひじょうに欲が深いことのたとえ。

参考「小袖《こそで》」は、絹《きぬ》の綿入《わたい》れで、冬に着るもの。

同　頂《いただ》く物《もの》は夏《なつ》も小袖《こそで》。下《くだ》さる物《もの》は夏《なつ》も小袖《こそで》。

モルモットにされる

なにかの実験用に使われる。

短文　新しくできた薬の効果を調べるために人間がモルモットにされたというニュースにはおどろいた。

諸肌《もろはだ》を脱《ぬ》ぐ

着物の両方の袖《そで》を脱《ぬ》いで上半身を現す。転じて、全力で事に当たる、全力をつくすことのたとえ。

短文　山くずれで道が通れなくなったときには、となりの町や村の人たちも復旧工事に諸肌を脱いで活躍《かつやく》してくれた。

諸刃《もろは》の剣《つるぎ》

両方のふちに刃《は》がついている剣《つるぎ》。用い方によって、一方では大きな利点があるが、それと同時に、他方ではひじょうな危険をもたらすおそれのあるもののたとえ。

短文　原子力発電は利点も大きい反面、一度事故が起これば取り返しのつかない大惨事《さんじ》になる。人類にとって諸刃の剣になりかねない。

参考「諸刃《もろは》」は「両刃《もろは》」とも書き、「両《りょう》刃《ば》」ともいう。

文殊《もんじゅ》の知恵《ちえ》

すぐれた知恵。すばらしい知恵。

参考「文殊《もんじゅ》」は、文殊菩薩《ぼさつ》の略で、知恵をつかさどる。

門前市《もんぜんいち》を成《な》す

門の前に市場ができたように、大勢の人がおとずれてにぎわうたとえ。

短文 ノーベル賞を受けたあの先生のお宅は、知らせを聞いた人たちや報道陣《ほうどうじん》で門前市を成すようだった。

対 門前雀羅《もんぜんじゃくら》を張《は》る。閑古鳥《かんこどり》が鳴《な》く。

門前雀羅《もんぜんじゃくら》を張《は》る

門の前に網《あみ》を張って雀《すずめ》を捕《と》ることができるほど、人がいなくなってひっそりとしていることのたとえ。〔出典『史記《しき》』〕

参考「雀羅《じゃくら》」は、雀を捕るための網。

同 門前雀羅《もんぜんじゃくら》。

類 閑古鳥《かんこどり》が鳴《な》く。

対 門前市《もんぜんいち》を成《な》す。

門前《もんぜん》の小僧《こぞう》習《なら》わぬ経《きょう》を読《よ》む

寺の門前に住んでいる子供は、いつも寺から聞こえてくる経を自然に覚えてしまうということから、習わなくても、いつも見たり聞いたりしていると、知らない間に覚えてしまうということのたとえ。

類 勧学院《かんがくいん》の雀《すずめ》は蒙求《もうぎゅう》を囀《さえず》る。

対 習《なら》わぬ経《きょう》は読《よ》めぬ。

門前払《もんぜんばら》い

たずねてきた人を、会わないで追い返してしまうこと。

会話「もう彼女《かのじょ》と仲直りしたの。」「いや、こちらからあやまりに行ったんだが、門前払いを食わされたよ。」

門《もん》に入《い》る

ある先生について教えを受ける。弟子《でし》となる。入門する。

短文 剣道で心身をきたえるため、A先生の門に入ることを決意した。

参考「入る」は、「はいる」とも読む。

門《もん》を叩《たた》く

教えをうけるため、弟子《でし》にしてもらうようにたのむ。

会話「きみの腕前《うでまえ》は、ずいぶん上達したが、あの先生の門をたたいて何年になる。」「まだ三年です。」

や ヤ

八百長《やおちょう》

前もって勝ち負けを打ち合わせておき、うわべだけは真剣《しんけん》に勝負を争っているように見せかけること。結末を打ち合わせておいて、なれあいで事を運ぶこと。

短文 本命の騎手《きしゅ》が落馬したので、観衆は八百長だといっせいにさわぎ出した。

語源 江戸《えど》時代末期、八百屋の長兵衛《ちょうべえ》という人が、碁《ご》でつねに一勝一敗になるように打って相手のご機嫌《きげん》をとったことから出たことばといわれる。

焼《や》きが回《まわ》る

からだや心の働きがおとろえてにぶくなる。ぼける。

短文　あんな相手に負けるなんて、わしもとうとう焼きが回ったな。引退を真剣《しんけん》に考えなくては。

語源　刃物《はもの》を焼いてきたえるとき、火が回りすぎると、かえって切れ味がにぶくなることからいう。

焼《や》き餅《もち》を焼《や》く

嫉妬《しっと》する。ねたむ。

短文　焼きもちを焼くのもほどほどにしないと、ほんとうにかれにきらわれてしまうよ。

参考　嫉妬《しっと》することを「焼く」というところから、「もち」を添《そ》えていったことば。

焼《や》きを入《い》れる

気合いを入れてきたえる。

短文　五戦してまだ一勝もできないなんて、たるんでいるからだ。少し焼きを入れてやろう。

語源　刀剣《とうけん》類を火で熱してきたえることから出たことば。

役者《やくしゃ》が一枚上《いちまいうえ》

知識やかけひきなどがいちだんとすぐれていること。

短文　どんな奇襲《きしゅう》戦法も通用しない。どうみても、相手は役者が一枚上だ。

役者《やくしゃ》に年無《としな》し

役者はいろいろな年齢《ねんれい》の役をうまく演じるし、また年とともにますます芸にみがきがかかるから、年齢を感じさせないということ。

同　芸人《げいにん》に年無《としな》し。役者《やくしゃ》は年知《としし》らず。

益体《やくたい》も無《な》い

役に立たず、むだである。つまらない。

短文　そんな益体もないことを言うな。なんのプラスにもならないじゃないか。

薬籠中《やくろうちゅう》の物《もの》 ⇩ **自家薬籠中《じかやくろうちゅう》の物《もの》**

焼《や》け石《いし》に水《みず》

火に焼けた熱い石に、ちょっと水をかけても冷めないように、少しばかりの援助《えんじょ》や努力では、まったくききめがないことのたとえ。

短文　一〇点も差があるんだ。ここで一発ホームランが出たところで、焼け石に水だよ。

焼《や》け野《の》の雉子《きぎす》夜《よる》の鶴《つる》

雉《きじ》は巣《す》のある野原を焼かれると危険をかえりみずに子を守り、鶴《つる》は寒い夜には自分の翼《つばさ》で子をおおって暖めることから、親が子を思う情がきわめて深いことのたとえ。

同　夜《よる》の鶴《つる》。

焼《や》け木杭《ぼっくい》には火《ひ》がつき易《やす》い

焼け残った杭《くい》は火がつきやすいことから、以前に関係のあったものは、縁《えん》が切れてもまたよりがもどりやすいというたとえ。

注意　多くは男女の関係についていう。

同 燃《も》え杭《ぐい》には火《ひ》がつき易《やす》い。

安《やす》かろう悪《わる》かろう

値段が安いかわりに、品質もそれだけ悪いということ。

会話 「このTシャツ、五〇〇円で買ったんだけど、一度洗濯《せんたく》したらよれよれになって、もう着られないわ。」「やっぱり、安かろう悪かろうよ。」

易《やす》きに就《つ》く

苦労の少ないほう、たやすいほうを選ぶ。安易な方法を選ぶ。

短文 何事でも易きに就くような態度では大成しない。若いうちは、苦労をして自分をきたえなさい。

安物《やすもの》買《が》いの銭失《ぜにうしな》い

値段の安い物を買えば、品質が悪く、長持ちしないから、かえって損をする結果になるということ。

短文 安物買いの銭失いにならないよう、バーゲンをあさり歩くのもほどほどにしなさい。

痩《や》せ馬《うま》に重荷《おもに》

やせた馬に重い荷物を負わせるように、能力をこえるような大きな任務を負わせることのたとえ。

同 痩《や》せ馬《うま》に十駄《じゅうだ》。

痩《や》せ馬鞭《うまむち》を恐《おそ》れず

こき使われてやせた馬は、なれてしまって、むちで打たれることなどなんとも思わず、主人の命令にも従わなくなる。困《こん》窮《きゅう》しているものは、刑罰《けいばつ》もおそれず、なにをするかわからないということ。

同 疲馬《ひば》は鞭箠《べんすい》を畏《おそ》れず。

類 飢《う》えたる犬《いぬ》は棒《ぼう》を恐《おそ》れず。

痩《や》せ我慢《がまん》する

むりにがまんして、平気なように見せかける。

短文 こんなに寒いのに、やせ我慢して薄着《うすぎ》をしていると、風邪《かぜ》をひくよ。

痩《や》せても枯《か》れても

どんなにおとろえても。どんなに落ちぶれても。

短文 わたしは、若いころはテニス界でちょっとばかり名の通った選手だったんだ。やせても枯れても、まだまだきみたちに負けるわけにはいかないよ。

八《や》つ当《あ》たりする

腹を立て、だれかれの区別なく、関係のない人にまであたりちらす。

短文 試験の点が悪かった姉は、機嫌《きげん》が悪く、猫《ねこ》にまで八つ当たりしている。

参考 「八つ」は八方のことで、すべての方向の意。

矢《や》でも鉄砲《てっぽう》でも持《も》って来《こ》い

どんなことをしてもいいからかかってこい。強い決意をするときに、また、捨てばちな気持ちになったときに使うことば。

短文 ぼくに文句があるなら矢でも鉄砲でも持って来い。徹底的《てっていてき》にたたかおうじゃないか。

柳《やなぎ》に風折《かざお》れ無《な》し

⇩ **柳《やなぎ》に雪折《ゆきお》れ無《な》し**

柳《やなぎ》に風《かぜ》

柳《やなぎ》が風になびくように、相手にさからわないで、上手に受け流すこと。

短文 あいつにいくら文句を言っても、柳に風、ぜんぜんききめはないよ。

同 柳《やなぎ》に風《かぜ》と受《う》け流《なが》す。

対 売《う》り言葉《ことば》に買《か》い言葉《ことば》。

柳《やなぎ》に雪折《ゆきお》れ無《な》し

柳《やなぎ》の枝《えだ》はよくしなうので、雪が積もっても折れることがない。やわらかくてしなやかなものは、かたく強いものより、かえってよく試練にたえることができるというたとえ。

同 柳《やなぎ》の枝《えだ》に雪折《ゆきお》れ無《な》し。柳《やなぎ》に風《かざ》折《お》れ無《な》し。

類 堅《かた》い木《き》は折《お》れる。柔《じゅう》能《よ》く剛《ごう》を制《せい》す。

柳《やなぎ》の下《した》にいつも泥鰌《どじょう》はいない

一度柳《やなぎ》の木の下で泥鰌《どじょう》をつかまえたからといって、いつもそこでとれるとはかぎらない。一度幸運なことがあったからといって、いつも同じ方法で、そううまくいくものではないというたとえ。

短文 前の試験でやまが当たったからといって、柳の下にいつも泥鰌はいないよ。今度は、たんねんに全体を復習しておいたほうがいい。

同 いつも柳《やなぎ》の下《した》に泥鰌《どじょう》はいない。柳《やなぎ》の下《した》の大鯰《おおなまず》。柳《やなぎ》の下《した》の泥鰌《どじょう》。

類 株《かぶ》を守《まも》りて兎《うさぎ》を待《ま》つ。

柳《やなぎ》の下《した》の大鯰《おおなまず》 ⇩ 柳《やなぎ》の下《した》にいつも泥鰌《どじょう》はいない

柳《やなぎ》は緑《みどり》花《はな》は紅《くれない》

柳《やなぎ》は緑の葉をつけ、花は紅色にさくということで、道理にかなった自然の姿を表していることば。

野《や》に下《くだ》る

官職を退いて民間にはいる。下野《げや》する。

短文 西郷隆盛《さいごうたかもり》は征韓論《せいかんろん》に敗れて、野に下った。

矢《や》の催促《さいそく》

次々と矢を射るような、続けざまのはげしい催促《さいそく》。早く早くとはげしくせきたてることのたとえ。

短文 あちこちから借金を返せと矢の催促で、頭が痛くなるよ。

やはり野《の》に置《お》け蓮華草《れんげそう》

れんげ草などの野の花は、自然の野原にさいているから美しいのであって、つみとって家の中にかざっても美しく感じない。まわりと調和した、そのもののあるがままの姿の美しさを大切にせよということ。

藪《やぶ》から棒《ぼう》

やぶから棒《ぼう》をつき出すように、だしぬけであるようす。いきなり考えてもいないことが起こることのたとえ。

会話 「留学したいと思うのですが。」「おいおい、やぶから棒になにを言い出すんだい。お金はどうする気だ。」

類 寝耳《ねみみ》に水《みず》。窓《まど》から槍《やり》。

吝《やぶさ》かでない

そのことをするのに努力をおしまない。

快くそのことをする。

短文 私は、自分の過《あやま》ちを認めるにやぶさかでない。けれど、なにもしていないのに非難されるのは心外だ。

藪《やぶ》の中《なか》の荊《うばら》

やぶの中のいばらがまっすぐには育たないように、よくない友達に交わればよい人間にはなれないというたとえ。〔出典『童子教《どうしきょう》』〕

参考 「荊《うばら》」は、いばらのこと。

類 朱《しゅ》に交《まじ》われば赤《あか》くなる。善悪《ぜんあく》は友《とも》による。

藪《やぶ》をつついて蛇《へび》を出《だ》す

よけいなことをして、かえって災難をまねくことのたとえ。

会話 「英語の先生に、なぜ発音がそんなに大切なのか、きいてみようか。」「おいおい、やぶをつついて蛇を出すようなことをするなよ。ますます発音にきびしくなるじゃないか。」

同 藪蛇《やぶへび》。藪《やぶ》を叩《たた》いて蛇《へび》を出《だ》す。

類 寝《ね》た子《こ》を起《お》こす。

病膏肓《やまいこうこう》に入《い》る

病気が重くなって、なおる見こみがなくなる。また、道楽などにおぼれて手におえなくなることのたとえ。

短文 かれのテレビゲーム熱は病膏肓に入るといった感じだ。

注意 「膏肓《こうこう》」を「こうもう」と読むのは誤り。

参考 「膏《こう》」は胸の下のほう、「肓《こう》」は胸部と腹部との間の薄《うす》い膜《まく》。ともに治療《ちりょう》しにくいところとされている。

故事 中国の春秋《しゅんじゅう》時代、晋《しん》の景公《けいこう》が病気にかかり、秦《しん》から名医を呼んだ。医者の到着《とうちゃく》を待つ時間、景公は、病根が二人の童子となって、「名医が来るから、肓《こう》の上と膏《こう》の下にかくれよう。」と話している夢《ゆめ》を見た。その夢は当たり、医者は、「病根が肓の上と膏の下にはいってしまっているから、治すことはできない。」と診断《しんだん》したという。〔出典『春秋左氏伝《しゅんじゅうさしでん》』〕

病《やまい》治《なお》りて医師《いし》忘《わす》る

病気がなおると、医師のことなどすぐ忘れてしまう。苦しいことが過ぎると、恩になった人のありがたさを忘れてしまうことのたとえ。

同 病《やまい》治《なお》りて薬師《くすし》忘《わす》る。

類 喉元《のどもと》過ぎれば熱《あつ》さを忘《わす》れる。暑《あつ》さ忘《わす》れて陰《かげ》忘《わす》る。

病《やまい》は気《き》から

病気は心労で起きることが多い。また、病気は気の持ちようで、よくもなるし、悪くもなるということ。

短文 ちょっと頭が痛いくらいで、部屋に引っこんでいてはだめだ。外で運動でもしておいで。病は気からだ。頭の痛いのなんかふっ飛んじゃうよ。

同 病《やまい》は気《き》より。諸病《しょびょう》は気《き》より。

類 病気《びょうき》は気《き》で勝《か》つ。

病《やまい》は口《くち》より入《い》り禍《わざわい》は口《くち》より出《い》ず

病気は口からはいる飲み物や食べ物から

起こり、わざわいは口から出ることばがもとで起こるものであることから、口はつつしまなければならないという教え。

同 病《やまい》は口《くち》から。禍《わざわい》は口《くち》から。

類 口《くち》は禍《わざわい》の門《かど》。

山《やま》が見《み》える

最もむずかしい場所や時期を乗りきって、先の見通しが立つ。

短文 卒業論文も、いよいよまとめの段階にはいって、やっと山が見えてきた。

山高《やまたか》きが故《ゆえ》に貴《たっと》からず

山は高いということだけで価値があるのではなく、樹木が生い茂《しげ》っているところに価値がある。何事も見かけにだまされないで、実質を見きわめよとの教え。

〔出典『実語教《じつごきょう》』〕

山《やま》に蛤《はまぐり》を求《もと》む

海でとれる蛤《はまぐり》を山で探してもむだなように、なにかを得ようとしても方法が誤っているため、得られないたとえ。

同 畑《はたけ》に蛤《はまぐり》。

類 木《き》に縁《よ》りて魚《うお》を求《もと》む。

山《やま》の芋《いも》鰻《うなぎ》になる

世の中は、あり得ないような予想外の変化が起こるものであるというたとえ。

同 蕪《かぶ》は鶉《うずら》となり山芋《やまいも》は鰻《うなぎ》となる。

対 山《やま》の芋《いも》鰻《うなぎ》にならず。

山《やま》を掛《か》ける

万一の幸運をあてにしてなにかをする。特に試験で問題に出そうなところを予測する。

会話 「ぜったい、この三ページの中から問題が出ると思うよ。」「でも、山をかけて外れるとみじめだからなあ。」

同 山《やま》を張《は》る。

闇《やみ》から牛《うし》を引《ひ》き出《だ》す

⇩ 暗《くら》がりから牛《うし》

闇《やみ》から闇《やみ》に葬《ほうむ》る

世間に知られないように、こっそりと物事をかたづけること。

短文 その事件の真相は、結局闇から闇へ葬られて、表面には出なかった。

同 闇《やみ》から闇《やみ》へと葬《ほうむ》り去《さ》る。

病《や》み付《つ》きになる

物事に夢中《むちゅう》になって、やめられなくなる。

短文 ジグソーパズルを一度やったら病み付きになって、今、二〇〇〇ピースに挑戦《ちょうせん》している。

闇夜《やみよ》に提灯《ちょうちん》

困りきっているときに、助けとなるものが現れることのたとえ。

短文 知らない土地で道に迷い、おまけに財布まで落としてしまったとき、偶然《ぐうぜん》、道の向こうから友達が歩いてくるのを見つけて、闇夜にちょうちんの心境だった。

同 闇夜《やみよ》に灯火《ともしび》。

類 地獄《じごく》で仏《ほとけ》。旱《ひでり》に雨《あめ》。

闇夜《やみよ》に鉄砲《てっぽう》

やみ夜に鉄砲《てっぽう》をうつように、目標もはっきりしないまま、あてずっぽうにやってみること。また、やってみても無意味なことのたとえ。

同 闇夜《やみよ》の鉄砲《てっぽう》。暗闇《くらやみ》の鉄砲《てっぽう》。

類 闇夜《やみよ》の礫《つぶて》。

闇夜《やみよ》に目《め》あり

こっそり悪いことをしても、必ずばれるものだということ。

会話「いいじゃないか、ほかにだれも見てないんだから。」「だめだよ。闇夜に目ありだよ。」

類 天《てん》に眼《まなこ》。

闇夜《やみよ》の錦《にしき》

やみ夜に美しい錦《にしき》を着て歩いても、だれも気がつかないことから、むだなこと、張り合いのないことのたとえ。

同 闇《やみ》の夜《よ》の錦《にしき》。闇《やみ》に錦《にしき》の上着《うわぎ》。

矢《や》も楯《たて》もたまらず

そのことがしたくて自分をおさえることができず、じっとしていられない。

短文 その本が読みたいと思うと、もう矢も楯もたまらず、書店へ買いに走った。

槍《やり》が降《ふ》っても ⇩ 雨《あめ》が降《ふ》ろうが槍《やり》が降《ふ》ろうが

槍玉《やりだま》に挙《あ》げる

多くのものの中から選んで非難・攻撃《こうげき》の対象にする。

短文 みんなでやったことなのに、ぼくだけ槍玉に挙げられて、しかられた。

参考「槍玉《やりだま》」は、人を槍の先でつきさすこと。

ゆ ユ

唯我独尊《ゆいがどくそん》

自分だけがえらいと思い上がること。⇩ **天上天下唯我独尊《てんじょうてんげゆいがどくそん》**（語源）〔出典『長阿含経《ちょうあごんきょう》』〕

短文 うちのおじいちゃんときたら、唯我独尊、自分のやり方がいちばん正しいと思っているんだから、まったく困るわ。

勇者《ゆうしゃ》は懼《おそ》れず

勇者は道理をつらぬくことを信念として行動するので、どんなことに出合ってもおそれることはない。〔出典『論語《ろんご》』〕

有終《ゆうしゅう》の美《び》

最後までやりとげて、りっぱな成果をあげること。また、物事のしめくくりをりっぱにして終わらせること。

短文 好投を続けたかれは最終回も三者三振にうち取って、有終の美をかざった。

勇将《ゆうしょう》の下《もと》に弱卒《じゃくそつ》無《な》し

勇ましく強い将軍のもとでは、兵士もみな感化されて勇敢《ゆうかん》で強くなり、弱い兵士はいない。やる気のあるリーダーの下では、部下もみなその気になってがんばるというたとえ。

同 強将《きょうしょう》の下《もと》に弱卒《じゃくそつ》無《な》し。

夕立《ゆうだち》は馬《うま》の背《せ》を分《わ》ける

夕立は、馬の背の片側はぬれても片側はぬれずにいるほど、局地的に降るというたとえ。

雄弁《ゆうべん》は銀《ぎん》 沈黙《ちんもく》は金《きん》

上手に話すのはよいことだが、だまっているほうがもっと値打ちのある場合がある。おしゃべりがすぎると人間の値打ちが下がることに対するいましめ。

[参考] イギリスの思想家、トーマス＝カーライルのことば。Speech is silver, silence is golden. の訳語。

[同] 沈黙《ちんもく》は金雄弁《きんゆうべん》は銀《ぎん》。

[類] 言葉多《ことばおお》きは品少《しなすく》なし。

幽明《ゆうめい》境《さかい》を異《こと》にす

死んで、あの世とこの世に別れる。死に別れる。

[参考] 「幽明《ゆうめい》」の「幽」はあの世、「明」はこの世。

夕焼《ゆうや》けに鎌《かま》を研《と》げ ⇩ **秋《あき》の夕焼《ゆうや》け鎌《かま》を研《と》げ**

夕焼《ゆうや》けは晴《は》れ朝焼《あさや》けは雨《あめ》

夕焼けはあくる日晴れるしるしであり、朝焼けは雨が降る前ぶれであるということ。

夕焼《ゆうや》けは晴《は》れの兆《きざ》し

夕焼けになると、あくる日は晴れるということ。

幽霊《ゆうれい》の正体見《しょうたいみ》たり枯尾花《かれおばな》

幽霊《ゆうれい》だと思っておそろしがっていたものをよくよく見れば、風にゆれる枯《か》れすすきの穂《ほ》だった。びくびくして見るとおそろしく見える物事も、正体がわかってしまえば、案外たいしたものではないというたとえ。

[参考] 「枯尾花《かれおばな》」は、穂が枯《か》れたすすき。

[同] 化《ば》け物《もの》の正体《しょうたい》見《み》たり枯尾花《かれおばな》。

行《ゆ》き掛《が》けの駄賃《だちん》 ⇩ **行《い》き掛《が》けの駄賃《だちん》**

往《ゆ》き大名《だいみょう》の帰《かえ》り乞食《こじき》

旅行などで初めは大名になったような気分でお金をたくさん使ってしまって、あとで費用がたりなくなってみじめな思いをすることのたとえ。

行《ゆ》きつ戻《もど》りつ

行ったりもどったりするようす。

[短文] 行こうか行くまいかと迷って、橋の上を行きつ戻りつしていた。

雪《ゆき》と墨《すみ》 ⇩ **月《つき》と鼈《すっぽん》**

雪《ゆき》は豊年《ほうねん》の瑞《しるし》

雪がたくさん降るのは、その年が豊作になる前ぶれだということ。

[参考] 「瑞」は、めでたいしるしの意。

[同] 雪《ゆき》は豊年《ほうねん》の例《ためし》。雪《ゆき》は豊年《ほうねん》の貢物《みつぎもの》。

雪《ゆき》を欺《あざむ》く

あまりの白さに、雪と見まちがえる。ひじょうに白いことのたとえ。

[短文] ふぶきの夜、少年が見たのは、雪を欺く肌《はだ》に黒髪《くろかみ》の、美しい少女だった。

油断大敵《ゆだんたいてき》

心のすきや気のゆるみが、どんな相手よりもおそろしい敵だから、油断してはならないといういましめ。

会話 「テスト、平気平気。ぼく、英語自信あるもん。」
「油断大敵よ。ちゃんと復習しなさい。」
類 油断《ゆだん》は怪我《けが》の元《もと》。

油断《ゆだん》も隙《すき》も無《な》い

少しも気が許せない。

短文 ちょっと目をはなせば、すぐこんなことをして、ほんとうに油断もすきもない子ね。

指一本《ゆびいっぽん》も差《さ》させない

人が批判したり口出ししたりするようなことを、決してさせない。

短文 かれは負けずぎらいだから、人に指一本も差させないように、なんでも完全にやりとげようとする。

指《ゆび》を銜《くわ》える

ほしいものに手が出せないで、ただながめている。

短文 その本、とてもほしかったんだけど、高いんだよね。それで、人が買っていくのを、指をくわえて見てたってわけ。

指《ゆび》を差《さ》す

かげで、ある人をあざけったり非難したりする。

短文 わたしは、人に指を差されるようなことはしていないつもりです。
類 後《うし》ろ指《ゆび》を差《さ》す。

弓折《ゆみお》れ矢尽《やつ》きる

戦いに完全に負けるたとえ。力がつきて、どうすることもできないたとえ。

短文 A・B両校の決勝戦は、どちらもよくがんばったが、最終回、B校チームはついに弓折れ矢尽きて念願の優勝はならなかった。
同 刀折《かたなお》れ矢尽《やつ》きる。

湯水《ゆみず》のように使《つか》う

金銭を大量にむだづかいすることのたとえ。

短文 いくらお金があるからといって、働きもしないで、あんなに湯水のように使っていたら、いまに一文なしになるにきまっている。

弓《ゆみ》を引《ひ》く

自分より上の人に反抗《はんこう》する。反逆する。そむく。

短文 いくらきみのたのみでも、お世話になった先生に弓を引くようなまねはできないよ。

夢《ゆめ》のまた夢《ゆめ》

夢の中で見る夢のように、きわめて現実性のないことのたとえ。

短文 弟は、将来政治家になって総理大臣になりたいと言ったが、そんなことは夢のまた夢というものだ。

夢《ゆめ》の世《よ》

夢のようにはかない世の中。

夢枕《ゆめまくら》に立《た》つ

神仏や死んだ人などが、夢の中に現れてお告げをすること。

短文 ゆうべ、天神《てんじん》さまが夢枕に立ってね、「なんじは第一志望の高校に受かるぞよ。」と言ったんだよ。

夢《ゆめ》を描《えが》く

将来の希望や理想の未来などを心の中に思いえがく。

短文 人類は、やがて銀河系《ぎんがけい》の星々に未来都市を建設するという、壮大《そうだい》な夢を描くこともできよう。

夢《ゆめ》を見《み》る

明るい将来を思いえがき、空想にふける。

会話 「すてきな男性と結婚《けっこん》して、海の見える丘《おか》の上の白い洋館に住みたいわ。」「夢を見るのもいいかげんにして、もう少し現実的になりなさいよ。」

よ ヨ

宵《よい》っ張《ぱ》りの朝寝坊《あさねぼう》

夜おそくまで起きていて、朝なかなか起きないこと。また、そういう人。

同 朝寝坊《あさねぼう》の宵《よい》っ張《ば》り。

用心《ようじん》に怪我《けが》無《な》し

いつもじゅうぶんに用心していれば、まちがいや失敗は起きないということ。

羊頭狗肉《ようとうくにく》

⇩ 羊頭《ようとう》を懸《か》けて狗肉《くにく》を売《う》る

羊頭《ようとう》を懸《か》けて狗肉《くにく》を売《う》る

店の看板には羊の頭をかけておいて、実際には犬の肉を売ってごまかす。見せかけだけがりっぱで、中身はつまらないもののたとえ。

会話 「ぜったい当たる星占《うらな》いの本というから買ったの。そしたら、どこを読んでも、結局、いいこともあれば悪いこともあるって書いてあるみたい。」「羊頭を懸けて狗肉を売るのたぐいね。」

参考 「狗」は犬。

同 羊頭狗肉《ようとうくにく》。

類 牛首《ぎゅうしゅ》を門《もん》に懸《か》けて馬肉《ばにく》を内《うち》に売《う》る。

洋《よう》の東西《とうざい》を問《と》わず

東洋でも西洋でも。世界じゅうどこでも。

短文 洋の東西を問わず、黄金は、その美しいかがやきのために、古くから人々にたっとばれてきた。

要領《ようりょう》がいい

①物事を処理するのがうまくて、することの手際《てぎわ》がいい。②たちまわりがたくみで、ずるい。

短文 ①このまとめ方は、なかなか要領がいいね。よくわかるよ。②お姉さんったら、お使いをたのまれそうになると宿題を始めるの。要領がいいったらありゃしないわ。

要領《ようりょう》を得《え》ない

かんじんのところがよくわからない。

短文 だらだらと長いばかりで、きみの話はいっこうに要領を得ないな。いったい、なにが言いたいんだ。

世《よ》が世《よ》なら

その人につごうのいい世の中だったら。世の中がむかしのように動いていたら。

会話 「かれは、むかしの財閥《ざいばつ》の子孫だ

そうよ。」

「へえ。世が世ならそばへも寄れないところだね。」

善《よ》かれ悪《あ》しかれ
よくても悪くても。どうあろうと。結果のよしあしにかかわらず。
短文 善かれ悪しかれ、早く結論が必要なので、その方法でやってみましょう。

よく遊《あそ》びよく学《まな》べ
人間は、大いに遊び、また、一生懸命《けんめい》に勉強すべきだということ。すぐれた人間になるには勉強だけでなく、遊ぶことが必要だということをいったことば。
同 よく学《まな》びよく遊《あそ》べ。

欲《よく》と二人《ふたり》連《づ》れ
いつも損得を先に考えて行動すること。
同 欲《よく》と道連《みちづ》れ。

欲《よく》に目《め》が眩《くら》む
欲のために正しい判断力を失い、善悪がわからなくなる。
短文 あの男は、欲に目がくらんで、つい、会社の金を使いこんでしまった。
同 欲《よく》に目《め》見えず。欲《よく》に目《め》が無《な》い。

欲《よく》の皮《かわ》が突《つ》っ張《ぱ》る
ひじょうに欲ばっている。
短文 「花咲爺《はなさかじじい》」のいじわるじいさん、「舌切雀《したきりすずめ》」のいじわるばあさん、むかし話のかたき役は、悪人というより欲の皮が突っ張っているタイプが多いようだ。

預言者《よげんしゃ》郷里《きょうり》に容《い》れられず
世の中を見通せるすぐれた人は、身近な人間からは歓迎《かんげい》されず尊敬されないものだということ。〔出典『新約聖書《しんやくせいしょ》』〕
参考 英語では、No prophet is accepted in his own country.「預言者」は、キリスト教で神のことばを預かる者の意で、それを人々に伝える者。

横紙破《よこがみやぶ》り
すじみちをはずれたむりなことを押し通すこと。また、そのようなことをする人。
語源 和紙は、縦にすき目がとおっているので、縦には破りやすいが、横に破ろうとするとなかなか破れない。それをむりに横に破ることから。
類 横車《よこぐるま》を押《お》す。

横車《よこぐるま》を押《お》す
道理に合わないむりなことを押し通そうとする。
短文 みんなの意見で、次の会長は決まったのに、かれが、横車を押すんだよ。
語源 車輪の回る方向に逆らって横から車を押しても車は動かない。それをむりやり押して動かそうとすることから。
類 横紙破《よこがみやぶ》り。

横《よこ》の物《もの》を縦《たて》にもしない
横になっているものを縦にするほどのささいなことも、おっくうがってしない。
短文 父は、休日は一日ねころんだまま、横の物を縦にもしない。

横槍《よこやり》を入《い》れる
関係のない者がわきから口を出して、文句をつける。

短文　もう、みんなで決めたことなんだから、これ以上横槍を入れるのはやめて。

語源　戦っている両軍とは別の一隊が、横あいから槍《やり》でつきかかることから出たことば。

葦《よし》の髄《ずい》から天井《てんじょう》を覗《のぞ》く

葦《よし》の茎《くき》の管から天井《てんじょう》をのぞいても全体が見えるわけがないように、せまい知識や経験をもとに、大きな問題を判断することのたとえ。

参考　「葦」は「あし」とも読む。水辺に生える二〜三メートルの草。

同　鍵《かぎ》の穴《あな》から天《てん》を覗《のぞ》く。管《くだ》の穴《あな》から天《てん》を覗《のぞ》く。針《はり》の穴《あな》から天《てん》を覗《のぞ》く。

世《よ》に処《しょ》する

世の中で生活をする。くらしていく。

短文　これから世に処するいちばん大事な心得を聞かせよう。

世《よ》に出《で》る

世間にみとめられる。出世する。

短文　数十編の美しい詩を手帳にのこしたまま、かれはついに詩人として世に出ることもなく、不遇《ふぐう》な生涯《しょうがい》を終えた。

余念《よねん》が無《な》い

あることに熱中して、ほかのことにまったく注意が向かない。

短文　姉は、これからデートに出かけるところなので、お化粧《けしょう》に余念がない。

世《よ》の常《つね》

世間によくあること。それがふつうであること。

短文　何事も勢力の強いほうにつくのが、世の常だ。

類　世《よ》の習《なら》い。

世《よ》の中《なか》は澄《す》むと濁《にご》るで大違《おおちが》い

世の中のことがらは、ちょっとしたちがいで、ずいぶん変わったものになってしまうというたとえ。

語源　一字が清音になるか濁音《だくおん》になるかでまるきり別物になることを、おもしろおかしくよんだ狂歌から出たことば。たとえば、「世の中は澄むと濁るで大違い福にとくあり、ふぐに毒あり」など。

世《よ》の習《なら》い

世間によくあること。世間のならわし。

短文　かわいい女の子にはつい点があまくなるのが世の習いだ。

類　世《よ》の常《つね》。

夜《よ》の目《め》も寝《ね》ずに

眠《ねむ》らずに。一晩じゅう起きていて。

短文　あしたは大好きな海釣《づ》りに出かけるというので、父は、夜の目も寝ずに釣り道具の手入れをしている。

世《よ》は相持《あいも》ち

世の中は、おたがいに助けたり助けられたりして成りたっているということ。

同　世《よ》の中《なか》は相持《あいも》ち。

類　世《よ》の中《なか》は持《も》ち合《あ》い持《も》たれ合《あ》い。

呼《よ》び声《ごえ》が高《たか》い

評判が高い。前評判が大きい。

短文　今度のクラス対抗マラソンは、C組優勝の呼び声が高い。

読《よ》みが深《ふか》い

解釈がじゅうぶんにいきとどく。また、物事を見通す能力がすぐれている。

会話 「このごろ、A君、数学の答えをいやに気前よく教えてくれるね。」「学級委員の当選をねらっているのさ。」「ああ、読みが深い。」

対 読《よ》みが浅《あさ》い。

夜道《よみち》に日《ひ》は暮《く》れぬ

夜道の帰りは、日はもう暮《く》れてしまったのだからあわてることはないということで、おそくなりついでだから、もう急がなくてもよいということ。

夜目遠目笠《よめとおめかさ》の内《うち》

女性を夜見るときと、遠くから見るときと、笠《かさ》の下からのぞいて見るときは、実際以上に美人に見えるものだということ。

会話 「すごい美人が階段からホームへ降りて来ると思ったら、きみだったのか。」「あら失礼ね。夜目遠目笠の内と言いたいんでしょ。美人でなくて悪うございました。」

参考 「笠《かさ》」は、傘《かさ》ではなく、ひもをつけてかぶる、かぶりがさ。

類 遠目山越《とおめやまご》し笠《かさ》の内《うち》。

夜《よ》も日《ひ》も明《あ》けない

そのものがなければ、しばらくの時間も過ごすことができない。

短文 弟は、子犬のポチがいなければ夜も日も明けない。

由《よ》らしむべし知《し》らしむべからず

人民というものは、為政者《いせいしゃ》の立てた方針に従わせることはできるが、その理由や意義をいちいち説明して理解させることはできないということ。〔出典『論語《ろんご》』〕また、人民というものは法律や命令に従わせればよいので、その理由や意義は知らせる必要はないということ。

参考 むかしの政治は、後半の解釈のような考え方で行われたということで、よく批判される。

寄《よ》らば大樹《たいじゅ》の陰《かげ》

どうせたよるならば、勢力のある人や大きな集団のほうがいいというたとえ。

会話 「中小企業《きぎょう》の中にも有望な企業はたくさんあるのだが、なかなか人が集まらないそうですね。」「やはり、寄らば大樹の陰、みんな大企業へいきたがるものですよ。」

同 立《た》ち寄《よ》らば大樹《たいじゅ》の陰《かげ》。

縒《よ》りを戻《もど》す

もとの関係や、状態にもどす。特に、別れた男女が、もとどおり親しくなる。

短文 あの二人、しばらく別居していたけれど、どうやらよりを戻したらしいわ。

寄《よ》ると触《さわ》ると

いっしょに寄り集まるたびに。人が集まれば必ず。

短文 中学三年ともなれば、寄ると触ると高校受験の話になる。

夜《よる》の鶴《つる》 ⇩ **焼《や》け野《の》の雉子夜《きぎすよる》の鶴《つる》**

夜《よる》の帳《とばり》

夜になってあたりが暗くなることをたとえていうことば。

短文 夜のとばりがおりて、空には星がまたたき始めた。

参考 「帳《とばり》」は、むかし、室内にたれ下げて仕切りにした布。

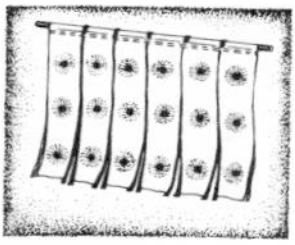
（とばり）

選《よ》れば選《よ》り屑《くず》 ⇩ 選《えら》んで粕《かす》を掴《つか》む

弱《よわ》り目《め》に祟《たた》り目《め》

不運の上に不運が重なることのたとえ。

会話 「かぜをひいているところへ、転んでひざをすりむいてしまって。」
「弱り目にたたり目だね、気の毒に。」

同 落《お》ち目《め》に祟《たた》り目《め》。

類 泣《な》き面《つら》に蜂《はち》。踏《ふ》んだり蹴《け》ったり。

世《よ》を忍《しの》ぶ

世間の人に知られないようにくらす。

短文 新聞記者ケントとは世を忍ぶ仮のすがた。その実体は宇宙から来た正義の味方スーパーマンだ。

世《よ》を捨《す》てる

出家して僧《そう》になる。人目をさけてくらす。

短文 西行《さいぎょう》は、もと宮中に仕える武士だったが、若くして世を捨て、仏道と歌の道とにその生涯《しょうがい》をささげた。

世《よ》を拗《す》ねる

世間に対して、すなおでないひねくれた態度をとる。ふてくされている。

短文 不良不良というけれど、あの子は小さいときからいろいろ苦労があって、世をすねているんだ。もっと気長に、愛情をもって見守ってやらなくては。

世《よ》を憚《はばか》る

世間に気がねをする。人目をおそれる。

短文 かれにはうしろ暗い過去があるので、世をはばかって生きている。

夜《よ》を日《ひ》に継《つ》いで

夜も休まずに続けて。昼も夜も区別なく。

短文 新学年に間に合わせるため、校舎の改築工事が夜を日に継いで進められた。

世《よ》を渡《わた》る

社会の中で生活していく。

短文 世を渡るうえで、人とのつきあいは欠かせない。

ら ラ

来年《らいねん》の事《こと》を言《い》えば鬼《おに》が笑《わら》う

来年のことをあれこれ言っても、実際にはどうなるかわからない。将来のことは予測できないというたとえ。

会話 「来年の今ごろは、ぼくも結婚《けっこん》しているかもしれないな。」
「来年の事を言えば鬼が笑うぞ。」

楽《らく》あれば苦《く》あり

世の中は、楽しいことがあれば苦しいこ

ともある。いつもよいことばかり続くわけではないということ。

短文 そんなに遊んでいると、あとがたいへんよ。楽《らく》あれば苦《く》ありというでしょ。

同 苦《く》あれば楽あり。

類 浮世《うきよ》の苦楽《くらく》は壁一重《かべひとえ》。楽《らく》は苦《く》の種《たね》苦《く》は楽《らく》の種《たね》。

烙印《らくいん》を押《お》される

消すことのできない悪い評価を受ける。

短文 たとえひきょう者の烙印を押されようとも、かれは、この無謀《むぼう》な計画に参加する気はなかった。

参考 「烙印《らくいん》」は、むかし、刑罰《けいばつ》として火で焼いた鉄のこてを額《ひたい》などにおしつけて、消えないようにした焼き印。

楽人楽《らくじんらく》を知《し》らず

苦労したことがなく、いつも安楽にくらしている人は、かえって安楽ということがわからないものであるということ。

楽《らく》は苦《く》の種《たね》

⇩ 楽《らく》は苦《く》の種《たね》 苦《く》は楽《らく》の種《たね》

楽《らく》は苦《く》の種《たね》 苦《く》は楽《らく》の種《たね》

楽をすればあとで苦労するものであり、先に苦労すればあとは楽になるものだということ。

類 楽《らく》あれば苦《く》あり。苦《く》あれば楽《らく》あり。

洛陽《らくよう》の紙価《しか》を高《たか》からしむ

著した本の評判が高く、ひじょうに売れ行きがよいことのたとえ。

故事 中国の晋《しん》の時代、左思《さし》という人が『三都賦《さんとのふ》』と題する書物を書いた。これがたいへんな評判で、これを書き写す人が多く、そのため都の洛陽《らくよう》では紙不足になって紙の値段が上がったという。〔出典『晋書《しんじょ》』〕

埒《らち》が明《あ》かない

物事がはかどらない。かたがつかない。

短文 ごみ処理の方法改善について、市役所と交渉《こうしょう》しているのだが、いっこうにらちが明かない。

参考 「埒《らち》」は、馬場の周囲にめぐらした囲い。転じて、物事の区切りの意。

埒《らち》も無《な》い

はっきりした決まりがなく、まとまりがない。また、くだらない。

短文 そんならちもない、ゆめみたいなもうけ話ばかりしないで、毎日の仕事をきちんときちんとやりなさい。

落花狼藉《らっかろうぜき》

花を散らすような乱暴をすること。また、物が散り乱れていること。

参考 「狼藉《ろうぜき》」は、狼《おおかみ》が草を藉《し》いて寝《ね》た跡《あと》の乱れているようす。

喇叭《らっぱ》を吹《ふ》く

ことさらに大げさなことを言う。

短文 かれは、らっぱを吹くことで有名だから、話半分に聞いておこう。

類 法螺《ほら》を吹《ふ》く。

濫觴《らんしょう》

物事の起こり。みなもと。

語源 孔子《こうし》が子路《しろ》に、「揚子江《ようすこう》も源《みなもと》にさかのぼれば、さかずきにあふれる程度の、またさかずきを浮《う》かべる程度の細い流れであった。」と語ったことばから。〔出典『荀子《じゅんし》』〕

参考 「濫《らん》」は、あふれる、「觴《しょう》」はさかずきの意。

り

梨園《りえん》

演劇界。特に歌舞伎《かぶき》役者の世界。

短文 さすがに梨園育ちの名優は、最近の若いタレントとはちがって、風格があるな。

故事 中国の唐《とう》の玄宗皇帝《げんそうこうてい》は、音楽や戯曲《ぎきょく》が好きで、宮中の梨《なし》の木のある庭園で、自ら舞楽を教えたという。〔出典『唐書《とうじょ》』〕

李下《りか》に冠《かんむり》を正《ただ》さず

すももの木の下で、曲がっている冠《かんむり》を直そうと手をあげると、すももをぬすむのではないかと疑われるから、直さないでいたほうがよい。疑われるような行為《こうい》はすべきではないといういましめ。〔出典『古楽府《こがふ》』〕

短文 自分の本を手に持って書店にはいるのはよくない。李下に冠を正さずだ。疑われるのもいやだし、疑うほうだっていい気持ちがしないからね。

同 李下《りか》の冠《かんむり》。

類 瓜田《かでん》に履《くつ》を納《い》れず。

理《り》が非《ひ》でも

道理に合おうが合うまいが。むりにでも。

短文 毎日の生活が規則ずくめで、それを理が非でも守らせようとするんだから、息がつまっちゃうよ。

同 是《ぜ》が非《ひ》でも。理非《りひ》を問《と》わず。

理屈《りくつ》と膏薬《こうやく》は何処《どこ》へでも付《つ》く

膏薬《こうやく》がからだのどこへでもつくように、つけようと思えば、どんなことにももっともらしい一応の理屈《りくつ》がつくものだということ。

類 柄《え》の無《な》い所《ところ》に柄《え》をすげる。盗人《ぬすびと》にも三分《さんぶ》の理《り》。

理屈《りくつ》を捏《こ》ねる

自分の都合のよいように、あれこれと理《り》屈《くつ》を言う。

短文 あの人は理屈をこねるばかりで、さっぱり動こうとしない。

律義者《りちぎもの》の子沢山《こだくさん》

まじめな人は家庭が円満なので、子供が多いということ。

立錐《りっすい》の地《ち》無《な》し

錐《きり》を立てるほどのすきまもないということで、人や物がぎっしりとつまっていることのたとえ。〔出典『呂氏春秋《りょししゅんじゅう》』〕

短文 来日したあの歌手の人気はすさまじい。会場はまさに立錐の地なしで、身動きもできなかった。

同 立錐《りっすい》の余地《よち》も無《な》い。

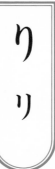

理詰《りづ》めより重詰《じゅうづ》め

理屈詰《りくつづ》めより、重箱詰《じゅうばこづ》めのほうがよい。理屈を言い合うより、ごちそうのほうがよいということ。

類 花《はな》より団子《だんご》。

理《り》に落《お》ちる

話が理屈《りくつ》っぽくなる。理屈にかたよる。

短文 だんだん話が理に落ちてつまらなくなってしまったな。

理《り》の当然《とうぜん》

道理に合ったあたりまえのこと。

短文 利益ばかり考えて人の心を大事にしないから、失敗するのは理の当然だ。客あっての商売だということを、もう一度考えてごらん。

溜飲《りゅういん》が下《さ》がる

つかえていた胸がすっきりする。不平不満が消えてせいせいする。

短文 いつもおさえられている相手投手に、きょうはホームランを二発浴びせてやった。ひさびさに溜飲が下がったよ。

参考 「溜飲《りゅういん》」は、飲食物の不消化によって胃から出るすっぱい液。

同 溜飲《りゅういん》が下《お》りる。

竜虎相搏《りゅうこあいう》つ

いずれおとらぬ強い者どうしが争う。

短文 国の勢力を二分する二人が立候補し、大統領選挙はまさに竜虎相うつの様相を呈《てい》してきた。

参考 「竜虎」は、竜《りゅう》と虎《とら》ということで、強いもののたとえ。「搏《う》つ」は、たたき合う、つかみ合う意。

同 竜虎《りゅうこ》の争《あらそ》い。

竜虎《りゅうこ》の争《あらそ》い ⇩ 竜虎相搏《りゅうこあいう》つ

竜頭蛇尾《りゅうとうだび》

頭は竜《りゅう》のよう、尾《お》は蛇《へび》のようということで、初めは勢いが盛《さか》んだが、終わりはふるわないことのたとえ。〔出典『五灯会元《ごとうえげん》』〕

短文 今場所はまず五連勝という好スタートを切ったものの、途中《とちゅう》からつまずき、竜頭蛇尾の不本意な成績で終わった。

類 頭《あたま》でっかち尻《しり》すぼみ。

竜《りゅう》の鬚《ひげ》を撫《な》で虎《とら》の尾《お》を踏《ふ》む ⇩ 虎《とら》の尾《お》を踏《ふ》む

竜《りゅう》は一寸《いっすん》にして昇天《しょうてん》の気《き》あり

竜《りゅう》の子は一寸ほどの大きさのころから天に昇《のぼ》ろうとする勢いを示すということで、すぐれた人物は幼いときからふつうの人とはちがうところがあるというたとえ。

参考 「一寸」は、約三・〇三センチメートル。

類 蛇《じゃ》は寸《すん》にして人《ひと》を呑《の》む。栴檀《せんだん》は二葉《ふたば》より芳《かんば》し。

柳眉《りゅうび》を逆立《さかだ》てる

美人が細い眉《まゆ》をつりあげておこるようす。

短文 公衆の面前でひどい恥《はじ》をかかされた彼女《かのじょ》は、柳眉を逆立てておこっていた。

参考 「柳眉《りゅうび》」は、柳《やなぎ》の葉のように細くて美しい眉。

同 柳眉《りゅうび》を釣《つ》り上《あ》げる。

粒々辛苦《りゅうりゅうしんく》

米の一粒一粒《ひとつぶひとつぶ》が農民の苦労の結果実ったものであるということから、物事を完成させるために、こつこつとたいへんな苦労をすること。

短文 この会社が業界からこれほどまでに信用されるようになったのも、先代社長の粒々辛苦のたまものだ。

凌雲《りょううん》の志《こころざし》

立身出世をしようという気持ち。また、俗世間を乗りこえようとする気持ち。〔出典『漢書《かんじょ》』〕

参考「凌雲《りょううん》」は、雲を凌《しの》ぐ（＝こえる）ほど高いの意。「陵雲」とも書く。

同 凌霄《りょうしょう》の志《こころざし》。

良禽《りょうきん》は木《き》を択《えら》ぶ

かしこい鳥は木を選んでから巣づくりをするように、かしこい人はよい主君を選んで仕えるというたとえ。

同 良禽《りょうきん》は木《き》を見《み》て棲《す》む。〔出典『三国志《さんごくし》』〕

燎原《りょうげん》の火《ひ》

野原を焼く火が、勢いよく燃え広がるように、物事が、はげしい勢いで広がっていくようすのたとえ。〔出典『書経《しょきょう》』〕

短文 新法案に対する反対運動は、燎原の火のように、たちまち全国に広がった。

参考「燎《りょう》」は、焼く意。

同 燎原《りょうげん》の勢《いきお》い。

両虎《りょうこ》相闘《あいたたか》えば勢《いきお》い倶《とも》に生《い》きず

二頭の虎《とら》がたたかえばどちらか一方がたおれるように、二人の強い者がたたかえば一方はたおれる。また、どちらもたおれるというたとえ。〔出典『史記《しき》』〕

参考「両虎《りょうこ》」は、たがいに優劣《ゆうれつ》をつけがたい二人の勇者や英雄《えいゆう》のたとえ。

猟師《りょうし》山《やま》を見《み》ず

ある一つのことに熱中するあまり、他のことをかえりみるゆとりがないことのたとえ。

同 鹿《しか》を追《お》う者《もの》は山《やま》を見《み》ず。〔出典『淮南子《えなんじ》』〕

梁上《りょうじょう》の君子《くんし》

泥棒《どろぼう》。ぬすびと。転じてねずみのこと。

参考「梁」は、棟《むね》を支える木で、天井《てんじょう》の上に横に渡《わた》して「はり」のこと。「君子」は、りっぱな人。

故事 中国の後漢《ごかん》の時代、陳寔《ちんしょく》の家に泥棒がはいり、梁《はり》の上にかくれていた。陳寔はこれに気づき、子供たちに、「悪人も最初から悪人だったのではなく、悪い習慣が身についたためだ。梁の上にいる君子もその一人だ。」とさとした。これを聞いた泥棒はひどくおどろき、下に降りてあやまったという。〔出典『後漢書《ごかんじょ》』〕

両手《りょうて》に花《はな》

美しい花を両方の手に持つということで、二つの美しいもの、よいものを同時に手に入れることのたとえ。特に、一人の男性が二人の美しい女性をひとりじめにするようなことのたとえ。

短文 大会に優勝し、同時に結婚《けっこん》とは、まさに両手に花だね。

遼東《りょうとう》の家《いのこ》

世間のことを知らずに、自分だけが得意になっていることのたとえ。

故事 むかし、中国の遼東《りょうとう》地方の豚《ぶた》が頭の白い子を産んだ。めずらしいことなので、農民はこれをお上《かみ》に献上《けんじょう》しようとして河東《かとう》まで来ると、そこの豚はみな白かったので、恥《は》じて帰ったという。〔出典『後漢書《ごかんじょ》』〕

参考 「家《いのこ》」は、豚《ぶた》のこと。

了《りょう》とする

もっともだと納得《なっとく》する。承知する。

猟《りょう》は鳥《とり》が教《おし》える

何度も鳥をとらえているうちに、自然に猟《りょう》のやり方を覚えるように、何事でもくり返していれば自然に要領が身につくものであるというたとえ。

両刃《りょうば》の剣《つるぎ》 ⇩ 諸刃《もろは》の剣《つるぎ》

両方立《りょうほうた》てれば身《み》が立《た》たぬ

どちらか一方によくしようとすれば不公平になり、両方によくしようとすると自分の立場が苦しくなるということ。

短文 母と妹のいざこざには、ほとほと閉口《へいこう》する。両方立てれば身が立たぬで、私はいったいどうすればよいのだろう。

良薬《りょうやく》は口《くち》に苦《にが》し

病気によく効く薬は苦《にが》くて飲みにくいように、身のためになる忠告というものは聞きづらいものであるというたとえ。〔出典『説苑《ぜいえん》』〕

短文 先生にいろいろ言われたからといって、そんなにかっかするものじゃないよ。良薬は口に苦しだ。冷静になって、一つ一つよく考え直してごらん。

類 諫言耳《かんげんみみ》に逆《さか》らう。忠言耳《ちゅうげんみみ》に逆《さか》らう。

両雄並《りょうゆうなら》び立《た》たず

同じくらいの力を持つ二人の英雄《えいゆう》は共存することはできない。必ず争いになり、どちらかがたおれるものであるということ。〔出典『史記《しき》』〕

短文 次期社長候補でライバルどうしの二人が、別の会社に移ることになった。両雄並び立たずで、両氏にとっても、またわが社にとっても、これでよかった。

同 両雄倶《りょうゆうとも》には立《た》たず。

利《り》を思《おも》うより費《ひ》を省《はぶ》け

利益を得ようとするよりも、出費を少なくするほうがよいということ。

理《り》を尽《つ》くす

道理に徹《てっ》する。道理をよくよく言って聞かせる。

短文 いくら彼女《かのじょ》がわからず屋だといっても、理を尽くして説明すればわかってくれるだろう。

理《り》を曲《ま》げる

むりに正しい道理をゆがめる。

短文 いくらきみのたのみでも、ぼくには理を曲げるようなことはできない。

利《り》を見《み》て義《ぎ》を思《おも》う

利益になりそうなことに出あったときは、それが正しいことかどうかを考えてから行動する。それがよくできた人物であるということ。〔出典『論語《ろんご》』〕

〔参考〕「義」は、よいことと悪いこととのけじめのこと。

臨機応変《りんきおうへん》

その場の状況《じょうきょう》や事態の変化に応じて、適切な手段をとること。〔出典『史記《しき》』〕

短文 これが仕事の手順だ。けれど、なにか突発的《とっぱつてき》な事が起こったら、臨機応変にすべてきみの判断で処理《しょり》していいよ。

同 機《き》に臨《のぞ》みて変《へん》に応《おう》ず。

る ル

類《るい》は友《とも》を呼《よ》ぶ

気の合った者どうし、性質の似た者どうしは、自然に寄り集まるものであるということ。

短文 類は友を呼ぶっていうけれど、この店には不思議と音楽の好きな人たちが集まってくるわね。

同 類《るい》を以《もっ》て集《あつ》まる。

類 同気相求《どうきあいもと》む。牛《うし》は牛連《うしづ》れ馬《うま》は馬連《うまづ》れ。

累卵《るいらん》の危《あや》うき

卵を積み重ねたように、ひじょうに不安定で、危険がせまっていることのたとえ。〔出典 枚乗《ばいじょう》『上書諫呉王《じょうしょしてごおうをいさむ》』〕

同 危《あや》うきこと累卵《るいらん》の如《ごと》し。

類《るい》を以《もっ》て集《あつ》まる ⇩ 類《るい》は友《とも》を呼《よ》ぶ

瑠璃《るり》も玻璃《はり》も照《て》らせば光《ひか》る

つまらない石の中にまざっている瑠璃《るり》も玻璃《はり》も光を当てると美しくかがやくように、すぐれた人物は機会をあたえられれば、素質や真価を発揮するものであるということ。

〔参考〕「瑠璃《るり》」は青色の宝石。「玻璃《はり》」は水晶《すいしょう》。

れ レ

例外《れいがい》の無《な》い規則《きそく》は無《な》い

どんな規則でも、すべてのことに適用できるというものではない。必ず例外があるということ。

〔参考〕There is no general rule without some exception. の訳語。

礼《れい》も過《す》ぎれば無礼《ぶれい》になる

礼儀《れいぎ》も度を越《こ》すと不自然になり、相手に不快な思いをさせることになる。礼儀もほどほどにせよということ。

レールを敷《し》く

鉄道車両などを通すためのレールをとりつけるように、物事をうまく運ばせるための道をつくる。

短文 父の会社が発展したのは、祖父が苦労してレールを敷いたおかげだ。

歴史《れきし》は繰《く》り返《かえ》す

過去に起こったことは、同じような経過を経てくり返し起こるものである。

短文 両国間の今回の問題は困ったものだ。歴史は繰り返すというが、また戦争にならなければよいが。

参考 古代ギリシャの歴史家ツキディデスのことば。英語では、History repeats itself.

レッテルを貼《は》る

ある人物や物事に対して特定の評価を下す。

短文 かれは落ちこぼれのレッテルをはられ、すっかり意欲をなくしてしまった。

注意 悪い意味で使われることが多い。

参考 「レッテル」は、商品名・品質・発売元などを記して商品にはる紙のふだ。

連木《れんぎ》で重箱《じゅうばこ》を洗《あら》う

連木（＝すりこぎ）で重箱を洗うように、ひじょうに大ざっぱなことをするたとえ。

同 擂《す》り粉木《こぎ》で重箱《じゅうばこ》を洗《あら》う。

対 重箱《じゅうばこ》の隅《すみ》を楊枝《ようじ》でほじくる。

連木《れんぎ》で腹《はら》を切《き》る

連木（＝すりこぎ）で切腹しようとすることで、やってもできないことをしようとするたとえ。

類 杵《きね》で頭《あたま》を剃《そ》る。

連城《れんじょう》の璧《たま》

むかし、中国の趙《ちょう》の恵文王《けいぶんおう》が所蔵した有名な宝玉。秦《しん》の昭王《しょうおう》がどうしてもほしいと思い、一五の城と交換《こうかん》しようと申し入れたという。⇩完璧《かんぺき》（故事）

連理《れんり》の契《ちぎ》り⇩天《てん》に在《あ》らば比翼《ひよく》の鳥《とり》地《ち》に在《あ》らば連理《れんり》の枝《えだ》

ろ ロ

労多《ろうおお》くして功少《こうすく》なし

苦労だけが多くて効果が上がらない。一生懸命《けんめい》努力したわりには得るものが少ない。

短文 徹夜《てつや》で勉強したけれど、試験範囲《はんい》をまちがえたため、まったく労多くして功少なしの結果に終わってしまった。

同 労《ろう》して功《こう》無《な》し。労《ろう》あって功《こう》無《な》し。

類 骨折《ほねお》り損《ぞん》のくたびれ儲《もう》け。

老骨《ろうこつ》に鞭打《むちう》つ

年老いた身にむちを打つように強くはげまして物事を行うたとえ。

短文 還暦《かんれき》をとうに過ぎましたが、日夜老骨にむち打って、会社再建のために力をつくしています。

注意 「老骨」は、自分をへりくだって言う場合が多いので、他人に対しては使わないほうがよい。

老少不定《ろうしょうふじょう》

人間の寿命《じゅみょう》は年齢《ねんれい》に関係なく、老人よりも若者が先に死ぬこともあり、はかないものであるということ。

狼藉《ろうぜき》 ⇩ 落花狼藉《らっかろうぜき》

壟断《ろうだん》

利益や権利を独りじめにすること。

〔参考〕「壟《ろう》」は丘《おか》、「断《だん》」は切り立った所。

故事 むかし、中国のある市場で、一人の商人が、高く切り立った丘《おか》の上に立って露店《ろてん》の並ぶ市場を見わたしていた。そして市場の状況《じょうきょう》をよくたしかめ、もうかりそうな場所や相手を見つけて商売をし、市場の利益を独占《どくせん》したという。〔出典『孟子《もうし》』〕

労《ろう》に報《むく》いる

骨を折ってくれた相手に対し、それにふさわしいお返しをする。

短文 会社のために海外であれほど実績を上げてきたのだから、重要なポストを用意して、かれの労に報いてやろう。

隴《ろう》を得《え》て蜀《しょく》を望《のぞ》む

人の欲望にはかぎりがなく、一つのことがかなえられると、次のことを望むようになるということのたとえ。

故事 中国の三国時代、魏《ぎ》の司馬懿《しばい》が隴《ろう》の地方を平定し、さらに敵の本拠《ほんきょ》である蜀《しょく》を攻《せ》め取ろうとしたとき、主君の曹操《そうそう》が「人間はこれでいいとは満足しないものだ。隴を得たのに、なんでこの上に蜀を望もうか。」と言ったという。〔出典『三国志《さんごくし》』〕

同 望蜀《ぼうしょく》。望蜀《ぼうしょく》の願《ねが》い。

労《ろう》を惜《お》しまない

苦労するのをいやがらない。骨おしみをしない。

短文 かれは、日夜、労を惜しまないで業務に専念し、会社の発展に大きく貢献《こうけん》した。

ローマは一日《いちにち》にして成《な》らず

強大なローマ帝国は、わずか一日でつくられたものではなく、長い間の努力によって建設されたものである。大きな事業を成しとげるには、長い間、努力することが必要であるというたとえ。

〔参考〕西洋のことわざ。英語では、Rome was not built in a day.「ローマ」は、むかし、イタリアを中心に大きな領土をもってヨーロッパに勢いをふるったローマ帝国のこと。

艪櫂《ろかい》の立《た》たぬ海《うみ》は無《な》い

船をこぐ艪《ろ》や櫂《かい》を使えない海はないということで、どんなにむずかしい仕事でもやりとげる方法は必ずあるという教え。

六十《ろくじゅう》の手習《てなら》い

六〇歳《さい》になった老人が習字を始めるということから、年をとってから学問や習いごとを始めるたとえ。

短文 父は六十の手習いで、自動車の教習所に通い始めた。

類 七十《しちじゅう》の手習《てなら》い。八十《はちじゅう》の手習《てなら》い。

盧生《ろせい》の夢《ゆめ》 ⇩ **邯鄲《かんたん》の夢《ゆめ》**

路頭《ろとう》に迷《まよ》う

生活の手段や住む家を失って、困りはてる。

〔短文〕そんなに遊んでばかりいて、家族が路頭に迷うようなことになったら、どうする気だ。少しは自覚を持て。

〔参考〕「路頭」は、街頭・道ばたの意。

露命《ろめい》を繋《つな》ぐ

ほそぼそと生活している。かろうじて生きていることのたとえ。

〔会話〕「きみのお父さんの精神力はすごいね。」「うん、父は、山で道にまよって、わずかに残ったチョコレートと谷川の水で五日間露命をつないだということだ。」

〔参考〕「露命《ろめい》」は、露《つゆ》のようにはかなく、生命力の弱い命。

呂律《ろれつ》が回《まわ》らない

酒に酔《よ》ったり病気にかかったりして、舌がよく動かず、ことばがはっきりしない。

〔短文〕もう、かれはろれつが回らないほど酔《よ》っている。すぐ、家に送っていったほうがいい。

〔参考〕「呂律《ろれつ》」は、ことばを発音する舌の動き・調子。

論語《ろんご》読《よ》みの論語《ろんご》知《し》らず

論語の文章はすらすら読めても、論語に書いてある精神はまるで理解していないということで、うわべの知識だけで深い内容を身につけていないということのたとえ。

〔短文〕ルールにいくらくわしくても、基本となるスポーツマンシップを身につけていなければ、論語読みの論語知らずといわれるよ。

論陣《ろんじん》を張《は》る

弁論の筋道をはっきり立てたり、弁論者の顔ぶれを充実《じゅうじつ》させたりして、反論の出るすきがないように議論を展開する。

〔短文〕あの委員は、大会となるといつも堂々たる論陣を張って相手にひけを取らない。

〔参考〕「論陣《ろんじん》」は、議論の組み立てや構え。

論《ろん》に負《ま》けて理《り》に勝《か》つ

議論では負けても、道理の面ではこちらのほうが正しい。口の上の勝負と道理の上の勝負は別であるということ。

論《ろん》より証拠《しょうこ》

物事をはっきりさせるためには、議論するより、証拠《しょうこ》をしめすほうが有効であるということ。

〔会話〕「ケーキが一つ減っている。おまえが食べたんだね。」「ぼくじゃないよ。ケーキはあんまり好きじゃないし。」「論より証拠。口のまわりにクリームがついているわよ。」

〔同〕論《ろん》をせんより証拠《しょうこ》を出《だ》せ。 論《ろん》は後《あと》証拠《しょうこ》は先《さき》。

論《ろん》を俟《ま》たない

論じるまでもない。当然のことである。言うまでもない。

短文 政治に福祉《ふくし》が大切であることは論をまたない。

わ ワ

我《わ》が頭《あたま》の蝿《はえ》を追《お》え ⇩ **頭《あたま》の上《うえ》の蝿《はえ》を追《お》え**

我《わ》が家《いえ》の仏《ほとけ》尊《とうと》し
自分の家の仏がいちばん尊く思われるということで、自分が大事にしている物は他人の物よりすぐれていると思うことのたとえ。また、自分の考えや行動が最もよいと思うことのたとえ。
同 我《わ》が仏《ほとけ》尊《とうと》し。我《わ》が寺《てら》の仏《ほとけ》尊《とうと》し。

我《わ》が家楽《いえらく》の釜盥《かまだらい》
かまをたらいの代わりにするほど貧しい生活をしていても、自分の家ほど楽しいものはないということ。
同 我《わ》が家楽《いえらく》の金盥《かなだらい》。

若《わか》い時《とき》の辛労《しんろう》は買《か》ってもせよ
若いときの苦労は将来必ず役立つものであるから、自分から求めてでも苦労するのがよい。
短文 今から楽をすることばかり考えていてはだめだ。若い時の辛労は買ってもせよだ。さあ、働け働け。
同 若《わか》い時《とき》の苦労《くろう》は買《か》ってもせよ。若《わか》い時《とき》の難儀《なんぎ》は買《か》ってもせよ。

我《わ》が意《い》を得《え》たり
自分の考えや気持ちにぴったり合っている。満足である。
短文 会社からかなり有利な契約《けいやく》条件をしめされ、かれは我が意を得たりとばかり、さっそくサインをした。

若木《わかぎ》の下《した》で笠《かさ》を脱《ぬ》げ
若い木がのちにどんな大木になるかわからないことから、人間も若い人は将来どんなにえらい人になるかわからないのだから軽んじないで尊敬せよということ。
類 後生畏《こうせいおそ》るべし。

我《わ》が田《た》に水《みず》を引《ひ》く
他人のことを考えないで、自分の田だけに水を引き入れるということで、自分のつごうのいいようにとりはからうことのたとえ。手《て》前勝手《まえがって》。
短文 一致《いっち》協力などとうまいことを言っているが、結局この計画で最も利益を上げるのはかれの会社じゃないか。どうも、かれの発案には我が田に水を引く感じがする。
同 我田引水《がでんいんすい》。

我《わ》が仏《ほとけ》尊《とうと》し ⇩ **我《わ》が家《いえ》の仏《ほとけ》尊《とうと》し**

我《わ》が身《み》を抓《つね》って人《ひと》の痛《いた》さを知《し》れ
何事も自分の身にひきくらべて、他人の苦痛を思いやれといういましめ。他人のことを自分の身のこととして考えよといういましめ。
短文 そんなにぽんぽんと意地悪を言うものじゃないよ。我が身をつねって人の痛さを知れだ。もっとやさしい言い方があるだろう。

〔参考〕「抓《つね》って」は、「つめって」ともいう。

我《わ》が物《もの》と思《おも》えば軽《かる》し笠《かさ》の雪《ゆき》

笠《かさ》に積もる雪も、自分のものと思えば軽く感じる。苦しいことも、自分のためになるものと思えば苦にならないというたとえ。

〔参考〕江戸《えど》時代の俳人、宝井其角《たからいきかく》の俳句といわれる。

脇目《わきめ》も振《ふ》らず

ほかのことに気をとられないで、そのことにだけ心をそそぐようす。一心不乱。

〔短文〕かれは受験に向けて、わき目もふらず勉強を続けている。

禍《わざわい》は口《くち》から

人は口から出ることばによって災難を起こすことが多い。ことばをつつしみなさいといういましめ。

〔会話〕「あそこの角の店、とうとう店じまいだってね。」

「あの店のおやじさん、あっちこっちで人の悪口ばっかり言うから、今じゃだれからも相手にされなくなったんだよ。」

「まったく、わざわいは口からだね。」

〔同〕病《やまい》は口《くち》より入《い》り禍《わざわい》は口《くち》より出《い》ず。禍《わざわい》は口《くち》より生《しょう》ず。口《くち》は禍《わざわい》の門《かど》。

〔類〕舌《した》の剣《つるぎ》は命《いのち》を断《た》つ。

禍《わざわい》を転《てん》じて福《ふく》と為《な》す

不幸なことが起こっても、それをうまく処理して、幸せになるようにもっていくということ。〈出典『史記《しき》』〉

〔同〕禍《わざわい》を転《てん》じて幸《さいわ》いと為《な》す。

和《わ》して同《どう》ぜず

人と争わずむつまじくするけれども、自分ではしっかりした考えを持ち、いたずらに人の意見に同調するようなことはしないということ。

〔語源〕《原文》君子《くんし》(=徳のある人)は和《わ》して同《どう》ぜず、小人《しょうじん》(=徳のない人)は同《どう》じて和《わ》せず。〈出典『論語《ろんご》』〉

綿《わた》のように疲《つか》れる

からだから力がぬけてぐったりするほどつかれる。くたくたにつかれはてることのたとえ。

〔短文〕徹夜《てつや》の仕事が続き、かれは綿のように疲れていた。

渡《わた》りに船《ふね》

川を渡《わた》ろうとすると、うまいぐあいに船が来るということで、なにかしようとしているとき、最もつごうのよいことが思いがけなく起こることのたとえ。〈出典『法華経《ほけきょう》』〉

〔短文〕人間関係でなやんでいたかれは、別の会社からのさそいに、渡りに船とばかり、早々と転職していった。

〔同〕渡《わた》しに船《ふね》。渡《わた》りの船《ふね》。

渡《わた》りをつける

話し合いなどをするために前もって連絡《れんらく》をとる。交渉《こうしょう》して相手の了解《りょうかい》をとりつける。

〔短文〕相手は憤慨《ふんがい》して面会に応じないそうだけど、わたしが渡りをつけてあげよう。それからあやまりにいってごらん。なんとかうまくいくと思うよ。

渡《わた》る世間《せけん》に鬼《おに》は無《な》い

世の中には薄情《はくじょう》な人ばかりではなく、人情に厚い人も必ずいるということ。

短文 転勤先をそんなに心配しなくてもいいよ。渡る世間に鬼はないというから、困ったときは、きっとだれかが助けてくれるよ。

同 渡《わた》る世界《せかい》に鬼《おに》は無《な》い。

類 地獄《じごく》にも鬼《おに》ばかり居《い》ない。仏《ほとけ》のある地獄《じごく》。

対 人《ひと》を見《み》たら泥棒《どろぼう》と思《おも》え。

割《わ》った茶碗《ちゃわん》を接《つ》いでみる

過ぎ去ってどうにもならないことに、ぐちをこぼすたとえ。

類 死《し》んだ子《こ》の年《とし》を数《かぞ》える。

話頭《わとう》を転《てん》じる

話を別のことに移す。話題を変える。

短文 日本の歴史の話から話頭を転じて中国の政治家の話をはじめた。

参考 「話頭」は、とりあげられている話の内容・話題。

笑《わら》いの中《うち》に刀《かたな》を研《と》ぐ

⇩ 笑中《しょうちゅう》に刀《とう》あり

笑《わら》う門《かど》には福来《ふくきた》る

いつも楽しそうな笑い声が絶えない家には、自然と幸福がやってくる。

同 笑《わら》う家《いえ》に福来《ふくきた》る。笑《わら》う所《ところ》へ福来《ふくきた》る。

類 笑《わら》いは人《ひと》の薬《くすり》。

笑《わら》って暮《く》らすも一生《いっしょう》泣《な》いて暮《く》らすも一生《いっしょう》

⇩ 泣《な》いて暮《く》らすも一生《いっしょう》笑《わら》って暮《く》らすも一生《いっしょう》

藁《わら》にも縋《すが》る

⇩ 溺《おぼ》れる者《もの》は藁《わら》をも摑《つか》む

割《わり》がいい

損得を計算すると得になる。また、ほかとくらべて、有利である。

短文 株を買っておくのと、銀行に預金しておくのと、どっちが割がいいか、今考えているところだ。

対 割《わり》が悪《わる》い。

割《わり》が悪《わる》い

損得を計算すると損になる。また、ほかとくらべて、不利である。

対 割《わり》がいい。

短文 いくらわたしがおとなしいからといって、こう割が悪い仕事ばかり回されては、いいかげん腹が立ってくる。

割《わり》に合《あ》う

手をかけただけの利益がある。ふさわしいもうけがある。ひきあう。

短文 いくつも仕事をたのまれているけれど、割に合うものだけにしぼることにしよう。

割《わり》を食《く》う

損をする。不利益になる。

短文 いっしょに仕事をしていた仲間がとんでもない失敗をしでかし、おかげでこっちまで割を食ってしまった。

悪《わる》い友《とも》と辻風《つじかぜ》には出合《であ》うな

悪い友達につきあうと自分も悪い道にま

きこまれるようになるから、辻風《つじかぜ》(=つむじ風)と同じように初めからさけたほうがよいということ。悪友のおそろしさのたとえ。

〔参考〕つむじ風にまきこまれると、生命を失うことがある。

我思《われおも》う故《ゆえ》に我在《われあ》り

私は考える。だから私は存在する。すべての存在を虚偽《きょぎ》だと疑っても、そのように疑う自分自身の存在は疑うことができないという考え方で、デカルトの哲学の出発点となった。〔出典『方法序説《ほうほうじょせつ》』〕

〔参考〕フランスの哲学者デカルトのことば。

我関《われかん》せず

自分には関係がない。自分の知ったことではない。

〔短文〕町の祭りの寄付金を募《つの》ったが、我関せずの態度をとる人が多かった。

破《わ》れ鍋《なべ》に綴《と》じ蓋《ぶた》

こわれたなべにもそれに似合うふたがあるということで、どんな人にもその人によく合う配偶者《はいぐうしゃ》があるというたとえ。また、何事でも似かよったものどうしがよいというたとえ。

〔会話〕「おたくの奥さん、たいへんやさしいし、よく気がつくし、いい人ですね。うらやましいですよ。」
「そんなことはありません。破れなべにとじぶたですよ。」

〔注意〕自分がへりくだって使うが、相手に対して使ってはいけない。

〔参考〕「綴《と》じ蓋《ぶた》」は、修繕《しゅうぜん》したふた。

我《われ》に返《かえ》る

意識を取りもどす。正気にもどる。

〔短文〕ころんで頭をうち、気を失ったが、通りがかりの人にゆり動かされて我に返った。

我《われ》を非《ひ》として当《むか》う者《もの》は吾《わ》が師《し》なり

自分の欠点を注意してくれる人は、どんな人でも自分の先生であるという教え。〔出典『荀子《じゅんし》』〕

我《われ》を忘《わす》れる

ある物事に心をうばわれ、夢中《むちゅう》になる。

〔短文〕すばらしい絵を目の前にしたかれは、我を忘れて、しばらくその場に立ちつくしていた。

輪《わ》を掛《か》ける

ひとまわり大きくする意味から、物事の程度をいっそう大きくする。大げさにする。

〔短文〕兄もひどかったけれど、弟はそれに輪をかけてひどい乱暴者だ。

和《わ》を以《もっ》て貴《とうと》しと為《な》す

何事をするにも、人々が争わず、仲よくすることが最も大切だということ。

〔参考〕聖徳太子《しょうとくたいし》が制定した「憲法十七条」の第一条に使われていることば。

〔図版作成協力〕さくら工芸社

主要出典・人名解説

(1)ここには、本文中に出てくる出典（見出し項目《こうもく》の出どころとなった書物）の主要なものについて解説を示しました。また、本文中に出てくる人名の主要なものについても解説しました。

(2)この解説中には、中国の王朝名や時代名がしばしば出てきます。その年代については、「**中国年代表**」（四三一ページ）を参照。

易《えき》経《きょう》 宇宙・自然・人事のあらゆる現象や事象は、陰《いん》と陽《よう》の二つの気の組み合わせから成ると説いた書。現代の「易《えき》」（＝占《うらな》い）のもとになった。春秋《しゅんじゅう》時代の初め、紀元前七〇〇年ころの成立。編者不詳《ふしょう》。五経《ごきょう》（＝易経《えききょう》・詩経《しきょう》・書経《しょきょう》・春秋《しゅんじゅう》・礼記《らいき》）の一つ。

淮《え》南《なん》子《じ》 自然・人事のあらゆる現象の吉凶《きっきょう》・禍福《かふく》・興亡《こうぼう》について、伝説・史話を根拠《こんきょ》に説明した書。道家《どうか》（＝老子《ろうし》・荘子《そうし》の学派）の「無《む》為《い》自然《しぜん》」（＝自然の道理にさからわず、何事も自然のなすがままに生きること）の思想をもととしている。紀元前一二〇年ころ成立。編者は、前漢《ぜんかん》の高祖《こうそ》の孫である劉安《りゅうあん》。

塩《えん》鉄《てつ》論《ろん》 前漢《ぜんかん》の武帝《ぶてい》の時代に施行された塩・鉄・酒などの政府専売制度の是非をめぐって、諸国の知識人と政府官吏《かんり》との間に行われた討議録をまとめた書。この討議が行われたのは紀元前八一年。全一〇巻。編者は桓寛《かんかん》。

開元天宝遺事《かいげんてんぽういじ》 唐《とう》の玄宗《げんそう》皇帝の治世、開元・天宝年間のできごとを記した書。略して『開元《かいげん》遺事《いじ》』ともいう。全四巻。九三〇年ころの成立。編者は五代の王仁裕《おうじんゆう》。

管《かん》子《し》 春秋《しゅんじゅう》時代、斉《せい》の桓公《かんこう》に仕えた管仲《かんちゅう》と、その門下の学者の言行・思想をまとめた書。政治の根本は国を豊かにし、民衆の生活を安定させることにあると説いている。全七六編。紀元前六五〇年ころ成立。管仲自身とその門下の人々によって編さんされ、漢《かん》代になって劉向《りゅうきょう》によって整理再編された。

韓詩外伝《かんしがいでん》 『詩経《しきょう》』の詩句の注釈書で、古い説話・伝承と関連させて、その内容をわかりやすく記したもの。古事・古言を引いて『詩経』の章句を説明、解釈した。全一〇巻。前漢《ぜんかん》の景帝《けいてい》の時代、紀元前一五〇年ころ成立。景帝の代に博士となった韓嬰《かんえい》の編著。韓嬰の「韓」をとって『韓詩《かんし》外伝《がいでん》』という。「内伝」もあったらしいが現存していない。

漢《かん》書《じょ》 前漢《ぜんかん》の高祖から平帝まで一二代、約三〇〇年の歴史を記した書。三史《さんし》（＝史記《しき》・漢書《かんじょ》・後漢書《ごかんじょ》）の一つ。全一〇〇巻。一三八年ころ成立。編さんは、後漢《ごかん》の歴史家班固《はんこ》が、父班彪《はんぴょう》の修史を引きつぎ、さらに班固の死後、妹班昭《はんしょう》によって完成された。

韓《かん》非《ぴ》子《し》 法律や刑罰《けいばつ》を重んじ、法治主義を基本として人民を統治する法家《ほうか》の思想を記した書。戦国時代の末期、韓《かん》の公子《こうし》(=貴族)韓非《かんぴ》およびその一門の著作を集めたもの。全五五編。紀元前二三〇年ころ成立。韓非自身の編さんといわれているが、たしかではない。この思想は、秦《しん》の始皇帝《しこうてい》によって受けつがれ、実践《じっせん》された。

韓愈《かんゆ》　唐《とう》中期の官吏《かんり》・文人・詩人(七六八〜八二四)。叙情《じょじょう》的でなく、論理的で、やや奇《き》をてらった作風であるが、儒教《じゅきょう》思想に基づいた作品を残している。官吏としては、あまりに気性が強く正直なため、しばしば左遷《させん》された。詩人としては、白居易《はくきょい》と並び称せられ、唐宋《とうそう》八大家(=唐・宋のすぐれた文人・詩人で、韓愈《かんゆ》・柳宗元《りゅうそうげん》・欧陽脩《おうようしゅう》・蘇軾《そしょく》・蘇洵《そじゅん》・蘇轍《そてつ》・曾鞏《そうきょう》・王安石《おうあんせき》の八人)の筆頭。

魏徴《ぎちょう》　唐《とう》の政治家・文人(五八〇〜六四三)。高祖・太宗《たいそう》に仕え、歴史書の編さんにたずさわり、周《しゅう》・隋《ずい》などの史書に改訂《かいてい》を加えた。編書に『隋書《ずいしょ》』『群書治要《ぐんしょちよう》』『魏鄭公文集《ぎていこうぶんしゅう》』などがある。

旧約聖書《きゅうやくせいしょ》　もとユダヤ教の聖典。のちキリスト教の聖典に加えられた。「約」とは、神と人との契約《けいやく》の意。キリストが生まれる以前の事蹟《じせき》について記したもの。キリストの出現を予言している。全三九巻。

キリスト　イエス=キリスト。キリスト教の開祖(紀元前四ころ〜紀元三〇ころ)。パレスチナのベツレヘムに生まれる。三〇歳のころ、家を出て洗礼を受ける。当時のユダヤ教を批判し、神の愛と隣人愛を説き、処刑《しょけい》された。イエスの死後、平等博愛の考えのもとに弟子《でし》たちが広めたのがキリスト教。

旧唐書《くとうじょ》　唐《とう》の歴史を記した書。宋《そう》になって改編された『新唐書《しんとうじょ》』に対して『旧唐書《くとうじょ》』とよばれる。歴史上の事実が忠実に記されている。全二〇〇巻。九四〇年ころ成立。五代十国時代の後晋《こうしん》の劉昫《りゅうく》らによって編さんされた。

孔子《こうし》　春秋《しゅんじゅう》時代後期、魯《ろ》の人(紀元前五五二〜四七九)。字《あざな》は仲尼《ちゅうじ》。儒教《じゅきょう》の祖。仁《じん》・徳《とく》を説き、魯の参与《さんよ》として国政にあたり、よく国を治め、のち子弟の教育にあたった。後世、聖人として尊敬され、日本にも大きな影響《えいきょう》をあたえた。この孔子《こうし》の言行を記した書が『論語《ろんご》』。

孔子家語《こうしけご》　孔子《こうし》の言行や、門人との問答・論議を集めた書。全一〇巻。二五〇年ころ成立。魏《ぎ》の王《おう》粛《しゅく》という学者が、孔子の子孫、孔安国《こうあんこく》に名を借り記したものとされる。『左伝《さでん》』『国語《こくご》』『孟子《もうし》』などを資料としてまとめたもの。孔子の思想や言行を知るうえで価値がある。

後漢書《ごかんじょ》　後漢《ごかん》の歴史を記した書。全一二〇巻。南北朝時代の初期に成立。本紀《ほんぎ》一〇巻・列伝《れつでん》七〇巻は南朝宋《そう》の范曄《はんよう》、志《し》三〇巻は晋《しん》の司馬彪《しばひょう》が編集したもの。この中の「東夷《とうい》伝《でん》」に「倭国《わこく》」(=日本)の記事がある。

国語《こくご》　春秋《しゅんじゅう》時代の一二の列国のうち、周《しゅう》・魯《ろ》・斉《せい》・晋《しん》・鄭《てい》・楚《そ》・呉《ご》・越《えつ》の八つの国の歴史を国別に記した書。全二一巻。紀元前三五〇年ころ成立。同じく春秋時代の歴史を記した『左氏伝《さしでん》』に対して『外伝《がいでん》』ともいう。編者は『左氏伝《さしでん》』と同じ左丘明《さきゅうめい》といわれているが、たしかではない。

五灯会元《ごとうえげん》 禅宗《ぜんしゅう》の教えの、五家七《しち》宗《しゅう》の宗派の記録を集めた書。全二〇巻。編者は宋《そう》代の釈普済《しゃくふさい》。

三国志《さんごくし》 三国時代の事蹟《じせき》を記した正史。魏志《ぎし》三〇巻、蜀志《しょくし》一五巻、呉志《ごし》二〇巻、計六五巻。三〇〇年ころの成立。編者は晋《しん》の陳寿《ちんじゅ》。『魏志《ぎし》』の「倭人伝《わじんでん》」に卑弥呼《ひみこ》のことが記されているので有名。この『三国志』をもとに、明《みん》の羅貫中《らかんちゅう》は『三国志演義《さんごくしえんぎ》』を書いている。

三略《さんりゃく》 中国の兵法の書。六世紀ころに成立した。編者不詳《ふしょう》。「略」は「戦略」「機略」の意。上・中・下の三巻から成るので三略という。

史記《しき》 中国の伝説の時代（＝黄《こう》帝《てい》）から、前漢《ぜんかん》の武帝《ぶてい》にいたる約三〇〇〇年の伝説・史実を記した書。本紀《ほんぎ》・世家《せいか》・列伝《れつでん》・表《ひょう》・書《しょ》に分類され、紀伝体《きでんたい》（＝年号順に事件を追うのではなく、人物の伝記を中心にした書き方）で書かれている。全一三〇巻。紀元前一〇〇年ころ成立。前漢の司馬遷《しばせん》の編。

詩経《しきょう》 周《しゅう》から春秋《しゅんじゅう》時代中ごろまで北方黄河流域で歌われていた歌謡《かよう》を集めた中国最古の詩集。全三〇五編。紀元前四八〇年ころ成立。孔子《こうし》が編集したといわれているが、たしかではない。五経《ごきょう》（＝易経《えききょう》・詩経《しきょう》・書経《しょきょう》・春秋《しゅんじゅう》・礼記《らいき》）の一つ。

資治通鑑《しじつがん》 周《しゅう》の威烈王《いれつおう》から五代《ごだい》末まで約一四〇〇年間の歴史を編年体《へんねんたい》（＝事件を年代を追った書き方）で記した書。全二九四巻。一〇八四年成立。北宋《ほくそう》の司馬光《しばこう》の編。略して『通鑑《つがん》』ともいう。「資治」は「国を治めるたすけ」、「通鑑」は「歴史をうつす鏡」の意。

釈迦《しゃか》 仏教の開祖（紀元前四六三ころ～三八三ころ）。釈迦牟尼《しゃかむに》。インド、ヒマラヤ南麓《なんろく》の城主の子として生まれた。生死の問題でなやみ、解脱《げだつ》を求めて二九歳の時に出家した。苦行を重ねて悟《さと》りを開き、仏法を説いた。八〇歳で入滅《にゅうめつ》。

十八史略《じゅうはっしりゃく》 『史記《しき》』以下、宋《そう》にいたるまでの一八の歴史書の中から、逸話《いつわ》・史実などを、初学者向きに要約したもの。全七巻。一三七〇年ころ成立。元《げん》の曾先之《そうせんし》の編。現在のものは、明《みん》代に陳殷《ちんいん》が改訂《かいてい》した。中国より、むしろ日本で広く読まれた。

朱熹《しゅき》 儒学《じゅがく》の一派、朱子学《しゅしがく》の祖。南宋《なんそう》半ばころの人（一一三〇～一二〇〇）。朱子学は、宋《そう》以降の新しい儒《じゅ》教《きょう》（＝宋学《そうがく》）の集大成で、大自然・宇宙の根元は、「理」「気」の二元素から成っていて、人の本性もこれらの組み合わせ、表れであると考え、精神を高めるために実践《じっせん》道徳を重んじた思想。日本では、江戸時代に盛んになり、武《ぶ》家社会の基盤《きばん》となった。著書には『四《し》書集注《しょしっちゅう》』『近思録《きんしろく》』などがある。

朱子語類《しゅしごるい》 朱子学《しゅしがく》の書。朱熹《しゅき》の死後、朱熹とその門人たちとの問答を二五に分類してまとめたもの。全一四〇巻。一二七〇年の成立。宋《そう》の黎靖徳《れいせいとく》の編。『朱子語録《しゅしごろく》』ともいう。

荀《じゅん》子《し》　①戦国時代の思想家、荀《じゅん》況《きょう》（紀元前二九八ころ～二三五ころ）の尊称。況は名。趙《ちょう》の人。②荀子の学説・言行を記した書。全二〇巻。紀元前二三〇年ころ成立。人間の本性は悪であるという「性悪説《せいあくせつ》」をとなえ、そのため、孔子《こうし》の説いた仁《じん》・義《ぎ》・忠《ちゅう》・孝《こう》・礼《れい》などの徳をもって人間性を正しく直さなければならないと説いた。孟子《もうし》の「性善説《せいぜんせつ》」とは反対の考え方。

春《しゅん》秋《じゅう》左《さ》氏《し》伝《でん》　孔子《こうし》が魯《ろ》の歴史を記したといわれる編年体《へんねんたい》の歴史書『春秋《しゅんじゅう》』の注釈書。略して『左氏伝《さしでん》』『左伝《さでん》』ともいう。同じ『春秋』の注釈書『春秋公羊伝《しゅんじゅうくようでん》』『春《しゅん》秋穀梁伝《じゅうこくりょうでん》』と合わせて『春秋三伝《しゅんじゅうさんでん》』といわれ、その中で最もすぐれているが、たしかではない。著者は魯《ろ》の左丘明《さきゅうめい》といわれている。

諸《しょ》葛《かつ》亮《りょう》　三国時代、蜀《しょく》の宰相《さいしょう》（＝主君をたすけ政治を行う人）（一八一～二三四）。諸葛孔明《しょかつこうめい》ともいう。蜀の皇帝劉備《りゅうび》に仕え、戦略・統治の知にすぐれ、魏《ぎ》の曹操《そうそう》をたおした。その後、五丈原《ごじょうげん》で魏軍と対戦中に病死した。劉備の子劉禅《りゅうぜん》に奉《たてまつ》った上奏文「出《すい》師表《しのひょう》」は有名。

書《しょ》経《きょう》　尭《ぎょう》・虞《ぐ》・夏《か》・殷《いん》・周《しゅう》時代の政治に関して、王とそれを補佐《ほさ》した人々の言辞を集めたもの。全五八編。紀元前六〇〇年ころ成立。孔子《こうし》が編さんしたと伝えられており、徳治政治の儒家《じゅか》の思想をよく伝える書である。『尚書《しょうしょ》』ともいう。五経《ごきょう》（＝易経《えききょう》・詩経《しきょう》・書経《しょきょう》・春秋《しゅんじゅう》・礼記《らいき》）の一つ。

晋《しん》書《じょ》　晋《しん》時代の歴史を記した正史。全一三〇巻。六三〇年ころ成立。唐《とう》の太宗《たいそう》が、房玄齢《ぼうげんれい》・李延寿《りえんじゅ》らに命じて編さんさせた。

新約聖書《しんやくせいしょ》　キリスト教の聖典。イエス誕生《たんじょう》以降、そのイエス自身の事蹟《じせき》を記した四つの「福音《ふくいん》書《しょ》」と、弟子《でし》たちの行動を記した「使《し》徒行伝《とぎょうでん》」「黙示録《もくしろく》」などから成る。全二七巻。

出《すい》師《し》表《のひょう》　三国時代の名臣、諸葛《しょかつ》亮《りょう》が、劉備《りゅうび》の死後、魏《ぎ》と戦うにあたってその幼主の劉禅《りゅうぜん》にあてた上奏文。国の将来を憂《うれ》え、君主をいましめたもの。忠臣の情にあふれる名文として知られる。

説《ぜい》苑《えん》　春秋《しゅんじゅう》時代から漢《かん》の初めまでの人々の伝記・逸話《いつわ》集。「君道《くんどう》」「臣術《しんじゅつ》」「奉使《ほうし》」など訓戒《くんかい》的に二〇に分類してある。紀元前六年ころ成立。前漢《ぜんかん》の劉向《りゅうきょう》の著。

世《せ》説《せつ》新《しん》語《ご》　後漢《ごかん》から東晋《とうしん》までのできごとや、貴族・僧・文人らについての逸話《いつわ》を、徳行・言語・政治などに分類して集めたもの。全三巻。四四〇年ころ成立。六朝《りくちょう》時代の宋《そう》の劉義慶《りゅうぎけい》の編。

戦《せん》国《ごく》策《さく》　「策」は策略《さくりゃく》の意。戦国時代に諸国に策略・謀略《ぼうりゃく》を説いてまわった策士たちの弁舌《べんぜつ》・戦略について、国別に分けてまとめた書。全三三編五〇〇話。単に『国策《こくさく》』ともいう。紀元前六年ころ成立。前漢《ぜんかん》の劉《りゅう》向《きょう》の編。

前赤壁賦《ぜんせきへきのふ》　北宋《ほくそう》の詩人、蘇軾《そしょく》の作った詩文で、前・後二編があり、その前編にあたるもの。湖北《こほく》省の赤鼻山《せきびさん》を三国時代の古戦場にみたてて作った詩。

潜夫論《せんぷろん》　後漢《ごかん》の思想家、王符《おうふ》が、時の政治・社会について論じた書。全一〇巻。一四〇年の成立。有徳者を登用すべきことを説くいっぽう、法律や刑罰《けいばつ》も重視するという、儒《じゅ》家《か》と法家の実際的な考えを合わせ持っている。

宋史《そうし》　宋《そう》時代の事蹟《じせき》をまとめた正史。全四九六巻。一三〇〇年ころ成立。元《げん》時代の托克托《たくこくたく》らが皇帝の命を受けて編さんした。

荘子《そうし》　①戦国時代、紀元前四世紀ころの道家《どうか》、荘周《そうしゅう》の尊称。名は周《しゅう》。孟子《もうし》と同時代の人。②荘子の学説・言行を記した書。人為《じんい》を否定し、なにものにもとらわれない自然で自由な生き方（＝無為自然《むいしぜん》）を説いた。『老子』とともに「老荘《ろうそう》思想」として、後世に影響《えいきょう》をあたえた。書名は『荘子《そうじ》』ということもある。

楚辞《そじ》　中国の北方地方の詩集『詩経《しきょう》』に対して、南方地方の「楚国《そこく》」を中心にした文学。「楚国の歌」の意。三言もしくは六言が基調で、幻《げん》想《そう》的・浪漫《ろうまん》的な詩風。代表的作家として屈原《くつげん》・宋玉《そうぎょく》などがいる。全一七巻。紀元前一〇年ころ成立。前漢《ぜんかん》の劉向《りゅうきょう》の編といわれる。

蘇軾《そしょく》　南宋眉山《なんそうびざん》（＝四川省《しせんしょう》）の文人・政治家（一〇三六〜一一〇一）。号は東坡《とうば》。唐宋《とうそう》八大家の一人。王安石《おうあんせき》の新法を批判して、左遷《させん》され、あちこちの地方官（＝今の日本でいうと県知事のようなもの）をつとめた。詩は宋代第一といわれ、「赤壁賦《せきへきのふ》」は有名。

孫子《そんし》　中国最古の兵法を説いた書。全一三編。春秋《しゅんじゅう》時代、紀元前四八〇年ころ成立。呉《ご》の将軍、孫武《そんぶ》の著といわれる。人間の行動・心理などを基にして合理的な戦法を説いている。

大学《だいがく》　儒学《じゅがく》の書の一つ。「大学《だいがく》」とは「大人《たいじん》の学」の意で、君主・宰相《さいしょう》として天下を治めるものの学をさす。もとは『礼記《らいき》』の中の一編を、朱熹《しゅき》が抜粋《ばっすい》、校訂《こうてい》（＝誤りを正すこと）したものといわれているが、たしかではない。紀元前四三〇年ころ成立。四書《ししょ》（＝大学《だいがく》・中庸《ちゅうよう》・論語《ろんご》・孟子《もうし》）の一つ。

中庸《ちゅうよう》　儒学《じゅがく》の書の一つ。もと『礼記《らいき》』の一編。「中」はかたよりのないこと、「庸」は永久不変の意で、正しく変わることのない道理の意。これを「中庸《ちゅうよう》の徳《とく》」という。紀元前四三〇年ころ成立。編者は、孔子《こうし》の孫、子思《しし》といわれている。四書《ししょ》（＝大《だい》学《がく》・中庸《ちゅうよう》・論語《ろんご》・孟子《もうし》）の一つ。

伝灯録《でんとうろく》　禅宗の教えをインド・中国の祖師の伝記・法語・詩文によって示したもの。『景徳伝灯録《けいとくでんとうろく》』の略。全三〇巻。宋《そう》時代の僧、道原《どうげん》の編。

陶淵明《とうえんめい》　六朝《りくちょう》時代の東晋《とうしん》の詩人（三六五〜四二七）。陶潜《とうせん》ともいう。はじめは官吏《かんり》として仕えたが、退官した。酒・自然を好み、琴《こと》を弾くのがじょうずであった。文学・音楽の才能にあふれ、老荘《ろうそう》の「無為自然《むいしぜん》」の思想の影響《えいきょう》をうけて、すぐれた詩を残している。作品としては「帰去来辞《ききょらいのじ》」が特に有名。白居易《はくきょい》・柳宗元《りゅうそうげん》などに影響をあたえた。

唐詩紀事《とうしきじ》　唐《とう》代の詩人一一五〇人の詩・略伝・逸話《いつわ》などを集めたもの。全八一巻。南宋《なんそう》の計有功《けいゆうこう》の編。

唐書《とうじょ》　唐《とう》代の事蹟《じせき》を記した正史の一つ。全二二五巻。一〇六〇年ころ成立。北宋《ほくそう》の欧陽脩《おうようしゅう》らが勅《ちょく》命《めい》によって『旧唐書《くとうじょ》』の欠けている部分を補い、また改修したもの。『新唐《しんとう》書《じょ》』ともいう。

杜甫《とほ》　唐《とう》の代表的詩人（七一二〜七七〇）。安禄山《あんろくざん》の乱により幽閉《ゆうへい》されるなど官吏《かんり》としてはめぐまれず、苦難の多い生涯《しょうがい》を送った。李白《りはく》と並び称せられ、李白の「詩仙《しせん》」に対し「詩聖《しせい》」とあおがれている。現実をみすえて、沈《しず》んだ憂《うれ》いをふくんだ作品が多く、律詩を得意としていた。「春望《しゅんぼう》」の詩は特に有名。詩集に『杜工部集《とこうぶしゅう》』がある。

南史《なんし》　南朝《なんちょう》の宋《そう》・斉《せい》・梁《りょう》・陳《ちん》四朝一七〇年間の事蹟《じせき》をまとめた正史の一つ。全八〇巻。六二〇年ころ成立。唐《とう》の李延寿《りえんじゅ》の編。北朝《ほくちょう》の歴史をまとめたものに『北史《ほくし》』があり、これと対をなしている。

涅槃経《ねはんぎょう》　『大般涅槃経《だいはつねはんぎょう》』の略。釈迦《しゃか》の晩年から入滅《にゅうめつ》前後を伝記的に述べ、仏教の教えを説いた経典。涅槃《ねはん》とは、いっさいの煩悩《ぼんのう》（＝迷い）を離れて、悟《さと》りの境地に入る意。

白居易《はくきょい》　中唐《ちゅうとう》の代表的詩人・政治家（七七二〜八四六）。白楽天《はくらくてん》ともいう。作品は、わかりやすく、風刺《ふうし》に富みながらも美しさもそなえた詩で、民間歌謡《かよう》風の作風。官吏《かんり》としても有能で、民生（＝人々の安定した生活）を重んじ、名知事とたたえられた。作品は「長恨歌《ちょうごんか》」「琵琶行《びわこう》」などが有名。詩文集『白氏文集《はくしもんじゅう》』は、日本の平安時代の文学に大きな影響《えいきょう》をあたえた。

般若心経《はんにゃしんぎょう》　二六二字の短い経典。般《はん》若《にゃ》とは、迷いから離れた、正しい真実の知恵《ちえ》の意。仏教の根本思想をあらわす「色即是空《しきそくぜくう》、空即是色《くうそくぜしき》」のことばはこの『般若心経《はんにゃしんぎょう》』に出てくる。現在、一般によく知られている経典の一つ。

墨子《ぼくし》　①戦国時代の思想家（紀元前四八〇ころ〜三九〇ころ）。名は翟《てき》。②墨子の考えを記した書。全一五巻。紀元前四〇〇年ころ成立。儒家《じゅか》に対抗して、兼愛《けんあい》・非攻《ひこう》・節用《せつよう》などを説いている。

北夢瑣言《ほくむさげん》　唐《とう》末期から五代、宋《そう》時代の事蹟《じせき》・逸話《いつわ》を集めた書。全二〇巻。九六〇年ころ成立。北《ほく》宋《そう》の孫光憲《そんこうけん》の編。

法華経《ほけきょう》　大《だい》乗《じょう》仏教の経典の一つ。『妙法蓮華経《みょうほうれんげきょう》』の略。「妙法」とは、「もっともすぐれた法」の意で、仏教の高遠な教えを示したお経。天台宗《てんだいしゅう》・日蓮宗《にちれんしゅう》の主経典。

明心宝鑑《めいしんほうかん》　故事や成語を集めた書。「継善《けいぜん》」に始まり「婦行《ふこう》」で終わっている。上下二巻。明《みん》の王衡《おうこう》の編。

孟子《もうし》 ①戦国時代の儒家《じゅか》（紀元前三七二～二八九）。魯《ろ》の人。名は軻《か》。諸国をまわって王道・仁義《じんぎ》を説いたが用いられず、故郷で弟子《でし》の教育に専念した。②孟子《もうし》の学説・言行を記した書。人間の本性は善で、人が悪いことをするのは、その善の魂《たましい》が、物欲によって、おおわれているからであるという「性善《せいぜん》説《せつ》」をとなえた。荀子《じゅんし》の「性悪説《せいあくせつ》」とは反対の考え方。全一四巻。紀元前二八〇年ころの成立。四書《ししょ》（＝大学《だいがく》・中《ちゅう》庸《よう》・論語《ろんご》・孟子《もうし》）の一つ。

文選《もんぜん》 周《しゅう》から梁《りょう》にいたる約一〇〇〇年間の作家百数十人の文章・詩文を、文体・時代別に編さんしたもの。現存する最古の詩文集。五三〇年ころ成立。梁の武帝《ぶてい》の長子、昭《しょう》明太子《めいたいし》蕭統《しょうとう》の編。

礼記《らいき》 儒教《じゅきょう》の経典。周《しゅう》末から漢《かん》時代の儒家の「礼《れい》」に関する言行を集めた書。冠婚葬祭《かんこんそうさい》・音楽・教育についての見解が記されている。全四九編。前漢《ぜんかん》の戴聖《たいせい》の編。『小載礼《しょうたいれい》』ともいう。五経《ごきょう》（＝易経《えききょう》・詩経《しきょう》・書《しょ》経《きょう》・春秋《しゅんじゅう》・礼記《らいき》）の一つ。

陸游《りくゆう》 南宋《なんそう》の詩人（一一二五～一二一〇）。北宋《ほくそう》の蘇軾《そしょく》と並び称され、作風は杜甫《とほ》を範《はん》とし、愛国詩人といわれている。一万首余りの作品がのこっており、詩集『渭南文集《いなんぶんしゅう》』がある。

李白《りはく》 唐《とう》の代表的詩人（七〇一～七六二）。李太白《りたいはく》ともいう。官についたこともあるが、自由奔放《ほんぽう》な気性に合わず放浪《ほうろう》生活を送った。酒を好み、杜甫《とほ》とは正反対の豪快《ごうかい》・壮大《そうだい》で、明朗な作風の詩を残し、絶句を得意とした。杜甫《とほ》とともに中国の代表的詩人で、「詩仙《しせん》」とあおがれる。詩文集に『李太白集《りたいはくしゅう》』がある。

呂氏春秋《りょししゅんじゅう》 儒学《じゅがく》をはじめとして道《どう》家《か》・法家《ほうか》・陰陽《おんよう》思想などの学説や説話を集めた書。全二六巻。紀元前二四〇年ころ成立。編者は秦《しん》の宰相《さいしょう》、呂不韋《りょふい》。

列子《れっし》 ①戦国時代の道家《どうか》、列禦寇《れつぎょこう》の尊称。生没年不詳《ふしょう》。鄭《てい》の人。②列禦寇の著書といわれるが、現在では弟子《でし》の編さんであろうとする説が有力。道家の「心虚無為《しんきょむい》」（＝心のわだかまりや欲をすてて、自然のなすがままにまかせる考え方）を説いている。全八巻。紀元前四〇〇年ころの成立。

老子《ろうし》 ①周《しゅう》代の道家《どうか》の祖。生没年不詳《ふしょう》。姓は李《り》、名は耳《じ》、字《あざな》は耼《たん》。楚《そ》の人。②老子《ろうし》の著書。自然に順応し、その法則にのっとって行動せよとする「無為《むい》自然《しぜん》」を説き、儒教《じゅきょう》の「仁《じん》・義《ぎ》・忠《ちゅう》・孝《こう》・礼《れい》」など、人為的《じんいてき》なものを排除《はいじょ》する思想を示した。全二巻。紀元前五〇〇年ころの成立。

論語《ろんご》 儒家《じゅか》の祖、孔子《こうし》およびその弟子《でし》の言行を集めた書。全一〇巻、二〇編、約五〇〇章。紀元前四五〇年ころ成立。孔子の死後、生前の言行について、門弟によって編さんされたといわれている。「仁《じん》」（＝人間愛）を説き、君主には、この「仁」がなければならないという。四書《ししょ》（＝大《だい》学《がく》・中庸《ちゅうよう》・論語《ろんご》・孟子《もうし》）の一つ。

中国年代表

西暦	時代		事項・書名	日本
紀元前	伝説時代	三皇・五帝	黄河流域に農耕文明起こる 尭《ぎょう》・舜《しゅん》，帝位を継承	縄《じょう》文《もん》時代
	伝説時代	夏	桀王《けつおう》，暴政を行う	
前1700	殷《いん》		紂王《ちゅうおう》，暴政を行う	
前1122	西周			
前 770	春秋時代	東周	このころ，『易経』『詩経』『書経』など 孔子《こうし》没す（前479） 『論語』『春秋左氏伝』『老子』	
前 403	戦国時代	東周	『荘子』『孟子』『韓非子《かんぴし》』『荀《じゅん》子《し》』など 荘子《そうし》没す，孟子《もうし》没す（前289）	
前 221	秦《しん》		始皇帝，天下を統一	
前 202	前漢		『淮南子《えなんじ》』『楚辞《そじ》』『史記』『戦国策』	弥《や》生《よい》時代
紀元 8	新			
23	後漢		『説文解字《せつもんかいじ》』（最も古い漢字の解説書） 『漢書《かんじょ》』	
220				

西暦	時代		事項・書名	日本
220	三国時代	魏《ぎ》・呉《ご》・蜀《しょく》	劉備《りゅうび》・諸葛亮《しょかつりょう》ら 『孔子家語《こうしけご》』	
265	晋《しん》	西晋	『三国志』	
317	晋《しん》	東晋		
420	南北朝時代		『後漢書《ごかんじょ》』『文選《もんぜん》』 （南朝）宋《そう》・斉《せい》・梁《りょう》・陳《ちん》 （北朝）北魏《ほくぎ》・北斉《ほくせい》・北周など	大《や》和《まと》時代
581	隋《ずい》			
618	唐《とう》		孟浩然《もうこうねん》・王維《おうい》・李白《りはく》・杜甫《とほ》・韓愈《かんゆ》ら 『白氏文集《はくしもんじゅう》』（白居易の詩文集）	奈《な》良《ら》時代
907	五代		五代十国の興亡	平安時代
960	宋《そう》	北宋	『資治通鑑《しじつがん》』 金（1115）建国	
1127	宋《そう》	南宋	『朱子語類《しゅしごるい》』	鎌《かま》倉《くら》時代
1279	元			
1368	明《みん》		『十八史略』 『唐詩選《とうしせん》』	室《むろ》町《まち》時代
1644	清《しん》		『康熙《こうき》字典』	江《え》戸《ど》時代 〜

主要ことわざ・慣用句索引

(1) この索引《さくいん》は、本文にあることわざ・慣用句のうちから主要な項目《こうもく》を選び、その項目の頭以外の部分（ことば）から引けるようにしたものです。（項目の下の数字は、本文のページ）

(2) はじめに、ことわざ・慣用句に使われていることば（単語）を見出し語として太字でかかげ、次にそのことばが使われていることわざ・慣用句をかかげてあります。

(3) 配列は、太字の見出し語およびその次のことわざ・慣用句とも五十音順です。

〔あ〕

〔け〕

〔こ〕

〔そ〕

〔た〕

〔な〕

〔ひ〕

〔ふ〕

〔や〕

〔ゆ〕

〔よ〕

旺文社 標準ことわざ慣用句辞典
新装新版

初版発行　1988年10月20日
新装新版発行　2020年12月4日
重版発行　2022年

編者　株式会社 旺文社
発行者　生駒大壱
発行所　株式会社 旺文社
〒162-8680　東京都新宿区横寺町55
●ホームページ　https://www.obunsha.co.jp/

印刷所　日新印刷株式会社　開成印刷株式会社
製函所　清水印刷紙工株式会社
製本所　牧製本印刷株式会社

S1h138

ISBN978-4-01-077735-0　Printed in Japan

旺文社 お客様総合案内
●内容に関するお問い合わせは、弊社ホームページの「お問い合わせ」フォームにて承ります。
【WEB】 旺文社 お問い合わせフォーム
https://www.obunsha.co.jp/support/contact
●乱丁・落丁など製造不良品の交換・ご注文につきましては下記にて承ります。
【電話】 0120-326-615
（土・日・祝日を除く 10：00～17：00）

のことわざくらべ（II）

能ある鷹《たか》は爪《つめ》を隠《かく》す

Still waters run deep.

（訳／静かな流れは深いところを流れている。）

花より団子

Pudding before praise.

（訳／ほめ言葉の前にプリン。）

百聞《ひゃくぶん》は一見に如《し》かず

Seeing is believing.

（訳／見れば信じることができる。）

蒔《ま》かぬ種は生《は》えぬ

Harvest follows seedtime.

（訳／収穫は種蒔きのあとにくるもの。）

よく遊びよく学べ

All work and no play makes Jack a dull boy.

（訳／勉強ばかりで全然遊ばないでいると、ジャックも頭が悪くなる。）

類は友を呼ぶ

Birds of a feather flock together.

（訳／同じ羽の鳥は集まるものだ。）